证据法学案例进阶

理解与适用

主　编： 潘金贵

副主编： 王剑虹　包冰锋

撰稿人：（以撰写章节先后为序）

潘金贵　陈　实　王　彪　王剑虹　万　毅　纵　博　冯俊伟
兰荣杰　张　栋　谢登科　吉冠浩　夏睿泓　李国华　林　静
包冰锋　自正法　谢小剑　刘仁琦　付永雄　王志坚　王　跃
黄永琴　张　力　周洪波　谷佳杰　颜　飞　夏　璇　孔金萍
熊晓彪　蒋　玮　祝　颖　蒋和平　曾庆云　吴国章　张　波
李冉毅　蔡元培　姚　斌　侯国跃　罗　静

法律出版社
LAW PRESS·CHINA

北京

图书在版编目（CIP）数据

证据法学案例进阶：理解与适用／潘金贵主编.
北京：法律出版社，2025. -- ISBN 978-7-5197-9377-7

Ⅰ. D925.113.5

中国国家版本馆 CIP 数据核字第 2024JE7134 号

证据法学案例进阶：理解与适用
ZHENGJU FAXUE ANLI JINJIE：LIJIE YU SHIYONG

潘金贵 主编

责任编辑 吴 昉 胡佳文
装帧设计 贾丹丹

出版发行 法律出版社
编辑统筹 法律教育出版分社
责任校对 王晓萍 李慧艳
责任印制 刘晓伟
经　销 新华书店

开本 787 毫米×1092 毫米 1/16
印张 34 **字数** 710 千
版本 2025 年 1 月第 1 版
印次 2025 年 1 月第 1 次印刷
印刷 保定市中画美凯印刷有限公司

地址：北京市丰台区莲花池西里 7 号（100073）
网址：www.lawpress.com.cn
投稿邮箱：info@lawpress.com.cn
举报盗版邮箱：jbwq@lawpress.com.cn

销售电话：010-83938349
客服电话：010-83938350
咨询电话：010-63939796

书号：ISBN 978-7-5197-9377-7　　**定价**：79.00 元

凡购买本社图书，如有印装错误，我社负责退换。电话：010-83938349

序　言

法学高等教育既要注重法科生对法理、法律基础知识的掌握，也要重视培养其如何“办案”的实操能力，从而使其能够更好地适应司法实践工作。现有的法学教育课程体系中，不少政法院校已经开设了一些帮助法科生了解司法实践状况，培养其法律运用能力的带有“实训”性质的课程，这种相对系统的“实践教学”课程的积极意义值得充分肯定。而在日常教学中，还可以通过多种方式来帮助学生加深对法律的理解和认识，加强其对司法实务的了解和感知，其中“案例教学法”无疑是最为行之有效的方法之一。故此，为了帮助法科生更好地学习证据法学相关知识，了解证据规则在司法实践中的运用情况，培养其证据运用能力，并在一定程度上解决教学实践中存在的“案例匮乏”问题，提升教学效果，我们编写了本教材。

本教材针对证据法学中主要的知识点，充分考虑了证据法学涵盖刑事诉讼、民事诉讼、行政诉讼三大领域的特点，撷选了该知识点在三大诉讼领域中具有一定典型性的真实案例，采取“以案说法”的方式，对案件中证据争议焦点问题进行了较为深入、精细的分析。之所以同一知识点尽量撷选不同诉讼领域的案例加以分析，主要是考虑到同一知识点虽然在证据法上的基本原理可能相似，但在不同诉讼领域的理解与适用实际上有所区别甚至有较大差别，通过比较分析、研究，能够更好地促进学生全面学习掌握证据法学知识，做到对知识融会贯通。在进行证据分析的基础上，本教材对与案例中涉及的证据知识点有关的理论问题进行了适当的拓展介绍，并简要列明了与知识点有关的具有一定代表性的主要文献著述，以提高学生的证据理论素养，体现实践与理论的有机结合。本教材以在大学本科法学专业中已经系统学习了证据法学课程的学生为主要对象，可以作为证据法学课程的配套教材，也可以作为证据法学课程授课教师的教学参考用书。同时本教材的实用性、实践性强，亦可以作为司法实务工作者办理案件的参考书，对于司法实务工作者提高证据运用能力有较大价值。

本教材的作者除政法院校中具有一定证据理论水平和实务经验的专家学者外，还包括部分具有丰富实践经验的审判业务专家、检察业务专家、优秀律师、刑侦专家等，其中部分案例来源于作者亲自办理的案件。本教材由主编潘金贵教授统一审定。

本教材与本人主编的《证据法学》教材、《证据运用实务教程》教材形成了具有一定特色的证据法学系列教材,将有助于推动证据法学教学科研工作的开展。

本教材虽经多次讨论、统稿,但难免存在不足之处,诚望赐教指正。

西南政法大学证据法学研究中心主任　潘金贵

2024 年 8 月

缩略语表

《中华人民共和国国徽法》	《国徽法》
《中华人民共和国监察法》	《监察法》
《中华人民共和国国家安全法》	《国家安全法》
《中华人民共和国国家赔偿法》	《国家赔偿法》
《中华人民共和国刑法》(2015 年)	2015 年《刑法》
《中华人民共和国刑法》	《刑法》
《中华人民共和国刑事诉讼法》(1979 年)	1979 年《刑事诉讼法》
《中华人民共和国刑事诉讼法》(1996 年)	1996 年《刑事诉讼法》
《中华人民共和国刑事诉讼法》(2012 年)	2012 年《刑事诉讼法》
《中华人民共和国刑事诉讼法》(2018 年)	《刑事诉讼法》
《中华人民共和国民法通则》	《民法通则》
《中华人民共和国民法典》	《民法典》
《中华人民共和国商标法》	《商标法》
《中华人民共和国专利法》	《专利法》
《中华人民共和国证券法》(2005 年)	2005 年《证券法》
《中华人民共和国证券法》(2019 年)	《证券法》
《中华人民共和国民事诉讼法(试行)》(1982 年)	1982 年《民事诉讼法(试行)》
《中华人民共和国民事诉讼法》(1991 年)	1991 年《民事诉讼法》
《中华人民共和国民事诉讼法》(2007 年)	2007 年《民事诉讼法》
《中华人民共和国民事诉讼法》(2012 年)	2012 年《民事诉讼法》
《中华人民共和国民事诉讼法》(2017 年)	2017 年《民事诉讼法》
《中华人民共和国民事诉讼法》(2023 年)	《民事诉讼法》
《中华人民共和国行政处罚法》(1996 年)	1996 年《行政处罚法》
《中华人民共和国行政处罚法》	《行政处罚法》
《中华人民共和国行政复议法》	《行政复议法》
《中华人民共和国行政许可法》	《行政许可法》
《中华人民共和国行政强制法》	《行政强制法》
《中华人民共和国治安管理处罚法》	《治安管理处罚法》
《中华人民共和国药品管理法》	《药品管理法》
《中华人民共和国行政诉讼法》	《行政诉讼法》
《中华人民共和国固体废物污染环境防治法》	《固体废物污染环境防治法》

《中华人民共和国建筑法》	《建筑法》
《中华人民共和国消防法》	《消防法》
《中华人民共和国政府信息公开条例》(2007 年)	2007 年《政府信息公开条例》
《中华人民共和国政府信息公开条例》(2019 年)	《政府信息公开条例》
《中华人民共和国看守所条例实施办法(试行)》	《看守所条例实施办法(试行)》
最高人民法院《关于适用〈中华人民共和国刑事诉讼法〉的解释》(2012 年)	2012 年《刑诉法解释》
最高人民法院《关于适用〈中华人民共和国刑事诉讼法〉的解释》(2021 年)	《刑诉法解释》
最高人民法院《人民法院办理刑事案件第一审普通程序法庭调查规程(试行)》	《法庭调查规程》
最高人民法院《关于适用〈中华人民共和国民事诉讼法〉的解释》(2015 年)	2015 年《民诉法解释》
最高人民法院《关于适用〈中华人民共和国民事诉讼法〉的解释》(2020 年)	2020 年《民诉法解释》
最高人民法院《关于适用〈中华人民共和国民事诉讼法〉的解释》(2022 年)	《民诉法解释》
最高人民法院《关于适用〈中华人民共和国行政诉讼法〉的解释》	《行诉法解释》
最高人民法院《关于民事诉讼证据的若干规定》(2001 年)	2001 年《民诉证据规定》
最高人民法院《关于民事诉讼证据的若干规定》(2019 年)	《民诉证据规定》
最高人民法院《关于行政诉讼证据若干问题的规定》	《行诉证据规定》
公安部《公安机关办理刑事案件电子数据取证规则》	《电子数据取证规则》
最高人民法院、最高人民检察院、公安部、国家安全部、司法部《关于办理死刑案件审查判断证据若干问题的规定》	《办理死刑案件证据规定》
最高人民法院、最高人民检察院、公安部、国家安全部、司法部《关于办理刑事案件排除非法证据若干问题的规定》	《非法证据排除规定》
最高人民法院、最高人民检察院、公安部、国家安全部、司法部《关于进一步严格依法办案确保办理死刑案件质量的意见》	《办理死刑案件意见》
最高人民法院、最高人民检察院、公安部、国家安全部、司法部《关于办理刑事案件严格排除非法证据若干问题的规定》	《严格排除非法证据规定》
最高人民法院、最高人民检察院、公安部、国家安全部、司法部《关于推进以审判为中心的刑事诉讼制度改革的意见》	《以审判为中心意见》
最高人民法院、最高人民检察院、公安部《关于办理刑事案件收集提取和审查判断电子数据若干问题的规定》	《电子数据规定》

目　录

第一章　证据的基本原理

第一节　证据、事实与事实认定

■ 刑事诉讼中证据、事实与事实认定的理解与适用

案例 1－1　刘某故意伤害案〔1〕

□ 案情概述

1998 年 7 月某日，刘某（时年 17 岁）在 C 市 B 区某村一小卖部内与被害人陈某等几人打扑克时发生口角，被陈某当众扇了一耳光，遂当众扬言要报复陈某。刘某怒气冲冲地离开，在回家的路上，遇到溪边洗衣服的两名妇女。两妇女问刘某何故生气，其回答陈某打了他，晚上他一定要打回来。当天晚上 10 时许，月光皎洁，陈某在小卖部看完电视后回家，在路上，离小卖部约几百米远处，被三个蒙面人追砍，其中一人一刀砍在了陈某的大腿动脉上，陈某大声呼救，三人遂向庄稼地中逃窜。小卖部附近的村民将陈某抬回小卖部并打 120 呼救，但是未等救护车到达，陈某即已流血过多死亡。公安机关遂立案侦查，通过调查走访，认为刘某有作案的重大嫌疑，但刘某在案发后即已失踪。2008 年，刘某在新疆某县被抓获归案，其在一家餐馆做厨师，已经娶妻生子。在把刘某从新疆押解回 C 市的过程中，侦查人员对其进行了两次审讯，其均供称是自己杀死了陈某，但对于作案过程语焉不详。在侦查讯问过程中，由于刘某一直供称其杀死陈某的事实，且其陈述的事实与侦查人员了解的案情基本吻合，侦查人员便未对具体作案过程进行详细讯问。在看守所羁押期间，刘某曾经写信欲与其亲戚王某就其作案后逃匿到王某家的情况串供，用语隐晦，但信件被看守所截获。侦查人员对王某进行了询问，并作了同步录音录像。本案起诉到 C 市 Y 区法院，法庭上刘某对于指控其故意伤害陈某致死的犯罪事实予以认可，未作辩解。本案一审过程中，由于刘某父母拒绝对陈某家属进行任何赔偿，一审法院判处刘某有期徒刑 15 年，刘某未提出上诉，检察院也未提出抗诉。

---

〔1〕 本案系真实案例，鉴于涉及辩护伦理问题，案号不载明。

本案主要包括以下证据:

1. 1998 年案发后公安机关收集的原卷宗材料。这些证据材料主要包括:证人证言,包括打扑克发生纠纷时的在场证人证言、溪边洗衣服妇女的证人证言、案发后参与抢救的村民的证言、刘某父亲的证言;法医鉴定报告;现场勘查笔录等。其中,据参与抢救的村民称,陈某临死前说是三个人追杀他,但由于蒙了面,具体是谁不知道;公安机关初期曾经怀疑刘某父亲参与作案,但由于其坚决否认,并坚称系其子作案后潜逃,且无其他证据证实其参与作案,公安机关最终只是将其作为证人。

2. 被告人刘某的供述。刘某在被抓获归案后的押解途中以及看守所审前羁押和庭审中,均供称是自己持刀砍杀陈某致其死亡。

3. 刘某亲戚王某的证言。证实刘某在案发当晚由于逃窜到庄稼地里,慌乱之中掉入了农民用于浇地的粪坑中,后浑身臭气地到了他家,其为刘某洗澡换衣后第二天给钱让他潜逃。

4. 书证。证实刘某在看守所羁押期间曾经写信欲与王某串供。

5. 录音录像光碟。证实王某向公安机关作证的过程。

6. 抓获经过等其他证据。

回 证据分析

本案的主要争点在于:(1)现有证据是否能够证实砍死陈某的这一刀就是刘某实施的?(2)公安机关、司法机关认定系刘某砍死陈某是否与客观事实相一致?

对于以上证据问题,分析如下:

1. 发生纠纷时的在场证人证言及洗衣服妇女的证言。这部分证言能够证实案件的起因以及刘某有作案动机。

2. 参与抢救的村民的证言。这部分证言能够证明被害人陈述是三个人作案。鉴于被害人临终陈述的特殊性,其真实性应当确认,但对于具体是哪三个人以及是谁砍了致命一刀被害人并未陈述,无法确认。

3. 案发后刘某父亲的证言。综合相关证据来看,刘某父亲的证言虚假的可能性非常大。

4. 法医鉴定报告、现场勘查笔录等。这些证据能够证明被害人死亡的事实。

5. 王某的证言。王某的证言能够证实刘某参与了作案及作案后到其处藏匿后潜逃的事实,但并不能证明砍死陈某的一刀就是刘某实施,其证言中也未涉及此细节,其表示对刘某作案过程并不清楚,不排除其基于亲戚关系对于具体谁实施了砍杀行为作了虚假陈述。

6. 书证。该信件能够证明刘某有与王某串供的行为,同时也证明刘某与王某之间应当“另有隐情”,即不排除刘某向王某讲述了具体作案经过,包括谁实施了砍杀行为,需要王某替其隐瞒。

7. 录音录像光碟。该证据证明了公安机关向王某取证的合法性,但由于王某并未证实谁具体实施了砍杀行为,因此其证明力有限。需要指出的是,在 2008 年,公安机关能够对关键证人取证时进行同步录音录像,这种做法和意识值得充分肯定。

8. 抓获经过等其他证据。这部分证据能够证明本案的相关程序性事实。

9. 被告人刘某的供述。刘某一直都供称是自己砍了陈某一刀,但对于具体作案过程都未作详细供述,其从侦查到审判过程中回答问题都极为简单,并否认有其他人参与作案。刘某的供述看似稳定,但真实性存疑,主要因为以下几个原因。(1)刘某只有其一人作案的供述与被害人临终陈述存在明显冲突。参与抢救的村民证实:陈某陈述三人蒙面作案。案发时月光皎洁,陈某看错"人数"基本不可能,其临终之前撒谎的可能性更小。而在小乡村蒙面作案,在很大程度上说明凶手是熟人,不希望被陈某认出。(2)刘某的供述都只是简单供称陈某是自己所砍杀,但对于具体犯罪过程避而不谈。一般而言,真诚认罪悔罪作出如实供述的,都会将犯罪过程进行较为详细的交代,而口供过于简单,说明犯罪嫌疑人、被告人很大程度上可能另有隐情。(3)刘某写信串供的行为,也说明其担心王某说出可能不利于其他人的隐情。然而,公安机关对其串供行为背后是否隐藏了其他秘密并未认真进行审查,只是找王某收集了刘某作案后逃匿到他家潜逃的证言,对于刘某是否对王某讲述了作案细节,并未进行取证。(4)刘某对于作案过程的简单供述,看似与本案的勘查笔录、法医鉴定报告等相互印证,但这正是由于其本身确实参与了作案,知道作案的过程,而且案发后其与其父有不少沟通,知道案件的侦破情况,并不等于砍死陈某的这一刀就是他实施的。实际上,在本案极可能存在其他两名疑犯并未归案的情况下,只依据刘某的口供就认定这一刀就是刘某砍的,而忽视了可能存在的隐情,是极有可能造成事实认定错误的。在本案诉讼过程中,正是由于刘某的供述一直稳定,从未翻过供,均供称是自己砍杀了陈某,因此司法人员均未对刘某供述中可能存在的问题予以认真的审查判断,反映出当时的司法实践中司法人员过于轻信口供的问题。

作为一起故意伤害案,在被害人只被砍了一刀即致死的情况下,案件需要证明的关键事实或者核心事实是到底谁砍了这一刀。本案从现有证据来看,似乎认定刘某故意伤害陈某致死没有问题,在案件办理过程中,司法人员对此均较为确定,尤其在案件宣判后,被告人未上诉,似乎认罪服判,更坚定了办案人员的信心。但本案的关键事实并不是刘某是否参与作案,而是刘某是否就是实施了砍杀行为的行为人,这关涉到其应当承担的刑事责任的轻重,以及是否放纵了其他犯罪分子的问题。从现有证据来看,尽管刘某供称是其实施了砍杀行为,但其供述的真实性严重存疑,并不能仅以其供述就认定系其一人作案实施了砍杀行为。最后法院判决其有期徒刑 15 年,显然是按照系其一人作案实施了砍杀行为来认定的,但是,综合各方面的情况和证据分析,可以肯定,本案判决认定的事实并不符合案件的实际情况,与客观事实并不一致。关于另有他人实施了砍杀行为以及具体作案人是谁的分析,由于牵涉诸多问题,此处不再赘述,只举其中一个细节,刘某曾经表示:如果法院判刑重了,他就将真相说出来,可见法院最终认定的事实并不是真相,本案另有隐情。

◻ 理论拓展

在诉讼过程中,司法人员和律师都可以被称为“办案人员”,即办理案件的人员,只不过各自基于不同的诉讼地位去审视案件,作出对案件事实的判断而已。其中,侦查人员、检察人员和律师对案件事实的判断都不具有终局性,而审判人员的裁判所认定的案件事实具有终局性,但这只是诉讼程序的设计而已,并不能得出审判人员所认定的事实就一定正确的必然结论。由于司法人员和律师都不是当事人,并不知道案件的发生过程,因此,其对案件事实的判断和认定,只能依靠证据。办理案件的过程可以简单地归纳为:“收集证据→分析证据→认定事实→适用法律”的“四步走”的公式,其中,最为考验办案人员水平的是分析证据和认定事实,如果分析证据出了错,认定事实就会错,最终适用法律必然错,所谓“起点错、跟着错、错到底”就是这个道理。而要正确地分析证据,进而正确地认定案件事实,就必须厘清“证据、事实与事实认定”之间的关系。学理上一般认为,事实是证据法的逻辑起点,事实认定是司法证明的逻辑终点。证据是与案件事实相关的信息,是事实认定的必要条件。证据、事实与事实认定,它们在逻辑上是一种命题、论据与结论的关系。[1]

(一)证据与事实

关于证据的概念,学理上有不同的认识。在立法层面,一般认为,《刑事诉讼法》第 50 条第 1 款规定的“可以用于证明案件事实的材料,都是证据”,可以视为法律对于证据概念的界定。而对于何为事实,则可以从不同的视角进行解读。从哲学意义上讲,事实是指在特定时空条件下发生的某一事件,而从法学意义上讲,证据则是证明该事件真伪的依据。哲学上的事实是一种自然之物,虽然它需要人的思维活动去认识,但它有自己的发展规律,并不依赖人的思维而存在。而法学中的事实则是法律规则的产物,通常是指案件事实。在诉讼中,双方当事人运用证据证明其主张的案件事实,裁判者则综合审查判断证据以对案件事实进行认定。从证据法学理论来看,案件事实是用证据来证明的对象,即待证事实,它对法律解决诉讼争端至关重要。

厘清证据与事实之间的关系,需要从不同的角度去进行分析。首先,必须从时间维度去考量二者产生的先后顺序。诉讼是国家运用公权力解决纠纷的一种方式,诉讼的基本目的是查明案件事实,依法作出裁判,实现公平和正义。而从时间顺序去看,通常是案件事实先发生,在案件发生后已经无法私力解决的情况下,才去通过诉讼途径寻求公权力介入来解决,因此,纠纷形成于前,诉讼形成于后,亦即案件事实形成于诉讼开始之前,而纠纷的解决者即对案件事实的认定者又并非纠纷的当事人,因此,其就必须依赖于相关的能够反映案件事实的信息、材料等证据来查明案件事实的真相。其次,还可以从实体法和程序法两个维度去考量二者之间的关系。从实体法角度看,行为人实施某种行为形成具有法律意义上的“事实”的时候,很多证据就已经产生了,如本案中刘某等人一刀砍在陈某大腿动脉时,犯罪工具砍刀、陈某的伤口、现场的血迹等证据就已经产生了,因此从实体法角度可以说证

---

〔1〕 参见潘金贵主编:《证据运用实务教程》,法律出版社 2023 年版,第 18 页。

据是和事实“伴生”的。而从程序法角度看，如果公安机关没有立案侦查，前述这些砍刀、伤口、血迹等没有被收集而进入刑事诉讼程序，则其也并未成为诉讼证据。换言之，只有在公安机关启动侦查程序进入刑事诉讼程序之后，前述这些砍刀、伤口、血迹等被收集在案，才成为诉讼法意义上的证据。因此，从程序法角度可以说，证据是在事实发生且进入诉讼程序之后才“后生”的，是诉讼的产物。

（二）客观事实与案件事实

正确理解证据与事实之间的关系，还必须厘清“客观事实”和“案件事实”两个概念。如前所述，按照《刑事诉讼法》的规定，证据是可以用于证明案件事实的材料，这就涉及何为案件事实的问题，就必须对“事实”与“案件事实”之间的关系进行辨析。在证据法理上，事实可以分为“客观事实”和“案件事实”，二者都属于事实范畴，但内涵有较大的不同。

一般认为，客观事实是指哲学意义上的事实，乃是对呈现于感官之前的事物或现象的某种实际情况（某物具有的某种性质或某些事物具有某种关系）的一种断定或陈述。[1] 事实只是对事物实际情况的一种陈述，是关于客观事物的知识，而不是指客观事物自身。在某种意义上来说，客观事实也是一种“已然事实”。客观事实具有三个基本特征：一是事实具有可靠性。事实之所以是事实就在于它是主体对事物感性呈现的如实陈述，是对事物实际情况的断定，因而具有客观真理性。二是事实具有不变性，即事实虽然可以被发现、被创造，但事实一经发现或被创造出来便是不可更改的。因为任何一个事实都是一定时空条件下的事实，一旦被发现或创造出来，它就是过去或现在存在的。三是事实具有特殊性，具有不可重复性。任何事实都只能是而且必然是特殊的，绝不可能是普遍的。这是因为任何事实乃是人们对呈现在感官面前的事物现象的实际情况所作出的一种断定和陈述，而感性呈现总是处于一定特殊时空关系之中。案件事实则是法学意义上的事实，是指事实认定者依据在案证据认定的事实，可以称之为“法律事实”。在证据法中，案件事实是用证据来证明的对象。在诉讼中，双方当事人运用证据证明其主张的案件事实，裁判者则综合审查判断证据以对案件事实进行认定。

总之，与哲学意义上的事实相比，案件事实的范围要狭窄得多。案件事实是诉讼认识的客体，它属于“评价中的事实”[2]，是依照法律规定加以整理后的事实，这种事实要受到法律规范及价值的限制。在案件事实的认定中，除了要遵守一般认识要遵循的经验法则、逻辑规则，还要遵守法律的规定。诉讼中案件事实的认定要受法律程序的制约，它必然是建立在相关证据以及法定的证明标准之上的，这些标准常常并不要求事实认定是“绝对确实”的。也正因为这样，作为裁判基础的事实是根据法律规范所认定的事实，未必与客观事实相同。[3] 所以，可以认为，客观事实是客观上已经发生的事实，而案件事实是一种为了查

---

〔1〕　参见彭漪涟：《事实论》，上海社会科学院出版社 1996 年版，第 106 页。

〔2〕　李德顺：《价值论》，中国人民大学出版社 1987 年版，第 265 页。

〔3〕　参见舒国滢、宋旭光：《以证据为根据还是以事实为根据？——与陈波教授商榷》，载《政法论丛》2018 年第 1 期。

明客观上已经发生的事实而通过运用证据这一方式去认定的事实,因此案件事实实质上只是一种证据证明的事实。运用证据进行事实认定的结果具有一定的不确定性,所认定的案件事实与已经发生的客观事实可能一致,也可能不完全一致,甚至完全相反。

案件事实与客观事实关系产生的基本原理在于:客观事实是已经发生的、过去的既往事实,不可能重复,也不可能再造,并且客观事实发生在法庭之外,事实认定者非当事人,未亲眼所见,未亲历其中,故只能通过证据来尽量重建客观事实。因此,事实认定者凭借证据认定案件事实的思维过程属于“回溯性认识”,“难以用自然科学的实验方法来加以判定”。而基于回溯性认识的特点,以及办案人员的证据素养、法律素养、逻辑分析能力、生活经验乃至证据规则是否完善等因素,“无论事实认定者的内心确信程度多高,所认定的事实都不可能必然正确”。也就是说,由于已经发生的事实的不可逆性,依据证据所作出的事实认定可能与客观发生的事实有偏差,而根据证据裁判原则,认定案件事实只能以证据为依据,因此在真伪不明的情况下,裁判者只能根据在案证据的情况综合审查判断后作出裁判,认定案件事实而不是认定客观事实。裁判者需要做的就是运用证据尽量准确地认定案件事实,尽量确保查明案件事实真相。

(三)证据与事实认定

事实认定(fact-finding)是事实认定者对特定事物及其关系真实存在之可能性的确定。现代司法奉行证据裁判原则,即“认定案件事实,必须以证据为根据”,法官必须依据证据来认定案件事实。“原则上,真实可以被发现;正确地认定事实(accuracy in fact-finding)是公正裁判的必要前提。”[1]因此,案件事实认定对司法裁判起着至关重要的作用,司法证明的主要任务就是认定案件事实。我国诉讼法学研究中,事实发现理论是探究事实问题遵循的核心理论。传统的事实发现理论以探究案件事实真相为唯一指向,主张全部诉讼活动的目的就是“如何保证司法人员能够正确认识案件事实,亦即如何保证主观符合客观”[2]。

运用证据认定案件事实是证据裁判原则的核心要求。事实认定过程既是事实认定者的一个内心确信过程,也是对证据进行审查判断、能动解释的过程。具体来说,在司法实践中运用证据来进行事实认定主要包括两个方面:一是确定单个证据的证据能力和证明力问题,就是通常说的证据审查判断问题;二是确定对案件事实的司法证明问题,主要是指运用证据来证明案件事实的问题。事实认定者在运用证据认定案件事实的过程中应遵守有关证据规则。证据规则是证据法原则在诉讼中的具体体现,是一系列证据在收集、运用和审查判断各个环节上应当遵循的程序性准则,它在案件事实认定中的作用是对证据的证据能力、证明力和司法证明过程进行规范。

事实认定也是认识主体对事实客体的能动建构过程,它也是一个经验推论过程。事实认定者在对证据进行评价形成心证从而认定案件事实的过程中,发挥主要功能的是经验法

---

〔1〕 [美]希拉里·普特南:《理性、真理与历史》,童世骏、李光程译,上海译文出版社1997年版,第55页。
〔2〕 陈一云主编:《证据学》,中国人民大学出版社1991年版,第96页。

则和逻辑规则，如一个证据对要件事实的证明有无相关性或者有多大证明力，一般并不能由立法者预先设定一套规则来套用，而只能由事实认定者按逻辑和经验来作出判断。经验和逻辑贯穿司法证明的全过程，其中经验法则在证据判断方面发挥选择作用，逻辑规则在案件事实认定方面发挥推理作用，两者对证据的推理和对事实的认定往往结合在一起，共同完成由证据到事实认定的心证过程。

■ 民事诉讼中证据、事实与事实认定的理解与适用

案例 1－2　重庆 S 机械化工程有限公司诉重庆 Q 屋业发展有限公司建设工程施工合同纠纷案[1]

□ 案情概述

重庆 S 机械化工程有限公司（以下简称 S 公司）诉称：2004 年 10 月 16 日，S 公司、重庆 Q 屋业发展有限公司（以下简称 Q 公司）签订重庆 X 国际度假村土石方平基工程承包合同，Q 公司将重庆 X 国际度假村土石方平基工程发包给 S 公司施工。S 公司为 Q 公司开发的位于重庆市南岸区茶园新区的重庆 X 国际度假村的组团、高尔夫球场、球道、湖泊以及其他的大面积平基区域进行土石方平基及沙石运输。其中，平基土石方暂估挖方 50 万立方米。合同约定 2004 年 10 月 28 日开工，经甲方（Q 公司）代表确认工期可以顺延等。2004 年 10 月 28 日，S 公司、Q 公司又签订重庆 X 国际度假村土石方平基工程补充协议，约定工程总土石方工程量约 300 万立方米，具体数量以合同明确的土石方工程量方式计算的工程量为准。2020 年 3 月 25 日，重庆市第五中级人民法院裁定受理对 S 公司的破产清算申请，并指定了管理人。管理人依法履行职责过程中，发现重庆 X 国际度假村土石方平基工程承包合同一直未办理结算。管理人查明，Q 公司 2011 年 2 月委托重庆 D 工程造价咨询有限公司对该工程进行结算审核。2011 年 11 月 26 日，在重庆市公安局主持下，双方及相关部门等单位就该工程结算相关问题召开专题会议，形成关于 S 公司庆隆茶园项目土石方工程债权债务清理工作的专题会议纪要，对工程计价标准予以确认。经核算后，Q 公司还剩工程款 64,175,136.86 元未支付。Q 公司应当承担给付工程款的义务，并承担逾期付款的资金占用损失。

Q 公司辩称，S 公司起诉基于的主要证据会议纪要所载明的单价，是 S 公司法定代表人蒲某与 Q 公司法定代表人彭某在 2010 年 7 月因彭某涉嫌组织领导黑社会组织罪被羁押期间，为了规避刑事案件中可能被判处没收财产的财产刑而恶意串通伪造的虚假报告，企图通过增加单价的方式增加 Q 公司和 S 公司的合法财产，从而减少被司法机关罚没追缴的财产金额，并按照比例分配可能的违法金额。由此会议纪要内容不真实、依据不真实，是违反

[1] 参见重庆市九龙坡区人民法院（2022）渝 0107 民初 22423 号民事判决书。

监管法规形成,不是彭某或Q公司的真实意思表示,应当认定为无效。S公司的诉讼请求不能成立,应当驳回S公司的全部诉讼请求,并判令S公司承担本案诉讼费及律师费。

本案涉及的主要证据情况如下:

S公司向法庭举示了如下证据:

1. 重庆X国际度假村土石方平基工程承包合同。

2. 关于S公司庆隆茶园项目土石方工程债权债务清理工作的专题会议纪要。

3. D项目现状地貌测量及土石方计算设计工程计算图。

4.《D国际社区项目D国际度假村土石方平基工程结算审核报告》。

5. S公司管理人要求办理工程结算的函等。

Q公司向法庭举示了如下证据:

1. 调价报告复印件(手写落款时间为2006年2月20日)。该复印件显示有打印及手写形成的内容。

2. 调价报告复印件(手写落款时间为2006年3月18日)。该复印件显示有打印及手写形成的内容。

3. 部分S公司生产任务完成情况及工程完成量签证单。

4. 重庆市公安局沙坪坝区分局询问S公司副总经理华某的笔录复印件。

5. Q公司代理人对华某的询问笔录。

6. 证人尹某的证言。

7. 证人华某的证言。

8. 证人彭某的证言。其证言称,蒲某于2011年在看守所通过监管干警黄某让其签署过两份虚假的调价报告。当时蒲某提出,由于一审刑事判决要没收其全部财产,双方可以签订虚假的调价报告来通过调高单价的方式增加工程结算款,这样就可以在罚没时少被没收,然后双方按比例分成,签署两份调价报告并不是其真实意思表示。

一审法院经审理后支持了原告的诉讼请求,Q公司提起上诉,二审法院维持了原判。

□ 证据分析

本案的主要争点之一是根据现有证据,两份调价报告是否如彭某所言是蒲某和其为了规避刑罚而恶意串通后形成的?

对于以上证据问题,分析如下。

(一)调价报告的形式不合法

从形式要件上看,两份调价报告中既无Q公司与S公司的公章,也无S公司法定代表人的签字,因此该报告实际上缺乏另一方相对人,其形式不合法,不具有法律效力。

此外,在建设工程施工合同对工程单价的计算有重大变更且涉及数千万元金额的情况下,按照基本的商业习惯,合同双方当事人应当形成一份规范的协议,调价报告形式的不合法、不符合基本的情理和逻辑,也印证了彭某关于其和蒲某在被羁押的非常时期伪造调价报告的证言的真实性、可信性。

（二）调价报告的内容不真实

1. 调价报告形成时间明显冲突，不符合情理和逻辑。报告1（为方便区分，现将S公司2005年3月10日提出报告、彭某2006年3月18日签署的调价报告称为"报告1"；2006年1月13日S公司向Q公司提出报告、彭某2006年2月20日签署的调价报告称为"报告2"）中，S公司2005年3月10日向Q公司报告，彭某2006年3月18日才签字，这明显不符合正常的商业习惯。而报告2是2006年1月13日S公司向Q公司报告，彭某2006年2月20日签字，在报告2提交后不久又在2006年3月18日签了一个报告，这明显不符合情理。

2. 调价报告载明的内容与双方同期结算单据的原始证据严重冲突，明显虚假，双方从未按照报告中所载的单价结算过工程款。报告2中按15.5元每立方米计价、报告1按13.5元每立方米计价，二者签署日期都是2006年，与本案Q公司、S公司存档的同期原始结算单据载明的单价明显冲突。相反原始单据能够证明，无论从2005年开始还是从2006年开始，双方从未按照报告上的价格进行过核算或结算。比如，原始的工程量结算单等单据能够证明2005年起至2007年8月止，方量单价为9.8元，工程的第一组团已经按照9.8元的单价结算完毕；2007年8月单价调整到10.8元；2008年5月单价调整到11.5元；2008年8月起单价调整为12.5元。双方直到2010年7月涉黑刑事案件案发从未执行过15.5元的单价，更遑论在2005、2006年执行过15.5元的单价。

3. S公司与Q公司的往来"传真"时间能够进一步印证两份报告的形成时间系2011年而不是2006年。在彭某和蒲某通过管教干警违规传递而伪造了两份报告并通过管教干警违规转交给S公司员工后，S公司将两份报告传真给了Q公司员工留存。该两份报告边缘载明的传真时间是2011年10月17日，这就进一步印证了两份报告形成的真实时间是2011年而不是2006年。

因此，综合分析，无论从形式还是内容来看，两份调价报告显然是不真实的，并非Q公司和S公司基于正常的生产经营需要而协商形成，而系蒲某和彭某在特殊状况下为了规避财产刑执行而恶意串通伪造，损害国家刑事司法利益，没有法律效力，自始无效。原告据以起诉的主要证据关于S公司庆隆茶园项目土石方工程债权债务清理工作的专题会议纪要的核心内容是依据调价报告而计算单价，但调价报告因当事人恶意串通损害国家利益而无效，关于S公司庆隆茶园项目土石方工程债权债务清理工作的专题会议纪要的计价标准就欠缺合法的前提和基础，同样没有法律效力。

而一审法院则认为：Q公司主张两份报告系彭某与蒲某恶意串通形成，其提供的直接证据仅为彭某的证言。而彭某称两份报告为虚假调价材料，也仅系其单方陈述，缺乏充分的证据佐证。两份报告复印件中显示的传真时间，仅能说明传真件形成的时间，传真时间并不足以推翻报告落款时间的真实性。这成为一审法院判决支持原告诉讼请求的重要理由之一。

本案中，关于彭某所言的蒲某与其串通以虚假提高单价的方式规避刑罚的这个细节的

证明问题,能够很好地说明民事诉讼中证据、事实与事实认定之间的关系:

1. 从客观事实的角度来看,本案中对证据综合分析,可以肯定彭某的陈述是真实的,两份报告确实是彭某和蒲某在特殊情况下相互串通恶意规避刑罚而形成的。此不赘述。

2. 从证据的角度来看,被告方在举证时确实面临着只有彭某单方陈述,其他证据"举证不能"的问题。彭某证言中提及的管教干警黄某经查确有其人,其并不否认是蒲某的管教干警,但对是否传递纸条一事含糊其词,且其已经退休,而管教干警给在押人员传递书信本身就是违纪违规的,经法院通知其不愿意出庭作证。蒲某刑满释放后,曾经向华某出示过两份报告的原件,并向其讲述了当时如何串通签署报告的情形,但是由于裁判结果牵涉蒲某的切身利益,其不愿意出庭作证,法院也无法联系到其本人。这就使被告方对于关键事实的辩解确实只有彭某的单方陈述,缺乏相应的证据佐证,面临在证据上"举证不能"的问题。因此,客观地看,法院对于两份报告仅系彭某单方陈述而缺乏佐证的分析并不是没有道理。

3. 从事实认定的角度来看,即使本案缺乏人证来佐证彭某的陈述,但结合对其他相关原始书证等证据的分析,也是可以认定蒲某和彭某 2011 年在特殊情形下恶意串通规避刑罚的事实存在的。法院不认定这一事实,尽管从证据的角度看,这一做法不无道理,但所认定的"案件事实"与"客观事实"肯定是不一致的。本案的事实认定也反映出司法实践中,一些法官受到"印证"理论影响形成了"机械印证"的思维,片面强调每一个证据都应当有相应的其他证据来佐证,疏于对现有证据与其他证据之间的冲突进行认真分析,更不敢运用逻辑、情理、经验法则等主观性分析方法来认定案件事实,从而导致错误认定案件事实,作出错误裁判。

▢ 理论拓展

在民事诉讼中,同样存在证据、事实与事实认定之间的复杂关系。民事法官不是当事人,其并不清楚民事纠纷产生、发展、变更、消灭的过程,只能依靠双方当事人提交的证据来进行裁判,因此,在民事诉讼中同样奉行"证据裁判原则"。民事诉讼中有相应的证据运用规则,其中一些规则有其特殊性,如民事诉讼中对举证期限的约束较多、民事诉讼中重视自认的效力等。法官基于证据作出裁判,其所认定的案件事实,既有可能与案件的客观事实一致,也有可能与客观事实有出入,甚至截然相反。例如本案中,客观事实确实是蒲某和彭某为了规避刑罚而通过监管干警的违规牵线搭桥签署了两份虚假的调价报告,但法院所认定的案件事实则是基于证据规则认为彭某的证言证明力不足,对其证言所称的事实不予认定。彭某所主张的是本案理论意义上的客观事实,法院所认定的是基于证据规则的法律意义上的案件事实。

《民事诉讼法》第 7 条规定:"人民法院审理民事案件,必须以事实为根据,以法律为准绳。"从立法本意来说,此处的"事实"是指客观事实,但从证据法原理以及司法实践来看,此处的"事实",理解为以证据为支撑的"案件事实"更为恰当。需要指出的是,由于民事诉讼中，事实认定的证明标准较之刑事诉讼定罪的标准总体要低，因此，民事诉讼中法院认定的案件事实偏离客观事实的可能性更高。尤其在2001年《民诉证据规定》发布之后很长一段时间，民事诉讼实行的是“优势证明”的证明标准，这是事实认定的一个较低的证明标准，而这就导致民事司法实践中不少案件的事实认定偏离了甚至背离了客观事实真相，妨害了司法公正。正是基于对这种过于强调“形式真实”的反思，2019年修正的《民诉证据规定》删除了原规定中“优势证明”的相关条款，而代之以一般情形下适用“高度可能性”的证明标准以及特殊情形下适用“排除合理怀疑”的证明标准。这标志着我国民事诉讼向发现案件事实的“实质真实”转变，更有利于推动民事诉讼中法官认真查明案件事实真相，以此为基础作出裁判。

从证据法学原理上说，应当看到，无论是在刑事诉讼还是民事、行政诉讼中，证据、事实及事实认定之间如何正确认识和把握都是很复杂的。对于过去发生的事实，事实认定者由于缺乏直接知识，只能凭借证据间接进行认定。他们必须通过对证据属性的分析，进行从证据到待证事实的经验推论，去伪存真，由此及彼，由表及里地进行思维加工。这同时又意味着，在这种信息加工活动中，事实认定者具有某种天然的局限性。由于事实认定须经历一个从证据到待证事实的经验推论过程，其逻辑形式是归纳推理，所得到的结论即事实真相(truth)是对一种主张之可能性的判断，因而必然具有盖然性。因为，“对事实的认定是从法庭所举证据得出的结论……事实认定者不能……自己亲眼看到案件中实际发生的事情。他不得不试图通过权衡证据并从中进行推论，来得出一个结论”[1]。事实认定者只能通过证据推论，对过去事实发生的可能性作出裁判，这是其结论具有盖然性的根本原因，而事实认定者需要做的就是尽可能地使自己得出的结论能够最大限度地接近案件事实真相。

□ 阅读指引

1. 潘金贵主编：《证据运用实务教程》，法律出版社2023年版。
2. 张保生等：《证据科学论纲》，经济科学出版社2019年版。
3. 吴宏耀：《诉讼认识论纲——以司法裁判中的事实认定为中心》，北京大学出版社2008年版。
4. 于辉：《案件事实论证：一种批判性思维的研究进路》，法律出版社2018年版。
5. 曹佳：《事实认定的证成理论研究》，法律出版社2024年版。

（撰写人：西南政法大学法学院　潘金贵）

---

〔1〕 See Ho Hock Lai, *A Philosophy of Evidence Law Justice in the Search for Truth*, p. 27. 转引自张保生：《事实、证据与事实认定》，载《中国社会科学》2017年第8期。

第二节 证据裁判原则

■ 刑事诉讼中证据裁判原则的理解与适用

案例 1-3 陈某某抢劫案[1]

□ 案情概述

2001 年 9 月 25 日清晨 6 时许,广东省某市一商店发生一起抢劫案。老板娘方某花应顾客要求取货时,被其用铁锤从后袭击脑部,当即失去知觉。歹徒随后进入店内卧室,用铁锤袭击熟睡的店主方某崇及其女儿方某红、方某霞,并取走方某崇裤袋内装有 500 元现金的钱包,后逃离现场。方某崇经送医院抢救无效死亡,其余三名被害人均受重伤。立案侦查后,陈某某被锁定为犯罪嫌疑人,一直负案潜逃,直至 2010 年 4 月 23 日才被抓捕归案。

2011 年 12 月 19 日,广东省某市中级人民法院以抢劫罪判处陈某某死刑。宣判后,陈某某不服,以没有实施犯罪为由提出上诉。2013 年 9 月 9 日,广东省高级人民法院以事实不清、证据不足为由裁定撤销原判,发回原审法院重新审判。广东省某市中级人民法院依法重新组成合议庭审理此案,于 2014 年 4 月 15 日判决:(1)以抢劫罪判处被告人陈某某死刑,缓期二年执行,剥夺政治权利终身,并处没收个人全部财产;(2)赔偿附带民事诉讼原告人经济损失人民币 520,206.19 元。陈某某仍不服,继续以其没有实施犯罪、不应承担赔偿责任为由提出上诉。广东省高级人民法院于 2015 年 7 月 28 日作出终审判决,认为陈某某犯抢劫罪的事实不清、证据不足,宣告其无罪、不承担民事赔偿责任。

该案涉及的证据基本情况如下:

1. 物证:(1)现场提取的一把柄头分离的红色铁锤;(2)现场提取的一件疑似染有血迹的长袖衬衫。

上述两项物证均未进行相关检验、鉴定工作,且原物被侦查机关遗失,仅有照片。

2. 被害人陈述。

(1)被害人方某花于案发当年的陈述:2001 年 4 月开始,有一名在某厂做事的男子经常到店内买东西。同年 9 月中旬,该男子在店里寄放了几天包裹,其间记账购买了红色胶手套等物品。同月 27 日早上 6 时许,其打开店门后,该男子进来说要买被子,其拿了一床被子给他看。这时小女儿在卧室哭,其抱她出来后,该男子说暂时不买被子了。等他走后,其将女儿放在地上,准备把被子放回货架时,背后受到袭击,没看到凶手。

---

[1] 参见广东省高级人民法院(2014)粤高法刑四终字第 127 号刑事附带民事判决书。

(2)被害人方某花于被告人陈某某归案后的陈述:一男子进店要买鞋子,其去货架上找鞋时被人从后面打到头部晕了过去。当时方某崇和大女儿在床上睡觉,想不起来小女儿在何处。

3. 被告人供述。

(1)无罪供述。第1、2次及第8~10次笔录为无罪供述,内容基本一致:案发当日早上7时左右,其到某市一家食杂店准备买烟,因店内无人,便进入店后卧室,见老板躺在地上,满身是血,好像在向其求救。其过去扶起老板,老板鼻子里喷出很多血,溅其全身,其放下老板。老板的两个女儿在床上哭,其到床旁的水龙头处洗手,将自己的衣服脱下,换上老板的短袖T恤,并到店门口喊"救命"。此时一老板亲戚进店,其便跟在后面,叫老板亲戚赶快报警。随后搭乘摩托车离开现场,并于第二天回到福建老家。回家后,警察来找其但没找到,因为害怕,其没把事情讲清楚,离开老家,10年未回。

(2)有罪供述。第3~7次笔录及亲笔供词为有罪供述,内容基本一致:2001年9月25日左右,其想搞点钱回老家,便想到以前常去的食杂店抢钱。次日早上6时许,其在一家五金店买了一把4磅、红色锤头、木质锤柄的锤子。之后两天,其寻找下手机会,并以记账方式在店里买了胶手套用于作案。案发当天早上6时许,其假意买鞋,趁老板娘到货架处找鞋时,戴上胶手套,拿出铁锤向老板娘后脑连打三下,致老板娘后脑流血并昏迷。在从货架上拿了一床被子盖住她后,其进入店内房间,发现老板和两个小女孩在床上睡觉,看老板好像要睁开眼,便用铁锤捶打老板的头部正面,然后把床头的一条沙滩短裤拿到冲凉房搜钱包。刚把钱包拿出来就发现老板往门口爬去,便立刻又捶打老板的后脑、太阳穴及背部。可能因为太用力,锤柄从锤头部位断开,其便用手拿着锤头继续打,直到老板不动为止。这时两个小女孩在床上哭,其用锤头打了两个小女孩头部各一下,接着去冲凉房拿钱包,并脱下自己沾血的衬衫,准备换一件干净衣服。这时老板娘的弟弟进来看见地上的老板,便跑出去叫人。其赶快穿上一件老板的衣服跑出食杂店,在门口装样子喊:"救命啊,老板被人打了,赶紧报警。"这时老板娘的弟弟又跑进店里,其便跟在后面,叫他赶快报警。后来其趁人多偷偷离开,花5元搭摩托车到某路口,第二天回到福建老家。其抢的钱包里有500元人民币等财物。

陈某某指认出案发前临时藏匿睡觉的地点、购买铁锤的地点、案发地点、寄放铁锤的位置、用铁锤打晕老板娘的位置、拿被子的位置、打伤老板及两个女儿的位置、取走老板沙滩裤找钱包的位置、用水龙头冲洗双手血迹的位置、案发后丢弃手套的地点、乘坐摩托车离开现场的地点。

4. 证人证言。

(1)证人方某盼(被害人方某崇的妹夫)的证言:于案发当年称,案发当天方某崇说"不要理我,是广西仔做的,快去捉他"。被打伤的还有睡在床上的方某崇的两个女儿。当时其在现场没有看到可疑人员。

于被告人陈某某归案后补充称,当时没有人跟随其进入,其在现场除发现带血的铁锤外,还在洗手间见到一把尖部带血迹的剪刀。

后改称,案发当天早上,其进方某崇店铺时,见一名陌生男子在货架处看东西,等其从店后卧室出来时,该男子就不见了。

(2)证人方某华(被害人方某崇的妹妹)的证言:案发当年及被告人陈某某归案后的证言内容基本一致:2001 年 9 月 27 日早上,方某盼起床去其哥哥方某崇的店里买饼,发现出事。方某盼称方某崇只说了“广西”二字。其到案发现场时,有一名案发 5 天前经常到方某崇店里的男子在店门口叫“救命”。其送方某崇的两个女儿去了医院,一个从床上抱起,另一个不记得从哪里抱起。

(3)证人方某权(被害人方某崇的弟弟)的证言:于被告人陈某某归案后称,案发当日,其到方某崇店里,见方某崇正从卧室慢慢向门口走过来,身上很多血。其问是谁打的,方某崇说“广西、广西”,后来又说“还有一个福建的”。

后补充称,方某崇当时满眼是血,基本看不见东西。其在卧室没有发现剪刀,记得大女儿当时躺在床上,小女儿好像坐在卧室门口附近的凳子上。

(4)证人方某林(被害人方某花的弟弟)的证言。

(5)证人冯某胜(摩托车搭客司机)的证言:于案发当年称,案发当天早晨7 时许,其以 5 元的价格在某市场门口搭载了两名从某管理区方向走来的男子到某路口。两名男子都 30 多岁,身高都在 1.7 米左右。

于被告人陈某某归案后改称,两名男子一人身高 1.7 米左右,一人 1.6 米多。

(6)证人邱某锐(某五金店老板)的证言:2001 年 9 月 23 日左右,其卖了一把 5 磅的方锤给一个讲普通话的陌生男子,该男子 25 岁左右,中等身材。

(7)其他证人的证言。

5. 勘验、检查笔录:(1)现场勘查笔录;(2)现场图及照片。

6. 辨认笔录。

(1)被害人方某花的辨认笔录:经辨认照片,于案发当年辨认出被告人陈某某是打伤其的男子,于被告人归案后辨认出被告人为买鞋的男子。

(2)被告人陈某某的辨认笔录:经辨认照片,辨认出方某花、方某盼、作案穿的白色长袖衬衣、使用的锤头及锤柄。

(3)证人方某华的辨认笔录:经辨认照片,于被告人陈某某归案后辨认出被告人是案发当天早上在方某崇店门前喊“救命”的男子。

(4)证人邱某锐的辨认笔录:无法辨认出买铁锤的男子。

7. 鉴定意见:(1)法医学尸体检验报告书及尸检照片;(2)法医学活体损伤程度鉴定书及伤情照片。

8. 其他证据。

□ 证据分析

本案中涉及证据的争议焦点是:(1)对被告人定罪量刑的事实是否都有证据证明?

(2)被告人有罪供述是否具有证据能力?(3)综合全案证据能否认定被告人有罪?

对于以上证据问题,分析如下。

(一)对被告人定罪量刑的事实缺乏证据证明

根据《刑诉法解释》第72条,被指控的犯罪是否为被告人所实施,实施犯罪的时间、地点、手段、后果以及案件起因等事实都应当运用证据证明。本案现有证据尚不足以证明对被告人定罪量刑的全部事实。

1. 证明被指控的犯罪为被告人所实施的证据不足

关于被害人陈述与辨认笔录,无法单独、直接证明案件主要事实。被害人方某崇从正面受到袭击,可能看清了凶手,但已死亡,无法进行陈述与辨认。被害人方某红、方某霞虽然目睹了凶手,但属于《刑事诉讼法》第62条第2款规定的"年幼,不能辨别是非、不能正确表达的人",不能作为证人。因此,本案被害人中仅有方某花可以作为证人进行陈述与辨认,但被害人方某花从后受到袭击,且自述"没看到凶手",其陈述及辨认仅能证明被告人在案发时出现在现场,不能证明被指控的犯罪为被告人所实施。

关于证人证言与辨认笔录,本案证人均未目睹凶手作案过程,不能直接证明案件主要事实。尽管方某华辨认出被告人为案发当日在店门口喊"救命"的男子,但该辨认仅能证明被告人出现在案发现场。

关于现场提取的衬衫,照片显示衬衫右袖处有疑似血迹,但侦查机关未进行提取与检验,且原物已遗失。此外,该衬衫尺码为54码,与身高1.6米、体型中等的被告人正常情况下所穿衬衫尺码(48码左右)有一定差距,认定该衬衫系被告人遗留存疑。退一步讲,该证据即使能证明被告人出现在案发现场,也仅为间接证据,不足以证明被指控的犯罪为被告人所实施。

综上,本案除被告人有罪供述外,其他证据均为间接证据,证明被指控的犯罪为被告人所实施的证据不足。

2. 证明实施犯罪手段的证据不足

本案虽有鉴定意见证明四名被害人分别受钝器多次打击,面部、头部被打砸,但缺乏证据证明凶手具体使用的作案工具。关于现场提取的铁锤,侦查机关未对铁锤上的血迹、指纹等痕迹进行提取、检验,且已遗失该物证原件。通过照片无法看出铁锤沾有血迹、毛发、人体组织等物质,即不能反映原物的特征。根据《办理死刑案件证据规定》第8条第1款,据以定案的物证应当是原物,原物的照片不能反映原物的外形和特征的,不得作为定案的根据。因此,现有证据无法证明现场提取的铁锤为作案工具,即证明实施犯罪的手段的证据不足。

综上所述,由于本案物证原件缺失,被害人陈述与证人证言均为间接证据,认定被指控的犯罪为被告人所实施、被告人实施犯罪手段的证据不足。

(二)被告人有罪供述具有证据能力

被告人有罪供述排除刑讯逼供情形,具有证据能力。证据能力是指证据成为认定案件事实依据的资格,其要件包括关联性、合法性与真实性。本案被告人有罪供述与案件待证事实,即对被告人定罪量刑的事实有关联,且不存在《刑诉法解释》第 94 条规定的讯问笔录未经被告人核对确认等影响证据真实性的情形,故被告人有罪供述是否具有证据能力,主要涉及证据的合法性问题,具体指侦查人员取证手段的合法性问题。

根据《非法证据排除规定》第 6 条的规定,被告人及其辩护人提出审判前供述是非法取得,并提供了相关线索和证据,法庭应当进行调查。根据《刑事诉讼法》第 59、60 条的规定,检察机关应证明证据收集的合法性,经过法庭审理,确认或不能排除存在《刑事诉讼法》第 56 条规定的以非法方法收集证据情形的,对有关证据应当予以排除,即检察机关证明取证手段的合法性应达到排除合理怀疑的证明标准。本案被告人及其辩护人提出有罪供述是刑讯逼供的结果,系非法证据,应当予以排除。重审时二审法院启动了非法证据排除程序,分别以通知侦查人员出庭、当庭有针对性地播放审讯录像等方式,对被告人供述这一证据取证手段的合法性进行了法庭调查。本案经法庭调查得出审讯程序合法、足以排除刑讯逼供情形的结论,且证据表现形式、取证主体、证据形式要件均合法,故被告人有罪供述满足证据能力的合法性要件。

综上,被告人有罪供述符合关联性、合法性与真实性要求,具有证据能力。

(三)综合全案证据无法排除合理怀疑,不能认定被告人有罪

如前所述,本案除被告人有罪供述外,被害人陈述,证人证言,勘验、检查笔录等证据均为间接证据。关于本案间接证据分析如下。

关于被害人方某花的陈述:(1)其在案发当年称在一男子买被子时受到袭击,指认被告人为打伤其的凶手,与其“背后受到袭击,没看到凶手”的陈述、被告人有罪供述中“假意买鞋”的内容相矛盾;在被告人归案后改称在一男子买鞋时受到袭击。(2)其在案发当年称在被袭击前已将小女儿抱出房间放在地板上,与证人方某权的证言“大女儿当时躺在床上,小女儿好像坐在卧室门口附近的凳子上”相近,但与被告人有罪供述中“两个小女孩在床上哭”的内容、证人方某盼“被打伤的还有睡在床上的方某崇的两个女儿”的证言相矛盾;在被告人归案后改称不记得小女儿在哪。被害人方某花在案发当年的陈述与被告人有罪供述相矛盾,在被告人归案后发生多处改变,存在无法解释的疑问,可靠性较弱。对于小女儿在何处的问题,证人证言之间、证人证言与被告人陈述之间均存在矛盾。

关于证人方某盼、冯某胜的证言:(1)方某盼在案发当年称听到方某崇说作案人是“广西仔”,该证言与证人方某华、方某权的证言相互印证,但与被告人是福建人之间存在矛盾;在被告人归案后改称听方某崇说凶手是广西人和福建人。(2)方某盼在案发当年称在现场没有见到可疑人员,也没有人跟随其进入现场,与被告人有罪供述中“跟随老板娘的弟弟进出现场并让其报警”的内容相矛盾;在被告人归案后改称其进入现场时见到一名陌生男子在货架处看东西,随后不见。(3)冯某胜在案发当年称其在现场附近搭载的两名男子均在 1.7 米左右,与被告人的身高特征不符;在被告人归案后改称其中一名男子为 1.6 米多。上述二人的证言中,案发当年的陈述与被告人的身份情况、户籍特征,被告人供述存在矛盾,

在被告人归案后发生多处改变，与被告人供述的内容及其个体特征趋同，证据内容的可信度较低。

关于证人方某权的证言：案发当日，方某权问方某崇是谁干的，方某崇回答"广西、广西"，后来又说"还有一个福建的"。被告人在有罪供述中承认自己单独犯罪，根据被告人有罪供述与该证言认定案件事实，将分别得出本案为单独犯罪、共同犯罪的矛盾结论。

综上，本案证据之间存在诸多无法排除的矛盾和无法解释的疑问，不能得出被告人实施犯罪的唯一结论。全案证据无法形成完整的证明体系，无法达到"事实清楚，证据确实、充分"的法定证明标准，根据《刑事诉讼法》第 200 条第 3 项的规定，法院应当作出证据不足、指控的犯罪不能成立的无罪判决。

◻ 理论拓展

(一)刑事诉讼中证据裁判原则的内涵与要求

证据裁判原则支配所有犯罪事实的认定。[1] 其内涵是，裁判必须建立在证据的基础上，且该证据应当具有证据能力，并经过法定程序的调查。[2] 证据裁判原则终结了神判制度，否定了刑讯逼供下依口供结案的证据制度，克服了法官自由心证时的恣意擅断，彰显了证据法的理性价值、程序价值与法治价值，[3] 具体包括以下三个方面的要求。

1. 认定案件事实的理性认识要求，指认定案件事实只能以证据为根据。在认识论方面，理性是指人的一种认识能力，要求在认识案件事实时以证据为基础，因为证据是连接客观事实与案件事实的唯一物质纽带；在实践意义上，理性主要指经济理性，即依靠证据来认定案件事实具有正确实效，且最为便捷。[4] 首先应当明确需要通过证据证明的案件事实，即证据裁判原则约束的范围。我国《刑事诉讼法》第 55 条、《刑诉法解释》第 72 条规定了待证事实，既包括对人定罪量刑的事实、对物处理的事实，也包括程序事实。根据证据裁判原则，没有证据、证据不足、证据存疑的情况下，都不能认定犯罪事实，应宣告无罪。

2. 认定案件事实的证据资格要求，即证据必须具有证据能力。这一要求主要源于证据裁判原则的价值论基础，以避免证据裁判沦为侵犯诉讼主体权益的法律工具。大陆法系国家有关证据能力的禁止性规定与英美法系国家证据的可采性规则都以证据资格为调整对象，要求证据在事实上具有相关性的同时，不得违背法律的各项要求。我国对于证据能力的审查强调证据的合法性，包括证据表现形式、取证主体、取证手段、证据形式要件、法庭调查程序的合法性。[5] 自 2010 年《办理死刑案件证据规定》《非法证据排除规定》出台，我国逐步确立、完善了非法证据排除规则。非法证据排除规则对证据能力进行规制，通过审查

---

〔1〕 参见林钰雄：《刑事诉讼法》（上册），台北，新学林出版股份有限公司 2020 年版，第 497 页。

〔2〕 参见李静：《证据裁判原则初论——以刑事诉讼为视角》，中国人民公安大学出版社 2008 年版，第 18 页。

〔3〕 参见闵春雷：《证据裁判原则的新展开》，载《法学论坛》2010 年第 4 期。

〔4〕 参见李静：《证据裁判原则初论——以刑事诉讼为视角》，中国人民公安大学出版社 2008 年版，第 19 - 22 页。

〔5〕 参见陈瑞华：《刑事证据法》，北京大学出版社 2021 年版，第 142 - 147 页。

证据的合法性,排除侵犯公民基本权利取得的证据,敦促侦查机关依法办案,从而加强司法人权保障。

3. 认定案件事实的正当程序要求,指证据必须在中立的法庭上出示,并经法定调查程序才能作为裁判的依据。大陆法系国家将证明分为严格证明和自由证明,对于与定罪量刑有关的实体性事实,一般要求严格证明,即运用刑事诉讼法规定的法定证据种类,经过法定证据调查程序进行证明。[1] 保障程序的中立性、公开性、参与性,既有利于实现查明案件事实的目的,又符合手段的正当性要求。《刑诉法解释》第 71 条规定,证据未经法庭调查程序查证属实,不得作为定案的根据。《办理死刑案件证据规定》第 15 条首次规定了证人应当出庭的情形及不出庭的法律后果,《非法证据排除规定》第 7 条第 1、2 款首次规定了讯问人员及讯问时在场的其他人员应当出庭的情形。我国逐步确立、完善人证出庭作证制度,保障被告人的质证权与辩护权。

(二)刑事诉讼中证据裁判原则的实践反思

2007 年,《办理死刑案件意见》首次明确规定证据裁判原则,要求"坚持证据裁判原则,重证据、不轻信口供"。2010 年《办理死刑案件证据规定》第 2 条规定:"认定案件事实,必须以证据为根据。"此后,证据裁判原则的相关表述陆续出现在司法解释等法律文件中。然而,实践中证据裁判原则并未得到严格贯彻,主要存在以下问题。

1. 证据能力规范不足。受实事求是指导思想与辩证唯物主义认识论的影响,我国刑事诉讼强调发现案件事实真相。刑事证据的审查认定规则本质上以规范证据的证明力为中心,不对证据的准入资格作出限制,无论是否具有证据能力,都可以成为质证、认证的对象,是否排除由法院综合审查决定,主要取决于证据能否查证属实或有无其他证据印证。[2] 非法证据排除规则应以证据能力为规制对象,但我国立法与司法实践对证明力的重视程度远超证据能力,引发了非法证据范围不清晰、排除程序不独立和滞后、非法证据证明形式化等问题,甚至出现了因证据具有证明力阻碍非法证据排除的情况,[3] 从而影响证据能力规则的功能价值。

2. 法定调查程序虚化。根据证据裁判原则的正当程序要求,认定案件事实的证据必须经过法定调查程序。2017 年最高人民法院出台"三项规程",旨在消除刑事案件审判中庭审"走过场"的痼疾。但是,庭审实质化的改革目标尚未实现,庭审依然面临证人出庭率较低、非法证据排除程序启动困难、非法证据排除审查形式化、庭后书面审理犹存等限制性因素。虚化的庭审导致部分证据未经法定调查程序直接转化为定案根据,庭审在查明事实、认定证据、保护诉权、公正裁判中的决定性作用难以切实发挥。

3. 疑罪从无落实不严。疑罪从无是无罪推定原则引申出的重要证据法则,指在控方提

---

[1] 参见宋英辉、李哲:《证据裁判原则评介》,载《政法论坛》2003 年第 4 期。

[2] 参见王超:《刑事证据排除的两种模式》,载《现代法学》2013 年第 4 期。

[3] 参见杨波:《由证明力到证据能力——我国非法证据排除规则的实践困境与出路》,载《政法论坛》2015 年第 5 期。

交的证据达不到法定证明标准时，应宣告被告人无罪。然而，疑罪从无在司法实践中落空，异化为疑罪从有、疑罪从轻的司法潜规则。如本案重审时一审法院认定被告人造成一人死亡、三人重伤的结果，但判处被告人死刑缓期执行而非死刑立即执行，就属于在无法排除合理怀疑时作出留有余地的判决。[1] 而在原二审中，对于原判决事实不清或证据不足的，裁定撤销原判，发回原审法院重新审判，也与疑罪从无原则相悖。如本案证据不足、证据存疑，本应直接宣告被告人无罪，但原二审法院将案件发回原审法院重新审判，导致被告人因程序倒流在两年后才获得无罪判决。

（三）刑事诉讼中证据裁判原则的严格贯彻

针对现存问题，既要完善证据能力规则并严格适用，又要提升法定调查程序的实质化水平，更应坚持法定证明标准、落实疑罪从无原则，通过刑事司法原则、制度与程序的构建完善，严格贯彻证据裁判原则。

第一，严格证据能力体系。证据能力是证据成为定案根据的资格，必须强化证据能力规范。一方面，要完善证据能力规则，对于现行证据规则中证据能力与证明力的内容进行梳理与区分，并将有关证据能力的内容独立为体系化的证据规则。应以证据能力为基点，明晰非法证据的范围，并严格限缩瑕疵证据的范围。另一方面，要严格适用证据能力规则，强化证据能力审查。应当设立独立的证据能力审查程序，避免证据能力的审查与证明力的审查混同，防止法官根据证明力大小倒推证据能力有无。对于非法实物证据、瑕疵证据的补正，应明确侦查机关出具的情况说明不能替代侦查人员出庭作证，唯此才能对证据能力进行实质审查。

第二，深化庭审实质化改革。为满足证据裁判原则对法庭调查程序的要求，必须不断提升庭审实质化水平。具体而言，应坚持推进人证出庭作证制度，落实"四类人员"应当出庭情形的作证义务，以逐步贯彻直接言词原则；区分人证和物证的举证方式，构建完善以交叉询问为主、职权询问为辅的人证调查模式，保障辩方质证权；构建庭审认证程序机制，提升当庭认证的比例，规范庭后认证的程序。[2] 需要注意的是，聚焦于操作层面的庭审实质化改革尚不足以真正实现庭审在查明事实、认定证据中的决定性作用。只有深化以审判为中心的诉讼制度改革，并与司法体制综合配套改革协同推进，才能实现诉讼以审判为中心、审判以庭审为中心、庭审以证据为中心，证据裁判原则才有适用的空间与可能。

第三，落实疑罪从无原则。现代法治国家的刑事诉讼制度应贯彻无罪推定原则，在证据法上的要求是坚持"事实清楚，证据确实、充分"的法定证明标准，落实疑罪从无原则。无论是一审程序还是二审程序，在控方提交的证据无法达到法定证明标准时，不得认定犯罪事实，应宣告被告人无罪，这是贯彻无罪推定原则与证据裁判原则的必然要求。具体而言，在此种情形下，一审不作留有余地的判决，严格适用《刑事诉讼法》第200条第3项的规定，

---

〔1〕 参见陈兴良：《一份疑罪从无的判决书：分析与评论》，载《中国法律评论》2015年第4期。

〔2〕 参见陈实、胡晓晖：《深化以审判为中心的诉讼制度改革　构建刑事诉讼新格局》，载《人民法院报》2023年9月21日，第5版。

作出证据不足、指控的犯罪不能成立的无罪判决;二审不发回重审,事实无法查清的,应当作出证据不足、指控的犯罪不能成立的无罪判决。

■ 民事诉讼中证据裁判原则的理解与适用

案例 1-4 赵某诉项某某、何某某民间借贷纠纷案[1]

□ 案情概述

本案原告赵某因与被告项某某发生民间借贷纠纷,向法院提起诉讼。基于本案处理结果与何某某有法律上的利害关系,法院依原告申请追加其为共同被告参加诉讼。

原告赵某诉称:2007 年 7 月 20 日,被告项某某以装修房屋为由向其借款人民币 20 万元,双方约定以年利率 5% 计息,期限为 2 年。当日,原告以现金方式向项某某交付 20 万元,项某某当场出具借条。2009 年 7 月 23 日,项某某在原告的催讨下支付利息 2 万元,并请求延长借款期限 2 年。2011 年 7 月 27 日,原告再次向项某某催讨借款,但其仍未能还款。原告请求法院判令项某某归还借款 20 万元,并支付相应利息。

被告项某某辩称:对原告赵某诉称的事实均无异议,涉案借款用于夫妻共同生活。因此,涉案借款是夫妻共同债务,应由两被告共同偿还。

被告何某某辩称:原告主张的借款事实不存在,两被告在 2007 年自有资金非常充裕,无举债之必要。原告提供的借条是项某某事后伪造的,本案是原告和项某某恶意串通企图转移财产的虚假诉讼,应追究两人的法律责任。且两被告于 2009 年 6 月 18 日签订协议书,约定对外债务任何一方不确认则不成立。故该笔借款即使存在,也应当是项某某的个人债务。

上海市某区人民法院经审理查明:

首先,原告赵某向被告项某某出借 20 万元时因购房而负担着巨额银行贷款,因此法院给予原告合理的举证期限,要求其提供相应的证据证明其资产状况和现金出借能力。嗣后,原告明确表示拒绝提供相应的证据。

其次,被告项某某称其于 2007 年 8 月 2 日用涉案借款中的 10 万元提前归还房贷。然而,经法院依职权调查,项某某银行交易记录显示当天有 10 万元存款从其名下银行账户支取,与其归还的银行贷款在时间、金额上具有对应性。此外,项某某银行账户在同期存有 10 余万元存款,其购房银行贷款也享有利率的七折优惠,再以 5% 的年利率向他人借款用以冲抵该银行贷款,缺乏必要性和合理性。本案于 2013 年 3 月 7 日开庭时,被告项某某经法院合法传唤明确表示拒绝到庭。

---

[1] 参见赵某诉项某某、何某某民间借贷纠纷案,载《最高人民法院公报》2014 年第 12 期。

最后，经法院调查，2010 年 7 月，两被告开始分居。2010 年 8 月 25 日、2011 年 5 月 12 日，何某某分别起诉至上海市某区人民法院，要求与项某某离婚。上述两案诉讼过程中，项某某均未提及本案系争借款，后该两次离婚诉讼均经调解不予离婚。2012 年 8 月 31 日，何某某第三次起诉要求与项某某离婚，项某某将本案借款作为夫妻共同债务要求何某某承担相应的还款责任。

上海市某区人民法院驳回原告赵某的全部诉讼请求。一审判决后，双方均未提起上诉。该案涉及的证据基本情况如下：

1. 书证

(1)原告赵某提供的借条一张，载明："今我项某某向赵某借人民币 200,000 元正(贰拾万元正)，于 2009 年 7 月 20 日前归还，利息按 5% 计算。"落款处由被告项某某以借款人身份签名，落款日期为 2007 年 7 月 20 日。

(2)原告赵某提供的催款通知单 1，载明："今项某某向赵某借款(贰拾万元正)，于 2009 年 7 月 20 日前归还，但已超过期限，至今没还，特此向项某某催讨借款。"被告项某某在该份催款通知单上加注"我知道，因经营不善无钱归还，恳求延长两年，利息照旧"。落款处有被告项某某签名，落款日期为 2009 年 7 月 23 日。

(3)原告赵某提供的催款通知单 2，载明："今项某某借赵某贰拾万元正，经多次催款至今没还，特此向项某某再次催讨借款及利息。"被告项某某则在该份催款通知单上加注："因经营不善无钱归还，恳求延长两年，利息照旧"，落款处有被告项某某签名，落款日期为 2011 年 7 月 27 日。

(4)被告项某某与被告何某某签署的协议书一份，确认双方生意经营、房产状况、房屋贷款等事宜，未涉及本案系争借款。双方同时约定"其他债务事宜，双方任何一方不确认则不成立"。落款处有两被告签名，落款时间为 2009 年 6 月 18 日。

(5)被告项某某提供的中国建设银行个人贷款还款凭证，载明：2007 年 8 月 2 日，项某某向中国建设银行偿还个人购房贷款 10 万元。

(6)被告何某某提供的 2010 年 10 月 13 日法院调解笔录。

(7)被告何某某提供的 2011 年 6 月 1 日法院调解笔录。

(8)上海市某区人民法院依职权调取的被告项某某名下账号为 1001××××××××××××3366 的中国工商银行账户交易明细，载明：2007 年 7 月 19 日，被告项某某名下账号为 1001××××××××××××3366 的中国工商银行账户内余额为 167,545.34 元。2007 年 8 月 2 日，被告项某某从上述银行账户中支取 10 万元。

2. 当事人陈述

(1)原告赵某的当庭陈述称，其以现金形式将 20 万元一次性出借给项某某，因其名下有多套房产，且从事经营活动，故其具有相应的现金出借能力。但其亦表示向被告项某某出借 20 万元时，其本人因购房负担着巨额银行贷款。

(2)被告项某某的当庭陈述称，其认可原告所主张的事实，但其目前无力归还借款。至于涉案借款的用途,其中10万借款用于装修两被告名下房屋,另外10万元于2007年8月2日用于提前偿还购买该房屋时的银行贷款。因此该借款用于夫妻共同生活,属于夫妻共同债务。

(3)被告何某某的当庭陈述称,原告提供的借条是项某某事后伪造的,且原告当时并不具备出借20万元的经济能力,也未提供任何借款交付证据。另外,其对原告主张的借款始终不知情,两被告于2009年6月18日签订协议书,约定对外债务任何一方不确认则不成立。故该笔借款即使存在,也应当是项某某的个人债务。而且,两被告于2005年9月20日结婚,2010年7月开始分居。其曾分别于2010年8月25日、2011年5月12日向法院提起离婚诉讼。在这两次诉讼中,项某某均未提及本案借款。在本案审理时,两被告的第三次离婚诉讼已在审理中。然而,除本案系争债务以外,另有两位债权人突然诉至法院要求归还借款。显然,本案是原告和项某某通过恶意串通,企图转移财产的虚假诉讼,应追究两人的法律责任。

回 证据分析

本案涉及证据的争议焦点是:(1)法院能否依据被告项某某对原告赵某主张事实的自认直接认定二者之间借贷关系成立?(2)被告项某某对借贷事实的自认是否意味着法院能够直接认定涉案借款属于夫妻共同债务的事实成立?(3)本案现有证据能否证明上述债务属于两被告之间的夫妻共同债务?

对于以上争议问题,分析如下。

(一)法院能够依据被告项某某对原告赵某主张事实的自认直接认定二者之间借贷关系成立

根据《民事诉讼法》第67条第1款和第68条第1款的规定,当事人对自己提出的主张,有责任且应当及时提供证据;《民诉法解释》第90条的规定,当事人对自己提出的诉讼请求所依据的事实,应当提供证据加以证明,当事人未能提供证据或者证据不足以证明其事实主张的,由负有举证证明责任的当事人承担不利的后果。同时,根据《民法典》第679条的规定,自然人之间的借款合同,自贷款人提供借款时成立。因此,原告赵某主张其与项某某之间存在借贷关系,应当举证证明双方之间存在借贷的合意以及借款实际交付的事实。

本案中,赵某提供的其与项某某之间的借条可以证明双方存在借贷的合意,借条载明项某某向赵某借款20万元,双方约定了还款期限和利息。关于借款实际交付的事实,赵某的当庭陈述称20万元是以现金形式一次性出借,但并未提供证据证明;法院要求赵某在举证期限内提供证据证明其个人资产状况及资金出借能力,赵某明确表示拒绝提供相应的证据。综上,原告赵某未能在举证期限内提供证据证明借款实际交付的事实,应当承担举证不能的不利后果。但是,被告项某某所作的"对原告赵某诉称的事实均无异议"的供述,使法院判断赵项二人之间借贷关系是否成立不再需要遵循严格的证据裁判原则。根据《民诉法解释》第92条第1款关于当事人自认的规定,一方当事人在法庭审理中,或者在起诉状、答辩状、代理词等书面材料中,对于己不利的事实明确表示承认的,另一方当事人无须举证证明。项某某当庭明确表述"对原告赵某诉称的事实无异议",构成对其与赵某之间存在借贷关系的事实的自认,使赵某无须再提供证据证明其所主张的事实。因此,法院可以直接根据项某某的自认确认原告赵某与被告项某某之间的借贷关系成立。

(二)基于两被告目前的婚姻状况以及利益冲突,被告项某某对系争借款的认可显然不能当然地产生两被告自认债务的法律效果

首先,被告何某某提供的两份法院调解笔录能够证明其分别于 2010 年 8 月 25 日、2011 年 5 月 12 日向法院提起离婚诉讼,双方之间的第三次离婚诉讼也已在审理中。据此可以认定,两被告之间存在分割夫妻共同财产的利益冲突,虽然二者仍在婚姻关系存续期间,但已不再是利益共同体,所以,审理法院应对两被告的诉讼请求和所作出的诉讼行为分别看待、分别判断。

其次,本案中,法院初次受理案件时确认的被告是项某某,基于项某某提出的"涉案借款属于夫妻共同债务,应当由夫妻共同偿还"的主张,法院依原告赵某申请追加何某某为共同被告。何某某以共同被告身份出席庭审并主张原告赵某并不具备出借 20 万元的经济能力且未提供任何借款交付证据,对涉案借款的真实性表示质疑。根据《民诉证据规定》第 6 条第 2 款的规定,必要共同诉讼人中一人作出自认而其他共同诉讼人予以否认的,不发生自认的效力。

因此,在何某某明确否认借款事实存在的情况下,项某某的自认并不代表两被告对原告所主张事实的承认。项某某对涉案借款的认可,不能当然地产生两被告自认债务的法律效果,即不能免除原告赵某的举证责任,其仍需就其与两被告之间借贷关系成立并生效的事实承担相应的举证责任。

(三)经过法庭调查与质证,本案证据不能构成完整的证据链条,不能以此认定上述债务是两被告之间的夫妻共同债务

《民法典》第 1064 条第 1 款规定,夫妻双方共同签名或者夫妻一方事后追认等共同意思表示所负的债务,以及夫妻一方在婚姻关系存续期间以个人名义为家庭日常生活需要所负的债务,属于夫妻共同债务。被告项某某主张涉案借款属于夫妻共同债务,应当提供相应的证据证明涉案借款是出于夫妻共同意思表示所负的债务,或证明涉案借款是在两被告婚姻存续期间以其个人名义为家庭日常生活需要而负的债务。

首先,项某某主张涉案借款 20 万元用于装修房屋和提前归还房屋贷款,认为借款用途符合为家庭生活所需,且主张其于 2007 年 8 月 2 日用涉案借款中的 10 万元提前归还房贷。法院依职权调取项某某的银行流水,查明当天项某某的银行账户支出 10 万元存款,与项某某提供的中国建设银行个人贷款还款凭证所载明的还款时间、还款金额具有高度一致性。但是根据原告赵某、被告项某某的陈述,涉案借款是以现金形式出借,且项某某收到 20 万元后仍以现金形式存放于家中,即使提前归还房贷也应当是以现金形式交给银行。根据项某某名下账号为 1001××××××××××××3366 的中国工商银行账户交易明细,2007 年 7

月 19 日,项某某名下银行账户余额为 167,545.34 元,其同时享有购房贷款利率的七折优惠,此时以 5% 的年利率向他人借款用以冲抵该银行贷款,缺乏必要性和合理性。

其次,在被告项某某与被告何某某此前的两次离婚诉讼中,项某某都未主张该借款属于夫妻共同债务,在第三次离婚诉讼中才主张该借款属于夫妻共同债务,应当由夫妻共同财产予以清偿,以上事实有何某某提供的两次法院调解笔录及被告何某某的陈述证明。此外,在案件受理之初,法院告知原告应当追加何某某作为本案的共同被告,原告赵某及被告项某某一再拒绝追加何某某为共同被告且明确反对何某某到庭参加诉讼,这不仅缺乏法律依据,亦有违常理。何某某作为本案被告以及利害关系人,当然有权就涉案借款陈述意见并提出抗辩主张。

综合以上事实与证据,经法庭调查与质证,本案现有证据无法证明涉案借款用于两被告的家庭日常生活,应当认定涉案借款不属于夫妻共同债务。

回 理论拓展

(一)民事诉讼中证据裁判原则的基本内涵

我国《民事诉讼法》并未明确规定证据裁判原则,但一般认为,《民诉证据规定》第 85 条第 1 款的规定“人民法院应当以证据能够证明的案件事实为根据依法作出裁判”承继 2001 年《民诉证据规定》第 63 条的内容,是证据裁判原则理念与精神在民事诉讼中的体现。证据裁判原则的核心内涵是认定案件事实必须以证据为本源,证明活动必须以证据为基石。司法证明活动的基本任务是认定案件事实,厘清双方当事人的权利义务关系,据此作出公平公正的裁判。民事诉讼的客观规律决定了民事诉讼的证明对象只能是法律真实而非客观真实。法官是解决双方当事人之间纠纷的裁判者而非案件的亲历者,对案件事实的了解和判断必须依靠各种各样的证据来保证司法认知的理性和科学性。[1] 双方当事人需要提供证据支持自己的主张或反驳对方的主张,通过对自己所主张事实的举证和质证,使法官支持自己的诉讼请求,作出有利于己的裁判。因此,证据裁判原则是民事诉讼证明活动的基本要求,也是法官认定案件事实、作出裁判所应遵循的基本原则。

(二)民事诉讼中证据裁判原则的基本要求

第一,必须依据证据证明案件事实。在民事诉讼中,原则上无证据不得认定事实。证据是诉讼证明的基石,是裁判形成的基础,没有证据支撑,不得认定案件事实。对此,可从两方面理解。一方面,除法律明文规定外,认定案件事实的依据只能是证据。证据裁判原则中的事实,是指需要依据证据进行证明的案件事实,也称待证事实,包括能够证明案件事实的主要事实,能够推定主要事实成立的间接事实,以及认定证据证明力大小的辅助事实。[2] 对待证事实的证明是民事诉讼活动的主要内容,法官能否将待证事实认定为裁判所

---

〔1〕 参见夏先华:《证据裁判原则下家事证据收集制度适用的张力与纾解》,载《法律方法》2023 年第 1 期。

〔2〕 参见周洪江:《论我国民事诉讼中的证据裁判》,载《民事程序法研究》2014 年第 1 期。

依据的案件事实,取决于该待证事实依据的证据有无证据能力以及证明力的大小。没有必要依靠证据证明的事实,则不属于案件待证事实的范畴,自然也不受证据裁判原则的约束。需要注意的是,在民事诉讼辩论主义原则的约束下,有些事实虽然对认定案件事实、确定双方权利义务关系有重要作用,但因当事人双方对该事实的存在不存在争议,因此不再需要对这些事实开展证明活动。换言之,当事人之间的争议是确定待证事实的前提,对于双方当事人不存在争议的事实,主张该事实的一方当事人不再需要举证证明。另一方面,证据范畴以外的其他任何主观推测、臆想等都不能作为认定案件事实的根据。《民事诉讼法》第66条规定了证据的种类,超出这八个种类的任何言词、物品、资料等都不属于民事诉讼中的证据。不是证据,就没有进入民事诉讼活动的资格,不能将其作为认定案件事实的根据。

第二,认定案件事实所依据的证据必须具备证据能力。根据我国学界通说,证据能力是证据的基本属性之一,其又称证据资格,是指证据所具有的用以认定事实的法律资格。具有证据能力的证据,才有资格进入诉讼活动,才能作为法院认定案件事实的根据。通常情况下,同时具备真实性、关联性和合法性的证据才具有证据能力。〔1〕 真实性是证据具有证据能力的首要因素,是指证据必须是客观存在的,不能是臆想、推测出来的,也不能是伪造的。关联性是指证据能够证明的内容必须与案件事实有关,包括证据证明的事实与案件事实有关、该事实对诉争问题的解决具有意义,《民诉法解释》第104条将证据的关联性表述为"与待证事实相关联"。合法性是指证据从最初取得到最终提交法庭的一切过程都要符合法律规定,包括证据的来源、证据收集的主体、证据收集的方式、证据收集的程序以及提交证据的形式等,都需要符合法律规定。《民诉法解释》第104条第2款规定,能够反映案件真实情况、与待证事实相关联、来源和形式符合法律规定的证据,应当作为认定案件事实的根据。

第三,证据必须经过法定调查程序才能作为认定案件事实的依据。证据必须被出示在法庭上,通过法定的证据调查程序,经过当事人的充分质证,由法官审查判断其有无证据能力以及证明力的大小,才能最终作为认定案件事实的依据,未经法定的证据调查程序调查或者未经当事人充分质证和法官审查判断的证据,不能作为法院认定案件事实的根据。这一基本要求包括当事人的诉讼听审权和禁止突袭裁判两方面内容。〔2〕 当事人的诉讼听审权是指,在民事诉讼中,当事人有权在法庭上提出诉讼请求和主张于己有利的事实,并且应当在法庭上出示相应的证据,使对方当事人能够对该事实和证据作出评论、陈述意见。禁止突袭裁判是指,对于没有在法庭上出示或当事人未进行过辩论的事实和证据,法官不得将其作为认定案件事实的依据。没有经过当事人互相质证的证据,其是否具有证据能力以及证明力的大小都无法确认,严格意义上属于证据材料而非证据,因此不能作为法官认定案件事实的依据。《民事诉讼法》第71条和《民诉法解释》第103条都明确作出证据应当在法庭上出示,并由当事人互相质证的规定。

---

〔1〕 参见邵明:《论民事诉讼证据裁判原则》,载《清华法学》2009年第1期。

〔2〕 参见邵明:《民事诉讼法学》,中国人民大学出版社2007年版,第78－80、357－360页。

(三)民事诉讼中证据裁判原则的适用例外

根据我国《民诉法解释》第92、93条的规定,证据裁判原则适用的例外情形包括自认的事实,自然规律及定理、定律,众所周知的事实,根据法律规定推定的事实,根据已知的事实和日常生活经验法则推定出的另一事实,已为人民法院生效裁判所确认的事实,已为仲裁机构的生效裁决所确认的事实,已为有效公证文书所证明的事实,当事人对这些例外情形无须举证证明。根据这些事实免证效力来源的不同,可以将其进一步分类为:自认的事实、司法认知的事实、文书证明的事实。

自认的事实是指一方当事人承认对方当事人主张的于己不利的事实,并因此免除对方当事人的举证责任,对于当事人自认的事实,法官一般不再追究该事实的真实性。一般认为,自认是私法中意思自治、契约自由的精神在民事诉讼中的延伸和具体体现之一。[1] 民事诉讼处理平等主体间的纠纷遵循处分原则,当事人在诉讼中行使处分权,在法律允许的范围内处分自己的权利和义务。当事人的自认是对自身权利义务的一种处分方式,只要符合法律规定,对当事人自认的事实就不需要再进行举证证明活动。此外,自认也是民事证据裁判原则与刑诉证据裁判原则的显著区别之一,在民事诉讼中自认可以作为法官裁判的依据,但在刑事诉讼中与自认类似的被追诉人对犯罪指控事实的承认则不能独立作为定罪量刑的依据。

司法认知的事实包括自然规律及定理、定律,众所周知的事实以及根据法律规定、已知的事实和日常生活经验法则推定的事实,是法官在诉讼过程中基于理性认知,认为无须经过举证、质证而直接认定可以作为定案依据的事实。[2] 首先,自然规律及定理、定律,是在长久的人类社会中逐渐被发现和确立下来的,尽管不能想当然地要求每个民事诉讼的当事人及法官都可以知晓或了解所有的规律和定理,但是可以合理地期待在一方当事人主张某一自然规律或定理时,另一方当事人及法官可以从合理且权威的途径获知该自然规律或定理,从而不再需要主张该事实的当事人举证证明。其次,司法认知意义上众所周知的事实一般是指,在一定时间和地域范围能够被社会公众和法官知悉的、作为司法裁判对象的客观事实[3],一般具有以下三个特征:其一,具有时间和地域上的相对性,只是在一定的时间段和地区范围内的事实;其二,需要为一般社会成员所共知,必须是上述特定时空范围内的普通民众都能够知晓的事实;其三,必须为审理案件的法官所知悉。[4] 最后,推定的事实包括法律规定推定的事实和经验法则推定的事实两方面。前者是指基于法律规定的既有事

---

〔1〕 参见张卫平:《"民事证据裁判原则"辨识》,载《比较法研究》2021年第2期。

〔2〕 参见徐钝、詹王镇:《论司法认知的制度激励——基于民事审判实践认知规避现象的反思》,载《北方法学》2018年第5期。

〔3〕 参见张东、张步文:《论证据规则中"众所周知的事实"——基于社会语境与司法语境的分析》,载《学术界》2009年第5期。

〔4〕 学界通说认为众所周知的事实一般包括:传统节日,重大历史事件,重大自然和社会事件,地理、交通等一般知识,重大财经事实,生活常识,当地风俗,以及法院所在地公众周知的客观事实等。参见毕玉谦:《民事证据原理与实务研究》,人民法院出版社2003年版,第107-112页。

实推定出的另一事实;后者是指通过日常生活经验推定出的另一事实。推定事实的前提是具有确定性和稳定性的基础事实,法官基于对基础事实的了解和信赖认定推定事实,[1]但这种确定性和稳定性并不是一成不变的,如果作为基础事实的法律条文和经验法则出现变动,那么依靠前者推定出的事实也相应地不再具有免证效力,主张该事实的当事人仍需举证证明。

文书证明的事实是指已为人民法院生效裁判所确认的基本事实、已为仲裁机构的生效裁决所确认的事实、已为有效公证文书所证明的事实。已经生效的文书所载明的事实认定情况,对于后诉法院具有法律上的约束力,后诉当事人主张该事实时,后诉法院不得作出与生效裁判相反的认定,这也被称为生效裁判的预决效力。其作为免证事实的合理性主要有两点:其一,文书所载明的事实都是经过正当程序查证属实的事实,如无特殊情形,一般没有再次证明的必要性;其二,无论是法院的生效裁判、仲裁庭的生效裁决还是公证处的公证文书,所认定的事实都具有法律约束力,后诉法院如果任意对相同事实作出相反的认定,将会有损法的安定性。[2] 但该免证事实的免证效力并不是绝对的,根据《民诉证据规定》第10条第2款的规定,当事人有相反证据足以反驳已为仲裁机构的生效裁决所确认的事实,或有相反证据足以推翻已为人民法院生效裁判所确认的基本事实或已为有效公证文书所证明的事实的,上述事实不再作为免证事实。

■ 行政诉讼中证据裁判原则的理解与适用

案例 1-5　赵某某诉北京市公安局某某分局违法行政处罚案[3]

□ 案情概述

赵某某与伍某某在马路散步时相识并互加微信,半年后,在北京市某某区某铁路桥下,赵某某主动搂抱伍某某,用手触摸伍某某隐私部位。事后双方通过微信协商此事产生的赔偿事宜,半个月后,伍某某报警。某某公安分局对赵某某制作了三份询问笔录,对伍某某制作了两份询问笔录,调取了双方的微信聊天记录,组织伍某某对赵某某进行辨认,组织赵某某对猥亵现场进行辨认并制作辨认笔录。赵某某以撰写"亲笔供词"的方式提交了本人陈述意见。随后,某某公安分局对赵某某宣告且送达了行政处罚决定书。主要内容为:违法行为人赵某某在某铁路桥下,强行搂抱伍某某,并抠摸伍某某隐私部位。以上事实有报案材料、到案经过、视听资料、本人陈述、电子数据、辨认笔录等证据证实,给予赵某某行政拘留12日的行政处罚。赵某某提起行政诉讼,请求撤销被诉处罚决定。

---

〔1〕 参见叶自强:《论推定的概念、性质和基础事实》,载《法律适用》2021年第9期。

〔2〕 参见张卫平:《"民事证据裁判原则"辨识》,载《比较法研究》2021年第2期。

〔3〕 参见北京市第一中级人民法院(2021)京01行终549号二审行政判决书。

赵某某提交的证据如下:(1)公安机关发出的调取证据通知书及有关律师事务所制作的谈话笔录,证明赵某某与伍某某相识情况,事发当时伍某某对于赵某某对其实施的行为是自愿的。(2)微信聊天记录截图37张,证明赵某某没有对伍某某实施违背个人意志的行为,伍某某对赵某某有敲诈勒索的嫌疑。(3)中国工商银行汇款凭证2页,证明伍某某向赵某某敲诈勒索,赵某某向伍某某转账支付钱款。

某某公安分局提交的证据如下:(1)对赵某某制作的询问笔录三份及赵某某本人亲笔供词。(2)对伍某某制作的两份询问笔录。(3)赵某某签字确认的其与伍某某微信聊天截图3页。(4)伍某某签字确认的照片2张及微信截图2页。(5)对伍某某制作的辨认笔录。(6)对赵某某制作的辨认笔录。

伍某某未向一审法院、二审法院提交证据材料,且一审、二审均未出庭。

一审法院对证据作如下确认:赵某某提交的证据1和证据2不能达到其主张的实施行为没有违背伍某某意志的证明目的,法院对其不予采纳。赵某某提交的证据3能够达到其主张的证明目的,法院予以采纳。某某公安分局提交的证据法院均予以采纳。

一审法院认为,对于赵某某提出被诉处罚决定认定事实不清,因伍某某主动诱惑,其行为没有违背伍某某的意愿,应由道德评价、不属于治安违法行为的诉讼意见,由于赵某某在本案诉讼过程中既未向法院提交充分证据予以证实,亦未对某某公安分局认定其实施猥亵行为已形成的完整有效证据链提供充分反证予以反驳,因此不予采纳。对于赵某某提出有关伍某某在事后向赵某某索要钱款的行为已涉嫌敲诈勒索的诉讼意见,因与本案不属于同一法律关系,故在本案中对此不予认定。对于赵某某提出有关某某公安分局在对赵某某制作询问笔录时对赵某某进行“政策教育”属于违法的诉讼意见,由于既无事实依据又无法律依据,因此不予采纳。

某某公安分局对赵某某制作的三份询问笔录、对伍某某制作的两份询问笔录、两人微信聊天截图、赵某某以“亲笔供词”方式提交的本人陈述、有关辨认笔录等证据,均可证实赵某某不仅在主观上具有对伍某某实施猥亵违法行为的故意,而且在客观上亦对伍某某实际实施了违背其自主意愿的猥亵行为,且上述证据能够相互印证,已形成了完整有效证据链条。某某公安分局对赵某某作出的被诉处罚决定,证据确凿,适用法律正确,处罚适当。

赵某某上诉称:公安机关认定其强行搂抱伍某某并实施违法行为,主要证据不足。(1)赵某某的第一份询问笔录可以证明伍某某引诱并自愿与其发生相关行为;赵某某的第二份询问笔录中出现的“民警政策教育10分钟”,是民警对其进行言语逼迫威胁,笔录中亦未显示保障其饮食及休息时间,赵某某在长时间没有饮食休息、身体不堪重负的情况下,不得已作出与事实不符的口供。公安机关应当提供询问录像,证明取证合法;赵某某的第三份询问笔录及亲笔供词,系办案人员在非法延长羁押期限的情况下非法取证,不能作为定案依据。(2)伍某某的两份询问笔录真实性存疑,根据微信截图上记载的内容,伍某某所述去医院看病、治疗、花钱,但无法提供治疗病历、诊断证明、医疗费发票,且带血内裤已被伍某某销毁,内裤上是否为血迹无法查证,不排除伍某某加害赵某某,已涉嫌敲诈勒索。

二审期间，赵某某为核实案情，尤其是针对赵某某的第二份询问笔录中“民警政策教育10分钟”内容未在笔录中体现的情况，向法院申请调取派出所询问其时的全部录音录像。二审法院以赵某某在二审期间向法院申请调取上述证据已超过举证期限，且无正当理由为由，对其调取证据申请不予准许。

二审法院认为，某某公安分局作出被诉处罚决定，认定事实清楚，适用法律正确，处罚幅度亦无不当。赵某某关于公安机关对其进行言语逼迫威胁、相关证据系非法取证、伍某某引诱并自愿与其发生相关行为等上诉主张，均缺乏事实根据；赵某某关于伍某某在事后向其索要钱款的行为已涉嫌敲诈勒索的主张，不属于本案审理范围。

回 证据分析

本案中涉及证据的争议焦点是：(1)根据已有证据能否认定赵某某行为违背伍某某主观意志？(2)本案赵某某的第二份询问笔录是否具有证据能力？(3)二审法院对赵某某调取录音录像申请不予准许是否正确？

对于以上证据问题，分析如下。

(一)根据已有证据不能认定赵某某的行为违背伍某某主观意志

案发时伍某某对赵某某的行为持容许还是抗拒的主观心态，是判定被诉行政行为合法性的关键点，也是本案的难点所在。伍某某与赵某某并非陌生人，而是具有一定暧昧关系的异性朋友，若赵某某对伍某某拥抱触摸时，伍某某持容许心态，则该行为不能定性为猥亵，公安机关对赵某某作出行政拘留12日的行政处罚违法。现没有客观证据证明案发时伍某某的主观心态，只能依据赵某某、伍某某二人的言词证据进行推定。赵某某的第一份询问笔录称伍某某的主观心态为容许，赵某某的第二份询问笔录对赵某某不利，似乎承认了其行为违背伍某某意志，但笔录本身合法性存疑，被告并未证明第二次询问取证的合法性。在接受询问时，伍某某陈述自身在事发时系抗拒心态，但伍某某作为被害人，其言词证据在无其他证据补强的情况下，证明力较低。并且，伍某某并未出庭解释以下疑点：一是为何在案发后半个月报警；二是案发后为何主动向赵某某索要钱财；三是赵某某提供了37张微信聊天记录截图而被告某某公安分局只提供了2张。这三项客观事实均会削弱被害人伍某某主张事发时系抗拒心态的可信力。自然人的主观想法只能通过外在表现进行推定，而本案案发时双方的行为并无视听资料等客观记录，欲知案发时伍某某的主观心态，只能通过双方陈述、微信聊天记录进行推测，但双方询问笔录却存在诸多矛盾之处和无法解释的疑问。伍某某案发时的主观心态如何，缺乏充分、有力的证据证明，已有的证据相互矛盾，且部分证据合法性存疑。基于认定案件事实只能依据证据的要求，法官基于生活经验，依靠证明力明显薄弱的证据进行推测，进而认定伍某某主观心态的做法错误，背离了证据裁判原则。

(二)赵某某的第二份询问笔录不具有证据能力

根据证据裁判原则，据以定案的证据必须具备证据能力，即同时满足合法性、客观性、关联性三项基本要求。本案中，赵某某的第二份询问笔录不能满足合法性要求。《行政诉讼法》第 43 条第 3 款确立了行政诉讼非法证据排除原则,“以非法手段取得的证据,不得作为认定案件事实的根据。”《行诉法解释》第 43 条对“以非法手段取得的证据”情形作出阐释,进一步细化为三种情形:(1)严重违反法定程序收集的证据材料;(2)以违反法律强制性规定的手段获取且侵害他人合法权益的证据材料;(3)以利诱、欺诈、胁迫、暴力等手段获取的证据材料。本案一审中赵某某称,对其不利的第二份询问笔录系办案民警通过威胁逼迫、未保障其饮食和必要的休息方式取得的,被告某某公安分局对此并未回应,一审法院也并未进行庭审调查。二审质证过程中,赵某某申请调取询问过程的录音录像,被告某某公安分局依旧未回应赵某某的质证意见,也未提交询问时的录音录像,被告对赵某某进行第二次询问时是否逼供真伪不明。按照非法证据排除的一般规则,某某公安分局负有证明自身取证行为合法的责任,且《行政诉讼法》特别规定由被告方承担举证责任,本案被告既未申辩,也未提供反证。《治安管理处罚法》第 79 条规定,“严禁刑讯逼供或者采用威胁、引诱、欺骗等非法手段收集证据。以非法手段收集的证据不得作为处罚的根据”。《行诉证据规定》第 58 条规定:以违反法律禁止性规定取得的证据,不能作为认定案件事实的依据。按照上述法律法规,对赵某某的第二份询问笔录因涉嫌非法取得,不能满足合法性要求,应当推定为非法证据,不具有证据能力,不能作为定案根据。此外,在赵某某的询问笔录是否违法取得这一争点未经过严格法庭调查的情况下,一审法院以原告“既无事实依据又无法律依据”为由驳回原告的质证意见,直接认定案件事实,属于超越证据评价直接做出事实认定,无法满足证据裁判原则“定案证据必须具备证据能力”的要求。

(三)二审法院不予准许赵某某调取录音录像做法错误

《行诉证据规定》第 24 条第 1 款规定:“当事人申请人民法院调取证据的,应当在举证期限内提交调取证据申请书。”但其并未规定逾期提出调取申请的,法院就必须驳回。换言之,法官对于逾期提出证据调取申请的,可以依职权审查是否准许,而不是必须驳回。同时,《行政诉讼法》第 40 条规定,“人民法院有权向有关行政机关以及其他组织、公民调取证据”。《行诉证据规定》第 22 条对《行政诉讼法》第 40 条进行了细化解释,当该证据涉及国家利益、公共利益或者他人合法权益的事实认定的,人民法院就应当主动调取。追溯立法本意,《行诉证据规定》第 24 条之所以要求当事人应在一定期限内提出调取证据申请,主要是为防止诉讼过分迟延以及证据突袭,应归属于对司法效率的考量。保护公民、法人和其他组织的合法权益不受国家行政机关违法行政的侵犯,是行政诉讼法最根本的目的,其重要位阶远高于行政诉讼司法效率。[1] 本案中,查明询问笔录是否是违法证据,对认定被诉行政行为合法性、保护原告赵某某合法权益不受侵犯至关重要。赵某某在二审中申请调取公安机关录音录像,以证明某某公安分局对其第二次询问时存在威胁逼迫行为,对赵某某的询问录音录像保存于被告处,赵某某不能合法取得,举证不能。在诸如视听资料等客观证据缺乏时,即使赵某某未主动申请调取证据,基于查明案情、保护公民合法权益不受行政

---

〔1〕 参见江必新、贺荣主编:《中华人民共和国行政诉讼法案典》,人民法院出版社 2014 年版,第 7 页。

机关违法行政行为侵犯的诉讼目的,二审法院也应主动依职权调取对赵某某询问过程的录音录像,进而查明被诉行政行为是否违法、是否侵犯原告合法权益,更何况原告反复要求调取询问时录音录像。因此,二审法院不予准许赵某某调取证据申请的做法错误,违反证据裁判原则中认定案件事实应经过严格证明的要求。

◻ 理论拓展

(一)行政诉讼中证据裁判原则的内涵

证据裁判原则作为否定神明裁判的产物,被誉为证据法的帝王原则,意指对于案件争议事项的认定,应当依据证据。[1]《行诉证据规定》第 53 条规定:"人民法院裁判行政案件,应当以证据证明的案件事实为依据。"相比于刑事诉讼、民事诉讼,行政诉讼的证明责任、证明标准以及法庭调查程序皆有特别之处,但证据裁判原则在行政诉讼中亦呈现与民事诉讼、刑事诉讼共同的特征,即认定案件事实必须依靠,也只能依靠证据。结合行政诉讼的特点,行政诉讼证据裁判原则是指人民法院在行政诉讼中认定被诉行政行为是否合法必须以证据为依据。

(二)行政诉讼中证据裁判原则的要求

第一,认定事实须以证据为依据。认定事实须以证据为依据是证据裁判原则的核心内涵,那么行政诉讼中哪些案件事实需要依靠证据予以认定,换言之,行政诉讼的证明对象的内涵与外延是什么?一般认为,行政诉讼的证明对象是被诉行政行为的合法性。[2] 行政诉讼相关法律规范并未直接规定行政诉讼的证明对象,但《行政诉讼法》第 12 条规定了 12 种公民、法人、其他组织能够提起行政诉讼的行政行为。依此规定,行政诉讼的证明对象可以概括为以下三类:一是具体行政行为的事实,其又分为被诉作为类行政行为合法性事实和被诉不作为类行政行为合法性事实。二是行政赔偿案件中行政赔偿构成要件事实,即行政机关及其工作人员在行使职权中是否侵犯相对人合法权益以及应否赔偿的事实。三是行政诉讼程序法事实,主要是指影响程序公正性和合法性的事实,如有关审判组织、审判程序和诉讼期间等的事实。此外,依据《行政诉讼法》第 53 条,对于规范性文件,原告在提起行政诉讼时能够附带性地申请人民法院审查。按照《行政诉讼法》第 64 条,人民法院审查后认为规范性文件不合法的,可以向制定机关提出处理建议。因而,行政诉讼证明对象的范畴也包含抽象行政行为合法性。

第二,定案证据须具备证据能力。证据能力审查主要在质证、认证环节完成,认证是指经过庭审质证,对证据全面、客观地审查核实认定,进而决定是否作为裁判依据。认证的内容主要包括是否具有证据能力,以及证明力强弱。行政诉讼证据的证据能力审查,除了传统的客观性、关联性、合法性规则之外,还有其他证据审查规则,如案卷主义规则,法院审查

[1] 参见陈光中主编:《刑事诉讼法》,北京大学出版社 2016 年版,第 167 页。

[2] 参见方世荣、石佑启主编:《行政法与行政诉讼法》,北京大学出版社 2011 年版,第 350 页。

和认定的证据只能是被告在作出被诉行政行为时收集的、有关诉讼参加人在诉讼过程中依法提交的,以及人民法院依法调取的有关证据,这一范围之外的任何证据,不能作为心证来源。综观行政诉讼证据能力审查规则体系,合法性规则占据了绝大部分内容。《行诉证据规定》第五部分"证据的审核认定"设立了详细的行政诉讼证据能力审查规则,其中,从第57~62条共有6个条文涉及证据合法性审查,合法性审查所占篇幅如此巨大,与行政诉讼本质密切相关。行政诉讼作为一种复审行为,主要任务即查明被诉行政行为是否合法。《行政诉讼法》第6条规定:"人民法院审理行政案件,对行政行为是否合法进行审查。"人民法院认定案件事实必须以证据为依据,证据的合法性关乎具体行为的认定是否正当,基于此,证据合法性也就成了行政诉讼证据能力审查的重点所在。

第三,认定事实须经过严格证明。证据裁判原则所要求的严格证明,是指法定的证据方法只有经过严格的司法调查程序,才能用以认定案件事实。[1] 按照德国学者克劳思·罗科信的观点,严格证明包括两方面,一方面是进入严格司法调查程序的证据只能是法定的证据种类;另一方面,对法定的证据方法必须使用严格的调查程序进行查证。[2] 对于第一个方面,《行政诉讼法》第33条规定了行政诉讼八大法定证据种类。对于第二个方面,严格的调查程序应当至少包括举证、质证、认证等证明环节,行政诉讼的质证、认证环节与刑事诉讼、民事诉讼几近相同,但行政诉讼的举证规则具有其独特性。《行政诉讼法》第34条第1款规定,"被告对作出的行政行为负有举证责任"。行政诉讼中的举证责任主要可以概括为被告承担主要举证责任,原告在行政赔偿、行政补偿和行政不作为案件中承担举证责任,以及承担诉讼推进责任和对被告提出的证据进行反驳的责任,诉讼推进责任又被称为初步举证责任。行政诉讼案件有多种细分种类,但应明确的是,无论何种行政诉讼案件,对于当事人双方具有争议的事实都应采用严格证明方式证明,而不论是实体性事实还是程序性事实。日本学者田口守一认为,自由证明的证据是否在法庭上出示,出示后用什么方式调查,由法院裁量。[3] 可见,自由证明在调查程序上具有较大的随意性,采自由证明认定事实并不要求经过严格、有序、法定的调查程序,因而自由证明仅用于无须双方当事人举证而法院即可认定的事实,以及双方没有争议或者争议不大的事实。

第四,认定事实须达到证明标准。证明标准是指证明主体对待证事实的证明应达到的程度。按照证据裁判原则,运用证据认定案件事实,必须达到一定的证明标准。行政诉讼证明标准是法官在行政诉讼过程中,根据相关证据判定主张事实成立与否的心证标准。《行政诉讼法》第69条和第70条分别从正反两方面体现了行政诉讼证明标准,根据《行政诉讼法》第69条规定,"行政行为证据确凿"是判决维持的基础,《行政诉讼法》第70条规定"主要证据不足的"人民法院判决撤销或部分撤销。何为证据确凿、何为主要证据不足,学界和司法实践并未形成统一认识。一般认为,我国行政诉讼应当构建多元化的证明标准体

---

〔1〕 参见宋英辉、李哲:《证据裁判原则评介》,载《政法论坛》2003年第4期。

〔2〕 参见[德]克劳思·罗科信:《刑事诉讼法》(第24版),吴丽琪译,法律出版社2003年版,第208页。

〔3〕 参见[日]田口守一:《刑事诉讼法》,刘迪等译,法律出版社2000年版,第219页。

系,代表性观点为“三层标准说”。三层标准说认为,行政诉讼案件类型复杂,种类繁多,涉及行政相对人的利益重要程度也不相同,应根据案件性质、对当事人权益影响大小等因素,适用从高到低难易程度不同的证明标准。[1] 三层标准分别为排除合理怀疑、明显优势证明标准、优势证明标准。其中,排除合理怀疑证明标准适用于案由为行政拘留、责令停产停业和吊销证照等对人身、财产权益有重大影响的行政诉讼案件;一般情况下的行政行为应适用明显优势证明标准,即清楚而有说服力;而对于行政赔偿、行政裁决案件,适用优势证明标准。

(三)行政诉讼中非法证据排除规则的实践反思

《行政诉讼法》第 43 条第 3 款从法律的层面确立了行政诉讼非法证据排除规则;《行诉证据规定》以第五部分“证据的审核认定”列明了行政诉讼中非法证据的若干情形。在规范层面上,行政诉讼非法证据排除规则已经得到确立,但这一规则在司法实践中却遭遇冷落,法官对非法证据排除规则适用持消极态度。[2] 综合来看,行政诉讼非法证据排除规则实践遇冷主要存在以下三个方面的原因。

第一,行政诉讼非法证据排除程序规则空白。目前行政诉讼非法证据排除规则主要属于实体规范,即何种情形属于非法证据、不得作为定案根据,如《行诉证据规定》第 57 ~ 62 条详细列明了特定证据不予采纳或不得作为定案根据的情形;但非法证据排除的线索提出责任、证明责任、证明标准以及具体步骤等程序规定都非常模糊,基本处于空白。这造成司法实践中适用非法证据排除规则的实操困境,阻却诉讼各方主体适用。

第二,行政诉讼非法证据排除规则的适用结果过于刚性。按照现有行政诉讼非法证据排除规则,相应证据只要符合非法情形之一,就必须排除,不能作为定案根据。司法实践中,部分证据虽轻微程序违法,但能够与其他证据相互印证,如果严格依照规定强制排除则会陷入无证据可用的尴尬境地。在行政行为事实认定正确的前提下,出于利益衡量,法官常常跳过证据能力评价直接作出事实认定,或者对违法手段作合法性解释。

第三,行政诉讼非法证据排除对行政行为影响有限。行政机关及其工作人员行使行政权只需遵守相关行政法规即可,无须遵守行政诉讼法和相关司法解释,即便法官在行政诉讼中排除部分进入行政诉讼的行政证据,也只能产生个别效力,而不能产生一般效力。例如,根据《行诉法解释》第 90 条,法院以违反法定程序撤销被诉行政行为且行政机关重新做出行政行为的,行政机关依然能够以同一事实和理由作出与原行政行为基本相同的行政行为。这一情形下,法官运用非法证据排除规则对被诉行政机关的威慑基本等同于隔靴搔痒,无法产生实质性效果。

行政诉讼非法证据排除确立适用的正确性毋庸置疑,在具体适用过程存在诸多困境的情况下,未来应以技术性路线为方向对行政诉讼非法证据排除规则加以改造,具体而言包

〔1〕 参见姜明安主编:《行政法与行政诉讼法》,北京大学出版社、高等教育出版社 2011 年版。

〔2〕 参见张硕:《行政诉讼非法证据排除规则适用的困境与出路——以 218 份裁判文书为样本》,载《行政法学研究》2018 年第 6 期。

括以下三点:其一,参照刑事诉讼和民事诉讼非法证据排除规则的具体程序,设定行政诉讼非法证据排除规则的具体程序步骤,以及线索提出责任、证明责任、证明标准等。其中,行政机关的线索提出责任、证明责任和证明标准应高于行政相对人。其二,区分取证违法程度,严重程序违法的证据才予以排除,对于轻微程序违法或者存在瑕疵的证据,若具备证明力则应准许成为裁判依据。其三,对严重违反法定程序而被撤销的行政行为,不论是否责令行政机关重新做出行政行为,禁止行政机关事后以同一事实、同一理由,作出与被撤销行为基本相同的行政行为,使行政诉讼程序性制裁的效果落到实处。

□ 阅读指引

1. 李静:《证据裁判原则初论——以刑事诉讼为视角》,中国人民公安大学出版社 2008 年版。
2. 李明主编:《民事诉讼证据裁判规则(一):当事人举证责任专辑》,人民法院出版社 2022 年版。
3. 宋英辉、李哲:《证据裁判原则评介》,载《政法论坛》2003 年第 4 期。
4. 张卫平:《"民事证据裁判原则"辨识》,载《比较法研究》2021 年第 2 期。
5. 徐庭祥:《论建构我国行政诉讼的一般证明标准》,载《政治与法律》2019 年第 12 期。

(撰写人:中南财经政法大学法学院　陈实)

第三节　证据与价值论

■ 刑事诉讼中证据与价值论的理解与适用

案例 1-6　任某玲故意杀人案[1]

□ 案情概述

陕西省西安市人民检察院以被告人任某玲犯故意杀人罪,向西安市中级人民法院提起公诉。

陕西省西安市人民检察院指控:2005 年,被告人任某玲与华某某相识并租房同居。2007 年,华某某与被害人弥某某相识并产生暧昧关系,后又与任某玲提出分手,任某玲为此

[1] 关于该案的一审情况,参见陕西省西安市中级人民法院(2012)西刑一初字第 00198 号刑事附带民事判决书。关于该案的二审情况,参见尤青、王勇:《任海玲故意杀人案——如何把握"疑罪"的认定标准》,载最高人民法院刑事审判一、二、三、四、五庭主办:《刑事审判参考》总第 102 集,法律出版社 2016 年版。

而嫉恨弥某某。2008 年 5 月 14 日 22 时许,任某玲假冒华某某之妹,到弥某某租房内,在二人闲聊时,被告人任某玲将自己带来的放有镇静药物的咖啡奶茶让弥某某喝下,趁弥某某昏睡之际,持刀捅刺弥某某之子计某某颈部,又用刀割伤弥某某左腕部后逃离现场。经法医学鉴定:计某某被刺伤颈部致椎动脉破裂大量失血而死亡;弥某某之损伤属轻微伤。

一审庭审中,被告人任某玲否认起诉书对其故意杀人犯罪事实的指控,辩解称是弥某某得知她是华某某情妇后,先拿刀捅她,她拿弥某某孩子挡刀才导致孩子死亡。其辩护人提出,起诉书指控被告人任某玲在被害人弥某某所喝的咖啡奶茶中投放具有镇静作用的药物并持刀杀死计某某的证据不足,公诉机关的指控不能成立。

陕西省西安市中级人民法院经审理认为,公诉机关指控被告人任某玲因感情纠葛而报复杀害计某某的事实不清,证据之间存在的疑点和矛盾无法排除,现有证据不能证明起诉书指控的犯罪事实,也不能完全排除他人作案的可能。被告人任某玲的辩护人所提本案证据不足、公诉机关指控不能成立的辩护意见,予以采纳。具体如下:第一,公诉机关当庭出示的被害人弥某某陈述,证人华某某、计某宏、王某民等人的证言与手机通话记录等证据,仅能证明任某玲与华某某、弥某某三人存在感情纠葛,任某玲得知华某某因弥某某要与其分手而产生怨恨心理,具有作案动机;任某玲与弥某某在案发当日多次电话联系,并去过作案现场,具有作案时间。第二,被害人弥某某的睡衣及床单上的血迹中检出地西泮及阿普唑仑成分,但含有地西泮及阿普唑仑成分的镇静药物来源及残留物去向,缺乏相应的证据证实。任某玲归案后虽作过有罪供述,但从侦查阶段到审判阶段从未供述过使用镇静药物的情况。第三,任某玲供述中提到的咖啡奶茶杯、烟头、手机、钥匙、血衣等物证,均未提取到案,无法印证其供述的真实性。第四,现场提取的刀具未作指纹鉴定,且刀具上未检出死者计某某的血迹,不能确定该刀具是作案工具,也不能确定任某玲曾持有该刀具。第五,侦查机关对现场周围住户没有系统排查,不能确定被害人弥某某所住院子的大门在案发当晚是否关闭、是否反锁,无法排除案发当晚有其他人进入案发现场。第六,在案证据之间还存在以下矛盾:(1)证人文某贤证实,其进入现场后,看见弥某某房中茶几上放着一把水果刀,其把水果刀拨到地上,但现场勘查笔录显示,房门的左侧白色木柜上放着一把水果刀,刀上有血迹。(2)被害人弥某某称计某某睡前穿白色 T 恤、短裤,但现场勘查笔录和照片显示,计某某穿的是长裤。(3)任某玲归案后的多次供述存在矛盾。据此,陕西省西安市中级人民法院判决宣告被告人任某玲无罪。

一审宣判后,西安市人民检察院提出抗诉,陕西省人民检察院认为,西安市人民检察院抗诉理由成立,被告人任某玲持刀杀害计某某的基本事实清楚,基本证据确实,原审判决错误。陕西省高级人民法院认为,公诉机关提供的证据能够证实被害人计某某遇害,被告人任某玲有作案动机,去过犯罪现场,具有作案时间。但公诉机关证明任某玲杀害计某某的证据不充分,其主要依据的是任某玲的供述,而任某玲的供述前后不一,诸多内容不合情理,且未得到其他证据印证。由于案件证据之间存在的矛盾无法排除,依据现有证据不能得出任某玲杀害计某某的唯一结论。据此,陕西省高级人民法院裁定驳回抗诉,维持原判。

该案涉及的证据基本情况如下:

1. 受理公民报警求助情况登记表、接受刑事案件登记表、报案材料、抓获经过,证明2008年5月15日西安市公安局雁塔分局西影路派出所接群众报警有人被害。公安人员赶赴现场发现计某某被杀死亡,弥某某手腕被割伤。公安机关遂于当日立案。经对被害人弥某某询问,有一名自称华某某妹妹的约30岁左右的女性当晚来到其住所。经调查发现,该女子曾与被害人弥某某于5月14日乘坐王某的车辆去蓝田县游玩,当晚还留宿弥某某的家中。5月17日,在王某配合下,公安人员在陕西省彬县(现为彬州市)将犯罪嫌疑人任某玲抓获。

2. 现场勘查笔录、现场照片及现场示意图,证明现场所在地,房间为一间房,门朝东开,门为绿色木门,室内地面铺有各色的泡沫,在房间内北侧有一台电视机,室内靠南墙放有一双人床,床头靠西,在床外沿处,躺有一小男孩尸体,头朝西,小孩上身穿背心,下身穿灰色长裤,赤脚。在小孩的尸体上可见一刀口,床单上有血迹。在进房门的左侧,有一白色小木柜,上放有一把水果刀,刀上有血迹。现场其他部位未发现异常。现场提取水果刀和床单上的血样一份。

3. 现场勘验检查提取痕迹、物证登记表,证明公安机关从勘查现场提取木柜上水果刀一把、弥某某睡衣一件,床单上、茶几上的血样各一份。

4. 法医学鉴定书和法医学人体损伤程度鉴定书,证明死者计某某系在被他人扼压颈部致机械性窒息的状态下又被刺伤颈部致椎动脉破裂大量失血而死亡;被害人弥某某左腕多处切割伤,其损伤属轻微伤。检验鉴定文书认为,鉴定书中所述死者计某某创口皮瓣可由所示水果刀两次抽动形成。

5. 法医学鉴定书、生物物证关系鉴定书,证明现场提取的床单上的血、茶几上的血及弥某某上衣衣襟正中血为弥某某所留;弥某某上衣右胸部血迹为计某宏所留。

6. 物证检验报告,证明被害人弥某某的睡衣及床单上的血迹中检出地西泮及阿普唑仑成分。

7. 指认、辨认笔录及照片,证明任某玲指认丢弃案发时所穿衣物地点位于西安市雁塔区铁炉庙二村村口"黄河湾饺子馆"门前;去弥某某家时购买食物的商店系铁炉庙二村"春辉小家电""祥意商店";作案现场系铁炉庙二村弥某某租房;丢弃手机地点系铁炉庙二村公共厕所;任某玲从7把刀具辨认出4号(从现场提取的刀具)为其作案凶器。

8. 通话清单,证明任某玲手机与弥某某的手机于2008年5月14日有多次通话的情况。

9. 被害人弥某某陈述,她和华某某是情人关系。2007年元月因误打电话认识,发生过几次性关系。2007年五六月,他们家想买个面包车,她向华某某借了2000元。2008年2月,她在给华某某还钱时,见到自称华某某妹妹的任某玲。后因为华某某经常以工作忙为由失约,加之她丈夫也不让他们来往,她和华某某就不来往了。5月14日下午,她和自称华某某妹妹的任某玲从蓝田回来,当日晚6时许,任某玲给她打电话说要来她住处聊天。晚10时许,任某玲来了,提了一个白色的塑料袋,里面好像装着豆腐干、火腿肠、两杯咖啡饮品。他们就坐在床头说话，当时她孩子计某某已经躺在床上。她吃了一个火腿肠、牛板筋，喝了一杯奶茶，觉得很苦，任某说是咖啡味提神。喝完奶茶，她觉得头晕，就昏倒了。5 月 15 日上午，她不知道几点醒来，发现她左胳膊在流血，身边的孩子头上有血，鼻子往外冒血泡样的东西。她当时头昏，一点力气都没有。弥某某在一审庭审中另陈述，自己苏醒过来时，发现刀子在自己手中。

10. 证人文某贤、陈某（房东）的证言，证明 2008 年 5 月 14 日晚 8 时许，文某贤看见弥某某的孩子在院子里玩，并听见弥某某房子里有人说话。次日上午，她到弥某某家中看见弥某某侧跪在床边，用手摸着孩子，嘴里喊着救救孩子，床单、被子以及孩子身上都有血迹。当时弥某某的孩子斜躺在床上，头朝西北脚朝东南，弥某某的左手腕上横着一个口子，并留有血迹，茶几上放着一把水果刀。她把水果刀拨到地上，并给 110、120 打了电话。她摸小孩四肢冰凉。120 来了，大夫说小孩已经死了。

11. 证人华某某的证言，证明他和任某玲是在 2004 年三四月认识，2005 年 2 月开始同居，任某玲曾为他做过三四次人流。他本打算离婚后和任某玲结婚，后婚没有离成。2007 年春节前后，他因打错电话认识了弥某某，并多次和弥某某发生性关系。任某玲知道他和弥某某的事情后，不停地与他吵架打闹，并要求见弥某某。2007 年七八月，弥某某说她老公买车向他借了 2000 元。2008 年 3 月，他带任某玲约弥某某在大雁塔北广场见了面，任某玲自称是他妹妹，二人单独聊了一会儿，还互留了电话。后他听弥某某说二人能聊到一起。5 月 13 日 19 时许，他和任某玲见面，谈了分手的事，任某玲不同意。5 月 15 日到 17 日，他和任某玲一直在一起。他曾送给弥某某一把银色金属刀子，是买三圈霸道电池带的赠品，刀把上还有三圈霸道的商标。

12. 证人王某的证言，证明他和任某玲是在 2007 年六七月认识的。2008 年 4 月，他曾送任某玲回其老家彬县。5 月 14 日上午，任某玲约他去蓝田玩。后他开车带着任某玲和任某玲叫的一个约 20 岁左右、长头发、穿白色衣服的女朋友去蓝田玩。回西安后，他先把任某玲的朋友送到西影路，就和任某玲去了狄寨塬，任某玲说她被人骗了，心情很不好。当日晚约 7 时许，二人分手。

13. 证人罗某（房东）的证言，证明 2008 年 5 月 14 日晚 10 时许，他出门买东西路过弥某某家，看见弥某某和一个女的在说话。晚 11 时，他关大门时，看见弥某某家的灯还亮着。

14. 证人计某宏（弥某某之夫）的证言，证明 2008 年 5 月 15 日 9 时许，他接到房东的电话说家里出事了。他回家看见儿子计某某头东脚西躺在床上，上衣、裤子穿着整齐，妻子弥某某左胳膊上有两道划痕，一深一浅。他听妻子弥某某说昨天和华某某妹妹在家喝酒，他问华某某妹妹的手机号码，弥某某说在她的手机里，他拨打弥某某手机时发现该手机已经关机。弥某某黑色 CECT 直板手机和家里及院大门的钥匙也都不见了。同时证明，弥某某和华某某认识，他们曾借过华某某 2000 元。他们的房东一般是晚上 10 时许关大门，大门是反锁的，没有院大门钥匙是出不去的。

15. 证人巩某的证言，证明她姨任某玲与一个叫华某某的男子在西安市长安区同居。

任某玲从事理发工作,华某某销售挖掘机。

16. 证人赵某甲(房客)的证言,证明2008年5月15日8时许,她和房东儿媳妇一起走进弥某某家看见小孩在床上躺着,孩子妈在床边趴着,自言自语“我也不知道咋回事,跟吃了药似的,睡得那么死的”。地面和床上有血,小孩脖子上有一个布片,布片上有血。

17. 证人赵某乙(房客)的证言,证明2008年5月14日晚7时许,她见到弥某某和其儿子计某某在屋外玩耍。第二天早上5点上厕所时未发现有异常。

18. 证人霍某(陕西正和医院医生)的证言,证明弥某某来就诊时精神不安,比较烦躁,嘴里不停喊她的孩子。该女子左手腕有三处伤口,分别长约3厘米、6厘米、10厘米,最深一条有1厘米左右,但没有伤到大的血管,当时出血量不大。

19. 被告人任某玲在侦查阶段曾作过9次供述。第一次供述称:她和华某某同居三四年,华某某承诺离婚后和她结婚,但她发现弥某某和华某某有染,华某某还提出要与她分手。她曾以华某某妻子和妹妹的身份劝弥某某离开华某某未果,遂产生杀死弥某某的念头。2008年4月,她在火车站办了一张130开头的手机号(未用身份证)专门用于和弥某某联系。5月14日白天,她还让朋友王某开车和弥某某一起去蓝田玩。当日晚10时许,她通过电话联系后去了弥某某的家,去之前在村路边小超市买了奶茶、鸡爪子、豆腐干。在弥某某家,她换了弥某某的睡裙,就坐在床上聊,她们主要聊和华某某的感情问题,在聊的过程中,弥某某从床头柜里拿出一把折叠刀说是华某某送的。她们在聊天时,抽了很多哈德门烟,又一起喝了奶茶,喝完后就睡了,弥某某将吃过的空袋子收拾到垃圾袋里扔到了外面。在睡的过程中,她越想越生气,就拿起床头柜上的刀子在弥某某左胳膊上划了两刀,弥某某也没什么反应,流了很多血。她想可能二人抽了很多烟,而且她在弥某某的左胳膊枕着,把弥某某的胳膊枕麻了,弥某某才没有反应。这时,弥某某的孩子起来尿尿,她抱着孩子尿了后,孩子又起来叫妈妈,她当时想错了就错了,就用手掐住孩子的脖子,孩子喊了两声,因她手上没劲,孩子又在哭闹,她就用刀在孩子脖子上戳了两刀,直到孩子不动了。她怕弥某某死不了,又用刀在弥某某的左手腕上割了一刀。天亮后,她听到外边有人开门,因为衣服上沾了很多血,就换上干净的衣服,拿了弥某某的手机,用塑料袋装了沾血的睡衣,出了弥某某家门,把装衣服的塑料袋扔到村里街上的一个垃圾筐里,把手机扔进一个公共厕所冲掉。她把刀子放在床头柜上。被告人任某玲前5次供述基本相同。第二次供述还提到,她与弥某某发生争吵,弥某某先拿出刀,她拿了一根木棍打在弥某某后脑将其打晕,然后用刀子割弥某某手腕。此后,任某玲翻供称,她和弥某某发生争执后,弥某某用刀捅她,她抱起计某某抵挡,弥某某用刀刺中计某某。

20. 物证刀具一把,被告人任某玲当庭辨认无异议。

□ 证据分析

本案中涉及证据的争议焦点是:(1)如何审查口供的真实性?(2)疑罪案件该如何处理?

对于以上证据问题,分析如下。

(一)如何审查口供的真实性

从本案的证据情况来看,本案的证据种类较多,但对于本案的关键事实,即被害人计某某是如何死亡、被害人弥某某是如何受伤的,仅有被告人任某玲的口供能"直接"证明系任某玲所为,其他证据材料仅能证明任某玲有作案动机和作案时间。因此,如何审查任某玲的口供是本案的关键。

由于口供往往蕴涵着较为丰富的案件信息,在被告人认罪的情况下,如果有其他证据材料能够对口供的内容予以佐证,一般能够认定相应的案件事实。然而,如果在案证据仅有被告人的口供,能否定案呢?《刑事诉讼法》第 55 条第 1 款规定,只有被告人供述,没有其他证据的,不能认定被告人有罪和处以刑罚。据立法参与人员介绍,这一规定是指,对于仅仅有被告人有罪供述,而无其他证据印证的,不能认定被告人有罪和处刑,体现了刑事诉讼实事求是的精神和对被告人权利的充分保护。[1] 也就是说,要有其他证据"印证"口供的内容才能定案。司法实践中,仅有口供的案件几乎是没有的,案件中总会有这样或者那样的证据材料,但问题的关键是,这些证据材料能否与口供相互印证。

此外,被告人翻供的现象在实践中也较为常见。在被告人作出供述又翻供的情况下,被告人的哪一份口供能够作为定案的根据,是一个经常令法官感到棘手的问题。为了给司法人员提供指引,《办理死刑案件证据规定》第 22 条和《刑诉法解释》第 96 条对翻供问题如何处理进行相应规定,即区分三种情形,确立了具有"提示"性质的"庭前供述和当庭供述存在矛盾时的采信规则",[2] 强调供述的内容有其他证据材料印证的,才能采信。

就本案来说,任某玲的供述与案件中部分证据能够相互印证,如任某玲曾供称,用手卡住计某某的脖子,用刀在计某某的颈部连续捅了两下,该供述得到尸检报告的印证。然而,本案中任某玲供述的一些关键细节未得到其他证据印证。一是被告人任某玲供述的诸多细节均未得到相关物证的佐证。任某玲曾供称,其作案后拿走被害人的手机以及沾血的睡衣,将睡衣扔到垃圾堆,将手机扔到村内的一个公共厕所内,并指认了抛弃上述物品的地点,但侦查人员没有提取到沾血的睡衣,也没有找到被抛弃的手机,仅在任某玲指认抛弃手机的地点进行拍照记录。任某玲还曾供称,弥某某在家中吃了任某玲买的小食品,喝了任某玲买的饮料,包装袋扔在门外的垃圾堆,饮料杯放在桌子上,二人抽了很多香烟,但现场勘查笔录没有记载上述物证,现已丧失补充侦查条件。二是被告人任某玲曾供述,其到弥某某家时就准备报复杀人,但却未携带任何作案工具,不符合常理。三是被告人任某玲供述的作案手段不具有特殊性,且属先证后供,虽能够与尸检报告等印证,但可信度不高。

除被告人任某玲的供述无法得到其他证据材料的"有效"印证外,本案证据之间还存在

---

〔1〕 参见李寿伟主编:《中华人民共和国刑事诉讼法解读》,中国法制出版社 2018 年版,第 134 页。

〔2〕 参见最高人民法院刑事审判第三庭编著:《刑事证据规则理解与适用》,法律出版社 2010 年版,第 184 页。

若干重要矛盾和疑点缺乏合理解释。一是关于计某某的衣服变化问题,现有证据无法作出合理解释;二是弥某某手部的刀伤究竟如何形成,现有证据不能确定;三是关于作案工具水果刀在现场所处位置的证据之间存在矛盾;四是无法确定是否有其他人持有弥某某家的钥匙,且无法排除他人进入现场的可能性;五是关于被告人任某玲将事先准备的添加了镇静药物的咖啡奶茶让弥某某喝下,导致弥某某昏睡的问题。任某玲从未供述其向饮料中投放安眠镇定类药物并给弥某某服用的细节。案发次日,侦查机关将弥某某静脉血以及尿液送检,鉴定意见显示,上述检材中均未检出安眠镇定类药物。现场勘查笔录没有提到现场有咖啡奶茶饮料瓶,相关证据也未提取在案,无法确定现场是否有弥某某所称的饮料瓶,也无法进一步确定饮料瓶中是否有安眠镇定类药物。

综上,被告人任某玲供述的部分内容虽有尸检报告等证据材料的印证,但这属于"先证后供"型印证,且由于本案作案方式比较常见,导致供述的证明力不强。与此同时,被告人任某玲供述的很多内容无法得到印证,且在案证据存在诸多无法解释的疑点和矛盾之处。因此,本案被告人任某玲的有罪供述得不到其他证据材料的印证,无法确定其真实性,故无法根据其供述认定案件事实。

(二)疑罪案件该如何处理

刑事案件涉及被追诉人财产、自由甚至生命的剥夺问题,刑事案件定罪事实的认定意味着国家可以合法地剥夺被追诉人的财产、自由甚至生命。由于定罪结果的严重性,定罪事实的认定应当准确。从理想的状态来说,定罪事实的认定应当与客观发生的事实相一致。只有这样,通过刑事裁判惩罚犯罪才具有正当性。美国有学者认为:"如果没有与真实相一致的司法事实认定,那么公民就会对司法程序的公正性和可靠的司法裁判以及有效的纠纷解决丧失信心,这一点不管是在民事案件还是在刑事案件中都无一例外。"[1]然而,诉讼认识是一种历史认识,对于历史事实的认识,只能通过证据进行判断,而无法还原。[2]另外,受制于人类认识手段的局限性、对案件事实认识过程中干扰因素的影响以及诉讼资源的有限性等因素的影响,诉讼认识存在错误在所难免,在这种情况下,有必要通过证明标准的设定明确诉讼认识应该达到何种程度才能定案。在设定相应的证明标准时,需要注意两点:一是对证明标准的界定只能从主观上进行,即证明标准是对内心确信程度的要求。当然,为了确保这种主观确信程度的客观性,需要通过诉讼程序对裁判者形成内心确信的过程进行有效的规制。二是证明标准的设定也是一种风险分配机制,由于定罪后果的严重性,为了尽可能避免冤枉无辜,需要对定罪事实设置最高的证明标准。根据风险分配的结果,通常情况下,错误的不利后果由控方承担。

由于人类认识能力的局限性,总有一些案件的事实真相无法查清。在案件事实真相无法查清的情况下,法官该如何裁判?这是身为一个法官不得不面对的问题。对于未达到法

---

〔1〕[美]罗伯特·萨摩尔、[美]阿西尔·莫兹:《事实真实、法律真实与历史真实:事实、法律和历史》,徐卉译,载王敏远编:《公法》第4卷,法律出版社2003年版。

〔2〕参见吴宏耀:《诉讼认识论纲——以司法裁判中的事实认定为中心》,北京大学出版社2008年版,第18-21页。

定证明标准的案件该如何处理，大体上有三种方式：一是疑罪从有，但在量刑时可能从轻处罚；二是“疑罪从挂”，即将案件悬置，不给出裁判；三是疑罪从无，以证据不足为由宣告被告人无罪。第一种方式置法定证明标准于不顾，属于“非法”裁判。第二种方式属于拒绝裁判，在审前羁押普遍存在的情况下，对被告人不利。由于我国1979年《刑事诉讼法》对于证据不足的疑罪案件如何处理没有规定，在我国司法注重追求实体真实的背景下，曾经很长一段时间，司法机关往往选择通过这种方式处理证据不足的疑罪案件。第三种方式是现行法律明确规定的证据不足的疑罪的处理方式，即疑罪从无，这是1996年《刑事诉讼法》修改时新增的处理方式，立法之所以这样规定，主要考虑这些因素：在证据不足的情况下宣告无罪，虽然可能会放纵部分真正有罪的人，但也会避免无辜的人被宣告有罪，这是在两种价值之间理性选择的结果。本案中法院对被告人任某玲以证据不足为由宣告无罪，是在法律上正式宣告任某玲无罪，贯彻了疑罪从无原则。

疑罪从无涉及一系列价值的选择问题，在我国，由于各种因素的影响，对疑罪从无的接受经历了一个过程。因在认识论上受实事求是的影响，在价值论上受不枉不纵的影响，我国1979年《刑事诉讼法》仅规定在查清案件事实的情况下该如何裁判，未规定案件事实不清的状态下如何裁判。据此，有学者认为，在1979年《刑事诉讼法》的制度框架下，对于事实不清的案件，办案机关要悬置自己的判断，继续查证案情，直到将有关疑点完全澄清。[1]然而，“继续查证”也面临诸多问题，如被追诉人长期被羁押，有些案件的案情“总”也查不清，等等。

在这一背景下，1989年11月4日最高人民法院通过批复的形式首次确立了“疑罪从无”的程序规则，最高人民法院《关于一审判决宣告无罪的公诉案件如何适用法律问题的批复》（已失效）规定，“对于因主要事实不清、证据不足，经多次退查后，检察院仍未查清犯罪事实，法院自己调查也无法查证清楚，不能认定被告人有罪的，可在判决书中说明情况后，直接宣告无罪”。在吸收这一规定的基础上，1994年最高人民法院《关于审理刑事案件程序的具体规定》（已失效）和1996年《刑事诉讼法》正式确立了“证据不足的无罪判决”。至此，疑罪从无的法律障碍已经基本上不存在。然而，受制于各种因素的影响，疑罪从无仍面临诸多困难。[2]也正因如此，在广东省高级人民法院审理的陈某钧案的判决书中曾出现以下一段看似与案件无关的“普法”文字：“法院认为，因受制于犯罪的隐蔽性、复杂性及侦查手段局限性等诸多因素，本案目前无法通过证据体系还原客观事实、认定法律事实。在对于上诉人陈某钧是否本案真凶既无法证实亦无法证伪的两难局面下，人民法院应当恪守证据裁判规则，决不能为片面追求打击效果而背离‘疑罪从无’的刑法精神。‘疑罪从无’并非放纵犯罪，而是对司法公权力的合理制约和规范使用，是对任何有可能身陷囹圄的公民基本人身权利的有力保障。在刑事科学日益发达、侦查手段日益精进的时代，本案欠缺的证据链条一旦出现新的弥补和完善，司法机关还可再次启动司法程序，严惩犯罪，以民众看得

---

〔1〕 参见孙长永主编：《中国刑事诉讼法制四十年：回顾、反思与展望》，中国政法大学出版社2021年版，第415页。

〔2〕 参见王彪：《刑事诉讼的中国问题与地方经验》，北京大学出版社2022年版，第279－308页。

见的方式来抚慰被害方,以法治的精神和途径来推进公平正义的实现。同时,法院将根据被害方因本案造成经济损失的事实、家庭经济困难的情况及暂时未能获得民事赔偿的状态,依法为其申请必要的司法救助金,从经济上部分地弥补被害方所遭受的创伤。"[1]

按照判决书的一般格式,判决书只需要对证据进行分析,并根据可以作为证据使用的证据所认定的案件事实适用实体法,最终得出被告人是否有罪的结论。由于疑罪从无原则已经为立法所确认,所以从法理上来说,判决书不需要对疑罪从无及其体现的价值取向进行分析。无罪判决后对被害方进行何种救济,这是判决后的活动,判决书也无须说明。本案法官之所以对这些看起来不需要在判决书中提及的问题进行阐述,目的是减少疑罪从无判决所可能带来的影响和压力。看似无关的表述,恰恰反映了现实中疑罪从无面临的困境,也恰恰说明了法官实现司法公正的良苦用心。

□ 理论拓展

根据《刑事诉讼法》第200条的规定,无罪判决可以分为两类,即案件事实清楚的无罪判决和证据不足的无罪判决。事实上,根据无罪判决与"客观事实"相符的程度,还可以将无罪判决分为以下两种类型,即事实上有罪和法律上无罪、事实上无罪和法律上无罪。证据不足的无罪判决,意味着被告人可能事实上有罪,但仅法律上无罪而已。这种分类容易使法官担心宣告无罪会放纵犯罪,最终导致司法实践中疑罪从无原则难以落实。

考虑到证据不足的无罪判决并没有使被告人真正获得清白,有学者建议,对于证据不足的无罪案件,一旦发现真凶或确有证据足以排除被告人的作案嫌疑,应当启动再审程序,对被告人彻底宣告无罪,还"疑罪"者以清白。[2] 考虑到证据不足的无罪判决容易带来诸多弊端,有学者干脆建议,应该确立一元化的无罪判决模式,即仅规定"依据法律不构成犯罪或者不能证明其犯罪的,应当作出无罪判决"这一种无罪判决。[3] 有检察官则认为,证据不足的无罪判决属于无罪判决,是将国外经验和我国实际相结合的产物,是符合我国法律文化传统和现实国情的,是国家保障人权的一种方式,是司法进步的标志。[4]

我们认为,从理论上来说,确实存在事实上无罪与法律上无罪、事实上有罪与法律上无罪等分类,但作为法律人的法官,作出裁判的依据是证据和法律。因此,对于法官来说,只存在法律上有罪和法律上无罪两个选项。证据不足的无罪判决在最初确立时,有助于指引法官对证据不足的案件"大胆地"宣告无罪,但随着社会的发展以及无罪推定、疑罪从无等价值理念的深入人心,这种判决模式已经无法发挥指引作用。相反,这种判决模式在宣告无罪的同时表明被告人仍有"犯罪的嫌疑",这会导致诸多问题的产生,如在法

---

[1] 广东省高级人民法院刑事判决书,(2014)粤高法刑四终字第127号。

[2] 参见顾永忠、胡婧:《"疑罪从无"判决的再审》,载《法学》2016年第9期。

[3] 参见闵春雷、鲍文强:《我国无罪判决模式之反思——以〈刑事诉讼法〉第195条第3项为重点的分析》,载《法学》2018年第5期。

[4] 参见侯国锋:《证据不足无罪判决研究》,载《中国检察官》2017年第13期。

院宣告被告人无罪后，在没有新证据的情况下，公安机关再次将被宣告无罪的人列为犯罪嫌疑人。[1] 因此，立法应当废除这一无罪判决模式，对于被告人无罪的案件，适用统一的无罪条款。

■ 民事诉讼中证据与价值论的理解与适用

案例1-7　徐某兰诉彭某人身损害赔偿案[2]

□ 案情概述

原告徐某兰诉称，2006年11月20日上午，原告在南京市水西门公交车站等83路车。9点30分左右，两辆83路公交车进站，原告准备乘坐后面的83路公交车，在行至前一辆公交车后门时，被从车内冲下的被告彭某撞倒，导致原告左股骨颈骨折，住院手术治疗。因原告、被告未能在公交治安分局城中派出所达成调解协议，故原告诉至法院，请求判令被告赔偿原告医疗费、护理费等共计人民币136,419.3元，并由被告承担本案诉讼费。

被告彭某辩称，被告当时是第一个下车的，在下车前，车内有人从后面碰了被告，但下车后原、被告之间没有碰撞。被告发现原告摔倒后做好事对其进行帮扶，而非被告将其撞伤。原告没有充分的证据证明被告存在侵权行为，被告客观上也没有侵犯原告的人身权利，不应当承担侵权赔偿责任。如果由于做好事而承担赔偿责任，则不利于弘扬社会正气。原告的诉讼请求没有法律及事实依据，请求法院依法予以驳回。

南京市鼓楼区人民法院经审理查明，2006年11月20日上午，原告在南京市水西门公交车站等候83路车，大约9时30分左右有两辆83路公交车同时进站。原告准备乘坐后面的83路公交车，在行至前一辆公交车后门时，被告第一个从公交车后门下车，原告摔倒致伤，被告发现后将原告扶至旁边，在原告的亲属到来后，被告便与原告亲属等人将原告送往医院治疗，原告后被诊断为左股骨颈骨折并住院治疗，施行髋关节置换术，产生了医疗费、护理费、营养费等损失。在事发当天，被告曾给付原告200多元钱，且此后一直未要求原告返还。

对于法院认定的上述基本事实，即2006年11月20日上午原告在南京市水西门公交车站准备乘车过程中倒地受伤，原、被告并无争议。但对于原告是否为被告撞倒致伤，双方意见不一。此外，关于被告给付原告钱款的原因，双方陈述也不一致：原告认为是先行垫付的赔偿款，被告认为是借款。

对于原告和被告争议的焦点问题，即原告是否为被告撞倒致伤，南京市鼓楼区人民法院经审理认为，原告系与被告相撞后受伤。

---

[1] 参见龙宗智：《念斌被再度确定为犯罪嫌疑人问题法理研判》，载《法制与社会发展》2015年第1期。

[2] 参见江苏省南京市鼓楼区人民法院民事判决书，(2007)鼓民一初字第212号。

该案的证据基本情况如下:

1. 原告徐某兰和被告彭某的陈述。两人的陈述在原告徐某兰摔倒、被告彭某扶起原告徐某兰并在原告亲属到达后与原告亲属一起将原告送往医院治疗、被告曾给付原告200多元钱且此后一直未要求原告返还等方面是大体一致的,但对于原告是否为被告撞倒致伤,两人的陈述截然相反。

2. 警方询问笔录。事故发生后,南京市公安局公共交通治安分局城中派出所接到报警后,依法对该起事故进行了处理并制作了询问笔录。案件诉至法院后,该起事故的承办民警到法院对事件的主要经过作了陈述并制作了谈话笔录,谈话的主要内容为:原、被告之间发生了碰撞。原告对该份谈话笔录不持异议。被告认为谈话笔录是处理事故的民警对原、被告在事发当天和第二天所做询问笔录的转述,未与询问笔录核对,真实性无法确定,不能作为本案认定事实的依据。

案件审理期间,处理事故的城中派出所提交了当时对被告所做询问笔录的电子文档及誊写材料,电子文档的属性显示其制作时间为2006年11月21日,即事发后第二天。询问笔录电子文档的主要内容为:彭某称其没有撞到徐某兰;但其本人被徐某兰撞到了。原告对询问笔录的电子文档和誊写材料不持异议,认为其内容明确了原、被告相撞的事实。被告对此不予认可,认为询问笔录的电子文档和誊写材料是复制品,没有原件可供核对,无法确定真实性,且很多内容都不是被告所言;本案是民事案件,公安机关没有权利收集证据,该电子文档和誊写材料不能作为本案认定事实的依据。

3. 证人证言。被告申请证人陈某春出庭作证,证人陈某春证言主要内容:2006年11月20日其在21路公交车水西门车站等车,当时原告在其旁边等车,不久来了两辆车,原告想乘后面那辆车,从其面前跑过去,原告当时手上拿了包和保温瓶。后来其看到原告倒在地上,被告去扶原告,其也跑过去帮忙,但其当时没有看到原告倒地的那一瞬间,也没有看到原告摔倒的过程,其看到的时候原告已经倒在地上,被告已经在扶原告。当天下午,根据派出所通知其到派出所去做了笔录,是一个姓沈的民警接待的。对于证人证言,原告持有异议,表示事发当时是有第三人在场,但不是被告申请的出庭证人。被告认可证人的证言,认为证人证言应作为本案认定事实的依据。

回 证据分析

本案中涉及证据的争议焦点是:(1)被告彭某与原告徐某兰是否相撞?(2)事后救助行为能否作为认定被告有过错的证据?

对于以上证据问题,分析如下。

(一)被告彭某与原告徐某兰是否相撞的证据分析

对于原告和被告争议的焦点问题,即原告是否为被告撞倒致伤,南京市鼓楼区人民法院经审理认为,原告系与被告相撞后受伤,理由如下:

1. 根据日常生活经验分析,原告倒地的原因除了被他人撞倒,还有绊倒或滑倒等自身原因情形，但双方在庭审中均未陈述存在原告绊倒或滑倒等事实，被告也未对此提供反证证明，故根据本案现有证据，应着重分析原告被撞倒之外力情形。人被外力撞倒后，一般首先会确定外力来源、辨认相撞之人，如果相撞之人逃逸，作为被撞倒之人的第一反应是呼救并请人帮忙阻止。本案事发地点在人员较多的公交车站，是公共场所，事发时间在视线较好的上午，事故发生的过程非常短促，故撞倒原告的人不可能轻易逃逸。根据被告自认，其是第一个下车之人，从常理分析，其与原告相撞的可能性较大。如果被告是见义勇为做好事，更符合实际的做法应是抓住撞倒原告的人，而不仅仅是好心相扶；如果被告是做好事，根据社会情理，在原告的家人到达后，其完全可以在言明事实经过并让原告的家人将原告送往医院，然后自行离开，但被告未作此等选择，其行为显然与情理相悖。

城中派出所对有关当事人进行询问、调查，是处理治安纠纷的基本方法，其能与在本案中提交的有关证据相互印证并形成证据锁链，应予采信。被告虽对此持有异议，但并未提供相反的证据，对其抗辩法院不予采纳。根据城中派出所对原告的询问笔录、对被告询问笔录的电子文档及誊写材料等相关证据，被告当时并不否认与原告发生相撞，只不过被告认为是原告撞了被告。综合该证据内容并结合前述分析，可以认定原告是被撞倒后受伤，且系与被告相撞后受伤。

2. 被告申请的证人陈某春的当庭证言，并不能证明原告倒地的原因，当然也不能排除原告和被告相撞的可能性。证人陈某春当庭陈述其本人当时没有看到原告摔倒的过程，其看到的只是原告已经倒地后的情形，所以其不能证明原告当时倒地的具体原因，当然也就不能排除在该过程中原、被告相撞的可能性。

3. 从现有证据来看，被告在法院庭审前及第一次庭审中均未提及其是见义勇为的情节，而是在二次庭审时方才陈述。如果真是见义勇为，在争议期间不可能不首先将其作为抗辩理由，陈述的时机不能令人信服。因此，对其自称是见义勇为的主张不予采信。

4. 被告在事发当天给付原告 200 多元钱款且一直未要求原告返还。原告、被告一致认可上述给付钱款的事实，但关于给付原因陈述不一：原告认为是先行垫付的赔偿款，被告认为是借款。根据日常生活经验，原告、被告素不认识，一般不会贸然借款，即便如被告所称为借款，在有承担事故责任之虞时，也应请公交站台上无利害关系的其他人证明，或者向原告亲属说明情况后索取借条（或说明）等书面材料。但是被告在本案中并未说明存在上述情况，而且在原告家属陪同前往医院的情况下，由其借款给原告的可能性不大；而如果撞伤他人，则最符合情理的做法是先行垫付款项。被告证人证明原、被告双方到派出所处理本次事故，从该事实也可以推定出原告当时即以为是被被告撞倒而非被他人撞倒，在此情况下被告予以借款更不可能。综合以上事实及分析，可以认定该款并非借款，而应为赔偿款。

从前述本案的证据情况来看，本案的证据分布呈现典型的“一对一”状态，即在原告与被告是否相撞这一关键事实上，只有双方当事人的截然相反的陈述。从法院认定原告与被告相撞的理由来看，法院运用了经验法则对一些被告的行为予以分析。我们认为，法院运用的经验法则有一定的合理性，特别是将上述情形综合起来审查就可以发现，被告的行为存在诸多不合常理之处。事过多年后，彭某承认当年确实和老人发生相撞。

然而，本案的法官根据经验法则所进行的推理也确实存在一些问题。首先，根据经验法则得出的结论具有或然性，即便综合全案证据来看，能够得出较为确定的结论，但在运用经验法则对单个行为进行分析时，用语不能过于绝对。[1] 本案法官在分析彭某的部分行为时，就存在用语过于绝对的问题，如彭某给付钱款"应为"赔偿款。其次，法院在运用经验法则分析彭某的行为时，存在对彭某要求过高的行为，如称"被告是见义勇为做好事，更符合实际的做法应是抓住撞倒原告的人，而不仅仅是好心相扶"。最后，法院在运用经验法则分析彭某的行为时，坚持"人性恶"的立场，[2] 如称"根据日常生活经验，原、被告素不认识，一般不会贸然借款"。过于绝对的用语、对彭某的过高要求，加上"人性恶"的立场，使本案法官运用经验法则分析案情的行为面临较大的争议。

（二）事后救助行为的证据法意义

如前所述，多年后，彭某承认其与老人相撞。因此，彭某扶老人、与老人家属一起将老人送往医院、给付钱财等行为，属于典型的事后救助行为。对于事后救助行为能否作为认定救助人存在过错的依据，我国法律没有规定。在当时的情境中，法院运用经验法则对这些事后救助行为进行分析，并最终得出彭某与老人相撞的结论，是符合法律规定的。但这一过程存在一个问题，即事后救助行为能否作为证据使用？

《美国联邦证据规则》第 407 条对事后补救措施作为证据使用进行了严格的限制，即"如果采取了将使得在前的伤害或者损害更不可能发生的措施，则关于这些事后措施的证据不得采纳来证明：过失、罪错行为、产品缺陷或者其设计缺陷或者缺乏警示或者说明。但是法院可以为其他目的采纳该证据，例如弹劾或者在存在争议情况下证明所有权、控制权或者预防措施的可行性"。本条规则的主要理论基础是：第一，该行为事实上不是自认，因此该行为与意外事件或者是共同过失造成的伤害同样相容。第二，社会政策鼓励人们采取措施来进一步促进安全。第三，使用一个人的善良行为来反对该人也是不正当的。[3] 严格来说，事后补救措施与事后救助行为存在诸多不同。

《美国联邦证据规则》第 409 条对提议支付医疗与类似费用作为证据使用进行了严格的限制，即"关于给付、承诺支付或者提议支付因伤害而引起的医药、住院或者类似费用的证据，不得采纳来证明对该伤害负有责任"。排除该类证据，是因为其与过错的相关性令人怀疑。因为支付这样的费用可能完全是出于同情，而不是出于对伤害要承担责任。排除这类证据，也是出于公共政策考量，即鼓励公民从人道主义出发对他人进行救助，至少是不因为实施了救助行为而对其加以处罚。[4] 在本案中，法院运用经验法则认定被告与原告相撞

---

[1] 对该案法官运用经验法则的分析，参见张卫平：《司法公正的法律技术与政策——对"彭宇案"的程序法思考》，载《法学》2008 年第 8 期。

[2] 类似的看法，参见凌斌：《法律与情理：法治进程的情法矛盾与伦理选择》，载《中外法学》2012 年第 1 期。

[3] 参见王进喜：《美国〈联邦证据规则〉（2011 年重塑版）条解》，中国法制出版社 2012 年版，第 94－95 页。

[4] 参见王进喜：《美国〈联邦证据规则〉（2011 年重塑版）条解》，中国法制出版社 2012 年版，第 102－103 页。

时，将被告给付钱财的行为赋予了证据法意义。由于我国没有相关规定，法院的裁判也确实没有错，但法院直接以“人性恶”为基础，对该给付钱财的行为进行经验分析，在价值取向上确有值得商榷之处。

□ 理论拓展

本案因彭某称自己见义勇为做好事而被诬陷，所以一经媒体报道即引发巨大反响。在事发多年后，彭某承认当年确实和老人发生过碰撞的情况下，该案法院的判决被事实证明是正确的。但是该案的教训是深刻的，其引发的负面效应是深远的。该案在公众舆论中成了“好人被冤枉”“司法不公”的典型案例，并被斥之为引发社会“道德滑坡”的反面典型，导致生活中“该不该扶摔倒老人”成了一个社会问题。其中，最主要的问题是该案一审法官在判决中对原告、被告相撞事实认定的一些推理分析，偏离了主流价值观，引发公众批评，导致社会舆论普遍不认同一审判决结果。例如，法院要求被告就原告是绊倒或滑倒，而不是被他人的外力撞倒承担证明责任；法院认为，如果被告是见义勇为做好事，更符合实际的做法应是抓住撞倒原告的人，而不仅仅是好心相扶等，并据此认定原告系与被告相撞后受伤。

本案充分说明了诉讼证明不仅仅是一个查明真相的活动，也是一个确立社会规范、树立社会价值的活动。该案最深刻的教训，就是要注重司法证明的分析论证和司法裁判对社会主流道德取向的价值引导作用，要把正确的价值判断和社会主流价值观有机融入司法裁判的全过程。从制度建设的角度来看，我国可以参考《美国联邦证据规则》的相关规定，严禁将相关行为作为认定过错的依据。

□ 阅读指引

1. ［美］罗纳德·J. 艾伦：《理性　认知　证据》，栗峥、王佳译，法律出版社 2013 年版。
2. ［美］拉里·劳丹：《错案的哲学：刑事诉讼认识论》，李昌盛译，北京大学出版社 2015 年版。
3. 吕卫华：《诉讼认识、证明与真实——以刑事诉讼为主要研究对象》，中国人民公安大学出版社 2009 年版。
4. 廖永安：《民事证据法学的认识论与价值论基础》，中国社会科学出版社 2009 年版。
5. 张卫平：《司法公正的法律技术与政策——对“彭宇案”的程序法思考》，载《法学》2008 年第 8 期。

（撰写人：西南政法大学法学院　王彪）

第二章 证据的基本属性

第一节 关联性

■ 刑事诉讼中关联性的审查与判断

案例 2－1 邹某朋等侵犯著作权案[1]

□ 案情概述

成都市青羊区人民法院审理青羊区人民检察院指控原审被告人邹某朋、邹某侵犯著作权罪一案，宣判后，原审被告人邹某朋、邹某不服，提出上诉。二审法院受理后，依法组成合议庭，公开开庭审理了本案。

原判决经审理查明：网络游戏《新丝路传说》由韩国的 Joymax 有限责任公司（以下简称 Joymax 公司）独立开发。2013 年 6 月，北京的游艺春秋网络科技有限公司（以下简称游艺春秋公司）取得 Joymax 公司授权，获得了该网络游戏在中国大陆（不包括港澳台地区）的独家运营权。然而，自 2013 年以来，被告人邹某朋和邹某未经游艺春秋公司的许可，私自建立了 http://www.fysroad.net/网站，提供名为《风云丝路》的私服游戏供他人玩耍，并销售游戏道具以牟取利润。被告人邹某朋负责游戏的维护、充值网站后台的管理和客服维护管理，而被告人邹某负责在私服游戏内吸引玩家。二人共同经营《风云丝路》私服游戏，非法获利超过 120 万元。经鉴定，http://www.fysroad.net/网站提供的《风云丝路》私服游戏客户端程序与游艺春秋公司官方运营的《新丝路传说》游戏客户端程序存在实质性相似。2015 年 5 月 14 日，警方在湖南省新化县将被告人邹某朋抓获，同日，警方在昆明市将被告人邹某抓获。被告人邹某朋和邹某分别向游艺春秋公司支付了 60 万元的赔偿款。2015 年 6 月 12 日，游艺春秋公司分别给邹某朋和邹某出具谅解书。

原审法院认为：邹某朋、邹某未经著作权人许可，复制发行其计算机软件，其行为已构成侵犯著作权罪。鉴于二被告人已赔偿了受害人的损失并取得了受害人的谅解，可酌情从

---

〔1〕 参见四川省成都市青羊区人民法院（2015）青羊知刑初字第 2 号刑事判决书。

轻处罚。二被告人在共同犯罪中作用相当，应当罪责自负，判决被告人邹某朋犯侵犯著作权罪，判处有期徒刑3年，并处罚金15万元；被告人邹某犯侵犯著作权罪，判处有期徒刑3年，并处罚金15万元。

经二审审理查明：韩国Joymax公司是网络游戏《新丝路传说》的著作权所有者。该游戏在2010年前创作并在韩国注册。2013年7月16日和17日，北京市版权局和国家版权局分别对游艺春秋公司与Joymax公司签订的著作权合同进行登记，合同有效期为2013年6月14日至2016年6月13日。2013年8月7日，我国文化部（现为文化和旅游部）为涉案游戏向游艺春秋公司发放了进口网络游戏产品批准单。2013年12月3日，国家新闻出版广电总局（现为国家广播电视总局）为涉案游戏软件向游艺春秋公司发放了网络游戏ISBN号核发单。

上诉人邹某朋未获游艺春秋公司授权，在广东省佛山市租用网络服务器，擅自架设http://www.fysroad.net/网站，提供名为《风云丝路》的网络游戏服务端下载，并通过支付宝转账、销售游戏点卡等方式收费获利。在该网络游戏运营期间，邹某朋负责游戏维护、充值网站后台管理和客户服务；邹某则负责招募玩家。邹某朋和邹某非法经营的总额达到1,284,759.01元。

二审法院认定：上诉人邹某朋、邹某以经营为目的，未经著作权人许可，运营他人享有著作权的互联网游戏作品，从而谋取利益、侵害他人利益，非法经营数额巨大，情节特别严重，其行为均构成侵犯著作权罪且系共同犯罪。在共同犯罪中，被告人邹某朋租用案涉游戏软件的服务器、架设网站，负责游戏的维护、充值网站后台的管理、客服维护管理等，起主要作用，系主犯；被告人邹某负责招揽玩家，起次要和辅助作用，系从犯，应减轻处罚。邹某朋、邹某系初犯，当庭具有悔罪表现，归案后积极赔偿案涉软件国内运营商游艺春秋公司的损失，并取得谅解，可酌情予以从轻处罚。根据邹某朋、邹某的犯罪情节和悔罪表现，适用缓刑不致再危害社会，故法院决定对邹某朋、邹某适用缓刑。

控辩双方提供的证据情况：

一审认定了受案登记表、报案材料、到案经过，福建中证司法鉴定中心电子数据检验报告（福建中证司法鉴定中心〔2015〕数检字第59号）、福建中证司法鉴定中心电子数据鉴定意见（福建中证司法鉴定中心〔2015〕数检字第3号）、银行查询记录、现场勘察笔录、侦查实验笔录、电子证物检查工作记录、谅解书等证据。

在二审中，检察院提交了网络游戏产品等级分类证书、程序注册证韩文复印件各两份以及翻译件，以证明Joymax公司取得游戏软件著作权的时间。上述证据载明游戏软件程序创作时间、注册时间均早于2010年。

邹某朋辩护人举示网络打印件，以证明游艺春秋公司在国内取得涉案游戏软件运营权的时间。

邹某辩护人举示邹某残疾人证、病历、照片、新化县公安局及新化县洋溪镇建华村出具的证明，以证明邹某无犯罪记录，并系残疾人，应当从轻或减轻处罚。

☐ 证据分析

本案中涉及证据的争议焦点是:辩护人举示的证明游艺春秋公司获得授权的时间网络打印件,邹某残疾人证、病历、照片、新化县公安局及新化县洋溪镇建华村出具的证明、新化县公安局及新化县洋溪镇建华村出具的关于邹某的品格证据有无关联性?

对于以上证据问题,分析如下。

(一)游艺春秋公司获得授权的时间网络打印件的关联性问题

2015年《刑法》第217条规定:未经著作权人许可,复制发行其文字作品、音乐、电影、电视、录像作品、计算机软件及其他作品的,违法所得数额巨大或者有其他特别严重情节的,处三年以上七年以下有期徒刑,并处罚金。认定两名上诉人的行为是否构成侵犯著作权罪的关键在于被告人是否故意侵犯了受国家保护的他人著作权及相关权益,以及是否具有营利目的,本案主要涉及的事实就是上诉人邹某朋和邹某是否非法运营了《新丝路传说》网络游戏,并从中获利。辩护方提出的游艺春秋公司获得授权时间的网络打印件,旨在证明游艺春秋公司在获得了Joymax公司授权时取得该游戏在中国大陆的独家运营权,二上诉人的犯罪行为及非法所得的起算点应以该时间为准。然而,此证据与本案的关键事实之间存在关联性不足的问题,原因如下。

1. 证明对象与证据内容不符。本案的核心在于判断邹某朋和邹某是否侵犯了Joymax公司的著作权。故在游艺春秋公司获得正式授权之前,邹某朋和邹某开设和运营《风云丝路》网站同样构成侵权。也就是说,只要是邹某朋与邹某未获得Joymax公司的授权,他们的行为就构成对Joymax公司著作权的侵犯。

2. 该证据不影响犯罪是否成立的判断。即使游艺春秋公司合法获得了运营权,邹某朋和邹某在此前的行为(未经著作权人许可,复制发行作品)仍然可能构成侵犯著作权的行为。本案的重点在于邹某朋和邹某的行为是否符合侵犯著作权罪的构成要件,而非游艺春秋公司的权利状态。因此,从以上几个方面来看,游艺春秋公司获得授权时间的网络打印件与本案的核心证明对象——邹某朋和邹某的侵权行为及其构成犯罪的事实之间缺乏直接的关联性。

(二)邹某残疾人证、病历、照片及无犯罪记录的关联性问题

1. 邹某残疾人证、病历、照片与本案的定罪无关联性。

在刑事诉讼中,证据的相关性是判断其对案件判决有无直接影响的关键。就邹某辩护人提交的残疾人证、病历、照片来看,虽然这些证据具备真实性和客观性,但在判定邹某的犯罪事实及其法律后果方面缺乏必要的关联性。

首先,该证据与本案的犯罪事实没有关联性。刑事案件的裁判主要基于犯罪事实的认定。在本案中,关键在于判断邹某是否参与了侵犯著作权的行为,且这一行为是否符合刑法规定的犯罪构成要件。然而,残疾人证、病历、照片等证据主要反映的是邹某的健康状况或身体条件,而这些情况并不能直接证明或反驳邹某参与侵犯著作权行为的事实。

其次,虽然个人情况如健康状况、残疾情况在某些情况下可能作为量刑时的考虑因素,

但它们并不是决定犯罪构成的关键要素。即便邹某具有某种残疾或健康问题,这并不直接影响对其犯罪行为的法律性质的认定。量刑考虑通常在确定犯罪事实之后进行,而且需要在法律允许的范围内进行。因此,这些证据与确定邹某是否应承担刑事责任以及承担何种刑事责任之间的关联性不强。

最后,在本案中,辩方需要提供能够直接证明或反驳邹某侵犯著作权行为的证据。邹某提供的残疾人证、病历、照片等虽然证明了关于其个人的某些信息,但这些信息与本案的核心问题——邹某是否参与并构成侵犯著作权罪——无直接关联。综上所述,邹某辩护人所提交的残疾人证、病历、照片等证据虽然在其他情境中可能具有一定的法律意义,但在本案中,它们与核心的犯罪事实和法律后果的判定无直接关联性,因此不足以作为从轻或减轻处罚的依据。

2. 新化县公安局及新化县洋溪镇建华村出具的关于邹某的品格证据,与量刑具有关联。

《刑诉法解释》第 276 条规定"法庭审理过程中,对与量刑有关的事实、证据,应当进行调查。人民法院除应当审查被告人是否具有法定量刑情节外,还应当根据案件情况审查以下影响量刑的情节……(四)被告人平时表现,有无悔罪态度"。新化县公安局及新化县洋溪镇建华村出具的关于邹某的品格证据反映了邹某的日常表现,是评估其悔罪态度和量刑的重要参考,且根据最高人民法院的司法解释,法院需要对这些与量刑相关的事实和证据进行详细的调查和审查,故该证据具有关联性,原因具体分析如下。

首先,品格证据揭示了邹某的日常行为和道德品质,为法院量刑提供了重要的背景信息。邹某的相关品格证据不仅反映了邹某的平时表现,而且可能表明他具有较强的社会适应性和较低的重新犯罪风险。这些信息能够帮助法官更全面地理解被告人的社会背景和行为特征,从而作出更加合理和公正的量刑决定。

其次,品格证据可揭示邹某的悔罪态度和改过自新的可能性。法院在量刑时会特别注意被告人是否有自觉认罪和悔罪的表现,以及他们未来改过自新的可能性。积极的品格评价可能会促使法官相信被告人有更大的改正潜力,这在量刑时可能被视为减轻处罚的因素。

最后,按照司法解释的相关规定,法院在量刑时需要综合考虑犯罪的性质、情节、危害后果及被告人的品格、悔罪态度等因素。因此,被告人的品格证明对于法院在判决时作出更为合理的量刑决策能起一定的作用,它能确保法院在考虑犯罪性质和社会危害的同时,也关注到被告人的个人情况和改过自新的潜力,从而在量刑时达到公正与人性化的平衡。

综合上述因素,新化县公安局及新化县洋溪镇建华村出具的关于邹某的品格证据,不仅与法院在量刑时需考虑的酌定情节相符,而且为法院提供了评估邹某悔罪态度和个人品质的重要依据。这些证据使法院能够全面掌握邹某的社会背景和个人表现,从而作出更加合理和公正的量刑决定,因此该证据在量刑上具有关联性。

□ 理论拓展

关联性规则是最重要的证据规则之一,它是指只有与诉讼中的待证事实有关联性的证据才可以采纳,一切没有关联性的证据均不予采纳。所谓“关联性”,一般是指证据必须与需要证明的案件事实具有一定的联系,并且对案件事实的认定具有实质性的意义。这一规则的目的是确保法庭审理的高效性和公正性,避免无关的或误导性的信息影响案件的公正裁判。关联性规则要求证据必须与案件的特定事实或争议点有直接关系。这一规则的核心在于确保审理的焦点,使法庭审理能集中于解决案件的争议问题。关联性规则有助于减少审判过程中的无效证据,提高审判效率,防止法庭被无关紧要或误导性的信息干扰。通过专注于与犯罪事实直接相关的证据,法庭能够更准确、更快速地判断案件。

在英美法系中,关联性(relevance)的定义为证据与案件中的特定事实之间的逻辑联系,且这种联系必须足够强,以至于证据的存在能显著改变某一事实存在与否的可能性或可能性的大小。在英美国家,法庭在考查证据的关联性时,需要考虑证据的具体内容、提出证据的目的以及证据对于解决案件争议问题的贡献程度。在刑事诉讼中,不相关的证据是不允许在法庭举示的,关联性规则被视为筛选证据的第一步,所以英美法系的法官通常在庭审开始前就进行证据的预审。在这个过程中,法官将评估证据的相关性,排除那些不符合标准的证据。此外,即使证据具有关联性,英美法系的法庭也可能因为证据可能带来的潜在问题而排除它,理由包括不公正的偏见、误导性、混淆性或者不成比例的时间浪费等。

大陆法系国家的法律体系更倾向于不过分强调系统化的证据规则,重视法官在证据评估过程中的综合判断能力。这一点体现在法官对证据进行的全面评估上。在审理案件的过程中,法官扮演着更为积极的角色,他们在收集和审查证据方面享有较大的自主性。在审判过程中,法官会对证据的关联性进行评估,但这种评估更多的是从整体案情出发,而不是仅仅聚焦于证据本身的相关性。同时,大陆法系的刑事诉讼中,法官通常负责证据的收集和评估工作。与英美法系中由律师主导证据运用的方式不同,大陆法系国家的法官在证据的审查和裁决过程中扮演着更为主导的角色,这意味着法官在审理案件时有更大的自由度来决定哪些证据是相关的,以及如何解释和运用这些证据。因此,大陆法系中的关联性规则在实践适用中往往展现出一定的灵活性。法官会根据案件的具体情况灵活判断每项证据与案件事实之间的关联性。这种灵活性使法官能够依据案件的特殊性和复杂性,以及证据、事实的具体情况,作出更符合案件实际情况的认定。这种全面而深入的证据评估方式,有助于确保案件裁判的公正性和准确性,同时也反映了大陆法系国家对法官专业判断能力的重视和依赖。

在我国的法律体系中,尽管证据的关联性被普遍认为是司法机关审查和判断证据的重要内容,但在立法层面上却没有对证据的关联性作出明确和系统化的规定。我国的诉讼法和司法解释对关联性的规定相对零散,没有形成一个完整的证据关联性规则体系,这一点与英美法系国家形成了鲜明对比。

具体而言,我国的《刑事诉讼法》及其司法解释在多个条款中对证据的关联性提出了要求,但这些规定较为分散。例如,《刑事诉讼法》第50、120、141条等涉及证据与案件事实的直接关联。这些条款指出,可以用于证明案件事实的材料被视为证据,并强调犯罪嫌疑人有权拒绝回答与案件无关的问题。此外,《刑诉法解释》的多个条款也对证据的关联性作了具体的阐述,如第82、97、108条及第139条等,特别强调了在审查物证、书证、鉴定意见及视听资料时,证据与案件事实的关联程度是审查的重要内容。

从实践来看,我国证据关联性规则在实际应用中存在一些突出问题。

首先,由于我国关于证据关联性的法律规定散见于多个法律条文和司法解释中,这种缺乏统一和系统框架的现状可能导致司法实践对这些规定的理解和应用出现差异。不同的法院可能会对关联性规则有不同的解读和判断,从而影响案件的审理效率和裁判的公正性。

其次,实践中的不确定性也是关联性规则适用的一个重要问题。在当前的法律框架下,缺乏关于证据关联性的明确指导和统一标准,导致法官和律师在实际操作中面临判断和应用证据的关联性的不确定性。由于缺乏具体的规则或准则,法官和律师可能会根据自己的理解和经验来判断证据是否与案件事实直接相关,这不可避免地带来了主观性和不一致性。在这种背景下,不同的法官可能会对相似的证据是否具有关联性作出不同的解读和裁决,导致类似案件中的审判结果存在差异。这种不一致性不仅影响了诉讼效率,还可能影响到案件裁判的公正性和权威性。此外,这种不确定性还对律师的诉讼策略产生影响。律师在准备案件时可能会因为不确定哪些证据会被法院接受而面临困难,这可能导致他们在案件准备上花费更多的时间和资源,或者在诉讼策略上过于保守。

最后,在技术性或专业性较强的复杂案件中,证据关联性的评估复杂性也是一个问题。如在科技、金融等专业领域的案件中,证据往往涉及高度的技术性或专业性,这对法官的专业知识和判断能力提出了更高的要求。在这些案件中,法官不仅需要具备基本的法律知识,还需要对相关的技术或专业领域有一定的了解和理解。例如,在涉及网络安全、数据隐私、金融欺诈等案件中,法官可能需要理解复杂的技术细节或金融操作过程,才能准确判断证据与案件事实之间的关联性。这种对专业知识的要求可能超出了一般法官的知识范围。此外,随着科技的快速发展,新类型的证据,如数字证据、人工智能生成的证据,为传统的证据审查带来了新的挑战。这些新类型的证据可能需要特定的技术知识来解读和评估。法官在没有相应专业背景的情况下,可能很难准确判断这些证据的有效性和与案件事实的直接相关性。

总的来说,在我国的司法实践中,证据关联性带来的不确定性所引发的问题对法官和律师的工作效率及案件处理策略产生了一定的影响,并可能在一定程度上影响案件的公正审理与高效解决。因此,明确和统一证据关联性的相关规定显得尤为重要,这不仅有利于提高诉讼活动的运行效率,还有利于增强公众对司法审判的信任,确保案件审理过程的公正与透明。

■ 民事诉讼中关联性的审查与判断

案例 2-2 徐州市明仁眼镜有限公司与宜兴市宜城街道明伊眼镜店侵害商标权纠纷案[1]

◻ 案情概述

原告徐州市明仁眼镜有限公司(以下简称明仁公司)与被告宜兴市宜城街道明伊眼镜店(以下简称明伊眼镜店)侵害商标权纠纷一案,法院于2020年12月9日立案后,依法适用简易程序于2021年1月19日公开开庭进行了审理,原告明仁公司的委托诉讼代理人丁某寿,被告明伊眼镜店的经营者岳某英到庭参加诉讼。

原告明仁公司向法院提出诉讼请求:(1)判令被告立即停止侵犯原告明仁商标注册商标专用权的行为。(2)判令被告赔偿原告经济损失及合理维权费用50,000元。(3)判令被告承担本案的全部诉讼费用。审理中,明仁公司申请撤回第1项诉讼请求。

事实和理由:明仁公司注册成立于2000年1月31日,经营范围包括验光配镜、太阳镜及护理用液的销售等,系淮海地区规模较大的一家集视光、配镜于一体的专业眼镜连锁机构。原告公司注册成立后,于2000年3月20日在第9类和第42类商品上分别申请注册了第1563906号和第1578685号图文商标,该商标经续展仍在有效期内,同时其持有第21965610号和第23294279号“明仁眼镜”文字商标。随着明仁公司持续使用并诚信经营,“明仁”在眼镜行业内已具有一定影响力和品牌知名度,其先后获得“全国行业质量示范企业”“全国行业质量服务诚信示范企业”等荣誉称号,同时第1563906号商标先后被认定为徐州市知名商标和江苏省著名商标。现明仁公司经调查发现,明伊眼镜店经营的“明仁眼镜”店铺,将其商标的显著部分“明仁”用于店招门头、背景墙等处,属于在相同商品或服务上使用近似商标的行为,该行为足以引起消费者的混淆,故其为维护自身合法权益,诉至法院。

被告明伊眼镜店辩称:(1)其(原字号为“明仁”)所售商品与第9类“眼镜图案+MINGREN+明仁”的商品商标图案完全无关,不存在侵权行为。(2)其个体工商户名称系依法取得,在招牌和背景墙使用店铺的简称属于合法范畴,其名称使用权应受法律保护。(3)原告第44类注册商标“明仁眼镜”是在被告经营店铺之后10年才注册,对其无约束力,原告系恶意抢注。(4)原告注册商标不具有市场知名度。(5)其使用“明仁”字号是依法取得无主观上恶意。(6)其使用“明仁”字号不会造成市场混淆,其店铺不是销售眼镜,实际上只是突出以“配镜加工服务”为主的经营行为,不会造成相关公众对商品和服务来源混淆和误认。综上,被告不存在侵权行为,原告提起本案诉讼构成权利滥用,请求法院查明事实予

[1] 参见江苏省宜兴市人民法院(2020)苏0282民初11949号民事判决书。

以驳回。

法院经审理查明：2001 年 4 月 28 日，明仁公司获准注册了第 1563906 号注册商标，核定使用服务项目为第 42 类，眼镜行，注册有效期限为 2001 年 4 月 28 日至 2011 年 4 月 27 日。经续展，该注册商标有效期限至 2021 年 4 月 27 日。2011 年 5 月 28 日，明仁公司获准注册了第 1578685 号注册商标，核定使用商品类别为第 9 类，包括，眼镜、眼镜架、眼镜（光学）、眼镜盒、眼镜布、眼镜片等，注册有效期限为 2001 年 5 月 28 日至 2011 年 5 月 27 日。经续展，该注册商标有效期至 2021 年 5 月 27 日。2018 年 1 月 7 日，明仁公司获准注册了第 21965610 号"明仁眼镜"注册商标，核定使用商品类别为第 44 类，眼镜行，注册有效期限为 2018 年 1 月 7 日至 2028 年 1 月 6 日。经过明仁公司多年使用，第 1563906 号、第 1578685 号注册商标先后多次被授予徐州市知名商标、江苏省著名商标，具有较高的知名度。明仁公司先后获得"中华眼镜 500 家""诚信单位""重合同守信用""全国行业质量示范企业""中国商业信用企业""江苏省眼镜行业著名品牌示范店"等众多荣誉称号。

2019 年 12 月 31 日，福建省厦门市鹭江公证处出具（2019）厦鹭证内字第 113252 号公证书。该公证书载明：唐某系申请人徐州壹道知识产权服务有限公司的委托代理人，其于 2018 年 11 月 23 日在该处"公证云"注册了用户名为"×××00"的公证云账号。申请人受明仁公司所托，代为处理维护明仁公司的知识产权等合法权益的相关事宜，现申请人发现位于江苏省宜兴市××路附近的一处店外招牌标识有"明仁眼镜"字样的经营场所，涉嫌侵犯明仁公司的商标权等知识产权。为维权所需，申请人指派唐某于 2019 年 9 月 16 日通过该处"公证云"App 客户端的手机拍照功能对上述经营场所进行了拍照，并申请对该取证过程、取证内容（申办号：19×××2120001）出具公证书。该处于 2019 年 12 月 31 日受理上述公证申请，并于同日登录该处"公证云"系统管理后台，调取了相关证据文件及数据文件，查明如下事实："×××00"账号于 2019 年 9 月 16 日 13 时 21 分至 2019 年 9 月 16 日 13 时 29 分，通过"公证云"App 客户端"手机拍照"功能拍摄照片，拍摄所得的照片文件 5 个（证据文件），经平台进行同步校验、加密后提交该处保管，出具相应的电子数据保管函。该处公证人员在调取文件时，对调取的证据文件以及"公证云"系统管理后台存证信息进行校验、察看，确认调取的手机照片证据文件自生成之时起未被修改，后将上述手机照片证据文件下载至本地电脑打印，随后将电子数据保管函、操作日志、手机照片刻盘保存，具体手机照片打印件及光盘随附公证书附件。

明伊眼镜店在其经营的眼镜店门头、招牌、柜台背景墙上多次突出使用"明仁"标识。

另查明，明伊眼镜店系个体工商户，经营者为岳某英，注册日期为 2008 年 10 月 15 日，经营范围为眼镜零售。明伊眼镜店原名称为宜兴市宜城街道明仁眼镜店，于 2019 年 12 月 6 日经工商部门核准变更为现名称。明仁公司系有限责任公司，注册日期为 2000 年 1 月 31 日，经营范围为验光配镜、太阳镜、变色镜、花镜、水晶老花镜、水晶眼镜、三类软性角膜接触镜及护理用液销售。

法院认为：

第一,明伊眼镜店存在侵犯明仁公司注册商标专用权的行为。理由如下。核准注册的商标,其商标专用权受国家法律保护。《商标法》第 57 条规定,未经商标注册人的许可,在同一种商品上使用与其注册商标近似的商标,或者在类似商品上使用与其注册商标相同或者近似的商标,容易导致混淆的,属于侵犯注册商标专用权的行为。本案中,明仁公司系第 1563906 号、第 1578685 号、第 21965610 号明仁文字商标或文字、字母及图组合商标的权利人,有权对他人侵犯其注册商标专用权的行为提起诉讼,是适格的诉讼主体。经明仁公司公证取证,明伊眼镜店在门头店招、店内柜台背景墙等处使用了“明仁”字眼标识,具有识别和指示功能,属于商标性使用。该标识与明仁公司持有的第 1563906 号图文组合商标的呼叫功能相同,构成近似,属于在相同服务上使用近似商标的行为。明仁公司第 1563906 号注册商标经过明仁公司多年宣传和使用,商标的显著性和知名度较高,相关公众施以一般注意力时,容易对附着相关标识的商品服务来源产生误认或混淆,因此,明伊眼镜店的上述行为侵犯了明仁公司第 1563906 号注册商标专用权。

对于明伊眼镜店提出其名称系依法取得,其使用“明仁”字号不具有主观上恶意,不会造成市场混淆等主张,法院认为,明仁公司早在 2001 年 4 月就获准注册了第 1563906 号注册商标,该注册商标多次被评为徐州市知名商标和江苏省著名商标,具有较高知名度,而明伊眼镜店成立时间在后,且其作为江苏省内眼镜行业的经营者对明仁公司的注册商标应予以知晓,但其未尽善意避让义务,仍使用“明仁”标识,可以认定其主观上具有攀附涉案注册商标知名度的意图。因此对于明伊眼镜店的上述抗辩主张,无事实和法律依据,法院不予支持。

第二,明伊眼镜店的行为侵害了明仁公司的注册商标专用权,应当承担停止侵权、赔偿损失的侵权责任。本案中,明仁公司未能向法院提交证据证明其因侵权行为所遭受的经济损失或明伊眼镜店因侵权行为所获得的利益,其请求法院适用法定赔偿,法院予以支持。法院根据涉案商标的知名度,侵权行为的性质、时间,明伊眼镜店侵权的主观状态以及明仁公司为制止侵权行为支付的合理开支等因素综合予以考虑,酌定赔偿金额为 30,000 元。

本案涉及的证据基本情况如下:

1. 原告明仁公司向法院提交了以下证据:(1)(2020)苏徐徐州证字第 440 号公证书。(2)(2020)苏徐徐州证字第 438 号公证书。证据(1)~(2)证明原告拥有第 1563906 号、第 21965610 号商标专有使用权。(3)2002 年、2008 年、2011 年、2014 年、2017 年徐州市知名商标证书。(4)2005 年、2008 年、2012 年、2016 年江苏省著名商标证书。(5)2000 年“质量信誉跟踪产品”证书、2001 年“国家监督抽查合格好产品”证书、2003 年“质量放心产品”证书、2004 年“质量监督检验产品合格”证书。(6)2000 年“中华眼镜 500 家”证书、2000 年“诚信单位”证书、2001 年“重合同守信用企业”证书、2001 年“重合同守信用企业”认证等荣誉证书。证据(3)~(6)证明经持续推广与使用,原告的企业、商标与产品均拥有极高的知名度和美誉度。(7)(2019)厦鹭证内字第 113252 号公证书,证明被告实施了侵权行为。

2. 被告明伊眼镜店向法院提交了以下证据:(1)明伊眼镜店店内眼镜柜相关商品照片

共20张，证明其没有突出使用“明仁”两个字，也没有销售“明仁”牌眼镜，其店内所经营的众多品牌、镜架、镜片及系列太阳镜，与原告商标无任何的关联性，其有合法的进货来源和渠道，完全守法经营。(2)(2020)最高法民申2987号民事裁定书、(2020)最高法民申4597号民事裁定书，证明名称有“在先使用”原则，商标持有人无权禁止其继续使用与商标相同的名称字号。(3)最高人民法院指导案例82号，证明原告系恶意维权诉讼。

◻ 证据分析

本案涉及证据的争议焦点之一是：被告明伊眼镜店提交的明伊眼镜店店内眼镜柜相关商品照片共20张、(2020)最高法民申2987号民事裁定书、(2020)最高法民申4597号民事裁定书、最高人民法院指导案例82号与本案主要事实有无关联？

对于以上证据问题，分析如下：

在民事诉讼中，证据的关联性是评价证据是否可用于支持或反驳某个特定事实或法律主张的重要标准。有关联性的证据应当能够直接或间接地证明或反驳争议的核心事实。在本案中，明伊眼镜店提供的三项证据的关联性需要从商标侵权的角度进行深入分析。

本案的核心争议焦点是服务类商标的使用，即被告是否存在未经授权而使用明仁公司商标的行为，从而可能引起消费者混淆或误认为被告与明仁公司有关联。简言之，商标侵权的判断需要考虑商标的可识别性和是否有可能引起公众的混淆。

(一)明伊眼镜店相关商品照片与本案没有关联

明伊眼镜店提供店内眼镜柜相关商品照片，旨在通过证明店内没有突出使用“明仁”字样，也没有销售标有“明仁”商标的眼镜，从而试图证明不存在商标侵权行为。尽管这些照片可能证明明伊眼镜店没有销售标有“明仁”商标的眼镜，但本案争议的焦点在于服务类商标的使用，即店铺名称和标识等是否构成侵权。服务类商标侵权的关键在于标识的使用方式和其对公众识别的影响，而非是否销售了具有特定标记的商品。如果“明仁”字样在店铺的门头、背景墙等处被突出使用，即便店内没有销售标有“明仁”商标的眼镜，也可能引起消费者的混淆，构成商标侵权。因此，这些照片在证明方面与判断本案中的争议焦点问题，即是否存在服务类商标侵权的事实，没有直接的关联。

(二)相关民事裁定书与本案没有关联

明伊眼镜店提供最高人民法院裁定书是为了支持“在先使用”原则的存在。这些裁定书，虽然涉及“在先使用”原则，但其与本案的关联需要深入分析。“在先使用”原则是商标法中的一个重要原则，它保护了在先使用者的权利，即使该使用者并未注册商标。如果明伊眼镜店能证明其在明仁公司注册商标之前就已经使用了“明仁”名称，那么根据这一原则，它可能有权继续使用该名称，即使该名称后来被他人注册为商标。然而，这些裁定书本身并不涉及本案的具体事实，即明伊眼镜店是否真的在明仁公司注册商标之前就使用了“明仁”名称。另外，在我国的法律体系中，其他法院对类似案件作出的裁判文书虽然具有一定的指导意义，但不具有普遍的法律约束力，尤其是在具体案件的事实认定和法律适用上。每个案件都有其独特的事实背景和法律关系,需要根据案件的具体情况来判断和适用法律,所以这些裁定书并不能直接决定本案的裁判。

综上所述,虽然明伊眼镜店试图通过最高人民法院的裁定书来支持“在先使用”原则,但这些裁定书并未直接关联到本案的核心事实——明伊眼镜店是否在明仁公司注册商标之前使用了“明仁”名称。在我国的法律体系中,这些裁定书不能直接决定本案的裁判结果,因此其关联性在本案中是有限的。在判断商标侵权案件时,法院需要依据与案件直接相关的证据来作出判断,而不能仅仅依赖于一般的法律原则或其他案件的裁判文书。

(三)最高人民法院指导案例 82 号与本案没有关联

明伊眼镜店举示最高人民法院指导案例 82 号旨在证明原告的恶意维权行为。这种证据提出的目的是揭示原告的行为可能不是保护合法权益,而是利用法律手段进行不当利益的追求。

在本案中,最高人民法院指导案例 82 号与本案没有直接关联。首先,在商标侵权案件中,核心事实或争议通常集中在是否存在商标的非法使用及其对原告权利的侵犯。而原告是否存在恶意维权的问题,并非通常情况下商标侵权案件的核心事实或争议。恶意维权通常指的是利用法律手段,无正当理由地阻碍他人实现合法利益或追求不正当利益的行为。在处理商标侵权案件时,法院通常会重点关注商标的使用和侵权的事实。虽然原告的动机和行为可能影响案件的整体评判,例如在确定赔偿数额时可能会考虑,但它们不会改变是否构成侵权的判定。因此,原告是否恶意维权并不是本案的核心问题。其次,即使该指导案例可能涉及恶意维权的问题,但每个案件都有其独特的事实和法律环境。本案中是否存在恶意维权,需要根据明仁公司和明伊眼镜店之间的具体互动、商标使用情况、市场影响等因素进行判断。一个一般性的案例无法直接证明本案中原告的行为是否构成恶意维权。同时在我国的法律体系中,指导案例虽有参考价值,但不具备普遍约束力,不能直接决定本案的判决。因此,该证据与本案没有关联。

回 理论拓展

在我国的民事诉讼中,证据的关联性问题是判断证据有效性和案件裁决的关键。根据《民诉证据规定》第 87 条和第 88 条的规定,证据与案件事实的相关性以及证据之间的相互联系是审查证据时的重要标准。

在民事诉讼中,证据必须与案件的争议点直接相关,这是其具备可采纳性的基础。例如,合同纠纷案件中,合同文本、履行过程的证据等直接与案件的争议点相关,因此具有较高的关联性。相反,与案件争议点无直接关联的证据,如与案件无直接联系的第三方与合同无关的声明,就没有关联性,因此也就不会被采纳。

此外,民事诉讼中对证据关联性的综合审查也非常重要。根据《民诉证据规定》第 88 条的规定,法院需要从各证据与案件事实的关联程度、证据之间的联系等方面进行综合考量。也就是说,除与案件事实直接相关外,证据之间的逻辑联系也同样重要。在民事诉讼中,法院不仅审查单个证据的证明力,还要考察所有证据如何结合在一起,形成一个有说服力的证明整体。例如,某个证人的证言可能需要与物证、书证或其他证人证言相结合,才能完整地证明某个案件事实。这意味着,即使某项证据单独看来与案件事实的关联不够明显,但如果它与其他证据共同构成一定的逻辑链条,共同证明某个案件事实,它也可能被认为具有关联性。

总而言之,在我国的民事诉讼中,证据的关联性是保证案件正确裁决的基石。它要求法官在审理案件时细致考量每项证据与案件事实的直接联系,同时关注证据之间的逻辑关系,确保裁决的准确性和公正性。这种对证据的严格审查和合理运用,有助于提高民事诉讼的效率和公信力,维护法律的公正和正义。

■ 行政诉讼中关联性的审查与判断

案例 2-3 武某印与佳木斯市不动产登记中心房屋登记管理(房屋登记)行政纠纷案[1]

□ 案情概述

原告武某印不服原佳木斯市不动产登记管理局作出的房屋抵押权登记行为,于 2018 年 8 月 2 日向黑龙江省佳木斯市向阳区人民法院提起行政诉讼。该法院于 2018 年 8 月 13 日立案后,于 2018 年 8 月 15 日向被告佳木斯市不动产登记中心送达了起诉状副本及应诉通知书。法院依法组成合议庭,于 2018 年 12 月 24 日、2019 年 6 月 19 日公开开庭审理了本案。

法院查明:第三人道外支行向原佳木斯市不动产登记管理局申请办理抵押登记,并提交了与案外人哈尔滨市红太阳家电经销有限公司的借款合同以及与原告签订的抵押合同。2015 年 6 月 5 日,原佳木斯市不动产登记管理局为第三人道外支行颁发 6 份抵押登记他项权证。经黑龙江民强司法鉴定中心鉴定,第三人道外支行向原佳木斯市不动产登记管理局提交的 6 份最高额抵押合同中,在抵押合同及抵押财产清单上"武某印"的签字并非原告本人所签,同时在房屋登记申请中抵押人处"武某印"的签字也不是原告本人所签。

另查明,第三人道外支行凭办理抵押登记的 6 份最高额抵押合同,以案外人哈尔滨市红太阳家电经销有限公司、第三人陈某和、原告武某印为被告,向哈尔滨市道外区人民法院提起民事诉讼。哈尔滨市道外区人民法院在审理过程中,认为第三人陈某和涉嫌诈骗,于 2016 年 10 月 8 日将案件移送至公安机关。案涉贷款的经办人于某波因涉嫌违法放贷被公安机关立案侦查后,哈尔滨市道外区人民检察院已向哈尔滨市道外区人民法院提起公诉。于某波违法放贷的数额包含案涉该笔贷款。佳木斯市不动产登记管理局被撤销后,房屋抵

---

[1] 参见黑龙江省佳木斯市向阳区人民法院(2021)黑 0803 行初 11 号行政判决书。

押登记的职能由被告佳木斯市不动产登记中心继受。

法院认为,本案系因不动产抵押登记提起行政诉讼的纠纷,且原告的起诉没有超过法定的起诉期限。第三人道外支行向原佳木斯市不动产登记管理局提交的6份最高额抵押合同中,在抵押合同及抵押清单上"武某印"的签字并非原告本人所签。因此,原告武某印不具有办理房屋抵押登记的真实意思表示。第三人道外支行在申请办理房屋抵押登记时提交虚假材料隐瞒真实情况。故原佳木斯市不动产登记管理局作出的房屋抵押登记行为不具有合法性。综上所述,审理法院对于原告武某印的诉讼请求予以支持。

本案涉及的证据基本情况如下:

(一)原告武某印向法院提交的证据

1. 佳木斯中医院司法鉴定所文检司法鉴定意见书一份,证明最高额抵押合同第7页抵押人甲方处,原告"武某印"签名字迹非本人书写。

2. 受案回执单一份,证明本案没有超过诉讼时效。

3. 黑龙江省佳木斯市公安局直属公安分局撤销案件决定书[佳直公(经侦)撤案字(2018)2号],证明截至2018年3月22日,原告认为公安机关仍未出具处理结果,遂向法院提起诉讼主张权利。

4. 黑龙江民强司法鉴定文书一份、鉴定费票据一份,证明6份房屋登记申请书第1页上抵押人"武某印"的签名字迹,6份最高额抵押合同第7页、第8页上抵押人"武某印"的签名字迹,6份土地登记申请书上申请人签章处"武某印"的签名字迹均与武某印样本签名字迹不一致,非同一人书写。抵押合同及抵押登记申请是虚假的。

5. 哈尔滨市公安局道外分局起诉意见书一份、第三人道外支行给公安局出具的情况说明和相关的法律规定一份,证明第三人道外支行的工作人员于某波涉嫌违法发放贷款罪,并且第三人道外支行认可于某波违法违纪并给公安机关出具了情况说明和相关的法律规定。起诉意见书和情况说明都说明了案涉贷款涉嫌犯罪是违法违规发放的。第三人道外支行处的所有签字不是武某印所签。

6. 结婚证一份,证明原告与案外人林某于2001年4月6日登记结婚,本案的房产和土地都是其夫妻共同财产。

(二)被告佳木斯市不动产登记中心向法院提交的证据

1. 原佳木斯市不动产登记管理局作出行政登记行为的法律依据,证明作出本案行政行为的是原佳木斯市不动产登记管理局,不是被告。行政登记机关仅具有对申请人提交的材料在常理与常识的范围内进行形式审查的职能与权限,保证材料真实性的责任在于申请人,行政登记机关没有权限和义务对申请人提交的合同进行实质性审查。原登记机关就原告诉请的房屋抵押权登记行为已经尽到依法合理审查的义务。

2. 有关涉案6套房屋即坐落于佳木斯市某区某社区,不动产登记簿档案共计6份,抵押权登记的现场照片6张,证明案涉具体行政行为发生于2015年6月1~5日,而被告成立于2016年11月,作出该具体行政行为的是原佳木斯市不动产登记管理局。进行案涉房屋抵押权登记时,申请人武某印、陈某和均到场,并且亲自提交了相关全部材料。原登记机关已经尽到了法定的合理审查的义务。档案中的询问笔录已明确标明为对“抵押人”和“抵押权人”进行的询问笔录,时间为 2015 年 6 月,原告作为申请人之一在该笔录上签字并按手印,因此,在该时间点原告即已经应当知道案涉行政行为的存在,显然原告的起诉已经明显超过起诉期限。

(三)第三人道外支行所举证据

1. 以货抵房产贷款抵押合同一份、质押物反担保协议书一份,证明原告武某印曾与第三人陈某和存在债权债务关系,原告有理由用其案涉房地产为第三人陈某和借款抵押,原告具有抵押登记的意愿和动力,原告知道其所有的房地产抵押的事实。

2. 信贷档案抵押人和借款人在抵押登记现场采集的照片,证明原告武某印和第三人陈某和在抵押登记现场,照片中人员为第三人陈某和(左)、原告武某印(右)。颁发他项权证时抵押人到场,其知情。

3. 第三人道外支行的介绍信存根,证明第三人道外支行派人到原佳木斯市不动产登记管理局进行房产和土地申请抵押登记,第三人道外支行工作人员现场履职,原告知道其所有的房地产抵押的事实。

4. 有关武某印的企业公示工商登记信息,证明武某印本人开发过房地产,同时也是某房地产公司的监事。结合鉴定检材资料,原告应当知道抵押登记流程。

5. 武某印个人信用报告,证明符合担保资格审查。此前原告三次抵押信贷的记录,结合证据 4 表明原告谙熟房地抵押信贷流程。

6. 原告所在派出所辖区人口信息,证明原告有侵财性犯罪盗窃前科。品格证据导致其言辞真实性存疑。

7. 抵押权登记(借款)服务指南,证明被告公示了被告义务和审查义务指南。抵押登记(借款)流程对外公开,申请人均可知晓。

回 证据分析

本案涉及证据的争议焦点是:第三人提供的武某印个人信用报告与原告所在派出所辖区人口信息(原告有侵财性犯罪盗窃前科)这两项证据在本案中是否具有关联性?

对于以上的证据问题,分析如下。

(一)武某印个人信用报告在本案中没有关联性

在本案中,第三人提出武某印个人信用报告显示其有过两次以上的抵押信贷经历,从而意图证明其对房地产抵押登记流程的熟悉程度。然而,从证据的关联性角度来看,这份个人信用报告与本案的关键事实在关联性上存在以下问题:

1. 内容上不相关。个人信用报告能够展示武某印过去的抵押信贷历史,但这种历史记录并不直接涉及本案的核心议题。本案的关键在于判断抵押登记的合法性,特别是涉及签名真实性和抵押登记程序的合规性。个人信用报告虽然显示武某印有抵押信贷经验,但它无法提供关于签名是否伪造或抵押登记是否合法的直接信息。换句话说,即使武某印在过去有抵押经验,也不意味着在本案中他对抵押登记的申请有充分的认识和理解,更不能证明签名的真实性。

2. 与案件缺乏逻辑上的关联性。从逻辑关联性来看,个人的过往经历与本案中的具体行为之间存在明显的断层。武某印过去的抵押信贷经历,虽然可能表明他对抵押流程有一定了解,但这并不能构成证明他在本案具体情况下行为的直接证据。具体来说,即使他对抵押流程熟悉,也不能自动推断在本案中他的行为状态,特别是在签名真实性这一核心问题上。

在行政诉讼中,每项证据的作用都需要在与案件事实的直接相关性和逻辑关联性的背景下进行评估。个人信用报告虽然提供了有关武某印信贷历史的信息,但这些信息与本案的主要争议点——签名真实性和抵押登记的合法性——之间的直接相关性和逻辑关联性不足。因此,虽然信用报告可能对评估武某印的个人信用状况有所帮助,但在解决本案的核心法律问题方面作用和影响力有限。

(二)派出所辖区人口信息(原告有侵财性犯罪盗窃前科)在本案中没有关联性

在本案中,第三人提出的派出所辖区人口信息显示原告武某印有侵财性犯罪盗窃前科,旨在质疑原告的品格,进而影响其陈述的真实性。然而,从证据关联性的角度来评估,该证据与本案并无关联性。本案的核心问题集中在原佳木斯市不动产登记管理局作出的房屋抵押登记行为是否具有合法性,包括抵押合同的有效性、签名的真实性,以及抵押登记的合法性上。在这种情况下,在本案中,第三人提出的原告武某印有侵财性犯罪盗窃前科的信息,属于品格证据的范畴。原告的犯罪前科虽然可能影响对其个人品格的评价,但并不直接关联到本案的核心问题,故不具有关联性,具体原因分析如下:

1. 品格证据通常不能直接证明一个人在特定情况下的具体行为。即使原告过去有犯罪记录,但这并不意味着他在与本案相关的房屋抵押登记中必然行为不端。过去的行为并不能自动说明一个人在所有情况下都会以相同的方式行事。

2. 使用品格证据来证明当事人行为不端可能引起偏见。使用品格证据,特别是指涉犯罪历史的证据,可能会引导法庭对原告产生偏见,从而影响对案件实质性问题的客观判断。这与法律追求的公正和客观原则相悖。

3. 本案的核心问题是判断原佳木斯市不动产登记管理局作出的房屋抵押登记行为是否具有合法性。原告的品格和过去的行为与抵押登记的法律程序及其合法性之间没有直接的、必然的联系。

因此,虽然品格证据在某些情况下可以提供有用的背景信息,但在本案中,原告的犯罪前科作为品格证据与抵押登记的合法性之间缺乏直接的相关性。

□ 理论拓展

在我国的行政诉讼实践中,证据关联性问题的处理至关重要,因为它决定了哪些证据材料能够被采纳用于判断被诉具体行政行为的合法性。根据行政诉讼法的规定,行政案件的审理范围不仅仅局限于双方当事人争议的事实,还包括被诉行政行为本身的合法性。这就要求证据必须与被诉行政行为的合法性相关。

在审查证据关联性时,法官需要将证据与被诉具体行政行为的合法性相关的各个方面进行分析。这包括行政机关作出的具体行政行为、该行为的事实认定及所依据的证据材料、适用的法律规范、处理结果,以及行政行为的程序等。如果证据与这些方面中的任何一个有直接或间接的联系,就可以认为该证据具有关联性。例如,某市药品监督管理局认定,甲医院给病人服用的某抗癌西药为假药,依据《药品管理法》的规定作出了行政处罚决定。该医院不服依法起诉到法院。某市药品监督管理局向法院提交了某抗癌西药未经批准的证明材料,甲医院提交了该药具有一定疗效的证明材料。某市药品监督管理局提交的该药品未经批准的证明材料直接关联到药品的合法性问题,因此具有关联性。而甲医院提交的疗效证明材料,虽然表明药品有疗效,但与判断药品是否合法并没有直接联系,因此这些证明材料与被诉行政行为之间不具有关联性。

另外,行政诉讼中确定间接证据的关联性往往更加复杂。间接证据需要通过逻辑推理或事实关联来证明某一事实。在实践中,法官在处理间接证据时可能倾向于只接受直接证据,而忽略间接证据的潜在价值。例如,原告提交的被告对类似案件的处理决定,虽然不能直接证明被诉行政行为的事实是否存在,但可能间接证明存在滥用职权的问题,因此不应被视为没有关联性。

此外,品格证据和过去行为证据在行政审判中的运用也需审慎。这些证据可能涉及行为人以往的行为,但不一定能直接证明当前案件中的事实。例如,过去的行政处分记录不能直接证明一个人在另一次行政处罚中有类似的行为,除非法律或法规明确将过去行为作为处理的考虑因素。

综上所述,在我国的行政诉讼中,对证据的关联性进行综合分析至关重要。法官既不能单纯依赖直接证据,也不能忽视间接证据的可能价值,而是需要全面考虑证据与案件事实之间的联系,确保审判的公正性和合法性。

□ 阅读指引

1. 俞亮:《证据相关性研究》,北京大学出版社 2008 年版。

2. 赵培显:《刑事证据关联性研究》,中国检察出版社 2018 年版。

3. 李明:《证据证明力研究》,中国人民公安大学出版社 2013 年版。

4. 易延友:《证据法学:原则　规则　案例》,法律出版社 2017 年版。

5. 周洪波:《证据法学:一个新体系的展开》,法律出版社 2023 年版。

(撰写人:西南政法大学法学院　王剑虹)

第二节 真实性

■ 刑事诉讼中证据真实性的审查与判断

案例 2-4 王某喜强奸案[1]

□ 案情概述

2007 年 9 月 27 日下午 1 时许,王某喜窜至安徽省怀远县城关镇某小学,见该校女生孙某(11 周岁)上厕所,遂用绳子勒住孙某的脖子,强行将其抱至厕所旁的石榴林内。孙某大声呼救,王某喜又用手掐住其脖子,并言语威胁,而后脱掉其裙子,强行与其发生性关系。

2010 年 5 月 11 日晚上 8 时许,被告人王某喜在其位于浙江省慈溪市长河镇宁丰村金小路的暂住房内将过来玩耍的隔壁女孩吴某(6 周岁)按倒在床上,用手掐住吴某颈部,脱下其裤子,强行与其发生性关系,并导致其当场窒息死亡。之后,王某喜又拿来菜刀,朝吴某的尸体阴部砍了数刀。经法医鉴定,吴某系因机械性窒息死亡。

浙江省宁波市人民检察院以被告人王某喜犯强奸罪、侮辱尸体罪,向宁波市中级人民法院提起公诉。被告人王某喜辩称,起诉书指控其在安徽省怀远县城关镇某小学强奸孙某不是事实,其根本没有实施该行为。辩护人提出,公诉机关指控王某喜于 2007 年 9 月 27 日强奸孙某的证据不足,对该起犯罪事实应当不予认定。

宁波市中级人民法院认为,被告人王某喜采用暴力手段强行与幼女发生性关系,并致人死亡,事后又侮辱被害人的尸体,其行为已分别构成强奸罪和侮辱尸体罪,依法应予并罚。公诉机关指控的罪名成立,但指控王某喜强奸孙某的事实不清,证据不足。宁波市中级人民法院作出刑事判决,以被告人王某喜犯强奸罪,判处死刑,剥夺政治权利终身;犯侮辱尸体罪,判处有期徒刑 1 年;决定执行死刑,剥夺政治权利终身。

一审宣判后,被告人王某喜提出上诉。浙江省高级人民法院经二审后裁定驳回上诉,维持原判,并报请最高人民法院核准。最高人民法院经复核核准了宁波市中级人民法院关于对被告人王某喜判处死刑的判决。

该案涉及的基本证据情况如下:

1. 被害人孙某于案发当日下午陈述,案发当时,其被一个前额有黑痣的男子从女厕所抱到石榴林中,那人用细塑料绳子勒住其脖子,将其裙子拽烂了。上述陈述与孙某母亲杨某、老师周某的证言相印证。

---

[1] 参见《王维喜强奸案——关于瑕疵证据的采信与排除》,载最高人民法院刑事审判第一、二、三、四、五庭主办:《刑事审判参考》总第 85 集,法律出版社 2012 年版。

2. 同学冯某的证言证实,2007 年 9 月 27 日中午,在厕所附近,看到一个额头上长有黑痣的男子,将学校的一个小女孩从厕所抱出并放到石榴林中的地上。

3. 被害人父亲孙某甲于 2010 年 7 月 14 日陈述,案发后,其妻专门问过女儿阴部有没有被侵犯,孙某讲没有,并讲当时内裤没有脱下来,后经查看,其妻在孙某的阴部没有发现性侵犯的痕迹。

4. 公安机关出具的说明材料证实,案发后,刑警大队从孙某母亲处提取到孙某当时所穿的内裤,并于 2008 年 5 月 30 日将该内裤送交安徽省公安厅检验。

5. 安徽省公安厅出具的生物物证检验报告证实,在孙某内裤上检见人的精斑,在对该精斑的基因型进行检验后录入全国公安机关 DNA 数据库应用系统。

6. 浙江省公安厅物证鉴定中心于 2010 年 7 月 21 日作出的 DNA 检验报告,证实孙某内裤上的精斑为王某喜所留。

7. 公安机关于 2010 年 7 月 15 日制作的现场勘验检查笔录和照片,证实案发现场的具体方位、环境等情况。

◻ 证据分析

本案中对证据真实性问题的争议焦点在于:(1)在检察机关指控被告人王某喜对被害人孙某实施强奸的犯罪事实中,作为该案关键物证的被害人内裤,在取证程序上存有瑕疵,致使物证来源不明,该物证之真实性如何认定?(2)以该内裤作为检材的 DNA 鉴定意见是否可采?(3)该案的言词证据是否足以证实被告人对孙某实施了强奸?

对于以上证据问题,分析如下:

宁波市中级人民法院认为,首先,本案侦查机关对被害人孙某内裤这一关键物证的收集、复制、保管工作均不符合相关法律规定,导致该内裤来源存疑,且庭审时,被害人孙某的内裤业已遗失,有关办案人员无法补正并对收集物证之过程未依法进行作出合理解释,因此孙某的内裤不能作为定案证据。

其次,被害人孙某的内裤是生物物证鉴定意见和 DNA 鉴定意见能够作为证据使用的基础,在被害人孙某的内裤因来源不明致使真实性存疑的情况下,该内裤本身不能作为定案的根据,因此,由该内裤而形成的鉴定意见亦不可作为定案之根据。

最后,在排除掉本案之关键物证,即被害人孙某的内裤,以及由此而产生的鉴定意见之后,本案的言词证据,亦无法证实王某喜对孙某实施了强奸。

综上,本案一审法院宁波市中级人民法院,认定公诉机关指控被告人王某喜强奸被害人孙某的事实不清,证据不足,不予认定该起犯罪事实。

本案一审法院的上述观点并无不当,符合法律规定和目的,对关键物证之真实性进行了分析研判,最终予以排除。具体分析如下。

(一)对"收集的证据"真实性审查的重点

证据审查的基本方法和原理,是根据证据的不同种类和特性分类进行审查,证据的真实性审查同样如是。

证据,从来源上可分为“收集的证据”和“制作的证据”。所谓“收集的证据”,是指该证据在案发之前或案发时即已客观存在,并由侦查人员采用《刑事诉讼法》规定的搜查、扣押等取证行为收集、调取而在卷。此类证据典型如物证、书证。理论上将证据按照来源不同而分作“收集的证据”和“制作的证据”,主要是为实务中审查判断证据的真实性提供思路和对策。对于“收集的证据”,实务中关键是审查其来源是否合法,以及收集过程是否存在违法情节。例如,对于在勘验、检查、搜查过程中提取、扣押的物证、书证,审查的重点就是看其是否附有笔录或者清单,能否证明物证、书证的来源。对此,《刑诉法解释》第 82 条第 2 项明确规定,对物证、书证应当着重审查以下内容:物证、书证的收集程序、方式是否符合法律、有关规定;经勘验、检查、搜查提取、扣押的物证、书证,是否附有相关笔录、清单,笔录、清单是否经侦查人员、物品持有人、见证人签名,没有物品持有人签名的,是否注明原因;物品的名称、特征、数量、质量等是否注明清楚。同时,《刑诉法解释》第 86 条第 1 款还规定:“在勘验、检查、搜查过程中提取、扣押的物证、书证,未附笔录或者清单,不能证明物证、书证来源的,不得作为定案的根据。”

(二)办案机关收集关键物证的违法情形

本案公诉人指控王某喜强奸孙某之犯罪事实时,向合议庭出示了包括 DNA 检验报告在内的 7 份证据,其中包括对于提取本案关键物证被害人内裤时未依法制作提取笔录或清单的情况说明。

《办理死刑案件证据规定》第 9 条第 3 款规定:“对物证、书证的来源及收集过程有疑问,不能作出合理解释的,该物证、书证不能作为定案的根据。”本案中,孙某的内裤作为 DNA 检验的关键检材,在取证、保管、送检时理应做到全程留痕,以确保该物证的来源明晰,与送检对象同一。同时沾有被告人精斑的被害人内裤,属于特定物,通过严密的过程留痕以便于后续合议庭对其进行“独特性确认”亦属应当。

但本案中侦查人员对被害人内裤的收集、复制、保管工作均不符合相关法律规定,导致该内裤来源存疑。

首先,本案侦查人员在初次提取内裤时,就未制作提取笔录以及扣押物品清单,导致合议庭无法判断公诉人所称之“被害人内裤”究竟从何而来,进而引发作为检材的内裤与被害人内裤是否同一的质疑。实际上,在没有程序性留痕的佐证时,合议庭根本无法确信作为检材的内裤确系公诉人所称的被害人内裤。

其次,公诉人出示的证据目录中,并未出现被害人内裤原物,尽管该内裤作为鉴定材料,的确需要专门保管,这一过程不便于移送原物,但侦查机关仍应对该内裤进行全方位的拍照,并以照片形式随案向检察机关以及法院移送。可本案的证据目录中亦未出现被害人内裤照片,使法官无法审查该内裤的初始状态,即使侦查人员的确是从被害人处取得该内裤,但在无法直接接触到原始物证或者是照片的情况下,合议庭也就无法判断初次提取被害人内裤时,该内裤上是否附有精斑,具体而言,无法排除该精斑是取证后方才形成的怀疑。

最后,公安机关对证据原物的处理显然不符合法律法规之要求。法律规定,对证据之原物,应妥善保管,不得损毁、丢失或者擅自处理。但在本案中,被害人内裤因办案时间过久,其间经历办案人员变更,导致该物证在移交、登记、保管等环节漏洞频出,并未得到严格依法的妥善保管,使本案在二审时,被害人内裤已经遗失。作为关键物证的被害人内裤业已丢失,致使合议庭无法就证据来源、同一性等问题进行复核,几无可能再亲自接触案件关键证据,难以排除合理怀疑以形成内心之确信。

尽管在本案的一审期间,侦办此案的公安机关就被害人内裤之提取、收集、保管工作出具了情况说明,其表示“案发后,某县公安局将孙某的内裤进行了提取,后一直放在刑警支队保管。2008 年 5 月 30 日,民警将孙某的内裤送到省公安厅刑警总队进行 DNA 鉴定。现此内裤已作技术处理”。但情况说明的宣读根本无法保障控辩双方于法庭之上围绕证据开展有效质证,有架空庭审实质化之风险。另外,倘若辩护方针对该情况说明提出真实性质疑,在侦查人员难以到庭接受询问的情况下,合议庭难以对情况说明的真实性进行审查。况且,姑且不论侦查机关出具的情况说明之证据能力如何,即使肯定该份情况说明作为证据材料可以进入法庭,但此份情况说明亦过于简短,未能合理解释为何未制作提取笔录或扣押清单,亦未能合理解释为何未能现场拍摄被害人内裤照片,更未能合理解释为何擅自对该内裤进行了技术处理而不是随案移送。基于此,该情况说明不仅无法起到补正、解释之作用,反而进一步加剧合议庭的疑惑,除非在被害人内裤尚存的情况下,重新取证、鉴定,以确定被害人遭受侵犯时所穿之内裤与侦查机关提取、移送的内裤确有关联,否则本案中的被害人内裤不得作为定案依据。

(三)本案司法鉴定意见的排除理由

对物证这一典型的“收集的证据”进行举证质证,法定之证据方法多为勘验,即通过于法庭现场当庭出示物证或者播放物证照片之方式,组织各方对物证进行辨认,以确保出示物证的真实性、同一性。但在涉及专业性问题时,如本案中,被害人内裤上所残存之精斑是否系被告人王某喜所留,涉及 DNA 检测比对,自然需要进行专业的司法鉴定。一般来讲,经过科学检验所形成的鉴定意见,在客观真实性上,不会受到过多的质疑。但关键问题是,作为司法鉴定之基础的检材,即本案的关键物证,一旦来源不明,无法说清该检材的提取过程,那么后续的整个司法鉴定实际上是无意义的。依据一般人之理性即可知,倘若无法说清检材之来源以及保管、提取过程,那么该检材自身之真实存在与否,尚且需要查明落实,更不要说以该检材为基础的鉴定意见的真实性了。

基于此,我国在《办理死刑案件证据规定》第 23 条第 4 项、第 24 条第 6 项即有明确规定,对鉴定意见之审查,应重点放在检材的来源、取得、保管、送检是否符合法律及有关规定,与相关提取笔录、扣押物品清单等记载的内容是否相符,检材是否充足、可靠。并明确当送检材料、样本来源不明或者确实被污染且不具备鉴定条件的,该鉴定意见不能作为定案的根据。联系本案,侦查机关对本案之检材,即被害人孙某内裤的取证工作违反了相关法律规定,致使该内裤之来源不明,即属于送检材料、样本来源不明之情形。因此,对该内裤的生物物证鉴定意见、DNA 鉴定意见不能作为定案的根据。

(四)本案之言词证据亦无法证实王某喜对孙某实施了强奸

在排除被害人孙某之内裤以及基于该内裤而得出的司法鉴定结果作为定案依据之后,本案在案的其他言词证据亦不能够证实被告人王某喜对被害人孙某实施了强奸。

本案公诉人在指控被告人王某喜强奸孙某的事实时,所出示的证据中并未有被告人供述,被告人明确称自己并未强奸孙某,对于这种被告人全程并不认罪的案件,实务中,司法机关一般采谨慎态度予以对待,慎重结合本案的其他证据材料综合进行分析。但本案的关键物证因来源不明导致真实性存疑,从而不得作为定案依据,而其他言词证据,如被害人父亲所作之证言,称"其妻并未发现女儿阴部有被侵犯的痕迹"反而否定了王某喜对孙某实施了强奸。另外,尽管被害人孙某以及被害人同学均称有一前额有黑痣的男子,将被害人从厕所抱出并放到石榴林中的地上,两人之陈述能够相互印证,可以证实案发当日,确有一男子将被害人挟至石榴林地之事实,但上述两段言词证据无法证实该男子对被害人实施了强奸行为,即挟被害人至林地之事实并非当然地等于强奸事实。况且,被害人陈述中并未提及自身遭到强奸,仅提及那人用细塑料绳子勒住其脖子,将其裙子拽烂了。因此,本案的言词证据亦未指向被告人有强奸之行为。同时,在案证据材料中,并未出现公安机关组织被害人、证人对犯罪嫌疑人进行辨认的辨认笔录。因此仅凭两段言词证据,无法判断"前额有黑痣"的男子就是本案的被告人王某喜,犯罪嫌疑人身份同一性的验证尚且存疑,自然无法证实王某喜对孙某实施了强奸。

综合上述分析,本案之实物证据,真实性存疑,故不得作为定案依据,应不予采纳。本案之言词证据,虽能够证实孙某被一男子挟至树林的事实,但却不能据此认定该男子为王某喜,更不能据此认定王某喜有强奸孙某之犯罪事实。因此公诉机关指控被告人王某喜强奸被害人孙某之事实,因关键物证的真实性存疑,导致全案证据链条难以实现闭环,无法排除合理怀疑,故而应不予认定该起犯罪事实。因此一审、二审法院均认定公诉机关指控被告人王某喜强奸被害人孙某的事实不清,证据不足,不予认定该起犯罪事实。

☐ 理论拓展

(一)证据真实性之内涵概念

证据,诉讼法之灵魂。证据之"三性"即真实性、合法性、关联性乃两造主体于法庭上需重点论证的关键话题。其中,证据之真实性,为其他证据性质的基础,是证据资料得以最终作为定案依据所需首要符合的性质。相对应的,为审查判断证据是否真实而开展的活动,则被称作验真或是鉴真。

真实,以文义释之,为"跟客观事实相符合,不假",汉语中,与"真"相对而称的则为"伪"。而伪证,按照通常理解,多以证人、鉴定人等人证做虚假陈述,意图干扰司法审判等虚假言词证据的形式而存在,在传统的理解上,主要是指"虚假的"。由字面含义切入,

“伪”，从人，从为，本义指欺诈，《荀子·性恶》中有“人之性恶，其善者伪也”的表述，其中“伪”还有“人为矫饰”之意，强调人的刻意为之。《说文解字》中亦释“伪”为诈也，“伪者，人为之，非天真也”。基于文义之理解，再结合对证据必须是客观存在的强调，伪证之含义，是指因人为因素的介入，而导致与其客观形成之原始状态不一致的证据，或者是在客观状态下，原本未有之物，受人力因素影响，始得形成之证据，与客观事实不符，典型如证人、鉴定人的虚假作证、陈述。当然随着时代的发展，电子信息技术日新月异，利用伪造的讲话视频、照片以栽赃诬陷他人的情形时有发生，而经篡改、删除、伪造的电子数据同样属于与客观事实不符的虚假证据，为伪证。

据常识可知，案件发生，虽会在客观世界留下些许痕迹，但鉴于人类认识的有限性以及证据资料所反映内容本身的复杂性，取证人员根据证据资料所载内容而得出的认识未必可以被简单地归为真或是假。大多情形下，证据之真实性是难以确切查明的，即真实性存疑。而证据真实性之所以存疑，则主要是以下四种情形所致，一是证据之来源存疑而引发的对证据真实性的质疑，例如，来源不明的物证、书证；二是证据在表现形式上存有疑问而引发的对证据真实性存疑，如缺少侦查人员、犯罪嫌疑人签名的讯问笔录；三是证据内容本身存疑，例如技术原因而导致画面、音频不清晰的讯问录音录像视频；四是因取证过程存有违法取证行为所导致的对证据真实性的质疑，典型如采用刑讯获取的口供。当然，前述四种因素亦可同时发挥作用，引发对证据真实性的质疑，如收集物证时，未制作物品清单致使书证来源不明，同时该书证在形式上亦有明显的涂改、裁剪痕迹，那么该份书证就可能因为来源不明，以及在形式上的瑕疵，而引发对其真实性的质疑。从法律上讲，定案只能依据真实的证据，不能确信为真亦即真实性存疑的证据，同样不能作为定案根据。

基于上文分析，理论和实务中对证据真实性的认识和审查，当持双重理解：一是经查证确系为伪证的证据；二是不可靠即证据真实性存疑的证据。

（二）“制作的证据”真实性审查的重点

前文提及，以证据之来源划分，可将证据分为“收集的证据”和“制作的证据”。而“制作的证据”是指该证据系在案发后由法定人员依法定程序、按照格式化要求所制作并入卷。例如，《刑事诉讼法》第50条规定的笔录类证据，就不是收集来的，而是由法定人员制作的。实际上，法定的八种证据种类，或多或少都在一定程度上涉及证据制作的问题。例如，犯罪嫌疑人、被告人的口供在实务中经常以讯问笔录的形式出现，而讯问笔录恰恰就是侦查人员所制作的。又如，视听资料、电子数据在实务中经常是以复制件的形式出现的，而复制件也是由有关人员制作的。

对于制作的证据，开展真实性审查，一是审查其制作主体以及制作过程是否合法。例如，讯问笔录是否由侦查人员制作并有两名侦查人员签名；而对于复制的视听资料、电子数据等，则要重点审查制作人、原视听资料电子数据持有人是否签名或者盖章，制作过程中是否存在威胁、引诱当事人等违反法律、有关规定的情形，是否写明制作人、持有人的身份，制作的时间、地点、条件和方法等。二是对证据所载内容进行较为直接的审查，如案发现场监控视频有无剪辑、增加、删改等情形,对于言词证据,尤其是各种记录言词内容的笔录类证据,如讯问、询问笔录,内容上是否有人为的更改的痕迹等。

以审查结果观之,对于制作的证据,如果制作主体不合法、制作过程不合法以及内容真实性亦存疑的,而又无法补正或作出合理解释的,则可能因为真实性存疑,而不得作为定案根据。

(三)口供反复不定时的审查认定方式

在司法实务中,对于犯罪嫌疑人、被告人供述反复不定,尤其是对于翻供部分,如何识别其真伪,亦是个难题。目前的主要方法:一是利用“矛盾律”,即通过证明供述的真实性,反过来否定翻供的真实性。二是给“翻供”寻找合理原因,即需要犯罪嫌疑人说明(但非证明)翻供的原因是什么,由办案人员对该原因是否合理进行分析。

实务中,法官多从以下几个方面予以综合认定。

第一,落实嫌疑人的诉讼权利保障情况。倘若办案人员在形式上严格依法讯问,履行法定义务,告知了嫌疑人所享有的诉讼权利,加之有符合法定形式的各种笔录类证据以及全程视频监控予以佐证,那么此时,嫌疑人所作的有罪供述,可信度相对较高。

第二,结合讯问地点判断口供的真实性。事实上,实务中普遍认为,嫌犯被转移至相对中立的看守所之后,讯问地点由侦查机关之办案场所转移至“中立”的看守所,基于看守所具有的“物理隔离性”,此时嫌疑人实际已经脱离侦查机关控制,因此发生刑讯逼供的可能性较小。同时,看守所一般全程录音录像,办案人员语言威胁、引诱、指供的可能性也较小。所以,总体上,实务中法院大多会倾向于采信看守所内的有罪供述。

第三,运用情态证据〔1〕予以参考,辅助判断。考虑到我国并无情态证据这一证据种类,因此在司法实务中,情态证据大多作为辅助证据,为办案法官提供参考。法官多是根据经验,分析犯罪嫌疑人在供述或是翻证时的面部表情、肢体动作自然与否,判断其心理状态是否正常,推断其说谎的可能性。

第四,就口供内容本身而言,审查数段供述对隐秘性较强的犯罪细节部分的描述是否稳定,并与已经掌握的其他证据材料是否可以互相印证。以职务犯罪为例,如贪污罪,隐秘性较强的犯罪细节,包括贿赂的时间、地点、数额、包装,约定的收受财物的方式等,如果数段口供对上述细节的描述,较为稳定,那么口供的真实性则相对较高,办案法官采信的可能性较高。

(四)言词证据笔录真实性的审查认定方式

口述之言词转化为书面笔录的过程,较易失真,例如警察询问证人,A 是否有动手打人,证人表示记不太清,好像推了一下。警察接着问,推一下算不算打嘛,证人支支吾吾回答道应该算吧。但在笔录中,该段情节直接体现为“证人作证称,A 动手打了被害人”。此

---

〔1〕“情态”指的是提供言词证据的一方,在陈述时外显的诸多下意识的肢体反应以及活动。“情态证据”是指犯罪嫌疑人、被告人或者证人在提供口头证据时,其面部、声音或身体的各部分所表现出来的能够辅助证明案件情况的材料。我国对“情态证据”并未有明确的法律规定。

即产生一个问题，由言词内容衍生而来的笔录类证据，如何审查其真实性？

在以案卷材料为办案中心的现实情况下，客观地讲，言词证据往往是以侦查机关所制作的各种笔录形式呈现于法庭之上的。可以说，笔录作为言词证据的载体，本身就具有固定言词证据并证明言词证据来源以及取证过程合法的作用，进而证明言词证据为真，这也是为何法律要求笔录须以法定形式示之。

从理论上看，对于记载言词内容的笔录类证据，进行审查，有两种基本模式，一为形式审查，二为实质审查。对于形式审查而言，主要是公诉人当庭出示并宣读笔录证据内容，如宣读询问证人笔录。一般情况下，证人出庭作证，较难得到完全保障，审判长也不会要求制作该笔录的侦查人员均出庭接受质询。因此，实务中辩护律师以及法官主要还是根据言词证据笔录是否以法定形式呈于法庭之上，进而提出真实性质疑，如讯问笔录上是否有两名侦查人员的签字，是否有犯罪嫌疑人的签名捺印等。实务中重点审查的内容还包括该笔录是否注明单次讯问或是询问的起止时间、地点，有无相应的授权文书，首次询问、讯问有无告知权利义务，以及笔录中有补充和更正之处是否经对方捺印确认。

而实质审查，无疑要强调审理法官的司法亲历性，由其通过阅卷与当面询问笔录制作者、证人或是讯问被告人相结合的方式，结合在案其他证据材料，落实犯罪情节，找寻到细节性、隐秘性证据，以综合判断笔录内容是否有误，形成内心确信。但在当下的司法实务中，如此对笔录证据开展实质性审查，较为困难。

综上，一般来讲，对证据之真实性开展审查，主要应从两方面入手，一是就证据载体的来源、收集、保管过程进行合法性审查，二是针对证据内容进行较为直接的审查。前者主要针对"收集的证据"，典型如传统物证、书证，以强调证据来源、保管过程的清晰合法，以确保证据的同一性；后者更多针对的是"制作的证据"，不仅涉及电子数据、视听资料的内容有无删减、伪造，还包括其他形式，尤其是记载言词内容的笔录类证据，是否与案件当事人、诉讼参与人最初口述内容一致。

■ 民事诉讼中证据真实性的审查与判断

案例 2-5　深圳市雄狮景观科技实业有限公司、北京新网数码信息科技有限公司深圳分公司计算机软件开发合同纠纷案〔1〕

□ 案情概述

上诉人深圳市雄狮景观科技实业有限公司（以下简称雄狮公司）因与被上诉人北京新网数码信息科技有限公司深圳分公司（以下简称新网公司）计算机软件开发合同纠纷一案，不服广东省深圳市中级人民法院于 2021 年 7 月 22 日作出的（2020）粤 03 民初 3440 号民事

〔1〕 参见最高人民法院（2021）最高法知民终 2112 号民事判决书。

判决,提起上诉。

两公司于 2018 年 12 月 10 日签订涉案合同,约定新网公司为雄狮公司提供网站程序制作、数据库搭建等技术服务,合同开发期限为 21 个工作日,合同价款总费用 29,000 元。涉案合同签订后雄狮公司向新网公司支付 20,300 元,新网公司一直拖延履行合同义务,时至今日已经超过合同履行期 8 个多月未完成开发任务,构成违约。故雄狮公司向原审法院提起诉讼。

原审庭审中,被告新网公司向法庭提交双方"微信聊天记录"录像。该证据显示:2018 年 12 月 21 日,雄狮公司向新网公司通过网盘发送了涉案项目所需资料。2018 年 12 月 25 日,新网公司向雄狮公司发送了引导页和两个网站的首页设计图,并请雄狮公司就需要修改的地方进行反馈。其间,双方就网站效果进行沟通。2019 年 1 月 3 日,新网公司再次提交了网站设计图。2019 年 1 月 7 日新网公司告知雄狮公司新年放假时间为 2 月 3 日,并询问雄狮公司是否在年前上线网站,如果雄狮公司年前上线网站,新网公司将优先处理。雄狮公司未予明确答复。2019 年 1 月 18 日,新网公司催问雄狮公司有无修改意见。2019 年 1 月 21 日,新网公司根据双方沟通的内容,第三次提交网站 UI 设计,发送了 UI 设计确认单,并表示请雄狮公司在 1 月 23 日前确认所有首页设计图或者提出修改意见,超出这个日期年前网站无法上线。雄狮公司同日表示"不想改了,就这样吧"。2019 年 1 月 23 日,雄狮公司签署了 UI 设计确认单。2019 年 2 月 11 日,新网公司表示网站基本建设完成,并提交了测试地址、账号、密码。2019 年 2 月 26 日,新网公司表示对雄狮公司通过网盘发送的资料已经添加完成,还缺少"项目案例""项目团队管理""采购招标""行业动态""联系我们"等栏目的资料。2019 年 3 月 1 日,雄狮公司发送公司介绍等资料。2019 年 3 月 4 日,新网公司表示除了项目展示其他提供的内容已经添加完成,雄狮公司尚未提交"行业动态"和"联系我们"栏目的资料。双方之后就网站字体、背景、排版等内容进行沟通。

雄狮公司上诉主张原审法院不应采纳上述"微信聊天记录"录像记载的内容,称新网公司原审提交的"微信聊天记录"录像未出示过原件,且新网公司质证时明确表示原件在其总公司无法提供。原审判决所载"庭后双方对被告上述证据原件进行核对"与事实不符,且新网公司提供的"微信聊天记录"录像经剪辑拼接而成,不符合电子证据形式,原审法院在没有事实依据情况下仅凭新网公司的陈述而认定新网公司已经完成合同义务完全是错误的。原审法院不应采纳该证据。对此,法院认为,上述微信聊天记录能够反映涉案软件研发情况,在雄狮公司未提交相反证据的情况下,原审法院依据该"微信聊天记录"录像认定涉案软件研发情况,并无不当。

该案涉及的基本证据情况如下:新网公司向原审法院提交的"微信聊天记录"录像。

□ 证据分析

本案的证据真实性认定的争议焦点在于:原告提供的双方的"微信聊天记录"录像并非原件,民事诉讼中对此类非原件的微信聊天记录的真实性如何审查认定?

对于以上证据问题,分析如下:

本案系最高人民法院于2022年所作的终审判决,结合判决书中的认定理由,大致可以总结合议庭认定本案中未出示原件的微信聊天记录为真的基本逻辑。首先对于本案争议的"微信聊天记录"录像,新网公司确实未曾提供原件,但合议庭认为其符合特殊情形,即合议庭认为,微信聊天记录所载之内容能够反映双方争议的问题,且该聊天记录系双方自由意思表达的记载,因此任何一方均具有确认聊天记录内容的可能性。而在此前提下,若一方当事人主张该内容不真实,则举证责任发生转移,也就是转移至本案的雄狮公司。但本案的雄狮公司未能提供证据证实自己的主张,因而承担不利之法律后果,故而法院采纳该无原件的微信聊天记录。

但是,上述推断逻辑并不严密,合议庭并未从聊天记录内容本身进行认定核实,仅是通过举证责任,将问题予以转化。由裁判理由观之,合议庭实际上已经先入为主地认定双方的微信聊天记录为真实存在的,从而认为雄狮公司亦会有相应的记录,那么该公司若质疑微信聊天记录的真实性,就应当举证,对聊天记录内容进行比对核实,当其未举证时,则属于举证不能,法院对其主张即可不予采纳。此举对雄狮公司而言,并不公平。

合议庭此举,并未充分考虑微信聊天的特性。对于微信聊天记录真实性的认定,首先应确保同一性,实务中一般是询问双方当事人是否认可该微信账号确系本人所注册并使用的账号,必要时可借助相关证人予以核实。若双方对账号无异议,但一方当事人否认聊天内容的真实性时,则应重点对"聊天记录内容"的真实性予以审查,此时可通过第三方平台的协助,对双方微信账号的登录时间以及终端设备进行查询,以查明在"聊天记录"产生的时间段内,双方当事人的微信登录状态,即微信账号的同时段登录、使用信息,如有可能还可借助数据恢复技术,对聊天记录内容是否有删减进行核实。但考虑到普通民事主体对这一类证据调取确属困难,因此,法院应提供必要的取证协助,以便于查明事实真相。

另外,在实务中,对于微信聊天记录这样的电子证据认定,应落实最佳证据规则,从证据形式入手,结合证据来源、证据内容予以综合审查。最佳证据规则最早是针对书证而言的,主要是确保书证所载之内容能够以原始形态呈现在法官面前,以防在复制的过程中,出现内容失真的情况。目前来看,最佳证据规则的适用已超越其传统适用范围,扩大至以所记之思想内容作为证明事实之证据材料,原则上来讲,这些均应以原件示之。[1] 而微信聊天记录,本质上讲,是以所载之内容证明案件事实的证据,因此应尽可能地以原件形式提交。况且,从查明事实的角度来看,只有微信聊天记录的原件才能够完整地保存与案件争议内容相关的信息,倘若双方当事人对聊天内容真实性存疑,但因提取原件的确困难,而仅提供复印件,那么该复印件应属因来源不明所导致的真实性存疑类证据。而在本案中,既已明知原件在新网公司总公司处,在对方提出质疑的情况下,则理应由原件保存者提供电子数据原件以查明事实,而新网公司未能提供原件,此举不利于法官形成心证。

〔1〕 参见易延友:《最佳证据规则》,载《比较法研究》2011年第6期。

在证据来源上，根据《民诉证据规定》第 94 条的规定，若电子数据是由记录和保存电子数据的中立第三方平台提供或者确认的，人民法院可以认定其具有真实性。这一规定实际也就是在肯定，在此情况下，该电子证据的来源是较为清晰且可靠的，在一定程度上排除了诉讼当事人作为利害关系人人为篡改电子证据内容的可能性。因此，以微信聊天记录为例，若是当事人出示的微信聊天记录是由腾讯公司保管并提供的，或者是提取聊天过程全程经公证处公证，那么法院自然可以推定该聊天记录内容为真，除非对方当事人提出反证。但本案之微信聊天记录，并非来自第三方平台，而是由作为一方当事人的新网公司提供，在证据来源上存有疑问，加之其并未提供电子数据原件，因而无法对该聊天记录之真实性进行推定。

即便基于“谁主张，谁举证”的原则，原告仅提供录制的微信聊天记录以及复印件，亦未能达到证实其事实主张的地步，因为无论是原告录制的视频还是复印件，都无法准确地显示出微信账号以及微信账号的真实使用者。考虑到微信账号以及昵称具有可随意更改的特性，仅凭上述证据，法院实际上是无法核实微信账号所有者的，也就难以对聊天记录的真实性予以核实。在此情况下，很难说新网公司之举证达到了证明标准，使法官形成了心证，因此，新网公司实际上举证不能，也应由其承担不利的法律后果。在另一法院审理的类案中，该法院即因微信账号具有可随意更改的特性，指出原告所提供的账号信息，无助于法院对相关微信内容进行核实，故而无法对电子证据的真实性作出审查，因此由原告承担举证不能的法律责任。[1] 可见在司法实务中，不同法院对于微信聊天记录的真实性审查存有较大的差异，对“谁主张，谁举证”亦有不同的理解与适用。

以微信为代表的即时通信工具发展至今，可以说几乎人人都拥有微信账号，并较为轻易地就可与他人产生联系，因此，将微信等即时通信聊天记录作为证据出示的情况，只会越来越多。对于这一类极具时代特点的证据类型，民事法官不能刻意回避，亦不能笼统地将证据真实性的认定责任归为举证责任的划分，转移至普通当事人处。

对于即时通信记录，还是应该有独立的司法审查认定方式，遵守证据真实性的审查认定标准，以防止伪证和真实性存疑的证据成为定案根据，从而引发新一轮的纠纷。面对即时通信记录的真实性认定，可采推定加反驳的模式，即法官根据证据来源、形式、内容等方面对其真实性进行形式审查，若聊天记录来源于中立第三方平台或是经公证处公证，且双方当事人无争议，则推定聊天记录内容为真实，而一旦证据来源不符合上述要求，或是双方当事人对内容真实性产生争议，则法官应较为积极地回应争议，协助当事人寻求第三方平台合作，充分利用司法鉴定技术，以保障对证据真实性的认定达到民事证明标准。

回 理论拓展

（一）民事诉讼领域有关电子证据真实性审查的立法规范

本案涉及的主要是民事诉讼中对电子数据，尤其是微信聊天记录真实性的审查认定问

〔1〕 参见北京市东城区人民法院民事判决书，(2015)东民初字第 10157 号。

题。近年来,随着电子信息技术的发展,与网络有关的纠纷呈日益增长之趋势,而随着微信等即时社交软件的普及,以微信聊天记录为代表的电子证据在民事诉讼中日益起到关键作用。我国于2012年修订《民事诉讼法》时将电子数据新增为法定证据种类。随后于2015年颁布的《民诉法解释》,将“网上聊天记录”明确规定为电子证据。2019年颁布的新《民诉证据规定》,进一步对电子证据的真实性认定与推定作出了简要规定。从规定条文来看,民事诉讼中对于电子证据的真实性审查,主要围绕以下三大点展开,一是从计算机专业领域视角出发,判断生成、运输电子数据的计算机系统的硬件、软件正常与否;二是就电子数据本身而言,重点关注电子数据提取、保存的方式可靠与否以及该电子数据由提取到保存再到作为证据出示于法庭之上,是否有完整的链条;三是从主体角度予以审查判断,即要求保存、传输、提取电子数据的主体应适当。

客观地讲,相关规则的制定,有助于民事案件中电子数据真实性认定标准的细化,从而提高实务操作性。但从司法案例的反馈来看,相关规则的要求并未直接体现在判决文书中。以本案为例,办案法官将对微信聊天记录内容的真实性审查转化为举证责任的分配问题,根据“谁主张,谁举证”的思路,对微信聊天记录的真实性予以判断,其认定电子证据真实性的逻辑过于简单,并不符合相关规范性文件的要求。

(二)微信聊天记录真实性审查的现实困境

微信聊天记录作为电子证据的常见形式之一,除具有电子证据真实性审查之共性外,如对数据来源的可靠性审查、对制作主体的审查等,还因其特性,而于实务中,对其进行真实性审查更显困难。

具体而言,微信账号的非绑定性以及变更的任意性,在一定程度上造成了对聊天记录内容真实性审查的困难。微信聊天记录不同于手机短信聊天记录,手机短信的发送以及收取是与SIM卡绑定的,而手机号码的获得,在我国是需要强制实名注册的,因此对于短信聊天记录而言,相对容易判断信息的实际发送者。与之相对,微信账号的注册并不要求实名制认证,且微信号不会与特定终端设备相绑定,在获知微信账号以及密码的情况下,任何人均可轻易利用手机等终端登入某一微信账号,在账号真实主人未察觉的情况下,与他人产生聊天记录。[1] 这就导致了对微信账号主体身份的认定困难,加之微信账号的可更改性、失窃、交易等情形的普遍存在,因此,微信聊天记录,实际上与物证、书证一样,均面临着同一性的审查认定问题,即办案法官要确认该聊天内容的实际发送者,明确微信账号的使用人以及信息的发送者就是本案的当事人。[2] 实务中,一般是以当事人自认、证人作证、微信相关技术认证以及第三方平台的协助调查为主要的确认手段。

除确定主体之外,微信聊天记录的具体内容客观真实与否,同样是实务中的一大难点。微信聊天记录本身是可以任意删除的,且随着PS技术的日益完善,对于没有提交原件的微

---

〔1〕 参见古国妍、娄琳莉等:《电子证据的鉴真——以微信为例》,载《东南大学学报(哲学社会科学版)》2017年第S2期。

〔2〕 参见黄志雄:《未实名认证微信聊天记录成为定案依据的法定条件》,载《人民司法(案例)》2016年第8期。

信聊天记录复印件,如何确定该内容为真,是困扰法官的难题。因此,对于未提交原件,而仅提交书面复印件的微信聊天记录,办案法官更应谨慎判断分析,严格限制未提交原件的例外情形的适用,以免将“例外”变为“一般原则”。

■ 行政诉讼中证据真实性的审查与判断

案例2-6 张某凯与原审被告喀喇沁旗公安局、原审被告赤峰市公安局行政处罚、行政复议案[1]

□ 案情概述

原审法院审理查明:2018年8月24日,喀喇沁旗纪委将群众实名举报张某凯涉嫌破坏选举秩序的问题线索移交给喀喇沁旗公安局。喀喇沁旗公安局于2018年9月18日作出喀(龙)行罚决字(2018)895号行政处罚决定书,认定:2018年8月11日下午,刘某开车到张某凯家向张某凯索要在8月6日贵宝沟村选举村主任时,刘某选张某凯那一票的钱。在张某凯家,张某凯当场拿出200元人民币交给刘某。喀喇沁旗公安局决定给予张某凯行政拘留7日的处罚,处罚决定书送达后,张某凯不服,向被告赤峰市公安局(以下简称市公安局)申请行政复议,市公安局于2019年1月10日作出赤公复决字(2019)第002号行政复议决定书,决定维持喀喇沁旗公安局作出的对张某凯的处罚决定。该决定书送达后,原告张某凯不服提起行政诉讼。

本案中,原告的行为是否构成贿赂选民成为案件争议焦点。在被告喀喇沁旗公安局提交的证据中,一张经剪辑的复制品光盘证实本案案外人刘某于2018年8月11日下午到原告张某凯家中索要200元钱的理由是别人给张某凯投票得到了200元的投票钱,而刘某为张某凯投票却未得到钱,原告张某凯答应给钱并当场按案外人刘某的要求兑现。原告对于上述事实并无异议,其虽然对给付刘某200元的目的作出不同解释,但未提供证据证明给付案外人刘某200元现金是与选举无关的其他经济往来。

因此,被告喀喇沁旗公安局认定原告张某凯的上述行为为贿赂选举的违法行为并无不当。被告喀喇沁旗公安局在处理该行政处罚案件中依法履行了立案、调查、内部审批,并告知当事人享有的权利和应当履行的义务等,其行政行为程序合法。综上,原告张某凯要求撤销被告喀喇沁旗公安局作出的行政处罚决定无事实和法律依据,原审法院不予支持。被告市公安局在行政复议过程中全面审查,履行了相关的复议法律义务,所作出的行政复议决定符合法律规定。经原审法院审判委员会讨论决定,依照《行政诉讼法》第69条规定,判决:驳回原告张某凯的诉讼请求。案件受理费50元,由原告张某凯负担。

宣判后,张某凯不服,向赤峰市中级人民法院提起上诉。

---

[1] 参见内蒙古自治区赤峰市中级人民法院(2020)内04行终72号行政判决书。

□ 证据分析

本案中对证据真实性问题的争议焦点在于：公安机关未对光盘内容原始载体依职责及时提取并作出相关文字整理和注明，该光盘内容是否因真实性存疑而不得作为定案依据？

对于以上证据问题，分析如下：

赤峰市中级人民法院认为，本案中的其他证据均不能证实张某凯有贿赂选举行为，公安机关提供的录像光盘，虽然能够证实"在张某凯家中，张某凯当场拿出了200元交给刘某"的事实，但该"200元"是否为"选票钱"，张某凯并未明确承认。依照行政行为合法性原则及正当程序原则，在相对人对违法事实既未承认也未否认的情况下，如果没有其他有效证据予以佐证，行政机关直接推定其承认了违法事实并作出不利于行政相对人的处罚决定，没有法律依据。

另外，该光盘本身为复制品，且为本案之唯一光盘，对其内容进行真实性审查，较为关键。本案中的光盘，在内容上没有原始载体能够予以比对核实，也没有其他证据予以佐证，系孤证。《行诉证据规定》第64条规定："以有形载体固定或者显示的电子数据交换、电子邮件以及其他数据资料，其制作情况和真实性经对方当事人确认，或者以公证等其他有效方式予以证明的，与原件具有同等的证明效力。"但本案中，上诉人张某凯对案涉录像光盘中的内容真实性均不认可，认为该光盘内容系剪辑、拼接而成。《行诉证据规定》第12条之规定："（一）提供有关资料的原始载体。提供原始载体确有困难的，可以提供复制件；（二）注明制作方法、制作时间、制作人和证明对象等；（三）声音资料应当附有该声音内容的文字记录。"在原则上，视听资料、电子数据作为行政诉讼证据向法院提供时，应以原件之形式呈现，且需要符合一定的形式要件。而"确有困难"也是指视听资料的原始载体被毁损或遗失，或是不能通过正当程序取得。但在本案中，张某凯对案涉"原始载体"多次向复议机关赤峰市公安局和审理法院申请调取，诉讼中还要求传唤刘某出庭对质。本案诉讼中被告喀喇沁旗公安局于2019年2月26日出具的办案说明显示，公安机关在本案立案后调查刘某时（2018年8月28日），刘某说有刻录光盘的原始载体，民警当时要求其提供，但其迟迟未提供给派出所，后期亦借故未提供。这说明当时公安机关有条件和能力取得该原始载体而未能主动及时取得。后被告喀喇沁旗公安局于庭审时又表示，案涉录像已被删除无法再提供，前后说法矛盾，在无原始载体的情况下，法官自然无法就光盘内容真实性问题予以审查，难以形成真或假的定论，但法官内心已就证据真实问题，产生了合理怀疑。

因此，本案案涉证据光盘录像，不符合证据之载体、形式要求，无法成为定案之依据。

赤峰市中级人民法院的上述观点并无不当，符合法律规定和目的，对视听资料内容的真实性进行了分析研判，最终未将该证据作为认定案件事实的依据，故而被告喀喇沁旗公安局所作出的行政行为，主要证据不足，加之程序上，被告亦存有违法之处，因而，赤峰市中级人民法院依法予以撤销。尽管法院于判决书中，并未明确指出该证据因不具有真实性而不得作为定案依据，但本案之光盘录像，因公安人员在作出行政行为时，未履行法定义务，致使证据形式、载体不合法，在内容上也未予以审查核实，从而导致光盘真实性存疑，进而

使该证据因不具有真实性,而被排除。具体分析如下:

对某一证据之真实性开展审查,可获得三种结果,即确定为伪证、确定为真以及真实性存疑,其中确定为伪证以及真实性存疑,均属于证据资料不具有真实性的情形,此时,该证据资料不得作为定案之依据。伪证,较好理解,即证据资料所载之内容,与客观事实不符,系篡改、伪造所成。而真实性存疑,在多数情况下,主要是指法官根据证据资料的外在形式、载体,无法准确判断出该证据是否确系真实或是确系为假,质言之,该证据并不可靠,而证据之所以不可靠、真实性存疑,则主要是以下四大原因所致,一是证据之来源存疑而引发的对证据真实性的质疑;二是证据在表现形式上存有疑问而引发的对证据真实性存疑;三是证据内容本身存疑;四是因取证过程存有违法取证行为所导致的对证据真实性的质疑。但需要说明的是,上述四种因素亦可同时发挥作用,如取证人员未遵守法定程序取证,导致证据在来源以及在载体、形式上不符合法律规定,使证据之真实性存疑。

实务中,对证据的真实性进行审查,根据证据之来源不同,而各有侧重点。依据来源划分,证据可被分为“收集的证据”和“制作的证据”,“收集的证据”典型如物证,因其客观性本身较强,因而对其鉴真之重点,多是判断其来源是否合法,以及收集过程是否存在违法情节,以确保该“收集的证据”,具有同一性。而对于“制作的证据”,典型如视听资料、电子数据的复制件,则需要从形式以及内容两方面予以审查,在外在形式上,审查其制作主体以及制作过程是否合法;在内容上,审查其有无剪辑、增加、删改等情形。而本案的光盘,即为典型的“制作的证据”,但本案作为行政诉讼案件,该“制作的证据”的制作主体并非公权力机关,因此,对该证据在来源、形式以及内容真实性的认定上,更应慎重。而《行诉证据规定》之所以规定录音、录像等视听资料原则上应提供原始载体,并注明制作方法、制作时间以及制作人等信息,并同时要求附有声音内容的文字记录,就是要求法官从该视听资料的来源、载体形式以及内容上着手,开展证据的真实性审查工作。

1. 本案光盘来源、载体不明致使真实性存疑

从本案裁判文书可知,在光盘的来源问题上,公安机关称本案的录音录像光盘是由刘某个人提供,并由举报人苑某图交给纪委,后由纪委转交给公安机关。但刘某本人在接受询问时称,该光盘是其让举报人苑某图直接交到派出所的,两段表述存有明显差异。但不容置疑的是,该光盘的制作过程并未有任何的公权力主体介入,也未经公证,而后亦未获得张某凯的认可。由此导致的问题是,在缺少原件的情况下,该光盘之原始来源是无法确定的,而最初制作主体亦难以明确,基于此,对其内容的真实性理应慎重对待,以防有故意举报陷害的情况。

另据裁判文书可知,案涉之光盘,在载体、形式上亦存有较大问题。据裁判文书记载,本案实际上是存有视听资料的原始载体的,且就在刘某处。因此根据最高人民法院《行诉证据规定》,作为行政诉讼证据使用的视听资料,原则上应提供原件,本案之光盘作为复制品,是不符合证据之载体要求的。公安机关作为公权力机关,应当积极履职,催促刘某提交原件,并依法对证据予以收集,如此可在外在形式上,为证据真实性进行背书。但本案公安

机关在作出行政行为的过程中，基于某种原因，并未收集到原始载体，庭审时拒绝提供原件，且其出具的情况说明以及之后的当庭解释，前后不一，互相矛盾，无法消除法官的合理怀疑，对于未提供原件是否符合“确有困难”的例外情形难以说清。上述情形致使法官对光盘的真实性问题产生极大的疑问，在真实性存疑的情况下，该光盘自然无法用于证明张某凯存有贿赂选民的行为。

2. 本案被告在作出行政行为过程中未依法履职致使证据真实性存疑

据裁判文书记载，本案在行政复议期间，上诉人张某凯申请本案的共同被告赤峰市公安局调取刘某用于录制的“影音一体机”的原始证据，但复议机关赤峰市公安局对此请求并未予以回应。与此同时，面对张某凯对光盘内容的质疑，本案被告喀喇沁旗公安局亦未予以回应。《行政处罚法》第 45 条第 1 款之规定，“当事人有权进行陈述和申辩。行政机关必须充分听取当事人的意见，对当事人提出的事实、理由和证据，应当进行复核”。同时，公安部《公安机关办理行政案件程序规定》第 78 条规定：“询问违法嫌疑人时，应当听取违法嫌疑人的陈述和申辩。对违法嫌疑人的陈述和申辩，应当核查。”可见，当事人之申辩权，其一经行使，公安机关就必须予以回应，且必须予以实质性的核查。质言之，就违法嫌疑人所提之申辩事由，进行核查，乃公安机关的法定义务。

具体到本案，喀喇沁旗公安局受理案件后，于 2018 年 8 月 29 日对张某凯进行了第一次询问。彼时，张某凯就明确提出了对案涉光盘录像内容真实性的申辩，认为该光盘所载的录音录像内容系拼接而成，不具有真实性。对此问题，在行政诉讼中，被告喀喇沁旗公安局并未提供证据以证明其对张某凯的申辩进行的核查，因而法院无法认定被告喀喇沁旗公安局对申辩事项进行过核查并予以答复。因此，从行政处罚的程序上看，被告公安机关违反其法定义务，未就申辩内容进行核实，就该光盘内容真假与否无法形成定论，进而导致在后续的行政诉讼中，在缺少原始载体的情况下，该光盘作为证据资料在真实性上难以查明，属于证据不可靠的情形，自然无法作为定案依据。

□ 阅读指引

1. 潘金贵主编：《证据法学》，法律出版社 2022 年版。

2. 何家弘、刘品新：《证据法学》（第 7 版），法律出版社 2022 年版。

3. 张保生、阳平：《证据客观性批判》，载《清华法学》2019 年第 6 期。

4. 何家弘、马丽莎：《证据“属性”的学理重述——兼与张保生教授商榷》，载《清华法学》2020 年第 4 期。

5. 魏晓娜：《为客观真实辩护》，载《法学家》2024 年第 2 期。

（撰写人：四川大学法学院　万毅）

第三节　合法性

■ 刑事诉讼中证据合法性的审查与判断

案例 2-7　李某轩贩卖毒品案[1]

□ 案情概述

2016 年 11 月某日,被告人李某轩与吕某(另案处理)电话约定,由吕某提供海洛因 700 克用于贩卖,每克价格 330 元。同年 11 月 27 日,吕某安排杨某某乘坐飞机,将装有毒品的行李箱从云南昆明带到安徽合肥新桥机场,交给彭某某。当日 12 时许,彭某某乘车至安徽省临泉县城关镇与李某轩见面,二人在前往李某轩家时,被民警当场抓获,查获海洛因 703.4 克。安徽省阜阳市中级人民法院一审庭审中,李某轩对贩卖毒品行为供认不讳,对公诉机关当庭出示的其侦查阶段有罪供述没有异议。

阜阳市中级人民法院作出刑事判决,被告人李某轩犯贩卖毒品罪,判处死刑,缓期 2 年执行,剥夺政治权利终身,并处没收个人全部财产。

一审宣判后,李某轩提出上诉,承认原判认定其贩卖毒品的基本事实,对原判采信的其本人有罪供述也没有异议,但提出 2016 年 11 月 27 日其被抓获后,遭到侦查人员刑讯逼供及原判量刑过重等上诉理由。

二审经审理认为,原判认定事实清楚,适用法律正确,审判程序合法。上诉人李某轩及辩护人的相关意见均不能成立,故作出裁定,驳回上诉,维持原判。

该案涉及的基本证据情况如下:

1. 被告人李某轩的供述。在侦查阶段,李某轩共作出 5 次供述,对指控罪行均无异议;在一审庭审中也再次供述犯罪行为,二审期间虽提出在侦查阶段受到刑讯逼供,但对其供述的真实性并未提出异议。

2. 毒品及鉴定意见,毒品扣押、称量等笔录,证明被告人李某轩所携带的毒品为海洛因,合计 703.4 克。

3. 同案犯彭某某、杨某某的供述,二人也承认实施运输毒品的行为。

4. 同案犯彭某某、杨某某的行程记录,二人与李某轩的通话记录等,证明其犯罪前及犯罪中的相关活动。

---

[1] 参见安徽省阜阳市中级人民法院(2017)皖 12 刑初 46 号刑事判决书。

□ 证据分析

本案中对证据合法性问题的争议焦点在于:二审中被告人李某轩提出侦查阶段受到刑讯逼供,是否应当启动对其审前供述的非法证据排除调查程序?

对于以上证据问题,分析如下:

安徽省高级人民法院认为,在二审期间,证据合法性审查的对象应当是原审作为定案根据的证据,如果被告人提出的侦查阶段受到刑讯逼供问题与原判采信的证据的合法性无关,则不属于本案二审证据审查的范围,不需要适用非法证据排除规则。本案中李某轩在一审中并未对其审前供述提出排除申请,且在一审庭审期间在其诉讼权利被充分告知的情况下依然作出有罪供述,由此所形成的当庭有罪供述,虽然属于侦查阶段供述的重复性供述,但显然已不受先前获取有罪供述的侦查行为影响,不再是侦查阶段有罪供述,而是由其转化而来的独立的当庭有罪供述。因此,原判采信的被告人李某轩有罪供述是其当庭有罪供述,而不是侦查阶段获取的供述,故对其侦查阶段的供述不需要适用非法证据排除规则。李某轩二审期间提出的受到侦查人员殴打逼供的情况与本案二审证据审查无关,应当视为对侦查人员违法行为的控告,由有管辖权的机关处理。

概言之,安徽省高级人民法院认为二审只应审查一审作为定案根据的证据的合法性问题,对于一审中虽提交但最终未作为定案根据的证据,不需适用非法证据排除规则,而只需追究相关司法人员责任。

安徽省高级人民法院的上述观点并不妥当,有违法律规定和目的,分析如下。

(一)二审证据合法性调查范围的法律依据

从法律规范层面看,《刑事诉讼法》第 56 条第 2 款规定“在侦查、审查起诉、审判时发现有应当排除的证据的,应当依法予以排除”,这里对“审判”并未限定为一审,也未对证据是否被作为定案根据进行限定。这就意味着无论是哪一审级,也无论非法证据是否在某一审判程序中被作为定案根据,只要发现应当排除的非法证据,均应启动调查程序并在查证属实后予以排除。同样,《刑事诉讼法》第 58 条第 1 款规定“法庭审理过程中,审判人员认为可能存在本法第五十六条规定的以非法方法收集证据情形的,应当对证据收集的合法性进行法庭调查”,第 60 条规定“对于经过法庭审理,确认或者不能排除存在本法第五十六条规定的以非法方法收集证据情形的,对有关证据应当予以排除”。这两条也并未对审级以及证据是否用作定案根据作出限制。根据全国人大常委会法制工作委员会刑法室的说明,审判机关在办理案件过程中发现已经收集的证据中有应当排除的非法证据的,都有义务加以排除;规定刑事诉讼每个阶段的办案机关都有排除非法证据的义务,有利于尽早发现和排除非法证据,提高办案质量,维护诉讼参与人的合法权利。[1]

但《刑诉法解释》第 138 条规定:“具有下列情形之一的,第二审人民法院应当对证据收

---

〔1〕 参见全国人大常委会法制工作委员会刑法室编:《〈关于修改《中华人民共和国刑事诉讼法》的决定〉条文说明、立法理由及相关规定》,北京大学出版社 2012 年版,第 56 页。

集的合法性进行审查,并根据刑事诉讼法和本解释的有关规定作出处理:(一)第一审人民法院对当事人及其辩护人、诉讼代理人排除非法证据的申请没有审查,且以该证据作为定案根据的……”对该项规定进行反面解释,如果一审未对排除非法证据申请进行审查且未以该证据作为定案根据,二审就无须再审查。但从文义上来看,这与同条第2项似乎并不一致,因为第2项规定“人民检察院或者被告人、自诉人及其法定代理人不服第一审人民法院作出的有关证据收集合法性的调查结论,提出抗诉、上诉的”,二审法院应当进行证据合法性审查,但在该项情形中,一审既有可能将证据作为定案根据也有可能将该证据排除而不作为定案根据,但二审法院均应对一审结论进行审查。另外,该条第3项规定“当事人及其辩护人、诉讼代理人在第一审结束后才发现相关线索或者材料,申请人民法院排除非法证据的”二审应当审查证据合法性问题,这就意味着如果一审期间发现相关线索或材料却未提出排除申请的,二审就不再审查,对当事人迟延申请排除非法证据作出失权处理。[1] 安徽省高级人民法院应当是依据该条第1、3项作出上述不需适用非法证据排除规则的决定。

因此,《刑诉法解释》与《刑事诉讼法》的规定并不一致,对《刑事诉讼法》的非法证据审查范围进行了限缩,并且将当事人迟延申请排除非法证据作出失权处理。按照《立法法》第119条的规定,这明显是司法解释不符合法律的目的、原则和原意,因为《刑事诉讼法》要求的是无论何时、哪一审级发现非法证据都应排除,而《刑诉法解释》对非法证据排除范围的限缩并无充分理由,在《刑事诉讼法》并未要求当事人必须在一审提出非法证据排除申请的情况下,将迟延申请作失权处理也无法律依据。上述规定会导致非法证据排除规则部分失去其维护司法公正的功能。再者,安徽省高级人民法院认为二审中李某轩针对一审未作为定案根据的非法证据提出异议,属于对侦查人员的控告,这也混淆了非法证据排除与控告两种不同的程序措施。非法证据排除是一种程序性制裁措施,而控告是一种程序性救济措施,《刑事诉讼法》第14条对此有明确规定,非法证据排除与控告是并行不悖的,即便已经对非法证据进行排除,也不影响继续对实施非法取证的司法人员进行控告,所以当事人在二审提出排除非法证据申请时,不能以其性质为控告而否定当事人的排除申请。

(二)规范层面排除非法证据的目的

本案更深层次的问题是非法证据排除的目的问题,即我国《刑事诉讼法》究竟为何增设非法证据排除规则。根据全国人大常委会法制工作委员会刑法室的说明,之所以在立法中正式确立非法证据排除规则,是“为了从制度上进一步遏制刑讯逼供和其他非法收集证据的行为,维护司法公正和诉讼参与人的合法权利”,所以“对于非法取得的证据严重影响司法公正的,应当予以排除,不能继续在刑事诉讼中作为证据使用”。[2] 由此可见,我国确立非法证据排除规则的目的并非仅将非法证据排除在定案根据之外,而是通过否定非法证据

---

〔1〕 参见最高人民法院研究室编著:《〈最高人民法院关于适用《中华人民共和国刑事诉讼法》的解释〉理解与适用》,中国法制出版社2013年版,第108页。

〔2〕 参见全国人大常委会法制工作委员会刑法室编:《〈关于修改《中华人民共和国刑事诉讼法》的决定〉条文说明、立法理由及相关规定》,北京大学出版社2012年版,第57页。

在诉讼中使用的资格，实现更为重要的司法公正价值。因此，认为一审未将某一非法证据作为定案根据二审就不需对其进行合法性审查，是对非法证据排除规则目的的不当限缩理解。安徽省高级人民法院法官在对本案进行评析时提出，人民法院对相关司法机关行为的合法性审查以行使证据合法性审查职责必要为限，具有从属性；刑事诉讼中人民法院、人民检察院和公安机关互相制约应当限于刑事案件处理需要。[1] 这一说法固然能够成立，但不能将“刑事案件处理需要”理解为只有作为定案根据的证据才需要进行合法性审查，如此一来相当于纵容对不作为定案根据的证据可以采取非法取证手段。而且若按这种逻辑推演，侦查机关在侦查时完全可以采取非法手段收集证据，并据此收集“毒树之果”证据，只要不将“毒树”证据在诉讼中使用即可。这显然不符合非法证据排除规则的规范目的。

而对当事人在二审迟延提出非法证据排除申请作失权处理，同样也不符合非法证据排除规则的目的。在非法证据排除程序方面，当事人固然有申请排除的权利，但按我国《刑事诉讼法》的规定，非法证据排除的启动并非绝对只能由当事人申请而启动，侦查机关、检察机关、审判机关都有义务为了实现司法公正之目的而排除非法证据，即便当事人没有申请，司法机关发现非法证据也要随时主动排除，更何况当事人仅是迟延提出非法证据排除申请。再退一步来说，即便当事人的迟延申请是明知、故意的，也不意味着就解除了司法机关主动排除非法证据的义务，对于一审因迟延申请而未能处理的非法证据认定问题，只要当事人在二审提出申请，均应进行处理，如此方能实现非法证据排除规则对非法取证的震慑目的。

（三）不符合二审的结构定位

安徽省高级人民法院的观点也不符合法律对我国刑事二审结构的定位。刑事二审按结构不同可分为复审制、续审制、事后审制。我国《刑事诉讼法》第 233 条第 1 款规定“第二审人民法院应当就第一审判决认定的事实和适用的法律进行全面审查，不受上诉或者抗诉范围的限制”。虽然学术界常批评这种全面审理不符合不告不理原则，但实际上这表明我国刑事二审在结构上选择的是复审制，也即二审是对案件的全面重新审理，而不是仅审查一审判决书是否有违法之处。在这种复审制结构下，二审自然应对包括证据合法性在内的事实认定与法律适用问题全部进行重新审理，而不能仅以一审作为定案根据的证据为审理对象，否则就不符合《刑事诉讼法》第 233 条规定的二审结构定位和审理范围。

综上，安徽省高级人民法院的观点在法律依据层面和规范目的层面均无法成立，与《刑事诉讼法》规定的二审审理范围也不相符，本案二审法院应当依法处理辩方提出的非法证据抗辩，除非辩方无法提供有效的证据或线索，否则不应以证据并非定案根据或失权为由不予处理，也不能将其混同于控告。

◻ 理论拓展

本案虽然表面上是非法证据排除的调查范围问题，实则在理论层面涉及非法证据排除

---

〔1〕 参见陈吉双：《庭前供述转化为当庭重复性供述的审查》，载《人民司法（案例）》2018 年第 11 期。

规则的目的问题,即究竟排除非法证据的法律目的是什么。如果是为了保障裁判的形式合法性,那么确实只需针对用作裁判依据的证据进行合法性审查即可;如果是将非法证据排除作为当事人的程序性救济途径,那么将申请非法证据排除作为当事人的权利并进行规范也未尝不可;但如果是为了威慑、警示侦查人员,遏制非法取证并由此保障司法公正和公民权利,那就不应对非法证据排除的对象、阶段进行限制,在所有诉讼程序中都要对非法证据进行随时排除。

如在美国,针对非法搜查、扣押的非法证据排除规则在理论上有威慑警察、维护司法正洁两个目的学说,但后者目前已经不再被强调,因为司法正洁说难以对刑事诉讼之外的其他司法程序为何不排除非法证据作出合理解释,因此威慑警察并由此保障公民宪法权利成了该规则唯一的法律目的;而针对非任意性口供的自白任意性规则,其理论上又有维护司法公正、威慑警察、防止错判有罪等目的。[1] 为了实现这些目的,无论是非法搜查、扣押的证据,还是非任意性的口供,只要是控方意图在诉讼中使用这些证据,均可适用非法证据排除规则或口供任意性规则进行合法性审查,而且无论州法院还是联邦法院,也无论是哪一审级,均可将非法证据问题作为法律争议点。

虽然我国在2010年出台《非法证据排除规定》时,最高人民法院将预防冤假错案与维护司法公正同时作为非法证据排除规则的目的,甚至将其作为主要目的,[2] 但从我国立法机关相关部门对2012年《刑事诉讼法》修改所进行的解读来看,我国立法并未将预防冤假错案作为非法证据排除的目的,而是认为我国非法证据排除规则目的在于“遏制刑讯逼供等非法取证行为,维护司法公正和诉讼参与人的合法权利”。这也就意味着,非法证据排除本身具有独立的价值,并未与预防冤假错案捆绑合一,即便非法证据并未作为定案根据且不会因此导致冤假错案。但在现阶段,为了实现非法证据排除规则的目的,提高刑事司法的规范性和人权保障水平,仍要对非法证据进行全面的、严格的排除,方能从源头上对非法取证行为产生威慑和警示作用。所以《刑诉法解释》对适用非法证据排除规则的证据范围进行限制是没有理据的,如此只会导致通过获取“毒树之果”手段规避非法证据排除规则,也部分失去了非法证据排除规则对非法取证行为的否定和震慑作用。而对当事人迟延申请排除进行失权处理同样并无理据。非法证据排除的申请当然属于当事人的权利,但对非法证据的主动发现并予以排除是司法机关不可推卸的职责,所以不能以当事人怠于行使申请权为由而否定自身的非法证据排除义务。

因此,类似案件正确的处理方式应当是:二审中对被告人的审前供述进行合法性审查,若查实存在非法审讯行为或不能排除非法审讯行为存在,应排除其庭前供述。同时要审查当庭供述是否受非法审讯行为的继续影响,决定是否需要排除当庭供述,然后根据在案证据是否充分而作出相应判决或裁定。

---

〔1〕 参见[美]约书亚·德雷斯勒、[美]艾伦·C. 迈克尔斯:《美国刑事诉讼法精解》(第1卷),吴宏耀译,北京大学出版社2009年版,第376、434-435页。

〔2〕 参见最高人民法院刑事审判第三庭编著:《刑事证据规则理解与适用》,法律出版社2010年版,第302页。

■ 民事诉讼中证据合法性的审查与判断

案例2-8　李某等诉张某等法定继承纠纷案[1]

□ 案情概述

原告李某与张某1于1994年2月8日结婚,婚后生子张某某。2004年1月27日,张某1因呼吸循环衰竭死亡,没有立下遗嘱。张某1去世后,其名下的财产有汽车一辆以及银行保险箱里的遗物、财产等,原告李某多次要求两被告(与原告李某为公婆媳关系)一同处理,两被告均以种种理由推搪。故两原告诉至法院要求进行遗产分割处理。两被告提出答辩意见称,在整理张某1遗物时,发现原告李某的日记并进行复印,该日记上记载了李某婚后与多位男子保持不正当关系的内容,因此根据法律规定,原告李某应丧失继承权。原告李某承认日记内容系其所写,但认为两被告并不与原告同住,虽然两被告有原告房屋的钥匙,但未经原告同意进入其住处并复印其日记,严重侵害个人隐私。

法院经审理认为,按照2002年《民诉证据规定》第68条"以侵害他人合法权益或者违反法律禁止性规定的方法取得的证据,不能作为认定案件事实的依据"的规定,该日记复印件来源不合法,不能作为定案根据。对于两被告主张的原告李某以婚外情方式对张某1进行精神虐待的事实,不予认定。

最终,法院综合全案证据,判决先将张某1与原告李某婚姻存续期间的财产分割为两份,其余财产由两原告与两被告共同继承,每人分得张某1遗产的25%份额。

该案涉及的基本证据情况如下:

1.原告提供的结婚证、身份证、死亡医学证明书、银行存单等,证明原告的继承人身份及遗产范围。

2.被告提供的身份证、出诊记录、调查笔录、日记复印件等,证明其与张某1的关系以及原告李某与他人有不正当男女关系的事实。

□ 证据分析

本案的证据合法性争议焦点在于:被告提供的原告李某所写日记复印件是否属于民事诉讼中的非法证据,以及是否应当排除?

对于以上证据问题,分析如下:

原告主张该日记复印件为非法证据,因为按照当时尚有效的2002年《民诉证据规定》第68条规定,以侵害他人合法权益或者违反法律禁止性规定的方法取得的证据,不能作为

[1] 参见广东省珠海市香洲区人民法院(2004)香民一初字第2304号民事判决书。

认定案件事实的依据。而对于“侵害他人合法权益”,根据当时最高人民法院法官的解读,2002 年《民诉证据规定》第 68 条是对民事诉讼非法证据认定标准的重新设定,因为 1995 年最高人民法院曾作出《关于未经对方当事人同意私自录制其谈话取得的资料不能作为证据使用的批复》(已于 2019 年失效),将录音取得的证据资料的合法性标准限定在经对方当事人同意,否则一概为非法证据,这种要求过高、过严,因为实际上录音经过对方同意的十分罕见,因此按照 2002 年《民诉证据规定》第 68 条,即除以侵害他人合法权益(如违反社会公共利益和社会公德侵犯他人隐私)或者违反法律禁止性规定的手段(如擅自将窃听器安装到他人住处进行窃听)取得的证据外,其他情形下取得的证据不得视为违法证据。[1] 而本案中被告的日记确实涉及个人隐私,故法院未多加论证,直接适用 2002 年《民诉证据规定》将日记复印件认定为非法证据而予以排除。

但本案存在的问题是,虽日记涉及个人隐私,但被告与原告系公婆媳关系,且被告拥有原告住处的钥匙,在整理遗物过程中发现日记,并非以收集证据为目的而进入原告住处,在此情况下所复印的原告日记是否就应当认定为非法证据就予以排除?毕竟原告同意被告拥有其住处钥匙就意味着明知被告可能随时进入住处,而其又未将日记进行保密处理,被告发现其日记纯属意外,虽未经原告同意就将日记复印并作为证据,但这种情况下又岂能奢望原告同意?更重要的问题是,如果此种情况下获取的日记都认定为非法证据,那么如何取证才能证明原告的婚外情行为?因为婚外情这种隐蔽性行为只能通过偷拍偷录等不经原告同意的方式方能取得证据,但按照法院对非法证据的认定标准,采取偷拍偷录等方法获取的音视频等证据同样也只能被认定为非法证据予以排除。如此一来,对于类似的只要涉及个人隐私的情况就不能取证,那么对相关事实就几乎没有有效的证明方法,如何能体现诉讼公正?

可能正是因为 2002 年《民诉证据规定》中这种非法证据标准严苛,2015 年发布的《民诉法解释》对民事诉讼非法证据的认定标准略作修改并延续至今,第 106 条规定“对以严重侵害他人合法权益、违反法律禁止性规定或者严重违背公序良俗的方法形成或者获取的证据,不得作为认定案件事实的根据”,对侵害他人合法权益加上了“严重”的限制,一定程度上限缩了非法证据的认定范围,但其依然维持了违反法律禁止性规定的认定标准,并且还增加了“严重违背公序良俗”的标准,这一标准更为模糊、宽泛。实践中有的法院将子女偷录的与父亲之间的谈话、外甥女偷录的与舅父之间的谈话均认定为违反公序良俗,无疑有扩大非法证据范围之嫌。

总体上看,本案法官以被告未经同意复印原告日记侵害原告李某隐私权为由直接将日记复印件认定为非法证据是不妥的,应当综合考虑被告行为时的主观恶意、对原告李某违反婚姻忠实义务的证明难度、排除证据对本案实体公正的影响等方面因素,审慎决定是否有必要排除证据。本案中,被告并非为了收集证据而进入原告李某住处,且在发现原告李

---

〔1〕 参见宋春雨:《〈关于民事诉讼证据的若干规定〉的理解与适用》,载《人民司法》2002 年第 2 期。

某日记本后,从外观上通常也无法预测这是日记本。至此,二被告并无非法收集证据和侵犯他人权利的故意,其后被告确实私自复印了原告李某日记,在形式上也确实对原告李某隐私权构成一定侵害,但在此情况下若不如此举证,原告李某不可能会同意让被告复印日记,而没有该日记原告李某也不会在法庭上承认其婚外情行为。所以从实质上来说,在这种情形下让被告不得侵害原告隐私权不具有期待可能性,其侵权行为实属不得已而为之,危害程度较小。而且如果因此排除该日记复印件,也无法实现实体公正,无论基于何种理由,婚外情行为都是对婚姻关系的严重破坏,原告李某应承担相应的民事责任。因此,虽然当时有效的2001年《民诉证据规定》第68条规定侵害他人合法权益获取的证据应当排除,但综合考虑上述情况,法官应裁量不予排除,并据此对实体问题作出判决。

□ 理论拓展

本案涉及的主要是民事诉讼中非法证据的认定标准问题。我国民事诉讼的非法证据排除规则始于2001年最高人民法院《民诉证据规定》第68条“以侵害他人合法权益或者违反法律禁止性规定的方法取得的证据,不能作为认定案件事实的依据”。该规定2019年修订时并未再规定非法证据排除问题,但2015年最高人民法院《民诉法解释》则对上述条款加以延续并略作修改,即“以严重侵害他人合法权益、违反法律禁止性规定或者严重违背公序良俗的方法形成或者获取的证据”为非法证据,且这一规定维持至今。但问题是,民事诉讼是否有必要排除非法证据?如果有必要,以何标准认定非法证据?

从域外的做法来看,对民事诉讼中通过非法手段获取的证据普遍不像刑事诉讼中一样作为非法证据予以排除。如在美国,尽管联邦最高法院在判例中并未禁止在民事诉讼中适用非法证据排除规则,但其非法证据排除规则基本上未对民事诉讼适用;在英国,虽然《英国民事诉讼规则》授权法官可以排除原本可采的证据,但实践中几乎没有真正适用该授权规则而排除证据的情形;[1]德国虽然存在是否排除民事非法证据的不同观点,但其《民事诉讼法典》并不包含任何证据禁止的规定,[2]且实践中也不排除非法证据;日本在民事诉讼中将“重大违法”作为排除非法证据的标准,认为应予排除的仅限于采用严重违法手段收集的证据,一般不包括对对方当事人或第三人秘密录音形成的证据。[3]

尽管我国司法解释中明确规定了非法证据排除规则,但与刑事诉讼法学界几乎均支持刑事非法证据排除不同,在我国民事诉讼法学界,学者们对于民事诉讼非法证据排除问题态度不一。如有学者认为,非法证据排除并未成为各国民事诉讼通行的证据规则,英、美、德、法等国家基本上不排除民事非法证据,而日本虽然排除民事非法证据,也只限于严重违法手段获取的证据。我国虽然确立了民事非法证据排除规则,但应以重大违法作为排除非

---

〔1〕 参见李浩:《民事诉讼非法证据排除规则探析》,载《法学评论》2002年第6期。

〔2〕 参见周翠:《民事非法证据排除的规范解释与实务观察》,载《中国法学》2020年第3期。

〔3〕 参见李浩:《民事诉讼非法证据排除规则探析》,载《法学评论》2002年第6期。

法证据的实质性标准;适用民事非法证据排除规则时应考虑民事诉讼当事人及其诉讼代理人收集证据能力弱的现实国情;对取证的合法性作相对宽松的解释,以拓展当事人收集证据的渠道,扩大合法证据的范围。[1] 这种观点可谓"限制说",持这种观点的学者较多。但也有学者认为,西方国家的非法证据排除主要针对刑事诉讼中的人权保障,在民事诉讼中无足轻重,民事诉讼中当事人举证为非公权行为,对其违法行为的制裁有可替代性,所以设置民事非法证据排除规则既缺乏诉讼的内在需求,亦缺乏有效施行的法律文化基础和制度条件,还势必增添程序上的烦琐,造成实体正义的不必要损害。对于民事诉讼中的非法证据,不如由法官依自由心证原则合理取舍为宜。[2] 此观点可谓"取消说",持这种观点的学者较少。

之所以无论是实践还是理论都对民事诉讼的非法证据排除问题有颇多不同做法和观点,是因为从以下几个方面来看,民事诉讼与刑事诉讼在非法证据排除问题上有所区别。

(一)非法证据排除的目的

在刑事诉讼中,排除非法证据是因为虽然对非法取证行为有其他制裁措施,如刑事处罚、行政处罚、民事赔偿等,但均无法有效遏制非法取证侵害公民基本权利,所以唯有将证据予以排除才能发挥有效的遏制作用。[3] 但在民事诉讼中,通过排除非法证据遏制当事人非法取证的需求并不强烈,因为刑事处罚、行政处罚、民事赔偿等措施足以对当事人非法取证进行制裁。而且刑事诉讼中排除非法证据之所以能够对司法人员产生一定遏制和警示作用,是因为司法人员毕竟本身与案件并无利害关系,且其身处法律共同体内,能及时准确地了解非法证据排除所传递的法律规范目的,但民事诉讼中的当事人与案件有利害关系,且其通常也无法了解非法证据排除的相关问题,所以要求当事人合法取证不具有期待可能性,也难以达到威慑其他民事诉讼当事人不得非法取证的目的。因此,民事诉讼中排除非法证据不具有规范目的的正当性和理由充足性,完全可以通过其他法律手段遏制民事诉讼中的非法取证行为。

(二)非法证据排除的成本收益

无论是刑事诉讼还是民事诉讼,排除证据是有其成本的,即增加将有罪的人不被定罪的概率,而且对其收益是否能够实现也缺乏足够的实证研究支持。如在美国,对于非法证据排除的收益——震慑违法取证是否能够真正实现也颇有争议,[4] 因此每一个非法证据排除领域都有着大量例外和限制性条件。[5] 刑事诉讼领域尚且如此,民事诉讼领域当然也面临着成本收益权衡问题。如上所述,民事诉讼排除非法证据难以遏制其他当事人非法取证

---

[1] 参见李浩:《民事诉讼非法证据排除规则探析》,载《法学评论》2002 年第 6 期。

[2] 参见张立平:《中国民事诉讼不宜实行非法证据排除规则》,载《中国法学》2014 年第 1 期。

[3] 参见王兆鹏:《美国刑事诉讼法》,北京大学出版社 2005 年版,第 29 - 30 页。

[4] 参见[美]约书亚 · 德雷斯勒、[美]艾伦 · C. 迈克尔斯:《美国刑事诉讼法精解》(第 1 卷),吴宏耀译,北京大学出版社 2009 年版,第 376,382 - 384 页。

[5] 参见[美]罗纳德 · J. 艾伦:《艾伦教授论证据法》(上),张保生、王进喜等译,中国人民大学出版社 2014 年版,第 299、324 页。

的行为,而其成本却是有可能要牺牲证据被排除的案件中当事人的实体权利。如果说刑事诉讼中排除非法证据是在实际能力、地位不对等的控辩双方之间进行倾斜性保护,那么民事诉讼中排除非法证据就相当于在平权主体之间"杀鸡儆猴",这种成本收益关系难言正当性。

(三)非法证据的认定标准

刑事诉讼中非法证据的认定标准为取证手段违反刑事诉讼程序规定、侵害公民基本权利。由于《刑事诉讼法》对刑事取证程序作出较为严格的限制,所以判断取证手段是否违法主要依据《刑事诉讼法》的相关规定,认定标准相对来说明确。反观《民事诉讼法》,只对当事人申请法院调查取证、申请鉴定、申请有专门知识的人出庭等事项作出规定,并未也不可能对其他一般的取证行为作出程序性规定,所以《民诉法解释》对民事诉讼非法证据的认定标准只能原则性地规定为"严重侵害他人合法权益、违反法律禁止性规定或者严重违背公序良俗"。这几个标准都存在适用上的问题,"严重侵害他人合法权益"所针对的公民权益范围广泛,且仅考虑公民权益保护而不考虑举证困难、实体公正,难免造成法律保护的失衡;"违反法律禁止性规定"意味着取证违法必然带来证据排除的后果,且未对"法律禁止性规定"的范围加以必要限制,显然过于宽泛不合理;而"严重违背公序良俗"在适用上不易涵摄,不仅可能造成规范适用疑难、判例见解矛盾,而且亦可能造成错判。[1] 因此,由于《民事诉讼法》不可能对公民的取证行为进行程序规制,所以如果将通过违反其他法律、造成公民权益受损的一切取证行为取得的证据都认定为非法证据并予以排除,就会导致大量案件无法证明,有违民事诉讼保障实体公正的基本目的。

综上,无论从规范目的上来看,还是从成本收益关系或是否具有可行的认定标准来看,民事诉讼中都不宜进行非法证据排除,对于民事诉讼中的非法取证行为,刑事处罚、行政处罚等措施足以产生威慑作用,排除非法证据并不会产生更大的威慑力量。因此,尽管《民诉法解释》仍维持着民事诉讼排除非法证据的规定,但这是司法解释的规定而非《民事诉讼法》的规定,司法人员在民事诉讼实践中可以对该条款进行宽松解释,将更多证据纳入审判程序,尽可能不排除证据,但对当事人的非法取证行为应视情况给予训诫、处罚或将相关违法犯罪线索移送公安机关。

■ 行政诉讼中证据合法性的审查与判断

案例 2-9　刘某诉张掖市公安局甘州分局行政处罚案[2]

□ 案情概述

2019 年 6 月 14 日,张掖市公安局甘州分局(以下简称甘州分局)火车站派出所民警询

[1] 参见周翠:《民事非法证据排除的规范解释与实务观察》,载《中国法学》2020 年第 3 期。
[2] 参见甘肃省张掖市中级人民法院(2020)甘 07 行终 36 号行政判决书。

问了胡某（女，未成年人），胡某提供了与微信昵称为"秋日私语"的男子卖淫嫖娼违法行为的线索，甘州分局火车站派出所遂立案查处。6月15日，甘州分局火车站派出所干警为调查微信昵称为"秋日私语"的男子的真实身份，用昵称为"等你"的微信账号身份与微信昵称为"秋日私语"的男子聊天，约其到甘州区河西宾馆房间。该男子到达约定地点后，被办案警察口头传唤到甘州分局办案中心进行询问，微信昵称为"秋日私语"的男子系一审原告刘某，2019年6月16日，刘某再次在甘州分局办案中心接受了询问，承认2019年4月6日与胡某性交易的时间、地点及交易金额、转账方式；被告调取了原告的微信聊天记录，并让原告对胡某进行了辨认。2019年7月17日，甘州分局火车站派出所民警对胡某再次进行了询问（胡某母亲在场），胡某详细陈述了与微信昵称为"秋日私语"的男子发生性交易的时间、地点、金额及转账方式，民警还调取了胡某的微信聊天记录，并让胡某对微信昵称为"秋日私语"的男子进行了辨认，胡某辨认出2019年4月6日与其发生性交易的男子为刘某。2019年7月25日，甘州分局告知刘某享有陈述、申辩和听证的权利，刘某明确表示不提出陈述、申辩，不要求听证。2019年7月28日，被告甘州分局作出行政处罚决定书，并当日送达原告。

刘某不服处罚决定，起诉至法院，提出两个证据合法性问题：一是胡某为未成年人，民警第一次询问时应通知其监护人到场却未通知，故第一次询问笔录为非法证据；二是民警采取假冒失足女以"等你"的微信昵称诱骗自己并进行行政调查，属于典型的"钓鱼执法"，是严重程序违法，因此所获的询问笔录应当属于非法证据。

法院一审认为，民警询问胡某时未通知其监护人到场，因此获取的胡某证言不能作为认定原告刘某违法行为的证据；公安机关为调查微信昵称为"秋日私语"的男子的真实身份，用昵称"等你"的微信账号与微信昵称为"秋日私语"的男子聊天，约其到甘州区河西宾馆房间，口头传唤其接受询问，并未引诱刘某进行违法行为，其调查方式不违反法律法规强制性规定。最终根据询问刘某与胡某的笔录、微信聊天记录、辨认笔录等证据，判决驳回原告刘某的诉讼请求。刘某不服，上诉至二审法院。

二审法院经审理认为，公安机关是在经调查确认微信昵称为"秋日私语"的人于2019年4月6日实施了治安违法行为，为进一步查明"秋日私语"是谁，采取了用"等你"的微信昵称与"秋日私语"微信联系约见，从而确认"秋日私语"的真实身份进而传唤的方式，对已经实施了违法行为的刘某进行调查传唤，而非通过该方式引诱刘某实施被处罚的违法行为，故不属于"钓鱼执法"。对胡某的询问笔录虽然存在询问时未通知未成年人胡某的监护人在场的问题，但经审查，胡某当日的陈述内容与刘某就本案违法事实的陈述内容高度吻合，且民警于2019年7月17日又对胡某进行了询问，并通知其监护人在场，胡某的陈述亦与前一次询问笔录及刘某的陈述相一致，因此，第一次询问胡某未通知其监护人在场的问题，并不影响对刘某违法事实的认定，且2019年7月17日再次询问胡某亦可视为对该问题的补正，故未支持刘某上诉所提出的排除胡某陈述笔录的意见。

该案涉及的基本证据情况如下：

1. 询问刘某的笔录,刘某承认与微信昵称为“山川故里”的女子发生了性交易的时间、地点及交易金额、转账方式等事实。

2. 询问胡某的笔录,第一次询问时胡某提供与微信昵称为“秋日私语”的男子卖淫嫖娼违法行为的线索,第二次询问时胡某详细陈述了与微信昵称为“秋日私语”的男子发生性交易的时间、地点、金额及转账方式等事实。

3. 刘某与胡某的微信聊天记录,证明二人联系进行卖淫嫖娼的事实。

4. 辨认笔录,证明二人相互认识且能辨认出对方。

◻ 证据分析

本案中对证据合法性问题的争议焦点在于:(1)民警通过假冒失足女与刘某聊天约其到宾馆,并口头传唤询问刘某所获得的笔录是否为应当排除的非法证据?(2)胡某的第一次询问笔录是否应当作为非法证据予以排除?

对于以上证据问题,分析如下:

我国《行政诉讼法》2014 年修改时增设第 43 条第 3 款“以非法手段取得的证据,不得作为认定案件事实的根据”,正式在行政诉讼法中确立非法证据排除规则,而且根据该款,“非法证据”的界定更为科学,仅包括非法手段取得的证据,而不再将一般理解的不符合法定形式的、主体不合法的证据均作为非法证据。除《行政诉讼法》之外,其他行政法也有排除非法证据的规定,如《行政处罚法》第 46 条第 3 款也作出同样的规定“以非法手段取得的证据,不得作为认定案件事实的根据”。最高人民法院《行诉法解释》第 43 条还对“以非法手段取得的证据”进行解释,即包括严重违反法定程序收集的证据材料、以违反法律强制性规定的手段获取且侵害他人合法权益的证据材料、以利诱、欺诈、胁迫、暴力等手段获取的证据材料。

(一)是否属于“钓鱼执法”收集证据

按照上述法律规定,民警假冒失足女与刘某聊天并约其到宾馆,属于一种欺诈性调查手段,但采取欺诈手段不意味着获取的证据就必然属于非法证据。即便在刑事诉讼中,采取引诱、欺骗手段获取的证据也未一概认定为非法证据,因为引诱、欺骗手段中有一部分属于不超出必要限度的讯问策略,只有通过超出必要限度的手段获取的证据才构成非法证据。所以行政诉讼中也同样应遵循这一原则认定行政机关采取的欺诈手段是否超出必要限度。本案中,根据公安机关的解释,是为了确定微信昵称为“秋日私语”男子的身份才采取冒充失足女与其聊天的方式,因此这里要判断的是行政机关的行为是否构成“钓鱼执法”或“诱惑调查”。公安机关提出只是通过微信联系的方式确定“秋日私语”是谁,并非“钓鱼执法”。二审法院也认为,本案中公安机关是通过冒充失足女骗取刘某赴约的方式对已经实施违法行为的刘某进行传唤,而非引诱刘某实施违法行为,所以并非“钓鱼执法”。

从本案的具体情节来看,公安机关是在对胡某进行询问后得知其向微信昵称为“秋日私语”的男子卖淫嫖娼的违法行为,所以为确定“秋日私语”的身份,就采取一种简便的方式——冒充失足女骗取刘某赴约,但公安机关并非旨在使刘某产生新的违法意图,而只是让其到案,并且确实在刘某到宾馆后就开始对其口头传唤。刘某在对此知情的情况下陈述了卖淫嫖娼的违法行为,其陈述与公安人员假冒失足女并无因果关系,所以不属于采取欺诈方法获取的陈述,也即不属于非法证据。

（二）胡某的询问笔录是否属于非法证据

《公安机关办理行政案件程序规定》第75条规定,询问未成年人时,应当通知其父母或者其他监护人到场,其父母或者其他监护人不能到场的,也可以通知未成年人的其他成年亲属,所在学校、单位、居住地基层组织或者未成年人保护组织的代表到场,并将有关情况记录在案。确实无法通知或者通知后未到场的,应当在询问笔录中注明。与刑事案件中讯问未成年犯罪嫌疑人、被告人时通知其法定代理人到场的目的相同,即“未成年人由于其认知能力和表达能力的局限,在刑事诉讼中难以充分行使诉讼权利。……针对未成年人的这种特性,作了一系列规定,以保障未成年犯罪嫌疑人、被告人的诉讼权利”[1]。与通过刑讯逼供、威胁手段获取的供述因严重损害公民人身权而应当绝对排除不同,法定代理人到场制度的目的是保障未成年人诉讼权利的行使。这也就意味着,虽然讯问未成年人时未通知其法定代理人到场,但如果办案机关妥善保障了未成年人各项诉讼权利的行使,并未损害其诉讼权利,就没有将未成年人的供述作为非法证据予以排除的必要,因为未成年人的法定代理人未到场并未损害规范目的的实现。行政案件中,也应适用同样的原理。

本案中,公安机关对胡某第一次询问时确实未通知其监护人到场,但这并不等于胡某的陈述必然属于非法证据,对于该陈述是否为非法证据,要根据询问时是否充分保障其权利的行使而定,如果未能保障,那么这次询问所得的陈述就应属于非法证据。因此,二审法院所认为的2019年7月17日的询问中胡某陈述与第一次询问陈述一致,且当日询问通知其母亲在场就是对第一次询问未通知监护人在场的补正,均不能成立。因为陈述一致与否是证明力问题,而非证据资格问题;如果未通知监护人在场且未能保障胡某的权利,则属于应当排除的非法证据而非可以补正或合理解释的瑕疵证据,而且后一次询问合法也不能视为对前一次询问非法的补正。因此,胡某询问笔录是否属于非法证据取决于是否保障其知情权、提供翻译权、核对权等权利,如果已经对前述权利提供充分保障,其监护人未到场也不影响陈述的证据能力,但未充分保障则应将询问笔录作为非法证据予以排除。

综上,本案一审、二审法院针对刘某提出的“钓鱼执法”问题,均认为公安机关不构成“钓鱼执法”,因此所获的刘某陈述不属于非法证据,从其分析思路来看基本是正确的。但对于胡某的询问笔录,一审、二审法院则意见不一,主要是因为法律和司法解释未明确规定这种情形下的陈述是否为非法证据。但根据询问未成年人时监护人在场制度的规范目的来看,主要应从是否保障胡某在行政处罚程序中的各项权利来判断其陈述是否属于非法证

---

[1] 全国人大常委会法制工作委员会刑法室编:《〈关于修改《中华人民共和国刑事诉讼法》的决定〉条文说明、立法理由及相关规定》,北京大学出版社2012年版,第328页。

据，因案例中信息并不充分，所以这一点需要根据案件具体情况综合判断。

▢ 理论拓展

非法证据排除规则肇始于刑事诉讼，后来扩展适用于行政诉讼，其原因在于依法行政不仅要求在作出行政行为时要遵循实体法，取证程序也要遵循程序法。关于行政诉讼为何要排除非法证据，理论上有个人权利保护说、限制公权力说、维护程序正义说等不同观点。[1] 相对于刑事诉讼的非法证据排除来说，行政诉讼中排除非法证据的考量因素有所不同，虽然也包括通过排除非法证据促进依法行政、保障公民权利的基本考量，但相对而言行政执法比刑事司法更偏重于效率，而刑事司法因关系到公民的生命、自由等重大权益，所以更偏重公正，因此二者在非法证据排除的具体制度设计上也应有所不同。

（一）行政实体公正与程序公正的平衡

与刑事诉讼、民事诉讼不同，行政诉讼是对行政程序的证据进行复查，所以具有二次审查的特征。行政行为具有广泛性、主动性、效率性、专业性等特征，即便对于法律尚未规定的事项，基于情势也可实施行政行为，如面临突发疫情时采取各种临时行政措施，而且行政执法中的一些领域也具有较强的专业性。所以总体上来说，行政程序中的取证程序要求通常较之刑事诉讼宽松，故在行政诉讼的二次审查中，对行政证据的审查要求及排除标准也通常更为宽松一些。如在美国，对行政搜查（如卫生检查、消防检查、旧车处理检查等）也有合理根据的基本要求，但比刑事搜查的合理根据要求要低，并不要求执法人员具有关于违法行为的具体怀疑，而只要求行政搜查活动必须是"合理的"即可，而为了确定何谓"合理"，可使用利益权衡标准。[2] 可见对行政机关取证合法性的要求更为宽松灵活。如果对行政机关取证的要求过高、对违反法定程序收集的证据排除过严，就会影响行政机关的主动性、效率性，因此对于行政诉讼中的非法证据排除问题来说，其考量因素应当包括在实体公正与程序公正之间保持必要的平衡。

（二）行政行为涉及权益的重要性

无论是刑事诉讼还是行政诉讼，排除非法证据都有遏制国家机关采取非法手段取证、保障公民权利的考虑，但也有对被违法取证公民的救济因素，即通过排除非法证据而在实体上使被违法取证公民（通常是犯罪嫌疑人、被告人或行政相对人）在实体上获利。[3] 相对刑事诉讼而言，行政诉讼在实体方面所涉及的公民权益通常较小，所以在取证程序、证明标准方面要求也相对较低；而在行政程序方面，由于行政取证的措施对公民基本权利的侵犯程度有限，不像刑事诉讼非法取证所具有的对公民身体权、自由权、隐私权、财产权的重

---

〔1〕参见毕玉谦：《证据适格性与证据排除：三大诉讼间的比较与检视》，载《证据科学》2013 年第 4 期。

〔2〕参见［美］约书亚·德雷斯勒、［美］艾伦·C. 迈克尔斯：《美国刑事诉讼法精解》（第 1 卷），吴宏耀译，北京大学出版社 2009 年版，第 318、376 页。

〔3〕有学者将刑事诉讼中的这种情况称为程序违法的实体减轻效果。参见孙远：《论程序规则的出罪功能及其限度——以程序违法的实体减轻效果为中心》，载《政治与法律》2020 年第 2 期。

大侵害,所以在设置行政诉讼的非法证据排除标准时,也要考虑到行政行为所涉公民权益的相对轻微性,适当提高非法证据的认定与排除门槛,防止过严的非法证据排除规则对公民权益施加不成比例的保护,妨碍社会整体利益的实现。

综上,基于行政行为的特殊性以及行政取证涉及公民权益相对较小,对行政诉讼中非法证据排除标准应当进行较为宽松的设置和解释适用。我国《行政诉讼法》第 43 条第 3 款"以非法手段取得的证据,不得作为认定案件事实的根据"是原则性规定,并不意味着只要以非法手段取得的证据均要被认定为非法证据并予以排除,《行诉法解释》第 43 条对"以非法手段取得的证据"实际上也进行了一定的限缩解释。行政诉讼中的非法证据排除,在适用中应考虑如下主要因素。

1. 是否损害行政规范的根本目的

行政实体规范和程序规范均有其立法目的,如果非法取证行为损害了行政规范的根本目的,且无法以其他形式恢复其目的的实现,为了保障行政规范所保障的权益以及行政规范的权威性,通常应将非法证据予以排除。如本案例所涉及的《公安机关办理行政案件程序规定》第 75 条规定的询问未成年人时合适成年人到场制度,其规范目的就在于通过合适成年人到场对未成年人的权利进行保护,所以如果未成年人被询问时合适成年人未到场且询问过程未保障其基本权利,该条的规范目的就已被损害且无法恢复,询问所获的陈述就应当排除。如果事后再次合法询问,也要割断与前次非法询问之间的联系方可采纳,否则仍属于不可采纳的重复陈述。如果违法取证行为并未导致行政规范的根本目的无法实现,再根据如下因素进行判断。

2. 侵犯公民权利的严重程度

虽然相对刑事取证而言,非法行政取证通常侵害公民权利的程度较轻,但仍有其底线,正如《行诉法解释》第 43 条第 2、3 项规定,均是针对严重侵害公民权利的非法取证情形,尤其是采取暴力、威胁手段获取证据材料的,在本质上与刑事诉讼中的刑讯逼供、威胁手段并无二致,若对此类手段获取的证据不严加排除,就无法对这种严重违法取证手段进行有效遏制,也因此无法实现通过非法证据排除而保障公民权利的目的。因此,即便非法取证行为本身并未损害行政规范的目的,但对于采取暴力、威胁等严重侵害公民权利的手段获取的证据,也应直接认定为非法证据并予以排除。采取"钓鱼执法"行为使本无违法意图的相对人产生违法意图并实施违法行为,也属于严重侵害公民权利的行为,若容许此类行为就失去了行政行为的基本正当性,因此所获证据也应当予以排除,不得根据这种证据对相对人进行处罚。

3. 行政行为保护社会利益的重要性

行政行为是政府从事一般性社会管理的必要部分,其目的是及时有效地保护社会利益、促进社会整体福利,某些涉及面广的行政行为直接关系到公众健康、财产安全等基本利益,如对危害人们生命健康安全的假冒伪劣产品的及时查处、处置等行为。对于这类保护社会权益较为重大的行政行为,不宜使之受到过多掣肘,否则就构成不合比例的限制,不利于保障公众利益。对于此类行政行为中实施非法取证行为获取的证据,在决定是否认定为应予排除的非法证据时,要在行为的违法程度和侵害公民权利的严重程度、受到保护的社会公众利益之间进行权衡,如果有其他措施能够对非法取证行为进行惩戒,且该证据对于事实认定和公众权益保护来说较为重要,就不应将其排除。

□ 阅读指引

1. 陈光中主编:《证据法学》(第 4 版),法律出版社 2019 年版。
2. 孙远:《刑事证据能力导论》,人民法院出版社 2007 年版。
3. 纪格非:《证据能力论:以民事诉讼为视角的研究》,中国人民公安大学出版社 2005 年版。
4. 刘玉民主编:《民事证据收集、举证、审查》,中国民主法制出版社 2014 年版。
5. 李浩:《民事诉讼非法证据排除规则探析》,载《法学评论》2002 年第 6 期。

(撰写人:安徽财经大学法学院　纵博)

第三章　证据的基本规则

第一节　非法证据排除规则

■ 刑事诉讼中非法证据排除规则的理解与适用

案例3-1　章某某受贿案[1]

章某某，曾任宁波市东钱湖旅游度假区建设管理局建设工程前期办公室项目经办人、副主任、主任等，因涉嫌犯受贿罪于2010年7月23日被宁波市鄞州区人民检察院传唤，次日被刑事拘留，同年8月5日经宁波市人民检察院决定被逮捕。后鄞州区人民检察院依法向鄞州区人民法院提起了公诉。公诉机关指控：2005年下半年，被告人章某某在担任宁波市东钱湖旅游度假区建设管理局建设工程前期办公室项目经办人期间，个体建筑商周某为了感谢章某某介绍其承建钱湖人家安置房三期工程屋面防水工程，送给章某某贿赂人民币10,000元，章某某予以收受等受贿事实6起。在法庭上，公诉机关当庭讯问了被告人，宣读、出示了证人证言、建筑工程合同、任职证明、归案经过等书证以及被告人供述等证据，认为被告人章某某身为国家工作人员，利用职务上的便利，多次非法收受他人贿赂共计76,000元，其行为构成受贿罪，提请法院依照《刑法》第385条第1款、第386条、第383条第1款第2项和第2款之规定予以判处。

一审中，辩护人提出的辩护意见之一是，“侦查机关对被告人章某某有罪口供的取得采取了刑讯逼供或变相刑讯逼供、诱供、欺骗等手段，公诉机关没有提供审讯录像来证明获取被告人章某某口供的合法性，故不能排除非法获取口供的合理怀疑。因此，被告人章某某的有罪供述不能作为定案的证据”。辩方还申请法庭调取相关证据，法庭根据辩方提供的线索，到宁波市鄞州区看守所提取了章某某在2010年7月28日的体表检查登记表。该表载明章某某右上臂小面积的皮下淤血，皮肤划伤2厘米。被告人章某某和辩护人又申请法院要求控方提供章某某的全程审讯录像并予以当庭质证，还要求侦查人员出庭说明情况。

对于辩方提出的上述意见，公诉方宣读了被告人章某某的供述笔录、自我供述，并当庭

---

〔1〕 参见浙江省宁波市鄞州区人民法院（2011）甬鄞刑初字第320号刑事判决书；浙江省宁波市中级人民法院（2011）浙甬刑终字第288号刑事判决书。

播放了被告人章某某有罪供述的审讯录像片段,提供了侦查机关盖章的和侦查人员签名的关于依法、文明办案,没有刑讯逼供、诱供等违法情况的说明,并在庭审中明确告知法庭,因为审讯录像涉及机密问题,当庭播放不利于保密,故不能移送法院,还明确表示侦查人员不出庭。

一审法院审理后认为,被告人章某某及其辩护人指出侦查机关违法获取章某某审判前有罪供述,并且提供了相应的证据和线索,根据《非法证据排除规定》和最高人民检察院《关于适用〈关于办理死刑案件审查判断证据若干问题的规定〉和〈关于办理刑事案件排除非法证据若干问题的规定〉的指导意见》的相关规定,控方应当移送相关的被告人章某某的全程审讯录像予以质证,应当通知讯问人员出庭作证等,以证明侦查机关获取被告人章某某审判前有罪供述的合法性。控方虽然出示、宣读了章某某的有罪供述笔录、自我供述;播放了章某某有罪供述的录像片段;提交了关于依法、文明办案,没有刑讯逼供、诱供等违法情况的说明,但是上述证据不足以证明侦查机关获取被告人章某某审判前有罪供述的合法性。相反,法庭却调取到了被告人章某某的体表检查登记表,证明章某某在审讯时受伤的事实,控方又不能作出合理的解释。依照《非法证据排除规定》第 11 条的规定:对被告人审判前供述的合法性,公诉人不提供证据加以证明,或者已提供的证据不够确实、充分的,该供述不能作为定案的根据。故章某某审判前的有罪供述不能作为定案的根据。被告人章某某及其辩护人提出的该辩解辩护意见予以采纳。

一审法院判决作出后,鄞州区人民检察院依法提起了二审抗诉。二审期间,检察机关提请行贿人周某、史某出庭作证,提交了行贿人史某的同步审讯录像、章某某同步审讯录像以及侦查人员关于讯问过程合法性的证言。经合议庭、出庭检察员、辩护人共同观看同步审讯录像,确认本案线索来源正常,侦查机关系根据史某的交代而调查章某某,章某某右上臂小面积皮下淤血、皮肤划伤 2 厘米并非刑讯逼供所致。章某某并非在刑讯逼供的情况下作出有罪供述。宁波市人民检察院出庭检察员提供的证据足以证明侦查机关获取章某某供述的合法性。故原审中涉及的前述相关问题已经解决,章某某审判前的有罪供述可以作为证据采用。

□ 证据分析

本案中涉及的非法证据排除问题较多,以下将对其中的两个方面进行分析:(1)非法证据排除程序中的证明责任如何分配?(2)非法证据排除程序中的证明标准如何把握?

对于以上证据问题,分析如下。

(一)公诉机关承担证据收集合法性的证明责任

在非法证据排除程序中,面临的一个重要问题是,由哪一方承担取证合法性的证明责任。这一问题在《非法证据排除规定》、《刑事诉讼法》和相关法律文件中都作了规定,要求在公诉案件中,由公诉机关承担取证合法性的证明责任。《非法证据排除规定》第 11 条规定:“对被告人审判前供述的合法性,公诉人不提供证据加以证明,或者已提供的证据不够确实、充分的,该供述不能作为定案的根据。"2012 年《刑事诉讼法》第 57 条第 1 款规定:"在对证据收集的合法性进行法庭调查的过程中,人民检察院应当对证据收集的合法性加以证明。"对于辩护方审前启动非法证据排除程序的要求,《非法证据排除规定》第 6 条规定:"被告人及其辩护人提出被告人审判前供述是非法取得的,法庭应当要求其提供涉嫌非法取证的人员、时间、地点、方式、内容等相关线索或者证据。"有观点认为,这一条文规定了辩方在非法证据排除程序中的初步责任,[1]但这一观点需要进一步反思,有观点指出,辩方承担的仅是"争点形成责任"。[2] 2012 年修正后的《刑事诉讼法》第 56 条第 2 款规定,"当事人及其辩护人、诉讼代理人有权申请人民法院对以非法方法收集的证据依法予以排除。申请排除以非法方法收集的证据的,应当提供相关线索或者材料。"这一规定修改了《非法证据排除规定》第 6 条的内容,将辩护方申请排除非法证据应当提供"相关线索或者证据"改为了"相关线索或者材料",进一步明确了辩方申请启动非法证据排除的证据要求不应当被理解为承担初步证明责任,而是要求辩护方提出可能存在非法取证的相关线索或者材料。

本案一审发生在 2010 年《非法证据排除规定》生效后,在很多文献中也被称为"非法证据排除第一案"。由于案件审判时适用的是 1996 年《刑事诉讼法》,因此,辩方申请排除非法证据时应当适用《非法证据排除规定》第 6 条的规定,即辩方应当向法庭提供章某某的有罪口供系非法取得的相关线索或者证据。在本案中,辩护方不仅提出了被告人的相关书面记录和当庭陈述,提供了章某某被刑讯逼供的时间、地点的线索和证据,还申请法庭调取了 2010 年 7 月 28 日的体表检查登记表,表明章某某右上臂小面积的皮下淤血,皮肤划伤 2 厘米。因此,其已经完成了针对非法取证提出"相关线索或者证据"的法定要求。在辩方提出侦查人员涉嫌非法取证的相关线索或者证据后,应由公诉人对取证的合法性承担证明责任。综上,本案一审中,法院依法启动非法证据排除程序符合《非法证据排除规定》的相关规定。

(二)证明取证合法应当达到"证据确实、充分"的程度

在非法证据排除程序中,除证明责任分配之外,还需要关注公诉机关对于取证合法性的证明标准问题。从比较法的角度观察,非法证据排除中的证明标准与定罪证明标准应当一致,因此,控诉方对证据合法性的证明应达到"证据确实、充分"的程度。我国《非法证据排除规定》第 11 条确立了言词证据合法性的"证据确实、充分"的证明标准,"对被告人审判前供述的合法性,公诉人不提供证据加以证明,或者已提供的证据不够确实、充分的,该供述不能作为定案的根据"。2012 年《刑事诉讼法》第 58 条规定:"对于经过法庭审理,确认或者不能排除存在本法第五十四条规定的以非法方法收集证据情形的,对有关证据应当予以排除。"在 2012 年《刑事诉讼法》修正后,相关司法解释、法律文件中还对非法证据排除程序作了细化规定。综上可知,根据我国《刑事诉讼法》和相关司法解释、法律文件的规定,学界

---

[1] 参见陈瑞华:《刑事证据法学》,北京大学出版社 2012 年版,第 298 页。
[2] 参见万毅:《"全国首例非法证据排除案"法理研判》,载《证据科学》2011 年第 6 期。

已经形成共识的是，公诉机关对于证据合法性的证明应当达到“证据确实、充分”的证明标准。[1] 需要进一步关注的是，相关法律文件、司法解释中还对取证合法性的证明方式作了规定。与本案的法律适用密切相关的是《非法证据排除规定》第 7 条，“经审查，法庭对被告人审判前供述取得的合法性有疑问的，公诉人应当向法庭提供讯问笔录、原始的讯问过程录音录像或者其他证据，提请法庭通知讯问时其他在场人员或者其他证人出庭作证，仍不能排除刑讯逼供嫌疑的，提请法庭通知讯问人员出庭作证，对该供述取得的合法性予以证明”[2]。

在本案一审中，在非法证据排除启动后，根据《非法证据排除规定》第 7 条的规定，公诉人可以通过提供讯问笔录、原始的讯问过程录音录像或者其他证据，提请法庭通知讯问时其他在场人员或者其他证人出庭作证，或提请讯问人员出庭作证等方式证明被告人的有罪供述系合法取得。在该案中，公诉机关出示、宣读了被告人章某某的供述笔录和自我供述、播放了被告人章某某有罪供述的审讯录像片段，并提供了旨在表明不存在违法取证行为的情况说明，但这些证据并不能对体表检查登记表中记载的被告人章某某在审讯时受伤的事实作出合理解释，也不能证明取证行为合法。在这种情形下，公诉人应当“提请法庭通知讯问人员出庭作证，对该供述取得的合法性予以证明”。但公诉方不仅未提请法庭通知讯问人员出庭，还明确拒绝了辩护方要求侦查人员出庭说明情况的请求。公诉方对被告人的有罪供述系合法取得的证明未达到“证据确实、充分”的证明标准，未完成其在非法证据排除中所承担的关于取证合法性的证明责任。因此，一审法院认定章某某审判前的有罪供述不能作为定案的根据，符合法律规定。在该案二审中，检察机关提请了部分行贿人出庭作证、部分讯问录音录像等证据，虽然辩方提出了诸多疑问，二审法院最终认定章某某审前的有罪供述可以作为证据采用。[3] 结合相关法律规定来看，二审法院的这一认定缺乏充分的事实基础。

回 理论拓展

非法证据排除规则是一项重要的证据规则，在各国立法上也有不同的规范阐述。从理论角度观察，还需要进一步关注何谓“非法证据”、非法取证的法律后果等。

（一）如何界定非法证据

对于这一问题，理论研究中有不同观点：第一种观点认为收集证据的主体、方法和程序

---

〔1〕 参见陈瑞华：《非法证据排除规则的中国模式》，载《中国法学》2010 年第 6 期；万毅：《“全国首例非法证据排除案”法理研判》，载《证据科学》2011 年第 6 期。

〔2〕 2021 年《刑诉法解释》对此作了新规定。该解释第 135 条第 1 款规定，法庭决定对证据收集的合法性进行调查的，由公诉人通过宣读调查、侦查讯问笔录、出示提讯登记、体检记录、对讯问合法性的核查材料等证据材料，有针对性地播放讯问录音录像，提请法庭通知有关调查人员、侦查人员或者其他人员出庭说明情况等方式，证明证据收集的合法性。

〔3〕 参见陈东升、王春：《排除非法证据仍存认定标准难题》，载凤凰网 2011 年 8 月 31 日，https://news.ifeng.com/c/7faGcYlIVyq。

等违反法律规定时取得的证据都属于“非法证据”。[1] 这种将“非法证据”的界定与证据合法性联系起来,认为任何违反法律规定获得的证据都是非法证据,是一种最广义的理解。第二种观点认为,“非法证据排除规则通常指执法人员及其授权的人员通过非法方法所收集的证据不得在刑事审判中采纳”[2]。这种观点将非法证据局限于通过非法方法获得的证据,这在一些其他国家的立法和实践中也有类似看法。第三种观点将违反宪法权利或基本权利获得的证据界定为“非法证据”。如有学者指出,“非法证据系取证程序重大违法,且以侵犯公民宪法性基本权利的方式获取的证据”[3]。“如果将公民的宪法权利比喻为大树,则非法证据排除规则就是公民宪法权利这棵大树结出的花。”[4]整体而言,非法证据排除规则中的“非法证据”一般是指严重违反宪法权利或者程序权利获得的证据,因此,应当将“非法证据”与违反一般程序性规定的“瑕疵证据”作区分。也正是在这个意义上,我国相关法律中也区分了非法证据和瑕疵证据的法律后果。

(二)非法证据法律后果的多元性

这一问题是指对于非法证据的法律后果,各国立法上存在着多元规定。需要关注三个方面:(1)各国对同一性质的取证行为是否被评价为非法取证有所不同。非法证据的认定或评价涉及价值判断,对于同一种非法取证行为,在不同国家立法上会有不同认定,各国非法证据排除规则的适用范围并不相同;更进一步言之,认识论问题具有一定的统一性,而价值判断和价值选择具有多样性,[5] 这一点需要我们在学习非法证据排除规则中注意。(2)由于诉讼模式、历史传统等的不同,对于非法证据是否应当排除的问题,各国立法和实践也有所不同。根据 2004 年英国律师协会对欧盟刑事证据法所做的调查,对于“违反程序规则获得的证据是否可采”这一问题,多数欧盟成员国都主张排除违反程序规则获得的证据,有 8 个国家认为在衡量后或特定情形下可采,只有德国、马耳他和瑞典三个国家承认这种证据在多数案件中都具有可采性。[6] 再如,从各国立法上看,对于“毒树之果”即通过非法取证获得的衍生证据应否排除,各国的立场也存在一定差异。我国《严格排除非法证据规定》第 5 条规定了重复性供述的排除和例外,也与此相关。(3)非法取证的法律后果具有多样性。对于非法取证所获得的证据进行证据排除之外,还存在其他的法律后果,如在审判中对于被告人的量刑从轻处理。[7] 在立法例上,《荷兰刑事诉讼法》第 359a 条规定的对

---

〔1〕 参见何家弘:《借助判例完善非法证据排除规则》,载《法制日报》2008 年 1 月 6 日,第 14 版。

〔2〕 杨宇冠:《非法证据排除规则及其在中国确立问题研究》,载《比较法研究》2010 年第 3 期。

〔3〕 万毅:《论瑕疵证据——以“两个〈证据规定〉”为分析对象》,载《法商研究》2011 年第 5 期。

〔4〕 易延友:《公民宪法权利的刑事程序保护与非法证据排除规则——以美国联邦宪法第四修正案为中心展开》,载《清华法学》2011 年第 4 期。

〔5〕 See Johannes F. Nijboer, *Methods of Investigation and Exclusion of Evidence-a Comparative and Interdisciplinary Perspective*, in Höpfel, F. & Huber, B. eds., Exclusion of Evidence within the EU and Beyond, Freiburg im Breisgau 1999, p. 49 – 50.

〔6〕 See The Law Society, Study of the Laws of Evidence in Criminal Proceedings throughout the EU: Summary Report October 2004, p. 35 – 37.

〔7〕 参见吴宏耀、赵常成:《程序性违法的量刑补偿机制研究》,载《国家检察官学院学报》2019 年第 3 期。

非法证据的三种处理结果之一即是量刑从轻。

■ 民事诉讼中非法证据排除规则的理解与适用

案例 3 –2　北大方正集团有限公司、北京红楼计算机科学技术研究所诉北京高术天力科技有限公司等计算机软件著作权侵权纠纷案[1]

□ 案情概述

北大方正集团有限公司(以下简称北大方正公司)、北京红楼计算机科学技术研究所(以下简称红楼研究所)是方正世纪 RIP 软件(以下简称方正 RIP 软件)、北大方正 PostScript 中文字库(以下简称方正字库)、方正文合软件 V1.1 版(以下简称方正文合软件)的著作权人。方正 RIP 软件和方正字库软件系捆绑在一起销售,合称方正 RIP 软件。上述软件安装在独立的计算机上,与激光照排机联机后,即可实现软件的功能。北大方正公司系日本网屏(香港)有限公司(以下简称网屏公司)激光照排机在中国的销售商,北京高术天力科技有限公司(以下简称高术天力公司)、北京高术科技公司(以下简称高术公司)曾为北大方正公司代理销售激光照排机业务,销售的激光照排机使用的是方正 RIP 软件和方正文合软件。1999 年 5 月,由于双方发生分歧,导致代理关系终止。高术公司于 2000 年 4 月 17 日与网屏公司签订了销售激光照排机的协议,约定高术公司销售 KATANA – 5055 激光照排机必须配网屏公司的正版 RIP 软件或北大方正公司的正版 RIP 软件,若配方正 RIP 软件,高术公司必须通过网屏公司订购北大方正公司正版 RIP 软件。

2001 年 7 月 20 日,北大方正公司的员工小 A 以个人名义与高术天力公司签订了《电子出版系统订货合同》,约定的供货内容为 KATANA FT – 5055A 激光照排机(不含 RIP),单价为 415,000 元。合同签订后,北大方正公司分别于 2001 年 7 月 20 日和 8 月 23 日,向高术天力公司支付货款共 394,250 元,尚欠货款 20,750 元。高术公司分别于 2001 年 7 月 23 日和 8 月 23 日,向北大方正公司的员工出具了收取上述款项的收据。2001 年 8 月 22 日,高术天力公司的员工在北京市石景山区永乐小区某号楼某室北大方正公司的员工临时租用的房间内,安装了激光照排机,并在北大方正公司自备的两台计算机内安装了盗版方正 RIP 软件和方正文合软件,并提供了刻录有上述软件的光盘。北大方正公司支付了房租 3000 元。

应北大方正公司的申请,北京市国信公证处先后于 2001 年 7 月 16 日、7 月 20 日、7 月 23 日和 8 月 22 日,分别在北京市石景山区永乐小区某号楼某室、北京市海淀区花园路某号北楼某室及南楼某室北京后浪时空图文技术有限责任公司(原为北京中唐彩印中心,以下简称后浪公司),对北大方正公司的员工以普通消费者的身份,与高术天力公司联系购买

[1] 参见最高人民法院(2006)民三提字第 1 号民事判决书。

KATANA FT－5055A 激光照排机设备及高术天力公司在该激光照排机配套使用的北大方正公司自备计算机上安装方正 RIP 软件、方正文合软件的过程进行了现场公证,并对安装了盗版方正 RIP 软件、方正文合软件的北大方正公司自备的两台计算机及盗版软件进行了公证证据保全,制作了公证笔录 5 份。北大方正公司支付公证费 10,000 元。

2001 年 9 月 3 日,北大方正公司、红楼研究所以高术天力公司、高术公司非法复制、安装、销售行为,侵犯了其享有的计算机软件著作权为由诉至北京市第一中级人民法院,请求判令高术天力公司、高术公司:(1)停止侵权、消除影响、公开赔礼道歉;(2)赔偿经济损失 3,000,000 元;(3)承担诉讼费、保全费、取证费及审计费等。

一审法院经审理认为:(1)北大方正公司为了获得高术天力公司、高术公司侵权的证据,投入较为可观的成本,其中包括购买激光照排机、租赁房屋等,采取的是"陷阱取证"的方式,该方式并未被法律禁止,应予认可。公证书亦证明了高术天力公司、高术公司实施安装盗版方正软件的过程,同时对安装有盗版方正软件的计算机和盗版软件进行了证据保全,上述公证过程和公证保全的内容已经法庭确认,高术天力公司、高术公司未提供足以推翻公证书内容的相反证据。(2)高术天力公司、高术公司作为计算机设备及相关软件的销售商,对他人的计算机软件著作权负有注意义务,拒绝盗版是其应尽的义务,否则,应当承担相应的法律责任。高术天力公司、高术公司的员工在本案中所从事的工作是一种职务行为,履行合同的一方当事人是高术天力公司、高术公司,因此,高术天力公司、高术公司应承担相应的法律责任。(3)根据现有证据,尚不能认定高术天力公司、高术公司在全国范围内大规模非法制售上述软件。北大方正公司、红楼研究所的方正 RIP 软件、方正文合软件开发周期长、投资大,高术天力公司、高术公司侵犯了北大方正公司、红楼研究所计算机软件著作权,应承担相应的法律责任。鉴于高术天力公司、高术公司销售盗版软件的实际数量和所获利润均难以查清,故赔偿数额由法院根据北大方正公司、红楼研究所软件的开发成本、市场销售价格及高术天力公司、高术公司实施侵权行为的主观过错程度等因素,综合予以确定。北大方正公司为调查取证所支付的购买激光照排机、房租、公证等费用,系北大方正公司为本案调查取证所必不可少的,因此,上述费用应由高术天力公司、高术公司承担。鉴于激光照排机必须与计算机主机联机后方能进行工作,激光照排机并非盗版软件的直接载体,而安装盗版软件的计算机主机系北大方正公司自备的。鉴于上述情况,以高术天力公司、高术公司返还北大方正公司购机款,北大方正公司退还高术天力公司、高术公司激光照排机为宜。北大方正公司、红楼研究所在本案中支付的审计费、证据及财产保全费亦应由高术天力公司、高术公司承担。

2001 年 12 月 20 日,一审法院作出判决:(1)高术天力公司、高术公司立即停止复制、销售方正 RIP 软件、方正文合软件的侵权行为;(2)高术天力公司、高术公司自判决生效之日起 30 日内,在《计算机世界》刊登启事,向北大方正公司、红楼研究所赔礼道歉;(3)高术天力公司、高术公司共同赔偿北大方正公司、红楼研究所经济损失 600,000 元;(4)高术天力公司、高术公司共同赔偿北大方正公司、红楼研究所为本案支付的调查取证费(购机款

394,250 元、房租 3000 元、公证费 10,000 元)共 407,250 元;(5)北大方正公司、红楼研究所应在高术天力公司、高术公司返还购机款 394,250 元后,将激光照排机退还高术天力公司、高术公司;(6)驳回北大方正公司、红楼研究所的其他诉讼请求。因此,一审法院认定北大方正公司、红楼研究所的"陷阱取证"方式获取的证据合法且可以使用。

高术天力公司、高术公司不服一审判决,向北京市高级人民法院提起上诉。二审中,二审法院认定了一审法院查明的大部分事实。同时另查明,从 2001 年 7 月、8 月北京市国信公证处作出的现场公证记录可看出,北大方正公司的员工小 A 与高术天力公司联系购买激光照排机,主动提出要买盗版方正 RIP 软件和方正文合软件,高术天力公司的员工称该项不能写入合同,但承诺卖给北大方正公司盗版软件。2002 年 7 月 15 日,二审法院作出了部分改判。二审判决生效后,北大方正公司、红楼研究所向最高人民法院申请再审。

最高人民法院查明:一审法院认定的事实基本属实,二审法院认定高术天力公司、高术公司只销售一套盗版方正 RIP 软件、方正文合软件的事实有误。另查明,北大方正公司、红楼研究所提交的公证书所载 5 份现场记录证明下列事实:(1)2001 年 7 月 6 日的《现场记录(二)》记录,高术天力公司的员工陈述:"我们这儿卖过不少台,兼容的,没问题,跟正版的一模一样。你看,这个实际就是个兼容 RIP。"(2)2001 年 7 月 20 日所作《现场记录(三)》记录,高术天力公司的员工陈述:同时期向后浪公司销售了一台激光照排机,用的软件是"兼容的";向宝蕾元(北京宝蕾元科技发展有限责任公司,以下简称宝蕾元公司)进行过同样的销售。(3)2001 年 7 月 23 日所作《现场记录(四)》记录,北大方正公司的员工和公证员现场观看了高术天力公司的员工为后浪公司安装、调试激光照排机的情况。根据高术天力公司的员工陈述,该激光照排机安装的也是方正 RIP 软件,也是"兼容的"。其后,高术天力公司的员工向北大方正公司的员工提供了购买同样激光照排机的一份客户名单、联系电话及联系人等。(4)2001 年 8 月 22 日所作《现场记录(五)》记录,高术天力公司又卖了一台与本案一样的激光照排机给海乐思(音)。并且,根据该记录的记载,高术天力公司、高术公司在北京、上海、广州、廊坊、山西、沈阳等地进行激光照排机的销售。对于公证证明的上列事实,高术天力公司、高术公司未提供证据予以推翻。此外,兼容软件即为盗版软件,当事人对此没有异议。

二审判决生效后,北大方正公司、红楼研究所按照上述现场记录所反映的购买和使用盗版软件的高术天力公司、高术公司客户线索向有关工商行政管理部门进行举报。2002 年 10 月,在有关工商行政管理部门对后浪公司、宝蕾元公司等用户进行调查的过程中,北大方正公司委托北京市国信公证处公证人员随同,对用户安装软件的情况进行了证据保全公证。后浪公司在接受调查中向工商行政管理部门提供了其从高术公司购买激光照排机的合同,并书面说明其安装的盗版软件系从高术公司处购买。在北大方正公司、红楼研究所对宝蕾元公司另案提起的诉讼中,经法院判决确认宝蕾元公司安装的盗版软件系从高术公司购买。高术天力公司、高术公司未能就其销售盗版软件的来源提供相关证据。

综上,再审法院认为,二审法院对本案高术天力公司、高术公司侵权行为涉及的部分事实认定不清,适用法律不当,应予纠正。北大方正公司、红楼研究所申请再审的主要理由成立,应予支持。再审判决如下:(1)撤销二审判决。(2)维持一审判决第1、2、3、6项,即①高术天力公司、高术公司立即停止复制、销售方正RIP软件、方正文合软件的侵权行为;②高术天力公司、高术公司自本判决生效之日起30日内,在《计算机世界》刊登启事,向北大方正公司、红楼研究所赔礼道歉,所需费用由高术天力公司、高术公司承担;③高术天力公司、高术公司共同赔偿北大方正公司、红楼研究所经济损失600,000元;④驳回北大方正公司、红楼研究所其他诉讼请求。(3)变更一审判决第4项为,高术天力公司、高术公司共同赔偿北大方正公司、红楼研究所为本案支付的调查取证费(房租3000元、公证费10,000元)共13,000元。(4)撤销一审判决第5项,即北大方正公司、红楼研究所应在高术天力公司、高术公司返还购机款394,250元后,将激光照排机退还高术天力公司、高术公司。

该案涉及的证据基本情况如下:

1. 北大方正公司员工通过伪装身份购买激光照排机这一"陷阱取证"的方式获取的被告侵权的证据。

2. 北京市国信公证处出具的公证书。

3. 被告的财务账册、销售发票、收据及订货合同。

4. 北京天正华会计师事务所出具的专项审计报告。

5. 勘验笔录。

◻ 证据分析

本案中涉及证据的争议焦点是:(1)北大方正公司为了获得高术天力公司、高术公司侵权的证据,投入较为可观的成本,其中包括购买激光照排机、租赁房屋等,采取的"陷阱取证"的方式是否合法?(2)通过"陷阱取证"方式所获取的证据是否需要排除?

对于以上证据问题,分析如下:

根据《民事诉讼法》第72条的规定,经过法定程序公证证明的法律事实,除有相反证据足以推翻的外,人民法院应当作为认定事实的根据。高术天力公司安装盗版方正软件是本案公证证明的事实,因高术天力公司、高术公司无相反证据足以推翻,对于该事实的真实性应予认定。以何种方式获取的公证证明的事实,涉及取证方式本身是否违法,如果采取的取证方式本身违法,即使其为公证方式所证明,所获取的证据亦不能作为认定案件事实的依据。因为,如果非法证据因其为公证所证明而取得合法性,那就既不符合公证机关需审查公证事项合法性的公证规则,也不利于制止违法取证行为和保护他人合法权益。二审法院在否定北大方正公司取证方式合法性的同时,又以该方式获取的法律事实经过公证证明而作为认定案件事实的依据,是不妥当的。

在民事诉讼中,尽管法律对于违法行为作出了较多的明文规定,但由于社会关系的广泛性和利益关系的复杂性,除另有明文规定外,法律对于违法行为不采取穷尽式的列举规定,而存在较多的空间根据利益衡量、价值取向来解决,故对于法律没有明文禁止的行为,主要根据该行为实质上的正当性进行判断。就本案而言,北大方正公司通过公证取证方式,不仅取得了高术天力公司现场安装盗版方正软件的证据,而且获取了其向其他客户销售盗版软件,实施同类侵权行为的证据和证据线索,其目的并无不正当性,其行为并未损害社会公共利益和他人合法权益。加之计算机软件著作权侵权行为具有隐蔽性较强、取证难度大等特点,采取该取证方式,有利于解决此类案件取证难问题,起到威慑和遏制侵权行为的作用,也符合依法加强知识产权保护的法律精神。此外,北大方正公司采取的取证方式亦未侵犯高术天力公司、高术公司的合法权益。据此,本案涉及的取证方式合法有效,其获取的证据所证明的事实应作为定案根据。二审法院关于"此种取证方式并非获取侵权证据的唯一方式,且有违公平原则,一旦被广泛利用,将对正常的市场秩序造成破坏"的认定不当。

□ 理论拓展

民事"陷阱取证"是指在涉及财产关系纠纷的民事诉讼过程中或诉讼前,一方当事人为获取对方的侵权证据,通过设陷诱导其实施侵权行为的方式进行取证。在实践中,"陷阱取证"主要被运用于刑事诉讼案件的取证过程中。在刑事诉讼领域,通常将"陷阱取证"称为"诱惑侦查"。然而,随着民事案件的案情越来越复杂,传统的取证手段已经不能满足当事人的需求,民事诉讼当事人也开始倾向于使用这种手段收集证据,即取证方隐瞒自己的真实身份,提供交易机会或者引诱被取证方与取证方进行交易行为。"陷阱取证"无疑提高了当事人收集证据的效率,具有一定的现实意义,但由于现行立法对使用这种手段收集的证据的法律效力没有明确规定,因而也引发了对这种取证方式合法性和正当性的争议。

关于民事诉讼中的非法证据排除规则,《民诉法解释》第 106 条规定,对以严重侵害他人合法权益、违反法律禁止性规定或者严重违背公序良俗的方法形成或者获取的证据,不得作为认定案件事实的根据。此条文规定了作为非法证据予以排除的三种情形。第一种情形为"严重侵害他人合法权益"。"严重侵害他人合法权益"对侵害他人合法权益提出了程度上的条件,需达到严重的程度,体现利益衡量的因素,包括对取得证据方法的违法性所损害的利益与诉讼所保护的利益进行衡量。如何判断侵害他人合法权益是否达到"严重"程度,需结合个案具体案情进行分析。一方面,需考察违法取证所损害的利益;另一方面,需考察诉讼取证所救济的利益,以及围绕取证的主观意图、具体手段、采取违法手段取证的必要性程度、是否存在替代缓和取证手段等因素综合进行评判。第二种情形为"违反法律禁止性规定"。"违反法律禁止性规定"是指违反实体法上的规定,这里的实体法不限于民事法律,一切实体法规范均包括在内。第三种情形为 2015 年增加的"严重违背公序良俗"的情形。由于在审判实践中一直以侵权行为的构成作为判断取证方法是否构成"侵害他人合法权益"的标准,违反公序良俗损害他人合法权益的情形因构成侵权行为,事实上已经被"严重侵害他人合法权益"的标准所涵盖。故"严重违背公序良俗",是指证据在形成或者获取过程中并无对他人合法权益的明显损害,但其形成或者取得本身违背公序良俗的情形。[1]

一项证据要为法官所采纳作为认定案件事实的依据,从宏观的角度看,其前提是必须满足证据的客观性、关联性。使用"陷阱取证"手段所取得的证据,如果其内容涉及被取证方侵权的客观事实,其就符合证据的客观性要求。然而,一项能够反映案件真相的证据并不一定说明其是可采的,证据可采性的另一个法律依据是证据必须具有合法性。而"陷阱证据"属于这样一类证据,其在合法性上有欠缺,但这种欠缺又不等同于非法,所以不能将其绝对地排除在证据范围之外。

我国的民事诉讼法对当事人的举证义务进行了严格的规定,造成了一定程度上当事人诉讼义务加大而诉讼权利被弱化的局面,给当事人举证施加了沉重的负担,对当事人证据收集权利的保障却严重不足,这是当事人取证困境之一。尤其是在知识产权诉讼中,由于知识产权侵权案件大多在较为隐蔽的侵权人的办公场所内发生,侵权人极易销毁或者转移证据,传统的证据调查手段已经难以实现调取证据的目的。权利人不得不采取一些秘密手段,如"陷阱取证"、偷拍偷录等。这些取证方法对于当事人而言往往是有效的、经济的,然而由于其所存在的争议,也使利用这些取证方法所获得的证据存在一定的风险。我国相关司法解释所确立的非法证据排除规则始终如同悬挂在当事人头上的"达摩克利斯之剑",他们需要时刻约束自己的取证行为,否则就有因取证方式非法而被排除所得证据的危险。

适用"陷阱取证"具有重要的理论价值。首先,对"陷阱取证"的认可维护了当事人诉讼地位的平等。当事人进行诉讼的目的是解决纠纷,维护自己的利益,每个诉讼中的当事人都有追求利益最大化的心理,这种心理会驱使当事人尽可能地去收集和提供证据材料。而现实情况往往是,被取证一方当事人掌握着大部分证据,而取证方则可能因取证方法的狭窄而无法获得这些对自己有利的证据。法院经过审理得出正确结论的过程,是以保障当事人实现诉讼条件的平等为前提的,缺少充足的诉讼资料,也就无法实现最大限度的公平、公正。其次,给予"陷阱取证"更宽松的态度体现了法无禁止即自由的私法自治理念。在我国现有的法律框架内,并没有对"陷阱证据"的证据能力和证明力等方面的问题作出明确具体的规定。基于私法领域法无禁止即自由的理念,只要行为人的行为没有违反法律明令禁止的规定,而仅是在收集证据过程中存在着一些不符合规范或是轻微违法的行为,那么以这种手段所收集的证据也不应被轻易排除。在私法领域中,践行法无禁止即许可的理念也是在市场经济条件下对人民主体地位的尊重。最后,对"陷阱取证"认可的理论价值还体现在其尊重了当事人在诉讼中的处分权能。处分原则是我国《民事诉讼法》第 13 条规定的原则,其贯穿于民事诉讼的全过程。作为民事诉讼的一项基本原则,处分原则从本质上应当是肯定当事人对自己权利的自由支配,是关于权利支配自由的"宣言书"。既然法律赋予当事人在法律规定的范围内支配自己的民事权利和诉讼权利的权利,那么就应该对当事人的权利自由给予充分的肯定和保障,而不是过分的限制。且民事案件的处理只涉及当事人的

---

〔1〕 参见最高人民法院民法典贯彻实施工作领导小组办公室编著:《最高人民法院新民事诉讼法司法解释理解与适用》,人民法院出版社 2022 年版,第 288 页。

私权,当事人就享有更大的处分权,当事人的诉讼行为包括取证行为就具有明显的任意性特征,那么在符合法律规定的限度内当事人使用“陷阱取证”手段收集的证据就应该得到认可。

适用“陷阱取证”的现实意义主要体现在以下几个方面。一是有效地节约了司法资源。当事人在因客观原因不能自行有效地收集证据的情况下,就会申请法院调取证据。法院调查取证对于援助因客观条件限制无法行使取证权的当事人,充实民事诉讼法对公民权利的救济,进而实现司法公正无疑具有重要的意义。但是在现阶段这也存在着各种弊端,尤其是其耗费了国家大量的司法资源。由于法院调查取证的费用由当事人或法院承担,调取证据时可能就不会过多地考虑成本。且法院相对于当事人来说距离证据远,取证也没有当事人方便,在一些情况下法院投入了较大的成本却未能调查收集到有效的证据。而诉讼主体是以消耗最低诉讼成本取得最大诉讼效益为价值目标的,这就要求司法资源消耗的最小化。因此有必要给予当事人取证以灵活的变通条件。“陷阱取证”这一方式节约了司法资源,极大地提高了司法效率。二是降低了当事人败诉的风险。法律规定了当事人对自己提出的主张有收集和提供证据的义务,并有运用该证据证明主张的案件事实成立的责任,否则将承担其主张不能成立的后果的危险。也就是说,主张侵权的当事人不能提出有效的证据就有败诉的风险。在现实生活中,当事人为了使自己的主张得到认可,就会竭尽所能地去收集证据。“陷阱取证”这一手段在证据收集过程中收到了很好的效果。在审判实践中也存在很多“陷阱证据”获得认可的案例,法院通过对“陷阱证据”的审查质证作出了有利于被侵权人的判决。这就更增加了当事人对这种取证方式的青睐,“陷阱证据”对消除和减轻当事人败诉的风险提供了有力的保障。三是打击了计算机软件盗版侵权行为。计算机信息技术革命的蓬勃兴起在带来巨大经济利益的同时也引发了疯狂的盗版侵权行为。开发一个软件需要投入大量的人力、物力、财力,然而盗版商却以极其低廉的成本就窃取了他人来之不易的智力成果。盗版侵权行为严重地打击了计算机软件开发者的研发积极性,挫伤了民族创新精神,扰乱了计算机软件市场的经济秩序,也在国际上损害了中国形象。在此背景下,肯定“陷阱取证”的取证方法,可以使侵权人在进行侵权行为时,时时处于他人可能正在实施“陷阱取证”的威胁之下,从而不敢轻易以身试法,由此达到对盗版侵权行为的遏制作用。

2020 年 11 月公布的最高人民法院《关于知识产权民事诉讼证据的若干规定》在一定程度上承认了“陷阱取证”获得的证据可以被采信,但也进行了相应的限制。该规定第 7 条规定:“(第 1 款)权利人为发现或者证明知识产权侵权行为,自行或者委托他人以普通购买者的名义向被诉侵权人购买侵权物品所取得的实物、票据等可以作为起诉被诉侵权人侵权的证据。(第 2 款)被诉侵权人基于他人行为而实施侵害知识产权行为所形成的证据,可以作为权利人起诉其侵权的证据,但被诉侵权人仅基于权利人的取证行为而实施侵害知识产权行为的除外。”由此可见,“陷阱取证”方式可分为“机会提供型”和“犯意诱发型”。对于前者,即该规定第 7 条第 1 款规定的取证方式,其目的无不正当性,其行为也未损害公共利益和他人合法权益,符合加强知识产权保护的司法政策,其形成的证据可以作为权利人起诉侵权的证据。对于后者，即该规定第 7 条第 2 款规定情形所证明的侵权行为，则应进一步加大打击力度。根据诱发犯意的主体的不同，将基于他人诱发产生的行为纳入共同侵权的范畴，权利人可以以此形成的证据起诉被诉侵权人和第三人共同侵权。但是，仅基于权利人诱发产生的行为则应排除在侵权行为之外，由此取得的证据不具有证据能力。[1]

综上，“陷阱取证”的方式在维护权利人的合法权益方面起着相当重要的作用，但也会引起被滥用的危险，因此应加以必要的限制。为了更好地规范当事人对“陷阱取证”所获证据的使用以及平衡民事证据法发现真实、解决纠纷等目的之间的关系，有必要建构系统完备、运行有效的制度体系。从立法路径看，要明确“陷阱证据”的定义及表现形式、限定“陷阱证据”的适用范围、设立补强证据规则并完善当事人取证保障措施；从司法路径看，要合理规范法官自由裁量权、统一法官裁判标准并设立证据排除的异议程序。

□ 阅读指引

1. 戴长林、罗国良、刘静坤：《中国非法证据排除制度：原理 · 案例 · 适用》，法律出版社 2016 年版。
2. 吴国章：《非法证据排除规则实务研究》，法律出版社 2017 年版。
3. 徐继敏：《行政程序证据规则研究》，中国政法大学出版社 2010 年版。
4. 冯俊伟：《比较法视野下我国非法证据排除规则的评价与反思——以 2012〈刑事诉讼法〉及司法解释相关条文为对象》，载《山东审判》2013 年第 6 期。
5. 周翠：《民事非法证据排除的规范解释与实务观察》，载《中国法学》2020 年第 3 期。

（撰写人：山东大学法学院　冯俊伟）

第二节　传闻证据规则

■ 刑事诉讼中传闻证据规则的理解与适用

案例 3－3　赖某故意伤害案[2]

□ 案情概述

公诉机关指控：2011 年 12 月 23 日凌晨 1 时许，被告人赖某及其朋友“阿鬼”“阿波”（均

〔1〕 参见林广海、李剑、吴蓉：《系列解读之三〈最高人民法院关于知识产权民事诉讼证据的若干规定〉的理解与适用》，载《法律适用》2021 年第 4 期。

〔2〕 参见广东省增城市人民法院（2012）穗增法刑初字第 500 号刑事判决书。

为化名且在逃，三人均为茂名人）在广州增城市（现为增城区）新塘镇百威酒吧饮酒，因琐事与被害人陈某1、陈某2、陈某3、陈某4等人（均为新塘本地人）发生争执，继而双方在酒吧门口发生打斗。被告人赖某等人持菜刀、砖头、啤酒瓶等工具追砍、殴打四被害人，导致三人轻伤、一人轻微伤。被告人赖某被现场抓获。

本案涉及的证据基本情况如下：

1. 被告人赖某在侦查阶段的供述笔录：当晚在酒吧喝多了，打起来后又很混乱，不知道是谁朝其头上砸了一下，后来就被对方拿钢管追打。在被追打过程中，其在地上捡了一把菜刀向对方扔了过去，但不知道有没有伤人。

2. 被害人陈述。四被害人均称，发生打斗后，对方手持刀具、酒瓶等凶器，己方只是徒手还击，所以被打得满身流血。被害人陈某4辨认出被告人赖某参与了打架。

3. 证人钟某1、钟某2的证言。二人均为百威酒吧收银员，看到一帮茂名人和一帮本地人打起来，茂名人那边用了砖头和菜刀，其中拿菜刀的有两个人，砍中了新塘那边三个人。后来酒吧的保安出来把双方驱散，并抓住了一个拿刀砍人的茂名男子。两名证人均辨认出，被告人赖某就是打架时持刀砍人的男子之一。

4. 证人毛某的证言。案发时自己在当班，看到一个男子持刀朝两个新塘男子头上砍了几下，后来被酒吧保安合力驱散开并抓住。自己在追逃跑的茂名男子的时候，在他们打架的地方捡到一把带血的菜刀交给民警。经辨认，证人毛某指认被告人赖某在打架时手持菜刀砍人。

5. 在案菜刀一把及辨认笔录。在侦查阶段，经被告人赖某辨认，该菜刀即是其扔向被害人的菜刀。菜刀上有血迹，但侦查机关没有对菜刀进行鉴定，故菜刀上是否有赖某的指纹、是否属于致被害人受伤的凶器，都无法进行判断。

6. 现场监控录像。公安机关调取的酒吧门口监控录像，基本能够还原案发现场群殴的情况，但因案发时间为2011年12月23日1时许，且现场灯光不够明亮，导致未能非常清晰地记录各当事人的具体行为；加之参与斗殴人数较多，场面混乱，难以辨认相互之间的行为。

一审庭审中，公诉人当庭播放了该份监控录像，这也是被告人和辩护人第一次看到视频内容。因视频播放速度较快，内容复杂，并不能立即判断赖某是否有持刀行为，故被告人和其辩护人并没有当庭提出异议。一审之后，据悉先是辩护人反复回看视频，认为被告人赖某自始至终并未持刀；后是二审法官反复观看并比对监控录像后，确认赖某一开始并未持任何工具，打斗中曾从地上捡砖头砸被害人；现场有另二人持刀，经辨认为在逃同案人员“阿波”和“阿鬼”，其余人员均为空手或捡地上砖头作武器。

◻ 证据分析

本案争议的焦点是：（1）被告人是否持刀？（2）二审法院该如何在相互冲突的几份证据当中进行取舍？

对于以上证据问题,分析如下:

本案在证据上的争议焦点在一审、二审阶段出现颇有戏剧性的反差。一审过程中,被告人赖某鉴于庭前已经供述持刀行凶的事实,兼之有三名证人的明确指认,故在开庭时选择当庭认罪。但辩护人基于被告人自称“酒喝多了记不清楚”的前提,也考虑到现场混乱对证人辨认能力的影响,主张证明被告人持刀的证据不充分。一审法院虽然没能从监控视频中辨认出持刀者身份,也没有菜刀上有关 DNA 的检验报告等强有力的客观证据,但仍然认定被告人赖某的供述和三名证人的印证证言足以排除合理怀疑地证明被告人持刀行凶。

一审宣判后,据悉辩护人回头再到法院反复观看监控视频,认为持刀行凶者实为“阿鬼”“阿波”等二人,并无被告人赖某。也就是说,不仅三名证人作了假证,连被告人赖某自己的供述也是源自酒后的虚假记忆。据此,被告人赖某在上诉状中彻底否定侦查阶段和一审当庭的供述,改称自己只是参与打架,没有持刀砍伤被害人,而且自己被十几个人围殴致轻伤,本身也是被害人之一。

对二审法院而言,本案的事实争议焦点清晰但却颇为罕见:一是上诉人本来稳定供述但到上诉时却彻底翻供;二是有三名目击证人一致、明确地指认上诉人;三是有客观性极强的监控录像在案。这种证据组合,在大多数刑事案件中都不大可能出现。那么,二审法院该如何在相互冲突的几份证据当中进行取舍呢?应当从以下方面着手。

(一)目击证人证言的证据能力和证明力

1. 合法性审查。首先需要承认,钟某 1、钟某 2、毛某三名目击证人在侦查阶段的询问笔录,不管是在 2012 年审判之时,还是在当下,在相关性、合法性方面基本无虞。尽管在事后看来,三名证人一致说谎的原因不排除是侦查人员违规取证所致,但在没有充分证据的前提下,至少从证言的形式上看,三名证人的证言都不存在合法性瑕疵。

在民事诉讼中,不出庭证人的书面证言可能存在合法性缺陷,但鉴于我国刑事诉讼法一般情况下并不要求证人出庭作证,故公诉机关仅以三人在侦查阶段的询问笔录作为证据,并无不当之处。尽管在证据理论上,如果证人没有出庭接受交叉诘问,其庭外陈述将被视为传闻(hearsay)而原则上应予排除;但我国刑事诉讼制度和实践中均未承认这种传闻证据规则。关于应当出庭作证的证人,我国现行《刑事诉讼法》第 192 条第 1 款有如下规定:“公诉人、当事人或者辩护人、诉讼代理人对证人证言有异议,且该证人证言对案件定罪量刑有重大影响,人民法院认为证人有必要出庭作证的,证人应当出庭作证。”此即所谓“异议 + 影响 + 必要性”的“三条件说”。《法庭调查规程》一度将证人出庭条件调整为“异议 + 影响”的“两条件说”,并规定出庭证人的庭前书面证言“一般不再出示、宣读”,除非与其当庭证言矛盾需要作出合理解释。[1] 但在 2021 年颁布的《刑诉法解释》中,最高人民法院又回到“三条件说”,[2] 并不再提及出庭证人的庭前书面证言一般不再出示、宣读的做法。由此

---

〔1〕 参见《法庭调查规程》第 13、25 条。

〔2〕 参见《刑诉法解释》第 249 条。

可见,至少在2021年之后,不管证人是否出庭,其在侦查阶段的证言笔录都具备形式上的合法性。

2. 真实性和证明力审查。对于目击证人而言,其证言真实性与证明力高度相关;真实性大小基本直接决定证明力大小。证人证言的真实性,一般主要受以下因素影响:一是证人的感知、记忆和表达能力;二是证人与案件的利害关系及辨别是非的能力;三是取证程序是否存在暴力、威胁、诱导或串证等行为。由于书面证言本身很难充分展示这些影响因素,往往只有等证人出庭作证以后,才能通过对证人的交叉诘问来判断是否存在影响证言真实性的因素,故而当证言本身存在争议且影响重大时,证人出庭就成为判断其证言真实性的关键程序保障。但对于尚未出现争议的证言,现行制度和实践都选择普遍信任侦查机关在侦查询问中对上述影响因素的准确判断和有效防范。问题在于,有些影响因素本身即是侦查人员的问题,比如暴力、威胁、诱导证人作伪证等;但因这些因素很难暴露在书面证言中,往往就会因为证人不出庭而始终难以被发现。

本案中,三名目击证人关于案发过程的描述完全一致,且均在辨认程序中指认被告人赖某即为两名持刀行凶者之一。鉴于询问证人均须独立进行,三名证人的证言如此一致,逻辑上只有两种可能:一是三人均有效目击同一事实,并完整、真实地记忆、表达出来;二是不论三人目击或记忆的事实有无差异,但通过后期的串证,或是询问人员的引诱、威胁,最终表达为一致的事实。在一审过程中,考虑到被告人自己也供称有持刀行为,且客观证据亦没有发现相反事实,故法庭没有任何理由怀疑三名证人串证或侦查人员违规。但在二审中,当法庭已经通过反复回看、对比监控视频确认被告人赖某没有持刀之后,就必然对三名证人的证言真实性产生严重怀疑。最突出的问题是:在高度混乱的群体互殴过程中,一个目击证人看花眼、记不清或表达失误,或者多个证人在不同角度出现不同错误,都属于情理之中;但三个目击证人均错误地指认同一个行凶者,口述的内容也几乎一致,则基本可以排除巧合的可能,大概率存在证人串证或侦查人员违规取证的现象。再考虑到本案三名证人和所有被害人均为本地人(增城市新塘镇),而被告人及其同伙却都是外地人(茂名市),在主客、宗族观念相对较强的广东地区,证人因此串证的可能性明显更大。

(二)对被告人赖某口供的审查判断

在本案一审、二审中,被告人及其辩护人都未质疑侦查机关讯问程序的合法性,足可认定被告人赖某的庭前讯问笔录和当庭供述均不存在合法性瑕疵。但正如被告人在供述中所称,案发当时自己饮酒过量,且现场极为混乱,故并不能非常清楚地回忆起案发过程,只是大概记得被追打时从地上捡起一把菜刀扔向对方。正常情况下,当被告人自愿供述对其不利的事实时,在证据法理论上一般认为真实性很高。但本案被告人的供述清楚表明,自己在案发时的感知能力、记忆能力受到严重限制或干扰,故尽管其供述是自愿的,其内容却不见得一定真实。问题在于,在实际的庭审中,当被告人当庭做出和庭前一致的供述时,不管是公诉人还是辩护人,都不大可能去质疑该供述的真实性,法官也一般不会主动核实(除非怀疑有顶包等嫌疑)。但本案吊诡处在于,二审法官通过对监控录像的反复对比发现,被告人赖某从地上捡起的并非菜刀,而是一块砖头;真正持刀行凶并直接砍伤几位被害人的,恰恰是在逃的两位同案犯"阿鬼"和"阿波"。由此可见,哪怕被告人供述完全自愿,甚至还有多位证人的证言相印证,但只要存在影响其真实性的现实因素,也可能导致真实性不足。

(三)对监控录像的审查判断

作为视听资料类证据,本案的监控录像本来存在天然缺陷,尤其是因光线不足、清晰度不够,导致只能大致看清人数和动作,很难准确区分具体人员的身份。但视听资料也有真实性极强的天然优势,且基本不存在合法性、关联性瑕疵,是故一旦通过反复观看、比对而最终确定视频中人员的身份,就足以充分证明被告人赖某究竟有无持刀伤人。

当辩护人和二审法官通过监控录像确认被告人赖某并未持刀后,在案证据就呈现极端罕见的对立:真实性极强的视听资料与相互印证的多份言词证据直接冲突。毫无疑问,稍有社会常识者都会选择相信监控录像。换言之,在客观性极强的视听资料面前,哪怕言词证据存在多份且相互印证,都不足以在证明力上超过前者。正是因此,本案二审法院甚至没有开庭审理,直接通过书面审方式就改判被告人赖某没有持刀伤人事实。

本案的特殊性在于:一个在一审阶段控辩审三方都一致认可的事实,到了二审却因一个客观证据而彻底翻转。对于最终结果,一旦确认了客观证据的内容,几乎就不会再有争议。但对于一审中为何会出现控辩审三方共同犯错的追问,却不容易有共识。对此,至少有以下几点教训值得思考:(1)对于明显存在感知、记忆能力缺陷的被告人的供述,即便有证人证言加以印证,对其真实性也有必要慎重审查。(2)对于明显因宗族、地域、工作等原因而存在极为紧密关系的多位目击证人,如果对于关键事实的证言出奇地一致,就更有必要对其感知、记忆和表达的准确性严加审查,并应严肃地考虑证人串供、侦查人员违规诱导等可能性。(3)对于存在客观证据(比如本案的监控录像、菜刀上的指纹和 DNA 等)的案件,哪怕言词证据均能相互印证,也有必要尽量挖掘客观证据的信息,避免主要或完全依赖言词证据定案。

□ 理论拓展

在本案中,因为辩护律师和二审法官对监控录像"多看了一眼",最终证实三名目击证人相互印证的证言皆属伪证,甚至连被告人赖某自己的供述也系虚假。如果说被告人的虚假供述尚属事出有因,三名证人出奇一致的错误指认就显示出庭前询问(含辨认)程序是如何容易被操纵的。正是因此,学界一直有声音主张应当更多让证人出庭作证,甚至建议引入英美法系的传闻规则,基本排除证人的庭前书面证言的合法性。但正如最高人民法院在《法庭调查规程》和《刑诉法解释》中对待证人出庭的条件和出庭证人的庭前书面证言的态度转变所示,传闻规则在我国的引入尚有极其遥远的距离。

传闻证据本属于英美法的概念,其核心要义在于,将庭外陈述用于在法庭上证明陈述中的事实性内容。[1] 比如本案中，三位证人、四位被害人在侦查阶段的询问笔录，一旦提交法庭用以证明笔录中包含的伤害事实，就成为传闻。但是，如果庭外陈述证明的对象不是其陈述的事实内容，就不称其为传闻。[2] 传闻证据在英美法传统中被普遍禁止，根本原因在于保障被告人的对质权，也即被告人当面交叉诘问指控证人的自然权利。[3] 毕竟，一旦允许庭外陈述作为证据使用，相当于允许证人在被告人背后"放冷枪"，不必直面被告人，既有违自然法的朴素正义观念，也显得对被告人不公平。当然，经历了对质和交叉诘问的检验，一般也意味着证言的真实性更高。正是因此，英美法系不仅原则上禁止使用书面证言代替出庭作证，甚至连出庭证人的庭前证言、被告人的庭前供述等都受到限制，一般仅限于弹劾用途。但在我国刑事司法规范和实践中，即便有一些传闻证据规则的成分，也与英美法系存在显著不同。

1. 被告人的庭前供述和辩解笔录基本属于不可或缺的证据，不作为传闻证据处理。[4] 根据最高人民法院的司法解释，被告人在侦查阶段的所有供述和辩解都需要随案移送，法院要着重审查。[5] 究其原因，在于完整的口供笔录更有助于合议庭发现真相、审查侦查程序的合法性。比如在侦查程序要求讯问的节点上，是否都有相应笔录；口供变化是否符合办案规律，是"先供后证"还是"先证后供"等。在相当部分案件中，庭前供述笔录相比当庭辩解更容易被法官采信，哪怕后者更符合英美法意义上的交叉诘问的程序保障。比如本案中被告人当庭翻供，但其庭前供述前后一致且有诸多印证证据，最终法院是采信其庭前供述。

2. 亲历案件事实的证人的庭前询问笔录基本与当庭证言等同对待，不作为传闻证据处理。我国当前刑事诉讼规范体系中，并不要求证人出庭作证，实践中绝大多数证人都是以庭前询问笔录的方式作证。对于亲历事实者的庭外作证笔录，我国刑事证据规则的重点并不在于督促证人出庭作证，而是严格审查庭外获取证人证言的程序合法性，比如是否有两名侦查人员进行询问、是否配备必要的翻译人员、是否有签字确认程序等。正是因此，如果是侦查机关、监察调查机关依据刑事诉讼法或监察法收集的证人证言笔录，虽然在法理上属于传闻证据，但在我国与当庭证言等同视之。相比之下，行政机关查办案件过程中收集的证人证言，因其办案程序一般不如刑事程序严格，故不能直接作为刑事诉讼证据使用，一

---

〔1〕《美国联邦证据规则》第 801(C)条对传闻(hearsay)的定义为："Hearsay" means a statement that: (1) the declarant does not make while testifying at the current trial or hearing; and (2) a party offers in evidence to prove the truth of the matter asserted in the statement。

〔2〕比如假设毛某出庭作证称，他和同事在现场抓获被告人赖某后，后者情绪激动，大喊："冤枉！冤枉！我没有砍人，你们抓错了。"该证言中关于有没有砍人的部分属于转述被告人的庭外陈述，应认定为传闻(除非因不利于被告人而不作为传闻处理)；但该证言同时证明赖某情绪激动的事实，这并非赖某庭外陈述的内容，就不属于传闻。此即"传闻的非传闻使用"(non-hearsay use of hearsay)。

〔3〕See Crawford vs. Washington, 541 U. S. 36 (2004).

〔4〕需要说明的是，即便在英美法系，公诉机关援引被告人在庭前所作不利于己的陈述，也不作为传闻对待。《美国联邦证据规则》第 801(d)(2)条。

〔5〕参见最高人民法院《关于适用刑事诉讼法的解释》第 93 条第 1 款第 7 项。

般需要侦查机关、调查机关重新询问证人加以“转化”。[1] 不仅如此，辩护人、诉讼代理人根据刑事诉讼法的授权收集的证人证言笔录，或者证人在庭外自行书写的书面证词，相比侦查/调查机关的询问笔录，其官方性、权威性都不够强，虽然一般不会被直接否定证据能力，但其证明力一般不会太强。换言之，如果说英美传闻规则是将被告人与指控证人当面对质的机会作为证言可采性的前提，我国则是将证人证言收集程序的合法性、权威性作为其证据能力的标准。

3. 未亲历案件事实者转述他人陈述的，通说属于传闻证据，但并非一概不可采信。证人若未直接感知案件事实，而是转述他人陈述，不管该证人是当庭作证、自书证言还是在庭前接受侦查机关询问形成书面笔录，公认为均属传闻证据。根据《刑诉法解释》第 87 条第 1 项，我国对这种传闻的证据能力虽说并非直接否定，但也需要“着重审查”。与此同时，这种证言还属于传来证据，需要与原始证据比较，审查其证据能力和证明力。从司法实践来看，一些类案中，哪怕同时属于传闻证据和传来证据的证言，也存在被法庭采信的较大可能性。

■ 民事诉讼中传闻证据规则的理解与适用

案例 3－4 某钢铁厂诉某机械厂承揽合同纠纷案[2]

□ 案情概述

2013 年 6 月 5 日，原告某钢铁厂起诉被告某机械厂违约，要求解除双方签订的 6300K××钛渣炉制作商务合同，并判令被告某机械厂赔偿损失 780 万元及相应利息。本案案由为承揽合同纠纷，一审法院为辽宁省丹东市中级人民法院，二审法院为辽宁省高级人民法院，申诉再审后由最高人民法院裁定驳回再审申请。该案涉及的主要证据如下：

1. 原告某钢铁厂与被告某机械厂于 2012 年 4 月 2 日签订的 6300K××钛渣炉制作商务合同，主要内容包括：(1)被告某机械厂以加工方式按原告某钢铁厂提供的技术图纸、技术要求为原告某钢铁厂制作二台 6300K××矿热炉(含环保设施)制作安装施工。(2)合同期限为 2012 年 4 月 3 日至 2012 年 8 月 3 日。(3)合同价款为 900 万元。双方对此证据无异议。

2. 2012 年 9 月 3 日，被告某机械厂出具对账凭证，确认已收到原告某钢铁厂付款合计 6,734,702.5 元。双方对此证据无异议。

3. 2013 年 6 月 13 日，证人程班长(被告某机械厂派驻原告某钢铁厂的带队班长)接受原告某钢铁厂代理律师的询问，笔录记载其陈述如下：“我是机械厂职工，属于技术工人。

[1] 《刑事诉讼法》第 54 条第 2 款仅规定行政机关在行政执法和查办案件过程中收集的物证、书证、视听资料、电子数据等证据材料在刑事诉讼中可以作为证据使用。

[2] 参见辽宁省高级人民法院(2018)辽民终 419 号民事判决书。

在2012年8月被我厂委派由我带队到钢铁厂制作6300K××钛渣炉,我们是交钥匙工程,即满足生产需要后才交工。工程没完工主要是材料进不来,加上人员不够用与钢铁厂无关,钢铁厂在工程施工中没有影响工作。图纸基本没有变动,没有改变,没有影响我们施工。”证人程班长提供了驾驶证复印件和本人签名,附于笔录之后作为身份证明。

原告某钢铁厂拟以此证明钛渣炉未能如期完工的原因在于被告某机械厂,而非原告某钢铁厂迟延交付技术图纸。被告某机械厂认可程班长此前的身份,但提出以下疑问:(1)程班长无正当理由没有出庭作证;(2)程班长所述内容不属实;(3)程班长已于诉讼中从被告某机械厂离职,并入职原告某钢铁厂。原告某钢铁厂否认程班长已入职本单位,且主张程班长未出庭作证是因其系被告某机械厂员工,不愿出庭提供不利于某机械厂的证言。

4. 被告某机械厂向法庭提交的两份图纸:(1)底板图,共137页,由原告某钢铁厂法定代表人于9月26日签字确认;(2)上料系统安装图,共6页,由原告某钢铁厂法定代表人于3月20日签字确认。

被告某机械厂拟以此证明,原告某钢铁厂迟至2012年9月26日、2013年3月20日才先后交付两幅图纸,未能按合同约定在加工期内一次性、及时交付图纸,导致钛渣炉未能按约定进度完成。原告某钢铁厂认可两份图纸的真实性,但质疑称其法定代表人签字确认的时间分别是2011年9月26日和2012年3月20日,也即在被告某机械厂主张的时间之前1年。

5. 双方确认的无争议事实包括:(1)2013年6月13日,被告某机械厂派驻于原告某钢铁厂钛渣炉工地的全部员工撤离现场。(2)本案一审中,原告某钢铁厂当庭陈述是按约定的施工进度提供的图纸。二审中,原告某钢铁厂当庭承认没有交付全部图纸。上述陈述均有庭审笔录为证。

◻ 证据分析

本案涉及证据的争议焦点是:(1)被告某机械厂未能按照约定时间交付定作物的原因,究竟是原告某钢铁厂迟延提供技术图纸,还是被告某机械厂自身原因?(2)关于原告某钢铁厂交付图纸的具体时间,双方主张的时间相差整1年,应当作何认定?

对于以上证据问题,分析如下:

本案是承揽合同纠纷,作为承揽人的被告某机械厂最终未能如期交付约定的定作物即钛渣炉,其原因应归于何方,直接决定何方违约。若按照被告某机械厂主张的图纸交付时间,实际是在合同约定的工期届满之后,故可认定原告某钢铁厂违约。若按照原告某钢铁厂主张的图纸交付时间,均在合同签订之前,故不存在延期交付图纸问题。

综合原、被告双方在一审、二审提供的证据,证明对象为被告某机械厂迟延交付定作物原因的证据主要有二:(1)原告某钢铁厂提供的证人程班长的书面证言(接受律师询问的笔录),证明钛渣炉迟延交付的原因在于被告某机械厂人手不够、材料不齐。(2)被告某机械厂提供的两份图纸,源自原告某钢铁厂且由其法定代表人签字确认,证明原告某钢铁厂未能及时、一次性交付技术图纸,从而导致被告某机械厂不能按约定进度施工。

上述两份证据分别由原告、被告提供,关联性均无虞,其证据能力判断的关键在于合法性和真实性。就真实性而言,由于两份证据内容完全相反,故两者必有一假,甚至可能两者皆假,需要结合证据内容及与其他证据的印证情况综合判断。就合法性而言,两份图纸为被告某机械厂合法获得且以原件方式提交法庭,其内容、形式和获取程序均不存在合法性缺陷,故重点在于程班长书面证言的合法性问题。

(一)不出庭证人的书面证言是否具备合法性

本案中,原告某钢铁厂提供了证人程班长的书面证言,程班长并未出庭接受质证。被告某机械厂以此质疑其证言的证据能力。原告某钢铁厂回应称,因程班长系被告某机械厂员工,且其证言对被告某机械厂不利,故迫于压力不便当庭作证。程班长能否以书面证言替代出庭作证呢?

1. 模糊的法律和逐渐清晰的司法解释

本案适用2012年《民事诉讼法》。该法第72条第1款规定,“凡是知道案件情况的单位和个人,都有义务出庭作证”,也即证人原则上必须出庭作证。第73条规定了证人不出庭的例外情况,“有下列情形之一的,经人民法院许可,可以通过书面证言、视听传输技术或者视听资料等方式作证:(一)因健康原因不能出庭的;(二)因路途遥远,交通不便不能出庭的;(三)因自然灾害等不可抗力不能出庭的;(四)其他有正当理由不能出庭的”。其中第4项为兜底条款,虽然有极大的弹性解释空间,但按照法律解释的一般要求,应当参照前3项明文列举的情况。鉴于前3项要么是客观上不具备出庭可能性,要么是出庭的交通成本畸高而不宜出庭,总归都是明显的客观障碍,故“其他正当理由”也应主要限于客观障碍,不宜随意扩大为包括畏惧或顾虑在内的主观障碍。

对此可以参照《民事诉讼法》规范的变化。1982年《民事诉讼法(试行)》,以及1991年《民事诉讼法》和2007年《民事诉讼法》,对于证人出庭的要求保持一致:“凡是知道案件情况的单位和个人,都有义务出庭作证。有关单位的负责人应当支持证人作证。证人确有困难不能出庭的,经人民法院许可,可以提交书面证言。”由于“确有困难”的弹性太大,实践中常被随意解释,导致证人出庭率极低。最高人民法院在2001年《民诉证据规定》中予以细化,该规定第56条第1款将“确有困难”明确为五种情况,即“(一)年迈体弱或者行动不便无法出庭的;(二)特殊岗位确实无法离开的;(三)路途特别遥远,交通不便难以出庭的;(四)因自然灾害等不可抗力的原因无法出庭的;(五)其他无法出庭的特殊情况”。仅从文字上比较,2012年《民事诉讼法》应是在2001年《民诉证据规定》基础上的优化,仅仅取消了“特殊岗位确实无法离开的”的规定,并将“其他无法出庭的特殊情况”改为“其他有正当理由不能出庭”,可见主要是进一步限制以主观障碍为由拒绝出庭,并强化法院对拒绝出庭理由正当性的审查。

2. 本案三级法院的裁判观点

本案审理过程中,一审法院没有基于证人不出庭的事实否认其证言的证据能力,而是基于双方对证人身份的确认,认定其证言合法、真实,并以此认定违约责任在于被告某机械厂。一审宣判后,被告某机械厂上诉理由之一即是程班长的证言因未出庭作证而程序违法。原告某钢铁厂在上诉答辩中回应称,因程班长系被告某机械厂员工,客观上无法出庭为原告某钢铁厂作证,符合2001年《民诉证据规定》中关于可以提交书面证言的例外。二审法院认同被告某机械厂的上诉理由:“程班长虽曾是机械厂的工作人员,但其作为证人应出庭作证,接受各方当事人的质询,其没有出庭接受质询,其所陈述的内容与钢铁厂逾期交付图纸相矛盾,故一审法院采信程班长的证人证言认定机械厂违约证据不足,法院予以纠正。”二审宣判后,原告某钢铁厂向最高人民法院申请再审,并未如二审答辩时那样主张程班长有不出庭的正当理由,但质疑二审法院采信了另一个不出庭证人的证言以支持被告某机械厂的观点。最高人民法院在驳回再审申请的裁定中认为:“程班长作为证人并未出庭作证接受质询,原审法院对程班长的书面证言未予采信,符合法律规定。原审判决认定钢铁厂应承担逾期完成定作物的责任,其依据并非单某的证言。钢铁厂申请再审称原审法院选择性采信单某的证言而否认程班长的证言、认定主要事实不清,理由不能成立。”

从上述辽宁省高级人民法院、最高人民法院的两份裁判可以看出,尽管2012年、2021年修订《民事诉讼法》时均保留了“有正当理由”作为证人不出庭的兜底性例外,但在实务中往往倾向于从严解释,对于主观上的顾虑、畏惧等理由一般不予承认,而是比照健康、交通和不可抗力等客观障碍来把握“有正当理由”。正是因此,最高人民法院于2019年《民诉证据规定》第68条第3款就首次明确:“无正当理由未出庭的证人以书面等方式提供的证言,不得作为认定案件事实的根据”。

(二)两组证据的真实性比较

姑且不论程班长证言的合法性缺陷,仅就真实性而言,也不宜认定为比与其内容相反的客观证据更可信赖。程班长在书面证言笔录中说,一是图纸基本没有改变,没有影响施工;二是施工延期是因为被告某机械厂人员不够、材料不齐。一般而言,作为现场负责的技术人员,就施工进度问题所做的不利于己方的陈述,应该有很强的真实性。但证人证言毕竟带有强烈的主观性、易变性,尤其是程班长的上述证言还带有明显的意见性(比如“没有影响施工”),并非纯粹的事实性陈述,甚至还有可能存在敌对立场(被告某机械厂称程班长作证时已经跳槽至原告某钢铁厂),因此更容易受到立场、认知、记忆和表达等因素的影响,其真实性不见得足够高。

为否定程班长的证言,被告某机械厂提供了原告某钢铁厂法定代表人签字确认的技术图纸,拟证明了原告某钢铁厂提供图纸的时间(2012年9月26日和2013年3月20日)大大晚于约定的定作期间(2012年4月3日至8月3日)。由于图纸上的落款时间只有月和日,没有年份,故原告某钢铁厂在承认图纸真实性的同时,又辩称实际交付时间为1年之前(分别为2011年9月26日和2012年3月20日)。由于原告某钢铁厂主张的交付时间远在承揽合同订立之前,不符合承揽业务的普遍规律,再考虑到当事人陈述的高度立场化,这一主张的虚假可能性极高,故并未得到二审法院支持。实际上,在向最高人民法院申请再审时,原告某钢铁厂就自行放弃这一主张,转而主张承揽合同约定的定作期间已经由双方的补充协议和实际行为加以延长,因而哪怕是2013年3月20日交付图纸也不属于延迟。原告某钢铁厂前后矛盾、出尔反尔的陈述证明,图纸上载明的交付时间应为约定的定作期间之后。

鉴于技术图纸是制作、安装钛渣炉的前提条件(除非原告某钢铁厂有证据否定这一普遍规律),则宜认定导致迟延交付定作物的原因在于原告某钢铁厂。这一判断一是基于最终获得双方认可的、具有高度真实性的客观证据也即技术图纸,二是基于加工承揽业务的一般规律,其可信度要远高于证人程班长的书面证言。

鉴于程班长缺乏不出庭作证的正当理由,其书面证言的合法性不足,首先应当排除该书面证言作为定案依据的资格。兼之其书面证言的内容与充分证明为真的书证也即技术图纸相反,故哪怕承认其证言的合法性,也不宜认可其真实性。正是基于该两个理由,二审法院、再审法院均认定定作物交付迟延的过错在于原告某钢铁厂,而不在于被告某机械厂。

有意思的是,本案在一审、二审过程中,除原告某钢铁厂提供的程班长以书面证言代替出庭之外,被告某机械厂亦提供其他未出庭证人(如单某)的书面证言支持己方主张。二审法院和再审法院否定了程班长证言的合法性,但却并未明确否定其他证人(如单某)的书面证言。究其原因,在于法院认为其他未出庭证人(如单某)的书面证言并非证明特定要件事实的唯一或主要证据,顶多算得上是辅助性、补充性的印证证据,即使不作为定案依据,也不影响相关待证事实的成立,因此无必要特意否定其合法性。换言之,似乎在二审法院和再审法院看来,一项证据只有在确实成为特定要件事实的定案依据时,才有必要考察其合法性。这一做法值得商榷。

□ 理论拓展

本案证据审查的焦点在于如何判断程班长的书面证言的合法性和真实性。从证据法理论上讲,程班长的书面证言属于传闻证据(hearsay),也即证人在法庭之外做出陈述,而后该陈述被提交法庭以证明其中包含的事实性内容。[1] 传闻证据的关键判断标准,在于证人做出陈述时,对方当事人是否有质疑和诘问的机会。以本案为例,程班长在庭外接受原告某钢铁厂律师调查时,被告某机械厂并无质疑和诘问机会,因此一旦程班长不出庭,其庭前询问笔录就构成传闻。与此同时,最高人民法院于2019年《民诉证据规定》第68条第1款规定,“证人在审理前的准备阶段或者人民法院调查、询问等双方当事人在场时陈述证言的,视为出庭作证”。换言之,只要证人陈述时对方当事人有机会质疑和诘问,哪怕该陈述是在法庭之外做出,也不作为传闻证据处理。这一规定与强调传闻规则的英美法系国家基本一致。不过,鉴于我国并没有针对传闻证据的权威规定,其更多只是学界作为一种证据

---

〔1〕《美国联邦证据规则》第801(C)条对传闻(hearsay)的定义为:“Hearsay” means a statement that: (1) the declarant does not make while testifying at the current trial or hearing; and (2) a party offers in evidence to prove the truth of the matter asserted in the statement。

分类概念在使用,故我国证人出庭制度与英美法系的传闻证据规则存在一些明显差异。

1. 美国证据法中将一方当事人做出的反对自己的陈述(an opposing party's statement)不作为传闻证据处理,且这既包括当事人自己,也包括当事人授权的代理人或雇员。[1] 究其原因,一则在于该类陈述可信度相对更高,二则在于陈述方当事人在逻辑上不可能质疑、诘问自己或代理人、雇员。但若以此为标准,本案程班长作为被告某机械厂的员工,就所负责之承揽事项在庭外做出陈述,哪怕在陈述时被告某机械厂并无质疑诘问之机会,该陈述(不管是以转述、录音还是书面形式提交法庭)都不成为传闻证据。我国民事诉讼证据规则并无这一例外规则,而是一概要求将不具备正当理由不出庭的证人的庭外陈述不作为定案依据,所以本案的二审法院和再审法院才会否认程班长的书面证言。

2. 美国证据法中的传闻,并不区分民事诉讼和刑事诉讼。英国则在民事诉讼中对传闻证据给予更多许可,但在刑事诉讼中依然较为严格。在我国当前的诉讼规范和实践当中,虽然《民事诉讼法》历经多次修正和两版《民诉证据规定》的制定,基本确立了以证人出庭为原则、不出庭为例外的实质性传闻证据规则,但在刑事诉讼当中,依然大量使用庭前询问/讯问笔录作为证据,且主要不是作为弹劾证据使用,而是直接代替当庭陈述/作证作为定案依据。甚至在大量刑事案件中,被告人虽然当庭否定庭前讯问笔录,但法庭依然采信庭前笔录作为定罪依据,并将当庭翻供作为从重量刑的情节之一。

3. 英美证据法中的传闻规则并不特别限定庭外陈述作出的时间节点,该节点既可以是在诉讼过程中,也可以是在诉讼前的案发过程中或案发后阶段。但在我国,因为《民事诉讼法》和《刑事诉讼法》都将证人证言、当事人陈述(犯罪嫌疑人、被告人供述或辩解)和电子数据、视听资料、书证并列作为证据分类,一旦电子数据、视听资料或书证中包含证人或当事人陈述,一般需要区分该陈述的时间节点对证据进行界定。比如民事案件中的录音证据,一般形成于案件发生过程中,故哪怕内容是证人陈述,也不会作为证人证言并因证人不出庭而排除其合法性,而是作为物证类的电子数据/视听资料使用,重在通过调取过程审查其真实性,不要求陈述人出庭作证。反之,如果是在诉讼过程中,证人在庭外用手机录音录像方式提供证言,就属于典型的传闻证据,在未经法院许可的前提下,不得作为认定案件事实的依据。与此类似,美国证据法中将商业记录、公共记录作为庭外陈述,但因其高度可信性而规定为传闻证据之例外。在我国证据分类中,这些记录一般视为书证,适用最佳证据规则,本就不需要所涉陈述人出庭作证。

4. 以美国为代表的英美法系,也包括一些大陆法系国家,在采取原则上否定传闻证据的证据能力的立场时,也都规定有大量的例外。比如现行《美国联邦证据规则》第803、804条就规定有30种例外情况。我国民事诉讼规范中承认的证人不出庭的例外情况,目前只有三种明文列举的理由和一项"其他有正当理由"的兜底条款,虽然因其简单化而操作性更强,但多少可能需要赋予法官更大的裁量空间,否则很难应对纷繁复杂的现实世界。

---

[1] 参见《美国联邦证据规则》第801(d)2条。

□ 阅读指引

1. 朱立恒:《传闻证据规则研究》,中国人民公安大学出版社 2006 年版。
2. 吕中伟:《民事传闻证据规则研究》,辽宁人民出版社 2017 年版。
3. 龙宗智:《论书面证言及其运用》,载《中国法学》2008 年第 4 期。
4. 宋维彬:《传闻法则与直接言词原则之比较研究》,载《东方法学》2016 年第 5 期。
5. 杨永:《传闻证据规则与证人出庭研究》,载《理论界》2009 年第 12 期。

(撰写人:西南财经大学法学院　兰荣杰)

第三节　意见证据规则

■ 刑事诉讼中意见证据规则的理解与适用

案例 3－5　贾某祥非国家工作人员受贿案[1]

□ 案情概述

海南省海口市美兰区人民法院审理海南省海口市美兰区人民检察院指控原审被告人贾某祥犯非国家工作人员受贿罪一案,宣判后,贾某祥不服,提出上诉。二审法院受理后,依法组成合议庭,公开开庭审理了本案。

原判决经审理查明:被告人贾某祥原在中海集公司任职,2007 年 7 月退休后被海航集团聘请到该集团下属的扬子江物流有限责任公司(后更名为大新华物流)任职。2007 年 7 月至 2012 年 8 月,被告人贾某祥先后担任大新华物流副董事长兼总裁、执行董事长兼总裁,全面负责大新华物流的日常经营管理工作。被告人贾某祥到大新华物流任职后,在韦某保险经纪公司(以下简称韦莱公司)做保险经纪业务的金某找到贾某昇(在逃)商议利用被告人贾某祥的关系承接大新华物流的船舶保险业务,并承诺给贾某昇好处,贾某昇表示同意并答应找其父亲商量。韦莱公司总经理为揽取大新华物流保险业务,也出面找了贾某祥。之后经贾某祥批准,选定韦莱公司作为大新华物流的保险经纪人,并一直延续到贾某祥离职。

法院认定:上诉人贾某祥身为公司工作人员,为帮助其子贾某昇获取保险业务回扣,利用职务便利,为相关单位和个人谋取利益,使贾某昇得以从中获取非法利益 190 余万元,数额巨大,其行为已构成非国家工作人员受贿罪。原判决认定事实清楚,证据确实、充分,定

[1] 参见海口市美兰区人民法院(2016)琼 0108 刑初 7 号刑事判决书。

罪准确,量刑适当,审判程序合法,应予以维持。上诉理由及辩护意见无理,不予支持。

该案涉及的证据基本情况如下。

一般证据包括到案经过,常住人口基本信息用于证实被告人贾某祥的身份情况,同案人贾某昇的简历,菲茨公司档案机读材料,海航集团推荐贾某祥任职函及大新华轮船有限公司董事会决议,企业名称变更核准通知书,关于明确大新华物流管理团队工作分工的通知,海航集团审计法务部出具的合同审批单,海航集团审计法务部出具的委托合同,大新华轮船有限公司等公司向韦莱公司付款明细及相关付款凭证,韦莱公司出具的业务推介合作协议若干份,韦莱公司出具的自2006年金某团队有关中海集公司和大新华业务的提成结算清单,韦莱公司付款给菲茨公司、海适公司、宝恃公司的银行对账单及相关付款凭证,海适公司、宝恃公司档案机读材料、公司注册证书,韦莱公司与中海集公司、大新华物流之间的业务资金往来的情况,司法鉴定意见书证,海口市公安局美兰分局出具的情况说明,证人马某、王某、李某、甘某、杨某的证言,同案人贾某昇供述,被告人贾某祥的供述等。

争议证据如下:

1. 证人金某(原韦莱公司员工)证实:

(1)贾某昇跟其说过,具体的业务由其与马某1经办,贾某昇负责与他父亲贾某祥沟通将业务交给其来做,其认为贾某祥知道其与贾某昇操纵相关的保险业务并从中非法牟利,因为只靠贾某昇根本不可能从中海集公司拿到保险业务。2006年之后,贾某祥退休了,贾某昇就没办法拿到中海集公司的船舶保险业务了。

(2)贾某祥在大新华物流任职后,其找到贾某昇,希望通过他找他父亲把大新华物流的船舶保险业务给其来做,并承诺给他好处。自2008年以来,其与贾某昇从大新华物流的保险业务中收取了韦莱公司约500万元,其中包含其团队工资、费用等,但其中60%(约人民币300万元)给了贾某昇。其认为贾某祥应当知道贾某昇参与韦莱公司与大新华物流的船舶保险业务并收好处费的事,否则大新华物流不会将船舶保险业务交给韦莱公司来办理。

2. 证人马某2(韦莱公司总经理)证实:

(1)金某拓展的业务开始于2005年至2007年,主要是中海集公司的船舶保险业务,其知道金某发展中海集公司的船舶保险业务是通过马某1及贾某祥的帮助才拿到的。

(2)2008年金某主要的业务是大新华物流的船舶保险经纪。当时大新华物流的老总是贾某祥,金某是通过贾某昇的帮忙找到贾某祥才拿到了大新华物流的船舶保险业务的。

3. 证人叶某(原大新华物流商务部工作人员)证实:其认为贾某祥是不愿让集团下属公司扬子江经纪公司参与保险经纪业务,从其和贾某祥的接触来看,贾某祥确实是把保险业务牢牢地控制在自己的手里。一般保险经纪人代船舶公司办理保险业务时会从保险公司获得保费5% ~10%的佣金,保险经纪人拿到佣金后会将一部分佣金返给船舶公司或某些重要的人,比例一般是佣金的50%以内。其没有收到过韦莱公司的返佣金,但贾某祥肯定收到过韦莱公司的返佣金。

4. 证人卜某(韦莱公司总经理助理)证实:其与贾某昇、金某有分工,贾某昇去向他父亲联系把中海集公司的保险业务拉到韦莱公司,金某在韦莱公司具体经办保险经纪业务,其在返还保险经纪人佣金上尽可能支持。

□ 证据分析

本案中涉及证据的争议焦点是:公司员工或相关部门负责人对于董事长所为行为作出的推测性判断是否可以作为证据使用?

对于以上证据问题,分析如下:

对于证人金某(原韦莱公司员工)的证言:作为操作行贿的重要证人,金某共有 10 次证言,其前 9 次证言均在 2013 年所作,第 10 次证言系 2014 年 9 月所作。其中前几次证言均明确表示"贾某祥应当知道贾某昇参与韦莱公司与大新华物流保险业务并收好处费的事情,否则大新华物流不可能将该保险业务交给韦莱公司"。第 10 次证言称"其不知道贾某祥是否清楚贾某昇参与韦莱公司与大新华物流保险业务并收好处费的事情"。但其仍证实,其让贾某昇找贾某祥将大新华物流的保险业务交其来做,其承诺给贾某昇业务介绍费,之后其拜访了叶某,将其与贾某昇打招呼的事告诉了叶某,叶某请示了商务部经理王某和贾某祥后,说同意将大新华物流保险业务交由其公司。金某的 10 次证言稳定一致,前 9 次有推测性判断,第 10 次只是描述事实而未进行推测,但并非对前 9 次证言的翻证。其证言与贾某昇的供述相互印证,证明了贾某祥知道贾某昇参与韦莱公司与大新华物流保险业务并收好处费的事实。

对于证人马某 2(韦莱公司总经理)的证言:作为保险业务合作方的韦莱公司负责人,马某 2 的证言与贾某昇的供述、金某的证言完全吻合。马某 2 证实之前其也曾拜访过马某 1,想发展中海集公司的保险业务,但一直都未成功。之后其聘用了马某 1 的姐夫金某,通过马某 1、贾某祥的帮助才拿到了中海集的保险业务。后来与大新华物流的保险业务,也是金某通过贾某昇帮忙找贾某祥才拿到的。其到大新华物流拜访贾某祥时,贾某祥召集了公司负责管理保险的商务部经理王某及经手人叶某一起跟其见面,并说韦莱公司很有实力,愿意跟其公司合作,其实是暗示叶某及王某将保险经纪业务交给其公司来办理。由此证言可以看出韦莱公司取得大新华物流保险业务的途径。韦莱公司总经理助理卜某亦证实了如何通过金某、贾某昇拿到大新华物流保险业务的过程,其认为贾某祥没有理由不知道这个过程,没有贾某祥,贾某昇不可能拿到大新华物流的保险业务。由此可见,韦莱公司一方亦证实贾某祥明知贾某昇参与大新华物流保险业务的事实。

作为大新华物流商务部负责保险理赔的理赔科科长叶某证实,贾某祥以保险业务统一交给韦莱公司方便统一管理为由,拒绝了大新华轮船总经理孙某提出该公司保险业务由公司自己来做的要求;又以海航集团下属扬子江经纪公司对水险业务不熟悉为由,拒绝与该公司进行保险业务合作;其工作期间,国内外知名水险业务经纪公司和大新华物流都有过接触,但毫无例外地被贾某祥拒绝了。贾某祥只用韦莱公司而拒绝其他公司承揽大新华物流保险业务的事实,除叶某证实外,还可以与孙某证言和大新华物流副总裁李某的证言相互印证,也与海航集团下属扬子江经纪公司董事长杨某和总经理甘某的证言相互吻合。王某亦证实了贾某祥拒绝其他保险公司介入是因为贾某昇在操作大新华物流的保险业务,贾某祥为了个人私利而损害集团公司利益。结合上述情况,可以认为证人叶某所说的“认为贾某祥是不愿让集团下属公司扬子江经纪公司参与保险经纪业务”,“把保险业务牢牢地控制在自己的手里”符合事实。

对于证人卜某(韦莱公司总经理助理)的证言:其认为韦莱公司做不了中海集公司的保险业务与贾某昇是密不可分的,依据是贾某昇介绍大新华物流的保险业务的时间节点是在其父亲贾某祥到大新华物流当负责人后。由于被告人贾某祥与贾某昇是父子关系,本就应该在业务上有所回避,而二者所在单位却恰好在贾某祥任职后产生了业务往来,任何一个具备理性的一般人,在这种情况下都会对其产生合理的猜想。况且,证人卜某的猜测亦是建立在其所亲历的事实基础之上。故可以认为该意见证据符合事实,可以作为证据使用。

纵观全案证据,虽然出现了多份推测性判断,但结合其他言词证据来看,基本上可以稳定地相互印证,故马某1、金某、叶某等就贾某祥明知并认可贾某昇从大新华物流保险业务中非法获取利益的供述及证言并非凭空臆断,属于根据客观事实及其工作实际、生活经验作出的合理推断,可以作为证据使用。

回 理论拓展

意见证据规则肇始于英国,发展于美国,在英美法系中得到普及,并逐渐渗透到大陆法系。其现代内涵最早出现于19世纪中期美国司法实践中对“意见”的理解,即待证证言中未经完全证实的推论性内容,这些看法、推断、概括或结论等总和就被称为“意见”,证人对于该推论的陈述就是“意见证据”。

意见证据的一般规则是指证人仅能陈述自己亲身感受和经历的事实;证人有关事实的意见、信念和据此进行的推论,一般不具有可采性。因此,意见证据的排除规则是指排除证人分析判断的规则,强调对于证人证言中的事实和意见进行区分,即对于证人证言中的意见应当加以排除。

之所以设立意见证据排除规则,主要是基于两方面考量:第一,意见证据并不是对客观事实的描述,而是证人对相关情况的猜测、判断和推论,易受其知识水平、认知能力以及个人性格等多重因素影响,极具主观色彩,缺乏证据“三性”中的客观性,若予以采用则会产生错误认定案件事实的风险。第二,事实认定的职能专属于法官或陪审团,证人的职能仅在于将自己所亲历的事实进行陈述,从而使裁判者对案件事实有更为清晰的认知。裁判者只需要获取原始事实,便能自行作出判断。这要求证人的证言应当尽可能无涉主观情感色彩,客观中立地呈现。若对意见证据不予以禁止,则不仅可能误导裁判者,而且容易越俎代庖地僭越裁判权对事实进行认定。

可见,适用意见证据排除的一般规则时,关键在于对“事实”与“意见”的区分。但事实上,两者的区分有时具有相对性,甚至相互胶着,因为不得不承认许多人在陈述一项事实时难免会夹杂个人主观的评论,而这些评论在某种程度上具备一定的参考意义。换言之,证人基于亲历事实的陈述和对于事实的意见并非界限分明,在一些情形下难以进行明确的区分,因为有些事实如果脱离意见的形式则很难被表达出来。例如常见的一些表述,“那个年轻人”“那个人瘦瘦高高的”“他看起来有点不开心”等,这些既是证人主观上的推断,也很难说不是一种事实。就此类情形而言,无法苛求证人给出精确无误的描述。因此,意见证据虽然原则上不具可采性,但在符合一定例外的情况下则可容许。

其中一项重要例外是专家证人。英美法系中的证人有普通和专家之分,其中,专家证人主要是利用专门知识或技能,在法庭上对专门性问题提供意见,只要符合一定的科学标准和操作规范,其意见就可以被采纳。以美国为例,《美国联邦证据规则》规定,若对理解证据或解决争议有帮助,掌握专业知识或技能的人,可以专家身份发表意见证言。在大陆法系国家或地区,一般没有专家证人的概念,与其作用相类似的是鉴定人,即在诉讼过程中,利用专业知识或者技能,针对专门性问题,根据已有的事实和材料,通过科学推理和论证对待证事实提出意见。但鉴定意见属于法定证据种类之一,而非证人证言。在我国,除鉴定意见之外,《刑诉法解释》第 100 条第 1 款明确规定了:“因无鉴定机构,或者根据法律、司法解释的规定,指派、聘请有专门知识的人就案件的专门性问题出具的报告,可以作为证据使用。”上述解释一定意义上可以认为是对专家咨询意见证据资格的肯定。

对于普通证人而言,意见证据也非一律排除,存在例外采纳的情形。例如,《美国联邦证据规则》第 701 条规定:如果证人不是作为专家而作证,该证人的意见或推论形式的证言限于如下意见或推论:(a)合理地基于该证人的知觉;并且(b)有助于澄清对证人证言的理解或争议事实的判定;以及(c)不是基于科学、技术或其他属于《美国联邦证据规则》第 702 条范围的专业知识。我国也确立了意见证据排除规则的例外情形。2010 年《办理死刑案件证据规定》第 12 条第 3 款规定:“证人的猜测性、评论性、推断性的证言,不能作为证据使用,但根据一般生活经验判断符合事实的除外。”该项原则先后被 2012 年《刑诉法解释》和 2021 年《刑诉法解释》所吸收。概言之,若意见证据根据一般生活经验判断符合事实,则可以作为证据使用。因此,从教义学层面对意见证据的“意见”进行解读,可以进一步区分为两种情况:第一种是证人基于亲历感知的事实作出的猜测、推断和评价。例如,证人甲作证,“犯罪嫌疑人张三驾车以极快的速度逃逸,至少每小时 120 千米”。此证言属于意见证据,因为“每小时 120 千米”并不是证人经过精密测算得出的数据,也不是证人在犯罪嫌疑车上观察到的仪表盘读数,而是证人基于其所亲身感知的“犯罪嫌疑人驾车速度极快”这一客观事实,所作出的猜测。第二种是证人基于自己平时观察所产生的认知而对另一事实提出的推断性猜测,也即根据对 A 事实的认识推测出 B 事实,本质上是一种推论(inference)。例如,证人乙作证,“李四家里很穷,常常羡慕有钱人,东西一定是他偷的”。在这个例子中,“李四家里很穷,常常羡慕有钱人”是证人乙对于李四家庭经济水平这一客观事实的认识

(A 事实),而“东西一定是他偷的”则是证人乙基于 A 事实所推论的 B 事实,即盗窃罪的要件事实。然而在这段证言中,至多只有 A 事实能够对李四的经济状况起到证明作用,属于前述第一种意见证据;而 B 事实完全属于对另一事实的推断性猜测,不具可采性。总而言之,第一种意见证据可以进入容许的例外而予以采纳,第二种意见证据则均应当排除。

根据相关实证研究,我国虽然立法上确立了意见证据规则,但由于长期以来实行的职权主义模式,对普通证人意见审查判断的重视程度不够,司法实践中对于意见证据的处理绝大多数并不是以排除为原则。恰恰相反,由于“一般生活经验”的表述较为模糊,法院一般会根据其他在案证据的情况来决定是否采纳意见证据,在此种情况下,意见证据多数被采纳,而真正根据意见证据规则排除的相对较少。此外,裁判文书中对于意见证据的取舍判断进行论证说理存在不足,大多数情况下只给出了“符合一般生活情况,可以作为证据使用”这一结论。因此,我国的意见证据规则在实务中如何进行充分运用及其具体启动程序尚待进一步完善与规范。

■ 民事诉讼中意见证据规则的理解与适用

案例 3-6　宋某财等与北京康晋威医疗器械有限公司等民间借贷纠纷案[1]

□ 案情概述

上诉人范某昌因与被上诉人北京市宣武京新医药有限公司(以下简称宣武京新公司)、被上诉人宋某财、被上诉人北京康晋威医疗器械有限公司(以下简称康晋威公司)、被上诉人任某如民间借贷纠纷一案,向二审法院提起上诉。

二审法院经审理查明:宣武京新公司成立于 1988 年 10 月 11 日,2011 年 5 月 9 日,宋某财成为宣武京新公司股东,并担任宣武京新公司法定代表人、经理兼执行董事。该公司当前注册资本为 2000 万元人民币,宋某财持股比例为 45%,范某昌持股比例为 25%。自 2017 年 8 月 29 日起,宋某财以个人名义多次向范某昌进行借款,用于承包宣武京新公司生产经营,并以宣武京新公司名义与范某昌签订了多份借款合同。借款期间宋某财以个人名义偿还过部分利息,另有部分拖欠利息转计为借款本金。

2014 年 7 月 7 日,任某如与宋某财登记结婚。2018 年 3 月 21 日,任某如与宋某财登记离婚。各方当事人均确认,在宋某财与任某如婚姻关系存续期间(2014 年 7 月 7 日至 2018 年 3 月 21 日),宋某财共向范某昌借款 1791 万元。

本案涉及的证据基本情况如下。

(一)一般证据

1. 2017 年 8 月 29 日,范某昌(出借方,甲方)与宣武京新公司(借款方,乙方)、康晋威

---

〔1〕 参见北京市第二中级人民法院(2020)京 02 民初 469 号民事判决书。

公司（担保方，丙方）、宋某财（担保方，丙方）共同签署的借款合同。2017年8月29日宣武京新公司出具的收据，宋某财签字确认并加盖宣武京新公司公章及财务专用章。

2. 2017年9月15日，范某昌（出借方，甲方）与宋某财（借款方，乙方）、康晋威公司（担保方，丙方）、宣武京新公司（担保方，丙方）共同签署借款合同。同日，宋某财出具借条及宣武京新公司出具收据，宋某财签字确认并加盖宣武京新公司公章及财务专用章。

3. 2019年1月11日，范某昌（出借方，甲方）与宣武京新公司（借款方，乙方）、康晋威公司（担保方，丙方）、宋某财（担保方，丙方）共同签署借款合同。

4. 2018年1月11日，宣武京新公司出具收据，宋某财签字确认并加盖宣武京新公司公章及财务专用章。

5. 2019年5月11日，范某昌（出借方，甲方）与宣武京新公司（借款方，乙方）、康晋威公司（担保方，丙方）、宋某财（担保方，丙方）共同签署借款合同。同日，宣武京新公司出具收据，宋某财签字确认并加盖宣武京新公司公章及财务专用章。

6. 2019年12月3日，范某昌与宋某财签署关于宋某财欠范某昌借款本息对账单，该对账单落款处有范某昌、宋某财签字摁印。

7. 2019年12月，宋某财在宋某财借款本息结算明细单上签字确认，明细单内载明：序号1出借人范某昌，借款人宋某财借款，本金500万元，月利率2%，合同日期2019年4月1日～2020年3月31日，期限1年，到期利息120万元，应收本息合计620万元。

8. 2019年4月1日，范某昌（出借方，甲方）与宣武京新公司（借款方，乙方）、康晋威公司（担保方，丙方）、宋某财（担保方，丙方）共同签署借款合同。同日，宣武京新公司出具收据，宋某财签字确认并加盖宣武京新公司公章及财务专用章。

9. 范某昌提交的证据显示，2019年12月，宣武京新公司向任某如发放工资13,000元，缴纳社会保险1221.28元并缴纳住房公积金300元。

10. 范某昌提交的银行转账明细；任某如提交的银行转账明细。2018年3月21日，宋某财与任某如离婚，双方签订的离婚协议书，约定了夫妻共同财产的处理方式。

（二）争议证据

1. 2019年12月3日，宋某财（甲方，债务人一）、宣武京新公司（乙方，债务人二）、康晋威公司（丙方，担保人一）、任某如（宋某财代）（丁方，担保人二）出具还款承诺书。还款承诺书落款处有宋某财、宣武京新公司、康晋威公司、任某如签章，其中任某如的签字显示为“任某如（宋某财代）”。

2. 二审庭审中，范某昌申请的证人王某出庭作证称：王某是范某昌的会计，负责财务往来工作。2019年12月3日14时至21时，在范某昌家中，宋某财与范某昌核对双方的借款本金和利息及起草还款承诺书并书面确认。还款承诺书需要康晋威公司和任某如签字担保。宋某财在王某和范某昌面前与任某如通电话，电话里任某如明确表示同意签字，并同意由宋某财代签。宋某财放下电话代任某如在还款承诺书上签了字。

□ 证据分析

本案涉及的证据争点问题为:范某昌的会计王某在二审期间出庭作证所称其听到宋某财在王某和范某昌面前与任某如通电话,电话里任某如明确表示同意签字,并同意由宋某财代签,该证人对其非亲身感知的事实所作的证言是否可以作为证据使用?

对于以上证据问题,分析如下:

首先,证人王某并不是其所要证明的宋某财与任某如通话的直接参与者,其要证明的事实不是其亲身感知的事实。根据《民诉证据规定》第 72 条第 1 款的规定:“证人应当客观陈述其亲身感知的事实,作证时不得使用猜测、推断或者评论性语言。”王某所作证言认为,宋某财在与任某如通电话时,征得任某如的同意,由宋某财代任某如在还款承诺书上签字。但是王某并未听到任某如的真实表述,只能听到宋某财单方面的问询,对于任某如是否同意代签字的真实意思表示无从证实。因此其所作的证言并非亲身感知的事实,而是其所推断得知。故王某的证言的真实性、合法性和关联性不能确认。

其次,该证人王某系范某昌的会计,与范某昌存在利害关系。根据《民诉证据规定》第 90 条,与一方当事人或者其代理人有利害关系的证人陈述的证言不能单独作为认定案件事实的根据。所以无法排除王某的证言具有倾向性的可能,在无其他证据补强的情况下,无法单独作为定案根据。

由此可见,证人的特殊身份与推断性证言均会影响证言的采纳,不过与一方当事人或代理人存在利害关系的证人证言并不会被绝对排除,但是如果该证人证言属于猜测、评论或推断性证据,则不能被采信。

与此观点类似的案例还有:在上海仰玉创业投资中心、李某婧公司增资纠纷案[(2019)沪 0115 民初 31035 号]中,法院认为,胡某系被告的朋友,而原告不认识胡某,故胡某作为单方与被告具有其他密切关系的证人,作出对被告有利的证言,其证明力本身就较弱。又 2001 年《民诉证据规定》第 57 条规定,证人应某某陈述其亲身感知的事实,其前提显然是,证人须为系争事实的亲历者。证人胡某陈述了记账公司要求众享公司从被告个人账户走账,通过超市及猎头公司、代理公司等途径报销各类费用等情节,但又称其担任技术岗位,未经手该些财务事项,甚至无法说出涉案公司的名称。且证人面对原告的质询时,只笼统称其“就是知道”,而无法回答如何知道,对其所谓的“董事会曾达成一致”的具体时间、地点、过程也均无法描述细节。综上,法院认为,证人陈述的不是其亲身感知的事实,其证言缺乏具体、可信的细节,不能自圆其说,也不能和在案其他证据相互佐证,故法院对其证言不予采信。

在马某与李某泉买卖合同纠纷上诉案[(2015)黑涉外商终字第 7 号]中,法院认为,证据一中证人赵某林陈述其受雇于李某泉个人,其不知道 FST 所代表的含义。赵某林所述明显与美国富顺公司在哈尔滨设立代表处任赵某林为首席代表这一事实相违背,其亦不能合理解释证据二中其本人的电子邮箱用户名中为何带有“fst”的字样,故法院对赵某林认为其受雇于李某泉个人的陈述,不予采信。此外,根据 2001 年《民诉证据规定》第 57 条的规定,出庭作证的证人应当客观陈述其亲身感知的事实,且在作证时不得使用猜测、推断或者评论性的语言。考量证人赵某林身份的特殊性,其先与马某相识,后结识李某泉而受雇于美国富顺公司,任美国富顺公司哈尔滨代表处首席代表。可见,赵某林与马某、李某泉和美国富顺公司之间均具有一定的利害关系,其有关"涉案欠款系李某泉个人所欠"等推断性的证言证明力较低,故法院不予采信。

在哈尔滨秋林食品有限责任公司(以下简称秋林食品公司)与哈尔滨秋林糖果厂有限责任公司等侵害著作权纠纷上诉案[(2012)黑知终字第45号]中法院认为,张某礼、刘某关于明确该商标归属秋林食品公司专有,该商标虽然名义上是秋林集团公司的,但实际上是秋林食品公司的证言内容,属于猜测、推断或者评论性的意见陈述,应当排除。张某礼、刘某作为普通证人的意见陈述,具有明显的倾向性,表明了其与秋林食品公司有利害关系,降低了其证言的可信度和证明力。

回 理论拓展

最高人民法院《民诉证据规定》第72条第1款规定:"证人应当客观陈述其亲身感知的事实,作证时不得使用猜测、推断或者评论性语言。"对比刑事诉讼中《刑诉法解释》第88条第2款:"证人的猜测性、评论性、推断性的证言,不得作为证据使用,但根据一般生活经验判断符合事实的除外。"可见,我国民事诉讼中对证人的"意见"实际上采取的是绝对排除的态度,没有例外适用的但书规定。

据此,"亲身感知规则"是审查证人证言的首要规则。证人证言的内容必须是对客观事实的反映,证人只能对自己耳闻目睹的案件情况进行体验陈述,而不能作出意见陈述。如果是传来证人作证,必须说明来源。道听途说的消息,不能作为证人证言的内容。在司法实践中,证人的年龄,身体状况,感知案件事实时的环境、精神状态等因素,均会影响证人证言内容的可信度。

此外,如果证人证言内容不连贯、缺乏案件细节情况,或者细节情况与其他证据相互矛盾,不能印证,其可信度也会大大降低。这很可能表明其并未亲自感知案件情况。如果经过审查发现,证人是转述其他证人的证言,那么将需要进一步查找相关证人,核实信息来源,寻找一手证人证言。

该意见证据规则是英美法系的概念,经过长期的实践和总结,在英美法系国家已经形成了较为完善的体系。其定位包括两个方面:一是该规则适用于特定证据,即证人证言;二是该规则规范证据的证据能力,即限制法官对证据的采纳。英美法上将证人分为普通证人和专家证人。专家证人的证言类似于我国的鉴定意见,在此不再赘述。而普通证人的证言,则经历了从绝对排除到例外适用的阶段。对此变化,源自司法实践逐渐认识到证人证言中的意见和事实并非预设的泾渭分明的。并且证人根据他亲身感知到的事实进行的逻辑推导,有其科学性和合理性,对于保证证据的合理采证和公平及提高效率发挥着重要作用。

但在我国,只有刑事诉讼中具有例外规定,民事诉讼中对于证人的意见证据并未设置例外规定。相比于刑事诉讼证据规定,我国民事诉讼中关于意见证据规则的规定制定时间更早,但是从具体内容上讲,其并无例外地绝对排除了意见证据的适用。反观刑事诉讼中对于证人的意见证据则采取了更加宽容的态度,而非一味地绝对排除:如果对证人证言所证明的内容存疑,且无其他证据相互印证的情况下,该证言不可作为证据使用。但证人根据其特殊身份(如亲属、员工、工作伙伴等),结合对工作实际情况、行为人性格外貌特点的了解,作出的符合生活经验的推断性证言,符合证据客观性的要求,具备证据属性。如果经过法定程序查证属实,能够和其他证据相互印证,形成完整的证据链条,则可以作为定案依据。

比较来看,英美法系意见证据规则和我国刑事诉讼中关于符合生活经验判断事实的但书规定更加完善成熟,希望未来对于民事诉讼证据规则的立法进行完善时,能够结合我国国情和司法实践,大胆引进意见证据规则对于普通证人证言相对排除模式,对证人的经验性证言的采纳设置有针对性的例外适用。对于证人看到、听到、闻到、感知到的事物,以及凭借日常生活经验或常识提出的推测性意见,可以结合其他证据综合判断,而非绝对排除。例如,证人具有某一种特殊身份如动物学家,或从事特殊职业如狩猎,那么在证人的工作或生活中会反复面对某一现象或事实,如猫狗叫声、鸟鸣等,他们无数次亲身经历的事实或现象都会使得他们在对本案的相类似事实作证时,能给出比一般人更加符合事实真相的证言,即便该证言是他们的推测性言论,也在很大程度上能够帮助法院准确有效地认定事实。

□ 阅读指引

1. 李学军、朱梦妮等:《意见证据制度研究》,中国人民大学出版社 2018 年版。
2. 李学军:《意见证据规则要义——以美国为视角》,载《证据科学》2012 年第 5 期。
3. 李学军、张鸿绪:《我国刑事诉讼中意见证据规则适用的实证分析》,载《证据科学》2016 年第 5 期。
4. 马贵翔、张海祥:《意见证据规则探析》,载《华东师范大学学报(哲学社会科学版)》2009 年第 2 期。
5. 高芙蓉:《构建我国民事诉讼意见证据规则的思考》,载《内蒙古大学学报(哲学社会科学版)》2013 年第 1 期。

(撰写人:华东政法大学刑事法学院　张栋)

第四节 实物证据鉴真规则

■ 刑事诉讼中实物证据鉴真规则的理解与适用

案例 3-7 赵某非法持有枪支案[1]

□ 案情概述

2016 年 8 月至 10 月,赵某在 T 市 L 街附近,摆射击摊位进行营利活动。2016 年 10 月 12 日 22 时许,公安机关在巡查过程中发现赵某的射击摊位,将其抓获归案,当场查获涉案枪形物 9 支及相关枪支配件、塑料弹。后经公安机关物证鉴定中心鉴定,涉案 9 支枪形物中的 6 支为能正常发射以压缩气体为动力的枪支。检察院以赵某涉嫌非法持有枪支罪,向法院提起公诉。一审法院经审理后以非法持有枪支罪判处赵某有期徒刑 3 年 6 个月。赵某不服一审判决,提出上诉。二审法院经审理后认定赵某构成非法持有枪支罪,对其判处有期徒刑 3 年,缓刑 3 年。

该案涉及的证据主要有:案件来源、抓获经过、搜查证、搜查笔录、扣押决定书、扣押清单、没收物资收据、枪支鉴定书、涉案枪支照片、赵某户籍证明及供述等。

□ 证据分析

本案中涉及证据的争议焦点主要是:(1)对于作为种类物的涉案枪支,如何进行鉴真?(2)鉴定检材的同一性问题,即如何证明本案中作为检材的枪形物就是在案件现场扣押的涉案枪支?

对于以上证据问题,分析如下。

(一)案涉枪支来源及形式真实性问题

在该案中,公安机关对于作为种类物的气枪进行搜查、扣押时,没有在现场对枪支进行编号,没有按规定封装并填写标签,这就导致在审判阶段可能无法确定涉案枪形物是从赵某处查获。因此,辩护人质疑枪支来源、形式真实性,并主张这些气枪因无法鉴真而不得作为定案根据。在该案中,控诉方需要提出证据来证明被鉴定为枪支的气枪就是侦查机关在赵某摊位扣押的气枪,若无法证明这些枪支的来源及其形式真实性,就无法建立枪支与案件、枪支与赵某之间的关联,即便气枪被鉴定为枪支,也无法形成完整的证据链条来证明赵某非法持有枪支。该问题主要涉及实物证据如何鉴真。

---

〔1〕 参见天津市第一中级人民法院(2017)津 01 刑终 41 号刑事判决书。

传统实物证据的鉴真方法主要包括“保管链条证明”和“独特性确认”两种,[1]前者多适用于种类物证据的鉴真,后者多适用于特定物证据的鉴真。上述两种鉴真方法并非截然对立而是可相互转化。特定物亦可采取“保管链条证明”的鉴真方式,种类物证据亦可通过编号、签名等方式让其获得独特性而适用“独特性确认”鉴真方式。[2] 在收集种类物证据的过程中,需要对证据进行标签化处理,让其具有独特性,对证据进行编号是较为常见的标签化处理方法。若不进行标签化处理,则很容易在种类物证据的收集过程中出现证据混同,由此就可能导致后期无法证明实物证据的同一性,即当庭出示的实物证据就是侦查机关当时收集的实物证据。在该案中,侦查机关在赵某摊位扣押气枪时,没有对涉案的9支枪形物进行编号。这就不排除这些枪支之间内部可能会出现混同,也不能排除这些气枪与公安机关当天在其他摊位扣押的枪支混同(当天公安机关在执法过程中还对其他摊位涉案气枪予以扣押)。这就可能导致后期无法证明涉案气枪是否为赵某所持有。

“保管链条证明”并不是实物证据鉴真的唯一方法,也可以通过“独特性确认”方法对实物证据进行鉴真,后者通常适用于特定物证据,但这并不意味着种类物证据无法通过“独特性确认”方法予以鉴真。在“保管链条证明”中,对种类物证据做出标签化处理,让其具有独特性,本身也是通过具有独特性的标签来辨识其对应种类物证据。种类物证据的占有人或持有人,可能因长期占有或持有该种类物,而知道该种类物具有某些不为其他人员所知悉的细节特征,这些特征会让种类物证据具有独特性。因此,可以让知悉这些细节特征的人员识别、辨认种类物证据,从而实现对种类物证据的鉴真。

在该案中,由于公安机关对于作为种类物的气枪进行搜查、扣押时,没有在现场对枪支进行编号、未按规定封装并填写标签,涉案气枪无法通过“保管链条证明”进行鉴真,但赵某本人对扣押送检的枪形物当庭予以确认,从而通过“独特性确认”对涉案枪支予以鉴真,从而保障了涉案枪支的同一性和形式真实性,故法院将其作为定案依据。

(二)鉴定检材的同一性问题

枪支鉴定意见是该案中认定被告人赵某构成非法持有枪支罪的重要证据。在鉴定中,除了要求鉴定机构和鉴定人具有法定资质、鉴定方法符合行业标准,还要求作为鉴定检材的涉案枪支应当具有同一性,这在本质上也涉及实物证据鉴真问题,即枪支鉴定检材的鉴真问题。在枪支鉴定中,要确保被鉴定的物品就是涉案枪支,如果无法保障送检的枪支与在赵某摊位扣押的枪支具有同一性,即便送检物品被鉴定为枪支,该鉴定意见也不能作为定案根据,因为此时无法确认该枪支与本案事实、被告人之间的关联性。在该案中,辩护律师主张枪支鉴定意见书,因检材提取、包装和送检过程违法,无法确定与赵某的关联性,故主张该鉴定意见不能作为定案依据。在对实物证据的司法鉴定程序启动之前,需要通过相应方法或机制来保障送检材料的真实性与可靠性,[3]这就涉及鉴定检材的鉴真问题。对于

---

〔1〕 参见陈瑞华:《实物证据的鉴真问题》,载《法学研究》2011年第5期。

〔2〕 参见谢登科:《电子数据的鉴真问题》,载《国家检察官学院学报》2017年第5期。

〔3〕 参见陈瑞华:《刑事证据法》,北京大学出版社2021年版,第240页。

鉴定检材的鉴真,通常也主要是借助于“保管链条证明”和“独特性确认”两种方式。因此,鉴定检材的鉴真方法也并不是唯一的。在该案中,公安机关扣押气枪时,没有对枪支进行编号、没有按规定封装并填写标签,存在“证据保管链条中断”的问题,故导致无法通过“保管链条证明”对鉴定检材予以鉴真。但是,事后被告人赵某对送检枪支进行辨认,确认了送交鉴定机构的枪支就是在其摊位扣押的气枪。故该案通过“独特性确认”对检材予以鉴真,从而保障了送检枪支的形式真实性与同一性,建立了该枪支与案件事实、被告人之间的关联,故法院将其作为定案根据。

回 理论拓展

实物证据鉴真,是实物证据的提出方当事人需要提供证据材料或者通过某些方法来证明提交的该证据就是其所主张的证据。此种对实物证据形式真实性和同一性的证明、认定过程就是实物证据鉴真。鉴真是实物证据具有证据能力的重要前提,在无法保障实物证据的形式真实性和同一性时,通常不能认定该实物证据具有证据能力。实物证据从收集提取到庭审质证通常会经历较长时间间隔,这期间实物证据的真实性可能会因各种主客观因素而发生变化,在庭审中出示的实物证据是否具有同一性和形式真实性就可能存在合理怀疑,因此,有必要对实物证据予以鉴真。

实物证据鉴真,通常有两种基本方法,即“独特性确认”和“保管链条证明”。前者主要适用于特定物证据的鉴真,特定物证据通常具有独一无二的特征,可以让实物证据的知悉人员或者经手人员,出庭陈述实物证据的特征,通过将陈述内容与庭审中出示实物证据状况进行比对,从而确认实物证据的形式真实性和同一性。后者主要适用于种类物证据的鉴真。由于种类物证据通常不具有显著性特征,其无法与其他种类物之间有效区分,此时就不宜适用“独特性确认”方式进行鉴真,而主要是通过“保管链条证明”方式予以鉴真,它主要是通过从证据收集提取到当庭出示期间,所有接触过该实物证据的人员就其同一性与形式真实性提供证言。但是,我国刑事审判在司法实践中呈现出“卷宗笔录主义”的庭审方式,因此,我国刑事司法实践通过“保管链条证明”来鉴真实物证据时,比较倚重于取证笔录、取证录像、情况说明、鉴定意见等证据材料。

取证笔录是侦查人员在勘验、搜查、扣押以及提取证据过程中就证据来源、取证过程、取证方法等内容制作的书面记录。我国《刑事诉讼法》规定,侦查人员在开展勘验、搜查、扣押等侦查行为时应当制作笔录。笔录证据可以对物证、书证、视听资料和电子数据等实物证据起到鉴真作用,对实物证据的来源、提取、收集、移送、保管、出示等过程进行追溯性证明,从而达到证明实物证据真实性和同一性的功效。

在实物证据鉴真中,鉴定也是实物证据的重要鉴真方法之一。鉴定是鉴定人利用其专业知识、技术设备等就案件事实认定中的专业性问题进行分析、判断后作出相关意见的过程。这其中就包括对实物证据同一性、真实性等专业问题进行分析判断后作出鉴定意见。以电子数据鉴真为例,电子数据鉴定包括了数据存在性鉴定、信息量鉴定、数据同一性鉴定、数据来源鉴定、程序功能鉴定等。[1] 这里的数据同一性鉴定、数据来源鉴定等鉴定类型,就可以用作电子数据的鉴真方法。在鉴真与鉴定的关系上,一方面鉴真可用于对检材真实性的保障和识别,在鉴定程序启动前需要对检材予以鉴真从而保障后期形成的鉴定意见的真实性与可靠性;另一方面鉴定可以作为实物证据的鉴真方法之一。鉴定与"保管链条证明"虽然同为实物证据的鉴真方法,但用于"保管链条证明"的各种取证笔录、取证录像,通常是在实物证据的收集、移送、保管等环节同步形成,而鉴定意见通常具有事后性,它是在实物证据收集之后才出现。在用于实物证据鉴真时,鉴定意见通常也具有事后性特征,它可以作为"保管链条中断"情况下的补救机制。比如在快播公司传播淫秽物品牟利案中,由于执法人员在扣押四台涉案服务器时没有作封存处理,辩护方提出取证程序违法,四台涉案服务器及其存储数据来源不明,涉案硬盘可能被污染、调换,不应作为证据认定的观点。在该案中,因扣押实物证据时未作封存处理导致"保管链条中断",司法机关委托鉴定机构对电子数据进行鉴定,经鉴定后确认了电子数据的形式真实性和同一性。[2] 该案主要是通过事后鉴定来解决"保管链条中断"问题,将鉴定作为电子数据的鉴真方法,实现对电子数据形式真实性和同一性的证明、认定。由于鉴定意见成本较高,它并不是实物证据鉴真中的常用方法,而是"保管链条中断"情况下进行补救的重要方式。

实物证据鉴真主要是通过对实物证据同一性和形式真实性的证明与认定,保障对案件事实的正确认定和公正裁判。若对实物证据没有进行有效鉴真,法院就不得将其作为定案根据,否则就会让裁判结果建立在欠缺形式真实性的实物证据基础之上,由此很容易导致冤假错案。因此,对于无法进行有效鉴真的实物证据,法院应当予以排除。当然,对于"无法鉴真"的实物证据,需要将其与"鉴真方法"存在瑕疵的实物证据予以适当区分。无法鉴真的实物证据,是穷尽了现有鉴真方法之后仍然无法证明其形式性和同一性,此时才属于"无法鉴真"或"鉴真不能"的实物证据,需要对其予以排除。但是,若仅仅是实物证据鉴真的部分方法存在瑕疵,比如在赵某非法持有枪支案中,仅是对扣押的枪支没有作编号处理,但仍然可以通过其他方法对实物证据的形式真实性和同一性予以证明,则不属于"无法鉴真"或"鉴真不能"的实物证据。此时,若直接将鉴真方法存在瑕疵的实物证据予以排除,会有悖于实物证据鉴真规则的目的和初衷,也会阻碍对案件事实的正确认定。若实物证据鉴真的某种方法存在瑕疵,但仍然存在采取其他方法对实物证据进行鉴真的可能性,就需要采取其他方法对实物证据进行鉴真。在通过其他方法对实物证据进行鉴真之后,仍然可以将实物证据作为认定案件事实的根据。在赵某非法持有枪支案中,司法机关就是通过赵某对涉案枪支的辨认,解决了"保管链条中断"问题,从而实现对涉案枪支的有效鉴真,并将这些枪支及其鉴定意见作为定案根据。

---

〔1〕 参见麦永浩主编:《电子数据司法鉴定实务》,法律出版社2019年版,第3-4页。
〔2〕 参见谢登科:《电子数据的鉴真问题》,载《国家检察官学院学报》2017年第5期。

■ 民事诉讼中实物证据鉴真规则的理解与适用

案例 3-8 H 公司与 Y 公司技术合同纠纷案[1]

□ 案情概述

H 公司与 Y 公司签订 6 份技术服务合同,由 Y 公司向 H 公司提供开发 Wi-Fi 机和相关应用软件服务。订立技术服务合同后,H 公司向 Y 公司支付了 300 多万元港币的合同款。后 H 公司以 Y 公司没有完成开发产品和技术服务为由,请求法院判令 Y 公司承担返还合同款、赔偿损失等违约责任。在该案审理过程中,双方当事人均未提交关于本案项目交付、测试等合同履行的书面证据,开发过程主要体现在微信群聊天记录的电子数据中。在案微信群聊天电子数据系在双方当事人履行涉案合同的正常业务活动中形成。Y 公司已提交存储该电子数据的原始介质供核对。该电子数据时间前后连贯,内容基本完整,且与合同约定相互对应,能形成合乎逻辑的证据锁链,故一审法院将该电子数据作为认定案件事实的根据。法院经审理后认为 Y 公司已经按照合同约定履行了其技术服务义务,故判决驳回 H 公司的诉讼请求。

H 公司不服一审法院判决,向最高人民法院提出上诉。最高人民法院经审理后认为:Y 公司在原审中向法院提交了三个微信群的聊天记录打印件用于证明涉案合同的履行情况。原审法院召集双方当事人到庭,现场将三个微信群的聊天记录进行备份,并将备份光盘交付 H 公司,责令其自行将上述记录与 Y 公司提交的打印件进行核对,如有不符之处需书面提出。后 H 公司向原审法院提交书面说明称,其无法判断前述证据是否真实完整地反映了双方的聊天内容,亦不确认 Y 公司提交的微信聊天内容可以证明 Y 公司已经履行了合同义务。H 公司在二审中对三份聊天记录,仍然持上述观点。上述三个聊天群中部分人员为 Y 公司员工,其他人系 H 公司员工。H 公司法定代表人、员工、委托的诉讼代理人均在上述微信聊天群中,其有能力核对 Y 公司提交的微信群聊天记录的真实性和完整性,若 H 公司否认上述聊天记录的真实性和完整性,应当提供反证,现 H 公司仅以"无法判断"为由不认可 Y 公司提交的证据而未提供反证,原审法院依法采信上述微信群聊天记录作为认定案件事实和涉案合同履行的证据并无不当。故判决驳回上诉,维持原判。

该案涉及的证据主要有:(1)技术服务合同;(2)微信群聊天记录;(3)当事人陈述。

□ 证据分析

本案中涉及证据的争议焦点是:(1)电子数据鉴真中的证明责任,即需要由哪方当事人

---

[1] 参见最高人民法院(2021)最高法知民终 1039 号民事判决书。

对微信群聊天记录的真实性承担证明责任？(2)电子数据鉴真中反证规则如何适用，即H公司在否认微信群聊天记录的真实性时，是否应当提供证据证明该微信群聊天记录的不真实？其应当提供的证据是否属于反证？

对于以上证据问题，分析如下。

(一)电子数据鉴真中的证明责任

在实物证据鉴真中，通常需要由提供实物证据的一方当事人对其形式真实性和同一性承担举证责任。比如《民诉证据规定》第92条第1款规定："私文书证的真实性，由主张以私文书证证明案件事实的当事人承担举证责任。"该条就规定了私文书证鉴真中的举证责任，需要由提出私文书证的一方当事人对其真实性承担举证责任。这主要源于私文书证与公文书证存在显著差别。公文书证是由国家机关或者具有社会管理职能的组织在其权限范围内依照法定程式制作，其具有公信力，通常可以推定具有真实性。私文书证无法根据其制作目的、制作程序等要素来推定具有真实性，故对于私文书证的真实性，原则上需要由私文书证的提出方当事人承担举证责任。[1] 电子数据鉴真，亦是如此，原则上应当由电子数据的提供方当事人对其真实性承担举证责任。

但是，实物证据鉴真中的证明责任，并不是全都由实物证据提供方当事人承担。实物证据鉴真可以分为"外部鉴真"和"自我鉴真"(也称为"内部鉴真""推定鉴真")，前者需要由实物证据提供方对实物证据的形式真实性和同一性承担举证责任，后者并不是由实物证据的提出方当事人承担举证责任，而是由相对方当事人承担举证责任。自我鉴真，也被称为推定鉴真，它是不需要通过外部证据对实物证据具有真实性进行证明的鉴真方法，该实物证据的自身特征或者结构性要素就能够揭示其真实性。[2] 在电子数据鉴真中，我国民事证据制度已经初步确立电子数据的自我鉴真规则，《民诉证据规定》第94条规定："电子数据存在下列情形的，人民法院可以确认其真实性，但有足以反驳的相反证据的除外：(一)由当事人提交或者保管的于己不利的电子数据；(二)由记录和保存电子数据的中立第三方平台提供或者确认的；(三)在正常业务活动中形成的；(四)以档案管理方式保管的；(五)以当事人约定的方式保存、传输、提取的。电子数据的内容经公证机关公证的，人民法院应当确认其真实性，但有相反证据足以推翻的除外。"

在该案中，Y公司为证明其已经履行技术服务合同中的约定义务，且技术服务和产品质量符合合同约定的标准，向法院提交了在产品开发过程中与H公司相关人员的微信群聊天记录。但H公司对该微信群聊天记录的真实性、完整性不予认可。按照实物证据鉴真规则的一般要求，通常需要由电子数据的提出方对该电子数据的真实性、完整性承担举证责任。但是，由于该电子数据是双方当事人在履行合同的正常业务活动中形成。根据《民诉证据规定》第94条第1款第3项之规定，在正常业务活动中形成的电子数据，具有自我鉴真

---

〔1〕 参见最高人民法院民事审判第一庭编著：《最高人民法院新民事诉讼证据规定理解与适用》(下)，人民法院出版社2020年版，第801-803页。

〔2〕 参见邱爱民：《实物证据鉴真制度研究》，知识产权出版社2012年版，第278-288页。

的法律效果,即其具有推定真实性的法律效果。在正常业务活动中形成的电子数据,其真实性通常比较有保障,由于此类电子数据形成于正常业务活动之中,若出现虚假或者伪造,通常会影响正常业务的顺利开展或进行。故对于民事主体在商业活动中按照行业惯例、业务习惯所形成的电子数据通常可以推定其具有真实性。如果当事人出于诉讼目的而制作的电子数据与正常业务活动中形成的电子数据不一致,后者通常具有更高的证明力。[1] 在该案中,由于涉案电子数据具有自我鉴真的效果,故需要由提出电子数据的相对方,即H公司对该电子数据不具有真实性承担举证责任。但是,H公司仅提出该电子数据不真实、不完整的事实主张,没有提供证据来攻击或者弹劾该电子数据的真实性,无法动摇法官对该电子数据具有真实性的初步心证,故法院认定该电子数据具有真实性,并将其作为定案依据。

（二）电子数据鉴真中的反证规则

最高人民法院在裁判书中写明:“H公司否认上述聊天记录的真实性和完整性,应当提供反证。”该观点可能存在对电子数据鉴真中举证责任和反证规则的误解。此种误解可能主要源于以下因素:(1)可能没有厘清电子数据鉴真中的举证责任配置。如前所述,电子数据外部鉴真,需要由电子数据提供方对其形式真实性承担举证责任;电子数据自我鉴真,则需要由提供电子数据的相对方当事人对电子数据不具有真实性承担证明责任。(2)可能没有厘清举证责任配置与反证之间的关系。反证是指对待证事实不承担证明责任的当事人为了证明待证事实不存在而提出的证据。[2] 对于当事人提供的证据或者需要提供的证据是否属于反证,首先应确定当事人对待证事实是否承担举证责任。在该案中,Y公司提供的微信群聊天记录是在正常业务中形成,其具有自我鉴真的法律效果,即可以推定为具有形式真实性。此时,应当由H公司对该微信群聊天记录不具有真实性承担举证责任,H公司需要提供的证据属于本证而不是反证。

《民诉证据规定》第94条第1款在规定电子数据推定真实规则时,赋予了对方当事人反驳的权利,即对方当事人可以提供用于反驳该电子数据具有真实性的“相反证据”。这里的“相反证据”或者“反驳证据”并不等同于反证,它主要是从证据功能角度所作的界定,而不是从举证责任角度做出的证据分类,它是用于反驳、攻击、削弱对方当事人提出证据真实性的证据。反驳证据有可能是本证,也有可能是反证,这主要取决于提出该反驳证据方的当事人对电子数据具有真实性或者不真实性是否承担举证责任。若承担举证责任,则该反驳证据属于本证;若不承担举证责任,该反驳证据就属于反证。由于该条设置了电子数据的真实性推定规则,就需要由对方当事人对其不真实承担举证责任,相对方当事人提供反驳证据用于质疑、攻击电子数据的真实性是其履行举证责任的具体要求,因此,该反驳证据属于本证而不是反证。在该案中,最高人民法院的正确表述应当是:“H公司否认上述聊天

---

[1] 参见最高人民法院民事审判第一庭编著:《最高人民法院新民事诉讼证据规定理解与适用》(下),人民法院出版社2020年版,第823页。

[2] 参见卞建林主编:《证据法学》,高等教育出版社2020年版,第156-157页。

记录的真实性和完整性,应当提供反驳证据。”

在该案中,将本应界定为本证的“反驳证据”,错误地界定为反证,则很容易淡化其背后的举证责任而导致当事人消极举证。对于本证与反证的区分,既有助于区分不同类型证据在诉讼程序的作用和功能,也有助于明晰证明责任分配,从而促进当事人积极履行自己的举证责任。〔1〕若按照最高人民法院裁判文书的内在逻辑,将 H 公司提供反驳聊天记录真实性和完整性的证据界定为“反证”,则意味着其仍然将电子数据真实性的举证责任配置给 Y 公司,这显然有悖于《民诉证据规定》第 94 条第 1 款的电子数据真实性推定规则。本证是当事人基于自己承担的举证责任而提出的证据,它是当事人履行自己举证责任的具体表现。反证是不承担举证责任的当事人为了增加己方胜算而提出反驳、质疑对方当事人证据材料或事实主张的证据,提出反证并不是当事人履行自己举证责任的行为。对于当事人而言,若对待证事实承担举证责任,提出本证通常是实现胜诉的必要条件,但对方当事人实现胜诉,反证不是必要条件。在实践中,承担举证责任的当事人虽然提供了部分证据用于支持其事实主张,但若本证没有达到法定证明标准,即该方当事人提供的证据尚未达到证明标准,此时即便对方当事人不提供任何反证,也无须承担案件事实真伪不明的风险,因为他并不承担举证责任。但是,若本证已经达到法定证明标准,即承担举证责任的当事人提供的证据已经达到证明标准,能够让案件事实裁判者对争议事实形成初步心证,此时对方当事人就需要提出反证,来削弱裁判者对案件事实的初步心证,若对方当事人不提供反证,就可能会面临败诉风险。

在该案中,H 公司应当提供用于反驳微信群聊天记录真实性的证据是否属于反证的问题,需要将其与举证责任结合起来分析;在对举证责任的分析和认定中,需要将其与证明对象或待证事实结合起来。不同类型的待证事实或证明对象,在举证责任设置上可能会存在差异。在该案中,需要区分实体性事实和证据性事实。实体性事实是民事法律关系产生、变更或消灭的事实;证据性事实是支持证据材料具有法定证据资格所需要的事实。〔2〕该案争议的实体性事实,需要由 Y 公司承担举证责任,即 Y 公司需要对自己已经按照合同约定履行了技术服务义务的事实承担举证责任。Y 公司提供了微信群聊天记录对该实体性争议事实予以证明,故 Y 公司提供的微信群聊天记录属于本证。由于 Y 公司需要对该争议的实体性事实承担举证责任,那么,是否可以从对该实体性事实的举证责任角度,将 H 公司应当提供用于反驳微信群聊天记录真实性的证据认定为反证?答案是否定的,因为此时双方当事人的争议事实,为微信群聊天记录是否具有真实性的证据性事实,对于该证据性事实的举证责任,需要由 H 公司承担,故 H 公司应当提供用于反驳微信群聊天记录真实性的证据属于本证。从避免败诉风险来看,提出本证是防止败诉的必然要求,不提出本证必然会导致败诉,因为本证的提出方对于证明对象或待证事实承担举证责任;提出反证对于防止败诉具有或然性,缺乏反证并不必然导致败诉,因为反证提出方对证明对象或待证事实不

〔1〕参见潘金贵主编:《证据法学》,法律出版社 2022 年版,第 116－117 页。
〔2〕参见卞建林主编:《证据法学》,高等教育出版社 2020 年版,第 105－116 页。

承担举证责任。该案中,H 公司败诉的主要原因就在于其没有提供用于反驳微信群聊天记录真实性的本证,此类电子数据推定鉴真机制要求其对微信群聊天记录不具有真实性承担举证责任。

□ 理论拓展

电子数据具有的虚拟性、离散性、海量性等特征,不仅决定了其证据形态、取证模式与传统实物证据存在较大差异,也决定了其适用传统实物证据鉴真方法会有较大局限性。比如电子数据的海量性决定无法通过取证笔录直接对电子数据取证过程、内容、特点等信息进行全面记载。但是,电子数据具有可复制性、易篡改性等特征,这就决定了电子数据作为证据使用时很容易会让当事人质疑其真实性、完整性。为了解决上述困境,我国各级司法机关尝试将完整性校验、可信时间戳、数字签名、区块链存证等信息技术应用于电子数据鉴真,由此就产生了电子数据的"技术性鉴真",即通过完整性校验、可信时间戳、数字签名等网络信息技术方法实现对电子数据同一性和真实性的证明。《电子数据规定》已经将"完整性校验"作为刑事案件中电子数据鉴真的方法之一。最高人民法院 2018 年 9 月颁布《关于互联网法院审理案件若干问题的规定》将电子签名、可信时间戳、哈希值校验、区块链存证等技术手段,作为互联网法院审理案件中电子数据鉴真的重要方法。最高人民检察院 2021 年 1 月颁布《人民检察院办理网络犯罪案件规定》将完整性校验值、数字签名、数字证书作为电子数据鉴真的重要方法。最高人民法院 2021 年 6 月颁布《人民法院在线诉讼规则》将区块链存证作为在线诉讼中电子数据的鉴真方法,规定了区块链存证电子数据的法律效力、审查方法等内容。这些信息网络技术本身具有较高的可靠性,当其被引入电子数据鉴真时,就可能会引发电子数据自我鉴真的大量出现。比如《关于互联网法院审理案件若干问题的规定》第 11 条第 2 款、《人民法院在线诉讼规则》第 16 条分别规定了采取数字签名、可信时间戳、哈希值校验、区块链存证等技术手段收集固定的电子数据,具有"推定真实"的法律效力,这会对电子数据鉴真中的证明责任分配产生重大影响。

(一)完整性校验值

完整性校验值是使用散列函数等特定算法对电子数据予以计算所得出的用于校验数据完整性的数值。实践中应用较多的是哈希值,它是将任意长度的输入数据通过散列函数算法变换为固定长度的输出值。哈希函数算法主要具有以下特征:其一,唯一性。两个不同数据经过哈希函数运算后得到的哈希值不同。其二,确定性。对于同一数据输入或者相同数据输入,无论经过多少次哈希函数运算,其得到的哈希值都相同。其三,不可逆性。在仅有哈希值情况下,无法逆向还原出哈希值所对应的原始输入数据。基于上述特征,哈希值也被称为"数字 DNA",任何一条电子数据,比如文本文件、运用程序、音视频文件等,不管其存量多大,有且仅有唯一的哈希值。若该电子数据发生修改或增减,其哈希值也会发生变化。完整性校验是电子数据作为证据使用的核心,也是对电子数据予以有效鉴真的首要基础工作。

我国《电子数据规定》等规范性文件已建立了以"完整性校验值"为核心内容的电子数据技术性鉴真规则体系,这主要体现在以下方面:其一,在取证过程中应计算电子数据的完整性校验值。通过网络在线提取、冻结、调取、检查等方式收集电子数据时,侦查机关应计算其完整性校验值。在电子数据取证中计算完整性校验值,可以为后期通过比对完整性校验值来确定电子数据同一性和完整性奠定基础。其二,在取证笔录中应记载电子数据完整性校验值。侦查机关在电子数据收集取证中,也需要制作相关取证笔录。在取证笔录中对完整性校验值的记载,应当注明完整性校验值类型、具体数值。其三,在证据移交中应核对电子数据完整性校验值。审查完整性校验值是证据移送过程中保障电子数据完整性和同一性的重要方法。证据保管部门在接收电子数据时应审查比对其完整性校验值,比对情况和结果记载于接收笔录中。其四,在证据审查中应比对电子数据完整性校验值。电子数据完整性是其真实性的前提和基础;若缺乏完整性,则电子数据真实性就无法保证,其所表达的内容或信息就可能并非客观存在。比对完整性校验值是审查电子数据完整性的重要方法。若电子数据在保管、移送、检验等环节中发生修改或增减,都会导致其完整性校验值不一致。若完整性校验值经过比对后确认具有一致性,则司法机关可初步确认电子数据的完整性和真实性。

(二)可信时间戳

可信时间戳是由联合信任时间戳服务中心(Unitrust Time-Stamp Authority)签发的电子凭证,可用于证明电子数据自申请可信时间戳后的完整性和未被篡改性。可信时间戳也是电子数据常见的技术性鉴真方法,其在刑事司法中适用相对较少,在民事诉讼、商事仲裁等领域广泛应用。这可能源于刑事司法对证据合法性的要求较高,其中就包括对取证主体合法性的要求,取证主体不合法会影响证据能力。若公安机关、检察机关等国家专门机关委托取证公司负责收集电子数据并制作可信时间戳,可能因取证主体合法性不足而减损电子数据的证据能力。另外,刑事诉讼领域电子数据鉴真方法较为多元,既可以采用取证笔录、同步录像、见证人见证等方法予以鉴真,也可以采取完整性校验值的技术性鉴真方法。在民事诉讼中,需要当事人或其诉讼代理人自行收集、提交有关证据。当事人可能因欠缺法律知识而不知道在证据收集保管环节制作取证笔录;代理律师即便在取证中制作了取证笔录,但相比于公安机关、检察机关等国家专门机关,法院可能认为私人主体制作的取证笔录可信性较差,而排斥将其取证笔录作为实物证据鉴真的依据。因此,民事司法中电子数据鉴真方法相对单一,主要通过公证、鉴定等方式鉴真,其运行成本相对较高。利用可信时间戳等技术方法替代公证,可以降低电子数据鉴真成本,减少当事人诉讼支出。《关于互联网法院审理案件若干问题的规定》将可信时间戳、电子签名、区块链存证等技术方法用于电子数据鉴真,主要缘于民事诉讼中对电子数据真实性的审查主要依靠公证;在线诉讼会涉及大量电子数据,需要打破通过公证认定电子数据真实性的单一途径,通过技术手段和配套制度来保障电子数据真实性。除了互联网法院审理的民事案件外,其他法院在审理知识产权、网络购物、网络信贷等民事案件中,也大量使用可信时间戳来鉴真电子数据。

在可信时间戳认证中,申请人需将收集的电子数据哈希值上传至可信时间戳验证中心;可信时间戳验证中心收到电子数据哈希值后,会将其与时间戳中心的时间信息作为主要内容进行数字签名,然后生成可信时间戳认证书发送给申请人。可信时间戳生成后,便锁定了电子数据在哈希值生成时的状态。在此之后,电子数据是否保持了其完整性和真实性,可借助可信时间戳验证中心(https://v.tsa.cn)进行验证。法院在通过可信时间戳来审查电子数据真实性时,应当向可信时间戳验证中心上传需要验证的电子数据及其对应可信时间戳认证书。若验证结果显示未被篡改,则表明该电子数据自申请可信时间戳后未被篡改,可以确认其完整性和真实性。

(三)数字签名

数字签名也称为电子签名,它是在数据电文中以电子形式所含或所附用于识别签名人身份并表明签名人认可其中内容的数据。数字签名是对交易类电子数据鉴真的重要方式,其在民事诉讼领域适用较多。《电子数据取证规则》第24条规定网络在线提取电子数据中,必要时可以收集数字签名、注册信息等关联性信息。这主要是考虑到:网络在线提取的对象是电子数据,而不是其原始存储介质,原则上应通过计算电子数据的完整性校验值来保障其完整性和真实性,但为了防止网络因素导致完整性校验值发生变化,故将数字认证、数字签名、注册信息等也纳入收集范围,以证明电子数据的同一性,确保电子数据不被篡改。

具体来说,数字签名可从以下方面实现电子数据鉴真:其一,对身份关联性的证明。数字签名本身蕴含了签名者的身份信息,有助于确保签名就是文件创始人所签,也有助于防止他人伪装成特定文件创始人,从而为身份关联性提供初步的筛查或证明机制。其二,对数据完整性的证明。通过数字签名所发送的数据信息,需要经过公钥进行加密处理,从而生成该传递信息所对应的哈希值,而哈希值的确定性和唯一性保障了发送数据信息的真实性和完整性。因此,数字签名有助于保障数据内容从签名后不被增减或篡改。其三,认证机制增强了数字签名的可信性。数字签名解决了数据电文的身份识别和确认问题,而公正、权威的第三方机构对签名人身份信息、相关资料的核实和管理,可以增强对电子交易主体和内容的信任程度,增强电子签名的真实性与可靠性。

(四)区块链存证

区块链作为当下网络信息技术的新兴产物,能有效保障所存储信息的可靠性与安全性,这也使其成为电子数据的技术性鉴真方法之一。我国司法机关正在开展电子数据区块链存证的实践探索,区块链存证在网络信息时代的司法适用也越来越普遍。区块链存证综合了分布式账本、非对称加密、可信时间戳等多项信息技术,可以为电子数据的真实性提供技术保障。区块链采取了去中心化的分布式记账技术,可以实现对存证数据的分布式存储。数据被上传至区块链之后,在没有修改后续区块的情况下将不能进行追加式修改;若要修改,则意味着破坏了区块链中的大多数节点。区块链的分布式记账技术可以让存证数据具有很强的防篡改性。区块链存证中并不直接存储电子数据本身,而是存储电子数据经散列函数运算后的数据即哈希值。这既可以防止电子数据被篡改或增减,也为验证入链后的电子数据具备真实性提供技术支撑。

上述四种方法是电子数据技术性鉴真中较为常见的方法,但实践中并不限于上述四种技术方法。《关于互联网法院审理案件若干问题的规定》第 11 条第 2 款采取“列举 + 概括”的表述方式,将上述四种技术手段并列为电子数据的技术性鉴真方法,该款中的“等”是列举未尽之义,其也包括用于电子数据收集、固定和防篡改的其他技术手段。从电子数据技术性鉴真方法的发展历程来看,完整性校验是电子数据技术性鉴真方法的基础,其他技术性鉴真方法中都嵌入了完整性校验。数字签名、可信时间戳吸收了完整性校验技术,但分别融合身份确认、时间确认、第三方认证等技术或机制,对数据真实性、防篡改性的证明效果更佳。它们两者因其不同技术结构和特征,在电子数据鉴真中也各自有所侧重。数字签名能实现对签名人的身份关联与确认,表明对所签名之内容数据的认可,其在合同类电子数据鉴真中应用较多。可信时间戳可以为数据生成、提存时间提供证明,在知识产权案件中广泛应用。区块链存证不仅融合了完整性校验、时间戳、数字签名等技术,其分布式账本技术也具有较强的防篡改功能。数字签名、可信时间戳中的第三方认证是建立在中心化信任机制之上,它们通过专业、权威的第三方认证来担保数据具备真实性和可靠性。区块链存证中的分布式账本技术是“去中心化”信任机制,它通过多个节点对数据的链式存储来防止篡改,是对“中心化”信任机制的重大突破。电子数据作为网络信息技术的产物,其种类繁杂、范围广泛,信息技术和社会经济的发展会带来更多新形态、新类型的电子数据,也将催生电子数据鉴真的新兴技术方法。

□ 阅读指引

1. 邱爱民:《实物证据鉴真制度研究》,知识产权出版社 2012 年版。
2. 谢登科:《电子数据的鉴真问题》,载《国家检察官学院学报》2017 年第 5 期。
3. 麦永浩主编:《电子数据司法鉴定实务》,法律出版社 2019 年版。
4. 陈瑞华:《实物证据的鉴真问题》,载《法学研究》2011 年第 5 期。
5. 白冰:《论实物证据的鉴真规则》,载《当代法学》2018 年第 1 期。

(撰写人:吉林大学法学院　谢登科)

第五节 最佳证据规则

■ 刑事诉讼中最佳证据规则的理解与适用

案例3-9 聂某斌故意杀人、强奸妇女案[1]

▣ 案情概述

河北省石家庄市人民检察院指控被告人聂某斌犯故意杀人罪、强奸妇女罪一案,石家庄市中级人民法院于1995年3月作出(1995)石刑初字第53号刑事附带民事判决。宣判后,被告人聂某斌、附带民事诉讼原告人康某2分别提出上诉。1995年4月,河北省高级人民法院作出(1995)冀刑一终字第129号刑事附带民事判决,并根据最高人民法院授权高级人民法院核准部分死刑案件的规定,核准聂某斌死刑。

2005年1月,涉嫌犯故意杀人罪被河北省公安机关网上追逃的王某金,被河南省荥阳市公安机关抓获后自认系本案真凶。此事经媒体报道后,引发社会关注。2007年5月,申诉人张某枝、聂某生、聂某惠向河北省高级人民法院和多个部门提出申诉,请求宣告聂某斌无罪。2014年12月,根据河北省高级人民法院请求,最高人民法院指令山东省高级人民法院复查本案。

山东省高级人民法院依法组成合议庭,对本案进行全面审查后认为,原审判决缺少能够锁定聂某斌作案的客观证据,在被告人作案时间、作案工具、被害人死因等方面存在重大疑问,不能排除他人作案的可能性,原审认定聂某斌犯故意杀人罪、强奸妇女罪的证据不确实、不充分。建议最高人民法院启动审判监督程序重新审判,并报请最高人民法院审查。

最高人民法院对山东省高级人民法院的复查意见进行了审查,于2016年6月作出再审决定,提审本案。最高人民法院依法组成合议庭,根据相关法律规定,依照第二审程序对本案进行了书面审理。

石家庄市中级人民法院一审判决认定:1994年8月5日17时许,被告人聂某斌骑自行车尾随下班的石家庄市液压件厂女工康某1,至石家庄市郊区孔寨村的石粉路中段,聂某斌故意用自行车将骑车前行的康某1别倒,拖至路东玉米地内,用拳头猛击康某1的头部、面部,致康某1昏迷后将其强奸,尔后用随身携带的花上衣猛勒康某1的颈部,致其窒息死亡。一审法院认为,被告人聂某斌拦截强奸妇女,杀人灭口,手段残忍,情节和后果均特别严重,其行为已构成强奸妇女罪、故意杀人罪。对于辩护人提出的指控聂某斌犯强奸妇女罪证据

---

〔1〕 参见最高人民法院(2016)最高法刑再3号刑事判决书。

不足的辩护意见，因有被告人聂某斌多次供述，且与现场勘查吻合，供证一致，不予采信。一审法院依照相关法律规定，以故意杀人罪判处被告人聂某斌死刑，剥夺政治权利终身；以强奸妇女罪判处其死刑，剥夺政治权利终身，决定执行死刑，剥夺政治权利终身。一审宣判后，聂某斌提起上诉。河北省高级人民法院二审判决认定的事实、证据与一审判决一致。二审法院判决维持对聂某斌犯故意杀人罪的定罪量刑，撤销对聂某斌犯强奸妇女罪的量刑，改判有期徒刑15年，与故意杀人罪并罚，决定执行死刑，剥夺政治权利终身。根据最高人民法院授权高级人民法院核准部分死刑案件的规定，河北省高级人民法院核准聂某斌死刑。

该案涉及的证据基本情况如下：(1)石家庄市公安局郊区分局在侦破此案时，根据群众反映将聂某斌抓获后，聂某斌即交代了强奸后勒死康某1的犯罪经过，并带领公安人员指认了作案现场及埋藏被害人衣物的地点，与现场勘查一致；(2)聂某斌对康某1生前照片及被害现场提取物进行了辨认，确认系被害人照片及所穿衣物；(3)聂某斌所供被害妇女的体态、所穿衣物与被害人之夫侯某某、证人余某某所证一致。

最高人民法院经再审查明：1994年8月5日17时许，河北省石家庄市液压件厂女工康某1(被害人，殁年36岁)下班骑车离厂。8月10日上午，康某1父亲康某2向公安机关报案称其女儿失踪。同日下午，康某2和康某1的同事余某某等人在石家庄市郊区孔寨村西玉米地边发现了被杂草掩埋的康某1的连衣裙和内裤。8月11日上午，康某1的尸体在孔寨村西玉米地里被发现。同日下午，侦查机关对康某1的尸体进行了检验。

认定上述事实的证据如下：

1. 现场提取的自行车、凉鞋、连衣裙、内裤和钥匙等物证。

2. 证人康某2和余某某等人证明康某1失踪和发现康某1衣物情况、证人侯某某证明上述现场提取物品系康某1生前所用之物的证言。

3. 尸体检验报告、现场勘查笔录和照片等。

但是对于原审认定原审被告人聂某斌于1994年8月5日17时许，骑自行车尾随下班的康某1，将其别倒拖至玉米地内打昏后强奸，尔后用随身携带的花上衣猛勒其颈部，致其窒息死亡。最高人民法院认为，这一认定事实不清、证据不足，不予确认。理由有以下9点：(1)聂某斌被抓获之时无任何证据或线索指向其与康某1被害存在关联；(2)聂某斌被抓获之后前5天的讯问笔录缺失，严重影响在卷讯问笔录的完整性和真实性；(3)聂某斌有罪供述的真实性存疑，且不能排除指供、诱供可能；(4)原审卷宗内案发之后前50天内证明被害人遇害前后情况的证人证言缺失，严重影响在案证人证言的证明力；(5)聂某斌所在车间案发当月的考勤表缺失，导致认定聂某斌有无作案时间失去重要原始书证；(6)原审认定的聂某斌作案时间存在重大疑问，不能确认；(7)原审认定的作案工具存在重大疑问；(8)原审认定康某1死亡时间和死亡原因的证据不确实、不充分；(9)原办案程序存在明显缺陷，严重影响相关证据的证明力。

最高人民法院认为，原审认定聂某斌犯故意杀人罪、强奸妇女罪的事实不清、证据不足。根据相关法律规定,不能认定聂某斌有罪。对申诉人及其代理人、最高人民检察院提出的应当改判聂某斌无罪的意见,予以采纳。最高人民法院判决撤销原判,宣告原审被告人聂某斌无罪。

☐ 证据分析

聂某斌故意杀人、强奸妇女案中涉及证据的争议焦点之一是:聂某斌所在车间案发当月的考勤表缺失,导致认定聂某斌有无作案时间失去重要原始书证。本案复查和再审期间,申诉人及其代理人提出,聂某斌所在车间有一份考勤表,该考勤表可以证明聂某斌1994年8月5日是否上班,没有考勤表就不能认定聂某斌有作案时间,认为这张考勤表系对聂某斌可能有利的证据。那么在原始书证缺失的情况下,如何认定案件事实?

对于上述证据问题,分析如下。

(一)考勤表对认定聂某斌有无作案时间意义重大

一方面,有证据证明考勤表确实存在且已被公安机关调取。本案复查期间,证人葛某某证实,聂某斌出事后,办案机关找他问了聂某斌的出勤情况,并拿走了这份考勤表,他曾经让办案人员用后归还,但办案机关没有退还。本案再审期间,原办案人员也承认,当年曾对葛某某调查走访,见到并应当提取了考勤表。另一方面,考勤表对证明聂某斌有无作案时间具有重要证明价值。葛某某证实,考勤表记载了聂某斌所在车间员工的每日出勤情况,他当年作证时是"照着考勤表说的"聂某斌出勤情况。当时办案人员还曾问他考勤表上的"√"和"×"是什么意思,他解释说"√"表示出勤,"×"表示没有出勤。因此,考勤表是证明聂某斌1994年8月出勤情况和有无作案时间的重要原始书证。

(二)原办案人员对考勤表未入卷没有作出合理解释

对于考勤表的下落,原办案人员都说记不清了,但认为有两种可能:一种可能是当时证明作案时间的材料要求有公章,聂某斌单位出具了盖有公章的出勤证明,该证明比考勤表更重要,所以考勤表没有入卷;另一种可能是在预审阶段被剔除出来入了副卷,后来副卷丢失了。经最高人民法院审查,这些解释均不属于合理解释。

首先,考勤表是原始证据,更能客观、真实反映聂某斌的出勤情况,而单位出具的出勤证明是传来证据。我国刑事诉讼法及其司法解释将"原始证据优先于传来证据"的经验法则予以法定化。《刑诉法解释》第82条规定,对物证、书证应当着重审查其是否为原物、原件,是否经过辨认、鉴定;物证的照片、录像、复制品或者书证的副本、复制件是否与原物、原件相符,是否由2人以上制作,有无制作人关于制作过程以及原物、原件存放于何处的文字说明和签名。

其次,即使在单位出具盖有公章的出勤证明后,也应当将考勤表一并入卷,以便核对传来证据和原始证据是否一致。考勤表是证明聂某斌有无作案时间的重要原始书证,根据办案期间生效的公安部1987年《公安机关办理刑事案件程序规定》,也应当认真登记、妥为保管,考勤表不入卷不符合相关规定。关于这一问题,《刑诉法解释》第84条强调,据以定案的书证应当是原件。其例外情形为:取得原件确有困难的,可以使用副本、复制件。但紧接着便对传来证据的限制使用进行了规定,一是对书证的更改或者更改迹象不能作出合理解释,或者书证的副本、复制件不能反映原件及其内容的,不得作为定案的根据;二是书证的副本、复制件,经与原件核对无误、经鉴定或者以其他方式确认真实的,可以作为定案的根据。

最后,综上可知,本案中考勤表的缺失导致认定聂某斌有无作案时间失去原始书证支持。对申诉人及其代理人提出的考勤表系对聂某斌可能有利的证据,最高人民法院予以采纳。可见,我国对物证复制品和书证复制件的限制使用,体现了对传来证据的限制使用规则,即原物、原件的证明力要优于复制品、复制件,物证、书证的原始证据形式在证明力上要大于其传来证据形式。究其原因,缘于传来证据在传播、复制、摘抄等过程中,存在着无意失真或故意伪造的可能性,并且这种失真或伪造很难得到查证。

□ 理论拓展

聂某斌故意杀人、强奸妇女案体现了我国刑事诉讼法及其司法解释确立了一种对传来证据的限制使用规则,或者说确立了原始证据优先规则。区别于非法证据排除规则那样的刑事证据能力规则,该规则属于一种刑事证据证明力的法律限制规则。目前学界一般把这种对传来证据的限制使用规则视为最佳证据规则。

作为英美法系一项传统的证据规则,最佳证据规则仅适用于文书证据,所以又被称为"原始书证规则"。[1] 最佳证据规则,是指作为原始文字材料的书证相对于复制件而言,具有优先的可采性。原则上,记录文字材料的证据必须是原件,而不能是复制件;除非有证据证明原件确实存在过、原件是真实的并且原件的缺失具有正当的理由,否则复制件是不能被采纳为证据的。在英美证据法中,该规则主要适用于信件、文件等文字材料,以及录音、照片、电影胶片、X 光片等记录声音、图像的材料。最佳证据规则具有以下规范意义:一是有助于促进诉讼双方提交更优的证据,进而提高案件的证据质量;二是通过原件等证据的提交、运用,促进案件事实的准确认定;三是通过准确的案件事实认定,促进司法公正的实现。

整体上看,我国三大诉讼中均初步确立了最佳证据规则,其不仅适用于书证,也适用于物证、视听资料等。根据我国相关法律规定,最佳证据规则强调对于物证、书证、视听资料、电子数据等内容的证明,一般应当提交原物和原件。最佳证据规则的适用在刑事诉讼、民事诉讼和行政诉讼中的基本要求是一致的,即控方或当事人提交的证据一般应当提交原件、原物;在法定情形下,可以提交与原件、原物核对无误的复制件或证明该物证的照片、录像等其他证据。根据我国相关法律的规定,这种例外情形包括:(1)原物、原件已经难以获得;(2)原物不便搬运、不易保存;(3)原物、原件数量众多,没有必要一一出示等。在上述情

---

〔1〕 参见潘金贵主编:《证据法学》,法律出版社 2022 年版,第 137、159 页。

形下,经核对无误后可将复制件或证明物证的照片、录像等其他证据作为证据使用。以物证为例,我国《刑诉法解释》第 83 条规定,据以定案的物证应当是原物。其例外情形为:原物不便搬运、不易保存、依法应当返还或者依法应当由有关部门保管、处理的,可以拍摄、制作足以反映原物外形和特征的照片、录像、复制品。必要时,审判人员可以前往保管场所查看原物。但又对传来证据的限制使用进行了规定,一是物证的照片、录像、复制品,不能反映原物的外形和特征的,不得作为定案的根据;二是物证的照片、录像、复制品,经与原物核对无误、经鉴定或者以其他方式确认真实的,可以作为定案的根据。换言之,物证的原物是直接来源于案件事实的原始证据,也是用于证明案件事实的最佳证据。基于原物所形成的复制品、照片、录像等证据,属于传来证据,它们并非直接来源于案件事实,其复制、录像等过程中可能存在案件信息的减损、丢失等问题,从而降低其真实性与可靠性。需要注意的是,最佳证据规则并不绝对禁止在诉讼中将复制品作为证据,但由于复制品属于传来证据,存在复制过程中可能会因证据信息丢失从而产生阻碍事实正确认定的风险,因此仅在法定例外的情形下,才可以使用复制品。对物证复制品,通常需要从以下两方面审查其真实性:一是复制品反映的原物是否客观存在,即物证的存在性问题。对于物证存在性的审查,主要是防止通过制作复制品来伪造客观上不存在的物证。二是物证与复制品是否一致,即复制品的“一致性”问题。对于“一致性”的审查,主要是防止因主客观原因导致复制过程中信息丢失或歪曲。对于上述两方面内容的审查,可以借助于复制品制作过程的文字记录、同步录像等证据材料。

值得我们思考的是,在英美证据法中,最佳证据规则仅适用于文书证据,而我国所确立的对传来证据的限制使用规则之适用对象却不限于书面材料,而是涵盖了所有的物证和书证。可见,我国刑事证据法确立的并非标准意义上的“最佳证据规则”,称其为“对传来证据的限制使用规则”可能更为准确。

■ 民事诉讼中最佳证据规则的理解与适用

案例 3－10 蓝天知识产权代理(浙江)有限公司、浙江国力科技股份有限公司专利代理合同纠纷案[1]

□ 案情概述

上诉人蓝天知识产权代理(浙江)有限公司(以下简称蓝天公司)因与被上诉人浙江国力科技股份有限公司(以下简称国力公司)专利代理合同纠纷一案,不服浙江省宁波市中级人民法院于 2020 年 6 月作出的(2019)浙 02 知民初 400 号民事判决,向最高人民法院提起上诉。最高人民法院于 2020 年 8 月依法组成合议庭对本案进行了审理。

---

〔1〕 参见最高人民法院(2020)最高法知民终 1389 号民事判决书。

蓝天公司上诉请求:撤销原审判决,改判支持蓝天公司主张国力公司支付专利代理费284,000元以及逾期利息28,080元,总计312,080元,国力公司承担本案全部诉讼费用。主要理由为:涉案3份委托代理合同真实、有效。国力公司应依照合同的约定支付合同余款以及逾期付款的利息。原审法院仅以合同为复印件为由从而否认双方之间存在真实有效的代理合同,认定事实不清楚。原审法院未认定3份委托代理合同的真实性,从而对蓝天公司其余证据未予置评,此行为割裂了蓝天公司证据之间的关联关系,导致认定事实错误。

国力公司辩称:原审判决认定事实清楚,适用法律正确,请求予以维持。主要理由为:蓝天公司对涉案合同无法提供原件,其复印件真实性无法确认。

原审法院查明事实如下:蓝天公司为证明其诉讼请求,提交了以下证据:

1. 委托合同3份(复印件),拟证明国力公司委托蓝天公司申请专利,费用合计320,000元。

2. 专利清单及专利受理通知书110份,拟证明蓝天公司完成了专利申请。

3. 驳回决定,拟证明因国力公司原因导致专利不符合专利法规定而被驳回。

4. 专利复审清单及专利复审通知书80份,拟证明蓝天公司代为办理专利复审事宜,国力公司应当支付费用。

5. 专利证书4份,拟证明部分实用新型专利在2017年2月15日才去获得授权的事实。

6. 原审法院(2018)浙02民初2159号之一裁定书,拟证明蓝天公司于2018年起诉后撤诉。

国力公司对上述证据质证后,发表如下质证意见:"对3份委托合同的真实性不予认可……因蓝天公司在庭审中未能提供3份委托合同的原件,且庭后也未能补强可以作证3份委托合同真实性的证据,故原审法院无法认定3份委托合同的真实性,对该3份委托合同不予认定。"

综上,原审法院认为,当事人对自己提出的主张,有责任提供证据。蓝天公司要主张国力公司支付代理费用,应当提供据以计算费用的证据,如代理合同等,现其无法提供,则应当由其承担不利后果。原审法院依照相关法律规定,判决驳回蓝天公司的诉讼请求。

二审中,蓝天公司补充提交如下证据:

1. 戴某婷与蓝天公司业务员QQ聊天记录1份。证明国力公司知悉并认可双方之间的代理合同。

2. 工商登记信息1份。证明戴某婷至少在2014～2017年为国力公司法定代表人和股东,对外可以代表国力公司。

3. 公证书1份。证明戴某婷支付宝账号对应的QQ号。

经质证,国力公司对证据2、证据3的真实性没有异议,对证据1认可聊天主体确为戴某婷与蓝天公司当时的业务员余某飞,但由于时间较长,无法确定其中的具体内容,戴某婷未对蓝天公司所发的合同截图予以承认,其真实性无法确认。最高人民法院认为,因国力公司不持异议,对蓝天公司上述证据的真实性可以确认。上述证据可以证明国力公司与蓝天公司在 2016 年 12 月 16 日就专利年费交付问题进行过沟通,蓝天公司依据发明专利申请代理委托合同表明"国力公司预付款 10 万元付该份合同款都不够"。国力公司确认其虽有几十万元未付款,但预付款 10 万元已足够支付获得授权的专利费用。原审法院查明的其他事实属实,最高人民法院予以确认。

最高人民法院认为,蓝天公司的上诉请求部分成立,予以支持。依照相关法律规定,判决撤销浙江省宁波市中级人民法院(2019)浙 02 知民初 400 号民事判决;国力公司于判决生效之日起 10 日内支付蓝天公司合同款 201,135 元及利息;驳回蓝天公司其他诉讼请求。

回 证据分析

本案中涉及证据的争议焦点之一是:关于合同复印件的证明力问题,即对蓝天公司提交的合同复印件的真实性能否确认?

对于上述证据问题,分析如下:

关于合同复印件的证据效力问题,《民事诉讼法》第 73 条第 1 款规定,书证应当提交原件。物证应当提交原物。提交原件或者原物确有困难的,可以提交复制品、照片、副本、节录本。《民诉法解释》第 111 条规定,《民事诉讼法》第 73 条所规定的"提交书证原件确有困难",包括下列情形:(1)书证原件遗失、灭失或者毁损的;(2)原件在对方当事人控制之下,经合法通知提交而拒不提交的;(3)原件在他人控制之下,而其有权不提交的;(4)原件因篇幅或者体积过大而不便提交的;(5)承担举证证明责任的当事人通过申请人民法院调查收集或者其他方式无法获得书证原件的。在上述规定情形中,人民法院应当结合其他证据和案件具体情况,审查判断书证复制品等能否作为认定案件事实的根据。可知,合同复印件虽不能单独作为认定案件事实的根据,但可结合其他证据和案件具体情况予以审查判断其证据效力。

本案中,蓝天公司提交的 3 份委托代理合同为复印件,理由为原件遗失。国力公司虽对该 3 份合同复印件的真实性不予认可,但对其委托蓝天公司代理申请专利及支付过 10 万元代理费的事实没有异议,仅抗辩称本案应以授权的专利作为结算依据。在此情形下,本案应综合蓝天公司提交的专利申请文件、专利复审文件等证据材料对合同复印件的真实性进行审查确认,而不能仅因合同为复印件即否定其真实性。

最高人民法院重点审查了以下三项事实:一是蓝天公司提交的 3 份合同复印件为同一版式,均有双方当事人公司印章,形式完备;二是蓝天公司提交的 2016 年 12 月 16 日双方聊天记录,显示国力公司对蓝天公司截图出示的合同文本没有提出异议,该合同文本与蓝天公司提交的合同复印件文本一致;三是蓝天公司提交的 110 份专利申请文件与 3 份合同约定的代理申请专利总数相对应,国力公司亦在 2016 年 12 月 16 日陈述过其有几十万元未付费,此与 3 份合同约定的未收款 22 万元相对应。因此,蓝天公司提交的上述证据之间相互关联,蓝天公司和国力公司的实际履约行为与 3 份合同的约定相符,足以证实 3 份合同的真实性,国力公司应依约向蓝天公司支付代理费用。原审法院未综合考虑蓝天公司提交的合同履行其他证据和案件具体情况，以 3 份合同无原件为由，对其真实性不予认定，认定事实有误，最高人民法院予以纠正。

该案体现的裁判要旨为提交合同原件确有困难且符合法定事由的，人民法院应当结合其他证据和案件具体情况，审查判断合同复印件等能否作为认定案件事实的根据，而不能仅因合同为复印件而否定其证据效力。详言之，当事人提供书证时原则上应当提供原件，仅在法定例外情况下才可以提供复制件。这主要源于书证原件通常直接来源于案件事实，是最具有说服力的证据形式。复制件是书证原件经复刻、复写、拍照等方法所形成的传来证据，其信息可能存在丢失、修改、增减等风险。司法实践中，当事人可以向法院提交书证复制件，法院在收到复制件后需要从以下两个方面进行审查判断：一是前提要件的审查，即法院需要审查当事人提交复制件是否符合法定原因，若符合法定原因，才允许提交书证复制件。二是实质要件的审查，即法院需要审查复制件与原件是否一致，经审查核对复制件与原件无异后，才能使用复制件。复制件是否具有"一致性"的审查方法，并不局限于将复制件与原件进行比对，还包括通过接触过书证原件的人员进行比对确认等方法。

▢ 理论拓展

蓝天公司、国力公司专利代理合同纠纷案体现了民事诉讼中的最佳证据规则，即书证应当提交原件；提交原件确有困难的，可以提交副本、节录本等。司法实践中，由于"确有困难"等要求较为笼统抽象，最佳证据规则的执行情况有待改进。需要强调的是，在最佳证据规则适用过程中，必须区分原则与例外，以提交原物、原件为原则，以提交复制件和复制品以及其他替代物为例外，在运用物证、书证等时，不应当违反这一原则，更不应当混淆原则与例外。

在最佳证据规则的具体运用中，除了民事诉讼法及其司法解释，我们还需要结合《民诉证据规定》的具体规定，对当事人举证、证据的调查收集以及证据的质证等关键环节予以重点把握。

第一，在当事人举证环节，根据《民诉证据规定》第 11、12、15 条之规定，当事人向人民法院提供证据，应当提供原件或者原物。如需自己保存证据原件、原物或者提供原件、原物确有困难的，可以提供经人民法院核对无异的复制件或者复制品。以动产作为证据的，应当将原物提交人民法院。原物不宜搬移或者不宜保存的，当事人可以提供复制品、影像资料或者其他替代品。当事人以视听资料作为证据的，应当提供存储该视听资料的原始载体。当事人以电子数据作为证据的，应当提供原件。电子数据的制作者制作的与原件一致的副本，或者直接来源于电子数据的打印件或其他可以显示、识别的输出介质，视为电子数据的原件。

第二，在证据的调查收集环节，根据《民诉证据规定》第 21 ~ 23 条之规定，人民法院调查收集的书证，可以是原件，也可以是经核对无误的副本或者复制件。人民法院调查收集的物证应当是原物。被调查人提供原物确有困难的，可以提供复制品或者影像资料。人民法院调查收集视听资料、电子数据,应当要求被调查人提供原始载体。提供原始载体确有困难的,可以提供复制件。

第三,在证据的质证环节,根据《民诉证据规定》第 61 条之规定,对书证、物证、视听资料进行质证时,当事人应当出示证据的原件或者原物。但有下列情形之一的除外:(1)出示原件或者原物确有困难并经人民法院准许出示复制件或者复制品的;(2)原件或者原物已不存在,但有证据证明复制件、复制品与原件或者原物一致的。

此外,我们还需要注意最佳证据规则于在线诉讼中的具体运用。根据《人民法院在线诉讼规则》第 12、13 条之规定,当事人提交的电子化材料,经人民法院审核通过后,可以直接在诉讼中使用。诉讼中存在下列情形之一的,人民法院应当要求当事人提供原件、原物:(1)对方当事人认为电子化材料与原件、原物不一致,并提出合理理由和依据的;(2)电子化材料呈现不完整、内容不清晰、格式不规范的;(3)人民法院卷宗、档案管理相关规定要求提供原件、原物的;(4)人民法院认为有必要提交原件、原物的。

当事人提交的电子化材料,符合下列情形之一的,人民法院可以认定符合原件、原物形式要求:(1)对方当事人对电子化材料与原件、原物的一致性未提出异议的;(2)电子化材料形成过程已经过公证机构公证的;(3)电子化材料已在之前诉讼中提交并经人民法院确认的;(4)电子化材料已通过在线或者线下方式与原件、原物比对一致的;(5)有其他证据证明电子化材料与原件、原物一致的。

□ 阅读指引

1. 樊崇义主编:《刑事证据规则研究》(修订版),中国人民公安大学出版社 2020 年版。
2. 贾宇主编:《刑事客观性证据审查运用指引》,中国检察出版社 2022 年版。
3. 最高人民法院民事审判第一庭编著:《最高人民法院新民事诉讼证据规定理解与适用》,人民法院出版社 2020 年版。
4. 肖峰:《最高人民法院民事诉讼证据规则:条文解析与实务运用》,法律出版社 2022 年版。
5. 王新平编著:《民事诉讼证据规则编注:条文 · 适用 · 案例》,法律出版社 2023 年版。

(撰写人:北京航空航天大学法学院　吉冠浩)

第六节 证据补强规则

■ 刑事诉讼中证据补强规则的理解与适用

案例3-11 杨某故意杀人案[1]

□ 案情概述

一审法院公开审理查明：被害人梁某请被告人杨某帮其购买一辆农用运输车，杨某表示同意。2007年4月3日早晨，杨某将4瓶啤酒放置于一黑色拎包中，携带至梁某家。二人在梁某家吃过早餐后一起至银行将梁某1.7万元购车款存入杨某某（系杨某之姐）的银行卡中。当日下午，杨某电话联系梁某后再至梁某家，两人一起看了会儿电视剧后，杨某萌生了杀死梁某占有购车款的杀机。于是，杨某趁梁某不备，用随身携带的闭路电视线套住梁某的脖子，转身背起梁拖往厨房。此时，杨某听见梁某房屋后有摩托车的声音，其害怕事情被人发觉，遂将杨某背起挪至厨房西侧暗处，让其头朝下趴在水缸上。梁某因颈部被勒致机械性窒息死亡。后杨某拽出闭路电视线，返回至院内拿起装有4个啤酒瓶的黑色拎包，跳过梁家东侧院墙逃离现场。

本案中杨某在侦查阶段作有罪供述，但后来翻供。一审法院认为，杨某图财害命，故意杀害被害人梁某，其行为已构成故意杀人罪，判决杨某犯故意杀人罪，判处死刑，剥夺政治权利终身。

一审宣判后，杨某以没有作案为由提出上诉，理由主要包括：(1)没有杀人动机；(2)现场提取的杨某的足迹系何时所留不清，是下雪前还是下雪后提取的亦不明；(3)不能确定案发后从现场跳墙逃走的人就是杨某，现有证据不足以认定杨某犯有故意杀人罪。

二审法院经审理认定，原判认定的事实清楚，证据确实、充分，定罪准确，量刑适当，审判程序合法，裁定驳回上诉，维持原判，并依法报请最高人民法院核准。最高人民法院经复核认为，杨某构成故意杀人罪，裁定核准二审法院维持第一审以故意杀人罪判处被告人杨某死刑，剥夺政治权利终身的刑事裁定。

本案涉及的主要证据：

1. 被告人杨某的有罪供述。

2. 现场勘验检查笔录、足迹鉴定结论。

3. 尸体检验鉴定结论。

---

[1] 参见《杨淑敏杀人案——在被告人翻供的情况下如何根据供证关系定案》，载最高人民法院刑事审判一、二、三、四、五庭主办：《刑事审判参考》总第72集，法律出版社2010年版。

4. 搜查笔录、扣押物品、文件清单及照片。

5. 银行卡客户交易查询单。

6. 手机通话清单。

7. 证人赵某明、赵某珍证言。

▢ 证据分析

本案中涉及证据的争议焦点主要为:(1)被告人杨某于侦查阶段的有罪供述之真实性和证明力应如何审查与认定?(2)被告人杨某于审查起诉阶段的翻供之真实性和证明力应如何审查与认定?

针对以上证据问题,分析如下。

(一)被告人有罪供述之补强

《刑事诉讼法》第55条第1款规定:"对一切案件的判处都要重证据,重调查研究,不轻信口供。只有被告人供述,没有其他证据的,不能认定被告人有罪和处以刑罚;没有被告人供述,证据确实、充分的,可以认定被告人有罪和处以刑罚。"我国的口供补强证据规则即源于该规定。该规定的规范意旨在于限制口供在事实认定中的证明作用,避免虚假供述引发错案。

基于该规定,即便事实认定者对口供的真实性已达到内心确信的程度,但在未有其他证据补强的情况,仍不能据此予以定罪。根据我国口供补强证据规则的要求,在确保口供真实性的要求前提下,仍需要满足一定数量要求的其他证据予以补强,两相结合,方可认定被告人有罪。于本案而言,能够证明杨某杀害梁某的直接证据唯有杨某于侦查阶段的有罪供述,根据口供补强规则,仍需要其他证据对该口供进行补强,以使全案形成完整的证据链条。

根据本案在案证据情况,本案中被告人有罪供述是以印证补强和先供后证关系之分析两种方式予以补强,进而保障有罪供述的真实性。

1. 印证补强

本案中被告人供述的补强方式,主要是采用了印证补强的方法,也即被告人口供所含的事实细节都有相应的证据予以印证。供述与各补强证据之间的相互印证,体现和保障了供述的真实性。

被告人杨某在侦查阶段所作有罪供述之内容,包含了其因心生强占被害人梁某购车款的想法而萌生杀机,杀害杨某的方式、工具、过程和环境。

根据杨某的有罪供述,其杀害被害人梁某的过程乃是用闭路电视线趁梁某不备,套在梁某的脖子上,同时顺势背起梁某以致其被勒颈致死。而该有罪供述中关于杨某杀害梁某的作案工具和方式,都有相应的证据予以证实。其一,尸体检验鉴定结论证实,梁某系被绳索勒颈部致机械性窒息死亡。这与闭路电视线的使用和背身勒死梁某的方式相吻合。其二,侦查人员根据杨某供述在杨某家中搜寻到一长约1米、被焚烧过的用闭路电视线所做的绳套。这与杨某将闭路电视线作为作案工具以及犯罪后焚烧并丢弃作案工具的供述相吻合。

根据杨某的有罪供述，其作案的时间约为16时30分许，且作案过程中听到院外有摩托车声音，以及作案后从东面跳出院墙逃离现场。该有罪供述中有关其作案的时间和环境的内容，有现场勘验检查笔录、足迹鉴定结论、气象站案发当日地面月报表、证人证言予以印证。其一，现场勘验检查笔录、足迹鉴定结论、气象站案发当日地面月报表印证了杨某在16时30分位于梁某家的事实。其二，证人赵某1于16时30分骑摩托车途经梁某家的证言以及证人赵某2目睹案发当日16时30分有一男子手持长方形黑色的兜从被害人家东面围墙跳下来顺着围墙往北走的证言，皆证实了杨某有关作案环境和逃跑方式的供述的真实性。

上述杨某的有罪供述所含内容都有相应的证据予以佐证，相互印证状态下证据信息的一致性和同向性则形成了对杨某有罪供述真实性的有效补强。印证补强的原理在于，两个以上的证据在所包含的事实信息方面发生了完全重合或者部分交叉，使一个证据的真实性得到了其他证据的验证。[1] 杨某有罪供述所包含的各个环节和整个犯罪过程都有来源独立的证据予以印证。在各补强证据的真实性和合法性都得以保障的情况，全案就杨某杀害梁某这一犯罪事实形成了完整的证据链条，能够成立有罪事实。

2. 先供后证关系之分析

本案中供证关系的样态也对裁判者认定杨某供述真实性及杨某实施了犯罪行为有着重要的强化心证作用。供证关系是指被告人供述与其他证据（如物证、书证、证人证言等）之间形成的时间及逻辑上的先后顺序，包括先供后证与先证后供两种情形。先供后证模式系侦查机关在抓获犯罪嫌疑人后，根据其口供进一步取得其他物证、书证、证人证言等。先证后供模式系侦查人员在侦破案件过程中，根据已经收集到的犯罪证据来分析判断嫌疑对象，经过缜密的侦查，逐步锁定犯罪嫌疑人，然后将其抓获归案并进行讯问，犯罪嫌疑人在事实与证据面前供认了自己的罪行，供述的内容与先前获取的证据能够相互印证。[2]

根据实务经验，一般而言，相较于先证后供模式，先供后证模式对案件事实的认定有着更重要的价值。概言之，该种模式对供述的证明力有较强的补强效用，能够增强司法工作人员对供述真实性的确信程度。因为根据经验法则，若非供述者所为，否则其不可能指引侦查人员在极其隐蔽的地方找到正常情况下难以发现的物证。对此，相关的刑事司法规范将这种据犯罪嫌疑人供述收集到的隐蔽性证据之办案情形固化下来，《刑诉法解释》第141条规定："根据被告人的供述、指认提取到了隐蔽性很强的物证、书证，且被告人的供述与其他证明犯罪事实发生的证据相互印证，并排除串供、逼供、诱供等可能性的，可以认定被告人有罪。"

与之相反，在先证后供的模式中，由于侦查人员事先掌握了相关证据，所以犯罪嫌疑人供述的自愿性和真实性，则可能因侦查人员为了获取口供而使用刑讯逼供、诱供等非法手段，而存在失真风险，从而变得难以判断。

---

〔1〕 参见陈瑞华：《论证据相互印证规则》，载《法商研究》2012年第1期。

〔2〕 参见聂昭伟：《供证关系在证据审查及事实认定中的价值分析》，载《人民司法》2015年第24期。

回归到本案当中,藏匿在隐蔽位置的物证、部分证人证言以及录像资料等证据,不仅包含与作案过程直接相关的证据,还包括作案过程以外的其他事情发展所产生的证据。部分证据藏匿隐蔽,部分证据与罪行的实施不具有直接关系,若非杨某供述,则侦查人员难以获得。这些证据都是根据杨某的供述取得,属于先供后证,可信度高。

尤其在本案当中,本案既没有目击证人,又缺乏指向性极强的客观性证据。在此种案件情形下,供证模式对事实认定的影响更为突出,而先供后证的模式对被告人有罪供述的真实性起到了较强的补强作用。究其根本,先供后证的模式,尤其是隐蔽性证据的获取,本质上强化了被告人与犯罪事实的关联性认定,特别是被告人与行为人的同一性认定。

(二)被告人无罪辩解之排除

由于杨某于审查起诉阶段翻供,故而本案中有罪证据与无罪证据并存。《刑事诉讼法》第55条第2款第3项规定,认定有罪事实需"综合全案证据,对所认定事实已排除合理怀疑"。这便要求事实认定者在裁断案件时既需要从正面审查控方所指控的事实是否成立,亦要从反面分析验证被告人是否存在无罪可能性。

本案的无罪证据是被告人于审查起诉阶段的无罪辩解。杨某翻供称,被害人遇害当日,其并未与被害人见过面,亦未到过被害人家中,更没有杀人。同时,杨某亦在翻供时讲述了其在被害人遇害当日的活动以及见过的人。就证据法理而言,杨某的翻供形成了对本案杨某故意杀人犯罪事实成立与否的合理怀疑,但值得注意的是,杨某所言及的证人亦构成了办案机关验证合理怀疑成立与否的线索。对此,办案机关询问了杨某翻供内容中提及的相关证人,但是相关证人证言皆否定了杨某的翻供内容。进言之,经过验证核查,杨某的翻供与在案证据矛盾,其翻供不成立。

综上所述,本案裁判者通过对杨某有罪供述真实性予以补强以及对杨某无罪辩解进行核查排除的方式,认定杨某实施了杀害梁某的罪行。本案的证据构造特殊性在于两方面:一方面,有罪供述与无罪辩解并存;另一方面,本案缺乏除被告人供述与辩解以外的直接证据,故而需要结合在案其他证据综合判断有罪供述与无罪辩解的真实性。有鉴于此,裁判者通过印证补强和供证关系的分析两种方式,既确认杨某有罪供述中的犯罪事实和犯罪行为的真实存在,又确认杨某即是杀害梁某的行为人,双管齐下,对杨某的有罪供述予以了有效补强。同时,裁判者运用排除合理怀疑的思维,对杨某的无罪辩解进行进一步的核查,发现其无罪辩解与其他证据相互矛盾,不具有真实性,进而排除了杨某未实施犯罪的疑点。根据《刑诉法解释》第96条的规定,被告人在庭审中翻供,但不能合理说明翻供原因或者其辩解与全案证据矛盾,而其庭前供述与其他证据相互印证的,可以采信其庭前供述。最终,根据案件的证据构造、口供补强情况以及疑点排除结果,裁判者采信杨某的有罪供述,认定其故意杀人的犯罪事实存在。

回 理论拓展

根据学理划分,口供补强规则可分为消极意义层面与积极意义层面两类。消极意义层面的口供补强规则指的是，不允许将口供作为认定犯罪事实的唯一依据。例如我国《刑事诉讼法》第 55 条第 1 款规定，只有被告人供述，没有其他证据的，不能认定被告人有罪和处以刑罚。该规定即是消极意义层面口供规则的立法例。积极意义层面的口供补强规则指的是，只有口供符合法定的补强要求，裁判者才能根据口供作出有罪判决。积极意义层面的口供补强规则经由英美法系国家及深受美国法影响的日本司法实践发展而出，而且在补强的对象、程度和补强证据的能力等方面作出了更详尽的限制。〔1〕

口供补强规则的规范目的在于，通过禁止仅凭口供定罪的方式，进而尽量避免因虚假口供而引发的误判。口供之所以被称为证据之王，是因为其包含丰富的案件事实信息，往往能够覆盖犯罪成立所需要的构成要件信息。因此有罪供述对犯罪事实之证成具有极为重要的证明价值。但也正因为如此，口供内容一旦为虚假，仅凭口供定罪便会造成冤假错案，而且允许仅凭口供定罪亦会进一步激发侦查机关获取口供的动力，这可能导致刑讯逼供等非法取证行为。

有鉴于此，为了防范刑讯逼供等非法取证行为的适用及冤假错案的发生，有罪供述的证明力经立法而被予以限制。在未有其他证据对有罪供述予以补强时，不得将有罪供述作为定罪的依据，也即刑事司法实务所常言的，孤证不能定案。此处的“孤证”通常指代的即是有罪供述。进言之，口供补强规则本质上是有罪供述的证明力限制规则。于我国刑事规范体系之中，由于只有被告人供述，没有其他证据的，不能认定被告人有罪和处以刑罚，故而口供补强规则实则还是一项禁止仅凭口供定案的定罪证据规则。正如学者所言，我国的口供补强规则既是口供证明力的判断规则和评价法则，又是针对被告人的定罪规则。〔2〕

经学界归纳，通说认为，口供补强的思路和方案有两种：一是罪体标准，二是可信性标准。〔3〕第一，就罪体标准而言，独立于口供以外的补强证据应当能够独立证明犯罪事实。通说认为，罪体标准要求补强证据补强的对象是犯罪结果和犯罪行为，也即犯罪构成要件中排除犯罪主体要件（被告人与犯罪的联系）和主观要件（故意、目的等）之后的剩余部分。采用罪体标准的口供补强思路和方案，能够确保犯罪事实的存在，避免无辜者虚假供述并不存在的犯罪，防范无中生有的假案发生。第二，就可信性标准而言，独立于口供以外的补强证据应当能够佐证口供证据本身的真实性，进而保障事实认定的准确性。可信性标准下的补强证据，既包含直接源于案件事实的实质证据，亦包含能够证明案件事实的辅助证据。采用可信性标准的口供补强思路和方案，能够确保被告人与犯罪行为人的同一性认定，进而认定被告人确实实施了犯罪行为。值得注意的是，两种口供补强的思路和方案各有优劣，在个案的适用中亦不存在非此即彼的情况。如何更好地实现对口供的补强，进而保障事实认定的准确性，仍有待理论界和实务界的进一步研究探索。

---

〔1〕 参见向燕：《论口供补强规则的展开及适用》，载《比较法研究》2016 年第 6 期。

〔2〕 参见董坤：《规范语境下口供补强规则的解释图景》，载《法学家》2022 年第 1 期。

〔3〕 参见向燕：《论口供补强规则的展开及适用》，载《比较法研究》2016 年第 6 期；董坤：《规范语境下口供补强规则的解释图景》，载《法学家》2022 年第 1 期。

■ 民事诉讼中证据补强规则的理解与适用

案例3-12 李某诉田某借款纠纷案[1]

□ 案情概述

李某与田某原系恋爱关系。李某持有借条一份,主张田某向其借款25万元,要求田某偿还借款。借条载明:"今有田某向李某借款17,000元,于2014年10月一次性还清,另借款25万元于2016年3月24日一次还清,将房产证押于李某。借款人:田某,收款人:李某,2014.3.24。"经询,李某称借条全文及落款日期均系其书写,借款人处系田某签名捺印。李某据此向法院提出诉讼请求:(1)判令田某偿还借款及支付逾期利息;(2)涉诉费用由田某承担。

李某对于借条中转账支付部分和现金支付部分的数额前后陈述不一,对于现金支付部分的款项来源、交付时间、交付地点等均存在前后陈述不一致的情形,存在诸多疑点。

□ 证据分析

本案的证据争议在于:核心证据李某所提交的借条是否具有足够的证明力以证明原告所主张的事实?

对于以上证据问题,分析如下:

本案系民事借贷纠纷。民事借贷关系的成立,需要满足两个构成要件:一是当事人之间存在借贷合意,二是款项业已实际交付。原告李某要求田某偿还借款,自然需要就双方之间存在借贷合意,以及款项已实际交付给田某之事实承担相应的举证责任。

关于李某与田某两人之间存在借贷合意,李某通过举示借条予以主张,但是田某则对借条的真实性提出疑问。对于借条中记载的关于17,000元的借款问题,李某称系田某让其书写,为了证明双方之间17,000元的借款已经清偿完毕,"于2014年10月一次性还清"的时间记载错误,应为2013年10月。

关于李某已将借款实际交付给田某,李某先是称向田某银行转款16万元、交付现金9万元,后又称转款149,000元,交付现金101,000元,一笔9万元,一笔11,000元。且关于现金9万元的交付时间、地点等,李某亦前后陈述不一致,且有矛盾之处。关于149,000元的转款,田某称其工资卡一直由李某持有至2012年双方分手时,并提交了相应的证据证明上述款项已被李某用于购车等消费。

针对上述两项待证事实,李某所举示的证据显然无法达到证明标准。借条作为借款人

---

[1] 参见北京市第二中级人民法院(2020)京02民终2853号民事裁定书。

向出借人出具的确认双方借贷关系的书面凭证，能够直接证明借贷事实的成立，具有较强的证明力。在部分民间借贷案件中，借条和借款协议等书面证据可能是出借人能够提供的唯一证据。虽然这些书面证据具有直接证明力，但它们的真实性、关联性和合法性仍需接受实质审查。进言之，在相关证据属性存在瑕疵的情况下，这些书面证据并不一定会被采信作为认定借贷事实存在的依据。因此，当出现借款人对借条提出合理异议、借条内容存在瑕疵等情形时，法院应综合在案证据，根据逻辑推理和经验法则，加强对借条的真实性、关联性和合法性的实质审查。显然，在此情形下，借条因存有瑕疵而证明力有所下降，根据证据补强规则，出借人则需承担相应的补强责任，对该问题进行合理解释或者提供其他证据佐证以补强借条真实性。若出借人对借条瑕疵问题举证不能，需承担不利后果，借贷事实显然也无法成立。

就本案而言，法院基于以下四方面内容，认为当前证据不足以证明李某与田某之间存在借贷关系：第一，从借条的内容来说，借条存在记载日期前后矛盾的内容瑕疵，借条中关于17,000元款项的记载不符合生活逻辑；第二，李某就款项交付的时间、地点、方式等陈述前后不一致；第三，李某与田某双方原系恋爱关系；第四，李某未能提交有效的证据证明25万元的借款已实际交付田某。综合而言，在借条因存有瑕疵而真实性存疑，李某又未能有效补强的情况下，法院认为在案证据无法证明两人之间借贷事实的存在，故而依法驳回了李某的起诉。

□ 理论拓展

上述案例涉及民事诉讼中证据补强规则的运用。证据补强规则，是指对于某些特定类型的证据，法律要求必须有其他证据以佐证方式补强其证明力。具言之，当某一证据存在证据资格或形式上的瑕疵或弱点，而无法单独作为认定案件事实的根据时，则需要其他证据进行佐证，以增强其真实性和证明力，据此其方能作为定案的依据。进言之，补强证据是一种用于增强主证据（被补强证据）证明力的证据，当主证据存在证明力瑕疵或无法达到法官内心确认时，就需要这种补强证据来支持或担保主证据的证明力，二者相互印证以共同证明案件事实。

就规则属性而言，证据补强规则是一项证明力限定规则，其对特定证据的证明力进行了限制，要求必须对特定证据进行补强，否则不能直接作为定案的根据。民事证据补强规则主要具有以下两方面的诉讼价值。一方面，民事证据补强规则能够为当事人及其代理人的证明活动提供指引。民事证据补强规则的明确以及相应举证不能不利后果的承担，能够指引当事人在运用单一证据来支持诉讼主张时，主动收集其他证据，以对先前证据的证明力予以有效补强。另一方面，民事证据补强规则能够规范法官的事实认定行为。民事证据补强规则通过限定单个某类证据的证明力，进而避免法官以孤证定案。该规则以强调证据外在数量形式的方式，限制法官的自由心证，避免法官滥用心证而随意定案，进而规范法官的事实认定行为，保障事实认定的准确性。

我国的民事诉讼证据补强规则由2001年《民诉证据规定》第69条予以确立,更准确地讲,应将规定称之为瑕疵证据的补强规则。《民诉证据规定》第90条在2001年《民诉证据规定》第69条的基础上进行了相应的修改完善。

2001年《民诉证据规定》第69条规定:"下列证据不能单独作为认定案件事实的依据:(一)未成年人所作的与其年龄和智力状况不相当的证言;(二)与一方当事人或者其代理人有利害关系的证人出具的证言;(三)存有疑点的视听资料;(四)无法与原件、原物核对的复印件、复制品;(五)无正当理由未出庭作证的证人证言。"《民诉证据规定》第90条规定:"下列证据不能单独作为认定案件事实的根据:(一)当事人的陈述;(二)无民事行为能力人或者限制民事行为能力人所作的与其年龄、智力状况或者精神健康状况不相当的证言;(三)与一方当事人或者其代理人有利害关系的证人陈述的证言;(四)存有疑点的视听资料、电子数据;(五)无法与原件、原物核对的复制件、复制品。"

两相比较,《民诉证据规定》修改的内容为:一是增加了当事人的陈述,原因在于根据《民事诉讼法》第78条的规定,当事人的陈述不能独立证明案件事实,本身即属于需要补强的证据。二是删除了2001年《民诉证据规定》第69条第5项"无正当理由未出庭作证的证人证言",原因在于无正当理由未出庭作证的证人证言不符合《民事诉讼法》的规定,没有证据资格。

除《民诉证据规定》第90条之外,我国亦有其他民事证据规定发挥着指引证据补强的规范作用。《民事诉讼法》第74条规定:"人民法院对视听资料,应当辨别真伪,并结合本案的其他证据,审查确定能否作为认定事实的根据。"《民事诉讼法》第78条规定:"人民法院对当事人的陈述,应当结合本案的其他证据,审查确定能否作为认定事实的根据。当事人拒绝陈述的,不影响人民法院根据证据认定案件事实。"《民诉证据规定》第87条规定:"审判人员对单一证据可以从下列方面进行审核认定:(一)证据是否为原件、原物,复制件、复制品与原件、原物是否相符;(二)证据与本案事实是否相关;(三)证据的形式、来源是否符合法律规定;(四)证据的内容是否真实;(五)证人或者提供证据的人与当事人有无利害关系。"归纳而言,前述三项规定,一方面明确视听资料、当事人陈述的证明力;另一方面实则为当事人补强相应证据提供了方向,当法官认为相应证据的证明力存疑时,当事人可以围绕上述方面提供相应的补强证据,以提高主证据的证明力。

通过对上述民事诉讼证据补强规则的梳理,可以明晰,我国民事诉讼证据补强规则的适用条件可以归结为三个:

第一,主证据需要补强。《民诉证据规定》第90条规定的五种证据即是需要被补强的主证据。但值得注意的是,被补强的主证据必须具备基本的证据资格,如若主证据存在不具有真实性、关联性或合法性等情况,则本身就应予以排除而无法适用证据补强规则。第二,主证据之所以需要补强,是因为其证明力存在缺陷。譬如,《民诉证据规定》第90条规定的第1、3、4、5项则涉及证据的真实性存在瑕疵,故需要其他证据予以补强。第三,主证据的瑕疵足以影响其证明力,以至于该证据无法单独作为认定案件事实的根据。进言之,如若主证据没有补强证据，则在案件事实认定方面，该主证据的证明力只能被视作为零，而无法作为认定案件事实的依据。

就民事诉讼的证据补强规则司法适用问题，仍需注意以下几个方面。第一，补强证据本身必须具有证据能力和证明力。第二，民事诉讼证据补强规则虽是数量规则，但实践办案中究竟需要多少补强证据才能与主证据共同认定案件事实的根据，则需由法官在审理案件中依具体情形作出判断。第三，当主证据需要予以补强时，负有相应举证责任的当事人无法举示补强证据时，则应承担相应的不利后果。第四，司法实践中存在民事证据补强规则不当适用的情形，亟待纠偏。许多实务工作者认为，只要涉案证据符合《民诉证据规定》第 90 条所列五项证据的情形，则不论证据数量是否为“单个”，都得作出排除的认定，即便认定案件事实的依据不仅包括涉案的瑕疵证据，还包括其他证据的情况下。在此种情形下，补强证据的范围及法律效果被不当扩张了。进言之，实务中部分案件瑕疵证据在数量上并不符合“单个”的特征，但仍被要求进行补强，这不当增加了当事人的证明负担，同时也导致了证明的机械化问题。第五，在适用证据补强规则时，应当注意防范不当补强的问题。不当补强可能无法达到预期的补强效果。因此，法官应当根据案件的具体情况，合理判断证据的真实性和证明力，决定是否需要进行补强以及如何进行补强。

□ 阅读指引

1. 潘金贵、赵飞龙：《刑事补强证据规则的样态、问题与完善——以 836 份刑事判决为样本》，载《证据科学》2020 年第 5 期。
2. 董坤：《规范语境下口供补强规则的解释图景》，载《法学家》2022 年第 1 期。
3. 向燕：《论口供补强规则的展开及适用》，载《比较法研究》2016 年第 6 期。
4. 王晓利：《民事补强证据规则研究》，西南政法大学 2014 年博士学位论文。

（撰写人：汕头大学法学院　夏睿泓）

第七节　瑕疵证据规则

■ 刑事诉讼中瑕疵证据规则的理解与适用

案例 3－13　李某贩卖毒品案[1]

回 案情概述

霞浦县人民检察院指控,2017 年 4 月 5 日至 8 日,被告人李某通过微信聊天等方式与吸毒人员林某商谈毒品交易事宜,后在霞浦县城关先后三次向林某出售甲基苯丙胺(冰毒)。具体事实如下:(1)2017 年 4 月 5 日 14 时许,被告人李某在霞浦县松城街道兴宁小区 47 号楼附近,将 1 小包甲基苯丙胺以人民币 150 元的价格出售给林某。(2)2017 年 4 月 7 日 22 时许,被告人李某在霞浦县松城街道兴宁小区×号楼附近,将 1 小包甲基苯丙胺以人民币 100 元的价格卖给林某。(3)2017 年 4 月 8 日 12 时许,被告人李某至霞浦县松港街道皇家永利 KTV 门口附近,欲再次向林某出售甲基苯丙胺时被民警当场抓获。后民警从被告人李某身上查扣 2 小包甲基苯丙胺(经检测重量共计 1.5921 克)。而后,民警又至被告人李某位于霞浦县松港街道王龙小区×栋×号卧室,在床头柜抽屉内查扣 10 小包甲基苯丙胺(经检测重量共计 28.0689 克)。就上述指控,公诉人当庭出示了霞浦县公安局出具的到案经过、扣押清单、财物入库清单、涉案毒品甲基苯丙胺及手机照片和微信聊天记录、上海市奉贤区人民法院刑事判决书、刑满释放证明、被告人户籍证明以及证人林某证言、被告人李某的供述和辩解、宁德市计量所检测证书、宁德市公安局物证鉴定所检验报告和现场检查笔录、现场照片、电子数据检查笔录、视听资料等证据。

公诉机关认为,被告人李某明知其所售物品为毒品甲基苯丙胺而仍予以多次贩卖,且售卖数量达 29.661 克,应当以贩卖毒品罪追究其刑事责任。被告人李某曾因故意犯罪被判处有期徒刑以上刑罚,在刑罚执行完毕后 5 年内故意再犯应当判处有期徒刑以上刑罚之罪,系累犯,应予从重处罚。

被告人李某辩称,其被指控的第三次贩卖毒品不能成立;从其住处查扣的 5 大包用茶叶袋包装的甲基苯丙胺是一个叫陈某的人放在其处,另 5 小包甲基苯丙胺是其自己用来吸食。辩护人提出的辩护意见是:(1)被告人李某被指控贩卖从其身上查扣的 1.5921 克甲基苯丙胺不能成立;(2)因搜查程序不合法且检查笔录有瑕疵,同时检查笔录记载内容与扣押清单、工作记录内容不吻合,因此,公诉机关指控在被告人卧室查扣 10 小包计 28.0689 克甲基

---

〔1〕 参见福建省霞浦县人民法院(2018)闽 0921 刑初 1 号刑事判决书。

苯丙胺,事实不清,证据不足;(3)被告人住处查获10小包计28.0689克甲基苯丙胺,不能证明系被告人李某所有,不能计入李某贩卖毒品的数量。

一审法院经审理认为,被告人李某明知其所售物品为毒品甲基苯丙胺而仍予以多次贩卖,且售卖数量达29.661克,其行为已构成贩卖毒品罪。公诉机关指控的罪名成立。被告人李某曾因故意犯罪被判处有期徒刑以上刑罚,在刑罚执行完毕后5年内故意再犯应当判处有期徒刑以上刑罚之罪,系累犯,应予从重处罚。被告人李某及其辩护人关于李某被指控贩卖1.5921克毒品及从其住处查扣28.0689克毒品,事实不清、证据不足,不能计入其贩卖毒品的数量的辩解、辩护意见,没有事实和法律依据,均不予采纳。一审法院认定李某犯贩卖毒品罪,判处有期徒刑11年9个月,并处罚金人民币5000元。

▣ 证据分析

本案中主要的证据争点为:(1)取证程序违法对证据运用产生哪些影响?(2)本案中取证程序不合法是否属于瑕疵证据规则的适用范围?

对于以上证据问题,分析如下。

(一)取证程序违法对证据运用产生的影响

本案涉及贩卖毒品罪,毒品类犯罪中的证据运用有一定的特点,毒品本身的认定不仅关涉犯罪行为是否存在,还涉及具体量刑的幅度。例如,如果相关毒品不能被认定或认定并不存在,则犯罪嫌疑人、被告人的行为可能不构成相关犯罪。从证据与程序的关系来看,刑事证据与刑事程序密切相关。尽管在一些英美法系国家有独立的证据法典,在证据法教科书中也很少分析刑事程序问题,但从整体上看,证据收集、取得、保存、移交、提出和运用等环节都是在刑事诉讼程序框架下进行的。[1] 也正是在这个意义上,大陆法系国家和深受大陆法系影响的国家和地区将证据法视为刑事诉讼法的一部分,仅在刑事诉讼法典中对证据规范加以规定。"从证据与程序的关系看,证据不仅需要与待证事实有关联,还是一种法律程序产品,是一系列法律行为后产生的某种结果,不同法律程序影响和塑造了不同的证据。"[2]

因此,对证据问题的分析不应当将刑事证据与刑事诉讼程序割裂开来。取证程序违法,对证据采纳和运用的影响可以分为四种情形:一是取证程序违法,但仅是违反了一些取证方面的技术性规范,并未影响程序的公正性和对犯罪嫌疑人、被告人等的权利保障。二是取证程序违法,相关取证行为违反了一些取证程序规定,同时也严重影响了证据的真实性、可靠性。三是取证程序违法,还严重影响了程序的公正性或对犯罪嫌疑人、被告人或者其他诉讼参与人的重要权利等造成损害。四是取证程序违法,主要是违反了刑事诉讼法中关于公安机关、司法机关办案权力分配的规范,比如有公安机关对实质不具有管辖权的案件进行了立案侦查。这四种情形的程序违法对证据运用所产生的后果并不相同:在第一种

---

〔1〕 参见冯俊伟:《〈监察法〉实施中的证据衔接问题》,载《行政法学研究》2019年第6期。

〔2〕 冯俊伟:《〈监察法〉实施中的证据衔接问题》,载《行政法学研究》2019年第6期。

情形下,各国刑事诉讼法、刑事证据法都不存在“程序违法所获证据一律排除的规定”,在一定条件下,相关违法行为对证据产生的影响可以被“治愈”,例如我国法律规定的瑕疵证据的补正或者合理解释。在第二种情形下,不真实的证据应当被排除,不真实或者缺乏可靠性的证据材料对认定案件事实没有帮助,不应当进入法庭中作为证据使用。在第三种情形下,违法取证损害了犯罪嫌疑人、被告人或者其他诉讼参与人具体的程序权利、影响了公正审判权,即使相关证据可能具有真实性,也应当予以排除。很多国家和地区的非法证据排除规则主要就是针对这一情形而言。非法证据排除源于基本权利保障已经被广泛认可,“从目的和功能来看,非法证据排除规则是从公民的宪法权利中派生出来的制度”〔1〕。在第四种情形下,对于相关证据应否排除则存在理论上的争议,我国立法上并不存在因立案管辖错误而对证据进行排除的规定。综上可知,取证程序对证据运用产生的影响是不同的,我们不能笼统地认为“取证程序违法不会影响证据运用”,或者简单地认为“取证程序违法则证据一律予以排除”。

在本案一审中,辩护人提出,因搜查程序不合法且检查笔录有瑕疵,同时检查笔录记载内容与扣押清单、工作记录内容不吻合,因此,公诉机关指控在被告人卧室查扣 10 小包计 28.0689 克甲基苯丙胺,事实不清,证据不足。这就是针对违法取证行为提出的辩护意见,但从这一段内容来看,辩方对违法取证之法律后果的主张还可以进一步明确。

(二)本案中取证程序不合法应属于瑕疵证据规则的适用范围

根据上述分析,取证程序违法并不一定意味着证据排除,我们需要对非法证据排除规则与瑕疵证据规则的适用范围作出区分。在这方面,很多学者都作了相关分析,如认为非法证据和瑕疵证据的违法程度不同、侵犯的权利不同、处理规则不同。〔2〕也有学者指出对非法证据和瑕疵证据的区分,需要考量取证手段是否侵犯了重大权益、是否违反了实质性程序规范以及采用某一证据是否违背程序正义等方面。〔3〕本书认为,对非法证据和瑕疵证据进行比较,非法证据涉及基本权利和重要诉讼权利的保障,而瑕疵证据仅涉及程序瑕疵或轻微程序违法。〔4〕根据相关学理分析也可以得出相同的结论,通过严重程序违法所获得的证据属于非法证据排除规则中的“非法证据”,对瑕疵证据的补正应仅限于取证程序的“非实质性瑕疵”,合理解释也限于对取证技术性规范的违反。〔5〕《刑诉法解释》也采取了相同的立场,例如针对证人证言,该解释第 90 条规定:“证人证言的收集程序、方式有下列瑕疵,经补正或者作出合理解释的,可以采用;不能补正或者作出合理解释的,不得作为定案的根据:(一)询问笔录没有填写询问人、记录人、法定代理人姓名以及询问的起止时间、地点的;(二)询问地点不符合规定的;(三)询问笔录没有记录告知证人有关权利义务和法律责任的;

---

〔1〕 易延友:《公民宪法权利的刑事程序保护与非法证据排除规则——以美国联邦宪法第四修正案为中心展开》,载《清华法学》2011 年第 4 期。

〔2〕 参见潘金贵主编:《证据法学》,法律出版社 2022 年版,第 142 – 143 页。

〔3〕 参见陈瑞华:《论瑕疵证据补正规则》,载《法学家》2012 年第 2 期。

〔4〕 参见潘金贵主编:《证据运用实务教程》,法律出版社 2023 年版,第 77 页。

〔5〕 可以参见 2012 年《人民检察院刑事诉讼规则(试行)》(已失效)第 66 条第 3 款的规定。

(四)询问笔录反映出在同一时段,同一询问人员询问不同证人的;(五)询问未成年人,其法定代理人或者合适成年人不在场的。”对于严重影响程序公正和证人权利的程序违法则不得补正,该解释第 89 条规定,询问聋、哑人,应当提供通晓聋、哑手势的人员而未提供的证言和询问不通晓当地通用语言、文字的证人,应当提供翻译人员而未提供的证言不得作为定案依据。

在本案中,辩护律师实质上提出的是一个综合性的辩护意见,具体可以分为两个方面:一是针对被告人李某卧室的搜查程序违法的意见;二是指出不仅上述搜查程序违法,“检查笔录有瑕疵,同时检查笔录记载内容与扣押清单、工作记录内容不吻合”。针对辩护人的上述意见,在一审判决书中,一审法院针对第一个方面回应道,“相关侦查人员的出庭陈述证实当时情况紧急,为避免贻误时机,故未出示搜查证,结合视听资料及搜查时在场证人王某、阮某证言所证实情况,本案搜查程序并不违法”。针对第二个方面,一审法院回应道,“关于检查笔录与扣押清单中有关扣押毒品的包数及查获毒品的具体位置等瑕疵问题,侦查机关出具工作记录进行说明,并经侦查人员当庭作出合理解释,上述证据,可以采信”。本案中侦查人员搜查李某卧室属于紧急搜查,程序并不违法,而检查笔录与扣押清单中有关扣押毒品的包数及查获毒品的具体位置等瑕疵问题,则通过侦查机关出具情况说明、侦查人员出庭等方式作了合理解释,并且这一做法也获得了法院的认可。[1]

□ 理论拓展

在比较法上,非法证据排除规则的文献资料较多,关于瑕疵证据规则的分析则并不多见。我国学者根据刑事诉讼法、相关司法解释和法律文件的规定,对瑕疵证据规则作了较多研究。在理论层面,需要进一步关注以下两个问题:

第一,对瑕疵证据补正或作出合理解释的正当性。在现代刑事诉讼中,依照证据裁判原则的要求,案件事实的认定需要根据符合法律规定的证据进行。因此证据对于定罪、量刑都有重要的决定作用。在这一背景下,刑事司法裁判的正当性之一就在于刑罚的课加需要有可靠的事实基础,相关事实需要由符合法律要求的证据加以证明。[2] 达马斯卡也指出,查明事实真相在刑事诉讼中具有重要价值。[3] 对于相关证据的排除在实质上会对刑事诉讼中的事实认定产生影响,允许对瑕疵证据补正或作出合理解释之正当性在于:一方面,我们需要将我国证据法理论上的“证据合法性”与非法证据排除相区分。在促进案件事实准确认定的目标下,其他国家和地区的立法及实践中,也并不存在只要违法取证即一律排除的证据立法或者实践。另一方面,违法取证产生的法律后果应当与违法程度或者权利侵

---

〔1〕 该案后续还入选了最高人民法院 2019 年十大毒品(涉毒)犯罪典型案例,其典型意义即包括“对取证瑕疵能够作出合理解释的,可以依法采纳相关证据”。参见《最高人民法院发布 2019 年十大毒品(涉毒)犯罪典型案例》,载中国法院网 2019 年 6 月 26 日,https://www.chinacourt.org/article/detail/2019/06/id/4107793.shtml。

〔2〕 See I. H. Dennis, *Reconstructing the Law of Criminal Evidence*, 42 Current Legal Problems 36(1989).

〔3〕 参见[美]米尔吉安·R. 达马斯卡:《比较法视野中的证据制度》,吴宏耀、魏晓娜等译,中国人民公安大学出版社 2006 年版,第 64 页。

害程度具有比例性。[1] 这一点从非法证据排除规则的设定可以看出,非法证据排除规则针对的是严重违反宪法权利和基本诉讼权利的违法取证行为,而对于其他违法取证行为则并不采取严格的证据排除规则,并且,很多国家和地区的立法中还规定了非法证据排除规则的例外。陈瑞华教授指出:“将证据排除于法庭之外,属于一种最严厉的程序性制裁措施;而侦查人员违反法律程序的情况又是千差万别的,有着严重程度的差异。这种对不同程度的程序违法行为一律采取最严厉制裁的做法,无疑违背了基本的‘比例性原则’。”[2]

第二,对瑕疵证据补正或作出合理解释的限度。对瑕疵证据的补正和作出合理解释应当重视瑕疵证据与非法证据的界限,这就需要对瑕疵证据的范围作出限定。有学者归纳了证据瑕疵的不同类型,主要是指取证主体、取证行为、取证过程的瑕疵和证据表现形式方面的瑕疵等。[3] 也有学者从瑕疵证据的本质指出,“瑕疵证据的本质特征在于其违法情节的轻微性。因为这种违法情节的轻微性,使得瑕疵证据具有法政策上的可容忍性,即只要能够通过‘修补’(补正)或‘稀释’(合理解释),消弭其违法性瑕疵,即可挽救该证据,使其具备证据能力”[4]。结合上述分析,在理论研究和司法实践中,必须区分瑕疵证据与非法证据,并且强调对瑕疵证据的补正或者作出合理解释应有一定限度。本书认为,以下情形不属于瑕疵证据,也不能对相关证据进行补正或者作出合理解释。具体言之:其一,证据实质内容缺乏,不具备作为刑事证据的基本条件;其二,证据内容缺乏真实性、可靠性的,相关证据则不能进行补正或者解释;其三,程序违法严重损害犯罪嫌疑人、被告人和其他诉讼参与人的重要权利,所获得的证据已经属于非法证据范畴,应当依照非法证据排除规则的相关规定进行评价。[5]

□ 阅读指引

1. 卢君:《刑事诉讼中的瑕疵证据研究》,中国检察出版社 2021 年版。
2. 胡忠惠、邓陕峡:《刑事瑕疵证据的实证研究与理论阐释》,中国人民公安大学出版社 2014 年版。
3. 陈瑞华:《论瑕疵证据补正规则》,载《法学家》2012 年第 2 期。
4. 易延友:《瑕疵证据的补正与合理解释》,载《环球法律评论》2019 年第 3 期。
5. 李学军、刘静:《瑕疵证据及其补救规则的适用》,载《清华法学》2020 年第 5 期。

(撰写人:山东大学法学院　冯俊伟)

---

〔1〕 参见陈瑞华:《论瑕疵证据补正规则》,载《法学家》2012 年第 2 期;林钰雄:《干预处分与刑事证据》,北京大学出版社 2010 年版,第 208 页。

〔2〕 陈瑞华:《论瑕疵证据补正规则》,载《法学家》2012 年第 2 期。

〔3〕 参见牟绿叶:《论可补正的排除规则》,载《中国刑事法杂志》2011 年第 9 期。

〔4〕 万毅:《论瑕疵证据——以“两个〈证据规定〉”为分析对象》,载《法商研究》2011 年第 5 期。

〔5〕 参见潘金贵主编:《证据运用实务教程》,法律出版社 2023 年版,第 76 页。

第四章　证据的学理分类

第一节　言词证据与实物证据

■ 刑事诉讼中言词证据的理解与适用

案例4－1　尼某故意伤害案[1]

2019年5月16日12时许,波密监狱服刑人员午餐时间,尼某与一监区八组服刑人员李某因为饭菜问题发生争执,李某将旁边服刑人员嘎某手中碗内的饭菜撒向尼某,尼某用塑料杯子击打李某头部,李某用拳头打尼某脸部,波密监狱管教民警发现后予以制止,并将二人带至监狱卫生所处理伤口。经中山大学法医鉴定中心鉴定,李某所受损伤程度为轻伤二级。另查明,尼某因犯故意伤害罪被西藏自治区八宿县人民法院判处有期徒刑14年4个月,刑期至2028年9月14日止;服刑期间被西藏自治区林芝市中级人民法院分别于2016年12月25日减刑1年、于2018年12月24日减刑9个月。

一审采用的证据:

1. 随案移送清单、受案登记表、受案回执、西藏波密监狱立案决定书、西藏波密监狱狱内案件立案表、立案告知书。

2. 询问笔录、销毁作案工具指认照片。

3. 现场勘验笔录、现场照片、现场指认笔录。

4. 调取证据通知书、调取证据清单、视听资料。

5. 调取证据通知书、调取证据清单,八检刑诉字[2014]05号起诉书、(2014)八刑初字第05号刑事判决书、(2014)八刑初字第05号执行通知书、(2016)藏26刑更311号刑事裁定书、(2016)藏26刑更311号减刑执行通知书、(2018)藏04刑更158号刑事裁定书、(2018)藏04刑更158号减刑执行通知书。

6. 关于两名打架罪犯伤情的说明、诊疗记录,李某、尼某伤情照片。

7. 罪犯档案资料。

---

〔1〕 参见西藏自治区林芝市中级人民法院(2022)藏04刑终12号刑事裁定书。

8. 证人扎某、益某某某、李某国、索某某某、赵某、白某、嘎某的证言。

9. 中大法鉴中心[2021]临鉴字第 L73101 号《中山大学法医鉴定中心司法鉴定意见书》、波狱(刑)鉴通字(2022)1 号《西藏波密监狱鉴定意见通知书》。

10. 被害人李某的陈述。

11. 被告人尼某的供述及辩解。

关于尼某及其辩护人提出作案工具和案发现场痕迹灭失的意见。原判认为,监控视频客观全面地显示了案发过程,与证人证言能形成完整的证据链,作案工具和案发现场痕迹灭失不影响本案犯罪事实的认定,对该辩护意见依法不予采纳。关于尼某及其辩护人提出被害人的受伤照片系案发 28 天之后提取,取照时间与案发时间跨度大的意见。原判认为,鉴定取材时间并不是鉴定意见无效的法定依据,且被害人鉴定取材时间为伤愈之后,依此作出的鉴定意见有利于被告人,对该辩护意见依法不予采纳。关于尼某及其辩护人提出中大法鉴中心《中山大学法医鉴定中心司法鉴定意见书》([2021]临鉴字第 L73101 号)真实性、客观性存疑应予排除的意见。原判认为,关于中山大学法医鉴定中心出具的中大法鉴中心《中山大学法医鉴定中心司法鉴定意见书》,鉴定机构及鉴定人具备相应职业资质,具有证明效力,参照被害人受伤时的相关检验及照片,该鉴定意见中的伤口瘢痕与损伤初期检验的原发性损伤位置形状一致,长度有所减小,未显示有新增损伤。故对该鉴定意见书依法予以采信,对以上辩护意见依法不予采纳。尼某故意伤害他人身体,致被害人头部受伤(经鉴定为轻伤二级),其行为已构成故意伤害罪。公诉机关指控的犯罪事实及罪名成立。被害人对案件的发生具有一定过错,可对尼某酌情从轻处罚。尼某在判决宣告后,刑罚执行完毕以前又犯新罪,应与前罪未执行的刑罚数罪并罚。尼某在刑罚执行期间故意犯罪,根据最高人民法院《关于办理减刑、假释案件具体应用法律的规定》第 33 条的规定,经减刑裁定减去的刑期不计入已经执行的刑期,一审法院判决:被告人尼某犯故意伤害罪,判处有期徒刑 7 个月。与前罪未执行剩余刑期 9 年 3 个月 29 天数罪并罚,决定执行有期徒刑 9 年 6 个月。

上诉人尼某上诉提出,请求撤销一审判决,依法改判无罪。事实与理由:(1)本案现有证据不能认定尼某构成故意伤害罪,请依法改判无罪。本案案发场所、相关人员特殊,相关证人均属于利害关系人,主观言词证据证明力较弱;物证及案发现场痕迹灭失,被害人受伤的照片形成时间及来源不明,没有制作人及证人签名。客观证据与主观言词证据无法相互印证,构成故意伤害罪的证据无法形成完整闭合的证据链条。(2)两份鉴定意见不具有证据资格,不应作为定案依据。原林芝市公安司法鉴定中心鉴定人员赵某不具有鉴定资质,鉴定意见不具有合法性,不能作为定案依据。中山大学法医鉴定中心作出的司法鉴定意见认定被害人左右头顶部头皮五处瘢痕与鉴定书附图相矛盾,不具有合法性、客观性,该鉴定意见不能作为定案依据;鉴定程序及方法不合法、不科学,未对鉴定使用的工具检验和校准;鉴定意见分析说明载明,经测量计算,被害人头皮瘢痕累计长度 9.6 厘米,该结果不具有客观真实性,不应作为定案依据。改判尼某无罪的同时,应把西藏自治区林芝市中级人民法院曾对其两次减刑裁定的期限1年9个月有期徒刑计入上诉人已服刑的时间。西藏自治区八宿县人民法院2014年9月6日作出的(2014)八刑初字第05号刑事判决书可能存在认定事实错误,尼某可能在该案中存在正当防卫情形。综上,请求二审人民法院依法改判尼某无罪。

指定辩护人称:(1)对公诉人指控的罪名无异议。(2)上诉人与被害人均为过错方,被害人对案件的发生具有一定过错。双方因饭菜分配发生争执,被害人故意将饭菜泼洒在上诉人身上,上诉人为制止被害人的过激行为而做出反应,过错较小。(3)上诉人存在坦白情节,且积极认罪,获得当事人谅解。综上,请合议庭予以考虑。

检察机关建议驳回上诉,维持原判。二审法院经审理后裁定驳回上诉,维持原判。

▣ 证据分析

本案中,人民法院对上诉人尼某提出言词证据证明力弱,作案工具和现场痕迹已灭失,不构成犯罪的辩护意见的回应,是充分运用印证证明模式审查判断言词证据证明力的体现。本案中尼某指称的"言词证据证明力弱"中的"言词证据"指的是本案证人扎某、益某某某、李某国、索某某某、赵某、白某、嘎某提供的关于被告人与被害人斗殴的证言,人民法院以证人证言信息与作为视听资料的监控视频内容能够相互印证为由,拒绝采信被告人辩解。对于被告人提出的本案作案工具已灭失的言词证据,人民法院认识到陈述人与案件的利害关系,以当庭出示的书证、证人证言、被害人陈述、勘验笔录、视频资料等证据能够形成完整的证据链为由,准确认定尼某不能正确处理与同监区服刑人员之间的矛盾,进而发生打架斗殴,造成他人轻伤二级,构成故意伤害罪。

▣ 理论拓展

凡以人类语言为内容及表现形式的证据,就是言词证据。言词证据主要包括证人证言、当事人陈述、鉴定意见等。在刑事诉讼中,当事人陈述主要表现为犯罪嫌疑人、被告人供述和辩解,被害人陈述等。就其内容而言,言词证据主要是相关主体基于对案件事实的感知进行的陈述。言词证据的形成通常需要经过感知—记忆—复述这样三个阶段,即案件事实在相关主体的意识中形成映像,并以言词形式外化为证明案件事实的证据。言词证据可以是口头的形式,也可以固定在一定的物质载体上,如记载在笔录中,具体表现为询问笔录、讯问笔录等。当然,也可以采取录音录像的方式固定陈述人的陈述。

言词证据和实物证据分类的意义在于使人们正确认识这两类证据的不同特征,并根据其特征采取不同的收集和审查判断的方法。针对言词证据易受主客观因素影响及易变性等特征,在言词证据的取证、质证及认证活动中应当注意以下几个方面:(1)对言词证据的收集,应当依法通过询问、讯问等方式进行,禁止采用暴力、威胁、引诱、欺骗等影响陈述人意志自由的手段以及侵犯他人合法权益的手段。在刑事诉讼中,采用刑讯逼供等非法方法收集的犯罪嫌疑人、被告人供述和采用暴力、威胁等非法方法收集的证人证言、被害人陈述,应当予以排除。在民事诉讼和行政诉讼中,以严重侵害他人合法权益、违反法律禁止性规定或者严重违背公序良俗的方法取得的言词证据材料,也不能作为认定案件事实的依据。(2)为了防止因时间久远陈述人淡忘案情或者相关对象丧失辨认或鉴定条件,言词证据应当及时收集。并且应当根据案件的具体情况和证据的不同种类,采取不同的固定形式。言词证据的固定一般采取笔录的形式,但陈述笔录必须由陈述人签名、盖章。在特定情况下,也可由陈述人亲自书写知晓的案件事实或相关情况,并由陈述人、见证人等签名、盖章。选择自书方式固定言词证据的,如果陈述人没有书写能力,可由相关主体代书。言词证据的固定还可以采用声像固定法,即对陈述的全过程进行同步录音录像,这样可以大大减少翻证、翻供的概率。(3)对言词证据进行质证时,宜采用交叉询问的方式,即证人、鉴定人等到庭接受双方当事人的质询。当然,在符合法律规定的情形下,也可以书面的言词证据代替。(4)司法机关在对言词证据进行审查判断时,应当着重审查言词证据的真实性和合法性。为此,审查时应当注意陈述人的生理、心理状态,陈述人的个人品质和表达能力,陈述是基于直接的感知还是对他人感知的转述,感知案情及陈述时的客观环境和条件,陈述人与案件的利害关系,言词证据自身是否存在矛盾,言词证据与其他证据能否印证,有无采取非法的获取手段等。

■ 民事诉讼中言词证据的理解与适用

案例 4-2 金某春、洪某伟等承揽合同纠纷案[1]

□ 案情概述

2015 年,在长春人民大街老高速口施工工地,金某春用自有钩机承揽洪某伟承包该工地的土方施工作业。后双方经结算,洪某伟欠金某春、佟某彪、杨某 3 人承揽费用总计 237,955 元,其中包括欠金某春的承揽费用 55,000 元。2016 年 1 月 15 日,洪某伟就上述款项出具欠条一份,约定上述款项中的 200,000 元由洪某伟在 2017 年元旦前还清,余款 37,955元由逯某柱偿还。

上记事实,有当事人陈述、证人佟某彪证言、欠条在卷为凭,足资认定属实。

法院认为,本案争议焦点为:(1)洪某伟与逯某柱之间是否存在合伙关系;(2)洪某伟是否应对金某春主张的承揽费用及逾期付款利息承担给付责任。

针对第一个争议焦点,金某春虽主张洪某伟、逯某柱系合伙关系,合伙承包土方工程,其为洪某伟、逯某柱完成承揽工作,但并未提交任何证据证明,仅凭洪某伟陈述及佟某彪证言等言词证据,而无其他证据佐证,不足以认定洪某伟与逯某柱存在合伙关系,对金某春要

---

[1] 参见吉林省长春市双阳区人民法院(2023)吉 0112 民初 1838 号民事判决书。

求逯某柱连带承担承揽费用的请求,法院不予支持。

针对第二个争议焦点,金某春虽系经逯某柱联系来到洪某伟承包的案涉施工工地完成相关土方施工作业,根据其自认与逯某柱合伙承包案涉施工工地土方工程,可以认定金某春作为承揽人,按照定作人洪某伟的要求完成土方施工作业,虽未订立书面承揽合同,但已经实际履行口头达成的承揽协议,双方之间成立了事实上的承揽合同关系,双方主体适格,意思表示真实,内容未违反法律、行政法规的强制性规定,合法有效。庭审中,洪某伟就拖欠金某春的承揽报酬55,000元数额上并无异议,法院应予确认。洪某伟辩解欠金某春等3人的承揽费用总计237,955元,其只同意在200,000元范围内承担清偿责任,余款37,955元应向其合伙人逯某柱主张,但即使其与逯某柱存在合伙关系,根据当时适用的《民法通则》第35条第2款:"合伙人对合伙的债务承担连带责任,法律另有规定的除外。"的规定,合伙人对外应对合伙债务承揽承担连带责任,其上述辩解意见于法无据,法院不予采信。洪某伟就拖欠的承揽费用共计237,955元已为金某春等3人出具欠条,欠条约定上述款项分别由洪某伟和逯某柱于2017年元旦前给付,现该款已逾期,对金某春主张洪某伟立即给付拖欠承揽费用55,000元的请求法院应予支持。金某春主张的逾期付款利息应视为因洪某伟逾期付款对其造成的利息损失,但其主张按起诉时全国银行间同业拆借中心公布的一年期贷款市场报价利率四倍标准计算逾期付款利息过高,应以起诉时(2023年8月2日)全国银行间同业拆借中心公布的一年期贷款市场报价利率即年利率3.55%为限。

法院判决如下:(1)被告洪某伟于本判决生效后立即给付原告金某春尚欠的承揽报酬55,000元及逾期付款利息(以55,000元为基数,从2017年1月1日起算至实际给付之日止,按起诉时全国银行间同业拆借中心公布的一年期贷款市场报价利率即年利率3.55%计算);(2)驳回原告金某春的其他诉讼请求。

▣ 证据分析

本案的主要争议点在于:(1)洪某伟与逯某柱之间是否存在合伙关系,以及这一关系如何影响承揽费用的承担;(2)洪某伟是否应独自承担金某春主张的承揽费用及逾期付款利息。在本案中,作为被告之一的逯某柱未出庭应诉,有关他的其他言词证据扮演了至关重要的角色。以下是对本案涉及的言词证据进行的证据分析:

第一,金某春的陈述。金某春主张洪某伟与逯某柱系合伙关系,共同承包了土方工程,并拖欠其承揽费用55,000元。理由如下:金某春陈述其通过逯某柱的联系来到工地,完成了土方施工作业,且经双方结算确认欠款金额。金某春认为,由于洪某伟与逯某柱是合伙关系,他们应连带承担这笔债务。金某春的陈述为案件提供了基础事实,但其关于合伙关系的陈述缺乏直接证据支持,仅属于单方主张。因此,在证明力上,该陈述需要与其他证据相互印证才能形成完整的证据链。

第二,洪某伟的陈述。洪某伟承认拖欠金某春承揽费用,但否认与逯某柱存在合伙关系,或仅承认存在口头合伙协议。他主张按照与逯某柱的内部约定分担债务,但自己只愿在200,000元范围内承担清偿责任。理由如下:洪某伟认为,虽然他与逯某柱共同承包了工程,但并未形成正式的合伙协议,且双方有关于债务分担的内部约定。他强调自己只负责了部分承揽费用的支付,并指出欠条中已明确约定部分款项由逯某柱偿还。洪某伟的陈述在一定程度上承认了债务的存在,但关于合伙关系的否认及债务分担的主张缺乏充分的证据支持。其内部约定对外部债权人金某春无约束力,除非能证明金某春对此知情并同意。因此,洪某伟的陈述在证明合伙关系及债务分担上证明力不足。

第三,佟某彪的证人证言。佟某彪作为证人,证实了金某春在工地上完成承揽工作的事实,并间接支持了金某春关于合伙关系及欠款金额的主张。理由:佟某彪的证言为金某春的陈述提供了旁证,增加了承揽关系及欠款事实的可信度。然而,关于合伙关系的具体细节,佟某彪可能并不完全了解或掌握直接证据。佟某彪的证言在证明承揽关系及欠款金额上具有较强的证明力,因为它与金某春和洪某伟的陈述相互印证。但在证明合伙关系上,其证据力相对较弱,因为缺乏直接证据支持。

综合以上言词证据的分析,可以看出:(1)关于承揽关系及欠款金额的事实,金某春、洪某伟及佟某彪的陈述基本一致,具有较高的可信度。(2)关于合伙关系及债务分担的争议,金某春的主张缺乏直接证据支持,而洪某伟的否认及内部约定主张同样证明力不足。在此情况下,法院应依据法律规定及案件事实作出判断。最终,法院认为洪某伟作为承揽合同的定作人,应承担支付承揽费用的责任。即使其与逯某柱存在合伙关系,根据《民法通则》(已失效)的相关规定,合伙人也应对合伙债务承担连带责任。因此,法院判决洪某伟给付金某春尚欠的承揽报酬及逾期付款利息,是合理且合法的。

回 理论拓展

言词证据主要有四个方面的特点:

1. 证据形式的动态性。言词证据是以人的陈述形式表现出来的对案件事实及牵涉到的某些专门问题的感知或认识,因此,与实物证据不同,它对案件事实的反映是直接的、生动形象的,其与待证事实之间的关联性也比较明显,一般无须进行专门的解读。当事人、证人作为案件事实的经历者,通常能够全面、详细、具体地反映案件事实,揭示出案件发生、发展的完整过程以及一些有法律意义的细节,司法人员可以从言词证据中把握案件的前因后果、来龙去脉,尤其是能借此了解当事人行为的动机、目的等主观心态,从而迅速判明案件的性质,发现案件的事实真相。这通常是实物证据无法比拟的。本案中,当事人、证人的陈述以及在案的欠条充分证明了承揽合同的存在。

2. 证据内容的真假混杂性。作为陈述人对案情的主观反映,言词证据的客观真实性很容易受到各种主客观因素的影响,出现虚假或失真。主要表现为以下三种情况:(1)考虑到与案件处理结果的利害关系,陈述人故意作虚假陈述。(2)由于受到外在的威胁、引诱或欺骗,或者受压迫性询问(讯问)环境的影响,陈述人违背自己的真实意愿作虚假陈述。(3)尽管陈述人想如实反映案情,但受感知能力、记忆能力、表达能力等客观因素的影响,陈述人的陈述不符合案件事实。事实表明,即使是目睹同一事件的众多证人,其提供的证据也存在这样或那样的差别,很少有人能够完全准确地复述事件经过。因此,一般而言,言词证据的客观性不及实物证据。

3. 证据源的稳定性。陈述人在感知案件事实后,案件事实的映象就会被大脑储存起来,一般情况下该映象能够保存相当长的时间。感知时受到的刺激越强烈,映象越清晰,保存的时间就越长。因此,言词证据的收集带有相对的持久性和可重复性。例如,对于同一个证人,可以通过多次询问,形成多份证人证言笔录,对于同一个犯罪嫌疑人、被告人经过侦查、审查起诉、审判等多个阶段的讯问,可以形成多份口供。这是有利于言词证据的收集与审查判断的。

4. 证据的易变性、反复性。言词证据的载体是人,而人的言语表达受到其思想的左右或者影响,因此,言词证据在司法实践中常常呈现出易变性、反复性,如犯罪嫌疑人、被告人供述"时供时翻",证人证言的"翻证",当事人陈述、被害人陈述的反复多变等,就是言词证据这一特征的反映。

■ 刑事诉讼中实物证据的理解与适用

案例 4-3 王某1以危险方法危害公共安全案[1]

□ 案情概述

北京市朝阳区人民法院经审理查明:2010年5月27日14时许,被告人王某1驾驶别克牌轿车(内乘陈某1),由北向南行驶至北京市朝阳区东三环辅路长虹桥北侧,车辆右侧与临时停放在道路西侧非机动车道内的捷达牌轿车左侧后视镜剐撞,并将当时站在车下的司机赵某1撞出,致赵某1"闭合性颅脑损伤;脑挫裂伤;颅骨骨折;蛛网膜下腔出血;左肘部皮肤裂伤",经鉴定属轻伤(偏重)。发生碰撞后,被告人王某1继续驾驶车辆以120千米/时左右的速度向南行驶约200米,车辆前部撞上正在停车等待放行信号的由司机马某驾驶的丰田牌小型普通客车(内乘韩某)后部,致使该车同前方由司机万某驾驶的奥迪牌小型轿车(内乘刘某)、司机李某1驾驶的别克牌轿车依次相撞;此次碰撞导致被告人王某1驾驶的别克牌轿车失控转向,同时撞上停在两边的由司机陈某2驾驶的北京现代牌轿车(内乘乔某)后部、司机荣某驾驶的别克牌小轿车、司机赵某2驾驶的京华牌大型铰接客车,并导致陈某2所驾车辆发生位移撞在前方司机王某2驾驶的奔驰牌轿车后部。事故造成被告人王某1所驾车辆起火,其余车辆也均遭到不同程度损坏,被告人王某1、陈某1,以及韩某、刘某、陈某2、乔某均受到不同程度损伤。案发后被告人王某1已主动赔偿涉案车辆及人员的

〔1〕 参见北京市朝阳区人民法院(2012)朝刑初字第128号刑事判决书。

经济损失。

北京市朝阳区人民法院判决如下:被告人王某1犯以危险方法危害公共安全罪,判处有期徒刑3年,缓刑3年。

宣判后,被告人王某1提出上诉,认为:(1)经诊断,王某1患有蛛网膜囊肿病,该疾病的症状包括眩晕、癫痫;案发前一天王某1头部受到外伤;2012年8月28日,宣武医院诊断王某1癫痫(可能性大),眩晕及癫痫均可能造成意识丧失,不排除王某1在案发时意识失控造成事故的可能。(2)不排除王某1所驾车辆发生故障导致事故发生。(3)没有证据证明王某1的犯罪动机。(4)原判认定王某1构成以危险方法危害公共安全罪有误,应宣告王某1无罪。

北京市人民检察院第三分院的意见是:(1)案发后警方采集王某1血样的过程符合法定程序,应认定王某1系酒后驾车。(2)王某1案发时不存在癫痫病情。(3)事故发生并非车辆故障所致。(4)王某1构成以危险方法危害公共安全罪,应维持原判的定罪量刑。

北京市第三中级人民法院经审理,依法裁定驳回上诉,维持原判。

▢ 证据分析

本案中在案证据,包括北京市公安局公安交通管理局朝阳交通支队东外大队于2010年7月9日出具的道路交通事故认定书[京公交(朝东)认字(2010)第17号]、北京市公安局公安交通管理局交通事故鉴定中心于2010年6月2日出具的酒精检验报告、北京市公安局法医检验鉴定中心于2010年6月18日出具的毒物检验报告[京公法毒物字(2010)FY1006792-DW1161号]、北京市公安局法医检验鉴定中心于2010年6月18日出具的法医物证鉴定书[京公法物证字(2010)第Z0007号]可以证明血液源于王某1,其出处是清楚的。二审期间控方进一步提交证人来某、孟某、温某的证言,以证明案发后民警依法定程序取得王某1血样,但是,在案证据始终不能证明采集王某1血液的具体人员、时间和操作细节,因此,血液的收集程序、方式符合证据来源瑕疵的成立条件。

对犯罪嫌疑人王某1血液作为实物证据在证据形式上的瑕疵问题进行补正或者合理解释需要达到何种程度?对此,有不同意见。

第一种观点认为,以补强证据的方式补正证据瑕疵,其证明要求一般低于实体法事实。检察机关通知了解警方提取血液的证人提供证言,对检材的来源作出详细的陈述,证明其来源真实、合法。

证据因形式要件缺失而产生瑕疵的,控方可以提供相关证据对其予以补强,从而对其予以补正。一方面,公诉机关后续提供了2份鉴定意见以证明第1份血液出自王某1,鉴定意见具有排他性。另一方面,对于实物证据来源瑕疵问题,二审期间控方提供医生温某等多份证人证言以证明血液收集程序的合法性。

第二种观点认为,证据瑕疵"治愈"与否,应当实行排除合理怀疑的证明标准。若瑕疵证据的瑕疵无法补正,则证据转化为无证据能力的证据,故案件事实存疑应当作出有利于被告人的处理,不认定王某1存在酒后驾车行为。

一方面,控方对采集血样的具体时间及操作人均无法提供。鉴定检材的真实性和同一性是鉴定意见转化为定案证据的前提条件。在被用作检材的实物证据本身来源不明、提取经过缺乏明确记载的情况下,后期针对该检材所作的司法鉴定是没有意义的。公诉机关应对检材来源的可靠性、检材提取程序的规范性以及检材保管链条的完整性承担证明责任。另一方面,被告人王某1坚称在此过程中血样有可能遭到急救处置不当的污染。根据被告人的供述以及证人证言中能够相互印证的部分,采血的时间点可以认定为入院急诊时至行截肢手术之前,但具体时间、操作细节及责任人员均无法确定,故根据现有证据无法排除因处置不当导致检材受到污染的可能性,对此瑕疵目前亦无法进行合理补正,基于此产生的鉴定意见均应予排除。

本书倾向于第二种观点。建议瑕疵证据的补正在证明标准上应当达到综合全案证据排除合理怀疑的程度,本案不应当采信以此类证据为检材的鉴定意见。理由是:坚持排除合理怀疑标准符合立法文义。实物证据是指以物品、痕迹、书面文件、录音、录像等为物质载体的证据形式。《办理死刑案件证据规定》第9条第2款规定:物证、书证的收集程序、方式存在下列瑕疵,通过有关办案人员的补正或者作出合理解释的,可以采用。该文件未明确补正或者合理解释所谓合理的认定标准,但是该文件第32条指出补正或者合理解释应当达到排除合理怀疑的程度。该规定第32条被置于"证据的综合审查和运用"节以下,其第2款规定:证据之间具有内在的联系,共同指向同一待证事实,且能合理排除矛盾的,才能作为定案的根据。该条中"证据之间合理排除矛盾"即"排除一切合理怀疑"的变通规定,其作用、意义是一样的。最高人民检察院印发的司法解释性质文件对此也作了相应解释。2010年12月30日,最高人民检察院《关于适用〈关于办理死刑案件审查判断证据若干问题的规定〉和〈关于办理刑事案件排除非法证据若干问题的规定〉的指导意见》第2条规定,"要严把事实关、证据关、程序关和法律关,确保证据与证据之间、证据与案件事实之间不存在矛盾或者矛盾得以合理排除"。本书认为,其中"证据与证据之间、证据与案件事实之间不存在矛盾或者矛盾得以合理排除"便是排除合理怀疑的替代性表述,它当然适用于补正或者作出合理解释之后的证据结构。

本案中,取证人员、取证时间始终未能被证明,无法通过补充签名的方式进行补救,未能满足此类情形的瑕疵证据补正要求。同时控方也未能提供合理解释。虽然有证人证言补强物证的证明力,但是辩方所提辩护意见与鉴定意见之间的矛盾难以排除,最终导致证据瑕疵未能获得补正或者合理解释。《办理死刑案件证据规定》第9条第3款规定,对物证、书证的来源及收集过程有疑问,不能作出合理解释的,该物证、书证不能作为定案的根据。该规定第24条第1款规定:送检材料、样本来源不明或者确实被污染且不具备鉴定条件的,不能作为定案的根据。《刑诉法解释》第97条作了类似的规定:"对鉴定意见应当着重审查以下内容:……(三)检材的来源、取得、保管、送检是否符合法律、有关规定,与相关提取笔录、扣押清单等记载的内容是否相符,检材是否可靠……"第98条规定:"鉴定意见具有下列情形之一的,不得作为定案的根据:……(三)送检材料、样本来源不明,或者因污染不具备鉴定条件的……”鉴于此,对此类不具有证据能力的证据所作的鉴定,其结果难以获得采信。

□ 理论拓展

概念应当具有确定性,瑕疵证据概念的内涵并不清晰,外延并不明确。有观点认为,致使瑕疵证据出现的情形之一是来源不明,比如侦查机关在抽取犯罪嫌疑人血液时未制作提取笔录,具有此类情形的证据是为瑕疵证据,其具有被补正或者作出合理解释的条件。也有观点认为此类证据未被包括在瑕疵证据的范围内,而属于不可靠证据,并指出,司法解释确立了不可靠证据排除规则:证据本身或在收集程序方面存在某种可能影响其真实性的缺陷时,证明力存疑,对这类证据要求“绝对排除”。本书认为,不能准确界定瑕疵证据的危害在于,审判法官会错误地将无证据能力的不可靠证据作为瑕疵证据而容许予以补正或者合理解释,此行为最终可能导致错案形成。对此,应当充分辨析合法证据、瑕疵证据以及非法证据等相近概念的内涵和外延,在相关条件成熟时,立法者应当在规范性文件中对此作出明确定义。

证据来源瑕疵有其特定内涵。证据来源包括两层次含义。一是出处清楚。此时证据来源指证据的自然载体,是指证据赖以收集与提取的本源,当案件事实发生作用于人,该人即证据来源。当案件事实发生作用于物,如物品、场所即证据来源。二是指获取合法。此时证据来源指证据是如何形成的,是由什么人收集或者提供的,收集的方法是否科学,在形成和收集过程中是否由于主客观因素而影响其客观真实性等。证据来源瑕疵特指证据来源的第二层含义。《办理死刑案件证据规定》第 9 条第 2 款列举了证据来源瑕疵的情形。司法实务中,取证工作不规范容易导致证据来源瑕疵,其包括:(1)在勘验、检查笔录,搜查笔录,提取笔录,扣押清单上没有侦查人员、物品持有人、见证人签名或者物品特征、数量、质量、名称等注明不详的;(2)收集调取物证照片、录像或者复制品,书证的副本、复制件未注明与原件核对无异,无复制时间,无被收集、调取人(单位)签名(盖章)的;(3)物证照片、录像或者复制品,书证的副本、复制件没有制作人关于制作过程及原物存放于何处的说明或者说明中无签名的;(4)物证、书证收集程序和方式上存在其他瑕疵的,如笔录或清单上面的实质性内容出现污损、缺少,或者相关签名人员与实际工作人员不一致等。证据来源瑕疵不同于证据来源不明。《办理死刑案件证据规定》第 9 条第 1 款规定的是无法证明来源的物证、书证,其均被称为不可靠证据,其法律后果是该类物证、书证绝对不具可采性。然而,证据来源存有瑕疵的物证是相对地不具有可采性或者说是附条件具有可采性。如果这些瑕疵能得到合理的解释或补正,便具有证据能力,否则其属于无证据能力的证据。

对于证据来源瑕疵,优先采取补正,无法补正的才可以以合理解释的方式补救。补正指对瑕疵证据进行补充、纠正,是对瑕疵证据的“缺陷”进行某种有针对性的“修补”以挽救该证据。合理解释指通过对证据产生瑕疵的原因进行分析、阐释,排除其为非法取得或不真实的可能。刑事诉讼法及相关规范性文件未能明确补正和合理解释的具体方式。实务中有三种主要的补正方式：一是对证据进行修正，包括修改、添加、删除等方式，主要适用于证据记录上遗漏重要内容或者缺少时间、地点、签名、盖章的情形，如物证没有获取人的签名、获取时间——本案即属于这种情况。二是以重新实施侦查行为获取证据进行补正，主要适用于言词证据存在较大错误或者侦查行为存在明显瑕疵，如侦查人员没有告知权利义务等。三是以补强证据的方式对瑕疵证据进行补正，主要适用于证据因缺乏形式要件而产生的瑕疵，侦查机关可以通过提供其他证据对瑕疵证据予以补正，如通过当事人承认的方式，认可没有搜查笔录的搜查行为。实务中，合理解释指的是以口头或者书面的方式提供较补正更为便捷的解释或者情况说明。进行合理解释需要把握两点，第一合理解释的内容应当针对瑕疵证据产生的原因，能否采信应当结合其他在案证据作出评价。第二合理解释的程度应当达到排除合理怀疑的程度。

■ 民事诉讼中实物证据的理解与适用

案例 4－4　刘某昆诉孙某帅等买卖合同纠纷案[1]

□ 案情概述

2016 年 5 月 28 日，被告孙某帅向原告刘某昆出具欠条一份，内容为“今欠铝材货款 64,381 元（陆万肆仟叁佰捌拾壹元整）”，作为对其前期欠原告铝材货款的确认，并按日常交易惯例落款签名为“孙帅”。后被告杨某丽也在该欠条上签名予以确认，签名按照其日常交易惯例书写为“杨丽丽”。两被告系夫妻关系，出具欠条后未向原告支付上述款项。上述事实有两被告结婚证、原告提交的欠条一份和与两被告的手机通话录音两段等证据证实。被告主张已经付款 2000 元，但提交的微信截图打印件不足以证明该事实。为维护合法权益，原告向法院起诉要求判令两被告立即支付货款 64,381 元及利息 7000 元［参照中国人民银行发布的同期贷款利率自 2016 年 5 月 28 日（欠条出具之日）起计算至货款付清之日］。

本案的争议焦点是：(1)被告孙某帅、杨某丽是否出具欠条确认欠原告货款 64,381 元。(2)被告孙某帅、杨某丽是否向原告支付过款项。

济南市天桥区人民法院经审理认为：本案为买卖合同欠款纠纷。根据前述已经查明的事实，认定被告孙某帅于 2016 年 5 月 28 日向原告出具的，经被告杨某丽签字的欠条，是对双方前期铝材买卖关系中所欠货款的确认，原告以此欠条提起诉讼，应系对欠条所列内容的认可、该欠条作为双方就前期买卖铝材欠款达成的协议，是双方真实意思的表示，不违反法律的禁止性规定，因此合法有效，依法应受保护。欠条出具后，两被告未能在合理期限内及时偿还所欠货款，显属违约，现原告诉至法院要求被告依欠条确认的数额偿还，法院予以

［1］ 参见山东省济南市中级人民法院（2018）鲁 01 民终 8920 号民事判决书。

支持。对于两被告的应由济南帅达家具有限公司承担还款责任和应偿还欠款为62,381元的主张,因证据不足,法院不予支持。

此外,对于原告要求被告赔偿利息的主张,由于本案中双方并未约定违约金,原告主张的该利息损失属于原告的可获得利益损失,法院应予支持。原告主张的利息计算基数符合法律规定,但由于现有证据不足以证明双方曾对还款期限进行明确约定,故原告主张被告自2016年5月28日起赔偿利息证据不足,于法无据,其利息起算时间应为原告起诉之日,截止时间亦应予以纠正。

原告要求两被告承担共同还款责任,因两被告系夫妻,被告杨某丽对该笔欠款知情并认可,故对原告的主张,法院予以支持。判决如下:(1)被告孙某帅和被告杨某丽于本判决生效之日起10日内共同偿还所欠原告刘某昆铝材款64,381元。(2)被告孙某帅和被告杨某丽于本判决生效之日起10日内共同赔偿原告刘某昆,以64,381元为基数,按照中国人民银行同期贷款利率计算,自2018年5月22日至本判决生效之日的利息。(3)驳回原告刘某昆的其他诉讼请求。

济南市中级人民法院经审理认为一审判决认定事实清楚,适用法律正确,判决驳回上诉,维持原判。

回 证据分析

本案的证据争点是手机通话录音是否属于实物证据?

对此,分析如下:

手机通话录音指当事人在诉讼中向法院提交的,使用手机中的通话录音功能将与目标通话人之间的通话过程同步录制存储而成的音频文件。本案中原告为证明被告欠货款的事实,除提供欠条作为基本证据外,还提供了与两被告的手机通话录音作为欠条的补强证据,从而充分证明了其所主张的事实。

虽然规范性文件并未明确规定手机通话录音的性质,但其却是司法实践中常见的以手机为载体的证据。本书认为,手机通话录音属于实物证据。理由是:一方面,手机通话录音作为视听资料是实物证据。言词证据与实物证据的划分需要考虑证据的形成或制作方式。如果录音录像只是纯粹作为固定言词证据的一种手段,该录音录像本质上还是言词证据。但如果录音录像是在案发过程中自然形成的,则是对案发过程的客观记录,即使里面包含人的陈述,在证据种类上其也应归入视听资料,属于实物证据。本案中的手机通话录音是在案发前形成的,是以记录人陈述的形式对案件事实的客观记录,是录音资料。根据《民诉法解释》第116条第1款的规定,视听资料包括录音资料和影像资料,手机通话录音显然属于视听资料的一种。另一方面,手机通话录音不是言词证据。言词证据指以人类语言为内容及表现形式的证据。证据根据其内容及表现形式等不同,可以分为实物证据和言词证据,手机通话录音不是言词证据,便必然是实物证据。

本案也反映出视听资料证据审查判断的特点。本案在第一次庭审时,法院根据到庭被告孙某帅和原告刘某昆的表现调查了录音证据的真实性。被告孙某帅本人在庭审过程中明确认可其中一段通话录音系其本人的声音,手机通话录音的真实性和关联性得以证实。同时,结合其他在案证据,法院最终确认该证据的效力。

□ 理论拓展

实物证据是以实物为内容和表现形式的证据。实物证据通常表现为客观的、不以人的意志为转移的物品或痕迹,也可以表现为对客观存在的如实写照及记录。《民事诉讼法》第66条第1款规定证据包括当事人的陈述、书证、物证、视听资料、电子数据、证人证言、鉴定意见、勘验笔录。《民诉法解释》第116条第1款进一步规定视听资料包括录音资料和影像资料。《刑事诉讼法》第50条第2款规定证据包括物证,书证,证人证言,被害人陈述,犯罪嫌疑人、被告人供述和辩解,鉴定意见,勘验、检查、辨认、侦查实验等笔录,视听资料,电子数据。《行政诉讼法》第33条第1款规定证据包括书证、物证、视听资料、电子数据、证人证言、当事人的陈述、鉴定意见、勘验笔录、现场笔录。

在法定证据种类中,物证、书证、视听资料、勘验笔录,以及刑事诉讼中的检查笔录、侦查实验笔录、电子数据,民事诉讼中的电子数据,行政诉讼中的现场笔录等,都是实物证据。勘验、检查、侦查实验笔录或现场笔录是公安机关、司法机关对与案件有关的场所、人身、物品、资料、尸体等勘验、检查或进行实验之后制作的书面记录。它不仅包括勘验、检查及实验过程中事实情况的文字记录,也包括现场绘图、现场照片等附件。它不止是物证、书证等其他实物证据的固定和记录的方式,更可能如实全面记录勘验、检查及实验过程中相关事物的客观联系。勘验、检查、侦查实验、搜查、查封、扣押、提取等的笔录是对客观情况的记录而非办案人员的意见或陈述,因此属于实物证据。视听资料、电子数据是用录音磁带、录像带、电影胶片、电子计算机等相关设备存储的作为证明案件事实的声音、影像、图形或者数据资料。视听资料、电子数据不仅在表现形式上是一种有形的物质,在内容上也是一定的科学技术设备对客观存在的记录和反映,因其不是人的感官对客观存在的表达,所以也属于实物证据。

□ 阅读指引

1. 房保国主编:《言词证据研究》,知识产权出版社2012年版。
2. 邵俊武:《言词证据》,法律出版社2023年版。
3. 于辉:《言词证据语用审查方法研究》,载《政法论丛》2021年第4期。
4. 陈碧、蒋熙辉:《论言词证据认证的若干问题》,载《政治与法律》2005年第2期。
5. 兰跃军:《论言词证据之禁止——以〈德国刑事诉讼法〉为中心的分析》,载《现代法学》2009年第1期。

(撰写人:西北大学法学院 李国华)

第二节　原始证据与传来证据

■ 刑事诉讼中原始证据与传来证据的理解与适用

案例4-5　王某强奸智障幼女案[1]

□ 案情概述

被告人王某(化名),男,1944年8月13日出生,被控于2013年7月8日15时许将同村智障女王幼女(2001年12月出生,多年不说话)强奸。王某于当年7月10日被采取强制措施,7月22日被逮捕。

该案涉及的证据基本情况如下:

1. 证人王祖父(被害人王幼女之祖父)的证言:他于2013年7月8日14时左右带王幼女到同村王某家闲坐,稍后因要到菜园摘菜,故将王幼女留于王某家。自己约半小时后返回,发现王某家房屋的前后门均紧闭,遂绕到王某卧室旁,拉开卧室窗户,发现王某和王幼女站在床尾,王某正在穿裤子。他当即大声指责王某强奸,后者立即开门,向他道歉并请求自己不要声张此事。这时,王某的嫂子余老太恰好路过,听到他和王某的对话,也当面怒斥王某。事后他带着王幼女回家。当晚王某的哥哥王老汉来找自己道歉、说情,希望“私了”。考虑到名誉等各种因素,他既没有报警也没有告诉其他人。当天王幼女下身穿的是青色长裤,由于天热且生活不能自理,没有穿内裤。2013年7月10日,他的儿子,也就是王幼女的爸爸王父亲从其他人那里听到此事,来找他求证,他就把事情告诉了儿子。

2. 证人余老太的证言:她是王某的嫂子,于2013年7月8日15时许路过王某家旁边,听到王祖父在大声指责王某强奸,王某在低声下气地求情,走近后发现还有王祖父的智障孙女王幼女在场。自己听明白应该是王某趁王祖父不在将王幼女强奸了,非常愤怒,当场大骂王某不是人,王某没有辩解或否认。自己回家后,将此事告诉丈夫(王某之兄)王老汉。

3. 证人王老汉的证言:他是王某之兄。2013年7月8日15时过,自己的妻子余老太回家后情绪激动,告诉自己说弟弟王某强奸了王祖父的智障孙女王幼女,她路过时刚好看到王祖父在责骂王某。没多久,王某就来找他,承认酒后乱性和王幼女发生了性关系,央求他帮忙去向王祖父一家求情,尽量“私了”。当晚,自己先后去找王祖父及其弟媳刘叔婆,一是

---

〔1〕 参见《王某某强奸案——对既无被害人陈述也未提取到直接指向被告人强奸的物证,且被告人翻供的性侵智障幼女案件,如何审查判断证据》,载最高人民法院刑事审判一、二、三、四、五庭主办:《刑事审判参考》总第98集,法律出版社2015年版。原文比较简单,为方便读者作为教材使用,在证据介绍部分有适当扩充,但没有实质改变案情。因案例中人物同一姓氏者过多,为方便阅读,除被告人外,其他人未按惯例使用“姓氏+某某”的代称,而是按诉讼身份、相互关系等使用化名。

赔礼道歉,二是协商“私了”。

4. 证人刘叔婆的证言:她是王幼女的叔婆、王祖父的弟媳妇,和王某及其哥哥王老汉的关系不错。2013 年7 月8 日16 时许,王某来找自己,说其酒后乱性,和来家里玩儿的王幼女发生了性关系,被王祖父发现了,他很害怕也很后悔,希望自己去和王祖父说说情,把这事“私了”。当晚,王某的哥哥王老汉也来道歉,同样也希望她帮忙“私了”此事。她自己很为难,没有去找王祖父,反复思考后,于2013 年7 月10 日把事情告诉自己的儿子王堂叔,后者很快就告诉了王幼女的爸爸王父亲,王父亲来向她求证,她就说了王某和王老汉告诉自己的事情。

5. 证人王堂叔的证言:他是王幼女的堂叔、王父亲的堂弟、刘叔婆的儿子。2013 年7 月10 日,他母亲刘叔婆告诉他,王某两日前把王幼女强奸了,其来找刘叔婆去和王祖父一家说情,希望能够“私了”;王某的哥哥王老汉也来求情。母亲有点犹豫不决,他就告诉了王幼女的爸爸王父亲,王父亲马上来找母亲刘叔婆求证,母亲就说了王某和王老汉求情的事。

6. 证人王父亲的证言:他是王幼女的父亲,女儿自幼存在智力障碍,基本没有说过话。2013 年7 月10 日,堂弟王堂叔告诉自己,听他母亲刘叔婆说,王某两日前强奸了王幼女,来找刘叔婆帮忙说情。因为王幼女一般是父亲王祖父在看管,所以他马上去问王祖父,得到确认后,又去找刘叔婆求证,刘叔婆也确认有此事,于是他就报警了。

7. 王某的供述和辩解。自2013 年7 月10 日到案后,一直到开庭之前,王某的供述一直比较稳定,主要内容如下:2013 年7 月8 日14 时过后,王祖父带着他的智障孙女王幼女来他家里闲坐。聊了一会儿后,王祖父要去菜园子摘菜,就把王幼女留在他家。王幼女玩了一会儿就往他卧室走,他因为中午喝了酒有些冲动,想和王幼女发生性关系,就把房屋前后门都关上,再进到卧室,将王幼女的裤子往下拉,并做手势让王幼女脱裤子。他记得王幼女穿的青色长裤。王幼女把裤子脱到膝盖位置,然后躺在床上,他发现王幼女没有穿内裤。他脱了自己裤子上床,用生殖器碰王幼女的下体,部分插入了王幼女的阴道,射精后就拔出来。在他让王幼女穿好裤子,自己也下床穿裤子的时候,卧室窗户被王祖父拉开了,王祖父当场大骂他强奸,他马上道歉,并打开房门让王祖父进来,一再请求王祖父不要声张此事。正好这时他的嫂子余老太经过,听到了两人的对话,也一起责骂他。他很害怕也很后悔,想找人说情,就在当日16 时左右去找王祖父的弟媳妇刘叔婆,告知她,自己因为酒后乱性和王幼女发生了性关系,希望刘叔婆帮忙去和王祖父说情。然后他又去找了自己的哥哥王老汉,同样希望他去帮忙说情。两日后,因为有人报警,他就被公安机关带走了。案发当天他穿的裤子已经洗了。

本案一审开庭时,王某翻供否认曾强奸王幼女,改称只是用生殖器蹭了王幼女的腿部。并称侦查阶段之所以供述强奸,是被侦查人员诱骗所致。合议庭查阅了王某在侦查阶段的同步录音录像,确认其供认强奸时并未受到刑讯逼供或诱供。

8. 与本案有关的其他情况:(1)因被害人王幼女不能说话,亦无法通过文字、手语等任何形式进行有效交流,故公安机关未能从王幼女处获得任何有价值的陈述。(2)因案发于

2013 年 7 月 8 日,而王父亲于案发后两日即 7 月 10 日才报案,酷暑期间王幼女每天都会洗澡换衣,故没有在王幼女身体及衣物上提取到王某的精斑或其他生物检材。(3)案发现场系王某卧室,已被破坏,没有提取到任何有价值的痕迹或生物检材。

回 证据分析

本案涉及证据的争议焦点是:(1)本案因被害人系智障幼女,完全无法陈述案发过程,而所有证人均未目击强奸事实,仅有王祖父和余老太目睹案发后的些许片段,其他证人均是从被告人或王祖父、余老太处听说强奸事实,也即证人证言均为间接证言,且多数均为传来证据。这些证言是否具有证据能力?是否可以用来证明强奸事实或其他事实?(2)证明强奸事实的直接证据,仅有被告人的口供,既没有被害人陈述,也没有目击证人证言,甚至缺乏 DNA、衣物等实物证据,且被告人当庭翻供。在此证据条件下,能否认定王某强奸罪行成立?

简而言之,本案证据争议主要有二:一是如何认定传来证言的证据能力和证明力,二是能否在仅有口供(且翻供)和间接证据尤其是传来证言的情况下定罪?

对于以上证据问题,分析如下。

(一)关于传来证言的证据能力和证明力

1. 本案证人证言的分类

本案共六名证人提供了证言。根据是否直接感知案件事实,六位证人的证言可分为以下三类。

第一,证人王祖父和余老太的证言。两位证人虽未直接目睹强奸过程,但均现场感知了王某在强奸后紧接着一段时间的行为。王祖父拉开案发卧室窗户时,看到王某在穿裤子,王幼女站在床尾。王祖父立即指责王某强奸,王某没有否认且立即道歉并求情。余老太路过时听到斥责声,进入案发房间并一起指责王某,后者也没有否认。简而言之,对于强奸这一核心指控事实,王祖父和余老太均没有目睹,其证言属于传来证据,源自王某的道歉和面对指责时的默认这一原始证据。但对于王某穿裤子、现场道歉、求情和默认这些事后行为,两位证人则是直接感知,其证言属于原始证据。同理,王祖父关于案发前事实(和王幼女到王某家闲坐并独立离开摘菜)和事后王老汉受托来求情的事实的证言,都属于原始证据。只不过,事后行为和事前事实均不能直接证明强奸事实,相应的证言属于间接证据而非直接证据。

第二,证人王老汉和刘叔婆的证言。二人证言中有关强奸行为的内容,要么来自王某(因请求帮忙说情而告知),要么来自其他证人(分别是余老太和王老汉),无疑均属于传来证据。但二人证言中关于王某来求助的内容,属于亲身感知王某强奸之后的事后行为,这一部分属于原始证据;但因不能直接证明强奸行为,也属于间接证据。

第三,证人王堂叔和王父亲的证言。二人的证言,关于王某强奸和事后找人求情的内容,均系从其他证人处听说,均为传来证据。

需要说明的是，六位证人的证言中关于强奸行为的内容，虽然均属于传来证据，但依然是直接证据。此外，我国现行刑事诉讼法律规范中并不存在英美法意义上的传闻证据（hearsay）规则，也即并不要求证人出庭作证，而是大量使用证人在侦查阶段的询问笔录代替作证。比如在本案中，所有六名证人无一出庭，控辩双方仅仅围绕证人询问笔录进行举证质证。鉴于本案中该规则既无规范依据也无实际争议，本部分对其暂不讨论。

我国《刑事诉讼法》和相关司法解释并未否定间接证言和传来证言的证据能力。《刑诉法解释》第 87 条规定："对证人证言应当着重审查以下内容：（一）证言的内容是否为证人直接感知……"这看似否定传来证言，但鉴于立法者并未直接使用禁止性表述，因此更准确的解读应是原始证言优先，传来证言应予谨慎对待。至于间接证言，上述解释第 140 条则有明确的许可性规定："没有直接证据，但间接证据同时符合下列条件的，可以认定被告人有罪……"因此，判断以上六名证人证言的证据能力，不能仅看是原始证据还是传来证据，是直接证据还是间接证据，而要另行审查其他要素。

2. 六名证人证言的"三性"分析

在当前刑事证据理论和实践中，不管是对传来证据还是间接证据，判断其证据能力的标准，依然是公认的"三性"，即关联性、真实性和合法性。本案中，侦查机关向六位证人调查证言的程序合法性并未被质疑，故对合法性问题不再赘述，以下主要分析关联性和真实性问题。

第一，关联性判断。关联性的判断标准较为宽松，一般只需要和定罪事实、量刑事实甚至程序事实存在实质关联即可，具体可用"若存在该证据，则待证事实成立的概率更大/更小"这一逻辑关系进行判断。就本案而言，六位证人的证言均直接包含王某强奸王幼女的内容，也即直接指向定罪的要件事实，此外还包括道歉、求情等事后行为（可作为定罪事实的一部分，也可作为量刑事实），故而具备明显的关联性。换言之，虽然传来证言可能因信息传递而面临真实性瑕疵，但因言词证据内容天然丰富，很容易指向核心要件事实，故一般不存在关联性缺陷。

第二，真实性判断。对于传来证言，最常见的疑问在于真实性。一则因为理解、记忆、表达等客观因素，信息在传递过程中容易丢失或扭曲；二则因为利害关系、畏惧、被收买等主观因素，证言转述多一次就多一分失真风险。首先，在本案中，关于强奸行为的证言内容，六位证人均系由他人转述。其中王祖父和余老太是现场指责王某强奸，后者予以默认并道歉。王老汉系由余老太和王某告知，刘叔婆是由王某和王老汉告知，王堂叔系从刘叔婆处得知，王父亲则是从王祖父、王堂叔和刘叔婆处得知。换言之，六份证人证言均存在一定的失真风险。其次，考虑到六位证人的特殊身份（均为被害人和被告人的亲属甚至直系亲属）、话题的敏感性（智障幼女被长辈强奸）、性质的不利性（多名证人系从被告人处获悉强奸事实）、时间的紧凑性（案发当场、当晚或两日内）、过程的合理性（现场默认并道歉、事后求情等），证人故意编造、扭曲证言的可能性不大，真实性较高。最后，正因为话题敏感且涉及隐私，不管是原始陈述的王某，还是转述的各位证人，都很少涉及具体细节，基本是笼统表述。王某是用“犯错”“对不起”这类模糊表述,证人则是用“强奸”“糟蹋”这类表述,但关于王某是否使用生殖器接触被害人、是否存在插入和射精等行为,则一概没有涉及。如此一来,一旦被告人翻供,对于上述模糊表述究竟是否意味着刑法意义上的强奸,则可能各执一词,原本看似无争议的证言就容易出现真实性歧义。

3. 六名证人证言的证明力分析

《刑诉法解释》第 139 条第 2 款规定:“对证据的证明力,应当根据具体情况,从证据与案件事实的关联程度、证据之间的联系等方面进行审查判断。”可见,单个证据及证据群的证明力判断,必须基于特定证明对象来讨论。本案中,六名证人证言的证明对象主要包括两类:一是强奸这一核心事实,二是默认、道歉和求情等事后行为和一些外围事实。就这两类证明对象,上述证人证言的证明力有所差异。

第一,针对事后行为和外围事实的证明力。证人王祖父和余老太现场感知王某在面临强奸指责时的默认、道歉和求情,证人王老汉和刘叔婆在案发当天接受王某的当面请托去协调。王祖父还证明了与王幼女到王某家闲坐并独自离开摘菜后返回的事实。对于这些事实,四位证人的证言属于直接证据,也有王某的供述和其他证人的证言予以印证,合乎情理和经验逻辑,且证人基本没有编造上述事实的动机,故真实性很高,足以证明上述事实为真。

第二,针对强奸事实的证明力。六名证人都没有直接感知强奸行为,听到的转述也是“犯错”“糟蹋”“强奸”这类相对模糊的表述,既缺乏足以支持真实性的细节,也存在多种合理的事实解读,不能充分证明发生了刑法意义上的强奸行为(性器官的接触或插入)。

(二)关于全案指控事实的认定

本案强奸事实的认定,存在三个难题:一是缺乏客观证据,不仅没有视听资料等证据,连 DNA、衣物等强奸案常见物证都缺失。二是缺乏有证明价值的被害人陈述,被害人因智障、年幼而完全无法进行有意义的交流。三是被告人当庭翻供,拒绝承认有接触或插入王幼女性器官的行为,仅承认用生殖器蹭了被害人腿部,从而与案发后道歉、求情使用的“犯错”“糟蹋”等表述相一致。兼之所有证人均未目睹强奸行为,导致能够直接证明强奸事实的原始证据仅有被告人庭前供述。

1. 被告人供述的证据能力和证明力

从案发后第三日到案开始,被告人在侦查阶段多次稳定供述,真实性强、合法性无虞:(1)其供述包含诸多细节,与客观事实相互印证。比如关于王幼女下身穿青色裤子、没有穿内裤的供述,得到王幼女家属的确认,属于“只有亲历者才能获知的专门性细节”,真实性极强。(2)其供述的案发过程符合事件逻辑和情理,可信度高。比如供述强奸之前先关好房门,与王祖父摘菜回来后推不开门,最后绕到卧室外推开窗户的证言相印证。又如在现场被指责强奸时,其当即认错并求情。再如当天专门托人协调、求情,与几位中间人的证言相印证。(3)经审查侦查阶段讯问的录音录像,没有发现刑讯逼供或诱供情形。被告人当庭翻供的理由不成立。

2. 证人证言的印证作用

上述六名证人的证言，虽然不能直接证明发生了刑法意义上的强奸行为，但可从两个角度印证被告人的庭前供述：(1)证人证言足以充分证明被告人当面认错、求情、托人寻求“私了”的事后行为，以及案发前后的外围事实，从而使强奸事实的证明更加完整、更加符合事件的演进过程，可信度更高。(2)证人从被告人处听闻强奸事实，并进一步转述给其他证人，虽然均属于传来证据，但一则与被告人的庭前供述一致，二则相互印证，足以强化被告人庭前供述的真实性和证明力。

3. 强奸事实的认定

综上所述，关于强奸事实的证明，本案证据虽有诸多缺陷，但被告人的庭前供述稳定、细致、合理，真实性高、合法性强，多位证人的证言除证明事后行为和外围事实外，还进一步印证被告人供述，从而形成完整的证据锁链，足以排除合理怀疑地认定王某强奸王幼女的事实。

☐ 理论拓展

本案六名证人的证言，至少就强奸部分，均属于传来证据，即源自被告人或目击证人对案件事实的陈述。在具体审理过程中，六名证人无一出庭，控辩方仅就证人在侦查阶段的询问笔录进行举证质证，实际上没法当面质疑、诘问证人。从证据理论上讲，这些证言均属于传闻证据。对于传闻证据和传来证据，理论和实践中都存在不少混淆和误读。严格来说，至少在刑事诉讼中，因为我国长期坚持把被告人的庭前讯问笔录作为关键证据使用，在职务犯罪等案件中甚至将其评价为比当庭供述/辩解更具有证明力，对于证人的庭前询问笔录也基本上照单全收，所以并不存在英美法系意义上的传闻证据规则。对于传来证据，因为其主要涉及真实性判断，所以理论、制度和实践层面对其认同度都较高，但在国外尤其是在英美证据法体系中，并没有直接对应的证据规则或理论概念。

我国证据法学界和实务界通说认为，传来证据既包括实物证据，也包括言词证据，一般具体表现为传来的证人证言、书证的复印件、物证(含电子数据和视听资料)的复制件等。相比之下，传来证据在英美法上一般体现为最佳证据规则(best evidence)，且主要针对实物类证据尤其是书证，通常不包括言词类证据。[1] 比如本案当中的六名证人关于强奸事实的证言，在我国可被视为传来证言，但在英美法系，其不适用最佳证据规则，且若证人均出庭作证，则因原始陈述人系被告人或出庭证人，所以其可能连传闻证据都说不上。

对于实物类传来证据，比如书证复印件和物证复制件，我国现行证据规范主要从三个方面审查其证据能力：一是尽量使用原件、原物；二是若提交复印件、复制件，需要审查能否反映原件内容或原物外形及特征；三是复印件、复制件的制作过程是否合法，比如是否二人

〔1〕《美国联邦证据规则》(Federal Rules of Evidence)第1001～1007条通常被解读为最佳证据规则，明确仅适用于书写、记录和图画(writing，recording，photograph)。

以上制作,是否注明制作过程及原件或原物的存放处所等。[1] 言词类传来证据除了需要满足言词证据的取证程序要求(比如要么是庭前形成的正式讯问/询问笔录,要么是当庭陈述,一般不能是自书证言、录音证言等),司法实践中还需要根据原始陈述人的身份和传来证言的内容去审查其证据能力和证明力。

(一)传来证言是否于被告人有利

传来证言系转述被告人的陈述时,若内容对被告人有利,则一般不作为定案根据。反之,若转述的是被告人的不利自认,则可信度较高。

若证人的陈述系转述被告人的庭外陈述,除缺席审判等特殊情况外,被告人均在庭且可随时接受法庭讯问,故可当庭印证传来证言的内容,似乎可提升该传来证言的可信度。但诸多案例显示,若证人转述的陈述本质上有利于被告人(比如以不在场、正当防卫等理由为被告人脱罪,或指向重大减轻罪责的事由等),则其可信度不高,一般不宜作为定案依据。究其原因,在于被告人天然具有自利倾向,在面临被追究刑责的危险时,极其容易为脱罪而撒谎,导致转述其自利陈述的证言缺乏基本可信度。反之,当被告人所述对其不利时,哪怕该自述并非由侦查机关依法讯问所获,其可信度也相对较高。

先看被告人不利于己的陈述。以本案为例,王某在案发现场面对王祖父、余老太面斥其强奸时的默认、道歉和求情,真实性较强,毕竟他若真系被冤枉,正常情况下一定会当面否认。如此一来,王祖父和余老太虽然并未目击强奸,但二人对王某现场陈述的转述也有很高的可信度。又如一起凶手潜逃 18 年才被抓获的故意伤害致人死亡案件,现场既无监控也无目击证人,凶手到案后自始至终辩称持刀者系死者本人,双方在打斗过程中不知如何刺到死者胸口。但抓捕凶手的执法录像显示,凶手在警车上声称"(死者)首先拿刀扎我,我用力将尖刀夺过来,他直接扑到刀上后倒了下去"。两位中立证人作证称,案发后凶手告知"拿刀往(死者)身上捅了一刀""在旅馆外用刀把(死者)捅了"。基于上述证据和现场勘验、尸体解剖记录,合议庭认为足以排除合理怀疑地认定凶手刺伤死者,从而判决故意伤害罪成立。[2]

再看被告人对己有利的陈述。如一起交通肇事案中,肇事车上共有两人,一人系车主且身为交警大队长的梁某,另一人系其朋友且有盗窃前科的无业人员杨某。肇事现场并无监控录像或目击证人有效证明驾驶人身份,且案发后二人均逃离现场。第二天,杨某投案自首,且在侦查阶段一直稳定供述称自己是肇事司机。到审查起诉阶段,杨某翻供称梁某才是肇事司机,自己只是顶包。杨某女朋友作证称,案发当晚杨某就告诉她,驾车撞人的是梁某。作为梁某朋友的汽修厂工作人员等证人也作证称,听前来修车的梁某说是别人开他的车撞了人。最终法院认定,不管是杨某女朋友的证言,还是梁某朋友的证言,本质上均是传来证据,且属于对被告人(本案梁某在本质上存在犯罪嫌疑)有利,"依据相关法律规定,与被告人有亲属关系或者其他密切关系的证人所做的有利于被告人的证言,或者与被告人

---

〔1〕 参见《刑诉法解释》第 82 ~86 条,第 108 ~114 条。

〔2〕 参见《王某某故意伤害案——如何运用间接证据认定被告人否认犯罪的案件》,载最高人民法院刑事审判一、二、三、四、五庭主办:《刑事审判参考》总第 111 集,法律出版社 2018 年版。

有利害关系冲突的证人所做的不利于被告人的证言，在无其他证据相印证的情况下，应当慎重采用”，“根据疑罪从无的原则，公诉机关提交的证据不足以证实事故发生时被告人杨某为实际驾驶者，无法排除可能系梁某驾驶车辆肇事，杨某系冒名顶罪的合理怀疑”，故以事实不清、证据不足为由，判决被告人杨某无罪。[1]

（二）根据传来证言所述者的不同而需审查的因素

传来证言系转述被害人、目击证人或其他传来证人时，一般需要综合判断。

当传来证言的原始陈述人系被害人、目击证人甚至其他传来证人时，相比被告人而言，这些原始陈述人撒谎的概率要小很多，因此不管该原始陈述对哪一方有利，一般都不会径行否定其可信度，而需要进一步结合证言产生的各个环节进行审查：一是被转述的原始陈述本身的真实性，二是证人获悉原始陈述的过程中是否存在信息流失或扭曲等客观风险，三是证人是否存在故意歪曲原始陈述的主观意图。

1. 审查被害人是否存在被自身陈述“反噬”的风险。所谓“反噬”，是指一旦被害人的指控陈述不被采信，除了被告人可能逃脱惩罚，被害人还会遭受额外损失，比如被害人存在过错、诬告等情形。具体而言，强奸案中被害人关于是否自愿发生性关系的陈述、伤害案中被害人关于自己是否首先动手的陈述、诈骗案中被害人关于自己是否明知财务风险的陈述等，这些陈述一旦被认定为说谎，不仅被告人可能被判无罪，被害人还可能被追究诬告、互殴等责任，或者至少遭受严重名誉损失。基于趋利避害的天性，此时被害人陈述失真的可能性比较大。因此其说谎概率相对较高，应当适用与被告人陈述同样的转述规则，即一般不宜将转述该陈述的传来证言作为定案依据。

但是，如果被害人陈述不存在“反噬”风险，也即其陈述顶多是无法证明被告人有罪，但不会使被害人再遭受额外损失，则陈述真实性较强。比如针对陌生人的盗窃案、抢劫案，一则无论如何不大可能认定被害人存在刑法意义上的过错，二则即使指控不成立也不会追究被害人责任，因而其说谎的概率很小；如此一来，若其案发后对他人陈述被害事实，他人转述形成的传来证言也就相对可信。以本案为例，被害人王幼女不能作证，其父亲和祖父也不大可能有捏造强奸事实陷害王某的动机，因此王父亲转述王祖父关于强奸的说法形成的证言，具备足够的可信度。类似情况在强奸幼女、猥亵儿童等案中较为常见，被害人在案发后告知家人、朋友或老师等人有关被害事实，后者的转述证言一般被认定为可信。[2]

2. 审查原始证人的感知能力、利害关系和表达准确度。若原始证人不出庭作证，难以接受法庭关于其证言细节、利害关系等问题的当面质证，则转述其证言形成的传来证言需要包含足够信息，以便法庭对原始证言的可信度进行必要审查。以本案为例，王老汉系首先从妻子余老太处听说强奸一事，因余老太在案发现场直接目睹王某与王祖父的沟通，且其本人也当场斥责了王某，兼之案件的敏感性和目睹沟通与事发较短的时间间隔，余老太

[1] 参见杨某交通肇事、盗窃案，河南省南阳市宛城区人民法院刑事判决书（2013）南宛刑初字第704号。

[2] 比如王某猥亵儿童案[（2021）闽0502刑初339号]，被猥亵的11岁男童曾告知多名小伙伴被被告人脱裤子的事实，后者转述形成的传来证言被认定具有证据能力，并与被害人陈述、被告人庭前供述相互印证，证明被告人有罪。

蓄意编造或无意间扭曲现场情况的概率很小,她也没有就此事向丈夫王老汉撒谎的动机,因此王老汉的转述同样较为可信。

3. 审查转述证人的说谎可能性。传来证人转述原始证人的陈述,即使原始陈述为真,转述的保真程度也取决于转述证人本身的感知、记忆、理解和表达能力,以及转述证人与案件的利害关系等因素。以本案为例,刘叔婆虽和王某关系不错,但对于智障侄孙女被后者强奸的事实,显然不可能随意编造,更大概率是如实转述王某托付其说情时的陈述。但是,因王某只是模糊陈述"犯错""糟蹋",并未具体描述强奸,刘叔婆根据自己的理解直接转述为强奸的证言就多少值得怀疑。

综上所述,若以被告人对质权的实现与否作为判断传闻证据的基本标准,则我国刑事诉讼规范和实践中并不承认传闻证据。最为典型的表现,就是被告人的庭前供述笔录和证人庭前询问笔录的大规模使用。相比英美法系着重保障被告人的对质机会,我国更倾向于通过对取证程序的严格控制和证据内容的相互印证来保障庭外陈述的合法性和真实性。我国的传来证据规则,一体覆盖物证、书证和言词类证据,其范围远大于英美法系主要针对书证的最佳证据规则。当庭外陈述并非经由严格的讯问或询问程序获得,且经由他人转述而作为证据时,既属于传闻证据也属于传来证据。因我国不存在专门针对传闻证据的审查判断规则,故实践中主要从传来证据视角进行处理,但不存在一以贯之的审查判断标准。(1)即便是传来证据,也需要满足证人证言的取证程序要求,在形式上表现为庭前询问笔录或当庭作证。(2)证人转述的被告人对己有利的庭外陈述,一般不认可其可信度;反之,被告人所做不利于己的庭外陈述,即便被转述也具备很高可信度。(3)证人转述的可能导致"反噬"风险的被害人陈述,因被害人处于"要么被告人有罪、要么自己有大错"的立场,说谎风险较大,因此转述被害人陈述的传来证言也不宜一概采信。反之,当被害人不存在被自身陈述"反噬"的可能,其陈述和转述的可信度较高。(4)证人对其他原始证人的证言的转述,需要综合审查原始证人的感知能力、利害关系和转述证人的说谎可能性等因素。归根结底,我国对传来证言并非一味承认或拒绝,而是在满足基本的形式合法性条件后,综合考虑原始陈述的性质、转述过程的影响因素、证言与其他证据的印证关系等,结合具体案情进行判断。

■ 民事诉讼中原始证据与传来证据的理解与适用

案例 4-6 王某某与杨某某民间借贷纠纷案[1]

□ 案情概述

原告王某某与被告杨某某系朋友关系,二人交往甚好。2020 年 9 月 19 日,杨某某向王

〔1〕 参见山西省朔州市中级人民法院(2021)晋 06 民终 1378 号民事判决书。

某某写下借条一张，内容为“现借到王某某人民币 3 万元”，并签名、捺印。2021 年 7 月 27 日，王某某向法院起诉杨某某，要求后者归还借款 3 万元并承担诉讼费用。被告杨某某答辩称：不存在向王某某借款的事实，真实情况是其帮王某某代办某平台的投资，王某某的投资本金和返利均通过杨某某账户走账。至于借条，是其在受哄骗和逼迫下所写，目的仅是证明王某某的投资事实。

综合一审、二审双方举证情况，该案涉及的证据基本情况如下：

1. 书证即借条一张，系原件，除载明借款事实和金额外，没有约定期限和利息。原被告双方在庭前交换证据时确认借条为真，被告的签名和捺印也为真。

2. 原被告双方支付宝聊天及转账记录，共 15 页，打印件（与原件核对无异），由杨某某提供。主要内容为：在 2020 年到 2021 年，杨某某分多笔向王某某的支付宝账户转账共计 5.38 万元，聊天记录显示这些转账的性质为投资返利。

3. 证人杜某的证言，由被告杨某某申请、法院通知出庭作证。主要内容为：曾听杨某某当面抱怨，称本来是帮王某某代办投资，结果碍于情面写了借条，变成了自己个人债务。

4. 证人索某的书面证言，由杨某某提供。主要内容与证人杜某证言一致。

5. 原告王某某的陈述：自己与杨某某系朋友，既有共同投资某平台的合作关系，也有借钱给杨某某周转的债权债务关系。（1）在某平台的投资都是通过杨某某进行的，因为他先有账户，而且平台只认可他。平台返利也是经由杨某某转交给自己的。自己前后一共投资将近 20 万元，其中既有现金交付也有转账交付杨某某，还有通过其他朋友直接给杨某某。平台返利后，杨某某就通过支付宝转给自己，然后以微信、支付宝聊天，电话或当面方式告知自己。（2）3 万元借款与投资无关，是杨某某在 2020 年 9 月 19 日临时周转困难找自己借的，自己生意上正好有点现金，就让他到门市上来，直接拿了 3 万元给他，他还主动打了借条。因为双方关系好，借条上就没有明确写借款期限，口头约定很快就归还，而且也没想着要收取利息。后来杨某某半年多还没有归还，自己就催了几次，杨某某也表示认账，就是暂时没钱归还。

6. 被告杨某某的陈述：自己与王某某比较熟，一开始是因为共同投资认识的。自己在某平台有投资账户，平台只认可自己，不给新客户开账户。王某某通过朋友听说后想投资，就由朋友介绍二人相识。投资款都是王某某打给自己，平台返利也由自己转交。王某某通过自己投资的金额，前前后后一共接近 20 万元。但因为平台返利比较慢，王某某有点担心，于是在 2020 年 9 月 19 日再次投资 3 万元的时候，就要求自己打一个借条给他，还信誓旦旦地说“借条只是证明有投资这回事，不是真的借款，也不会要求归还”。自己想着和他那么熟了，他又说得那么肯定，碍于面子就当场打了一张 3 万元的借条。正是因为其根本不是作为借款的凭证，所以没有写归还日期和利息。没想到几个月后，王某某居然拿着这个借条要求还款，自己很气愤，还给身边的杜某、索某等几个朋友说过这事。

□ 证据分析

本案涉及证据的争议焦点是:(1)对于是否存在借款的核心事实,原被告双方各执一词,形成“一对一”的证明状态;因被告杨某某提供了杜某、索某两位证人的证言,能否据此认定其主张的事实更为可信?(2)法院能否基于原告王某某提供的借条这一孤证和其陈述就支持其主张?

对于以上证据问题,分析如下:

本案在民事纠纷中具有很强的代表性。民间借贷在我国有深厚传统和强烈需求,现金交易也长期占据主流,当事人之间基于信任关系不打借条、随手简单写借条、已还款但未收回借条等情况也比较常见。此外,以借款名义为投资作担保的做法,在市场上也较为流行。一旦起纠纷,核心证据基本只有一纸借条,当事人双方的陈述则完全相反,多数证人要么均是从当事人处听说,要么顾虑三方关系而语焉不详,导致法院很难查明案件真相,经常需要主要基于自由心证和证明责任规则进行裁判。

(一)被告杨某某提供的证人证言的效力

1. 证人证言的证据能力

对证据能力的审查,一是需要遵循一般性的“三性”标准,即以关联性、真实性和合法性作为证据能力的基本要素。二是结合证据的具体种类,针对性适用现有规范中的特殊规定。就本案两名证人的证言来说,其内容均直接涉及案件核心争议,因此关联性无虞。需要重点审查的是真实性和合法性。

第一,传来证言对真实性的影响。本案两名证人都没有亲身感知系争核心事实——王某某主张的出借3万元并收到借条的过程,而系从杨某某处听说这张借条实质是为投资款作证明。从证据属性上讲,两人的证言属于传来证据,源自杨某某陈述这一原始证据。我国现行民事诉讼规范并未明文否定传来证言的证据能力,但《民诉证据规定》第72条规定了“证人应当客观陈述其亲身感知的事实”,可见立法者更为看重证人的亲历性。一旦证人没有亲身感知案件事实,其证言真实性就更难以判断,因其证言除受转述过程和利害关系等主客观因素影响外,还受原始陈述本身真实性的影响。

进一步分析,本案两名证人转述的杨某某的陈述内容,都有利于杨某某,其真实性进一步降低。在民事诉讼证据规则中,当事人所述的于己不利的事实,包括对于己不利事实的承认或沉默,往往可直接推定该不利事实成立,对方无须举证证明。[1] 甚至于当事人提交或保管的于己不利的电子数据,一般都无须审查其软硬件环境等其他因素,就可直接认定证据真实性。[2] 相比之下,对于有利于己的当事人陈述,其真实性则不宜轻易认定,不能单独作为定案依据。本案中,两位证人的证言都派生自当事人杨某某在庭外的自利性陈述,兼之两名证人与杨某某系朋友关系,其证言的真实性显然不强;若无更有力的证据予以印

---

〔1〕 参见《民诉证据规定》第3~9条。

〔2〕 参见《民诉证据规定》第94条。

证,不宜作为定案依据。

第二,书面作证对合法性的影响。本案证人杜某出庭作证,但证人索某并未出庭,只是提交一份书面证言。尽管两位证人的证言内容基本一致,但因索某违反《民事诉讼法》第75条关于"凡是知道案件情况的单位和个人,都有义务出庭作证"的规定,在未获得法院事先批准的前提下,其书面证言不具备合法性,从而不具备证据能力。换言之,即便不考虑该书面证言内容的传来性质,仅因其提交程序不合法,就应首先排除在定案依据之外。

2. 证人证言的证明力

讨论证明力必须以证明对象为前提。本案系争事实的核心,在于借条是原被告之间因借贷关系而作为凭据,还是被告受逼迫、哄骗所写。针对此一证明对象,主要证据是双方当事人相互冲突的"一对一"陈述,以及借条本身。那么,如果只以程序不合法(证人未出庭)否定索某的书面证言的证据能力,在不完全否定杜某的传来证言的真实性从而允许将其证言作为定案依据的前提下,能否改变当事人陈述"一对一"的局面呢?

首先,传来证言能否增加原始陈述的证明力?就本案而言,杨某某的陈述本身是必然存在的证据,证人转述杨某某的陈述,表面看似增加了证据量,可以起到"1 +1 >1"的作用;但从实质上看,谎言并不会因为被转述一次或多次就变得更真实,传来证言纯属对原始陈述的简单重复,对于案件真相的证明没有任何边际增量。《民诉证据规定》第90条强调,当事人陈述"不能单独作为认定案件事实的根据",原因在于当事人和案件处理结果有极密切的利害关系,趋利避害的天性使当事人容易撒谎。本案证人证言只是简单重复当事人陈述,并未改变杨某某关于哄骗、逼迫的陈述属于"孤证"的实质,因此并不能证明杨某某关于哄骗、逼迫的主张。

其次,传来证言的原始成分的证明力。假设杜某当庭作证的内容,不仅是对杨某某庭外陈述的转述,还包括对杨某某当时的表情、语气、情绪等问题的描述,这些内容则属于证人亲身感知的当事人在案发后的反应,本质上应认定为原始证据而非传来证据。再假设杨某某的反应主要是震惊、懊恼和愤怒,则与其所主张的因逼迫、哄骗而写下借条的事实更相符合。如此一来,杜某的证言就能强化杨某某陈述的真实性和证明力。不过,鉴于案例中并未体现这些信息,本部分只能作为假设来讨论。

(二)法院能否基于借条这一孤证支持原告王某某的主张

一旦确认两名证人的证言无助于证明杨某某主张的事实,则本案最终只能依靠三项证据定案:借条,原、被告当事人的陈述。鉴于当事人陈述相互矛盾,且立场化、偏向性太明显,客观性不足,"一对一"的情况下难分高下,对于借条证明方向的解读就成为决定案件结果的关键一环。

首先,形式合法的借条倾向于证明民间借贷关系成立。本案中借条虽系手写,但其既没有权威机构的背书或认证,也没有第三人见证,但因"借条"二字及其内容的严肃性,两个有正常社会阅历和相当经济基础的成年人不至于会随意书写。更何况,即使出具借条的时候有草率因素,但在长达一年的时间内,杨某某一直不向王某某索要该借条,明显不合常理。因此,鉴于该借条的真实性无虞,在无充分的相反证据的前提下,综合已有情况足以认定该借条具有证明民间借贷关系成立的较强证明力。

其次,本案现金交易不能否定借贷关系。在民间借贷案件中,为防范虚假诉讼,不管是制度还是实践层面都要求人民法院不能仅依据借条来认定借贷关系存在,而经常要结合借贷发生的原因、时间、地点、款项来源、交付方式、款项流向和借贷双方的关系及经济状况等事实进行综合判断。[1] 就本案而言,借款金额总共只有3万元,且发生于经济发展已经达到相当水平的2020年的山西省,原告王某某又较为详细地说明了借款时间、地点等细节,也合理解释了为何使用现金及现金的来源。考虑到3万元规模的现金在当下经济社会生活中并不罕见,在当事人作出合理说明的情况下,不能据此推翻借条证明的民间借贷关系。

最后,本案投资事实和借贷关系无关。根据双方当事人的陈述和支付宝转账及聊天记录,足以证实双方存在委托投资关系。被告提供的向原告转账5.38万元的记录,一则有对应的聊天记录显示为投资返利,二则与系争的3万元借款在金额、时间上都没法对应,因此不能证明该5.38万元与系争借款相关,其不影响合议庭根据借条等证据认定3万元借贷关系成立。

综上所述,虽然当事双方"一对一"的陈述在证明力上难分高下,但原告主张的民间借贷关系有形式合法的借条予以印证,且其金额和交易方式也符合本案特定环境;相比之下,被告主张的因逼迫、哄骗而出具借条的事实,并无其他证据予以印证。综合全案证据,足以认定原告已举证据达到高度盖然性的证明标准,应判决被告败诉。

□ 理论拓展

本案两名证人的证言,从证据理论上可归入两类:一是因没有亲历案件事实,仅仅转述亲历者的陈述,属于传来证据。二是证言内容为他人的庭外陈述,且陈述时没有保障对方当事人的对质权利,所以又属于传闻证据。其中证人索某的证言不仅属于转述,其本人也没有出庭,在理论上属于"传闻中的传闻"。在言词证据问题上,传闻证据和传来证据常有交叉。至少在我国,刑事诉讼和民事诉讼关于两种证据的规则和实践又多有区别。关于刑事诉讼中的传闻证据和传来证据,可参考本书案例"王某强奸智障幼女案"的证据分析和理论拓展部分。

(一)关于传闻证据:民事诉讼基本禁止、刑事诉讼广泛容许

如本案所示,我国民事诉讼中原则上要求证人出庭作证,非经法庭特别允许,不接受证人的书面证言或庭前作证笔录进行替代。这等于在本质上否定证人庭外陈述的证据能力,与英美法系的传闻证据规则大体一致。相比之下,在我国刑事诉讼中,因为大范围使用证人在侦查阶段接受询问的笔录替代当庭作证,导致其与英美传闻证据规则大相径庭;刑事

---

[1] 参见最高人民法院《关于在民事诉讼中防范与惩治虚假诉讼工作指引(一)》典型案件指引之民间借贷纠纷案。

案件中的传闻基本上只涉及出庭证人转述案外人庭外陈述这种特殊情形。

值得注意的是,相比我国民事诉讼对证人出庭的要求,典型的英美传闻证据规则更加严格。在英美法系,出庭证人在庭前的陈述依然大多属于传闻,除作为弹劾证据或反驳弹劾等有限目的之外,不得引入法庭。相比之下,我国的民事证人一旦出庭,对其庭外证言(含自书证言、询问笔录或录音等)的使用基本没有限制,虽然一般案件并无必要作为证据使用。此外,英美法系证人出庭以后,如果当庭作证的内容是转述其他出庭人员(含当事人和证人)的庭外陈述,则依然可能视为传闻而被排除,除非符合"对方当事人陈述"[1]等例外情况。相比之下,我国证人当庭转述其他出庭人员的庭外陈述,不管是规范还是实践层面都没有任何限制。

(二)关于传来证据:证据能力从宽,证明力从严

传来证据是相对于原始证据而言的,对于实物证据指复印件、复制件,对于言词证据则一般指转述。值得注意的是,现有规范虽然要求审查证据的原始性/传来性,[2]但并未否定传来证据的证据能力。实际上,根据《民诉证据规定》第90条第5项,"无法与原件、原物核对的复制件、复制品"只是"不能单独作为认定案件事实的根据",可见立法者主要是限制其证明力而非证据能力。与此类似,对于转述亲历者陈述的传来证人,比如本案的杜某,法庭并未以缺乏证据能力为由拒绝通知其出庭作证,而仅仅否定其证言具有印证、支持其原始证据即被告杨某某主张的证明力。

还需要注意的是,我国一般将传来证言整体处理,不再细分证言内容中的转述部分(真正的传来信息)和证人亲身感知的部分(实质的原始证据)。比如假设本案中杜某出庭后,除转述被告杨某某陈述外,还说起被告杨某某在谈到案件争议时的愤怒、懊恼情绪,这属于杜某亲身感知的原始信息,且可用于间接地判断被告关于"名为借贷、实为代办投资"的主张能否成立,相关性亦无虞,因此具备完整的证据能力。如此一来,针对杜某出庭后的证言,合议庭最为妥当的处理办法,一是基于传来属性不予采信其所转述的杨某某陈述的内容,二是基于原始属性采信其关于杨某某陈述时的情绪反应的证言(当然需要从细节、合理性、印证情况等多方面综合判断这些内容的真实性)。不过,我国还没有如此分开处理的先例。相比之下,在英美法证据规则中,类似将陈述内容和陈述行为分开处理的情况比较常见,比如传闻规则的一个例外就是证明陈述者当时的精神、情绪和身体状况(then-existing mental, emotional, or physical condition)。[3] 处理此类证据的关键,在于法官要对陪审员做出明确、详细的指引,要求只能将该陈述用于证明特定目的,不得直接采信陈述的内容。在推进我国刑事庭审实质化和民事庭审优质化、强化证据裁判原则的当下,我们或许可以参

---

〔1〕《美国联邦证据规则》第801(d)(2)条将对方当事人陈述(an opposing party's statement)不作为传闻处理。这里有一个限定,即需要由陈述人的对方当事人提供该陈述作为证据,才不属于传闻。如果系陈述人自己提供,则不符合这一条的规定。

〔2〕不管是民事诉讼还是刑事诉讼,都要求审查证人是否亲身感知案件事实,复印件/复制件与原件是否一致等。

〔3〕《美国联邦证据规则》第803(3)条。

考英美法系这种做法,更加精细地区分一项证据内含的不同成分,并根据对应的证据规则分别处理。

□ 阅读指引

1. 纵博:《第三人转述被告人有罪陈述的证据属性及其使用问题》,载《当代法学》2020 年第 1 期。
2. 易延友:《传闻法则:历史、规则、原理与发展趋势——兼对我国“传闻法则移植论”之探讨》,载《清华法学》2008 年第 4 期。
3. 程衔:《刑事审判中鉴定人出庭率之提高——以传闻证据规则的引入为视角》,载《社会科学家》2017 年第 7 期。
4. 廖明:《揭开“传闻”的面纱——关于“传闻证据”概念和范围的思考》,载《当代法学》2007 年第 5 期。
5. 刘瑶:《信息维度下的传来证据研究——以事实信息理论为基点》,载《重庆邮电大学学报》2011 年第 3 期。

(撰写人:西南财经大学法学院　兰荣杰)

第三节　直接证据与间接证据

■ 刑事诉讼中直接证据与间接证据的理解与适用

案例 4-7　曹某故意杀人案[1]

□ 案情概述

被告人曹某涉嫌经预谋于 2012 年 2 月 16 日至 17 日,在北京市朝阳区的租住处,将其丈夫柳某(殁年 37 岁)杀害并碎尸。尸块于 2012 年 2 月 20 日被抛至北京市昌平区某小区东侧柏油路西侧便道绿化带内等处。被告人曹某作案后于 2012 年 2 月 24 日被北京市公安局昌平分局查获归案。

公诉机关认为,被告人曹某故意非法剥夺他人生命,致人死亡,并采用极其残忍的手段分尸,犯罪性质特别恶劣,情节、后果特别严重,社会危害性极大,应以故意杀人罪追究其刑事责任。

---

[1] 参见北京市第二中级人民法院(2013)二中刑初字第 1256 号刑事裁定书。

辩护人提出指控被告人曹某犯故意杀人罪的事实不清，证据不足，现有证据不具有排他性，请求宣告被告人无罪。

北京市人民检察院第二分院在案件审理期间，以本案证据发生变化为由，决定撤回对被告人曹某的起诉。北京市第二中级人民法院认为，北京市人民检察院第二分院撤回起诉的理由成立，遂于2015年5月30日作出裁定，准许北京市人民检察院第二分院撤回对被告人曹某的起诉。

本案中包含如下证据，大致可以分为两组。[1] 第一组证据仅能证明被害人（曹某丈夫）非正常死亡这一事实，不能证明被害人的非正常死亡系被告人所为，包括：(1)多名证人证言，证明发现人体组织并报警的情况；(2)法医学尸块检验报告，证明送检9块尸块系来自同一个体，系死后被他人用锐器肢解，由于尸块不全，不能确定死因；(3)鉴定意见证明死者系被告人丈夫，送检的所有具备检测条件的脱落细胞、血迹等生物学痕迹均为死者所留，不支持其他随机个体所留。

第二组证据在不同程度上指向被告人，需要重点分析，包括：(1)抛尸现场勘验检查笔录、现场照片及提取痕迹、物证登记表，证明抛尸现场尸块情况，以及提取脱落细胞、肌肉组织、包裹尸块的旅行箱、塑料袋的情况；(2)破案报告证明破案经过，公安机关系以抛尸现场塑料袋上所写的人名为线索逐步锁定被告人（其承租了存放该塑料袋的房屋）；(3)案发房屋勘验检查笔录、现场照片及提取痕迹、物证登记表，证明在被告人承租的房屋卫生间、客厅冰箱内、厨房内发现多处血迹和人体组织，客厅地面提取足迹一枚，现场提取两个酒瓶，现场门锁无异常；(4)鉴定人出庭作证证明现场提取的足迹与被告人所穿鞋底种类、大小大致相同，但因花纹的细节特征不清晰，不能作出同一性认定；(5)电梯、小区门口监控录像，证明案发时间段被告人多次乘坐电梯上下楼，其中一次拉一小拉车下楼，小拉车的袋体饱满，上有塑料袋类物品，后经小区北门出，短时间内又返回；(6)电子物证检验报告，证明案发房屋内提取的笔记本电脑检出包含"深度睡眠""憋死""大容量旅行包""抛尸"等内容的网页浏览痕迹；(7)案发地（被告人承租房屋）附近的某大药房交易流水明细证明，案发时间段曾卖出佐匹克隆镇静安眠药；(8)毒物检验报告，证明死者生前大量饮酒，且服用佐匹克隆镇静安眠药；(9)案发后在被告人处查获了被害人的手机。

□ 证据分析

本案主要的证据争点问题是：在没有被告人曹某的供述，也没有其他单独证明案件主要事实的直接证据的情况下，法院能否仅凭间接证据认定案件事实？

对于以上证据问题，分析如下：

从现有证据来看，本案仅有证明片段性事实的间接证据。比如电梯、小区门口监控录

---

[1] 具体证据细节，刑事裁定书中未予公开，参考崔杨、金昌伟：《死刑案件运用间接证据定案的标准》，载《人民司法》2016年第14期。

像,其仅能证明案发时间段被告人可能出现在案发现场附近这一片段性事实;又如案发房屋提取的足迹和鉴定意见以及鉴定人出庭的作证,二者仅能证明被告人可能出现在案发现场这一事实。直接证据和间接证据的区分,体现了证明方式的差异。直接证据不需要中间的推断环节,便能单独证明案件主要事实。与之相对,间接证据需要中间的推断环节,且需要与其他证据一起,方能证明案件主要事实。因此与直接证据相比,间接证据的审查更需关注证据与证据之间是否能够形成严密的证据链,从而共同指向待证事实。

如何审查认定没有直接证据仅有间接证据的案件?《办理死刑案件证据规定》第33条规定,没有直接证据证明犯罪行为系被告人实施,但同时符合下列条件的可以认定被告人有罪:(1)据以定案的间接证据已经查证属实;(2)据以定案的间接证据之间相互印证,不存在无法排除的矛盾和无法解释的疑问;(3)据以定案的间接证据已经形成完整的证明体系;(4)依据间接证据认定的案件事实,结论是唯一的,足以排除一切合理怀疑;(5)运用间接证据进行的推理符合逻辑和经验判断。此外,根据间接证据定案的,判处死刑应当特别慎重。

综合本案的证据,本书认为该案件基于间接证据进行的推理多处不符合逻辑和经验,据以定案的间接证据尚未形成完整的证明体系,不能排除合理怀疑,没有达到立法规定的案件事实清楚,证据确实充分,达到排除合理怀疑的证明标准。

第一,本案中基于间接证据进行的多处推理,不符合逻辑和经验判断。一是“案发现场的足迹”可以证明被告人曾经到访案发地。但是从逻辑和经验判断,该案发生在被告人承租房间内,房间内有其足迹,很可能是其生活过程中所留,无法就此认定犯罪行为系被告人(承租人)所为。二是“案发后在被告人处查获了被害人的手机”。鉴于被告人和被害人是夫妻关系,共同生活导致的部分个人物品存在空间上的无法分割的特征,因此案发后在被告人处查获被害人的手机也符合常理,无法就此证明该手机系被告人杀害被害人后占有。三是法医学尸块检验报告显示在案的尸块重达80斤。监控录像显示被告人拉小拉车进出小区时间较短,侦查实验显示从案发地到抛尸地点,如是步行前往,被告人将不能在监控录像显示的进出小区的时间段内完成,但如是乘车,被告人是否有能力将80斤重物搬上车且不引起他人关注,值得怀疑。四是某大药房交易流水明细显示的出售佐匹克隆胶囊的时间,与监控录像显示的被告人此时间段进出小区的时间不协调,被告人回小区的时间早于药店出售记录。

第二,本案中多项事实没有查清,据以定案的间接证据尚未形成完整的证明体系。本案中妻子涉嫌杀害丈夫,案发前二人共同租住一处,共同抚养女儿,没有证据证明二人有深仇大恨。法医鉴定,被害人系被锐器肢解,但作案工具尚未找到,也无法对作案工具上的指纹、血迹DNA等作相应鉴定。此外,鉴于尸体已经被肢解,被害人死因无法确定。概言之,本案作案动机、作案工具以及死亡原因等都未能查明。

第三,综合全案的证据,尚存在合理的怀疑。本案虽有大量间接证据,但证据的指向性并不唯一,不能排除他人作案的可能性。一是不能排除他人进入案发房间作案的可能性。仅凭电梯及小区门口监控录像不能排除他人进入该房间作案的可能性。除电梯外,行为人还可通过楼梯上下楼。案发小区有多个门,行为人除步行通过小区门外,还可乘车进出小区。二是抛尸现场、案发房间提取的脱落细胞等生物学痕迹均为被害人所留,并未发现被告人的指纹等痕迹,不能指向被告人。三是监控录像显示嫌疑人所拉小拉车的袋体饱满,上有塑料袋类物品。塑料袋是种类物而非特定物,无法据此认定该塑料袋与抛尸现场的塑料袋同一,且无法确定该塑料袋内装的就是尸块。四是案发房屋内提取的笔记本电脑检出包含"深度睡眠""抛尸"等内容的网页浏览痕迹,但不能排除他人进入房间使用该电脑的可能性。

综上,本案虽然存在大量间接证据,但这些间接证据只能证明被害人分尸地为被告人租赁的房屋,且案发时间段,被告人曾出现在该房间,但无法据此得出杀人、分尸行为系被告人所为。换言之,就曹某故意杀人一案,本案的证据尚无法达到案件事实清楚、证据确实充分,能够排除合理怀疑的证明标准。

回 理论拓展

如何区分直接证据和间接证据？国内主流观点认为,直接证据指的是能单独直接证明案件主要事实的证据。与之相对,间接证据指的是不能单独直接证明,需要与其他证据结合才能证明案件主要事实的证据。[1] 由此可见,区分直接证据与间接证据的主要标准即能否"直接""单独"证明案件的"主要事实"。何为主要事实？主要事实即待证要件,一般由实体法规定。在刑事诉讼中案件主要事实指的是犯罪事实是否存在和该犯罪事实是否由犯罪嫌疑人或被告人所实施;在民事诉讼中案件的主要事实是指当事人双方主要争议的民事法律关系发生、变更、消灭的事实;在行政案件中案件的主要事实是指行政机关的行政行为是否合法的事实。[2] 然而,如何理解"直接""单独",国内学界并没有统一的认识,也曾对是否存在直接证据而产生争论。[3]

英美证据法的传统理论认为,一旦相信就能证实某个要件,而无须任何额外的中间推论(intervening inferences)的证据,就是直接证据。比如,目击证人目睹犯罪嫌疑人抢劫银行的作案过程,并对该嫌疑人进行指认。该证言一旦被相信,就会成为身份要件的直接证据。与之相对,必须经过中间的推论环节才能证明要件的证据则为间接证据。比如,证人作证说,他看到戴红色帽子的犯罪嫌疑人慌慌张张地从一家银行(刚被抢劫)跑出来。该证言没有直接证明身份要件。要把此人同抢劫联系在一起来解释他的行为,还需要一些补充性推论——他在犯罪后企图逃跑,以免被抓。而且,因为对犯罪嫌疑人跑动行为存在许多别的解释,所以关于其身份的推论并不能自动得出。该间接证据尚需与其他证据结合,以共同证明身份要件。比如银行大厅的视频监控显示,头戴红帽子的犯罪嫌疑人(无法清晰辨认

---

[1] 参见樊崇义主编:《证据法学》(第6版),法律出版社2017年版,第214页。

[2] 参见陈光中主编:《证据法学》(第4版),法律出版社2019年版,第218页。

[3] 参见纪格非:《"直接证据"真的存在吗？对直接证据与间接证据分类标准的再思考》,载《中外法学》2012年第3期;李浩:《"直接证据"真的不存在吗？与纪格非教授商榷》,载《中外法学》2017年第1期。

脸）持枪抢劫。前述证人证言和视频监控共同证明身份要件。值得注意的是，直接证据不需要中间的推论环节，并不代表其不需要推论性推理（interferential reasoning）。只有在事实认定者相信目击证人的情况下，直接证据才能证实身份要件，而这需要对目击证人的能力进行推论性推理，包括其认知能力、记忆能力等。从这一视角，美国证据法学家艾伦教授提出，间接证据与直接证据的区别在于推论性链条的长度。[1]

实践中，案件中的大部分证据为间接证据。与直接证据相比，间接证据的存在范围更为广泛。部分要件（比如犯罪主观方面的要件）往往需要间接证据加以证明。犯罪主观方面要件包括罪过（犯罪行为所包含的过错：犯罪的故意和犯罪的过失）和目的、动机等要素。其中，罪过是一种主观心理态度，是任何犯罪都必须具备的主观方面的要件。作为构成要件要素，罪过所包含的两个环节分别被称为认识因素和意志因素。以故意犯罪为例，从心理学角度看，一般认为，"明知自己的行为会发生危害社会的结果"属于故意的认识因素；"希望或者放任这种结果发生"属于故意的意志因素。同时满足这两个因素，便可认定为故意犯罪。然而，作为人的主观心理状态，认识因素和意志因素是很难通过直接证据证明的，而只能由司法人员根据经验、常识并结合法律的规定，通过推理的方式进行判断。比如，目击证人证实甲向乙的颈部连砍数刀。证人证言的内容只能反映案发时的客观情况，甲实施侵害行为时的主观状态无法直接从该证言中获得。此时，审判人员将根据生活经验，即甲应当知晓自己的行为将导致乙的死亡，以及我国《刑法》第 14 条规定的"明知自己的行为会发生危害社会的结果，并且希望或者放任这种结果发生，因而构成犯罪的，是故意犯罪"，得出甲在主观上存在犯罪故意（认识因素和意志因素）的结论。[2]

直接证据与间接证据体现了证明方式的差异，但并不当然体现证明力的差异。[3] 证明力，又称"证明价值"（probative value），是指证据对待证要件事实证明作用的大小或程度。历史上曾出现过迷信直接证据的法定证据制度，法律预先明文规定了各种证据的证明力大小，其中被告人的口供是一份完整的证明，从而导致了大量的刑讯逼供情况的出现。法国大革命之后，1808 年的《法国重罪法典》确立了自由心证制度，即"在重罪法庭休庭合议前，审判长应责令宣读下列训示，并将内容大字书写成布告，张贴在合议室最显眼处：法庭并不考虑法官通过何种途径达成内心确信；法律并不要求他们必须追求充分和足够的证据；法律只要求他们心平气和、精神集中、凭自己的诚实和良心，依靠自己的理智，根据有罪证据和辩护理由，形成印象，作出判断。法律只向他们提出一个问题：你们是否形成内心确信？这是他们的全部职责所在"（原第 343 条）。在自由心证制度下，任何证据都没有预设的证明力，事实认定者得以对证据的证明力进行自由评价，在具体案件中，结合实践经验在现场

---

〔1〕 参见［美］罗纳德·J. 艾伦等：《证据法的分析进路：文本、问题和案例》，张保生、王进喜、汪诸豪译，中国人民大学出版社 2023 年版，第 161 – 163 页。

〔2〕 参见纪格非：《"直接证据"真的存在吗？对直接证据与间接证据分类标准的再思考》，载《中外法学》2012 年第 3 期。

〔3〕 参见［美］罗纳德·J. 艾伦等：《证据法的分析进路：文本、问题和案例》，张保生、王进喜、汪诸豪译，中国人民大学出版社 2023 年版，第 161 – 163 页。

作出具体判断。

事实上，实物证据多体现为间接证据。比如，案发现场发现的带有指纹和血迹的刀，就是典型的间接证据，该证据本身无法单独证明主要事实。刀作为本案的作案工具，可以与刀上的犯罪嫌疑人的指纹的鉴定意见以及被害人血迹DNA的鉴定意见一起，共同证明犯罪嫌疑人的作案行为。毋庸置疑，这一间接证据的证明力要大于被告人反复无常的口供，尽管后者属于直接证据。

2001年《民诉证据规定》第77条第4项关于"直接证据的证明力一般大于间接证据"的规定，混淆了证明方式和证明力，有悖自由证明制度下的证明力判断逻辑。典型的一个反例是，在商场电梯故障导致的人身伤害侵权案件中，作为直接证据的原告陈述，其证明力是否大于作为间接证据的电梯报修记录、就医证明以及伤残鉴定意见？2019年《民诉证据规定》对此进行了修正，删除了第77条对证明力的规定。

根据间接证据定案的，判处死刑应当特别慎重，审查的标准在于，综合全案是否形成严密的证据链（beweiskette）或者证据环（beweisring），并达到"证据确实、充分，排除合理怀疑"的证明标准。通常我们会认为，间接证据是以"证据链"的形式，共同作用指向待证事实。事实上，间接证据与案件关联的方式是复杂的。美国学者帕特森曾提出，间接证据通过形成证据链条的方式证明案件事实仅是间接证据使用的形式之一。除此之外，间接证据完全可能各自单独证明案件部分事实。只不过在这种情况下，根据每个间接证据推导出的结论可能无法达到法定的证明标准。但是，当间接证据的数量达到一定程度时，就可能达到法定的证明标准了。[1] 对此，有学者将其比喻为"锁链"和"绳子"：人们认为间接证据如同一条锁链。其实并非如此，如果那样的话，一个环节出现问题整条锁链就会断裂。它们更像由几股细线拧成的绳子，一股细线不足以形成力量，但是多股细线形成的绳子却可以。间接证据往往由多个形成一个集合体。单一一个证据不足以支持结论，但是多个却可以。在本案中，多个间接证据之间也没有形成完整的证据链，而是以证据环的形式呈现，但是如前所述，该证据环尚未达成排除合理怀疑的证明标准。

此外，在刑事案件中，除有罪供述的直接证据外，无其他证据与之相互印证，对所认定的事实不能排除合理怀疑的，应当坚持疑罪从无原则，不能认定被告人有罪。《刑事诉讼法》第55条规定，只有被告人供述，没有其他证据的，不能认定被告人有罪和处以刑罚。在实践中，应当特别警惕同源证据的虚假印证。

（撰写人：中国政法大学证据科学研究院　林静）

---

〔1〕 参见 Lay Ray Patterson, *The Types of Evidence*: *An Analysis*, 19 Vanderbilt Law Review 1(1965)。转引自纪格非：《"直接证据"真的存在吗？对直接证据与间接证据分类标准的再思考》，载《中外法学》2012年第3期。

■ 民事诉讼中直接证据与间接证据的理解与适用

案例4-8 吴某与某园艺公司、吴某婷民间借贷纠纷案[1]

□ 案情概述

长丰县城关中学宿舍楼及风雨操场扩建工程项目由长丰县重点工程建设管理局委托安徽诚信项目管理有限公司(以下简称诚信公司)组织招标事宜,被告园艺公司作为招标意向单位参与招投标。为筹措招标保证金,被告园艺公司安徽分公司副总经理李某与公司员工余某共同商定,由余某指派下属邢某对外具体联系筹款事宜。邢某接到指令后,联系与其相识的案外人马某商议筹款事宜,因马某本人资金不足,由马某联系吴某,告知其园艺公司的借款需求,吴某表示认可。之后,余某通过微信将担任园艺公司财务的被告吴某婷个人账户发送给邢某,由邢某转发给马某,马某转发给吴某,告知吴某向该账户汇款。2019年8月7日,吴某向园艺公司员工吴某婷银行账户转账80万元。当日,吴某婷将该款转至李某账户,李某转至园艺公司账户,园艺公司又于当日将该80万元转给诚信公司,并附言"201900021373投标保证金"。

2019年10月22日,合肥市公共资源交易监督管理局发出《关于湖南某有限公司不良行为的处理决定》(合公决〔2019〕269号),载明:长丰县城关中学宿舍楼及风雨操场扩建工程项目,2019年8月8日开标,园艺公司中标。2019年8月29日,园艺公司向诚信公司提交弃标函,决定放弃该项目中标资格。针对园艺公司的上述行为给予记不良行为、记分处理。

2019年10月28日,诚信公司向园艺公司出具投标保证金不予退还告知函,载明:因园艺公司在长丰县城关中学宿舍楼及风雨操场扩建工程项目中,存在无正当理由放弃中标资格的行为,决定园艺公司该项目投标保证金人民币80万元不予退还,上缴市级财政。后园艺公司一直未偿还借款,吴某将园艺公司和吴某婷诉至安徽省合肥高新技术产业开发区人民法院,请求:(1)判令被告园艺公司偿还借款本金80万元及利息110,465元,合计910,465元,利息以80万元为基数,按年利率24%计算,自2019年8月8日暂计至2020年3月5日,后续计算至款清之日止;(2)被告吴某婷对上述借款本息承担连带清偿责任。

一审法院认为,该案的争议焦点为:吴某与园艺公司是否存在民间借贷关系,园艺公司是否应向吴某偿还借款本金并支付相应利息;吴某婷是否应当承担连带还款责任。本案款项的最终用途为缴纳长丰县城关中学宿舍楼及风雨操场扩建工程项目投标保证金,该项目的投标主体为园艺公司,最终因弃标后承担相应行政处罚和被没收保证金的主体也是园艺

[1] 参见安徽省高级人民法院(2023)皖民再74号民事判决书。

公司,故应当认定园艺公司为该款项的最终所有人。园艺公司为了筹措款项,由其公司内部工作人员李某、余某商定,由邢某具体操作。邢某联系案外人马某提出借款的需求,因马某本人资金不足,遂将此需求转告吴某,在取得吴某认可后,由余某、邢某提供公司财务人员吴某婷的个人账户用于接收款项,吴某婷在收款当日即将款项转至李某账户,李某转至园艺公司账户,园艺公司又转给诚信公司,并附言“201900021373 投标保证金”。上述事实可以证明,园艺公司作为项目的投标主体,为了筹措保证金,通过内部协商确定借款需求,而后由案外人联系与吴某达成借款合意,双方的借贷法律关系成立。吴某与园艺公司之间未签订书面协议,无法确定具体的还款时间,但当吴某提起诉讼主张权利时(2020 年 3 月 18 日),园艺公司即负有立即偿还全部借款的法律责任,故吴某主张园艺公司偿还借款本金 80 万元的请求依法成立,予以支持。因吴某与园艺公司并无书面约定,现有证据也不足以证明双方就借款期间的利息进行了约定,根据相关规定,借贷双方没有约定利息,出借人主张支付借款期内利息的,人民法院不予支持。吴某称其在支付款项时没有约定利息,现其要求园艺公司按年利率 24% 自 2019 年 8 月 8 日支付利息至款清之日止,缺乏事实依据,不予支持。但园艺公司应按年利率 6% 自吴某起诉之日计算至 2020 年 8 月 19 日,2020 年 8 月 20 日之后应按中国人民银行同期贷款市场报价利率支付至款清之日止。其次,吴某婷作为园艺公司员工,收到案涉 80 万元款项后,通过李某转至园艺公司账户,其收款系履行职务行为,其既无向吴某借款的意思表示,亦未获取案涉款项,吴某要求其承担连带还款责任,无事实和法律依据,不予支持。综上,一审法院作出判决:园艺公司应于判决生效之日起 10 日内给付吴某借款本金 80 万元及利息。

二审法院改判驳回吴某的诉讼请求。安徽省高级人民法院经再审撤销二审判决,维持一审判决。

从本案证据来看,证人证言、庭审笔录、银行交易明细、园艺公司转款 80 万元投标保证金的客户回单等证据为间接证据,且间接证据已形成完整的证据锁链,足以证明吴某与园艺公司之间民间借贷法律关系成立。

该案涉及的证据基本情况如下:

1. 证人证言。

2. 庭审笔录。

3. 银行交易明细。

4. 园艺公司转款 80 万元投标保证金的客户回单。

回 证据分析

本案中涉及证据的争议焦点是:(1)吴某与园艺公司是否存在民间借贷关系?(2)园艺公司是否应向吴某偿还借款本金并支付相应利息?(3)吴某婷是否应当承担连带还款责任?

对于以上证据问题,分析如下。

(一)关于本案吴某与园艺公司是否存在民间借贷关系的问题

本案款项的最终用途为缴纳长丰县城关中学宿舍楼及风雨操场扩建工程项目投标保证金,该项目的投标主体为园艺公司,最终因弃标后承担相应行政处罚和被没收保证金的主体也是园艺公司,故应当认定园艺公司为该款项的最终所有人。园艺公司为了筹措款项,由其公司内部工作人员李某、余某商定,由邢某具体操作。邢某联系案外人马某提出借款的需求,因马某本人资金不足,遂将此需求转告吴某,在取得吴某认可后,由余某、邢某提供公司财务人员吴某婷的个人账户用于接收款项,吴某婷在收款当日即将款项转至李某账户,李某转至园艺公司账户,园艺公司又转给诚信公司,并附言"201900021373 投标保证金"。上述事实可以证明,园艺公司作为项目的投标主体,为了筹措保证金,通过内部协商确定借款需求,而后由案外人联系与吴某达成借款合意,双方的借贷法律关系成立。

在案证据能够证明,园艺公司因投标长丰县城关中学宿舍楼及风雨操场扩建工程项目需交纳投标保证金,由其安徽分公司副总经理李某负责筹措保证金,员工余某具体联系。李某、余某为筹措保证金事宜的相关行为均应视为代表园艺公司的行为。后余某联系邢某,邢某通过马某向吴某传递了园艺公司有借款的意向。虽然诉讼过程中园艺公司否认邢某系其工作人员,无权代表园艺公司对外借款,但余某联系邢某应是代表的园艺公司而非其个人,且作出意思表示是园艺公司因投标工程项目要缴纳投标保证金需对外借款,故本案发出借款要约的主体应为园艺公司。吴某同意借款后,余某提供了园艺公司时任财务吴某婷账户,吴某将款项转入吴某婷账户之后,吴某婷转至李某账户,李某转给园艺公司,园艺公司当天即接收并将款项用于缴纳投标保证金。园艺公司借用款项系以具体行为与吴某达成借款合意并完成借款交付。上述事实有证人证言、庭审笔录、银行交易明细、园艺公司转款 80 万元投标保证金的客户回单等证据证明,上述间接证据已形成完整的证据锁链,足以证明吴某与园艺公司之间民间借贷法律关系成立。

(二)关于园艺公司是否应向吴某偿还借款本金并支付相应利息的问题

吴某与园艺公司之间未签订书面协议,无法确定具体的还款时间,但当吴某提起诉讼主张权利时(2020 年 3 月 18 日),园艺公司即负有立即偿还全部借款的法律责任,故吴某主张园艺公司偿还借款本金 80 万元的请求依法成立。因吴某与园艺公司并无书面约定,现有证据也不足以证明双方就借款期间的利息进行了约定,根据相关规定,借贷双方没有约定利息,出借人要求支付借款期内利息的请求不能成立。吴某称其在支付款项时没有约定利息,其要求园艺公司按年利率 24% 自 2019 年 8 月 8 日支付利息至款清之日止,缺乏事实依据。但园艺公司应按年利率 6% 自吴某起诉之日计算至 2020 年 8 月 19 日,2020 年 8 月 20 日之后应按中国人民银行同期贷款市场报价利率支付至款清之日止。

(三)关于吴某婷是否应当承担连带还款责任的问题

吴某婷作为园艺公司员工,收到案涉 80 万元款项后,通过李某转至园艺公司账户,其收款系履行职务行为,其既无向吴某借款的意思表示,亦未获取案涉款项,吴某要求其承担连带还款责任,无事实和法律依据。

（四）关于园艺公司主张实际借款主体是挂靠人阮某的问题

法院经审理认为，不否认该案可能存在挂靠行为，且挂靠也符合目前建筑市场现状。但从在案证据来看，园艺公司就挂靠事实提举的主要证据为“李某与长丰阮姓男子短信”“李某与长丰施姓男子短信记录”等短信、微信记录。从这些证据来看，园艺公司对其主张的实际挂靠人基本身份姓名都未准确核实和判断，且经审查，短信及微信内容与挂靠缺乏关联性。因园艺公司未能提供诸如挂靠合同等证据，无法认定实际挂靠人，因此亦无法按照园艺公司的主张认定挂靠人为本案的实际借款人。如果确实存在挂靠的事实，实际借款人为挂靠人，园艺公司承担本案责任后，可另案向实际挂靠人主张。

□ 理论拓展

根据证据与案件主要事实的证明关系不同，可以将证据分为直接证据和间接证据。凡是能够单独、直接证明案件主要事实的证据就是直接证据；相反，凡是不能单独、直接证明，需要结合其他证据才能证明案件主要事实的证据就是间接证据。

直接证据与间接证据划分的标准是证据对案件主要事实的证明方式。直接证据可以不依赖于其他证据对案件的主要事实起到证明作用，而间接证据只能证明案件事实中的某一情节或片段，必须结合其他证据才能证明案件的主要事实。所谓案件主要事实，在民事诉讼中是指作为主要诉讼标的的民事法律关系发生、变更、消灭或权利是否受到妨害的事实。只要是能单独、直接证明上述事实的证据都属于直接证据；反之，则是间接证据。民事诉讼中当事人对主要案件事实的陈述，记载主要法律关系发生、变更、消灭的书证，记载案发全过程的视听资料等，通常是直接证据。相比于直接证据，间接证据的种类和形式要广泛得多。除了不能单独证明案件主要事实的言词证据，绝大多数实物证据是间接证据。民事诉讼中作为当事人直接争议对象的财物，针对某个细节问题的鉴定意见等，它们虽然与案件主要事实存在或远或近的联系，但通常只能证明案件事实的某个片段、某个侧面，因而是间接证据。

直接证据具有以下特征：(1)证明关系上的直接性；(2)以言词证据为主要的表现形式；(3)证明范围上的不一致性和不全面性。间接证据具有以下特征：(1)证明关系上的间接性；(2)证明过程上的推断性；(3)表现形式的多样性。

（一）直接证据的运用规则

直接证据在诉讼中当然是至关重要的证据，它与案件主要事实的关联性强，证明案件主要事实的过程相对简单易行，但直接证据也有不稳定性、较弱的客观性及证明范围上的不一致性和不全面性等内在缺陷。这就要求，在运用直接证据时应当注意以下四点。(1)在具体案件中，应尽可能多地收集直接证据，以简化证明过程，节约诉讼成本。但是，对直接证据又不能过于迷信，不能离开直接证据就不会、不愿、不敢认定案件事实。直接证据来源少，收集上有一定的难度，而且一般直接证据也无法证明定案所需的全部事实，所以，即使在收集到直接证据的情况下，也需要收集必要的间接证据。(2)必须合法收集直接证据。直接证据主要是言词证据,在取证时采用暴力、威胁、引诱、欺骗等非法手段,不仅容易侵犯陈述主体的人身权利,损害程序正义,也很容易影响陈述主体的意志自由,从而无法保证直接证据内容的可靠性。因此,根据《民事诉讼法》的要求,以严重侵害他人合法权益、违反法律禁止性规定乃至严重违背公序良俗的方法形成或者获取的证据,不能作为定案的根据。(3)直接证据必须查证属实。直接证据具有证明过程上的直接性,但直接并不代表真实,尤其是那些表现为言词证据的直接证据,不真实的情况时有发生。如果不认真查证,轻信直接证据,就难以保证直接证据的真实性,从而导致错误认定案件事实。在审查直接证据的真实性时,既要注意取证主体是否采取了影响陈述人意志自由的手段,又要关注那些自愿提供的言词证据有无虚假的可能性;既要分析单个直接证据的逻辑自洽性,又要结合其他证据进行综合分析判断。(4)重视证据体系的作用。要善于运用直接证据为主干,间接证据为补充的证据体系。原则上,直接证据只有得到间接证据的印证或者补强,才能认定案件事实。《民诉证据规定》第 90 条也要求,“当事人的陈述”等“不能单独作为认定案件事实的根据”。

(二)间接证据的运用规则

间接证据虽然不能像直接证据那样单独、直接证明案件的主要事实,但间接证据与案件主要事实之间仍然存在某种必然的内在联系,因此,完全可以通过思维的加工,将这些分散的、间接的、片段式的联系转化为系统的、直接的、全面的联系。作为实践中表现形式多样、数量众多的一类证据,间接证据在诉讼中有着不可低估的作用。间接证据既是发现直接证据的手段,也是验证直接证据的“试金石”,可以对直接证据起到印证、补充作用。在缺少直接证据的情况下,还可以运用间接证据的组合独立定案。

但是,由于证明关系上的间接性及证明过程的复杂性等特征,在运用间接证据时,应当遵循以下两方面规则。

1. 单个间接证据的审查规则。首先,间接证据必须合法,即必须是由法定主体依据法定手段通过法定途径收集的符合法定形式的证据。其次,间接证据必须真实可靠。间接证据虽然客观性较强,但在使用之前也需要查证属实,如现场提取的痕迹是否为犯罪行为所留,鉴定意见依据的检材是否可靠。如果间接证据本身不确凿,据此推断出的案情结论当然就很难符合客观情况。可靠的间接证据不仅本身需要合乎逻辑和经验,也不能与其他已经查证属实的证据存在根本性的矛盾。最后,间接证据必须与案件事实具有关联性。间接证据必须与案件主要事实之间存在客观的联系,不管这种联系在程度上多么微弱,或者表现为何种形式。这是间接证据具有证明力的前提,也是对各个间接证据进行准确定位,通过推理进行综合评价的基础。

2. 间接证据的独立定案规则。间接证据对案件主要事实的证明,有赖于若干间接证据的相互组合、相互印证。总的来说,直接证据和间接证据各有优缺点,都是认定案件事实的重要根据。司法实践中,单依直接证据定案的情形为数不多,单凭间接证据定案的情形也相当少见。在诉讼证明活动中,应当将这两类证据相互结合,扬长避短,互相印证,互相补充,构建兼具确实性、完整性和一致性的证据体系。

在实践层面,司法人员对于间接证据的理解与认识存在差异,"重视直接证据,轻视间接证据"的观念仍然存在,同时运用间接证据裁判的能力也存在较大差距。为规范自由裁量权的行使、充分运用间接证据发现案件事实,间接证据裁判说理应当恪守以下四条"二阶规则",即严格适用证明责任、适当行使释明权、回应证据争点、开示自由心证。

(撰写人:西南政法大学法学院 包冰锋)

□ 阅读指引

1. 周洪波:《"直接证据"的迷思》,载《法律科学(西北政法大学学报)》2021 年第 2 期。
2. 纪格非:《"直接证据"真的存在吗?对直接证据与间接证据分类标准的再思考》,载《中外法学》2012 年第 3 期。
3. 李浩:《"直接证据"真的不存在吗?与纪格非教授商榷》,载《中外法学》2017 年第 1 期。
4. 包冰锋:《民事诉讼间接证明的机理证成与模型应用》,载《法律科学(西北政法大学学报)》2020 年第 5 期。
5. 刘树德、杨惠惠:《繁简适度范导下间接证据裁判如何说理?——以法发〔2018〕10 号第 6 条为中心》,载《法律适用》2023 年第 3 期。

第四节 本证与反证

■ 刑事诉讼中本证与反证的理解与适用

案例 4-9 黄某贩卖毒品案[1]

□ 案情概述

江西省宜春市中级人民法院审理江西省宜春市人民检察院指控被告人黄某犯贩卖毒品罪一案,于 2020 年 8 月 27 日作出刑事判决,宣判后,被告人黄某不服,提出上诉。江西省高级人民法院予以受理,现已审理终结,于 2020 年 12 月 30 日作出终审判决。

原审法院查明,2019 年的 6 月 5 日和 7 月 3 日,被告人黄某分别以 1200 元和 900 元的价格将 2.6 克和 1.75 克左右的甲基苯丙胺分两次贩卖给吸毒人员黄某1,同年 9 月 14 日又以 3500 元的价格将 5.2 克左右的甲基苯丙胺贩卖给吸毒人员黄某2。同年 9 月 16 日,被告

〔1〕 参见江西省高级人民法院(2020)赣刑终 193 号刑事判决书。

人黄某在家里吸食毒品产生幻觉,遂携带5小包、1大包共计净重893.55克毒品向当地公安机关投案,后经鉴定,该毒品甲基苯丙胺含量为71.56%～73.64%不等。原审法院认为,被告人黄某构成贩卖毒品罪;其否认贩卖毒品与事实不符,虽自动投案,仍不能认定自首;鉴于其能携带大部分毒品自动投案,社会危害性相对较小,对其依法从轻处罚,以被告人黄某犯贩卖毒品罪,判处有期徒刑15年,并处没收财产人民币5万元。

黄某提出上诉,经江西省高级人民法院审理,改判上诉人黄某犯贩卖毒品罪,判处有期徒刑3年,并处罚金人民币2万元。

该案涉及的证据基本情况如下:

1. 黄某分三次贩卖给两购毒人共计9.55克甲基苯丙胺的证明:有两买毒人的证言及买毒款微信转账和黄某微信收账记录证实,另有扣押笔录、鉴定意见、辨认笔录、指认照片、到案视频、毒品称量视频、办案说明等书证和其他证据在卷,与黄某在侦查和起诉阶段的供述相印证。

2. 黄某从其住所携带投案的893.55克毒品性质是贩卖或自吸食的证明:除黄某否认供述外,尚无其他证据佐证证明。

◻ 证据分析

本案中涉及证据的争议焦点是:黄某从其住所携带投案的893.55克毒品如何定性,是“持有”毒品还是“贩卖”毒品?

若将893.55克毒品计入贩卖与查明向黄某1和黄某2卖毒品约9.55克合计903.1克,黄某贩卖毒品甲基苯丙胺的数量超过50克,依据《刑法》第347条第2款的规定,应处15年有期徒刑、无期徒刑或者死刑,并处没收财产。如果不计入,黄某贩卖毒品甲基苯丙胺不足10克,依据《刑法》第347条条第4款的规定,处3年以下有期徒刑、拘役或者管制,并处罚金。不难看出,893.55克甲基苯丙胺是否计入犯罪数量,直接影响对黄某的量刑,而且影响量刑幅度较大。鉴于非法持有毒品和贩卖毒品罪的法定刑差别很大,并且两罪的量刑又都是以毒品的数量为依据,定罪不同,处罚殊异,同时本案还结合了自首情节,因此必须慎重对待,正确剖析。

对于以上证据问题,分析如下。

(一)证明责任分配的检视

根据刑事诉讼法的基本构造,通常情况下司法机关在定罪时需要承担达到“排除合理怀疑”标准的举证责任。然而《全国法院毒品犯罪审判工作座谈会纪要》对“贩毒人员持有毒品性质”的认定采用举证责任倒置模式,即“贩毒人员被抓获后,对于从其住所、车辆等处查获的毒品,一般均应认定为其贩卖的毒品。确有证据证明查获的毒品并非贩毒人员用于贩卖,其行为另构成非法持有毒品罪、窝藏毒品罪等其他犯罪的,依法定罪处罚”。众所周知,事实推定是为了严厉打击毒品犯罪,从而降低控方证明难度的一种事实认定规则,应当容许被告人提出反证证明查获的毒品并非贩毒人员用于贩卖,也包括其为他人保管用于吸食的毒品,为犯罪分子窝藏的毒品,持有祖传、捡拾、用于治病的毒品等。[1] 如果确有证据证明该查获的毒品不是用于贩卖,则其不应计入贩毒数量。然而根据现有规则,尽管侦办机关在主观层面上仍然需要查明犯罪人是否具有出售的想法,但是文件规定了“一般认定为贩卖毒品”,这往往使司法机关先入为主地认定行为人持有的毒品就是贩卖的毒品,怠于进一步去查明毒品的具体用途。虽然允许贩毒人员提出反证来推翻贩卖毒品的推定,但是在司法实践当中,被羁押在看守所的行为人很难有能力收集到证据以提出相应的反证,为自己提供合适的辩护。

此外,任何人不得被强迫自证其罪是现代刑事诉讼的一项基本原则。我国《刑事诉讼法》第51条明确规定:“公诉案件中被告人有罪的举证责任由人民检察院承担,自诉案件中被告人有罪的举证责任由自诉人承担。”该条款以非常明确的法律语言规定了举证责任的分担问题。毒品犯罪事实推定有转移证明责任、推卸公诉方举证责任、加大被告方举证责任、降低证明标准之嫌,也不符合刑事诉讼规律,在实践运用中具有一定的风险。

除此之外,若结合《刑事诉讼法》的“无罪推定”原则,首先需要厘清“推定”与“无罪推定”。从所属范畴看,推定属于刑事实体法中的内容,是立法规定,是一种特殊的立法技术;而无罪推定属于刑事程序法的基本原则,两者分属不同的范畴,并不构成直接的冲突。从诉讼证明的角度看,推定是一种认定案件事实的方法,有独立的构成结构——基础事实、推定事实及其合理联系,推定生效之前提要求排除行为人之有效反驳;而无罪推定不具备推定的结构,不可能产生推定的效果,也不存在产生对推定效果的执行问题。似乎从两者的关系上来看,“事实推定”并不违反“无罪推定”,但从应然意义上看,“不得被强迫自证其罪”不但要求当事人不承担证明自己有罪的责任,也要求当事人不承担证明自己无罪的责任。在贩毒人员持有毒品的情形下,让贩毒者一方对出罪承担完全的、高标准的证明责任,明显不合理。一方面,已然的贩毒经历与未然的贩毒行为之间并没有必然的逻辑关系,“贩毒人员”的身份远不能对其持有毒品的目的进行全面涵盖,故不能排除合理怀疑。另一方面,让犯罪人自证其并非用于贩卖的主观目的,十分困难。对于普通的社会个体而言,贩毒的经历本身并不会让其举证能力变强,且其没有强大的公权力作为举证的手段支持。

再回到本案,持有行为的贩卖推定使黄某贩卖的毒品数量由9.55克变为903.1克,进而使该案的法定刑升级,从而产生量刑偏重的结果。此种推定不尽合理。因此,司法机关应该严格坚持主客观相统一的原则,要有足够的证据来证实持有的毒品是为出卖之用;同时对行为人主观“贩卖”意图进行严格审查,在主客观相统一的情况下才能将持有毒品行为认定为贩卖毒品行为,不能直接引入事实推定。尽管引入事实推定的确具有一定的合理性,但是仍然需要注意的一点是,上述关于贩卖毒品行为的事实推定并没有规定在我国刑法典中,而是出现在会议纪要里,因此,仍需要从“贩卖”本身出发,探寻解决之策。

综上所述,《全国法院毒品犯罪审判工作座谈会纪要》对被告人一方所赋予的高标准证

---

〔1〕 参见高贵君、马岩等:《〈全国法院毒品犯罪审判工作座谈会纪要〉的理解与适用》,载《人民司法》2015年第13期。

明要求已经远超“主张责任”的限度,必然会导致当事人陷入“自证不能”的窘境,不但会引发侵犯人权的风险,也会破坏我国刑事诉讼中举证责任分配的基本框架。对于不法持有毒品的行径,不可轻易视作贩卖。只有当客观事实与主观目的都具备了,才能认定为贩卖毒品罪。因此,黄某对于893.55克毒品没有贩卖的意思表示,只需要提供反证即可。

(二)证明标准的把握

本案中,黄某主张“与黄某1、黄某2均系朋友关系,给两人毒品时从来没有想过要赚钱,是黄某1主动给的钱,没有收黄某2的钱。庭审时因为不懂法否认贩卖毒品,并非不如实供述罪行”,其本质上是对9.55克毒品非贩卖意思表示的否认,加上黄某主动携893.55克毒品投案的自首情节,被告人事实上已尽到了提出责任,提出了一个具有现实可能性并有相应证据支持的争点。对此,结合前文分析,需要依照相应的证明标准进行检视,以判断其所提反证是否成立。

我国诉讼法中证明标准可大致分为“高度可能性”“较大可能性”“排除合理怀疑”三个层次。其中最为严格的“排除合理怀疑”为刑事诉讼法所秉持,重在怀疑的合理性。对于反证的证明标准,可以参照推定的证明标准予以把握。将被告人暂住处所查获的毒品计入其贩卖毒品的数量中,实际上就是推定被告人对其暂住处所查获的毒品也具有贩卖的故意。具体来说,该推定的成立需要达到两个标准:一是推定的依据即被告人先前贩卖毒品的基础事实应当确实、充分,有确实、充分的证据证实被告人已经实施或者正在实施贩卖毒品的行为;二是仔细分析并排除被告人辩解意见的真实性和合理性,能够排除合理怀疑。需要特别指出的是,这个推定本身是建立在不完全的制度基础上的,《全国法院毒品犯罪审判工作座谈会纪要》之所以采取推定的方式,也是基于毒品犯罪取证难度大,实践中从贩毒人员住所等处所查获的毒品多系用于贩卖的现状考量。换言之,通过基础事实和经验法则,就直接推定事实的存在,这本身就有证据滥用之嫌,推定的结论并不能确实充分地达到“排除合理怀疑”的严格标准,反过来要求被告人的反证达到“排除合理怀疑标准”也是有待考量的。并且“排除合理怀疑”相对于外在的客观化的证明要求而言,是一种主观化的和内在的证明程度,对事实裁判者内心对案件事实的确信程度提出了很高的法律要求。

回到本案,黄某关于从其住处携带的毒品系自己吸食的主张,具有逻辑自洽性和相当的经验合理性。但值得注意的是,893.55克是9.55克的近百倍,黄某囤积毒品在住所的行为也不能完全排除其曾经有继续贩卖的意思表示。对于这点,二审法院认为判断持有人目的应以结果论,而不能以对初始持有目的推断代替。尽管毒品犯罪具有一定的特殊性,如行为人初始持有毒品即被查处,也可以成立完成的犯罪形态,但对于已经流到终端的毒品犯罪或其他形式而言,处在这种初始状态时就是尚未完成的状态,相应地其持有毒品的目的也可能尚未完成定型,还有可能发生变化,至终极状态时方显行为人目的。综合以上分析,本案中黄某在此前数月时间里,该毒品一直处于其控制的非法持有状态,数量达到较大以上,可以构成非法持有毒品犯罪,但已然的自首行为和已能达到有证据证明的主张,证明其所提反证能成立,可动摇推定结论的合理性及正当性基础。

▢ 理论拓展

(一)本证、反证与推定规则

刑事推定规则是指司法人员运用逻辑、日常经验法则从已知的基础事实推断出待证事实,并允许犯罪嫌疑人、被告人提出反驳的一种事实认定规则。近年来,我国通过司法解释和规范性文件创设了大量刑事推定规则,在实践中发挥着降低证明负担、提高诉讼效率的重要功能。然而,刑事推定在证据法理论中被称为晦暗不明的"法律之蝙蝠"。[1] 刑事推定是立法上基于某些举证困难甚至举证不能的特殊情况而设置的减轻证明负担的一项制度,本案法院审理案件的关键点就在于是否适用《全国法院毒品犯罪审判工作座谈会纪要》中的"推定"。隐蔽手段作案或无人见证的犯罪案件中,司法人员可以充分发挥刑事推定规则的作用,对大量、繁杂的间接证据进行归纳梳理,提炼出基础事实反映的共性特征,最终推导出一个合乎逻辑和日常经验法则的结论。但刑事诉讼对于定案的要求和标准更高,如果将刑事推定视为个体证据的采信规则,使"较大概率为真"的证据成为定案根据,极有可能错误认定案件事实。除此之外,刑事诉讼中定罪事实、量刑事实和程序性事实是否可以一概适用推定,如何适用等都是需要考量的问题,因此,对刑事诉讼中推定适用的正当性争议较大。

传统意义上,刑事推定规则主要针对"明知""目的"等主观心理要素。行为人内心的真实想法很难通过直接证据进行证明,而这又是认定犯罪必须证明的事实要素,为解决惩治犯罪和难以证明的矛盾,需要用推定的方式加以解决。例如在隐蔽实施、无人见证的犯罪案件中,司法机关越来越难以收集到直接证据,惩治犯罪的实践需求"倒逼"推定对象延伸至客观事实要素。具体到本案,黄某对于893.55克毒品是否有贩卖的主观意思表示类似评价性要件,与定罪或量刑事实都有关联。而评价性要件的特点在于,作为评价的根据或妨碍的要件事实内容并不是唯一确定的,评价性要件的证明责任分配也不是单向的,证明标准本身也较难把握。

虽然在刑事诉讼中,控方承担被告人有罪的举证责任,但在面临程序公正、举证困难与打击犯罪的价值冲突时,必须作出衡量。既然构成要件设定的犯罪事实必须在诉讼中得到充分证明,刑法特别是司法解释意识到这个问题之后在对犯罪主观要件进行解释时,就把部分通过司法实践检验的司法经验进行归纳作为推定的基础事实,将主观构成要件的证明转化为对司法解释列明的基础事实的证明,同时赋予行为人反证基础事实及推定事实的权利。因此,推定是解决犯罪证明困难的一个有力的手段,其使部分较难以证明的犯罪构成事实得到证明,从而有力地惩罚犯罪,使刑法法益得到保护,实现刑事政策的要求。因此,在三机关分工负责、相互配合、相互制约的刑事诉讼制度中,我们是否可以大胆跨出一步,将推定正式视为司法人员查明认定案件事实的一种方式,相应地确保基础事实得到充分证明,对犯罪嫌疑人、被告人提出的反驳进行实质审查,按照特定逻辑顺序组建证据体系,或可增强刑事推定在刑事诉讼中适用的正当性。当然,司法人员在运用刑事推定规则定案

---

〔1〕 参见何家弘:《司法证明方法与推定规则》,法律出版社2018年版,第203页。

时,不仅要精准查找相应的法律依据,还要阐明推定的启动条件、证据体系的逻辑关系和日常经验法则,以及对于犯罪嫌疑人、被告人反驳的审查意见,防止推定异化为简化取证要求、降低证明标准的借口,实现惩治犯罪与保障人权的有机统一。

具体到毒品犯罪领域,首先,或可期待我国在立法上完善毒品犯罪事实推定的法律,明确毒品犯罪事实推定的适用条件;其次,在司法上根据控辩双方举证原则进行合理分配,对证明标准、证明责任的弧度和广度予以严格把控;最后,本案经推定后,由黄某对“893.55 克毒品属于贩卖毒品”进行反证时,还要合理分配被告人程序性证明责任,如提供反驳性事实的时间、步骤、证人出庭作证等程序性事项,让“从贩毒人员住所查获毒品的性质”等事实的证明,在不违反“无罪推定”的同时,彰显“保障人权”与“惩戒犯罪”的有机统一。

(二)被告人抗辩与反证

在反驳事实推定时,对于推定事实的成立,当事人不负担结果意义上的证明责任,因此,其提出的否定推定事实成立的证据属于反证。在反驳法律推定时,需要区分两种情况:第一,当事人如果反驳的是推定事实,当事人对推定事实的不成立承担的是结果意义上的证明责任,为此提出的支持其主张的证据属于本证;第二,当事人如果反驳的是法律推定的前提事实,由于对前提事实,由主张适用法律推定的一方当事人承担证明责任,所以,反驳推定的当事人提出的证据属于反证。被告人承担证明责任的情形往往是由于被告人针对特定要件事实提出抗辩。根据英美法系双阶层理论,可以将刑事抗辩事由分为消极抗辩事由和积极抗辩事由。消极抗辩事由大概和德日三阶层犯罪构成理论中的符合性要件对应,积极抗辩事由与违法性和有责性要件对应。对于抗辩的证明责任,被告人积极抗辩需要承担结果上的客观证明责任,消极抗辩只需要承担行为意义上的证明责任。

从证明对象角度来看,在刑事诉讼中,控方完成对犯罪构成要件的证明之后,如果被告人只是消极抗辩控方的证明,如否认控方的证据为真,或否认控方主张的案件事实等,不产生证明责任问题。因为此时证明对象未发生改变,依然针对的是控方的证明对象——犯罪构成要件。即便此时被告人提出与控方证据相反的其他证据进行反驳,也不是证明责任问题,而依然属于质疑控方证明对象,所以即便被告人的反驳不成立,也不必然会使其承担不利后果,即不会直接导致某个构成要件成立或者直接认定被告人有罪,最终依然要看控方的证据是否能够达到证明标准。但如果被告人的反驳成立,则破坏了控方已然形成的犯罪构成要件的证据体系,从而加重了控方的证明负担,控方必须提供更多的证据,以履行其证明责任,使其对犯罪构成要件的证据体系得以恢复、愈合。从诉讼推进的角度来说,若控方已经形成被告人有罪的证据体系,被告人不提出必要的证据而只是对控方的证据进行质疑,往往不会成功,法官还是会根据控方证据形成被告人有罪的心证。所以,此时被告人虽然并不承担证明责任,但也要提供必要的证据,否则就会使消极抗辩归于失败。

但是,如果被告人提出构成要件之外的阻却违法、阻却有责等积极抗辩事由,如我国刑法中的正当防卫、紧急避险、意外事件,则相当于在犯罪构成要件之外另行提出了一个“争议事实”,就不再属于刑诉法规定的“被告人有罪的举证责任”中的证明对象。该争议事实是独立于控方的主张的,且在诉讼中经被告人提出后,形成一个新的争点,此时就必须将该争议事实作为争点纳入审判的对象。从结构上看,这类积极抗辩事由并不包含在控方的指控和证据体系之内。对于这种抗辩事由,依据证明责任的基本分配原则,应当由被告人承担证明责任。在英美法系国家或地区,被告人总是需要对积极抗辩事由承担提供证据的责任,并且时常也要承担说服责任。而在大陆法系国家或地区,基于犯罪构成该当性、违法性、有责性的递进式犯罪构成,在满足了犯罪构成该当性之后,违法性与有责性就是推定的结果。因此,就免除了检察官对违法性和有责性的证明负担,被告人若提出违法阻却事由或者责任阻却事由,就必须进行必要的举证,使法官认为该事由确实有可能发生。

本案中,黄某的主张是针对"事实推定"的反驳,其提出的否定推定事实成立的证据属于反证,不需要承担客观证明责任。至于其主张是否为抗辩,为消极抗辩还是积极抗辩是有待考量的。一般认为,刑事诉讼中的积极抗辩事由通常包括以下几类:一是不在犯罪现场的事由;二是犯罪时没有达到法定刑事责任年龄的事由;三是犯罪时不具有刑事责任能力的事由;四是正当防卫、紧急避险的事由;五是刑法所确定的但书和豁免事由等。[1] 似乎黄某的主张不能归纳入以上任何一种积极抗辩,而黄某也没有消极抗辩控方的证明,如否认控方的证据为真,或否认控方主张的案件事实,主张不在犯罪现场、没有作案时间等,而是否认事实推定。因此,将本案放置于反证的语境下讨论更为适宜。

■ 民事诉讼中本证与反证的理解与适用

案例 4-10 荣某公司与某资公司债权人代位权纠纷案[2]

□ 案情概述

2014 年 3 月 20 日,荣某公司(贷款人)与某智公司(借款人)、案外人英某公司共同订立借款合同一份,约定荣某公司借给某智公司 3000 万元,于借款当日以网上银行转账方式将款项划入某智公司指定的过款账户,户名为英某公司。合同签订后款项如约交付,后三方当事人订立借款合同补充协议,确认了以上划款事实。2016 年 1 月 14 日,荣某公司举报某智公司等涉嫌合同诈骗一案,由天津市公安局宁河分局立案侦查。经公安机关协助查询,某智公司与某资公司之间的 10 个银行账户的借贷存在 7538 万元的差额,发生期间为 2010 年至 2015 年。经查明,某智公司与某资公司的法定代表人原均为冯某,2016 年 6 月,冯某退出某资公司。荣某公司主张某资公司与某智公司之间存在借款合同,某智公司对某资公司享有债权,故其以债权人身份主张代位权,诉请某资公司返还借款本金及利息。

一审法院认为,荣某公司对于某智公司的债权在提起本案代位权诉讼时尚未依法确

---

〔1〕 参见陈瑞华:《看得见的正义》(增订版)(第 2 版),北京大学出版社 2013 年版,第 160 页。
〔2〕 参见上海市高级人民法院(2019)沪民终 13 号民事判决书。

立,荣某公司对此债权的形成在本案中提交了基础证据。但是在代位权诉讼中,债权人是以自己的名义起诉,且其请求人民法院加以确认及保护的是债务人和第三人的债权,而非债权人本人与第三人之间的债权。同时,某智公司在本案中的诉讼主体是无独立请求权的第三人,诉讼权利有别于案件当事人(被告)。据此,一审法院认为法院在本案代位权诉讼中,无法启动荣某公司对于某智公司是否享有债权的审查程序。荣某公司应当另案先行确立其对于某智公司的债权。另外,代位权的成立与否虽非债权人代位诉讼本身要解决的争议事项,即债权人提起代位诉讼并不是为了证明代位权的存在,而应当是债权人能否取得向第三人代位主张权利的依据,故债权人在起诉时应当对代位权成立的基本要件承担必要的举证责任。本案中,荣某公司的举证只能反映某智公司与某资公司作为关联公司,在一定期间内有款项往来且存在借贷差额,不能直接证实某智公司对某资公司享有当然的到期债权。故判决驳回荣某公司的诉讼请求。

二审中,某资公司主张资金差额系因履行买卖合同产生,2016 年 6 月 30 日某智公司出具的对账确认函确认两公司的往来账余额为 0。荣某公司辩称,若某资公司称差额是因为买卖合同产生,就应当举证证明,否则就应承担败诉结果。二审法院认为,某资公司提供的 0 元对账单降低了荣某公司主张的可信度。荣某公司本来就待证事实的举证尚不足以达到大致可能、非常可能的程度,对账函使其主张的可信度再一次大幅降低。综合双方提交的证据,实难采信荣某公司有关存在巨额到期借款债权的主张。二审期间,某资公司有关买卖合同产生资金往来的主张属间接反证。间接反证是当事人为了防止对方主张的主要事实(要件事实)被认定成立的不利结果,以反证证明另外的间接事实,从而依据经验法则由间接事实推定待证的主要事实不存在。间接反证与本证所要证明的是两个不同的事实,所以原告就其主张的要件事实所负担的举证责任不会因为间接反证的提出而减免或转移。不能因为间接反证无法得到证明,即认为缺乏证据证明的本证因此推定为真实。荣某公司要求某资公司举证的理由,实质上是要求法院将其负担的证明责任转移到债务人(某资公司),该理由缺乏合理性,不予采纳。

综上所述,法院认定荣某公司提交的证据尚不足以证明某智公司对某资公司享有到期债权,遂驳回原告荣某公司的诉讼请求。

该案涉及的证据基本情况如下:

1. 荣某公司(贷款人)与某智公司(借款人)、案外人英某公司共同订立的借款合同及之后上述三方当事人订立的借款合同补充协议。

2. 对账确认函。

3. 李某荔的书面证人证言、协助查询财产通知书、银行往来流水单、往来汇总表和某捷、冯某、李某、穆某的询问笔录等证据。

回 证据分析

本案中涉及证据的争议焦点是:(1)荣某公司(贷款人)与某智公司(借款人)、案外人英某公司共同订立的借款合同能否证明荣某公司与某智公司存在借贷关系？(2)对账确认函能否反驳存在代位权行使的基础？(3)李某荔的书面证人证言、协助查询财产通知书、银行往来流水单、往来汇总表和某捷、冯某、李某、穆某的询问笔录等证据能否证明某智公司对某资公司享有借款合同产生的债权？

对于以上证据问题，分析如下：

2014年3月20日，荣某公司(贷款人)与某智公司(借款人)、英某公司(过款人)共同订立借款合同一份，约定荣某公司借给某智公司3000万元，于借款当日以网上银行转账方式将款项划入某智公司指定的过款账户，借款期限自2014年3月20日起至2015年3月19日止，借款月利息为4%，利随本清。合同签订后，上述款项如约交付，并转入某智公司账户。2014年11月20日，上述三方当事人订立借款合同补充协议，确认了以上划款事实。因此，上述证据可以证明荣某公司与某智公司存在借贷关系。

对账确认函可以证明截至2016年6月30日，某智公司与某资公司的所有往来账款余额为0，某智公司对于某资公司不享有到期债权。另外，代位权的成立与否虽非债权人代位诉讼本身要解决的争议事项，即债权人提起代位诉讼并不是为了证明代位权的存在，而应当是债权人能否取得向第三人代位主张权利的依据，故债权人在起诉时应当对代位权成立的基本要件承担必要的举证责任。本案中，荣某公司的举证只能反映某智公司与某资公司作为关联公司，在一定期间内有款项往来且存在(借贷)差额，此客观状况不能直接证实某智公司对某资公司享有当然的到期债权。

即使李某荔所述全部属实，也只能证明李某荔曾称某智公司对某资公司享有债权，并不能证明李某荔所称的就是事实。荣某公司于二审时也承认，某捷、冯某、李某、穆某询问笔录都是间接证明某智公司和某资公司受同一人控制。在上述笔录中均未涉及两公司具体于何时、何种原因发生了债权债务关系，故不能直接证明某智公司对某资公司享有借款合同产生的债权。某智公司与某资公司的银行往来流水单，只能证明两公司之间存在资金流转。企业间发生资金流转的原因可能是借款合同，也可能是买卖合同、承揽合同等其他原因。法院不能仅依据资金流转即认定双方之间存在借款合同。综合审视上述证据，无法得知任何有关借款合同的成立时间、借款期限、利率等信息，存在巨额债权的盖然性至多评价为存在可能。二审期间，某资公司有关买卖合同产生资金往来的主张属间接反证。间接反证是当事人为了防止对方主张的主要事实(要件事实)被认定成立的不利结果，以反证证明另外的间接事实，从而依据经验法则由间接事实推定待证的主要事实不存在。间接反证与本证所要证明的是两个不同的事实，所以原告就其主张的要件事实所负担的举证责任不会因为间接反证的提出而减免或转移。

回 理论拓展

本证指的是在民事诉讼中，负有证明责任的当事人以形成法官确信为目的，所提出的证据或者所进行的举证活动。与此相对，不负有证明责任的当事人所提出的证据或者所进行的举证活动,则为反证。本证是针对拟适用的法律规范的要件事实存在的证明,因而必须是由负有证明责任的当事人对某主张存在进行证明;相反,反证则是相对人针对要件事实不存在进行证明。本证与反证的区别,主要在于证明责任分配的不同。除此之外,两者在证明的程度上,亦有差异。依证明责任分配的原理,负证明责任的当事人必须以本证使法院对待证事实的存在发生确信,才完成举证任务;而反证的举证效果在于能使法院对待证事实的确信发生动摇,从而使待证事实处于真伪不明的状态。

间接本证指的是负证明责任的一方当事人提出间接证据证明间接事实,并依据该间接事实推定待证事实存在的举证活动。对方当事人就负证明责任一方当事人利用间接事实所推定得出的结果,如果不提出反证加以反击,将使间接本证的举证成功而使自己败诉。如果该反证可以直接使待证事实陷于真伪不明的状态,则该反证为直接反证。如果该反证是证明其他的间接事实,并进而依据该间接事实推定待证事实不存在,即为间接反证。间接本证与间接反证的区别在于,前者是由负证明责任的一方当事人所为的举证,后者是由不负证明责任的一方当事人所为的举证,但是两者均是分别利用各自的间接事实及运用各自的经验法则进行事实推定。直接反证与间接反证的区别在于,本证证明的事实是被直接反驳,还是以其他间接事实的推论为媒介进行反驳。

间接反证理论最早由德国的罗森贝克教授提出,其意义为就主要事实承担证明责任的当事人已经暂时性地证明在经验法则上足以推认该待证事实的间接事实存在时,对方当事人借由证明与该间接事实可以两立的另一间接事实,以妨碍或阻止主要事实的推认。间接反证理论的目的在于补充法规要件分类说中证明责任分配公平性的问题。

证明责任的分配是为了解决法院在认定规范构成要件事实时,何种要件事实应当由哪一方当事人承担证明责任的问题。如果当事人无法举证证明自己的主张而导致法院对于要件事实的存否无法认定,则法官无法适用实体法律规范导出法律效果,其结果是必须判决承担证明责任的一方当事人败诉。因此,证明责任分配规则的运用是针对要件事实的举证而言,并非对于要件事实以外的其他各种间接事实或辅助事实而言。因此,间接反证的提出并不会导致客观证明责任的变更。在坚持证明责任分配以法律要件分类说为通说的前提下,间接反证的一方当事人所承担的不利益,是其在无法提出反证时法院对承担证明责任的一方当事人进行有利认定的不利益。此意义与客观的证明责任或确定责任,即因主要事实的存否不明而不适用有利于举证一方当事人的法规从而产生的不利益的意义不相符合。此种见解亦获得我国实务判决的支持。

间接反证究竟需要证明至何种程度,实际上仅仅是属于学理上的认知不同,而更为重要的是应当关注间接反证的作用。既然间接反证是为了使原先已经被初步证明的事实再度陷于真伪不明,那么其程度标准不应当从主要事实或间接事实的角度考量,而应转换于本证与反证之间。否则在一般反证的情形中,其岂不是对于已先被证明的事实而言是反证,而对于欲提出反驳的事实而言又是本证,如此一来只是将理论复杂化而已。

间接反证的作用仅限于动摇一定的事实推定,而事实推定所依据的一般经验法则,并非绝对适用的科学真理,有时因有例外情事的存在而可以推翻一般经验法则。间接反证的目的在于推翻间接本证所依据的一般经验法则。此种间接本证所依据的一般经验法则(原则)与间接反证所依据的一般经验法则(例外)两者之间的原则与例外关系,并非规范法条中的原则与例外的关系。再者,我国《民诉法解释》第108条明确界分了本证与反证的证明标准,且反证只需将本证使法官形成的内心确信降低至高度盖然性的证明标准之下即实现目的。因此,间接反证的举证程度毋庸与反证相同,仅须使法院对本证所形成的心证产生动摇,使待证事实重新陷于真伪不明的状态即可,不可在间接反证事实存在的可能性颇高的情形下,仅因该间接反证事实无法完全得到证明,而全然无视其存在。

间接反证是当事人为了防止对方利用间接事实所推定得出的主要事实(要件事实)被认定成立的不利结果,以反证证明另外的间接事实,从而依据经验法则由间接事实推定待证的主要事实不存在。本案中,荣某公司若行使债权人代位权,必须要证明主债务人某智公司和次债务人某资公司之间债权债务关系存在、主债务人与次债务人之间的债权到期、债权人某智公司怠于行使到期债权。根据证明责任分配规则,荣某公司要对代位权成立的基本要件承担证明责任。为证明某智公司对某资公司存在到期债权的主要事实,荣某公司提供了书面证人证言、协助查询财产通知书、银行往来流水单、往来汇总表和询问笔录等间接证据来证明两公司之间存在资金流转的间接事实,以两公司银行账户存在资金差额来证明两个独立法人之间存在债权债务的间接事实。对此,被告某资公司亦可以对原告主张的事实,通过间接反证的方式予以反驳。某资公司答辩称某智公司出具的对账确认函确认两公司的往来账余额为0,且某资公司主张两公司是因为买卖合同而产生资金往来,依据上述两项间接事实结合一般的经验法则(确认函应是企业对业务往来最终对账的结果),基本可以推定出某资公司与某智公司之间是已经结清相关款项的买卖合同关系。基于此,便可以推认某智公司对某资公司不存在因借贷关系产生的到期债权。某资公司提出两公司之间因买卖合同产生资金往来的间接事实作为反证,并且通过该间接事实去妨碍主要事实的推认。

与间接本证的提出限制同理,并非所有天马行空的反向事实均有间接反证理论的适用空间。在对方当事人提出间接反证时,该间接反证的提出仍然应当具有一定程度的盖然性。如果仅仅是作为为证明法官推论主要事实存在而提出的间接本证,应当经过法院的证据调查必要性审查程序以及法院与双方当事人之间的争点整理程序,才能够成为法官心证形成的材料,否则将会使过多不必要的证据充斥于整个诉讼程序,进而导致诉讼拖延与程序利益的损耗,但应注意不当证明预断的防止。该当事人单纯的臆测、主观恶意的曲解甚至是恣意推论,法院可以无须理会其意见。再者,法院为了判断某项间接事实是否可以运用为事实认定的基础,特别是在众多间接事实相互冲突矛盾时,应当先行检验各项间接事实的真伪与否。因此,当事人所提出的间接反证非但应与本案的主要事实有一定程度的关联,亦应具有相当程度的真实性。

在法官心证形成的过程中,不仅仅是当事人所为的举证内容可以作为证据原因,即使是举证方式本身,在事实认定时亦可以成为法院认定事实斟酌的对象。虽然在心证程度和判断标准等方面,反证不提出法则理论可能存在不足,但是,从辩论全意旨的机能审视反证不提出法则,并将其与间接反证效用的激活相联结,并无不妥。反证不提出法则是运用经验法则进行的推论,本质上应为事实推定的类型之一,所以其应属于自由心证运作的范畴。因此,法院亦会考量承担证明责任的一方当事人的举证尽力程度、对方当事人提出反证的难易程度及对方拒绝提出反证是否存在特殊情事等因素,从而当事人不同的诉讼态度与行为将会使法院形成不同的辩论全意旨而作出相异的认定结果。此外,值得注意的是,反证不提出法则并非局限于间接反证领域,在所有事实认定过程或诉讼审理过程中,均有其妥当性。证明责任的分配应当具有法定性,不能由法官自由裁量加以决定,亦不因间接反证的提出而发生变动。因此,间接反证理论并没有改变规范说所建立的证明责任分配基准,亦不是为了继续维持规范说所提出的托词。为了实现减轻承担证明责任一方当事人的举证负担,而强行将间接反证理论解释为证明责任分配的例外规则,实属不智之举。正所谓"预防重于治疗",关于证明困难的问题可以通过法官合理行使释明权、扩充当事人收集证据的手段与强化当事人的文书提出义务等方式予以缓解,穷尽可能使待证事实不至因证明困难而陷于真伪不明,法院亦不应当放任此等状态严重至诉讼行将结束之际才以移转客观证明责任的方式寻求补救。

因此,间接反证理论并未引起证明责任的转换,实则属于自由心证的射程范围,由此才可以实现间接反证的理论自洽。间接反证理论经由反证不提出法则,与法院事实认定的素材——辩论全意旨发生关联,并间接地实现了减轻本证方当事人证明负担的目的。此外,在适用间接反证机理时,除了应当明确界分直接反证与间接反证,还应当基于典型事象经过与一般经验法则的盖然性要求不同而注意表见证明与间接证明的区辨适用。

□ 阅读指引

1. 樊崇义主编:《证据法学》(第6版),法律出版社2017年版。
2. 何家弘:《司法证明方法与推定规则》,法律出版社2018年版。
3. 包冰锋:《间接反证的理论观照与适用机理》,载《政法论坛》2020年第4期。

(撰写人:西南政法大学法学院　包冰锋)

第五章　实物证据

第一节　物　证

■ 刑事诉讼中物证的审查与判断

案例 5－1　张某销售非法制造的注册商标标识案[1]

□ 案情概述

张某以牟利为目的，从他人处购买伪造的印有“贵州茅台”等注册商标的酒类包装物进行销售。后被公安局查获，并从其仓库内现场查获用于销售的非法制造的多种注册商标标识，共计 496,600 件。一审法院根据公诉机关提交的指认笔录及照片、扣押物品清单、检查笔录及照片、被告人供述、证人钱某等人证言、现场辨认笔录及照片等证据，认定张某构成销售非法制造的注册商标标识罪，判处有期徒刑 2 年，并处罚金 3 万元。

张某对一审判决不服，提出上诉，主要理由是：原判认定张某销售非法制造的注册商标标识数量为 496,600 件，所依据的证据不具有真实性，本案侵权包装材料未进行核实和清算，不能作为定罪量刑的依据。原审认定销售涉案商标标识数量的主要依据是扣押决定书、扣押清单、检查笔录、指认笔录、指认照片等证据，这些证据不具备真实性、合法性。侦查机关对堆放包装材料的仓库进行现场检查时，只对少部分材料打开进行拍照，没有对库内全部材料打开清点。现场指认照片显示，张某在进行现场指认时，被扣押的材料大部分都用编织袋包装未拆封。仓库中包材既有侵权的商标标识，也有不侵权的商标标识，侦查机关在扣押过程中没有全部打开查验，将不侵权包装材料分出来，且扣押清单中的数据全部为整数，不符合常理。原审法院在涉案商标标识未经实物比对的情况下，认定张某销售的包装材料侵犯了茅台集团注册商标标识，不具有客观真实性。本案物证照片无法对包装材料上商标标识与茅台集团商标标识的同一性进行认定。

在二审法院审理期间，侦查机关出具两份情况说明：办案单位在对涉案物品检查清点

---

〔1〕　参见贵州省高级人民法院（2019）黔刑终 27 号刑事裁定书。

时,由于数量众多,根据张某现场指认,将涉案物品分为33类,以同类大件抽样拆封清点后,乘以同类大件数量得知该类具体数目,故侦查人员拍摄的指认现场照片显示存在没有拆封的合理情况。对于现场清点数量的扣押物品检查笔录、清单均由见证人和物品持有人签名和捺手印,指认笔录由张某签名和捺手印予以确认,均符合法定程序。

二审法院经审查后认为:侦查机关制作的检查笔录对检查过程、结果予以详细记载,列明了现场检查物品的种类和数量。扣押清单、检查笔录上都由两名侦查人员签字和物品持有人张某本人以及见证人签字和捺手印予以确认,形式上具备合法性。由于涉案包装材料数量巨大,侦查人员检查过程中在张某的指认下采取以同类大件抽样拆封清点方式计算所得包装材料数量,其解释具有合理性,程序上并不违反法律规定。张某在第一次庭审中认可上述证据的客观真实性,对上述证据中所列物品的种类和数量没有提出异议。其在第一次上诉状中所提的上诉理由以及其辩护人的辩护意见,仅针对扣押清单中记载的涉案商标在包含有正标和背标的情况下是按照一件计数还是应当按照两件计数的有关计算方式提出异议,而对上述证据的客观真实性没有提出异议。本案发回重审后,张某及其辩护人在知晓被扣押物品被销毁后,才针对有关检查笔录和扣押清单的客观真实性质疑,不符合常理。虽然侦查机关在扣押物品数量特别巨大的情况下没有逐一清点扣押物品,但抽样取证方式符合法律规定及本案实际情况,且张某在相应扣押清单的检查笔录上签字、捺手印予以确认,仅在扣押物品销毁后才对涉案物品提出异议,故不足以排除一审法院对上述证据的认定。上诉人的该项上诉理由和辩护意见没有事实依据和法律依据,故依法不予采纳。

关于张某及其辩护人所提对涉案包装材料没有经实物比对,不足以认定是否属于假冒注册商标标识包装材料的辩护意见。二审法院认为:侦查机关虽然没有提供商标标识原物,但提供了原物照片,且能反映原物外形和特征,可以作为定案根据。另外经查,本案中侦查机关检查笔录和扣押清单中记载的涉案包装材料有33类,共计652,100件,一审法院对扣押物品清单中记载的33类涉案包装材料结合在卷的现场检查照片以及现场指认照片予以核实。在此基础上,对扣押清单、检查笔录中有记载但未附原物照片以及扣押清单、检查笔录中虽有记载且附有原物照片,但原物照片不清楚无法进行比对或者经比对可认定没有附有注册商标标识的物品类别,从扣押物品清单所列的33类物品中予以排除,最后认定张某销售的非法制造的注册商标标识共有19类,数量达到496,600件,并无不当。二审法院经审理后裁定驳回上诉,维持原判。

该案涉及的证据基本情况如下:

1. 物证照片。

2. 现场指认笔录及照片。

3. 扣押物品清单。

4. 检查笔录及照片。

5. 被告人供述。

6. 证人证言。

7. 情况说明。

□ 证据分析

本案中涉及证据的争议问题主要是:(1)物证抽样取证应当遵循何种条件、程序和方法?(2)如何对物证抽样证据进行审查认定?(3)在物证抽样取证中,物证复制品是否可以比对检材?

对于以上证据问题,分析如下。

(一)物证抽样取证应当遵循的条件、程序和方法

取样证据在刑事司法实践中应用得比较多,由于有些案件中的涉案证据具有海量性,比如该案中销售的非法注册商标标识,多达40余万件。若要求对全部涉案物证都必须取证、勘验或者鉴定,则既不经济,也不现实。由于涉案包装材料在性质上相同,侦查机关可以采取抽样取证方式来收集物证,按照一定比例和数量进行取证,将其移送勘验、鉴定、比对。若侦查机关采取的取样方法科学合理,通常可以保障司法机关后期认定案件事实的准确性。我国《刑事诉讼法》虽然没有规定抽样取证,但在很多规范性文件中都规定了抽样取证。比如最高人民法院、最高人民检察院、公安部于2011年出台的《关于办理侵犯知识产权刑事案件适用法律若干问题的意见》规定了办理侵犯知识产权刑事案件中的抽样取证。但该规定比较简单,其仅授权侦查机关在办理侵犯知识产权刑事案件时,可以根据工作需要采取抽样取证。最高人民法院、最高人民检察院、公安部于2022年联合发布《关于办理信息网络犯罪案件适用刑事诉讼程序若干问题的意见》,其中第20条对办理信息网络犯罪案件的抽样取证及其适用条件、运行程序、审查认定作了较为全面的规定。按照前述规则,刑事案件中的物证抽样取证通常遵循以下条件和程序。

第一,物证抽样取证的适用条件。首先,物证应当具有海量性,即物证的数据特别众多。正是由于物证具有海量性,才使其无法通过适用传统取证方法来逐一收集、取证,需要采取抽样取证方法予以收集,这是抽样取证的重要前提。物证海量性或者数据特别众多的具体认定标准,在理论界和实务界存在争议。但在该案中,涉案包装材料高达数十万件,显然已经符合物证抽样取证中海量性的要求。其次,物证应当具有同类性或者同质性,即具有同类性质、特征或者功能。这是物证抽样取证具有可行性的前提条件之一。抽样取证并不是调查、收集全部的涉案证据,而是从全部证据中调查、收集部分证据,然后依据一定比例关系进行逆向运算或推理得出整体证据的情况。这就要求抽样收集的部分证据与整体中的其他证据具有同质性或者同类性,它是依据比例关系进行逆向运算或推理得出整体证据情况的重要基础,若欠缺同质性或者同类性,可能会无法逆向运算或者推理得出整体证据情况。在该案中,涉案包装材料都是非法制造的注册商标标识,侦查机关在抽样取证过程中将其分为33类,分类主要是为了保障每类中的包装材料属于同一种,这符合抽样取证中物证同类性或者同质性的基本要求。最后,抽样取证的必要性。这主要针对因客观条件限制而无法逐一收集的相关物证而言,通常来说,物证的海量性是导致无法逐一收集的主

要客观原因,若采取逐一收集,会耗费巨大人力、物力。在该案中,涉案包装材料高达数十万件,若采取逐一收集的方式,显然并不现实,因此,该案具有采取抽样取证的必要性。

第二,物证抽样取证的运行程序。取证程序可以区分为技术标准层面的程序和法律规范层面的程序,前者主要是由相应的技术标准或者规范予以调整,后者是由《刑事诉讼法》及其相关司法解释、规范性文件予以调整。“抽样取证”和“逐一取证”仅是从取证技术层面对物证调查取证的分类,抽样取证并不会改变所收集材料的证据种类,也不会改变所适用调查取证措施的法律性质。在司法实践中,搜查、扣押、勘验等是物证取证中较为常见的侦查取证措施,在物证抽样取证中也会适用这些侦查取证措施。在该案中,侦查机关主要对涉案包装材料采取扣押、检查措施予以收集,其仍然应当遵循《刑事诉讼法》中关于扣押、检查的程序规定,比如制作扣押笔录、制作扣押物品清单、见证人见证等。由于侦查机关在抽样取证中已经按照《刑事诉讼法》规定的法定程序予以检查、扣押,法院经审查后认定收集的相关证据具有合法性。抽样取证作为海量证据的取证方法或者技术,它是嵌入相关侦查措施之中予以适用的。在本案中,抽样取证就是嵌入扣押、检查这两种侦查措施之中的,对抽样取证所收集证据合法性的审查,就需要结合其适用的扣押、检查程序进行。抽样取证的特殊之处,就在于其并不收集涉案证据的全部或者整体,而仅仅是收集其中的少量或者部分证据,侦查机关需要按照一定比例或者数量收集证据,并对取证情况作出说明和论证。

在该案中,侦查机关采取了抽样取证方式来收集涉案包装材料,侦查人员仅从全部涉案包装材料中收集了部分证据。辩护方提出侦查机关对堆放包装材料的仓库进行现场检查时,只对少部分材料打开并进行拍照,并没有对库内全部材料打开清点;现场指认照片显示,张某在进行现场指认时,被扣押的材料大部分用编织袋包装且没有拆封。该辩护意见恰恰说明了抽样取证的性质或者特征,即“部分取证替代整体取证”“部分证据推导整体证据”,该辩护意见可能没有切中本案中抽样取证的关键问题,仅收集部分证据并不是抽样取证的瑕疵,而恰恰是其区别于“逐一取证”的特殊之处。在该案中,抽样取证是嵌入检查、扣押中予以适用的。在取证笔录中,侦查人员除需要记载调查取证的人员、时间、地点、证据名称、类型、数量等信息之外,还需要详细记载所采取的抽样方法、步骤、程序等信息,以便为司法机关审查抽样取证的合法性和科学性奠定基础。

(二)对物证抽样证据的审查认定

如前所述,抽样取证并不会改变所收集证据材料的证据种类,也不会改变侦查取证措施的法律性质。对于抽样取证中收集证据的审查认定,需要结合收集证据的法定种类和适用的具体程序进行。关于抽样证据合法性的审查认定,前文已经分析,此处不再赘述。对于抽样证据真实性的审查认定,司法机关应当重点审查抽样取证的方法、过程是否科学;经审查后若认为抽样取证不科学或者存在瑕疵的,应当由侦查机关作出补充说明或重新取证。在该案中,辩护方虽然对抽样证据提出异议,但辩护意见主要集中于侦查机关仅收集了部分证据、见证人签字等问题,而没有质疑抽样取证方法及科学性,这些辩护意见显然不足以反驳抽样证据的真实性与可靠性,前者本身就是抽样证据的特征和属性,后者可以通过情况说明等方式予以补正。在对抽样证据的质证和辩论中，行之有效的方案是质疑抽样方法、抽样程序的科学性，比如样本存在较大偏差、样本容量过低等。在该案中，侦查机关在抽样取证之前，先对涉案包装材料进行分类，此种分类本身是为了保障后期每次所抽取样本证据具有同质性或者同类性。在抽样取证中，侦查人员通常对同类大件抽样拆封清点后，乘以同类大件数量得到该类具体数目，然后将数据记载于取证笔录之中，形成的取证笔录交由见证人和物品持有人签字、捺手印，从而确保了侦查取证过程和方法具有科学性、合法性。

（三）本案物证复制品能否比对检材问题

抽样取证并不会改变所收集证据材料所属的证据种类。在该案中，通过抽样取证所收集的涉案包装材料，在证据种类上仍然属于物证。在物证调查取证过程中，无论是采取抽样取证，还是采取全部取证，原则上都应当遵守最佳证据规则的基本要求，即原则上应当收集物证原物。《刑诉法解释》第 83 条规定："据以定案的物证应当是原物。原物不便搬运、不易保存、依法应当返还或者依法应当由有关部门保管、处理的，可以拍摄、制作足以反映原物外形和特征的照片、录像、复制品。必要时，审判人员可以前往保管场所查看原物。物证的照片、录像、复制品，不能反映原物的外形和特征的，不得作为定案的根据。物证的照片、录像、复制品，经与原物核对无误、经鉴定或者以其他方式确认真实的，可以作为定案的根据。"这就意味着即便是通过抽样取证来收集物证，原则上也应当收集物证原物。当然，在抽样取证中并不要求收集物证的全部样本，而仅需要收集物证的部分样本，但原则上要求该部分样本应当是物证的原物。在符合法定例外情形时，才可以收集、提交物证复制品，这主要是原物不便搬运、不易保存、依法应当返还或者依法应当由有关部门保管、处理。在抽样取证中，也仅有在抽样收集的物证原物样本，存在不便搬运、不易保存、依法应当返还或者依法应当由有关部门保管、处理情形时，才可以收集物证复制品或者照片、录像。

在该案中，对于涉案包装材料而言，由于作为全部证据的涉案包装材料具有海量性特征，其确实存在不便搬运的特点，这主要是数据巨大导致全部样本不便搬运，从这个角度来看似乎无须收集物证原物。但是，抽样取证并不是收集全部证据，而仅仅是收集其中的部分证据，并由部分证据逆向推导出整体证据的情况。对于作为部分样本的涉案包装材料而言，就不存在不便搬运的问题，少量包装材料很容易搬运，它们也不存在不易保存、依法应当返还或者依法应当由有关部门保管、处理的情形。在该案中，无论是作为抽样证据取证主体的侦查机关，还是作为抽样证据审查主体的法院，都认为本案中抽样证据的物证可以是物证照片，认为其符合最佳证据规则的例外情形，这显然是根据"全部证据不便搬运"就简单得出"部分证据不便搬运"的结论。此种逻辑显然存在重大瑕疵，因为抽样取证并不是要收集全部证据，该案中全部证据不便搬运就是因为其数据巨大，抽样取证正是要"以部分取证替代整体取证"来克服海量证据所产生的取证难题，在本案中单个或者少量的包装材料并不存在不便搬运的问题。因此，并不能因"全部证据不便搬运"就得出"部分证据不便搬运"的观点，该案并不符合最佳证据规则的例外情形，抽样取证仍然应当收集物证原物。

在抽样取证中能够收集物证原物的情况下,侦查机关却仅收集物证照片,并将其作为证据比对的基础材料,取证程序就存在比较严重的瑕疵。

当然,基于证据稀缺性的考虑,在不符合最佳证据规则例外情形时,举证方仅提供了物证复制品,也并不必然被排除。根据《刑诉法解释》第 83 条之规定,物证复制品仅在不能反映原物外形和特征时,才不得作为定案的根据。反之,若物证复制品能够反映原物的外形和特征,则仍然有可能作为定案的根据。物证复制品,经与原物核对无误、经鉴定或者以其他方式确认真实的,也可以作为定案的根据;反之,若物证复制品无法与原物核对无误,且无法通过鉴定或者其他方式确认为真实,则不能作为定案的根据。有观点认为,此种情形下的证据排除规则,实际上是将证据的证明力转化为证据能力,从而督促公诉方不仅要客观收集证据,还要重视对证据来源和收集过程的证明。[1] 在我国《刑诉法解释》规定的最佳证据规则之下,物证复制品要具有证据能力,需具备两个条件:(1)物证复制品应当反映原物的外形和特征;(2)物证复制品应当与原物核对无误、经鉴定或者以其他方式确认真实。

在物证抽样取证中,若确实不宜或者无法抽样收集样本物证原件,在制作、收集样本物证复制品时,也应当遵守前述物证复制品证据能力的两个要件。在该案中,侦查人员在抽样取证中仅收集了样本物证的照片,没有收集样本物证原物。二审法院在审查该抽样物证照片时,仅以原物照片能反映原物外形和特征为由,就认为其可以作为定案根据,而并没有审查物证照片是否与原物核对无误,或者是否有其他方式来确定其真实性。该裁判观点的内在逻辑,可能是认为在物证复制品证据能力的前述两个要件中,只要符合其中之一,物证复制品就具有证据能力。但是,该观点不无可商榷之处,其显然没有厘清上述两个要件的关系。这两个要件的着眼点和所解决的问题并不完全相同。条件(1)主要是从物证复制品的构成要素或者内容角度提出的要求,它要求物证复制品应当反映原物的外形和特征。若物证复制品欠缺这些内容或者要素,则不具有证据能力。但是,物证复制品具备这些要素,并不必然具备证据能力,还需要进一步考察其是否符合条件(2)。条件(2)主要是要求物品复制品与原物之间应当具有一致性,此种一致性的审查认定,既可以通过物证复制品与原件之间核对无异来实现,也可以通过鉴定或者其他方式来确定物证复制品与原件之间相符。无论是通过核对、鉴定还是其他方式来进行审查认定,它们的主要内容就是审查物证复制品对原物外形和特征等信息反映,是否与原物自身外形和特征等信息相符、是否一致。对于物证复制品而言,若欠缺条件(1),则丧失后期通过核对、鉴定或者其他方式来审查复制品与其原物是否相符的基础条件;若欠缺条件(2),则无法保障物证复制品与原物相符、一致,这就可能让物证复制品丧失具有证据能力的实质条件。因此,对于物证复制品而言,仅在同时满足条件(1)和条件(2)的情况下,才可能具有证据能力。在该案中,二审法院仅在物证复制品满足条件(1)的情况下,就直接认定其具有证据能力,而跳过或者忽略对其是

---

〔1〕 参见刘静坤:《证据审查规则与分析方法——原理·规范·实现》,法律出版社 2018 年版,第 105 页。

否满足条件(2)的审查,即没有审查物证复制品是否原物相符、是否与原物具有一致性,这显然并不符合我国《刑诉法解释》中规定的最佳证据规则内容和要求。

□ 理论拓展

我国刑事证据制度和民事证据制度已经初步建立了最佳证据规则。从司法实践来看,最佳证据规则适用过程主要是在处理次佳证据问题,即书证复制件、物证复制品等次佳证据或者替代证据的证据能力问题。有观点认为:"法院在司法实践中调查收集证据,通常是以调取复制件为常态。"[1]这些证据作为书证、物证等实物证据的派生证据或者次佳证据,并非必然不具有证据能力。最佳证据规则存在例外规则,在符合例外规则的情况下,书证复制件、物证复制品等次佳证据仍然具有证据能力。根据《刑诉法解释》第83条之规定,物证复制品要具有证据能力,需具备两个条件:(1)物证复制品应当反映原物的外形和特征;(2)物证复制品应当与原物核对无误、经鉴定或者以其他方式确认真实。物证复制品是否符合上述两个条件而具有证据能力,需要由法院进行审查认定。但是,法院对物证复制品证据能力进行审查时,通常需要有相应的基础性材料,比如有鉴定意见来证明物证复制品与其原件具有一致性,或者有其他证据材料来证明物证复制品与原件具有一致性。《刑诉法解释》中规定的证据规则,主要是站在裁判者角度的证据审查认定规则,因为其本身是由代表审判机关的最高人民法院所制定。但是,法院适用证据规则对相关证据进行审查认定的过程并不能替代诉讼两造主体对证据审查认定中相关辅助事实的证明活动。比如我国《刑事诉讼法》在非法证据排除规则中建立了较为完善的证明规则体系,对非法证据排除中的证明对象、证明责任、证明标准等内容予以较为全面的规定。非法证据排除规则在本质上是证据合法性的审查认定规则之一,但这并不妨碍将"供述是否经由刑讯逼供等非法方法收集"的程序性事实作为证明对象,并需要由检察机关提供相关证据对供述收集的合法性予以证明,需要由检察院对证据收集的合法性承担证明责任。

在最佳证据规则的例外规则中,也存在类似的证明及其责任分配问题。关于此点,《刑诉法解释》中虽然没有明确规定,但《民诉证据规定》第61条在规定最佳证据规则的例外规则时存在相应规定,该条第2项规定"原件或者原物已不存在,但有证据证明复制件、复制品与原件或者原物一致的",该项规定将物证复制品与原物具有一致性作为证明对象。这里的"证明"和证据合法性中的证明具有相同的法律性质,它们都是对相应证据事实或者属性的证明,而不是对实体性事实的证明。对于该证据性事实的证明责任,通常需要由提供证据方当事人承担举证责任;若物证复制品或者书证复制件具有推定一致性的法律效力,则该举证责任需要由提供证据的相对方当事人承担,或者可以免除证据提供方的举证责任。当然,我国《刑诉法解释》《民诉证据规定》都没有规定物证复制品或者书证复制件推定一致性的法定情形,但是对电子数据复制件存在相关规定。《民诉证据规定》第15条第2

[1] 宋春雨:《民事证据规则适用通解》,人民法院出版社2024年版,第179页。

款规定:“当事人以电子数据作为证据的,应当提供原件。电子数据的制作者制作的与原件一致的副本,或者直接来源于电子数据的打印件或其他可以显示、识别的输出介质,视为电子数据的原件。”这里的“视为”原件在本质上就将电子数据打印件等复制件推定为电子数据原件,赋予其与原件具有同等的证据效力。此种对电子数据复制件的推定效果,就可以免除电子数据提供方当事人对电子数据复制件与其原件具有一致性的证明责任。对于物证复制品、书证复制件而言,现有证据规则或者制度并没有规定其推定一致性的法定情形。对于物证复制品而言,需要由提供证据的当事人来证明该物证复制品与其原件具有一致性,比如可以提供鉴定意见或者其他证据予以证明。在该案中,由于该包装材料照片是由检察机关作为控诉证据提供给法院的,检察机关对该照片内容与包装材料是否具有一致性应当承担证明责任,检察机关可以提供鉴定意见、照片制作人证言等证据材料予以证明。

■ 民事诉讼中物证的审查与判断

案例 5-2 T 保险公司诉 M 公司保险人代位求偿权纠纷案[1]

□ 案情概述

本案火灾事故发生后,T 保险公司向被保险人 H 公司履行保险赔付义务后,提起本案保险人代位求偿权诉讼,请求法院判令 M 公司承担因其生产销售的故障空调引发火灾事故所造成的损失。一审、二审法院经审理后认为 T 保险公司提供的证据不足以证明引发火灾的故障空调为 M 公司生产制造,故判决驳回 T 保险公司的诉讼请求。T 保险公司对生效判决不服,向最高人民法院申请再审。

T 保险公司申请再审认为:原判决认定本案中的现有证据无法证明案涉空调是 M 公司生产制造的空调系认定事实错误。根据《民诉证据规定》第 61 条的规定,原件或者原物已经不存在,但有证据证明复制件、复制品与原件或者原物一致的,举证一方可以不出示原件或原物,且不影响证据效力。故在本案中,尽管涉案空调残骸没有被保存,但并不影响对案涉空调品牌及其生产厂家的认定。消防部门对涉嫌引发火灾空调的勘验笔录,司法鉴定意见书,证人周某、杨某、刘某证言等证据,均能够证实案涉空调为 M 公司生产制造的空调。故认为法院应当支持其诉讼请求。

M 公司辩称:现有证据不足以证明引发火灾的空调系 M 公司生产制造的空调。火灾事故认定书、火灾现场勘验笔录、火灾事故认定说明记录等证据中,均没有提及并认定案涉空调系 M 公司生产制造的空调。T 保险公司也未能提供案涉空调残骸,致使无法鉴定引发火灾的空调的生产厂家,故其应当承担相应不利后果。

---

〔1〕 参见最高人民法院(2021)最高法民申 6585 号民事裁定书。

最高人民法院经审查后认为：从T保险公司的举证情况来看，证人周某、杨某、刘某系H公司员工，与本案具有利害关系；司法鉴定意见书所依据的检材系公安消防部门拍摄的火灾现场照片，并非引发火灾事故的空调残骸实物，检材具有一定局限性；消防部门的勘验笔录亦未明确说明案涉起火空调系M公司生产、制造的空调。故T保险公司所举证据不足以证明案涉起火空调系M公司生产制造的空调。T保险公司依照《民诉证据规定》第61条之规定主张以空调残骸照片作为检材，并不影响案涉空调品牌的认定。但是，T保险公司作为保险人，在保险事故发生后，有义务独立或者协助被保险人保存证据。在未能保存好引发火灾事故空调残骸的情况下，其主张以无法与原物核对的照片可以作为检材所形成的鉴定意见，尚未完成举证证明责任。T公司主张，保险事故发生后，M公司派员进行现场查勘，且没有明确否认案涉起火空调并非M公司生产、制造的空调。但是，M公司在火灾事故发生后派员进行现场查勘并无不当。M公司没有明确否认起火空调并非其公司生产、制造，不能以此认定M公司同意或者认可引发火灾的空调系其公司生产制造的空调。因此，现有证据不足以证明发生火灾事故的故障空调为M公司生产制造的空调，原审法院判决驳回T公司诉讼请求并无不当。故裁定驳回T保险公司的再审申请请求。

该案涉及的证据主要有：空调残骸的照片，勘验笔录，司法鉴定意见书，证人周某、杨某、刘某等人证言。

回 证据分析

本案中涉及证据的争议焦点主要是：(1)空调残骸的照片，是否具有证据能力？(2)如何证明复制品或者复制件与原物具有一致性？

对于以上问题，分析如下：

在本案中，引发火灾事故的空调是否为M公司生产制造的空调，是原被告双方争议的焦点问题，也是直接决定本案裁判结果的关键问题。若能够确定该空调是M公司生产、制造的，则M公司需要承担产品侵权责任，T保险公司就可以向其主张保险人代位求偿权。若该空调不是M公司生产、制造的，则T保险公司就不能向M公司主张代位求偿权。引发火灾事故的故障空调残骸照片，成为本案中认定案件事实的关键证据之一。空调上本身包含其品牌、型号、生产厂家、生产日期、产品二维码等信息，这些信息通常可以作为认定空调生产制造商的重要依据。即便空调本身被火焚烧后仅剩余残骸，若上述信息仍然存在，可以作为认定其生产厂家的证据；若上述信息在火灾中已经灭失，也有可能通过对空调残骸剩余的相关零部件予以鉴定后确定其生产厂家。但是，T保险公司在案发后没有及时收集、保存该空调残骸的原物，仅保留了该空调残骸的照片。该照片在本质上属于物证复制件，其是否具有证据能力、能否作为认定案件事实的依据，就涉及最佳证据规则在本案中的适用问题。

最佳证据规则是指应当选择最有说服力和最令人信服的证据来证明待证事实，若有最佳的证据,非最佳的证据就应当予以排除。[1] 这里的最佳证据通常是物证原物、书证原件、电子数据原件等。最佳证据规则早期仅适用于书证,因此,该证据规则也被称为原始文书规则。我国三大诉讼法确立了最佳证据规则,但其适用范围并不局限于书证,还包括物证、电子数据等实物证据。比如《民诉证据规定》第 11 条规定:"当事人向人民法院提供证据,应当提供原件或者原物。如需自己保存证据原件、原物或者提供原件、原物确有困难的,可以提供经人民法院核对无异的复制件或者复制品。"该条款是最佳证据规则在当事人举证中的贯彻和要求,即若当事人向法院提供实物证据,原则上应当提供原件或者原物,因为原件、原物通常要优于其复制件或者复制品,实物证据在复印或者复制过程中可能存在信息丢失从而导致无法用于有效证明案件事实。原件、原物中有时会包含其复制件或者复制品无法体现的细节信息,比如原始欠条中可能包含笔迹深浅、墨水型号等信息,这些信息对于证明和认定欠条的书写人具有重要意义,但是在复制欠条过程中可能会全部或者部分遗失这些信息。为了保证实物证据的真实性、可靠性,原则上就应当提供实物证据的原件或者原物。

在该案中,物证原物是空调残骸,T 保险公司要证明引发火灾的空调是 M 公司生产、制造的,原则上就应当提供空调残骸原物。在诉讼过程中,T 保险公司没有提供空调残骸原物,仅提供了空调残骸原物的照片,后者并不是该案中的最佳证据。但是,这并不意味着空调残骸照片就必然不具有证据能力,对其必然就需要予以排除。最佳证据规则也存在例外情形,因为在有些情况下当事人确实无法提供原件或者原物,比如原件、原物已经灭失,或者原件、原物掌握在对方当事人手中,此时仍然要求举证方当事人必须提供原件、原物,就属于强人所难。另外,最佳证据规则本身的目的是通过对证据形式的限定和要求来保障准确查明事实,但是诉讼中的证据通常具有稀缺性,在缺乏原件或者原物的情况下,若完全不允许使用复制件或者复制品来证明案件事实,有时就会阻碍查明事实,导致司法不公正。[2] 因此,最佳证据规则的例外规则具有存在的必要性和合理性。

我国《民诉证据规定》也规定了最佳证据规则的例外情形,即当事人自己保存证据原件、原物或者提供原件、原物确有困难时,可以向法院提交实物证据的复制件或者复制品,但是该复制件或复制品需要经法院"核对无异"。这实际上就意味着实物证据的复制件或者复制品在符合以下两个条件时具有证据能力:(1)前提要件。当事人保存证据原件、原物或者提供原件、原物确有困难。一般情况下,原物除灭失外通常都需要由当事人自行保存;原件若是当事人日后实施相关法律行为的依据,就需要由自己保存,比如要求履行合同的提单、仓单等。提供原件或者原物"确有困难"主要是指原件遗失、灭失或者毁损;原件在对方当事人控制之下,经合法通知提交而拒不提交;原件在他人控制之下,而其有权不提交;

---

〔1〕 参见潘金贵主编:《证据法学》,法律出版社 2022 年版,第 136 – 138 页。

〔2〕 参见卞建林主编:《证据法学》,高等教育出版社 2020 年版,第 85 页。

原件因篇幅或者体积过大而不便提交;无法提交原件的其他情形。[1] 上述两类原因,既有当事人自己的主观原因,也有当事人自身因素以外的客观原因。若当事人不向法院提供原件或者原物,需要向法院说明不提交原件或者原物的具体原因,由法院审查是否符合上述事由。若不符合上述事由,法院则应当要求当事人提供原件并释明拒不提供原件或者原物的法律后果;若经释明后,当事人仍然拒不提供原件或者原物,则应当对复制品或者复制件直接予以排除。若符合上述事由,则需要进一步审查复制件或者复制品是否符合实质要件。(2)实质要件。由于前提要件比较宽泛,其既包括当事人的主观原因,也包括当事人自身因素以外的客观原因,因此该要件比较容易满足。所以真正决定实物证据复制品或者复制件是否具有证据能力的因素是其实质要件,即复制件或者复制品是否与其原件、原物无异。这就需要法院对复制品或者复制件进行审核。法院主要是通过查验方式予以审查,查验是由法院要求当事人将实物证据带至法院,或者由法院通知当事人到实物证据所在的保存场所,由法院组织当事人对复制件与原件、复制品与原物是否具有一致性进行审核验证。[2] 若经法院核对后认为复制件、复制品与原件、原物无异,则复制件或者复制品就具有原件、原物同等的证据能力。《民诉证据规定》第 12、13 条之规定也体现了最佳证据规则的基本要义,这两个条款中的"动产证据"和"不动产证据"在本质上都是物证。《民诉证据规定》第 12 条将动产证据替代品具有证据能力的前提要件设置为"原物不宜搬移或者不宜保存",而将"核对无异"的具体方法限定为查验。《民诉证据规定》第 13 条对不动产证据影像资料具有证据能力的前提要件没有规定,并不要求不动产证据基于主客观因素而无法提供,这主要因为不动产证据天然就符合原物不宜搬移的前提要件,其本身就不具有将原物提交给法院的现实可能性,故对于不动产证据只能以其替代物的形式向法院提交。

当然,查验仅是法院审查物证复制品与其原物是否相符的方法之一,若无法进行查验以"核对无异",但能通过其他方法让法院审查物证复制品后相信其与原物具有一致性,则法院也不能直接以"无法查验"为由排除物证复制品。这主要体现在《民诉证据规定》第 61 条第 2 项之规定中,即"原件或者原物已不存在,但有证据证明复制件、复制品与原件或者原物一致的",也可以在法庭调查环节出示物证复制品。这就意味着若有其他辅助证据能够证明物证复制品与其原件具有一致性,则该物证复制品仍然具有证据能力。实际上,将物证复制品与其原件进行查验,由法官审查核对其是否无异,是为了保障物证复制品与原件具有一致性。在物证原件已经灭失或者不存在的情况下,就无法通过查验方式来保障物证复制品与原件具有一致性。考虑到证据的稀缺性,在无法通过查验方式来保障物证复制品与原件具有一致性时,通常需要考虑能否使用其他证据来证明复制品与其原件是否具有一致性。若能够通过其他证据予以证明二者具有一致性,则该物证复制品仍然具有证据能力;若无法予以证明,则物证复制品的证明力就比较弱。

---

〔1〕 参见最高人民法院民事审判第一庭编著:《最高人民法院新民事诉讼证据规定理解与适用》(上册),人民法院出版社 2020 年版,第 170 页。

〔2〕 参见宋春雨:《民事证据规则适用通解》,人民法院出版社 2024 年版,第 139 页。

在本案中,T保险公司没有向法院提交物证原物即空调残骸,而是向法院提交了物证复制品即空调残骸照片。若是由于空调残骸已经灭失,T保险公司在客观上就无法向法院提交物证原件,其仅能提交物证复制品,此时就符合在诉讼中使用物证复制件的前提性要件。从司法实践来看,即便空调残骸仍然存在,通常也不便直接向法院提交空调残骸,因为法院无法保存该实物证据,也无法将其存放在案件卷宗材料之中,故通常就需要提交其照片、视频等复制品。该物证复制品若要具有证据能力,还应当符合实质性要件,即需要经过法院"核对无异"。在司法实践中,较为常见的核对方法就是按照《民诉证据规定》第12条之要求通知双方当事人到动产物证的保存场所进行查验。该案中,由于空调残骸已经灭失,在客观上已经不具备依照《民诉证据规定》第12条进行现场查验的条件,法院无法通过查验方式来核对物品复制品与原物是否相符。若无法核对复制品与原物是否具有一致性,则物证复制品的真实性、可靠性就存在很大疑问,其证明力通常就比较弱,法官通常就会否定此类物证复制品的证据能力。此时,需要考虑借助其他证据以证明二者的一致性,但在该案中,T保险公司没有提供其他证据来对空调残骸照片内容与空调残骸原物具有一致性予以证明。

《民诉证据规定》第90条第5项明确规定了"无法与原件、原物核对的复制件、复制品"不能单独作为定案根据。该条之规定,实际上就将无法与原物核对的复制品界定为需要补强的瑕疵证据,由此就将其纳入了瑕疵证据补强规则范围。证据补强是为了防止误认事实或者发生其他危险而设置的规则,应用某些证明力比较薄弱的证据来证明案件事实时,需要有其他证据来补强该证据的证明力,在对其证明力予以有效补强后才能将其作为定案的根据,否则其就不能作为定案的根据。将无法与原物核对无异且无法通过辅助证据来证明与原物具有一致性的复制品界定为需要补强的瑕疵证据,符合其自身特征和属性。基于原件所形成的复制品、照片、录像等证据,属于传来证据,它们并非直接来源案件事实,其复制、录像等过程中可能存在案件信息的减损、丢失等风险,从而降低自身真实性与可靠性。在该案中,T保险公司虽然提供了勘验笔录、司法鉴定意见书及证人周某、杨某、刘某等人证言,但这些证据无法有效补强空调残骸照片。无法补强主要有两方面原因:一是作为主证据的空调残骸照片本身就缺乏证明该导致火灾事故的空调系M公司生产或者制造的信息。补强就是要通过补强证据来提升或者担保主证据的证明力,但其前提是主证据应当包含证明待证事实的相关信息,若缺乏相关信息,则会因缺乏补强对象而无法进行补正。二是作为补强证据应当含有证据案件事实的相关信息,且具有独立来源。该案中,作为补强证据的勘验笔录、司法鉴定意见书及证人周某、杨某、刘某等人证言,部分并不包含该导致火灾事故的空调系M公司生产或者制造的信息,部分则并不具有独立来源。

□ 理论拓展

由于《民诉证据规定》第90条第5项将"无法与原件、原物核对的复制件、复制品"界定为需要补强的瑕疵证据,此时就需要考虑是否所有的物证复制品都具有补强的可能性。

物证是以其外部特征、物质属性、存在状况等证明案件事实的物品与痕迹。这要求物证复制品能够体现或者反映其原物的外部特征、物质属性、存在状况等信息。若制作的物证复制品,没有体现或者反映原物的上述信息,此时复制品本身就不具有证明价值,无法用于证明案件事实,也就不存在补强的可能性。补强是用其他证据(补强证据)来增强或者担保主证据的证明力,它主要是通过其他证据(补强证据)所蕴含的与主证据相同的证据信息来增强主证据的真实性、可靠性。这本身就要求主证据应当蕴含案件事实的相关信息。关于此点,《民诉证据规定》虽然没有明确作出规定,但这是适用瑕疵复制品证据补强规则的前提条件,若欠缺该前提条件,则不能适用《民诉证据规定》第90条第5项规定的瑕疵复制品证据补强规则,否则会形成"虚假补强"从而阻碍对案件事实的正确认定。我国《刑诉法解释》第83条第2款规定:"物证的照片、录像、复制品,不能反映原物的外形和特征的,不得作为定案的根据。"该条款之规定要求直接排除没有反映原物外形和特征的物证复制品,这就意味着在刑事诉讼中,此类复制品不存在补强的机会或者空间。

在该案中,原被告争议的焦点问题为引发火灾事故的空调是否系M公司生产、制造。遭受火烧的空调残骸,本身就成为认定该争议事实的关键证据。若空调残骸本身尚存有可以识别其生产厂家的信息,比如商标、二维码等特定标识信息,则空调残骸照片就应当包含这些信息,这样才能够在欠缺空调残骸原物的情况下,适用《民诉证据规定》第90条第5项所规定的瑕疵复制品补强规则。若空调残骸中并不包含商标、二维码等特定标识信息,这些信息已经毁灭、消失在火灾之中,此时就需要对空调内部残存的特定零部件进行鉴定以确定其生产厂家。仅对空调残骸进行拍照或者录像,并不足以反映其内部残存零部件的相关信息,空调残骸照片欠缺物证原件中的关键信息,而不具有适用《民诉证据规定》第90条第5项所规定的瑕疵复制品补强规则的可能性。

证据规则的主要功能是错案风险最小化、事实认定成本最小化和如何在当事人之间分配错误风险。[1] 最佳证据规则及其例外规则,在本质上也服务于上述目标。最佳证据规则要求当事人提供物证原物和书证原件,因为它们通常是物证、书证的最佳证据,使用此类证据有利于司法机关正确认定案件事实,实现错案风险最小化。在司法实践中,通常容易因物证复制品、书证复制件认定问题而发生纠纷。这要求复制品与其原件核对无异,或者通过相关证据来证明复制品与其原件具有一致性;在无法核对无异或者证明二者具有一致性的情况下,则需要适用瑕疵复制品证据补强规则。这些都是为了保障对案件事实的正确认定,实现错案风险最小化。若复制品无法与原件核对无异,或者无法通过相关证据来证明其与原件具有一致性,也无法通过其他证据予以补强,就需要排除该物证复制品,此时就涉及在当事人之间分配错误风险。在考虑错误风险分配时,除需要借助最佳证据规则及其例外规则中的举证责任配置之外,还需要考虑当事人过错等因素。若是举证方主观原因或者过错导致原物灭失或者无法提交,则应当承担举证不能的法律后果;若是客观原因或者非

[1] 参见[美]亚历克斯·斯坦:《证据法的根基》,樊传明、郑飞等译,中国人民大学出版社2018年版,第1页。

举证方主观原因导致原物无法提交,则应当适用例外规则,否则就可能导致非正义。在该案中,法院认为T保险公司作为保险人,在保险事故发生后,有义务独立或协助被保险人保存相关证据,在未能保存好引发火灾事故空调残骸的情况下,其以无法与原物核对的照片作为检材所形成的鉴定意见,没有完成其应当承担的举证证明责任。该裁判逻辑实际上是将错误风险分配给了T保险公司,这也是该案中T保险公司败诉的重要原因之一。

□ 阅读指引

1. 李学军:《物证论——从物证技术学层面及诉讼法学的视角》,中国人民大学出版社2010年版。
2. 李学军、朱梦妮等:《物证鉴定意见的质证路径和方法研究》,中国人民大学出版社2015年版。
3. 沈臻懿:《现场物证论》,法律出版社2018年版。
4. 邱爱民:《实物证据鉴真制度研究》,知识产权出版社2012年版。
5. 许爱东主编:《物证技术学》,法律出版社2012年版。

(撰写人:吉林大学法学院　谢登科)

第二节　书　证

■ 刑事诉讼中书证的审查与判断

案例5-3　王某某挪用资金案[1]

□ 案情概述

2014年6月10日,深圳市南山区某社区某小区第二届业主委员会(以下简称业委会)成立,王某某被选为业委会主任,任期至2017年6月9日。2015年3月6日,王某某以业委会名义在银行开设对公账户,用以收取小区业主自行出资购买停车场相关设备和运营维护费用、小区物业修缮费用以及商铺门面的租金。2015年12月1日至8日,王某某在未经业主大会讨论和表决的情况下私自从业委会的对公账户中分9次将共计44万元人民币转至自己的银行账户,并于2015年12月8日将其中40万元人民币转账到贺某的银行账户,用于某科技有限公司2%的股权投资。后其又将剩余的4万元人民币用于借款转账给业委会

[1] 参见广东省深圳市中级人民法院(2018)粤03刑终2326号刑事裁定书。

成员李某某。2016 年 5 月 20 日，因小区业主要求对小区的账目进行财务审计，王某某从自己的另一个银行账户向业委会的银行对公账户分 9 次转入共 44 万元人民币。

一审法院从犯罪主体、单位资金两方面对王某某的行为性质进行认定，认为王某某作为业委会主任，利用职务上的便利，挪用业委会资金 44 万元人民币归个人使用，用于营利活动或借贷给他人，数额较大，超过 3 个月未还，其行为已构成挪用资金罪，判决被告人王某某犯挪用资金罪，判处有期徒刑 9 个月。

王某某不服，提出上诉：(1)原审判决认定上诉人利用职务便利挪用资金，事实不清。(2)原审判决认定上诉人具备挪用资金罪的主体资格有误。其辩护人提出：(1)被告人王某某不具备挪用资金罪犯罪构成中的主体要件。(2)认定主观方面的证据不足。(3)小区众多业主表示谅解，并给予补充授权。(4)以挪用资金罪追究王某某刑事责任违反罪刑法定原则。

二审法院认为，业主事后谅解或补充授权并无实质的阻却违法性判断的效力，且认为一审法院对王某某符合挪用资金犯罪构成主体的叙述理据充分，认定结论依法成立，故裁定驳回上诉，维持原判。

该案涉及的证据基本情况如下：

1. 书证：(1)受理报警登记表、受案登记表、受案回执、立案决定书、立案告知书；(2)法人授权委托证明书、深圳市金某某物业管理有限公司的组织机构代码证复印件、深圳市金某某物业管理有限公司的法定代表人身份证复印件、深圳市金某某物业管理有限公司的营业执照复印件及法定代表人证明书；(3)被告人照片、人口基本信息、指纹卡；(4)抓获经过；(5)业委会提交至深圳市南山区住建局的备案资料、组织机构代码证；(6)深圳市南山区某小区业主大会和业主委员会议事规则；(7)会议纪要、公告、告知函；(8)银行账号 77 × × × × ×54 开户信息、账单流水及交易对手信息；(9)银行账号 52 × × × × ×33 开户信息、账单流水及交易对手信息；(10)银行账号 46 × × × × ×39 开户信息、账单流水及交易对手信息；(11)劳动合同；(12)小区业主就王某某对业委会公共资金实施投资行为的情况说明。

2. 证人证言：李某某、肖某、贾某某、陈某某、贺某、黄某。

3. 被告人供述和辩解。

☐ 证据分析

本案中涉及证据的争议焦点是：王某某和辩护人认为，一审法院对其利用职务便利挪用资金的认定事实不清，且认为一审法院认定其具备主体资格有误，即认为一审法院所提交的证据并不能相互印证以证明王某某行为构成挪用资金罪。其中涉及的问题实为证据间的相互印证审查问题，但由于本案所涉证据大多为书证，因此，本案中关于证据的争议焦点转移为书证审查中如何形成相互印证？

对于以上证据问题，分析如下。

(一)书证之间相互印证之内涵

从语义分析维度而言,对“印证”的解读主要有以下几种:有的学者认为印证是利用不同证据内含信息的同一性来证明待证事实,同时亦指采用此种方法而形成的证明关系与证明状态。[1] 有的学者认为印证是两个以上的证据在证明内容上相互交叉、相互支持,具有同一指向,由此而形成一个稳定可靠的证明结构。[2] 也有学者认为印证就是要求“案内多个证据证明方向一致、证据内容相同或相似”[3]。而关于“相互印证”的表述,有的学者认为相互印证是指多个证据具有同一指向性,不存在相互矛盾之处。[4] 有的学者认为相互印证是案件的证据具有同向性,指向共同的犯罪构成要件事实和从重、从轻、减轻、免除刑事处罚理由的事实。[5] 还有学者认为相互印证是我国传统刑事证据理论一贯主张的,证据与证据之间、证据与案件事实之间都要协调一致、没有矛盾,任何证据都要结合其他证据来进行综合判断。[6] 虽然关于“印证”“相互印证”的表述都存在一定的差异,但究其本质与内涵而言,各个语义表达的核心内容基本是一致的,具体来说:(1)存在于两个及以上证据之间;(2)证据之间在内容上相互支持、没有矛盾;(3)证明方向一致或具有同向性。

在与语义分析相应的司法实务中,我们需要结合我国现行有效的法律规范来对“相互印证”的具体含义进行解读。一方面,根据《刑诉法解释》第 91 条第 2 款规定的“证人当庭作出的证言与其庭前证言矛盾,证人能够作出合理解释,并有其他证据印证的,应当采信其庭审证言;不能作出合理解释,而其庭前证言有其他证据印证的,可以采信其庭前证言”可知,“相互印证”指的是证据之间的关系,即一证据能够增强另一证据的真实性以及证明力。当然,除《刑诉法解释》第 91 条第 2 款规定外,第 96 条对被告人供述和辩解的审查规定同样体现了此项含义。另一方面,从《刑诉法解释》第 140 条关于认定被告人有罪的第 2 项条件规定的“证据之间相互印证,不存在无法排除的矛盾和无法解释的疑问”中,可以得出“相互印证”在法律规范中所体现的另一项内涵,即当证据之间不存在矛盾之处时,才能对案件事实的进行认定,起到证明案件事实的作用。

从语义维度对“相互印证”的认识和现行规范所体现的“相互印证”内涵进行归纳总结,本书认为“相互印证”的核心要素在于:(1)证据之间相互支持、没有矛盾;(2)指向一致,证明案件事实。因此,对于书证和其他证据之间的相互印证,即应指书证与其他证据之间相互支持、没有矛盾,证明方向一致,共同指向案件待证事实。

(二)书证相互印证之审查前提

印证作为一项在我国刑事司法实践中常用的证明方法,其被广泛地运用在对证据的审

---

[1] 参见龙宗智:《刑事印证证明新探》,载《法学研究》2017 年第 2 期。

[2] 参见蔡元培:《论印证与心证之融合——印证模式的漏洞及其弥补》,载《法律科学(西北政法大学学报)》2016 年第 3 期。

[3] 韩旭:《论我国刑事诉讼证明模式的转型》,载《甘肃政法学院学报》2008 年第 2 期。

[4] 参见张文娟:《我国刑事诉讼证明模式“相互印证”与“自由心证”之辩——相互印证弊端之实证分析》,载《证据学论坛》2007 年第 2 期。

[5] 参见谢小剑:《我国刑事诉讼相互印证的证明模式》,载《现代法学》2004 年第 6 期。

[6] 参见李建明:《刑事证据相互印证的合理性与合理限度》,载《法学研究》2005 年第 6 期。

查当中,在对书证的审查中自然也不例外。书证与其他证据之间的相互印证,不是突然进行的,而是循序渐进的,是具有相应的前提条件的,那究竟是何前提呢?

其一,书证以及其他证据的收集要符合全面性原则。全面性是指对能够反映案件真实情况的一切证据材料都应该收集,[1]包括能够证明犯罪嫌疑人、被告人有罪或者无罪、犯罪情节轻重的各种证据。[2] 印证体现在两个及以上证据间的相互关系,[3]对于证明待证案件事实的证据而言,其在数量上必须具有一定的要求,若针对案件事实可能需要的证据并未收集完全,或者遗漏了案件事实相关的证据,那么对于案件事实的证明就可能会缺少一部分,从而导致出现"事实不清、证据不足"的问题。因此,书证与其他证据的收集需要满足全面性的要求。

其二,书证与其他证据的合法性需确定。将此项作为书证相互印证的前提,主要有以下两方面理由:一方面,在对证据进行相互印证的压力下,实践中常出现违法取证,甚至人为制造印证证据的现象,[4]这是对印证的误用。印证本质上是使书证与其他证据之间的证明力得到相互支持,从而进一步共同形成对某一事实的证明。倘若其中一项证据的合法性无法得到保证,那么依此证据进行证明力加强的另一证据的证明力也会受到影响,并且整个案件事实的证明也同样会受到影响。为了使印证能够得到正确以及顺利适用,我们应该在印证进行之前确定所收集的证据的合法性。另一方面,对印证和非法证据排除制度之间的冲突而言,实践中往往存在"印证故合法"[5]的现象,这实际上是对非法证据排除规则的架空。理论上认为法官在处理取证合法性争议后,才可进行对实体罪责的审查。而相互印证作为案件待证事实证明的重要手段,其往往能够导致最终的实体认定结果。因此,在以审判为中心的诉讼制度改革背景下,不能以相互印证来证明取证的合法性,[6]即对证据合法性的确定应当在相互印证之前进行。

在本案中,对各项证据的合法性而言,并没有相关的争议出现,即表明此案中证据合法性是经过确定的。对于证据是否收集全面,虽然王某某和辩护人在上诉理由中称认定王某某主观方面的证据不足,但实际上认定证据不足并不等同于收集证据不足,前者内容在于证明力,后者内容在于数量。而二审法院也对此作出回应,认为一审法院对此事项详尽论述、理据充分,并且法律适用解释具有扎实法理基础,故对一审法院认定结论应予采纳,对上诉人王某某及其辩护人意见不予采纳。可见,对本案而言,书证与其他证据的收集全面,且合法性无异议,符合书证相互印证之审查前提条件。

---

〔1〕 参见叶青主编:《诉讼证据法学》(第3版),北京大学出版社2021年版,第406页。

〔2〕 参见陈光中主编:《刑事诉讼法》(第7版),北京大学出版社、高等教育出版社2021年版,第195页。

〔3〕 参见栗峥:《印证的证明原理与理论塑造》,载《中国法学》2019年第1期。

〔4〕 参见龙宗智:《刑事印证证明新探》,载《法学研究》2017年第2期。

〔5〕 易延友:《非法证据排除规则的中国范式——基于1459个刑事案例的分析》,载《中国社会科学》2016年第1期。

〔6〕 参见牟绿叶:《论非法证据排除规则和印证证明模式的冲突及弥合路径》,载《中外法学》2017年第4期。

(三)书证相互印证之审查内容

书证作为在我国三大诉讼法中都明确规定的证据种类,其范围十分广泛,在刑事案件的审理过程中使用的频率也非常高。对于法官如何对书证相互印证进行审查,则应从我国现行有效的法律规范中寻找答案。

实际上,在我国的现行刑事诉讼法律规范中,《刑诉法解释》对相互印证审查有较为详细的规定。《办理死刑案件证据规定》关于相互印证的规定和《刑诉法解释》的规定相似,两者都并未对书证的相互印证要求进行单独规定说明,这实际上与书证的特征具有一定关系。

书证是以文字、符号、图画、图表等表达的思想内容来证明有关案件事实的书面文字或其他物品。[1] 无疑,书证首先要遵守最佳证据规则,即当事人提供书证时原则上应当提供原件,仅在法定例外情况下才可以提供复制件。[2] 相较《刑诉法解释》和《办理死刑案件证据规定》中单列的需要满足印证要求的证人证言、被告人供述和辩解而言,书证具有较强的稳定性,内容明确、形式相对固定,即使书证的内容被人以某种方式改变,一般也可以查到改变的蛛丝马迹,而且这些改变的内容在形成之后,也具有稳定性,也可以从另外的角度证明相应的案件事实。[3] 此外,书证还具有直观性,可直接证明与其他证据之间的联系,并能直接表明案件主要或部分事实的真实情况。

虽然我国现行法律规范中并未对书证相互印证的审查内容作出明确规定,但通过上述所说的相互印证的核心要素,同时结合书证所具有的特征,可以对书证相互印证的审查内容作如下概括:(1)审查书证与其他证据在内容上是否相互支持、没有矛盾,由于书证具有直观、稳定的特征,可通过判断其他证据内容与书证载明内容是否相符合来进行。(2)将相互支持、没有矛盾的书证与其他证据进行是否能够证明案件待证事实的审查。同时,在刑事案件的实际审理过程中,对于书证和其他证据是否相互印证的审查,法官往往也会依据实体法中相对应的犯罪构成要件待证事实或者相应量刑情节待证事实来进行指引判断。

在本案中,主要争议在于被告人王某某是否符合我国《刑法》第 272 条第 1 款所规定的挪用资金罪,该罪的构成要件在本案中的待证事实主要为:王某某是否具备挪用资金罪的主体资格,以及是否具有挪用的客观事实。

针对主体资格的认定,其中所涉及的仅为书证与书证之间的相互印证审查。在本案中,所提交的书证为:业委会提交至深圳市南山区住建局的备案资料、组织机构代码证以及在银行开立的基本存款账户。一方面,我们需要明确挪用资金罪的主体要件,须满足“其他单位”和“工作人员”,即业委会属于挪用资金罪中所规定的“其他单位”以及被告人王某某是业委会的工作人员。另一方面,本案提交的组织机构代码证和在银行开立的对公账户证明了业委会在形式上可被视为挪用资金罪中的“其他单位”,而备案资料和组织机构代码证

---

〔1〕 参见陈光中主编:《刑事诉讼法》(第 7 版),北京大学出版社、高等教育出版社 2021 年版,第 217 – 218 页。

〔2〕 参见潘金贵主编:《证据运用实务教程》,法律出版社 2023 年版,第 345 页。

〔3〕 参见何家弘、刘品新:《证据法学》(第 7 版),法律出版社 2022 年版,第 175 页。

证明了王某某业委会主任的身份，其性质为业委会的工作人员。可见，备案资料、组织机构代码证和在银行开立的对公账户相互印证，证明了被告人王某某符合挪用资金罪的主体资格。

对于挪用的客观事实而言，首先，议事规则证明了对业委会活动经费的使用需要符合程序上的要求。其次，被告人王某某的辩解提到其认为其行为已经过业委会的默许同意，但这与李某某和贾某某的证言相矛盾，而李某某的证言和贾某某的证言在内容上却相互支持，印证证明了业委会不同意的事实，同时被告人王某某提到，此前业委会已同意且议题已公布，但最终因街道办原因而未能表决，此项虽然与提交的会议纪要、公告、告知函书证在内容上相互支持，但与最终经过业委会、业主大会同意的事实并不具有关联性，反而证明了之前也还是没有得到最终同意的事实。最后，被告人王某某的供述、银行账号77×××××54的开户信息、账单流水及交易对手信息以及银行账号46×××××39开户信息、账单流水及交易对手信息，在内容上相互支持，证明了被告人王某某于2015年12月1～8日挪出业委会资金的事实，以及在2016年5月20日，即超过3个月才归还业委会资金的事实。同时，被告人王某某的供述、李某某的证言、贺某的证言以及银行账号52×××××33开户信息、账单流水及交易对手信息，在内容上相互支持，证明了被告人王某某将挪出的资金进行个人使用和借贷给李某某的事实。可见，以上所列举的书证与其他证据相互印证，形成了“须经同意—未经同意—挪出使用”的证据链条，证明了被告人王某某挪用业委会资金的客观事实。

(四)书证相互印证之审查标准

书证相互印证的审查标准，实际上就是在什么情况下才算完成印证，即书证相互印证需要到何种程度。对于书证相互印证的程度标准，应当结合书证相互印证审查内容来判断。在前述中，书证相互印证的审查内容主要在于两方面，一方面是书证与其他证据之间的关系，即各自所表达的内容是否相互支持、能否增强各自证明力；另一方面则是与案件事实的关系，即能否形成对待证事实的证明。前者往往需要经过法官的自由心证，即法官需要达到“内心确信”的程度，而后者则需要通过对案件事实的证明标准来结合判断。虽然在学理上有不同观点，但考虑到实践操作的可行性，以及书证对案件全部事实或部分事实的直观性证明特点，在书证与其他证据相互印证的审查中，可将现行有效法律规范中的证明标准作为对案件事实是否印证完全的判断标准。

根据《刑事诉讼法》第200条第1项规定可知，我国刑事案件的证明标准为“案件事实清楚，证据确实、充分”。《刑事诉讼法》第55条第2款也对“证据确实、充分”作出了具体的解释，规定其应符合三个条件：(1)定罪量刑的事实都有证据证明；(2)据以定案的证据均经法定程序查证属实；(3)综合全案证据，对所认定的事实已排除合理怀疑。因此，第三项条件对排除合理怀疑的要求，实质上被认为是证据相互印证所须达到的程度。对书证相互印证审查时，其对案件事实的印证程度需要达到排除合理怀疑的地步，而针对排除合理怀疑，是否意味着必须印证到100%，通说认为接近确定性，约在95%以上，而不是唯一性。[1]

---

〔1〕 参见陈光中主编：《刑事诉讼法学》(第7版)，北京大学出版社、高等教育出版社2021年版，第192页。

□ 理论拓展

证明模式是实现诉讼证明的基本方式,即人们在诉讼中以何种方式达到证明标准,实现诉讼证明的目的。[1] 在人类的诉讼证明史上,大致有三种基本的证明方式:神示证据裁判、法定证明模式、自由心证,而其中第三种自由心证是现在各国所达成共识的、认为合理的方式。由于各国法律发展历程不同,所适用的诉讼制度也不同,其在证明模式上均具有各国独特的特点。其中具有中国特色的证明模式是何种模式呢?目前主流的观点认为我国的证明模式主要是印证模式。

将中国的证明模式定义为印证证明模式,有学者认为其具有四个属性:(1)证明的关键在于获得相互支持的其他证据;(2)注重证明的"外部性"而不注重"内省性";(3)证据间相互印证的要求提高了证明标准,在信息有限的司法环境中达到该标准的难度很大;(4)为实现印证目的,易于采用比较灵活的取证手段,可能会导致违法取证的现象。[2] 但是,针对这四个属性,有学者认为并不具有中国特色,首先,在法兰西王国16世纪的法定证据制度以及英美法系国家或地区的证据补强规则中,也有类似于获得其他证据支持才"足以证明"待证事实的要求,此并非为中国司法的独创。其次,强调多个证据之间的"支持性"关系也难称中国特色的理论创新,这一点在英美法系证据理论中关于证据之间的聚合、耦合等关系分类中也能找到相似的内容。再次,注重证明的"外部性"而非"内省性"也不是中国特色,神明裁判和法定证据制度都是"外部性"的特点。最后,对于过度强调印证而导致的违法取证现象以及证明难度过大在其他国家也可能出现。[3]

除了以上对我国是否应为印证证明模式的争议讨论,有学者从事实层面出发,探讨了非法证据排除规则和印证证明模式之间的关系,从"原子主义"和"整体主义"角度解释了二者应当如何衔接和运作。[4] 同时,也有学者从实践存在问题出发,指出在对审判中心主义的全面推进下,我国应当走向印证和心证的"混合模式"。[5]

但是,无论对印证证明模式理论是支持还是反对,在刑事司法中毫无疑问的是,印证已逐步完成了从经验到理论、从理论到规范的变迁,[6]在司法实践中对法官认定证据、查明事实具有较大帮助。而为什么我们要坚持在对书证审查中进行相互印证,其合理性在于,书证具有直观性、客观性,在司法实践中便于操作,对法官而言,书证能否和其他证据相互印证往往可以直接判断出,在对书证使用频率较高的刑事案件中,这无疑有利于法官进行事实认定,也有利于提高司法效率。当然,我们需要注意到,随着时代和科技的不断发展,未来出现的新型证据是否能够适用相互印证的证明方法,仍是值得谨慎思考的,例如,电子数

---

〔1〕 参见龙宗智:《印证与自由心证——我国刑事诉讼证明模式》,载《法学研究》2004年第2期。
〔2〕 参见龙宗智:《印证与自由心证——我国刑事诉讼证明模式》,载《法学研究》2004年第2期。
〔3〕 参见何家弘:《司法证明模式的学理重述——兼评"印证证明模式"》,载《清华法学》2021年第5期。
〔4〕 参见牟绿叶:《论非法证据排除规则和印证证明模式的冲突及弥合路径》,载《中外法学》2017年第4期。
〔5〕 参见蔡元培:《论印证与心证之融合——印证模式的漏洞及其弥补》,载《法律科学(西北政法大学学报)》2016年第3期。
〔6〕 参见谢澍:《反思印证:"亚整体主义"证明模式之理论研判》,载《华东政法大学学报》2019年第3期。

据并不像书证客观,而相互印证是否真的能增强其证明力呢?这些都是值得我们深思的。总之,无论印证是证明方法还是证明模式,在我国司法实践中仍有其生命力存在,我们仍需对其进行不断完善、认真思索。

■ 民事诉讼中书证的审查与判断

案例 5-4　张某、肖某健康权纠纷案[1]

□ 案情概述

2022 年 10 月 24 日,肖某在其所居住的小区院内遛狗,走到张某家院外时,被突然出现的张某饲养的未拴绳的狗吓到,当场感觉身体不适。当日,肖某因受到惊吓到医院就诊,诊断为:胸闷、心悸、头晕,原因待查。花费医疗费 844.5 元。因医疗费及损失问题与张某协商未果,故起诉至一审法院。一审法院判决如下:(1)被告张某于本判决发生法律效力之日起 10 日内赔偿原告当某医疗费 844.5 元;(2)驳回原告、被告其他诉讼请求。

被告张某提起上诉,认为其不应向肖某支付医疗费。理由是:(1)根据《沈阳市养犬管理条例》等相关规定,肖某同时饲养两只大型犬属于违法违规行为。(2)根据《沈阳市养犬管理条例》第 16 条第 4 项,肖某携犬出户时并未主动避让他人,认为肖某应对自己违法违规养犬并带狗到公共区域的行为负全责。(3)对于一个能同时携带两条大型犬出门的人,会被其他狗吓到这样的说辞纯属无稽之谈,认为肖某有夸大其词,恶意讹诈的主观故意,且本案双方当事人之前在遛狗时曾发生过矛盾,肖某怀恨在心,借此次矛盾小题大做,恶意报复。(4)认为肖某提供的医院诊断报告不具有说服力,肖某应提供公安机关所出具的相关证明。

二审法院认为,肖某提供的医院诊断报告系书证,属于《民事诉讼法》第 66 条第 1 款第 2 项规定的证据类型之一,且张某并未提交证明该证据存在法定不应被采信情形的反驳证据,故该证据具有证明效力,可以作为认定事实的根据。二审法院经审理判决驳回上诉,维持原判。

该案涉及的证据基本情况如下:

1. 书证:(1)派出所出具的接报案回执;(2)肖某提交的医院诊断报告;(3)肖某提交的门诊病历、医疗费票据;(4)肖某提交的狗证两张。

2. 视频资料:肖某向一审法院提供的小区监控视频。

3. 证人证言:张某方的证人证言。

---

〔1〕 参见辽宁省沈阳市中级人民法院(2023)辽 01 民终 4849 号民事判决书。

□ 证据分析

本案中涉及证据的争议焦点是:(1)肖某提供的医院诊断报告的证明力问题,在本案中是否需要提供由公安机关出具的相关证明文件?(2)肖某提交的两张狗证与本案的关联性问题,即判断所提交的两张狗证是否与本案待证事实相关联?

对于以上证据问题,分析如下。

(一)书证证明力的审查

证据的证明力是证据能够证明案件事实的证明程度。证据证明力的审查,经历了从"法定证据原则"到"自由心证原则"的演变,即由"法律规定"发展为"允许法官自由作出判断的"过程。[1] 而根据《民事诉讼法》第67条第3款规定的"人民法院应当按照法定程序,全面地、客观地审查核实证据"以及《民诉证据规定》第85条第2款规定的"审判人员应当依照法定程序,全面、客观地审核证据,依据法律的规定,遵循法官职业道德,运用逻辑推理和日常生活经验,对证据有无证明力和证明力大小独立进行判断,并公开判断的理由和结果"可知,我国对证据证明力的审查并未明确采用自由心证原则,从司法实践来看,也大多需要法官按其理性和经验进行判断。

对书证证明力的审查,往往须结合其特征探讨。书证具有物质载体性和思想性,前者是指书证的思想内容必须通过一定的物质载体表现出来,而后者是指书证以其记载的思想内容来证明案件事实。因此,有学者认为应将书证的证明力分为书证的形式证明力和书证的实质证明力。[2] 而书证形式证明力和实质证明力之间的关系则为:一方面,书证如果没有形式证明力也就没有实质证明力,即书证必须先具有形式证明力,之后才有进一步探讨其实质证明力的必要;另一方面,书证即使具有形式证明力也不一定具有实质证明力。

基于此,书证证明力的审查必须经过两个阶段:第一阶段为书证形式证明力审查,即判断书证是否被伪造,是否为书证制作人的真实表达。第二阶段为书证实质证明力审查,即判断书证内容能否证明待证事实。

根据《民事诉讼法》第73条的规定,书证应当提交原件,原因在于,原件是书证具有形式证明力的最佳判断方式,是否具有书证制作人的签名、盖章或指印一目了然,而对于内容是否有伪造也能清楚知悉。在本案中,肖某所提交的由医院所出具的诊断报告,这份诊断报告上具有医院的印章,根据常识和生活经验,可以判断其内容为医院的真实表达,也即可证明此项书证具有形式证明力。而对于书证实质证明力的审查,往往需要由法官根据逻辑和经验进行自由心证判断。在本案中,案件证据的争议焦点就在于此项诊断报告的实质证明力上,张某在其上诉理由中也提到,由医院出具的诊断报告不具有证明力,认为由公安机关所出具的相关证明才具有实质证明力。此时,则需要对私文书证和公文书证的证明力比较问题进行深入探讨。

---

〔1〕 参见本书编写组编:《民事诉讼法学》(第3版),高等教育出版社2022版,第134页。

〔2〕 参见张永泉:《书证制度的内在机理及外化规则研究》,载《中国法学》2008年第5期。

书证根据制作主体的不同,可以划分为公文书证与私文书证,而对此区分的意义就在于,公文书证和私文书证的形式证明力和实质证明力的审查规则不同。

1. 公文书证证明力之审查

公文书证,是指由国家机关和社会管理职能部门在法定权限范围内依职权所制作的文书。公文书证必须满足以下条件:(1)制作主体是国家机关和社会管理职能部门;(2)在法定权限范围内依职权制作。需要注意的是,公文书在诉讼中作为证据使用还必须满足不具有普遍约束力这一条件,原因在于具有普遍约束规范力的公文书,即规范性文件,实际上属于我国诉讼法中规定的免证事实。

对于公文书证的形式证明力审查,只要公文书证满足构成条件,就应推定其具有形式证明力。有学者对此进行说明,认为理由在于:首先,公文书是公共管理机关遵守一定程序、行使公权力而形成的文书,具有规范的程序保障,一般真实可信。其次,一般而言,公文书往往有法律的特别保障,对公文书的伪造相对较少。最后,公文书往往会保存在档案资料中,因此可随时查阅,即对公文书的审核、核对容易进行。〔1〕 对于公文书证的实质证明力审查,理论上进行了分类处理:如果属于处分性公文书证,赋予其完全的实质证明力,排斥法官自由心证的适用,并且不允许当事人通过提供相反的证据予以推翻;如果属于报道性公文书证,则允许当事人通过提供相反证据予以推翻。〔2〕

在司法实践中,根据《民诉法解释》第 114 条规定的"国家机关或者其他依法具有社会管理职能的组织,在其职权范围内制作的文书所记载的事项推定为真实,但有相反证据足以推翻的除外。必要时,人民法院可以要求制作文书的机关或者组织对文书的真实性予以说明"可知,我国对公文书证的证明力审查为:一方面推定其具有形式证明力,但必要时可以要求制作机关或组织进行说明;另一方面推定其具有实质证明力,但同时赋予当事人提供相反证据予以推翻的权利。

2. 私文书证证明力之审查

私文书是自然人、法人或非法人组织基于从事民事行为所制作的文书。对私文书证证明力的审查,有学者从司法推定和法律推定角度切入,认为根据私文书证的签名、盖章或捺印,应推定该私文书证所记载的内容为签名、盖章或捺印人的真实意思表示,具有相应的形式证明力。而对于其实质证明力,则认为该私文书证所记载的内容是否与待证事实相一致应由法官自由心证判断。〔3〕

根据《民诉证据规定》第 92 条第 2 款规定的"私文书证由制作者或者其代理人签名、盖章或捺印的,推定为真实"可知,我国对私文书证的形式证明力作出了法律推定,即由制作者或者其代理人签名、盖章或捺印的私文书证被推定具有形式证明力。而对于私文书证的实质证明力,是司法推定,属于法官自由心证的范围。

---

〔1〕 参见张永泉:《书证制度的内在机理及外化规则研究》,载《中国法学》2008 年第 5 期。

〔2〕 参见高星阁:《民事诉讼中公文书证之证据效力研究》,载《证据科学》2016 年第 5 期。

〔3〕 参见张自合:《论私文书证明力的推定规则》,载《法律科学(西北政法大学学报)》2010 年第 4 期。

3. 公文书证与私文书证之证明力比较

针对公文书证和私文书证的证明力大小比较问题,一般而言,公文书证的证明力高于私文书证。我国2001年《民诉证据规定》第77条第1项规定了国家机关、社会团体依职权制作的公文书证的证明力一般大于其他书证的内容,这是对公文书证证明力高于私文书证证明力的直接体现。虽然此条规定已于2019年的修改中被删除,但根据我国《行诉证据规定》第63条第1项规定的"国家机关以及其他职能部门依职权制作的公文文书优于其他书证",以及现行民事诉讼法律规范中对公文书证推定具有实质证明力的规定与私文书证实质证明力仍须法官进行自由心证判断的原则进行对比,仍可得出关于公文书证证明力高于私文书证的结论。

但是,公文书证的证明力大于私文书证,并不等同于私文书证不具有证明力,不能够作为事实认定的依据。那么什么时候需要比较公文书证和私文书证的证明力呢?本书认为是对同一个待证事实同时提交了公文书证和私文书证,并且这二者在证明作用上相互对立时。

在本案中,根据《民诉法解释》第90条第1款规定的"当事人对自己提出的诉讼请求所依据的事实或者反驳对方诉讼请求所依据的事实,应当提供证据加以证明,但法律另有规定的除外"可知,肖某已对其主张的受到了张某所饲养的狗的惊吓一事提供了证据,即由医院出具的诊断报告,已尽到法律所规定的举证义务。而张某主张排除此项书证的证明力,就应该提供相应的反驳证据来证明,尽到其举证责任,而非要求肖某提供相对应的由公安机关出具的相关证明。因此,在张某并未提交证明该诊断报告存在法定不应被采信情形的反驳证据时,法官则可依据自由心证对该项由医院出具的诊断报告的实质证明力进行判断。对此,一审法院、二审法院在其认证过程中,认为肖某所提供的医院诊断报告具有实质证明力,能和案件中的其他证据相互印证,证明肖某所主张的医疗费系事故造成的合理必要支出,应由张某承担。

(二)书证关联性的审查

西方学者对关联性的理解为:证据与案件的待证事项之间存在某种联系是因,由于这种联系而具有使待证事项更有可能或者更无可能的功能是果。[1] 而在我国学界中,对于关联性的理解有许多争议,归纳起来,主要有以下几种代表性观点:内在联系说、客观联系说、紧密联系说、证明需要说、内在必然联系说以及综合说。[2] 虽然对关联性的理解存在不同观点,但我国学界对关联性的认识逐渐趋向一致,认为关联性是实质性和证明性的结合,[3] 即构成关联性的两个结构要素为实质性和证明性。

在关联性的结构要素中,实质性涉及的是证据与案件之间的关系,即该证据与案件有关,所要证明的主张与案件待证事实相关,而证明性是指依照逻辑或经验,该证据具有使案

---

〔1〕 参见张建伟:《指向与功能:证据关联性及其判断标准》,载《法律适用》2014年第3期。

〔2〕 参见叶青主编:《诉讼证据法学》(第3版),北京大学出版社2021年版,第56-57页。

〔3〕 参见汤维建、卢正敏:《证据"关联性"的涵义及其判断》,载《法律适用》2005年第5期。

件待证事实的存在更有可能或者更无可能的能力。[1] 根据关联性的结构要素，有学者引申出了对于关联性的两项判断标准：一是指向标准，即根据证据的指向来确定是否具有关联性；二是功能标准，即根据证据是否具有证明案件待证事项的功能来确定是否具有关联性。[2] 一般来说，符合指向标准的也符合功能标准。

书证是以其记载的内容来对案件事实进行证明的，因此在对其进行关联性审查时，除了上述所提到的实质性和证明性，往往还需要关注到书证形式和书证内容是否关联。[3] 这是判断书证是否具有关联性的前提。在本案中，肖某所提交的诊断报告，形式上为私文书证，制作者为医院，而所载明的内容为肖某受到惊吓后在医院就诊的过程，属于医院根据其职能所能证明的范围。因此，该诊断报告，在形式上和内容上具有关联性，并未超出常识常理的认知范围。

在指向标准下，只有当证据指向案件待证事实时，该证据才具有关联性。而何为案件待证事实呢？在实践中，案件待证事实的确定主要由实体法决定，且往往通过当事人主张来体现。因此，在对书证进行关联性审查时，我们可以根据书证所载明的内容，以及当事人所提出的诉讼主张，并结合案件中所应适用的实体法构成要件事实，来判断该书证是否具有实质性，是否与案件相关联。

在本案中，肖某的主张是侵权赔偿，案件的争议问题在于是否应由张某承担侵权责任，其可以适用的实体法则是《民法典》第 1245 条规定的"饲养的动物造成他人损害的，动物饲养人或者管理人应当承担侵权责任；但是，能够证明损害是因被侵权人故意或者重大过失造成的，可以不承担或者减轻责任"，以及第 1246 条规定的"违反管理规定，未对动物采取安全措施造成他人损害的，动物饲养人或者管理人应当承担侵权责任；但是，能够证明损害是因被侵权人故意造成的，可以减轻责任"。此两条规定的侵权行为的成立，在案件中所须证明的事实即在于，存在动物加害行为、产生损害事实、动物加害行为与损害结果之间有因果关系，而对于张某是否应承担侵权责任以及承担侵权责任的多少，则必须证明的是肖某存在故意或者重大过失。但对于肖某所提交的两张狗证而言，其所欲证明的是肖某合法养狗的事实，不指向以上提到的三项案件待证事实，即不属于本案关于侵权行为成立的构成要件之一。因此，可判断得出，肖某所提交的两张狗证，不符合指向标准，并不具有实质性，也即不具有关联性。

根据证据关联性规则，不具有关联性的证据，在法律上不具有可采性，不能作为定案的依据，而二审法院也在判决文书中表述了对肖某所提交的两张狗证不予采信。

虽然我们对关联性的结构进行了分析，将其要素解释为实质性和证明性，并基于此提出了指向标准和功能标准的关联性审查方法，但在我国的现行法律规范中，却并没有对关联性的概念作出具体的规定，对关联性规则的规定也很少，且规定的内容也较为宽泛。因

〔1〕 参见自正法：《刑事电子证据的审查：学理基础、实践样态与模式选择》，载《政法论坛》2023 年第 2 期。
〔2〕 参见张建伟：《指向与功能：证据关联性及其判断标准》，载《法律适用》2014 年第 3 期。
〔3〕 参见叶青主编：《诉讼证据法学》（第 3 版），北京大学出版社 2021 年版，第 420 页。

此,在司法实践中,即使《民诉证据规定》第85条规定的"逻辑推理"和"日常生活经验"可以作为对证据关联性的判定方法,但实际上对证据是否具有关联性的判断在很大程度上还是取决于法官的自由心证。对于书证而言,其是以文字、符号、图画、图表等表达的思想内容来证明有关案件事实的书面文字或其他物品,相较于其他证据而言,法官的自由心证程度明显更大,虽然《刑诉法解释》第82条提到了书证要着重审查与案件事实有无关联,但却并未明确规定相应的操作指引等。因此,在司法实践当中,在对同一项书证是否具有关联性的判定上,当事人和法官往往难以形成理性的对话,而本案中张某所提出的上诉理由也正体现了这一点,这其实与我国法律中缺少对关联性的概念以及判断标准的规定有关。

□ 理论拓展

无论是在书证的证明力审查中,还是在书证的关联性审查中,都离不开法官的自由心证。对于自由心证原则的理解,学界往往存在不同的阐述。在现代的自由心证证据制度中,本书将其定义为,法律对证据的证明力不作预先规定,而由法官在审理案件中加以自由判断的证据制度。而法官之于书证及其他证据的自由心证应如何进行规范呢?本书认为主要有以下三个方面。

第一,证据能力与证明力之限制。"自由主义之许裁判官自由判断者,乃证据之价值(即证明力),并非证据能力。"[1]一般而言,法官对证据的自由评价,只基于证明力而不包含证据能力。但是,法官可对证据证明力进行自由心证的同时,其自由心证也必须受到相关法律规定的限制。就书证的审查而言,根据《民事诉讼法》第72条规定的"经过法定程序公证证明的法律事实和文书,人民法院应当作为认定事实的根据,但有相反证据足以推翻公证证明的除外"可知,对于经过法定程序公证证明的法律事实和文书,法官不可对其进行自由心证,而应当将其作为认定为事实的依据。除此之外,对于公文书证,我国还作出了除非有相反证据推翻之外推定其记载事实真实的规定,此项同样是对法官自由心证的限制表现。

第二,证明依据之限制。一方面,经验法则的限制。经验法则既包括一般人日常生活所归纳的常识,也包括某些专门性的知识,是人们对事实状态的一种认识,在很大程度上反映了事物的性质和状态,反映了事物之间联系的高度盖然性。[2] 因此,基于经验法则所具有的高度盖然性,法官在认证以及认定案件事实时,就不能脱离经验法则,须依据经验法则作出判断。就书证审查而言,在对私文书证进行判断时,就需要结合私文书证在生活中所具有的形态、功能来进行,必须符合经验常态。另一方面,证据之间相互印证的限制。不论是在法律规范中,还是在司法实践中,证据相互印证的要求也是法官自由心证无法排除的。

---

〔1〕 陈朴生:《刑事证据法》(第3版),台北,三民书局1979年版,第547页。

〔2〕 参见张卫平:《自由心证原则的再认识:制约与保障——以民事诉讼的事实认定为中心》,载《政法论丛》2017年第4期。

书证作为案件审理过程中使用频率较高的证据类型,其所记载的内容对案件事实具有直观的证明作用,在此情形下,书证往往会作为与其他证据相互印证的基础,在证据相互印证中具有较高的地位,十分重要。而在书证与其他证据进行相互印证时,法官不能随意进行自由心证,必须在法律对证据相互印证的情形下进行判断。

第三,证据规则之限制。一方面,关联性规则的限制。学理上,一般认为证据必须具有关联性,并将其作为证据的基本属性之一。[1] 而不具关联性的证据,在法律上就不具有可采性。虽然我国并未直接对证据关联性的概念作出明确规定,但在《刑诉法解释》第 82 条第 4 项中对书证审查中作出了对于关联性的明确规定,要求法官着重审查书证与案件事实有无关联。除此之外,对于鉴定意见、视听资料也作出了要求着重审查与案件事实有无关联的要求。另一方面,非法证据排除规则的限制。合法性作为证据的基本特征之一,也在法官的审查范围之内,对于书证而言,其合法性与否不能仅由法官自由心证判断,也必须依据相应的法律规定来进行。这些均为规范法官的自由心证提供有益经验。

■ 行政诉讼中书证的审查与判断

案例 5－5 S 县楞口养殖场不服 S 县水库移民工作管理局行政裁决案[2]

◻ 案情概述

2018 年 7 月 19 日,S 县楞口养殖场向 S 县水库移民工作管理局(以下简称 S 县水库移民局)提交申请,请求对老口航运枢纽工程库区淹没其承包经营楞口水库的出水口所产生的损失进行补偿处理。2018 年 8 月 8 日,S 县水库移民局作出驳回申请人 S 县楞口养殖场的补偿请求决定。S 县楞口养殖场不服该项决定,遂向一审法院提起行政诉讼。

一审法院判决如下:(1)撤销被告 S 县水库移民局于 2018 年 8 月 8 日作出的行政处理决定书;(2)责令被告 S 县水库移民局于本判决生效之日起 60 日内针对 S 县楞口养殖场的申请事项重新作出行政行为;(3)驳回原告 S 县楞口养殖场的其他诉讼请求。

S 县楞口养殖场、S 县水库移民局均不服,均提出上诉。上诉人 S 县楞口养殖场认为:(1)一审法官违反程序调取《广西郁江老口枢纽工程初步设计阶段建设征地移民安置实施规划设计报告》(以下简称《建设征地移民安置设计报告》),且其在审理中未经举证、质证,而违法调取的行为同时违反了《行政诉讼法》中关于举证责任分配的规定。(2)一审法官违反法律规定,未采纳其在一审中提交的已在民事诉讼中进行举证质证且与事实相符的证据。(3)一审法院违反“以事实为根据,以法律为准绳”的诉讼审判原则,未确认已经确认证据所证实的事实。(4)一审程序违反程序在庭审中要求 S 县水库移民局补充提交“新证据”。

[1] 参见陈光中主编:《证据法学》(第 4 版),法律出版社 2019 年版,第 234 页。
[2] 参见广西壮族自治区崇左市中级人民法院(2019)桂 14 行终 20 号行政裁定书。

二审法院认为,一审法院未组织S县楞口养殖场、S县水库移民局对《建设征地移民安置设计报告》进行质证,而径行将该报告作为定案依据,属严重违反法定程序。综上,二审法院裁定如下:(1)撤销S县人民法院作出的行政判决;(2)将本案发回S县人民法院重审。

该案涉及的证据基本情况如下:

1. 原告所提交证据:(1)凤庄村楞口水库承包合同书、楞口水库承包合同附加协议、关于申请延长楞口水库承包期的请示;(2)关于申请征地补偿的报告;(3)关于黄某某要求征地补偿的信访事项处理情况答复意见书;(4)楞口水库征地补偿复查申请书;(5)崇左市水库移民工作管理局信访事项复查意见书;(6)《关于黄某某要求征地补偿的信访事项处理情况答复意见书》(扶移函〔2017〕22号);(7)S县水利局证明;(8)(2018)桂1421行初8号行政判决书;(9)S县水库移民局关于明确诉求的函;(10)行政处理决定书;(11)行政处理决定申请书及证据材料。

2. 被告所提交证据:(1)事业单位法人证书和S县人民法院作出的民事判决书[(2017)桂14某某民初1180号];(2)广西水利电力勘测设计研究院的水电设计函〔2017〕27号和55号复函;(3)老口航运枢纽工程批文。

3. 一审法院调取证据:《建设征地移民安置设计报告》。

回 证据分析

本案中涉及证据的争议焦点是:(1)一审法院对书证《建设征地移民安置设计报告》的调取是否合法?(2)此项书证未经质证就被认定为一审案件的定案依据是否适当?

对于以上证据问题,分析如下:

(一)书证的合法性审查

证据的基本特征是否包含合法性,即证据的基本特征是"三性说"还是"两性说",一直是我国证据法学领域争议的问题之一。持肯定观点的学者认为证据必须具有合法性,而持否定观点的学者则认为证据不必具有合法性。因此,只要不在证据概念、属性层面进行分析,而是在证据资格层面上讨论,证据合法性的审查标准与规则就值得研究。《行诉证据规定》第55条关于"法庭应当根据案件的具体情况,从以下方面审查证据的合法性:(一)证据是否符合法定形式;(二)证据的取得是否符合法律、法规、司法解释和规章的要求;(三)是否有影响证据效力的其他违法情形"的规定,也体现出了上述所说的合法性审查要素。而对书证合法性进行的审查应结合其特征,具体为以下四项。

1. 书证形式是否符合有关法律的规定

在形式上是否符合形式合法,最典型的例子就是,在行政案件中,若法律要求以书面形式签订合同的,当事人就必须出示书面合同文本。同时,由于书证在形式上具有可复制性、可伪造性较强的特点,在审查其形式合法性时,往往应着重于审查是否为原件、是否具有相关人员签字盖章等,即要求书证应调取原件或者与原件核对无误的复印件,并应当注明出处以及经核对无异后加盖印章等。在我国行政诉讼规范中,《行诉证据规定》第10条就明确规定了书证在形式上的提交要求。

在本案中，所争议的书证为《建设征地移民安置设计报告》，其批准主体为S县人民政府，在形式上符合《大中型水利水电工程建设征地补偿和移民安置条例》的规定，即此书证具有形式合法性。

2. 书证的取得主体是否为法律赋予取证权利的主体以及是否在法定权限内取证

在行政诉讼中，对于原告、被告、第三人作为相关证据的取证主体没有异议，但关于法院在行政诉讼中的调查职能，理论上有着不同的观点。有观点认为法院作为居中裁判者，为保持中立性，应由当事人举证，法院仅负有对当事人举证的释明和引导义务，也有观点认为事实的客观真相是无法完全恢复的，所以只要依照法定程序和正当程序来确认能够达到法律真实即可。实际上，在行政诉讼当中，虽然法律设置了双方当事人法律地位平等，但在举证能力上，被告（行政机关）是远远大于原告的，为了维护诉讼中处于较为弱势地位的一方的利益，也应该赋予法院一定的依职权取证的能力，这也是实现实体正义的需要。但是，如果过分地强调法院在诉讼中的依职权取证，那也必然会导致诉讼中当事人的消极取证，这同样是不利于解决纠纷的。因此，在认识到法院的确应当具备依职权取证的职能的同时，也需要认识到必须要对法院依职权取证的职能有所限制，不能任其进行。而对案件是否需要法院依职权取证的判断，则应当依据具体情况具体分析来进行。

在我国的现行行政法律规范中，根据《行政诉讼法》第40条关于"人民法院有权向有关行政机关以及其他组织、公民调取证据。但是，不得为证明行政行为的合法性调取被告作出行政行为时未收集的证据"的规定，以及《行诉证据规定》第22条关于"根据行政诉讼法第三十四条第二款的规定，有下列情形之一的，人民法院有权向有关行政机关以及其他组织、公民调取证据：（一）涉及国家利益、公共利益或者他人合法权益的事实认定的；（二）涉及依职权追加当事人、中止诉讼、终结诉讼、回避等程序性事项的"的规定，可知，人民法院在行政诉讼中能够依职权取证，但是也存在限制，一是不得为证明行政行为的合法性调取被告作出行政行为时未收集的证据，二是调取的证据应涉及相关利益的事实认定以及相关程序性事项的确定。

在本案中，对书证《建设征地移民安置设计报告》的争议焦点就在于，一审法院是否能依职权调取该书证。一审法院调取了《建设征地移民安置设计报告》，其目的在于核查原告S县楞口养殖场是否属于该设计报告所设定的老口枢纽工程受淹补偿范围或淹没线以上受影响范围，这本身并无违背行政法律规范对人民法院在行政诉讼中依职权调取证据的限制，即一审法院调取此项书证，在取证主体上是具备合法性的。

3. 书证的取得程序是否依照法定程序进行

有学者认为对合法性作一般性正面评价不具有实际效用，只有进行证据禁止一类的效力性评价，才能有效发挥合法性审查对于确定证据可采性的效用。[1] 我国行政诉讼法律规

---

[1] 参见龙宗智：《论我国诉讼证据审查要素及审查方法的调整改革》，载《法学研究》2023年第4期。

范正体现了这一点,即从反面加以规定。

《行政诉讼法》第 35 条规定的“在诉讼过程中,被告及其诉讼代理人不得自行向原告、第三人和证人收集证据”限制了被告的取证方式,以及《行诉证据规定》第 57 条第 1 项至第 3 项和第 58 条规定明确了对不具有合法性的证据的排除,只要有上述情形,该证据就不具有合法性,在案件审理中就应被排除适用。就本案争议证据而言,《建设征地移民安置设计报告》为法院依职权调取,在调取过程中没有违法情形出现,即《建设征地移民安置设计报告》的取得程序符合法律规定,在取证程序上具有合法性。

4. 所取得书证是否具有影响效力的其他违法情形

证据需要经过取证、举证、质证、认证四项步骤后,才能作为案件事实的认定依据。因此,不论是原告、被告、第三人所取得的证据,还是法院依职权或依申请所取得的证据,都要依次经过四项程序。在本案中,虽然根据上述三项审查要素判断了一审法院对《建设征地移民安置设计报告》在形式上、取得主体、取得程序上具有合法性,但由于一审法院没有将此书证在法庭中举证出示,这显然违背了《行诉证据规定》第 35 条第 1 款规定的“证据应当在法庭上出示,并经庭审质证。未经庭审质证的证据,不能作为定案的依据”,本案中的书证《建设征地移民安置设计报告》不具有合法性,不能被作为认定案件事实的依据。

(二)未经质证不得认定原则的适用规范

未经质证不得认证原则是指一项证据只有经过了质证,才有可能被认定为案件的定案依据,而未被质证的证据,不得被认定为案件的定案依据。案件的事实认定是建立在科学的证明程序之上的,而质证在证明过程中起着重要的作用,其连接着举证和认证,是举证的后续环节,也是认证的基础和前提。在本案中,一审法院依职权所调取的《建设征地移民安置设计报告》,并未在庭上出示,也并未经过质证程序,严重违反了法定程序,该证据不能作为案件事实认定的依据,故二审法院也作出了撤销并发回重审的裁定。

《行诉证据规定》第 39 条规定了质证的内容在于证据的关联性、合法性、真实性以及有无证明效力和证明效力大小。书证是以所记载的思想内容来对有关案件事实进行证明的。在对书证进行质证时,首先,需要关注其载体形式是否符合法定形式,对书证的制作往往需要符合法律上的规定,例如代书遗嘱必须有遗嘱人、代书人和其他见证人的签名。其次,需要关注书证内容是否真实,因为实践中存在这样一种现象,即作为书证载体的书面文件往往是真实的,但其记载的信息内容有可能是虚假的。并且书证内容是否真实,往往还关系到书证对案件是否具有证明力,因此在司法实践中,对书证的质证也往往集中在真实性与否,而此也为是否采信的主要标准之一。最后,若书证为复制件,还需要对举证方使用复制件的原因、复制的过程进行审查。

我国《行诉证据规定》第 40 条规定了书证质证需要提交原件的原则,以及例外提交复制件的要求,其目的就在于确保书证的真实性,原件是书证在取证过程中对形式上、内容上保持同一性的最好方式,而提交复制件也仅为特殊情况下满足一定要求的例外,此项规定能够提高原告、被告以及第三人对书证真实性的可信度,从而在书证真实性上达成一致认识。

书证作为展示性证据，具有客观性和直观性。在上述质证方式中，对书证的质证方式往往只有辨认和发表意见。但是，也有学者提出，在面对书证这样的实物证据时，其发现者、提取者和保管者也须经过质证，因为只有他们才能说得清楚书证的来源、提取、制作和保管过程。[1]

除了以上基本要素，我国现行行政诉讼法律规范还作出了质证的原则性规定和例外性规定，体现在《行诉证据规定》第35条和第37条中，原则性规定为未经质证不得认定，例外性规定则包括在庭前证据交换过程中没有争议并记录在卷且在庭审中经说明的证据可以作为认定案件的依据，以及涉及国家秘密、商业秘密和个人隐私或者法律规定的其他应当保密的证据不得公开质证。此外，对法院依申请或依职权所调取的证据、二审中提交的新证据以及法庭准许补充的证据等，《行诉证据规定》也作出了相应的质证规定。

□ 理论拓展

在本案中，无论是对书证要求取证主体、取证程序合法，还是对书证必须经过质证的要求，甚至取证、举证、质证、认证这一项对证据证明过程的程序性设定，无一不在体现着这样一个"程序法理"，[2]即符合正当程序之要求。

正当程序，是一种为了限制恣意，通过角色分派和主体互动而进行的，具有理性选择特征的活动过程。[3] 为何需要在诉讼进行当中坚持正当程序，实际上是基于正当程序本身具有相对的独立性以及程序正义性，通过一种"看得见的公正"来确保对最后形成的结果是妥当的，从而实现即使最后裁判结果不符合当事人内心所想，但仍会被接受的状态。就正当程序在司法过程中所起作用而言，主要体现在对司法权力的限制以及对当事人诉讼权利的保障，前者限制法官恣意行使权力，要求法官必须按照相应的法律规定和法定程序行使职权，而后者则是通过相应法定程序的设计来保障当事人在审判过程中所享有的权利，从而达到满足最终判决结果合法合情合理的效果，并能真正地实现解决纠纷的目的。书证合法性审查是如何具体体现正当程序理念的呢？本书认为有两个方面：一方面，从法官角度，作为书证是否合法的审查主体，其必须具有中立性，不可偏颇。此是基于诉讼双方当事人地位平等所作出的要求，也是对司法公正需要的体现。法官作为解决案件纠纷的人，必然不可偏向其中任何一方。因此，在书证合法性审查中，法官也必须依据法律规定进行，严格按照相应的证据规定进行审查。另一方面，从当事人角度，其对所提交证据不合法的结果承担相应责任。正当程序理念要求司法诚信，不仅对于法官，也对于参与到司法过程中的每一个人。案件双方当事人与案件结果有利害关系，其所提交的书证以及其他证据对案件事

---

[1] 参见李文军：《法庭质证的内在结构与理论剖析——兼评"三项规程"的相关规定》，载《北方法学》2018年第5期。

[2] 参见自正法：《刑事诉讼法理与程序逻辑》，中国社会科学出版社2022年版，第2页。

[3] 参见张文显主编：《法理学》（第5版），高等教育出版社2018年版，第264页。

实的认定有影响,难免会出现为了胜诉而伪造书证等情形,而当事人也必须对此行为承担法律上的不利后果。

就本案而言,一审法院对《建设征地移民安置设计报告》未进行质证就将其作为案件事实的认定依据,很显然违反了法定程序,也违背了正当程序理念。因此,我们不禁发问,对书证质证应该如何保障呢?该怎么贯彻未经质证不得认证的原则呢?

第一,加强法官意识转变,弱化职权主义影响,构建以当事人为中心的质证模式。有学者曾指出,坚持"未经当庭质证,任何证据不得作为定案的依据"规则的现代程序公正理念与传统职权主义意识发生了冲突,导致了质证程序形式化的现象发生。[1] 本案中一审法院直接忽略对其所调取证据的质证也体现了这一点。对此,有学者认为,我国证据法中的质证程序模式应当朝着弱式职权主义和强式当事人主义的方向发展。[2] 书证作为当事人进行质证的重要对象,对其质证进行保障的前提就是需要明确当事人所享有的质证权,形成权利保障,这一点在刑事诉讼中对被告人也尤其重要。同时,法官应当认识到,庭审质证不能仅仅被狭隘地理解为法庭借以审查判断证据、查明案件事实真相的一个途径或一种方式,还要意识到质证还是一项当事人、被告人所享有的诉讼权利,在此基础上避免对书证质证形成简单的形式化流程,而是注重双方对书证的疑问,引导双方就此进行辩论、调查。

第二,建立庭前证据开示制度,明确书证以原件进行出示。为了充分发挥质证在整个证据运用锁链中的关键作用,理应建立庭前证据开示制度,让双方知悉证据信息,为双方提供平等的对抗机会。书证以其记载内容对案件进行证明,需要通过一定的物质载体表现,因此书证只有被出示或展示之后,才有可能被质证。如果书证只在庭审质证中才出现,不利于双方当事人提前对其准备质证意见,也难以对其进行有效的质证,会严重影响质证的实施效果。可见,必须在庭前对书证进行当事人双方的信息交换,即需要对书证进行庭前开示制度。而要求书证以原件进行出示,原因在于,在行政诉讼实务中,诉讼代理人无论在任何阶段都无法查阅验证到实物证据的原物,这往往导致诉讼代理人无法提出针对性的意见,严重影响了辩护效果。[3] 由于书证具有较强的客观性,对书证质疑往往在于书证的来源、制作、保管是否可靠,而要求以原件出示能在较大程度上解决此部分疑问,将对书证的质证集中在其记载内容方面。

第三,在质证顺序上,明确书证质证先于人证质证。有学者曾对证据调查顺序提出过一个观点,即先通过法庭程序进行争点整理和事实主张,再按照书证在前、人证在后的顺序进行法庭调查,原因在于,对证据所提出的疑问都是基于案件事实关系的,当对案件事实关系有争议时,书证具有能够直接证明案件基本事实的特点,因此其往往在案件发展过程中

---

〔1〕 参加李建明:《刑事庭审质证形式主义现象之批判》,载《江苏社会科学》2005 年第 3 期。

〔2〕 参见毕玉谦:《民事证据法及其程序功能》,法律出版社 1997 年版,第 374 页。

〔3〕 参见万毅:《论庭审实质化改革与证据规则之完善——以 C 市法院改革为样本的分析》,载《中国政法大学学报》2016 年第 5 期。

对核心要素的确定发挥着重要作用。[1] 与此同时,书证质证顺序的优先,还与书证所具有的客观性有关。书证以其记载内容为证明,在被制作后其内容就固定了,较为明确,不易被修改。反观人证,人的主观性往往会影响到证言内容或陈述内容的阐述,具有不确定性。

书证之质证,在其证明过程中具有重要的作用。在以审判为中心的诉讼制度全面推进背景下,质证权保障作为庭审实质化的重心,要求法官居中裁判,要求关键证人、鉴定人和专家辅助人出庭,要求保障当事人的辩护权,建立证据开示制度,明确质证顺序,进而保障书证之质证,贯彻以审判为中心的诉讼理念。

□ 阅读指引

1. 潘美玉等:《刑事证据审查手册》,法律出版社 2021 年版。
2. 曾庆鸿编著:《刑事证据审查实务指引》,中国政法大学出版社 2022 年版。
3. 张永泉:《书证制度的内在机理及外化规则研究》,载《中国法学》2008 年第 5 期。
4. 张自合:《论私文书证明力的推定规则》,载《法律科学(西北政法大学学报)》2010 年第 4 期。
5. 曹建军:《论书证提出命令的制度扩张与要件重构》,载《当代法学》2021 年第 1 期。

（撰写人:重庆大学法学院　自正法）

第三节　电子数据

■ 刑事诉讼中电子数据的审查与判断

案例 5－6　胡某虚开增值税专用发票案[2]

□ 案情概述

2015 年 7 月至 2016 年 5 月,胡某为非法牟利,在无真实业务往来的情况下,通过收取开票费方式,以其经营的 C 公司名义,虚开增值税专用发票共计 403 份,价税合计人民币 4411 万余元,税款 640 万余元。2016 年 5 月,胡某假借 B 公司名义购买手机,并要求相对方开具增值税专用发票 6 份,价税合计 50 万元,税款 7.2 万余元。2017 年 3 月,胡某被公安人员抓获。一审法院经审理后认为,胡某为牟取非法利益,采用为他人虚开及介绍他人虚开的方

[1] 参见李凌:《集中审理视角下民事证据调查阶段化研究》,载《中外法学》2023 年第 2 期。
[2] 参见上海市高级人民法院(2018)沪刑终 27 号刑事裁定书。

式虚开增值税专用发票,税款分别为640万余元和7.2万余元,其行为已构成虚开增值税专用发票罪,且属虚开税款数额巨大,故以虚开增值税专用发票罪判处胡某有期徒刑11年6个月,剥夺政治权利2年,并处罚金人民币20万元。

胡某对一审判决不服提出上诉,其辩护律师提出:侦查机关对涉案手机中照片、通讯录、通话记录等电子数据,在取证程序、证明力上存在问题,不能将其作为定案依据。

法院经审理后认为:手机中存储的照片、通讯录、通话记录属于电子数据;作为证据使用的电子数据在扣押、封存、收集、提取等环节都有相应规定。侦查人员仅对涉案手机简单操作后以手机屏幕显示的内容拍照固定,未按规定以电子数据予以处理,不能直接作为定案的依据,故对辩护方该意见予以采纳。

该案涉及的证据主要有:销售合同,应收账款明细,增值税专用发票,手机照片,银行账户交易明细清单,公安机关出具的受案登记表、案发经过、到案经过,证人平某、许某、徐某、谢某、丁某、袁某、李某等人的证言及辨认笔录,司法鉴定意见。

☐ 证据分析

本案主要的证据争点为:(1)刑事案件中电子数据有哪些取证模式?(2)如何适用顺位?(3)不同取证模式适用顺位对证据效力有何影响?

对于以上证据问题,分析如下:

在刑事案件中,电子数据取证主要有"一体收集""单独提取""转化收集"三种模式。[1]电子数据与物证、书证同属于广义的实物证据。但是,电子数据与物证存在较大区别。物证是以其外部特征、存在状态或者物质属性来证明案件事实的,这就决定了其所具有的证明案件事实信息蕴含于其中,其证据信息与物证形态具有一体性。电子数据虽然依附于存储介质而存在,但是电子数据与其所依附的存储介质可以分离。电子数据既可存在于原始存储介质之中,也可存在于原始存储介质之外的其他存储介质之中,由此就决定了电子数据存在"一体收集""单独提取""转化收集"三种不同的取证模式。

"一体收集"模式是将电子数据连同其原始存储介质一并予以收集、封存、移送。在此种模式下,电子数据的收集通常可以分为两个步骤:第一,从案件现场搜查、扣押、封存电子数据的原始存储介质。由于电子数据储存于其原始存储介质之中,在搜查、扣押、封存其原始存储介质时就同步完成了对其中存储电子数据的一体化收集。第二,从原始存储介质中提取相关电子数据。多数侦查人员并不掌握提取电子数据的专业技能和实践经验,他们没有能力从原始存储介质中直接提取电子数据,而需要将电子数据提取、检验工作交由专业技术人员承担。

"单独提取"模式是仅收集提取电子数据而不扣押收集其原始存储介质。电子数据种类繁杂,并不是所有的电子数据都可以扣押其原始存储介质。按照其生成所依赖的技术环

〔1〕 参见谢登科:《电子数据的技术性鉴真》,载《法学研究》2022年第2期。

境不同,电子数据可分为计算机类电子数据、网络类电子数据和手机类电子数据。对于计算机和手机类电子数据,通常可以扣押其原始存储介质,而对于网络类电子数据,则不宜扣押其原始存储介质。《电子数据规定》第9条规定了需要提取数据本身,而不收集原始存储介质的四种情形:(1)原始存储介质不便封存的;(2)提取计算机内存数据、网络传输数据等不是存储在存储介质上的电子数据的;(3)原始存储介质位于境外的;(4)其他无法扣押原始存储介质的情形。符合上述四种情形之一,侦查机关通常就需要适用"单独提取"模式来收集电子数据。

"转化收集"模式并不收集电子数据本身而是将其所蕴含的证据信息通过打印、拍照或者录像等方式予以固定收集。《电子数据取证规则》第9条规定的通过打印、拍照或者录像等方式固定收集电子数据,就属于电子数据的"转化收集"模式。"转化收集"模式也可通过录屏、录像等方式实现,此时就应当计算录像视频的完整性校验值,并在取证笔录中予以记载。此种模式并不直接收集提取电子数据本身,而是将其所蕴含的证据信息通过打印、拍照或者录像等方式予以固定收集,其证据信息是通过纸质文件、照片等实物形态展示的。证据"转化收集"在实践中主要有两种,即"电子数据实物化收集"和"实物证据电子化收集",前者是将电子数据通过拍照、打印等方式实现实物化后予以收集、提交;后者是将物证、书证等传统实物证据通过扫描、翻拍、转录等方式予以电子化处理后予以收集、提交,在线诉讼中通常会使用此种方式提交物证、书证等传统实物证据。

对于电子数据三种取证模式的适用顺位,《电子数据规定》《电子数据取证规则》确立了以"一体收集"模式为原则,以"单独提取""转化收集"模式为例外的适用顺位,即电子数据取证原则上应当优先扣押电子数据的原始存储介质,确实无法扣押原始存储介质时,才可以提取电子数据,在既无法扣押原始存储介质,也无法提取电子数据时,才可以采取打印、拍照或者录像等方式固定相关证据。这主要是因为"一体收集"模式符合最佳证据规则的基本要求,也有利于保障电子数据的真实性与完整性。

在该案中,作为涉案证据的通讯录、通话记录属于电子数据,它们存储于涉案手机之中,涉案手机是这些电子数据最初生成、保存的电子设备或者存储介质,是这些电子数据的原始存储介质。在该案中,涉案手机作为电子数据的原始存储介质,并不存在不便封存、位于境外等无法扣押原始存储介质的情形。因此,侦查机关应当采取扣押手机的方式来收集电子数据。但是,侦查机关直接采取了"转化收集"模式来收集电子数据,即对手机屏幕显示的内容予以拍照来固定、收集电子数据,这显然就违反了《电子数据规定》《电子数据取证规则》中关于电子数据取证模式适用顺位的规定。故法院直接以没有按照规定以电子数据处理,不能直接作为定案的依据为由,对涉案电子数据予以排除。

□ 理论拓展

任何证据材料在转化为定案依据之前,需由司法机关经过法定程序予以审查认定,电子数据亦不例外。对电子数据的审查认定,一方面可以保障电子数据的真实性与可靠性,防止将不可靠证据作为定案根据而产生冤假错案;另一方面也可以防止侵犯公民基本权利收集的电子数据成为定案依据而损害诉讼程序的正当性。我国现有刑事证据制度、司法解释性质文件等主要依据传统的证据属性理论来建立电子数据的审查认定规则,其要求审查电子数据的关联性、客观性(真实性)与合法性。比如《电子数据规定》第2条就明确要求检察院、法院应当围绕关联性、真实性、合法性来审查判断电子数据。从电子数据的取证程序来看,其程序设置主要包括权利保障程序和真实性保障程序。权利保障程序主要对电子数据取证予以相应程序设置来保障公民基本权利,比如电子数据技术侦查的严格审批程序,主要就是通过设置严格的审批程序来防止电子数据技术侦查中的权力滥用和权利侵犯。真实性保障程序是对电子数据侦查取证予以相应程序设置来保障收集电子数据的真实性与可靠性,比如电子数据侦查取证过程中制作取证笔录、拍摄取证录像,以及有关见证人见证、完整性校验值等的要求,主要就是为后期因电子数据真实性发生争议而提供相应的鉴真方法或材料。电子数据取证程序的功能和类型不同,决定了对电子数据合法性审查并不完全是基于权利保障的要求,这就需要对电子数据合法性审查的要素或者对象予以具体分析。

《电子数据规定》第24条明确规定了电子数据合法性审查的具体内容或对象。《刑诉法解释》第112条也规定了电子数据合法性审查规则,基本上吸收了《电子数据规定》第24条的主要内容。它们对于电子数据合法性主要要求审查以下内容。

1. 电子数据取证主体的合法性。这要求审查收集、提取电子数据是否由二名以上侦查人员进行,其主要包括两方面内容:(1)取证主体人数。对于取证主体人数的限制,既是为了保障侦查人员人身安全,保障取证活动的警力优势以震慑犯罪嫌疑人,防止发生民警被不法分子袭击等危险情况,也可以防止在侦查取证活动中发生违法行为,为后期证据的合法性提供证明,还可以在取证活动中取长补短,弥补单人取证在知识、经验上的不足。[1] 在刑事诉讼中,对电子数据的侦查取证,通常也要求二名以上侦查人员。比如《电子数据取证规则》第6条就要求收集、提取电子数据,应当由二名以上侦查人员进行。但是,取证主体人数不符合法定要求,并不会导致侵犯或干预公民基本权利的后果。(2)取证主体身份。在刑事诉讼中,取证主体通常要求是有侦查(调查)取证权限的侦查人员、检察人员等,上述主体以外的其他人员,通常并不享有刑事诉讼中侦查(调查)取证权。但是,对取证主体身份的法定要求,仅限于强制性侦查措施,对任意性侦查措施执行主体的要求则可以适当宽松。法定主体以外的其他人员并不具有实施强制性侦查措施的权限,若由法定人员以外的其他人员收集电子数据,就可能产生对公民基本权利的违法干预或者侵犯。

2. 电子数据取证方法的合标准性。这要求审查电子数据取证方法是否符合相关的技术标准。技术标准是对法律执行中技术措施的具体操作指南,其目的主要是规范取证过程,保障取证质量。我国刑事侦查依据的取证标准体系主要有国家标准、行业标准等。比

[1] 参见李玉华:《同步录音录像下单警讯问的突破》,载《法学》2019年第4期。

如作为国家标准的《电子物证数据搜索检验规程》(GB/T 29362—2012)等。电子数据取证标准主要是为了规范电子数据取证过程、保障电子数据取证质量,对取证方法的合技术性规范审查主要是为了保障电子数据真实性。

3. 电子数据保管链条和鉴真方法。这要求审查电子数据的取证笔录、见证人见证、取证录像等材料,它们都是固定证据收集保管链条的重要方式,也都是电子数据的常见鉴真方法。取证笔录是对侦查人员取证活动、过程、证据状况等情况的记录,它是取证过程中固定、保全证据的重要方法之一。在后期的诉讼活动中,若对证据的真实性、合法性发生争议,取证笔录是证明取证程序合法性的重要依据,也是电子数据鉴真的重要方法。取证笔录的签名、盖章、记载事项等内容发生欠缺或者错误,将会使实物证据的合法性与真实性被质疑。[1] 见证人见证、取证录音录像等,承担着与取证笔录基本相同的诉讼功能,它们主要是用于证明实物证据合法性和真实性的证据材料,但是这些材料缺失或者错误本身并不意味着对被调查人基本权利的侵犯或者干预。在电子数据审查认定中,对取证笔录、见证人见证、取证录像等证据材料予以审查,主要是为了审查电子数据的真实性和合法性。

《电子数据规定》第 24 条第 4 项要求审查电子数据检查是否将电子数据存储介质通过写保护设备接入检查设备;有条件的,是否制作电子数据备份,并对备份进行检查;无法制作备份且无法使用写保护设备的,是否附有录像。这主要是对电子数据检查中写保护、备份的审查。电子证据检查与刑事诉讼法规定的检查并不相同,它是电子数据取证中的新型侦查措施。写保护是电子数据取证中“不得改变数据原始性”技术原则的基本要求,对于采取写保护措施的设备,其存储的数据就只允许读出以被使用,但不允许写入以防止被破坏。通过采取写保护措施,可以让电子数据取证中的相关操作不会影响、改变、破坏电子数据,从而保障提取、分析电子数据的完整性和可靠性。电子数据备份主要是为事后审查电子数据的完整性和真实性提供比对依据。因此,对电子数据检查中写保护、备份的审查主要为了保障电子数据的真实性。

4. 取证程序合法性。《刑诉法解释》第 112 条第 4 项要求对采用技术侦查(调查)措施收集、提取的电子数据,需要审查是否经过严格的批准手续。《电子数据规定》第 24 条没有类似的规定,这是《刑诉法解释》对电子数据合法性审查增加的一项要求。技术侦查(调查)中“严格批准手续”的要求,是为了防止侦查(调查)人员随意启动技术侦查(调查)而侵犯公民基本权利。在对技术侦查(调查)收集电子数据的合法性审查中,专门要求审查“是否依法经过严格的批准手续”,对于保障公民基本权利具有积极意义。

从《电子数据规定》和《刑诉法解释》对电子数据合法性审查内容或者要素的规定来看,其主要具有以下特点:(1)电子数据合法性审查规则存在“重真实,轻权利”的倾向,其审查对象多数是电子数据取证的技术性程序。在现有电子数据合法性审查规则中,仅有两处要素体现了权利保障程序的要求或者内容,即取证主体和技术审批程序。但是,取证主体并

---

〔1〕 参见王景龙:《论笔录证据的功能》,载《法学家》2018 年第 2 期。

不完全都体现权利保障规范,其中也有技术性要素,即取证主体应当具有相应技术资质,否则也会影响电子数据的真实性和可靠性。[1] 电子数据技术侦查适用的案件范围相对有限、适用顺序具有置后性等要求,决定了多数刑事案件电子数据侦查取证中并不会适用技术侦查。(2)电子数据合法性审查对象的混合式规定,无法体现电子数据合法性审查的优先性。《刑诉法解释》第134条确立了对证据合法性的"先行调查"程序,对证据合法性的先行调查,既有利于实体问题的集中审理,防止动辄提出程序争议导致的实体审理中断或者迟延;也可防止不具备证据能力的证据进入实体审理,防止法官通过非法证据了解到案件事实,让其心证遭受污染。《电子数据规定》在电子数据合法性审查规则中将真实性保障程序和权利保障程序糅杂在一起,共同构成电子数据合法性的审查对象,其各要素间缺乏先后顺序,很容易让法官在电子数据合法性审查中了解到案件事实,即便电子数据经审查因不具有合法性而被排除,但法官已经接触不合法电子数据信息内容而形成了对案件事实的预断,无法发挥合法性先行调查程序应有的价值功能。(3)电子数据合法性审查规则的理论基点模糊,无法成为数字权利保障的规则基础。刑事诉讼除了追求实体公正,还需要兼顾权利保障等法律价值。证据合法性审查规则承载了可能与实体真实具有冲突关系的程序正义、人权保障等法律价值。《电子数据规定》对电子数据审查合法性的要素设置,由于缺乏以权利保障为价值追求的程序措施,无法满足对电子数据所承载财产权、隐私权等基本权利的保障需求。

■ 民事诉讼中电子数据的审查与判断

案例5-7 Q公司与A公司、T公司侵害发明专利权纠纷案[2]

□ 案情概述

Q公司法定代表人林某于2016年11月9日获得某排水地漏的发明专利权。2017年3月18日,林某与Q公司签订许可合同将该发明专利无偿许可给Q公司实施。2017年5月24日,Q公司在公证处公证人员监督下,在A公司的某宝店铺中采购涉案地漏,公证人员对相应浏览页面进行截屏打印并对交易过程予以公证。

2019年4月2日,A公司在公证处公证人员监督下,登录某宝网输入账号、密码后调取了交易时间为2013年1月1日至12月31日内的订单号为4655××××8166的订单,交易时间为2014年1月1日至12月31日内的订单号为8919××××9019的订单,交易时间为2015年5月16日订单号为1052××××7217的订单,截屏打印后由公证处出具公证书。

---

[1] 谢登科:《电子数据的取证主体:合法性与合技术性之间》,载《环球法律评论》2018年第1期。
[2] 参见最高人民法院(2019)最高法知民终614号民事判决书。

Q公司向法院起诉认为:A公司未经许可,擅自在某宝网上销售涉嫌侵权的排水地漏产品,侵犯了其专利权,给其造成巨大经济损失,故请求法院判令被告侵权,赔偿其经济损失和维权合理费用。Q公司向法院提交了原被告公司的工商注册材料、发明专利证书、专利年费缴纳收据、专利实施许可合同、公证书、某宝网销售截图等证据。

A公司辩称,被诉侵权产品采用的是现有技术,生产、销售相关地漏的时间远早于涉案专利申请日,被诉侵权产品在涉案专利申请日前即已公开销售,不构成侵权。A公司提供了两份公证书,证明A公司在涉案专利申请日前就已经公开销售被诉侵权产品。

原告对公证书的真实性有异议,认为不排除A公司为逃避责任伪造证据,认为公证书中的电子数据可篡改,不能证明公证书中所附的截图内容与时间早于涉案专利申请日。

一审法院经审理后认为:本案中,原被告各方当事人提交了多份某宝网交易快照,这些交易快照系电子数据,属于法定的独立证据类型。根据民事诉讼法的规定,经查证属实的电子数据可以作为认定案件事实的依据。电子证据具有虚拟性和改动的隐蔽性,在数据生成、传递、保存和展示等环节可能会受到人为或技术等因素影响,从而导致内容发生变化。在以电子证据作为定案依据时,应根据电子证据的类型及具体案情,对证据有无证明力和证明力大小进行综合判定。

交易快照,作为第三方交易平台某宝网提供的快照服务,在买家拍下宝贝时生成并记录成交当时商品的基本信息,是买卖双方发生交易的凭证。在每一份交易快照页面的头部,亦有明确告知内容:当前页面内容为订单快照,包含订单创建时的商品描述和下单信息,买卖双方和平台在发生交易争议时,该页面作为判定依据。

被告A公司提交的订单号为4655××××8166的交易快照内容与持法院调查令调取的相同订单号的交易快照内容一致,只在订单详情旁显示一张产品图片,而宝贝详情中的更多图片均未能显示。订单号为1052××××7217的交易快照,除了订单详情的相关内容,在宝贝详情部分还有多张产品图片,相关信息与T公司提交的公证书中相同订单号的交易快照内容亦相互吻合。交易快照是某宝网的一项技术服务,对于相同订单号的交易快照,无论是买卖双方还是某宝网均可以查看到,且内容一致。交易快照记录的是成交当时商品的基本信息,不受会员在今后对商品信息进行编辑或者更新的影响。某宝网长期保存交易快照,但受制于时间和技术限制,可能存在缺失或不完整的情形。原告以T公司与案件具有利害关系,就断然否认交易快照的证明效力,认为被告篡改了交易快照内容,并无事实和法律依据,法院不予采信。

原告Q公司提交的其于2017年5月24日购买的涉案被诉侵权产品时订单号为2257××××1177的交易快照,其中的授权书内容在2019年4月3日公证时及2019年7月15日证人出庭作证进行演示时,均显示授权期限为2019年1月1日至12月31日,而非2017年购买涉案被诉侵权产品当时的授权书内容。在庭审中,被告A公司作为某宝网卖家,亦登录卖家后台查询该交易快照,并指出授权期限的改变,是因其将授权书的图片放置在装修模块中,而装修模块中的内容确实会随着之后装修内容的改变而更改。对此,法院也向T公司技术人员进行调查核实,并按照技术人员介绍的方法查询交易快照中相关图片显示的代码,发现订单号为2257×××××1177的交易快照中授权书的代码与宝贝详情中的代码确有区别,宝贝详情中图片代码含有description字段,且在选中后,相关属于宝贝详情的图片都会显示有浮影,该授权书并不在其中。在订单号为1052×××××7217的交易快照中,同样选中含有description字段的代码,宝贝详情和授权书均显示有浮影,亦即后者交易快照中的授权书属于宝贝详情的一部分,故保持了2015年交易当时的状态,并不会因在其后查询而改变。综上,交易快照包含了订单详情、商品详情、价格说明等内容,有的某宝店铺还在页面中设置装修模块,装修模块中的内容在卖家再次编辑修改后会随之改变,订单详情、商品详情、记录成交当时商品的基本信息,不受卖家在今后对商品信息进行编辑或者更新的影响,故原告的证据,并不足以否认交易快照的真实性。某宝网作为有一定知名度、信誉度的网站,数据较为可靠稳定,原告没有相反证据证明交易快照存在篡改情形的,应依法认定交易快照的效力。

一审法院认为:被诉侵权产品技术与涉案专利技术相同,但被告A公司实施的是现有技术,依法不构成侵权,不应承担侵权责任,故判决驳回Q公司的诉讼请求。

Q公司对一审判决不服,提出上诉认为:交易快照是电子数据,可以被篡改,T公司技术人员对交易快照内容可以被修改没有作出合理解释,且该证据源于和本案具有利害关系的T公司,故不应被采信。

二审法院经审理后判决驳回上诉、维持原判。

该案涉及的证据主要有:交易快照、工商注册材料、发明专利证书、专利年费缴纳收据、专利实施许可合同、公证书、某宝网销售截图等证据。

□ 证据分析

本案中涉及证据的争议焦点主要是:(1)电子数据具有哪些特征?(2)如何审查认定电子数据的真实性?

对于以上证据问题,分析如下。

(一)电子数据的特征

电子数据的特征是它区别于物证、书证等传统实物证据的独特之处,是其得以成为独立证据种类的重要基础,这些特征会对电子数据的收集提取和审查认定产生重要影响。电子数据主要具有以下特征。

第一,电子数据的虚拟性。电子数据是"0-1"二进制电子化数据信息,它们并不是某种实在物,而是以数字化方式存储的信息;它们无法用手直接感触,也无法用肉眼直接观察,无法被人们所直接感知和识别,需要借助于相应电子设备来读取和演示。电子数据的虚拟性决定了其无法独立存在,其生成、传输、存储需要借助于电子设备或者存储介质。这与物证、书证等传统实物证据形成鲜明差别。物证、书证作为有形物和实体物,它们所承载的案件信息会体现在其物质特征之中或者与其物质特征紧密联系,这就决定了物证、书证等传统实物证据能够被人们直接感知和发现。虚拟性是电子数据的基本特征，它会衍生出电子数据的很多其他特征，比如载体依赖性、可复制性、海量性等。

在该案中，法院认为电子数据具有虚拟性、修改隐蔽性的特征。电子数据无疑具有虚拟性，但认为其具有修改隐蔽性，则值得商榷，此点后文将详细阐述。电子数据的虚拟性特征，会对取证行为产生影响。对于物证、书证等传统实物证据，绝大多数可以由侦查人员、当事人直接予以收集获取，仅在直接收集确有困难时才可以采取拍照、复印等方式予以收集。由于电子数据具有虚拟性，其需要依附特定存储介质而存在，由此就衍生出了电子数据的"一体收集""单独提取""转化收集"三种取证模式。在该案中，由于电子数据的虚拟性特征，其并不独立存在于现实物理空间之中，故当事人采取了"转化收集"方式，将其承载的证据信息通过打印方式予以收集，并将其打印件提交给法院。

第二，电子数据的系统性。电子数据具有虚拟性，其需要在电子设备或者存储介质中借助于特定系统而存在。电子数据生成、处理、传输等并不是孤立的，需要借助于若干元素组成的系统，是由一系列代码或者程序遵循相关技术标准形成的综合材料。电子数据通常具有"三位一体"的组成结构，即其由内容信息数据、附属信息数据、关联痕迹数据组成。在虚拟空间中，生成某个电子数据，其背后会产生很多相关数据。比如 Word 文档，在创建、编辑、保存过程中会产生大量痕迹数据，如访问文件、预读取文件、缓存文件等，通过分析这些痕迹数据可以发现 Word 文档的生成、变化过程。电子数据的系统性特征，决定了其具有可恢复性、修改后可发现性等特征。在电子数据收集中，不仅要重视收集涉案电子数据本身，也要重视对附属信息数据、关联痕迹数据的收集；在电子数据审查认定中，若因电子数据真实性发生争议，可以借助附属信息数据、关联痕迹数据来审查认定电子数据真实性。

在该案中，法院在判决中认为电子数据具有易篡改、易伪造的特征，原告方当事人也提出了类似观点。关于电子数据是否具有易篡改性、易伪造性的问题，在理论界和实务界存在较大争议，主要有"易伪造说"和"难伪造说"两种观点。前者认为电子数据具有虚拟性，其不是实体证据，需要依附计算机系统、存储介质而存在，其在生成、存储、传输、处理过程中，若出现系统故障、硬件损害等情况，就可能导致电子数据灭失或者破坏，也会出现人为修改、增减、删除等因素，从而导致电子数据变化或者灭失。〔1〕后者认为电子数据是系统性证据，电子数据生成后产生很多相关数据信息，系统性特征决定了电子数据不易被造假。传统证据造假，仅需改动一两个地方，电子数据造假则需要改动一批数据信息，很多附属信息数据都是电子设备自动生成，而不能人为改动的。〔2〕

上述观点都承认电子数据的系统性特征，但前者主要采取了外部视角，认为电子数据所依附系统的变化会导致电子数据变化，从而主张电子数据容易被篡改和破坏。后者主要采取内部视角，电子数据变化会导致其所依附系统数据的变化，从而主张电子数据不易被伪造。在电子数据是否容易伪造的问题上，需要区分"容易伪造"和"容易有效伪造"。电子

〔1〕 参见潘申明等：《电子数据审查判断与司法应用》，中国检察出版社 2017 年版，第 11－12 页。

〔2〕 参见刘品新：《电子证据法》，中国人民大学出版社 2021 年版，第 14－15 页。

数据具有系统性特征，对其采取修改、增减、删除等处理行为相对较为容易。但是，系统性特征也决定了我们很容易借助于电子数据的附属信息数据、关联痕迹数据等来发现其是否被修改、增减，对其进行伪造而不被发现则极为困难，甚至无法实现。另外，电子数据伪造的难易程度，对不同主体而言也并不相同。对于精通计算机、网络信息技术的人员，其能够伪造电子数据及其附属数据而无法被轻易识别；对于欠缺网络信息知识和操作经验的人，则很难修改电子数据，即便予以简单的修改或者删除，也可能通过数据恢复技术予以还原或修复。

第三，电子数据的科技性。网络信息技术催生了电子数据，电子数据作为网络信息技术的产物，具有很强的科技性特征。在信息网络时代，人们会借助于微信、短信、QQ、电子邮件等通信方式进行沟通和交流，这会在网络虚拟空间、电子设备等中产生大量"痕迹"，在诉讼活动中它们会以电子数据形式成为认定案件事实的重要材料。随着科学技术的发展，新型网络信息技术也不断诞生，由此催生了很多新型电子数据。如区块链技术会带来区块链电子数据，[1]云存储、元计算技术的发展会产生云电子数据，元宇宙技术也将会生成元宇宙类电子数据。

电子数据属于典型的科技证据之一，有学者甚至将其称为"高科技证据"，[2]这既源于电子数据受到科学技术影响的深度和广度都远高于传统物证，也源于电子数据在网络信息时代司法证明活动中所占据的重要地位。传统物证比如指纹、血迹、足迹等，在生成时可能并不会涉及科学技术，其在收集、提取、分析等环节才会大量使用科学技术。但是，电子数据除了收集提取、审查认定会应用相关科学技术，其产生、保管、流转等活动也需要以信息网络技术为基础。科学证据的形成、发现、收集、保全、证明力揭示等环节都需要借助现代科学技术。[3] 电子数据的科技性特征，会对电子数据侦查取证活动产生以下影响：首先，对取证主体的技术资质要求。电子数据科技性要求取证主体应当具有相应专业技术知识和实践经验。其次，电子数据取证应遵循相应技术标准。最后，对电子数据鉴真方法的技术性变革。电子数据鉴真除了可以采用传统实物证据的"证据保管链"和"独特性确认"方法，也可以采取完整性校验、区块链存证、可信时间戳、数字签名等方法予以技术性鉴真。[4] 互联网、人工智能、区块链等信息技术在司法活动中的推广应用，也引发电子数据真实性保障和防篡改机制的变革。在电子数据取证中，可以采取区块链存证等技术手段来保障其完整性和真实性。

（二）如何审查认定电子数据的真实性

被告 A 公司向法院提交的三张交易快照是否具有真实性，是该案中争议的焦点问题之一。若上述证据具有真实性，能够证明生产、销售涉案地漏的时间早于涉案专利申请日，其

---

〔1〕 参见刘品新：《论区块链证据》，载《法学研究》2021 年第 6 期。

〔2〕 参见方玉珍：《电子证据认知新思路——基于实验的直观体现方式》，中国法制出版社 2019 年版，第 5 页。

〔3〕 参见陈学权：《科技证据论——以刑事诉讼为视角》，中国政法大学出版社 2007 年版，第 52 - 53 页。

〔4〕 参见谢登科：《电子数据的技术性鉴真》，载《法学研究》2022 年第 2 期。

销售行为就不构成侵权；反之，若上述证据因不具有真实性而没有被法院采纳，则其销售行为可能被法院认定为构成侵权。上述交易快照在证据种类上属于电子数据，因此，该案裁判的核心问题就是电子数据真实性的审查认定问题。

首先，从举证责任角度来看，原则上应当由提供电子数据的当事人对其真实性承担证明责任。关于此点，《民诉证据规定》第 92 条第 1 款规定的“私文书证的真实性，由主张以私文书证证明案件事实的当事人承担举证责任”明确了私文书证真实性中的举证责任分配，虽然该条款仅适用于私文书证，但其蕴含的实质精神是“提供实物证据的当事人原则上应当对其真实性承担举证责任”。若无法对电子数据真实性予以有效证明，则该电子数据就不会被法院作为认定案件事实的根据。在该案中，原被告双方当事人均提交了某宝网的交易快照作为证据，双方当事人也都不约而同地将公证作为保障电子数据真实性的重要途径。经过公证的私文书证或者电子数据等实物证据，其真实性通常更有保障，通常可以推定具有真实性。推定真实性，会影响电子数据真实性认定中的证明责任配置，此时就需要由提供电子数据或者私文书证的相对方当事人对证据不真实承担举证责任。

需要注意的是，在实践中，对证据进行不同类型的公证，也会导致对其证据真实性影响程度和认定的差异。对于公证的电子数据，应当结合公证内容予以审查认定，只有电子数据内容经过公证机关公证证明的，法院才能认定其内容具有真实性。若公证处仅就电子数据提取过程进行公证，则不能据此得出电子数据内容的真实性。[1] 在该案中，A 公司向法院提交的三张交易快照都经过公证部门的公证，该公证主要是取证过程的公证，而不是对证据内容的公证，因为交易快照记载的信息或者内容形成于实际交易发生时，而此时公证机关没有参与公证，无法对电子数据内容的真实性提供公证。此类公证可以用于证明电子数据的形式真实性，即证明取证过程中电子数据没有被修改、增减等。在该案中，原被告双方主要是就电子数据的实质真实性发生争议，即对电子数据形成的真实时间、记载的内容是否存在修改等问题发生争议。对于这些电子数据的内容信息，无法仅通过电子数据取证过程的公证予以证明或者认定。

其次，对电子数据的实质真实性可以结合其运行系统、取证方法、存储主体等因素予以综合认定。《民诉证据规定》第 93 条第 1 款规定：“人民法院对于电子数据的真实性，应当结合下列因素综合判断：（一）电子数据的生成、存储、传输所依赖的计算机系统的硬件、软件环境是否完整、可靠；（二）电子数据的生成、存储、传输所依赖的计算机系统的硬件、软件环境是否处于正常运行状态，或者不处于正常运行状态时对电子数据的生成、存储、传输是否有影响；（三）电子数据的生成、存储、传输所依赖的计算机系统的硬件、软件环境是否具备有效的防止出错的监测、核查手段；（四）电子数据是否被完整地保存、传输、提取，保存、传输、提取的方法是否可靠；（五）电子数据是否在正常的往来活动中形成和存储；（六）保存、传输、提取电子数据的主体是否适当；（七）影响电子数据完整性和可靠性的其他因素。”

---

〔1〕 参见宋春雨：《民事证据规则适用通解》，人民法院出版社 2024 年版，第 593 页。

根据该条款之规定,应当从以下方面对电子数据的实质真实性予以审查认定。

第一,需要审查电子数据生成、存储、传输的计算机软硬件环境。若电子数据生成、存储、传输的计算机软硬件系统不可靠,则很有可能会导致电子数据不具有真实性。对于计算机的软硬件环境,通常可以推定其具有真实性,因为实践中计算机软硬件系统通常具有可靠性。在该案中,交易快照生成并存储于某宝网店铺平台,作为国内知名度较高的网络交易平台,其系统环境的安全性、可靠性通常比较高。在相对方没有提出证据反证某宝网平台系统不可靠、不安全的情况下,原则上应当认定其系统环境安全、可靠。另外,根据《民诉证据规定》第94条第1款第3项之规定,在正常业务活动中形成电子数据,通常也具有推定真实的法律效力。该案争议电子数据是在某宝网购物交易中自动生成的,也具有推定真实的法律效力。此类数据属于正常业务中形成的数据,其内容数据通常具有较高的真实性,若其内容不真实,则会影响或者阻碍交易正常进行,交易方通常会在交易过程中就提出异议,否则就应当认定正常业务活动中形成电子数据具有真实性。

第二,需要审查电子数据的取证、存储过程。在电子数据取证、存储过程中,也存在被修改或者增减的可能性,从而损害电子数据的真实性与可靠性。这可以从电子数据取证保管过程中制作的取证笔录、录音录像、见证人见证等方面予以审查认定,也可以对电子数据通过独特性确认方式予以审查认定,还可以通过相应技术方法予以审查认定,比如电子数据完整性校验、区块链存证、数字签名、可信时间戳等技术方法。在该案中,A公司就收集的三张交易快照申请了公证,主要是通过公证方式来保障其在电子数据取证过程中没有修改、增减行为,保障了电子数据的形式真实性。

第三,需要审查电子数据的保存、传输、提取主体。取证主体通常会从两个方面影响电子数据的真实性,即主体的地位和技术资质。若取证主体处于相对客观、中立的地位,其制作、收集、存储的电子数据真实性就相对较高;反之则可能会影响电子数据的真实性。在该案中,交易快照是由某宝网购物平台在交易时自动生成、保存的,该平台本身处于相对中立的地位。虽然原告在起诉时将T公司列为了本案的共同被告,但这并不能否定某宝网购物平台在交易环节的相对中立地位,由此决定了其通常不会篡改网购平台中生成和存储的数据。某宝网作为国内大型的电子商务平台,它也具有较强的信息网络安全技术能力来防止其平台生成、存储的数据遭受外部攻击。因此,基于某宝网购物平台的地位和技术能力,其平台中自动生成、存储数据的真实性也比较有保障。

第四,需要将电子数据与其他证据结合起来进行综合审查认定。电子数据实质内容的真实性,涉及对其证明力的审查认定。对证明力的审查认定,通常需要由法官依据自由心证原则予以判断。《民诉证据规定》第88条规定:“审判人员对案件的全部证据,应当从各证据与案件事实的关联程度、各证据之间的联系等方面进行综合审查判断。”对相关证据进行比较分析是较为常见的证明力审查认定方式,若不同证据之间能够相互吻合、印证,则其证明力就相对较高;若不同证据之间相互矛盾、冲突,则其证明力可能就相对较低。在该案中,法院主要是将被告A公司收集的三张交易快照,与原告Q公司提交的交易快照进行比较分析。这些交易快照的生成、存储主体具有相同性,它们都来源于某宝网购物平台;它们在取证过程中都进行了公证,原则上具有大致相当的证明力,法院没有理由仅采信原告Q公司提交的交易快照,而不采信被告A公司收集的三张交易快照。

□ 理论拓展

鉴真在本质上是对实物证据真实性和同一性的证明,其证明对象不是实体性事实而是证据性事实。传统实物证据鉴真主要通过"保管链证明"和"独特性确认"两种方法。[1] 通过"独特性确认"和"保管链证明"来鉴真实物证据,需要由实物证据提供方承担证明责任。电子数据已经成为网络信息时代的"证据之王",[2] 电子数据鉴真则是网络信息时代重要的证据问题之一。科学技术是把"双刃剑",它既可以用来伪造、修改电子数据从而提高鉴真成本和难度,也可以用于创新电子数据的鉴真方法。电子数据具有虚拟性、系统性等特征,这不仅决定了其证据形态、取证模式与传统实物证据存在较大差异,也决定了传统实物证据中以人力识别和相关笔录为基础的鉴真方法适用于电子数据会有较大局限性。

在该案中,原被告双方主要是通过公证方式来鉴真涉案电子数据,其运行成本相对较高。通过可信时间戳、区块链存证等技术方法替代公证,可以降低电子数据的鉴真成本,减少当事人诉讼支出。随着信息网络技术的飞速发展,在线诉讼、远程审判等新兴诉讼形态在司法实践中不断兴起。在线诉讼中会涉及大量电子数据或者电子化证据,这就需要打破纯粹依靠公证认定电子数据真实性的单一途径,通过技术手段和配套制度来保障电子数据真实性。[3] 在司法实践中,我国各级司法机关也尝试采取完整性校验、可信时间戳、数字签名、区块链存证等信息技术来保障电子数据的真实性,由此就产生了电子数据的"技术性鉴真"。电子数据技术性鉴真中通常采取真实性推定,需要由相对方承担举证责任。《民诉证据规定》第94条规定了电子数据"推定真实"的六种情形,其第1款第2项就涵盖了附有数字签名或者采用了类似安全保障技术认证的电子数据,可以推定为真实。[4]《人民法院在线诉讼规则》第16条规定了采取数字签名、可信时间戳、哈希值校验、区块链存证等技术手段收集固定的电子数据,具有推定真实的法律效力。推定建立在基础事实与推定事实的常态联系上,在满足对基础事实的证明要求后可以认为推定事实成立,此时证明责任就转移至相对方,由相对方提供推定事实不真实的证据。[5] 技术性鉴真的"真实推定"效力也会影响证明责任分配。对于采取数字签名、可信时间戳、区块链存证等技术方法达到推定真实性效果的电子数据,提供电子数据的当事人就无须承担电子数据真实性的举证责任,而

---

〔1〕 参见陈瑞华:《实物证据的鉴真问题》,载《法学研究》2011年第5期。

〔2〕 参见刘品新:《电子证据法》,中国人民大学出版社2021年版,第3页。

〔3〕 参见胡仕浩、何帆、李承运:《〈关于互联网法院审理案件若干问题的规定〉的理解与适用》,载《人民司法》2018年第28期。

〔4〕 参见最高人民法院民事审判第一庭编著:《最高人民法院新民事诉讼证据规定理解与适用》(下册),人民法院出版社2020年版,第826－827页。

〔5〕 参见张保生:《推定是证明过程的中断》,载《法学研究》2009年第5期。

需要由相对方当事人提供证据来动摇电子数据真实性推定。

□ 阅读指引

1. 刘品新:《电子证据法》,中国人民大学出版社 2021 年版。
2. 刘品新:《网络法:原理、案例与规则》(第 3 版),中国人民大学出版社 2021 年版。
3. 刘品新主编:《电子文件管理制度创新:基于电子证据规则的视角》,人民法院出版社 2023 年版。
4. 王志刚:《网络犯罪治理中的证据与证明问题研究》,中国政法大学出版社 2021 年版。
5. 谢登科:《电子数据的技术性鉴真》,载《法学研究》2022 年第 2 期。

(撰写人:吉林大学法学院　谢登科)

第四节　视听资料

■ 刑事诉讼中视听资料的审查与判断

案例 5-8　王某某过失致人死亡案[1]

□ 案情概述

2016 年 7 月 4 日,被告人王某某在家举行婚礼,被害人邱某(殁年 27 岁)前往被告人王某某家中参加婚礼,在酒宴过程中,邱某将手搭在杨某女友的肩上,被告人王某某见此情形,多次告诫邱某注意言行,但邱某不听劝阻。当天 22 时 30 分许,被告人发现杨某脸色不对,遂劝邱某回家,杨某发现后便拿着一啤酒瓶跟随二人下楼,被告人王某某再次劝邱某走,邱某不走,被告人王某某就打了邱某一耳光,这时杨某和邱某开始互相打斗,被告人王某某将二人拉开后,又打了邱某一耳光,被康某某劝阻拉开。其间邱某倒地,后有人发现邱某后脑勺有血,王某某见此情形,就叫马某将邱某送往医院。到医院后,因为没找到医生,邱某说想睡觉,马某便将邱某背往酒店,办理入住时发现邱某神色异常,又将其背回医院。当晚,邱某经抢救无效死亡。

检察院以过失致人死亡罪对王某某提起公诉。由于事发过程中,现场较为混乱,有的已经醉酒,对于被害人因何倒地,各方陈述不一致,难以查清。一审法院认为缺乏锁定王某某打耳光致被害人邱某倒地的关联性证据,且证人证言、同步录音录像、讯问笔录等相互矛

[1] 参见四川省甘孜藏族自治州中级人民法院(2019)川 33 刑终 1 号刑事裁定书。

盾,现有证据在缺乏物证以及其他证据的情况下,不能证实邱某的死亡与被告人王某某所实施的行为之间具有因果关系,最终判决原审被告人王某某无罪。检察院提起抗诉。

二审法院审查后否定了被告人王某某用石头打击被害人的事实。

同时,二审法院审查后认为:被告人王某某在侦查机关的多次供述、当庭供述及其讯问同步录音录像均存在矛盾,如 2017 年 7 月 6 日侦查机关的讯问笔录与同步录音录像的内容存在差异。讯问笔录记载内容为“王某某第二次打了邱某耳光后,邱某就仰面倒在了地上”,但同步录音录像中却显示王某某对邱某是否倒地表示“不清楚,应该是我打倒的吧”,对邱某倒下去发出了哪种声音,王某某表示“没注意到,好像倒都没倒在地上,我就被康某某拉起走了”。对于被告人供述与同步录音录像内容存在实质性差异,法院认为应当以录音录像为准。

综上所述,二审法院认为本案证据链条不完整,不能证实被告人的行为与被害人的死亡之间具有因果关系,因此驳回抗诉,维持原判。

回 证据分析

本案中主要的证据争点为:(1)能否使用同步录音录像证明侦查机关取证行为的合法性,其证据种类是什么?(2)侦查机关的讯问笔录与同步录音录像的内容不一致时,能否用同步录音录像来证明案件事实,同步录音录像内容能否作为供述使用?

对于以上证据问题,分析如下。

(一)能否使用同步录音录像证明侦查机关取证行为的合法性

在本案的二审中,被告人王某某及其辩护人向法院提起非法证据排除的申请,并且王某某在 2017 年 7 月 13 日作出辩解的实质是,办案人员的演示诱导其作出虚假供述。刑事诉讼法禁止刑讯逼供、威胁、引诱、欺骗等取证方式。可见辩方对侦查机关取证行为的合法性质疑。二审法院驳回了辩方排除非法证据的申请。

对讯问过程进行全程录音录像,能有效防止刑讯逼供等非法取证现象的发生,保障被讯问者的合法权益。为了防止司法机关非法讯问,保障程序公正,2012 年《刑事诉讼法》确立了同步录音录像制度。我国《刑事诉讼法》《公安机关讯问犯罪嫌疑人录音录像工作规定》等法律规范均对同步录音录像作了规定,从法律层面来保障同步录音录像权利保障功能的发挥。《刑事诉讼法》第 123 条第 1 款规定:“侦查人员在讯问犯罪嫌疑人的时候,可以对讯问过程进行录音或者录像;对于可能判处无期徒刑、死刑的案件或者其他重大犯罪案件,应当对讯问过程进行录音或者录像。”《公安机关讯问犯罪嫌疑人录音录像工作规定》第 1 条规定:“为保证公安机关依法讯问取证,规范讯问犯罪嫌疑人录音录像工作,保障犯罪嫌疑人合法权益……制定本规定。”

同步录音录像具有直接、客观与生动形象等特点,检察官、法官可以通过审查同步录音录像中侦查机关是否有暴力取证等刑讯逼供行为,从同步录音录像中犯罪嫌疑人的表情神态以及言语是否流畅、侦查人员的动作等内容,判断侦查人员是否有威胁、引诱、欺骗等非法取证的行为。比如,在本案中,法官可以审查讯问过程中是否存在办案人员用“拿棒棒演示”的行为,被告人意识是否清晰、表达是否流畅、神态是否自然等讯问细节,判断当时是否存在诱供等非法取证情形。

同时,是否存在办案人员“拿棒棒演示”等动作,以及在讯问过程中是否存在诱供的语言,不是犯罪嫌疑人的供述内容,而是通过同步录音录像的声音、图像等内容来认定的。此时,同步录音录像主要以其声音、图像内容证明程序性事实,其符合视听资料的证据种类内涵,主要作为视听资料这一证据发挥证明作用。实践中,同步录音录像被视作视听资料,防止非法讯问,保护侦查人员免受不当指控及应对恶意翻供等。如在刘某诈骗一案中,被告人刘某以遭受侦查人员非法拘禁、刑讯逼供、指词问供等非法讯问手段提起上诉,法院审查同步录音录像发现“上诉人的供述神态自然,未发现侦查人员有刑讯逼供和诱供等情形”[1]。

视听资料,是指以录音、录像以及其他设备所存储的声音、影像信息,证明案件事实情况的一种证据。其工作原理是通过机械、光学、电磁等技术方法将内容和情景以音视频资料的形式记录下来并在随后的诉讼程序中真实还原。本案中,通过审查同步录音录像中动态的声音、图像等直观地再现讯问过程,判断讯问的合法性便是将同步录音录像视作视听资料。一般认为,视听资料形成于案件发生前或发生过程中,客观地记录了案件真实情况,不存在人的主观因素。目前看来,视听资料并非完全形成于案件发生前或发生过程中,也有可能是在案件发生后的诉讼过程中所形成的,如同步录音录像。

视听资料与电子数据容易混淆。《电子数据规定》第 1 条第 1 款规定,电子数据是案件发生过程中形成的,以数字化形式存储、处理、传输的,能够证明案件事实的数据。以电子数据为基础的各种存在形式被统称为电子证据。我国《刑事诉讼法》及其司法解释将视听资料、电子数据规定为两种独立的法定证据种类。实际上视听资料和电子数据在范围上存在一些重合,比如表现为电子数据形式的数字型录音、录像资料,可以将之认定为电子数据。随着科技不断发展,视听资料与电子数据之间的差异也在变小,电子数据在司法实践中的使用范围和数量呈现快速扩大趋势,视听资料在诉讼中作为证据使用的案件则呈现递减态势。[2] 在具体的适用中,应注重对视听资料和电子数据实质功能的审查,充分发挥两者在刑事诉讼中的证明作用,而非过度去强调其差异。

(二)讯问笔录与同步录音录像的内容不一致时,能否采信同步录音录像内容

讯问同步录音录像是指侦查机关在讯问犯罪嫌疑人过程中,利用音频、视频技术,对讯问全过程进行不间断监控,并同步录制的影像资料。讯问笔录是公安机关侦查人员、预审人员在侦查活动中,为了证实犯罪、查明犯罪事实,对犯罪嫌疑人进行讯问时如实记载讯问情况的文字记录。认可同步录音录像的口供功能并不否定讯问笔录的证据资格,如何处理

〔1〕 广东省潮州市中级人民法院刑事裁定书,(2021)粤 51 刑终 139 号。
〔2〕 参见潘金贵主编:《证据运用实务教程》,法律出版社 2023 年版,第 359 页。

好两者之间的关系，目前主要存在两种观点。

一种观点是"同录替代笔录说"，即同步录音录像较于笔录具有优越性，可以考虑用同步录音录像替代笔录。该观点是对英国关于讯问录音录像立法经验的借鉴，英国很早就不再要求同时制作讯问笔录，而我国绝大部分案件的审判都要依赖于讯问笔录，因此目前看来这种做法在我国采用的时机并不成熟。另一种观点则认为，讯问只做同步录音录像而不做笔录的做法不现实、不可取。讯问录音录像内容过于冗长，不利于法官及时查明案情，也会造成高额的司法成本。在辩方对供述笔录提出异议时，才有可能涉及同步录音录像实质证据使用的问题。因此，第二种处理方法目前较为合理。

在本案中，讯问笔录与同步录音录像所记载的内容存在不一致，法院最终采用了同步录音录像，因为2017年最高人民法院颁布的《关于全面推进以审判为中心的刑事诉讼制度改革的实施意见》第24条规定：讯问笔录记载的内容与讯问录音录像存在实质性差异的，以讯问录音录像为准。这在实质上是将同步录音录像直接作为口供使用，即发挥了口供查明、证明犯罪事实的功能。实际上，部分视听资料作为口供的载体而存在，如讯问同步录音录像就是口供的一种载体，与讯问笔录记载的方式不同，同步录音录像是以音像的方式实现对犯罪嫌疑人、被告人供述的记录。但在实践中同步录音录像多用作视听资料，其口供功能往往被忽略。

回 理论拓展

自同步录音录像制度建立以来，其功能定位就存有较大争议。主流观点认为，同步录音录像只是作为一种保存证据的方式，以防止犯罪嫌疑人随意翻供。实践中也通常将同步录音录像视作视听资料，仅强调其防止刑讯逼供等非法取证行为的功能，对同步录音录像资料是否能作为供述证据使用存在较大争议。

在理论界与实务界中，主张"将同步录音录像作为口供使用"的观点越来越多，其认为应充分发挥同步录音录像的口供功能，以口供证据直接证明案件事实。因为，讯问笔录未必完全真实反映被告人供述的内容，同步录音录像所固定的口供比笔录更全面完整、准确真实和形象逼真，客观性、相关性更强，肯定同步录音录像证据资格，能有效避免侦查机关制作虚假口供，有助于发现事实真相，实现刑事诉讼追求的价值。

同时，我国的司法实践也肯定了同步录音录像证明实体事实的证据资格。同步录音录像的口供功能主要体现为：第一，以同步录音录像中犯罪嫌疑人被告人供述的语气、语速、动作、表情的形象性，证明讯问笔录真实与否，这便是发挥了同步录音录像的口供功能。在本案中，法官可以通过观察被告人王某某的语速等判断其供述是否可信。例如，在王某受贿案中，二审法院结合讯问同步录音录像来判断讯问笔录的真实性。[1] 第二，当讯问笔录与同步录音录像内容不一致时，肯定同步录音录像作为证据，否定笔录的证据资格，也是同

〔1〕 参见贵州省高级人民法院刑事判决书，(2014)黔高刑二终字第7号。

步录音录像口供功能的体现。比如,在讯问笔录内容与同步录音录像存在重大实质性差异时,采用同步录音录像并否定讯问笔录的效力。[1] 本案即如此。

实际上,我国法律规定已经初步肯定了同步录音录像作为供述的证据资格,即在案件办理过程中,将同步录音录像直接作为口供使用,充分发挥其查明、证明犯罪事实的功能。在法律规范上的规定主要表现为:其一,《电子数据规定》第1条第3款规定了以数字化形式记载的证人证言、被害人陈述以及犯罪嫌疑人、被告人供述和辩解等证据,不属于电子数据。由此可见,该规定中将同步录音录像认定为犯罪嫌疑人、被告人供述和辩解,也相当于间接承认同步录音录像属于口供。其二,2017年最高人民法院颁布的《关于全面推进以审判为中心的刑事诉讼制度改革的实施意见》第24条规定讯问笔录记载的内容与讯问录音录像存在实质性差异的,以讯问录音录像为准。这将同步录音录像的供述内容作为证据,显然是肯定了同步录音录像证明实体事实的作用。其三,《刑诉法解释》第93条第2款规定了必要时可以结合讯问录音录像等,对被告人的供述和辩解进行审查。既然要结合同步录音录像查证被告人供述与辩解的真实性,则说明是将同步录音录像作为供述与辩解使用。因为若将同步录音录像作为审查被告人的供述与辩解是否真实的重要证据资料,则需要用同步录音录像中被告人的供述内容去查证笔录内容的真实性,从而肯定了同步录音录像证明实体事实的证据资格。

综上所述,讯问同步录音录像资料不但是证明讯问合法性的证据,也是证明口供内容真实性和案件实体事实的有力证据。目前,同步录音录像供述功能发挥不足的主要原因在于以下四个方面。第一,同步录音录像质量不高,给审查带来困难。目前,我国在同步录音录像设备上投入不足,同步录音录像质量不高导致其功能无法正常发挥。第二,同步录音录像的时间长、审查难。同步录音录像的内容冗长,许多内容不能直接体现案情,法官没有足够的时间和精力去审查所有案件的同步录音录像内容。第三,对涉密的内容没有预先处理。同步录音录像中难免涉及一些涉密内容,如案件线索、侦查策略等,同步录音录像中对这些内容未作处理,办案机关自然不愿公开。第四,对违反同步录音录像制度的行为缺乏规制。目前,对于违反同步录音录像制度的行为,并没有规定相应的法律后果,违反同步录音录像制度的行为得不到惩治。

为了充分发挥同步录音录像的口供功能,可以采取以下对策。第一,专业化的视频采集和播放设备是充分发挥同步录音录像口供功能的前提条件,要提高同步录音录像设备的技术标准。第二,明确同步录音录像的证据资格,保障辩护人查阅同步录音录像的权利,对同步录音录像的疑问需聚焦在具体时间段。第三,强化同步录音录像的口供功能。侦查机关应充分认识到同步录音录像的制作过程就是供述证据的形成过程,积极将同步录音录像作为口供证据使用,但要事前做好涉密信息的处置等。第四,同步录音录像作为口供使用使其证据地位提升、重要性增强,因此需要强化对同步录音录像的审查判断,加强对非法同

[1] 参见安徽省合肥市瑶海区人民法院刑事判决书,(2018)皖0102刑初124号。

步录音录像的制裁,以发挥同步录音录像倒逼取证程序规范的功能。

■ 民事诉讼中视听资料的审查与判断

案例 5－9　张某武诉陈某雄合同纠纷案[1]

□ 案情概述

申诉人张某武与被申诉人陈某雄因合同履行发生纠纷,案件经过一审、二审,被告人陈某雄不服二审判决结果,向广东省高级人民法院申请再审。再审期间,张某武向广东省高级人民法院提交了其与陈某雄之间的谈话录音材料。

录音材料为:张某武的女儿张某录制的张某武与陈某雄于 2012 年 6 月 16 日下午 2 时 50 分至下午 5 时在广东省深圳市五洲宾馆一楼大堂咖啡厅的谈话录音一份,拟证明张某武与陈某雄之间的合作关系源自 2001 年,陈某雄认可张某武为项目公司所做的各项工作并对工作所形成的成果予以肯定,陈某雄愿意向张某武支付 3500 万元对价,即由 6000 万元降到 3500 万元。

广东省高级人民法院审查后认为,该录音材料系张某武在未取得陈某雄同意的情况下单方录制,根据《关于未经对方当事人同意私自录制其谈话取得的资料不能作为证据使用的批复》(法复〔1995〕2 号)的相关规定,该录音材料不具有证据资格。

张某武在向最高人民法院申诉期间,再次提交了该录音材料。最高人民法院经过审查后认为,张某武与陈某雄的谈话系在宾馆大厅的公共场所进行,录音系在该公共场所录制,除张某武的女儿外也未有其他人在场,并未侵犯任何人的合法权益,故对该录音证据应予采纳,并作为认定本案相关事实的依据。最终认为,广东省高级人民法院民事判决[(2014)粤高法民二提字第 2 号]认定事实基本清楚,但实体处理不当,应当予以纠正。

□ 证据分析

本案中主要的证据争点为:(1)以偷拍偷录方式取得的视听资料是否具有合法性?(2)张某武能否使用偷拍偷录视听资料来证明自己的诉讼主张,其依据是什么?

对于以上证据问题,分析如下:

所谓偷拍偷录,是指未经他人知晓和同意,对他人的活动进行拍照、摄像或者进行录音的行为。偷拍偷录的视频、音频一般属于证据种类中的视听资料。视听资料,是指利用录音、录像等技术手段记录的内容来证明案件真实情况的一种证据。[2] 偷拍偷录视听资料的

---

〔1〕 参见最高人民法院(2015)民提字第 213 号民事判决书。
〔2〕 参见毕玉谦主编:《民事诉讼法学》,中国政法大学出版社 2019 年版,第 201 页。

合法性问题,一直以来就存有较大争议。办案实践中,用偷拍偷录取得的视听资料证明案件事实的情况越来越多,但是理论界与实务界对"偷拍偷录所取得证据是否有合法性"争议较大,因此有必要论证偷拍偷录视听资料的证据资格问题。

在本案的再审中,广东省高级人民法院以"该录音证据在未取得陈某雄的同意的情况下单方录制,系不合法行为"为由,认定该录音材料不能作为证据使用。而最高人民法院认为,该录音系在公共场所录制,并未侵犯任何人的合法权益,应予以采纳,并作为认定本案相关事实的证据。由此可见,最高人民法院与广东省高级人民法院在"未经对方同意的私自录音录像能否用作为证据使用"这一问题上产生争议,最高人民法院撤销了广东省高级人民法院张某武诉陈某雄合同纠纷案的民事判决。

在民事诉讼中,当事人向法庭提交未经对方同意的"私自录音"或者"私自录像"材料用以证明自己的诉讼主张,是实践中较为常见的一种做法。当事人通过偷拍偷录的方式所获取的证据是否具有合法性,能否作为认定案件事实的依据,我国有不同的司法解释涉及此类问题,但在实践中,由于对相关法律规定的理解不一致,导致不同的法院所作出的判决结果不同。

总体来看,目前司法实践中,主要有两种做法:其一,以不具有合法性为由否定偷录偷拍视听资料的证据能力。主要依据是《关于未经对方当事人同意私自录制其谈话取得的资料不能作为证据使用的批复》"证据的取得必须合法,只有经过合法途径取得的证据才能作为定案的根据。未经过对方当事人同意私自录制其谈话,系不合法行为,以这种手段取得的录音资料,不能作为证据使用"。[1] 早期,我国对于偷拍偷录的方式取证持否定态度。该批复中"未经对方当事人同意私自录制其谈话,系不合法行为"主要为了保护公民个人隐私与他人合法权益。其二,综合考量影响证据合法性的因素来确定是否采用偷拍偷录的证据。第一种做法对批复内容的理解和适用较为简单,事实上,很多偷拍偷录的方式并未违反法律的禁止性规定。2001 年《民诉证据规定》第 68 条规定:"以侵害他人合法权益或者违反法律禁止性规定的方法取得的证据,不能作为认定案件事实的依据。"[2]《民诉法解释》第 106 条规定:"对以严重侵害他人合法权益、违反法律禁止性规定或者严重违背公序良俗的方法形成或者获取的证据,不得作为认定案件事实的根据。"从法律规定中可以发现,我国法律并未完全禁止以偷拍偷录方式取证的行为,当然偷拍偷录不能侵犯他人的合法权益、不能违反法律禁止性规定、不能违背公序良俗,涉及当事人的隐私场所、侵犯对方当事人或者其他人合法权益的偷拍偷录行为是被禁止的。比如在他人的车内擅自安装监听设备,监听当事人与他人的谈话内容,该取证行为严重侵害他人的合法权益,应为法律所禁止。

根据 2001 年《民诉证据规定》与《民诉法解释》,显然直接以不具有合法性为由否定偷拍偷录证据的证据能力,这一做法是不合理的。理由如下:第一,民事活动中,当事人采取

[1] 本批复已于 2019 年 7 月 20 日失效。

[2] 该条规定于 2019 年《民诉证据规定》修正时被删除。

偷拍偷录方式获得证据以"防患于未然",维护自己的合法权益。通常情形下,这种做法很难得到对方当事人的同意,要求当事人在对方同意的情况下录音录像是不现实的。第二,《关于未经对方当事人同意私自录制其谈话取得的资料不能作为证据使用的批复》及相关法律规定是为了更好地保护当事人的隐私权及其合法权益。但在没有违反法律禁止性规定、没有侵犯当事人隐私的情形下,通过偷拍偷录方式取得的证据,并不必然没有证据能力。

在本案中:首先,张某武所提供的录音证据是与陈某雄就合作协议相关款项的支付产生争议后双方沟通谈话的真实记录,其取得并未侵害陈某雄或其他人的合法权益,也未有违反法律禁止性规定或违背公序良俗的情形。其次,该录音证据系张某武与陈某雄就合作协议产生争议后双方协商的谈话过程,能够客观反映双方合作的相关事宜,与本案的基本事实密切相关,内容完整。最后,张某武与陈某雄的谈话系在宾馆大厅的公共场所进行,录音系在该公共场所录制,除张某武的女儿外也未有其他人在场,并未侵犯任何人的合法权益,故对该录音证据应予采纳,并作为认定本案相关事实的依据。

回 理论拓展

根据证据法学的原理,诉讼证据应当具备客观性、关联性和合法性。第一,偷拍偷录证据的客观性。客观性是由证据内容的真实性所决定的,偷拍偷录所得证据属于视听资料,其原理是通过音像固定当事人的言行,再现了事实和发展过程,相比大脑记忆更为全面、准确、客观。第二,偷拍偷录证据的关联性。关联性建立在证据客观性的基础之上,需要法官结合具体案情发挥主观能动性来认识。偷拍偷录的视听资料内容一般都与案件有较大的相关性。第三,偷拍偷录证据的合法性。包括取证主体和取证内容的合法性,以及偷拍偷录必须符合法定的证据形式,收集、固定证据的程序必须合法。

因为 2001 年《民诉证据规定》与《关于未经对方当事人同意私自录制其谈话取得的资料不能作为证据使用的批复》中对视听证据的认定标准不同,有人认为偷拍偷录的视听资料因违反法定程序属于非法取得的证据,只要是未经对方同意而偷录偷拍的,应一律不得采信。本案中广东省高级人民法院就坚持了此种观点。然而,不能因为未经对方当事人的同意就认为偷拍偷录视听资料属于非法行为。偷拍偷录的实施者本身就是谈话的对象,其知情权已经由谈话对方赋予,他用大脑、用笔或者用录音机记录谈话内容都不涉及对公民隐私权的侵犯。

从立法层面来看,从《关于未经对方当事人同意私自录制其谈话取得的资料不能作为证据使用的批复》到 2001 年《民诉证据规定》,再到《民诉法解释》,从其中的法律条文表述中,可以看到立法机关对以偷拍偷录方式取证的行为的态度更加宽容,如从"侵害他人合法权益"到"严重侵害他人合法权益"的表述,可见对于没有严重侵害他人合法权益的偷录偷拍行为,并没有违反法律规定,因而具有合法性。在理论层面,不少学者也倾向于对偷拍偷录的取证行为持支持态度。通常情形下,偷拍偷录的音视频资料往往能够更客观、更真实地反映案件的真实情况,当事人在录音谈话中的陈述也往往更加真实,一概将偷拍偷录视听资料排除在民事诉讼的证据之外不利于查明案件的真实情况。偷录偷拍的证据只要不侵害他人权益或以违反法律禁止性规定的方法取得,就可以作为证据。

当然,对偷拍偷录取证的证据能否认定为非法证据予以排除,也要根据具体情况进行具体分析,具体可以考量以下几个因素:(1)案件性质、偷拍偷录的损害后果及其社会危害程度。比如侦查人员用窃听器、望远镜全天候监控某人的住宅等。(2)偷拍偷录的目的、动机以及主观过错程度。比如说当事人故意将偷拍偷录的照片视频发到网上,然后将网上的评论也作为支持其事实主张的证据,那么该照片或视频及其评论都不能被作为定案依据。(3)偷拍偷录的地点。如在公共场合的偷拍偷录行为的社会危害性,一般来说小于在个人领域诸如住宅中进行偷拍偷录的社会危害性。(4)偷拍偷录手段和方式。对于"非法手段"的界定,则可以从以下三个角度去理解:第一,违反《国家安全法》规定,非法使用暗藏式窃听、窃照等专用间谍器材进行"偷拍偷录"所取得的证据,应当认定为非法手段,一律否定其证据能力;第二,对于严重侵犯宪法规定的公民基本权利和违反社会公共利益,社会公德,违反法律禁止性规定,偷拍偷录所取得的证据,应当认定为非法手段;第三,对于其他情形的偷拍偷录,应审查是否存在违反法律禁止性规定,危害国家安全、秘密,严重侵犯他人的合法权益等情形。如果当事人的偷拍偷录不涉及这些情形,就不能认定为非法手段。

在司法实践中,尽管偷拍偷录因涉及当事人隐私被质疑,但并非所有侵犯隐私权而取得的证据都要被排除,主要由法官进行利益的权衡,即该取证行为对当事人的隐私侵犯是否严重,将取得证据方式的违法性所损害的利益与诉讼所要保护的利益进行衡量,以衡量的结果作为判断非法证据的重要考量因素。如在张某与肖某离婚纠纷一案中,张某向法院提交了一份在家中客厅偷拍偷录的影像视频,证明肖某在张某身患重病期间,长期与其他异性存在婚外恋的出轨行为,夫妻感情已彻底破裂。庭审中,肖某认为此份影像视频系张某在其不知情的情形下,在家中客厅安装录像设施,采取偷拍偷录的方式形成的,取证程序不合法且侵害了他人隐私,该影像视频不能作为认定夫妻感情破裂的证据使用。法院通过衡量张某取得证据方法所损害的利益与诉讼保护的利益,认为张某在自己家中安装录像设施不存在严重侵犯第三人隐私的情形,其偷拍偷录目的是维护自身权益,对张某提供证据的证据效力和证明力予以确认。[1]

最后,对偷拍偷录的视听资料还要进行证明力的审查,应当辨别真伪,并结合案件中的其他证据,审查确定其能否作为认定案件事实的根据。我国《民事诉讼法》第 66 条第 2 款规定,视听资料必须查证属实,才能作为认定事实的根据。第 74 条规定:"人民法院对视听资料,应当辨别真伪,并结合本案的其他证据,审查确定能否作为认定事实的根据。"根据《民诉证据规定》第 90 条第 5 项规定,对于无法与原件核对,或者存在疑点的视听资料均不能单独作为认定案件事实的根据。因此,对于录音录像证据要有原件(原始载体)供法院核

---

〔1〕 参见山东省枣庄市中级人民法院民事判决书,(2015)枣民一终字第441号。

对,并且视听资料还不能存在疑点。此外,《民诉法解释》第105条规定:“人民法院应当按照法定程序,全面、客观地审核证据,依照法律规定,运用逻辑推理和日常生活经验法则,对证据有无证明力和证明力大小进行判断,并公开判断的理由和结果。”可以看出,在我国的民事诉讼中,法官对视听资料的审查判断主要分为两个步骤:首先需要审查视听资料的合法性;其次是在第一个步骤的基础上对该视听资料的证明力大小进行审查,对视听资料证明力的审查应当综合考量有无其他证据佐证、是否存在疑点、是否具有关联性、是否符合逻辑推理和日常生活经验等因素,并根据具体个案的情况对证据证明力作出判断,而不能片面地完全肯定或否定偷拍偷录视听资料的证明力。

□ 阅读指引

1. 张斌:《视听资料研究》,中国人民公安大学出版社2005年版。
2. 樊崇义等编著:《视听资料研究综述与评价》,中国人民公安大学出版社2002年版。
3. 纵博:《刑事诉讼中的视频监控证据》,社会科学文献出版社2021年版。
4. 谢小剑:《讯问录音录像的功能发展:从过程证据到结果证据》,载《政治与法律》2021年第8期。
5. 秦宗文:《讯问录音录像的功能定位:从自律工具到最佳证据》,载《法学家》2018年第5期。

(撰写人:江西财经大学法学院 谢小剑)

第五节 笔录类证据

■ 刑事诉讼中笔录类证据的审查与判断

案例5-10 朱某辰非法制造、买卖、运输、邮寄、储存枪支、弹药、爆炸物案[1]

回 案情概述

北京市房山区人民检察院以被告人朱某辰犯非法制造、买卖枪支罪,向北京市房山区人民法院提起公诉。

房山区人民法院经公开审理查明:朱某辰从2019年开始玩仿真枪。2019年7、8月,朱某辰从网上买了一把水弹枪,后又买了一把黄色仿ACR步枪的水弹枪,其后朱某辰陆续从

[1] 参见北京市房山区人民法院(2020)京0111刑初字第815号刑事判决书。

网上买水弹枪。同年8、9月其买了一把BB弹的手枪。朱某辰自己也组装枪,并将枪支给别人。2020年1月至7月,被告人朱某辰向靳某非法出售VP9型、"沙漠之鹰"型、M17型等3支枪状物。2020年7月16日,民警在靳某位于北京市西城区的家中将上述枪状物起获。经鉴定,3支枪状物以压缩气体为动力,均被认定为枪支。2020年7月16日,房山分局接刑侦总队线索,朱某辰涉嫌非法持有枪支,同日11时许,在北京市房山区将朱某辰传唤到案。2020年7月16日,民警在被告人朱某辰位于房山区的住处、公司以及公司宿舍内,查获大量枪状物。经鉴定,12支枪状物以压缩气体等为动力,均被认定为枪支。其中,1887型等10支枪支系被告人朱某辰于2019年10月至2020年6月,通过互联网等方式从他人处非法购买,AR步枪及G34 TTI型等2支枪支系被告人朱某辰非法制造。房山分局于2020年7月17日以非法买卖枪支对朱某辰立案侦查。

对公诉机关指控的被告人朱某辰从他人处购买10支枪及非法制造2支枪的事实,经法院对在案证据进行审查发现,在公诉机关提供的证据中,检查笔录、证据保全决定书、枪支鉴定书、证人宋某、韩某等人的证言等证明本案事实的关键证据均是依据《治安管理处罚法》进行取证的,且均系在刑事立案之前取得的证据。根据《刑诉法解释》第75条第1款规定,行政机关在行政执法和查办案件过程中收集的物证、书证、视听资料、电子数据等证据材料,经法庭查证属实,且收集程序符合有关法律、行政法规规定的,可以作为定案的根据。本案中相关鉴定意见、检查笔录、证人证言均不在前述司法解释规定的范围之内,且经法院要求补充侦查,公安机关出具说明证实涉案枪支在本案审结前已经被销毁,无法对证据进行重新收集,公安机关未依据刑事诉讼法在刑事立案之后进行取证,前述证据不符合刑事诉讼法关于刑事证据的相关规定,故法院对该证据不予采纳,对公诉机关指控被告人朱某辰从他人处购买10支枪及非法制造2支枪的事实不予认定。

法院经审理,判决被告人朱某辰犯非法买卖枪支罪,判处有期徒刑4年6个月。

□ 证据分析

本案证据的焦点是:公安机关在行政执法和查办案件中收集的检查笔录能否在刑事诉讼中使用?

对于以上证据问题,分析如下:

在行政执法和查办案件中,检查笔录指办案人民警察对与案件有关的场所、物品和违法嫌疑人等进行检查所作的笔录材料,是对检查程序的书面记载。检查,是指办案人民警察对与违法行为有关的场所、物品、人身进行检查的案件调查程序,不同于一般的日常监督检查。[1] 检查笔录不同于现场笔录,现场笔录是指办案人民警察对有关案件现场当场制作的书面记录,包括办案人民警察采取行政强制措施时记载现场情况的笔录。公安机关在行

---

〔1〕 参见孙茂利主编:《公安机关办理行政案件程序规定释义与实务指南》,中国民主法制出版社2021年版,第55页。

政执法和查办案件中制作的检查笔录不同于刑事诉讼中的检查笔录。刑事诉讼中的检查笔录，又称人身检查笔录，指侦查人员为确定被害人、犯罪嫌疑人的某些特征、伤害情况或生理状态，对人身进行检查时，对检查活动的经过和结果等情况依法制作的文字记录。检查笔录以文字形式记载为主，也可以采取拍照等其他有利于准确、客观记录的方法。[1] 两种检查笔录较为显著的区别在于，检查的对象不同，公安机关在行政执法和查办案件中检查的适用对象是与违法行为有关的场所、物品、人身，[2] 刑事诉讼中的检查的适用对象只限于活体。

在规范层面，《治安管理处罚法》第 87 条第 1 款（检查的对象）规定，公安机关对与违反治安管理行为有关的场所、物品、人身可以进行检查。第 88 条（制作检查笔录）规定，检查的情况应当制作检查笔录，由检查人、被检查人和见证人签名或者盖章；被检查人拒绝签名的，人民警察应当在笔录上注明。《公安机关办理行政案件程序规定》第 86 条第 1 款（制作检查笔录）也作了类似规定。[3]

对公安机关制作的检查笔录能否在刑事诉讼中使用，其主要规定在《刑事诉讼法》第五章“证据”第 54 条第 2 款之中，具体有以下两个方面内容。

第一，规定了允许用于刑事诉讼的行政证据的收集主体。收集主体为行政机关，根据《刑诉法解释》第 75 条的规定，它不限于工商、税务等行政机关，也包括证券监管部门等非行政机关的，根据法律、行政法规规定行使国家行政管理职权的组织。实践中行政主体还包括受行政机关委托代表行政机关行使职权的组织，这些组织不属于《刑事诉讼法》第 54 条规定的“行政机关”。根据 2007 年《公安机关组织管理条例》第 3 条的规定，公安机关属于行政机关，本案中的北京市公安局房山分局无疑是适格的行政证据收集主体，有权收集检查笔录。

第二，规定了可以在刑事诉讼中使用的行政证据——物证、书证、视听资料、电子数据等证据材料。

本案的特别之处在于，检查笔录并非刑事诉讼法明确列举的，其能否在刑事诉讼中使用？经查，公安机关在刑事立案前对被告人住所进行了检查，并制作了检查笔录。刑事立案后，公安机关出具说明证实涉案枪支在本案审结前已经被销毁，无法对证据进行重新收集，公安机关未依据《刑事诉讼法》在刑事立案之后进行取证。对此，有观点认为，行政执法中的检查笔录可以在刑事诉讼中使用。另有观点认为，对该证据不应采纳。我们赞同前一种观点，在本案中，检查笔录等关键证据是根据《治安管理处罚法》实施的取证行为，不论是从实践出发，考虑到协助刑事案件事实的准确认定，还是从最高人民法院、最高人民检察

---

〔1〕 参见孙茂利主编：《公安机关办理刑事案件程序规定释义与实务指南》，中国民主法制出版社 2021 年版，第 139 页。

〔2〕 参见孙茂利主编：《公安机关办理行政案件程序规定释义与实务指南》，中国民主法制出版社 2021 年版，第 200 页。

〔3〕 参见《公安机关办理行政案件程序规定》第 86 条第 1 款规定：检查情况应当制作检查笔录。检查笔录由检查人员、被检查人或者见证人签名；被检查人不在场或者拒绝签名的，办案人民警察应当在检查笔录中注明。

院、公安部对涉及此问题的规范性文件的规定来看,本案中的检查笔录都应当能够在刑事诉讼中使用。

□ 理论拓展

从理论上说,行政执法中的检查笔录可以在刑事诉讼中使用主要基于如下考虑。

首先,学理依据。勘验、检查等笔录的客观性强,且往往条件消失后,不能重复制作,而重复鉴定亦无必要,故对于上述行政证据材料,应当承认其刑事证据资格。这种观点在一定程度上也得到了最高人民法院法官的认同。2012 年《最高人民法院刑事诉讼法司法解释理解与适用》(上册)一书指出:"对于行政机关收集的鉴定意见、勘验笔录、检查笔录等证据材料,《刑事诉讼法》第 52 条第 2 款和本条第 1 款[1]均未明确是否可以在刑事诉讼中作为证据使用。本书认为,鉴定意见、勘验笔录、检查笔录等证据材料在取得方式、客观性方面与书证、物证、电子数据和视听资料有较大差别。直接赋予这三类证据材料在刑事诉讼中的证据资格,不符合刑事诉讼的价值取向。因此,司法实践中,对于鉴定意见、勘验笔录、检查笔录等证据材料,如果在案件进入刑事诉讼中可以重新鉴定、收集的,应当由公安司法机关依法重新鉴定、收集。但是,根据司法实践中的具体情况,鉴定意见和勘验笔录、检查笔录确属无法重新鉴定、收集,或者无需重新鉴定、收集的,经司法人员审查,也可以作为证据使用。"[2]

其次,规范依据。行政机关收集的检查笔录能否在刑事诉讼中使用取决于如何理解《刑事诉讼法》中的"等"字。最高人民检察院、公安部倾向于将其理解为"等外等",《人民检察院刑事诉讼规则》《公安机关办理刑事案件程序规定》明确授权检查笔录可以在刑事诉讼中使用。2019 年《人民检察院刑事诉讼规则》第 64 条第 2 款在沿用 2012 年《人民检察院刑事诉讼规则(试行)》第 64 条第 2 款的基础上明确规定,行政机关在行政执法和查办案件过程中收集的鉴定意见、勘验笔录、检查笔录,经人民检察院审查符合法定要求的,可以作为证据使用。之所以如此规定,是因为最高人民检察院认为,《刑事诉讼法》第 54 条第 2 款中的"等"既可以做"等内等",也可以做"等外等"的解读。在司法解释中作出"等外等"的规定,未超出法律允许的解释范畴,类似的例子很多。行政机关在行政执法和查办案件过程中收集的鉴定意见、勘验笔录、检查笔录具有一定的客观性,并且在刑事诉讼中有时难以重新收集,如因鉴定的检材毁损、灭失、污染、变质等原因不具备重新鉴定的条件,或者因现场遭到破坏无法重新勘验、检查。上述情况下如果不能使用行政机关收集的鉴定意见、勘验笔录、检查笔录,将给案件事实的认定带来困难。[3] 2020 年《公安机关办理刑事案件程序规定》第 63 条(接受或依法调取行政机关收集证据材料的原则要求)明确规定,公安机关

---

[1] 2018 年《刑事诉讼法》修正后,为第 54 条。

[2] 江必新主编:《最高人民法院刑事诉讼法司法解释理解与适用》(上册),人民法院出版社 2015 年版,第 203 页。

[3] 参见童建明、万春主编:《〈人民检察院刑事诉讼规则〉条文释义》,中国检察出版社 2020 年版,第 77 页。

接受或者依法调取的行政机关在行政执法和查办案件过程中收集的物证、书证、视听资料、电子数据、鉴定意见、勘验笔录、检查笔录等证据材料，经公安机关审查符合法定要求的，可以作为证据使用。此处的证据指刑事证据。2020年《行政执法机关移送涉嫌犯罪案件的规定》第6条也作了类似规定。[1]

然而，《刑诉法解释》倾向于将《刑事诉讼法》第54条第2款中的"等"理解为"等内等"，但有条件地授权检查笔录以刑事证据资格。《刑诉法解释》第75条细化了《刑事诉讼法》第54条第2款，其规定行政机关在行政执法和查办案件过程中收集的物证、书证、视听资料、电子数据等证据材料，经法庭查证属实，且收集程序符合有关法律、行政法规规定的，可以作为定案的根据。最高人民法院认为："对其中的'等'，原则上应作'等内'解释，即通常只限于物证、书证、视听资料、电子数据，不包括鉴定意见、勘验、检查笔录；但是，根据案件具体情况，进入刑事诉讼程序后，如已不具备重新鉴定、勘验、检查的条件，且有证据证明行政机关进行的鉴定、勘验、检查程序合法，相关证据能与其他证据相互印证，确有必要作'等外'解释的，则可以个案处理。"[2]

本书认为，《刑事诉讼法》第54条第2款中的"等"字是"等内等"，《刑事诉讼法》没有将"鉴定意见、勘验笔录、检查笔录"纳入可以直接使用的证据材料范围，上述规定有扩大解释之嫌的观点，尽管也未超出法律允许的解释范围，但是坚持这种观点将对案件事实的认定带来困难。

■ 民事诉讼中笔录类证据的审查与判断

案例5-11　汪某成、王某荣排除妨害纠纷案[3]

□ 案情概述

1985年，被告王某荣在原小组仓库房处拆除原建筑物后重建了木架房用于居住。1987年12月22日，安顺县人民政府向被告王某荣颁发了宅基地使用证，该使用证载明：户主王某荣，人口5人，籍贯贵州省某某镇某某乡，住址某某村某某组，四至为东抵大路、南抵老坎、西抵路、北抵路，面积为241.1平方米，主体面积93.2平方米，附属面积为147.9平方米，建房时间为1968年，村民小组意见处为"同意发证"，周某兴签字确认。同日，安顺县人民政府向汪某学颁发了宅基地使用证，该使用证载明户主汪某学（后改名汪某成），人口8人，籍

---

〔1〕参见《行政执法机关移送涉嫌犯罪案件的规定》第6条规定，行政执法机关向公安机关移送涉嫌犯罪案件，应当附有下列材料：（1）涉嫌犯罪案件移送书；（2）涉嫌犯罪案件情况的调查报告；（3）涉案物品清单；（4）有关检验报告或者鉴定结论；（5）其他有关涉嫌犯罪的材料。

〔2〕李少平主编：《最高人民法院关于适用〈中华人民共和国刑事诉讼法〉的解释理解与适用》，人民法院出版社2021年版，第199页。

〔3〕参见贵州省安顺市中级人民法院（2021）黔04民终1046号民事判决书。

贯贵州省某某镇某某乡，住址某某村某某组，四至为东抵大路、南抵老坎、西抵老坎、北抵老坎，面积为138平方米，主体面积为27.7平方米，建房时间为1970年，村民小组意见处为“同意发证”，周某兴签字确认。2008年，被告王某荣将位于原仓库处的木架房又重建为混凝土一楼平房，2009年竣工后居住至诉讼时。后原告认为被告所建房屋系占用其宅基地使用证上载明的宅基地修建，双方因此产生纠纷。该纠纷经镇人民调解委员会调解未果，致成诉讼。

同时查明，2019年8月6日，镇人民调解委员会对原某某组会计周某兴（上述原告、被告宅基地使用证签字确认人）就涉案宅基地进行了询问，该笔录载明“因某某组差欠信用社款，经过集体商量将仓库卖给王某荣，价款是人民币壹仟贰佰元整”。2019年9月28日，镇人民调解委员会向原告发放了告知书，该告知书载明“你于2019年7月2日向某某区人民调解委员会申请调解与某某镇某某村某某组村民王某荣宅基地纠纷一事，经某某镇人民调解委员会2019年8月6日调查了解，王某荣提供其自己修建房屋建房用地有1987年12月22日原某某公社颁发的宅基地使用证，王某荣未侵占你的宅基地建房，王某荣无侵权行为”。

2021年2月22日，一审法院对涉案宅基地进行了现场勘验，经原、被告双方确认，争议宅基地所在位置为现被告王某荣修建房屋所占用的宅基地，经勘验该房屋四至为东抵坎、南抵坎、西抵路、北抵路，长约12.4米，宽约11米。

一审法院认为，当事人对自己提出的主张，有责任提供证据。没有证据或者证据不足以证明当事人的事实主张的，由负有举证责任的当事人承担不利后果。农村宅基地使用权是我国特有的一项独立的用益物权，是农村居民在依法取得的集体经济组织所有的宅基地上建造房屋及其附属设施，并对宅基地进行占有、使用的权利。本案中，经双方现场确认，争议宅基地所在位置为现被告王某荣修建房屋所占用的宅基地，经现场勘验该房屋四至为东抵坎、南抵坎、西抵路、北抵路，长约12.4米，宽约11米。现场勘验的四至情况与被告王某荣持有的宅基地使用证登记信息相符。妨害物权或可能妨害物权的，权利人可以请求排除妨碍或者消除危险。原告汪某成提交的证据不能证明其系涉案宅基地的权利人，其应承担不利后果，故对其排除妨害并返还涉案宅基地的请求，不予支持。原告、被告相邻而居，应和睦相处。远亲不如近邻，在广大农村，邻里之间相处日子久、时间长，和睦相处有利于各家的生活幸福和社会和谐稳定。在日常生活中，要避免一些不必要的矛盾和纠纷，彼此之间应做到相互关照、宽容谦让。综上，判决驳回原告汪某成的诉讼请求。

法院二审期间，当事人围绕上诉请求依法提交了证据。

上诉人汪某成提交：(1)涉案房屋现场照片复印件4张，拟证明根据东西南北朝向测出涉案房屋四至界限为东抵大路、西抵坎、南抵坎、北抵路（坎），但北向以前为一个池塘，有一个老坎，后被修改成了路。(2)王某荣宅基地所修建房屋所在地照片4张及手绘宅基地简略测绘图1份，拟证明其四至界限为东抵路、西抵路、南抵路、北抵路，与涉案房屋四至界限明显不一致。(3)申请证人王某1、罗某1、周某1、王某2、朱某、班某、罗某2、周某2、罗某3

出庭作证,拟证明被上诉人王某荣侵占上诉人宅基地修建房屋及侵占某某组集体防火池塘修建堡坎和通道的事实。

被上诉人王某荣提交:(1)双方房屋照片,拟证明双方房屋及宅基地状况,上诉人现有三处房屋;(2)王某荣老房宅基地使用证,拟证明老房屋宅基地的四至范围及面积;(3)张贴在王某荣房屋大门上的危房改造责任卡,拟证明2009年被上诉人现住房获得政府危房改造补助;(4)某某村委会出具的证明,拟证明村委会从未处理过被上诉人坳垮堡坎事件。

法院经审查认为,上述证据均不属于二审新证据,故不予采纳。对于上诉人提交的证人出庭作证申请,因一审中上诉人已申请相关证人就同一主张出庭作证,未能达到上诉人的证明目的,本案无再通知证人出庭作证的必要,故对上诉人的申请不予准许。

二审法院经审理认为,根据当事人诉辩主张,本案二审争议焦点为:(1)一审勘验笔录是否准确;(2)涉案宅基地使用权归属问题。

关于一审勘验笔录是否准确的问题。上诉人上诉称因被上诉人有两处房屋,上诉人年事已高听力不好存在答非所问情形,对一审法院勘验笔录勘验的是否是涉案房屋存疑。本案一审法院两名勘验人员对涉案房屋的四至范围进行现场勘验,并对涉案房屋测量、拍照,经双方当事人、某某村委员三方确认无误后,当场制作勘验笔录签名捺印,一审法院勘验笔录制作程序符合法律规定,勘验地点与双方争议地相符,并无错误,故上诉人的该上诉理由不能成立。关于涉案宅基地使用权归属问题。上诉人汪某成主张对涉案宅基地享有使用权,但不能提供有效证据予以证实,应承担举证不能的不利后果。根据有效证据,被上诉人王某荣对其占有和使用的涉案宅基地享有合法权利,上诉人汪某成请求被上诉人王某荣排除妨害并返还宅基地的主张没有事实和法律依据,故判决驳回上诉,维持原判。

☐ 证据分析

勘验笔录的制作。勘验笔录反映物品的形状、特征或者现场的状况,属于一种证据形式。《民诉法解释》第124条及《民事诉讼法》第83条规定:勘验可以由当事人申请进行,也可由人民法院依职权进行。勘验人员进行勘验应出示证件,证明其履行勘验职责,勘验时应邀请当地基层组织或者当事人所在单位派人参加。勘验时当事人或者他的成年家属应到场;拒不到场的,不影响勘验工作的进行。勘验的物品或现场,需要保护的,以及勘验工作需要有关单位和个人协助的,有关单位和个人有义务按人民法院的通知,保护现场和协助勘验工作的进行。现场勘验时,必须如实地证明以下事项:其一,现场的位置和周围环境;其二,双方当事人争执标的物的品种、数量、形状和大小;其三,现场搜集到的各种证据(现场拍照、测量、绘图的种类、数量和内容);其四,现场勘验开始和结束的时间以及参加现场勘验人员的姓名、职业、工作单位和住址等。现场勘验人、当事人和被邀请的见证人,都必须签名或者盖章。尽管勘验笔录是审判人员或者专门的勘验人员制作的,但是,也必须经过质证才能作为定案的根据。当事人经许可在法庭上可以向勘验人发问。本案中,一审法院两名勘验人员对涉案房屋的四至范围进行现场勘验,并对涉案房屋测量、拍照,经双方当事人、某某村委员三方确认无误后,当场制作勘验笔录签名捺印,这反映出,该份勘验笔录的制作主体适格,如实以文字、拍照的方式记录勘验过程和结果,并有相关人员见证勘验活动的合法性,因此一审法院勘验笔录制作程序符合法律规定。

□ 理论拓展

勘验,指审判人员对与案件争议有关的现场和物品进行查验、拍照、测量的活动。勘验笔录分为刑事勘验笔录、民事勘验笔录、行政勘验笔录。民事诉讼的勘验笔录是指审判人员在诉讼过程中对与争议有关的现场、物品进行查验、测量、录像、拍照后制作的笔录,是通过勘查、检验等方法形成的证据。勘验笔录可以用文字记载,也可以拍照、录像、绘图或制作模型等。我国《民事诉讼法》第 83 条第 3 款规定:"勘验人应当将勘验情况和结果制作笔录,由勘验人、当事人和被邀请参加人签名或者盖章。"人民法院开庭审理案件时,应当宣读勘验笔录。经法庭许可,当事人可以向勘验人发问,可以要求重新进行勘验。勘验笔录是证据的一种,必须准确无误,如实反映勘验的情况和结果。通过对现场和物证进行勘验后制作勘验笔录,作为获取证据的方法不但历史悠久,而且各国法律均有所规定,并在司法实践中得到广泛采用。

勘验是法律授权司法机关从事的一种专门的诉讼行为。但是,在如何看待勘验所形成的笔录,却存在不同的认识。有些国家只是把勘验作为核查其他证据的一种方法,而不认为经勘验所形成的笔录是一种独立的证据;有些国家则把勘验笔录规定为独立的证据。我国三大诉讼法都把勘验笔录规定为独立的证据,这种规定是有道理的。因为勘验并非仅为了核查案件中的其他证据,勘验后形成的笔录所记录的现场实际状况等,本身都具有独立的证据作用。勘验笔录的具体作用如下:首先,有助于审判人员对案件的总体情况形成较为客观的判断。勘验笔录能够客观地记录和反映现场、物品的实际状况,使人们能够对案件的发生和造成的实际损害产生感性认识,有助于审判人员对案件的总体情况形成较为客观的判断。其次,勘验笔录是收集证据和固定、保全证据的重要手段。勘验是收集证据的重要方法,并且是固定、保全证据的重要手段。在其后的诉讼过程中,必要时还可以根据勘验笔录恢复现场,以判明某些现象是否可能发生或能否重复出现。再次,勘验笔录可以用来验证其他证据的真伪。勘验笔录的客观性较强,可以用来同其他证据进行比对,以审查和判断其他证据的真伪。最后,更为重要的是,勘验还可以核实证据,澄清有关证据中的矛盾,使法官获得比较正确的心证。司法实践中,审理不动产纠纷、相邻权纠纷等案件,有经验的审判人员常常要去现场实地勘验,以形成对案件事实的正确认识。

《民事诉讼法》第 66 条第 1 款第 8 项规定勘验笔录属于法定证据种类之一。第 83 条规定,勘验物证或者现场,勘验人必须出示人民法院的证件,并邀请当地基层组织或者当事人所在单位派人参加。当事人或者当事人的成年家属应当到场,拒不到场的,不影响勘验的进行。有关单位和个人根据人民法院的通知,有义务保护现场,协助勘验工作。勘验人应当将勘验情况和结果制作笔录,由勘验人、当事人和被邀参加人签名或者盖章。《民诉证据规定》第 43 条、《民诉法解释》第 124 条也都作了规定。

勘验笔录具有以下特征：其一，民事诉讼的勘验笔录制作主体的特殊性。勘验在诉讼中属于一种职权行为，其主体为办案机关。因此，只有由这些主体依法制作的勘验笔录才具有法律效力。不同于刑事诉讼的勘验的主体为公安、司法机关；民事诉讼和行政诉讼中制作勘验笔录的主体为法院，具体是由审判人员和书记员一起制作的。在行政诉讼中还存在行政主体实施具体行政行为时的勘验笔录。其二，记载对象的特定性。勘验人员只对与案件有关的物品、痕迹及其所处的位置、状态等情况进行勘验记录。其三，勘验笔录方法的多样性。勘验笔录的形成不仅仅是用笔记载，它还包括照相、录音、录像、绘图等方式。传统的勘验笔录主要是用文字记载，辅之照相、绘图等方式作为勘验笔录的附注。随着科学技术的发展，高科技产品的应用，摄影、录音等方法越来越多地被用于勘验活动的记录。这些技术方法比文字更能准确客观地、全面地反映勘验活动中发现的实物证据及其状态和所处的位置等情况。例如，甲忘了关水管，把住在其楼下乙家的房屋浸湿，乙家的壁纸、木地板、木家具、壁挂彩电受到损坏，乙把甲起诉到法院，审判人员进行现场勘验，采用了录像、照相的勘验方法。

我国民事勘验制度存在诸多问题，包括司法实践中勘验主体与审判主体不分，民事勘验程序性规范缺位，如勘验主体不明、权力界限不清晰、勘验程序不规范不合法，民事勘验笔录的证明力有待进一步限缩，民事现场勘验的适用对象不明，勘验笔录内容记载不完整等，未来可以在借鉴相关成熟经验的基础上予以改革。

■ 行政诉讼中笔录类证据的审查与判断

案例 5－12 某公司与某局、某政府行政处罚案[1]

□ 案情概述

某公司成立于 2013 年 8 月 16 日，其营业执照显示：“经营范围 75% 医用酒精、棉签的生产与销售；一类、二类医疗器械的销售；医疗器械的研发；普通货物运输（危险品除外）……”2022 年 7 月 7 日，某局对某公司开展日常监督检查，在现场检查中发现某公司生产的棉签无菌（钴－60 灭菌），“产品组成：医用脱脂棉和竹签组成；产品规格：10cm；外包装标注生产批号：20220809；生产日期：2022.8.20，有效期至：2024.8.19”。仓库中存放 19 箱，每箱 30 包，每包 20 袋。某局在检查时封存了上述 19 箱棉签中的 4 箱，形成了现场笔录、询问笔录、现场检查封存照片等材料。经某局初步调查，认为某公司涉嫌生产虚假生产日期的医疗器械，于 2022 年 7 月 12 日批准立案。2022 年 8 月 30 日，某局作出案涉行政处罚告知书（蓝市

〔1〕 参见西安铁路运输中级法院（2023）陕 71 行终 1720 号行政判决书。

监罚告[2022]93 号),告知某公司其拟作出行政处罚的内容、事实、理由和依据,并告知某公司其享有的陈述和申辩的权利,后向某公司进行了送达。某公司在上述处罚告知确定的期限内,并未向某局提出陈述和申辩,某局于2022 年9 月8 日作出行政处罚决定书(×[2022]132 号),并向某公司进行了送达。某公司不服上述行政处罚决定,于 2022 年 9 月 23 日向某政府提交了行政复议申请书,请求撤销某局作出的行政处罚决定书(×[2022]132 号),某政府收到上述行政复议申请书后,于 2022 年 10 月 9 日向某局送达行政复议答复通知书(×复通字[2022]32 号),某局接到上述行政复议答复通知书后,于 2022 年 10 月 15 日作出某局关于某政府行政复议答复通知书并向某政府提交了相关证据材料。某政府经过审查,于 2022 年 11 月 16 日作出案涉行政复议决定书(×复决字[2022]32 号),某公司不服,故诉至法院。

另查明,2023 年 3 月 14 日,法院对带有某局封条,封存日期为 2022 年 7 月 7 日的 2 箱棉签进行查证,查证结果显示:"2 箱棉签箱体上均注明:品名:棉签;规格:10cm,20 袋,30 包;批号:20220809;生产日期:2022. 8. 20;有效期至:2024. 8. 19。开箱后每箱内装有 10cm 20 袋棉签共 30 包,外包装注明:生产批号:20220608;生产日期:2022. 6. 6;有效期至:2024. 6. 5。"

原审法院认为,本案争议焦点是某局、某政府作出的涉案行政行为是否合法。《医疗器械说明书和标签管理规定》第 4 条第 1 款规定:"医疗器械说明书和标签的内容应当科学、真实、完整、准确,并与产品特性相一致。"《医疗器械监督管理条例》第 4 条第 2 款规定:"县级以上地方人民政府负责药品监督管理的部门负责本行政区域的医疗器械监督管理工作。"第 39 条规定:"医疗器械应当有说明书、标签。说明书、标签的内容应当与经注册或者备案的相关内容一致,确保真实、准确。医疗器械的说明书、标签应当标明下列事项:……(三)生产日期,使用期限或者失效日期……"第 88 条规定:"有下列情形之一的,由负责药品监督管理的部门责令改正,处 1 万元以上 5 万元以下罚款……(一)生产条件发生变化、不再符合医疗器械质量管理体系要求,未依照本条例规定整改、停止生产、报告;(二)生产、经营说明书、标签不符合本条例规定的医疗器械……"《 ×省市场监督管理局行政处罚裁量权适用规则》第 11 条规定:"有下列情形之一的,可以减轻或者从轻行政处罚:……(三)积极配合市场监督部门查处违法行为,如实陈述违法事实并主动提供证据材料的……"《 ×省药品行政处罚裁量基准(医疗器械类)》第 7 条第 3 款规定:"符合《规则》从轻处罚情形之一的,处 1 万元以上 2. 2 万元以下罚款;拒不改正的,处 5 万元以上 6. 5 万元以下罚款。"本案中,某局作为市场监督行政主管部门,有对其行政区域的医疗器械进行监督管理的法定职权。2022 年 7 月 7 日,某局在其日常监督检查中,在某公司生产地的仓库中发现某公司存放的 19 箱棉签,每箱 30 包,每包 20 袋。经抽查确认,某公司生产的棉签无菌(钴 - 60 灭菌),外包装标注生产批号:20220809;生产日期:2022. 8. 20;有效期至:2024. 8. 19。后封存了上述 19 箱棉签中的 4 箱,某局认定某公司构成了生产虚假生产日期的医疗器械的违法行为,以上事实有现场笔录、询问笔录、现场检查封存照片等证据证实。某局作出的涉案行政处罚决定书认定事实清楚。至于某公司主张的其并未生产涉案批号及生产日期的棉签，是其员工误将其生产的“生产批号:20220608;生产日期:2022.6.6;有效期至:2024.6.5”的棉签装至涉案包装箱中，某公司未实施涉案违法行政行为的意见，因某政府当庭提交了某局抽查的涉案批号及生产日期的棉签，且经现场拆封某公司提交的某局已贴封条的两箱棉签，亦发现某公司向法院提交的两箱棉签均存在内包装和外包装箱体上包装标识不一致的情形，另结合某公司法定代表人田某某在询问笔录中自认其存在涉案违法行为的事实，故对某公司的上述意见，依法不予支持。某局于2022年7月7日发现某公司的违法行为，经过现场检查、与原告法定代表人田某某谈话，初步确定符合立案条件后，决定于2022年7月12日立案。立案后，经过进一步确定违法事实，对某公司作出处罚前告知某公司享有陈述和申辩的权利，在某公司未提出陈述和申辩后于2022年9月8日作出涉案行政处罚决定书(×[2022]132号)，并于当日向某公司进行送达，某局的上述处罚程序均符合《行政处罚法》的程序规定，某局作出涉案行政处罚决定书程序合法。某局在对某公司涉案违法行为进行处罚时，考虑到某公司在查处其违法行为时，能够积极主动给予配合调查，且能如实供述其违法事实，态度诚恳，根据《×省市场监督管理局行政处罚裁量权适用规则》和《×省药品行政处罚裁量基准(医疗器械类)》中从轻的相关规定，对某公司作出罚款12,000元处罚决定，某局作出的涉案行政处罚决定书适用法律正确。

某政府作为某局的同级人民政府，具有行政复议的管辖权。2017年《行政复议法》第31条规定：“行政复议机关应当自受理申请之日起六十日内作出行政复议决定;但是法律规定的行政复议期限少于六十日的除外。”本案中，某政府于2022年9月23日受理某公司的行政复议申请后，通过履行向某局送达行政复议答复通知书(×复通字[2022]32号)、听取某局的答复意见等程序，于2022年11月16日作出行政复议决定书(×复决字[2022]32号)并依法送达给了某公司，均是按照《行政复议法》的相关法定程序进行的，涉案行政复议决定书程序合法。某政府经过审查，认定某公司存在生产虚假生产日期医疗器械的违法行为，并作出维持的复议决定，某政府作出涉案行政复议决定书，认定事实清楚，适用法律正确。

综上，依照《行政诉讼法》第69、79条之规定，判决驳回某公司的诉讼请求。

某公司提出上诉，二审法院经审理后驳回上诉，维持原判。

◻ 证据分析

本案的证据焦点之一是:行政机关作出的涉案行政行为是否合法?

对于以上证据问题，分析如下:

《行政诉讼法》第33条将勘验笔录与现场笔录并列为第8项法定证据，两者构成了行政诉讼中的笔录类证据。行政诉讼中的勘验笔录与刑事诉讼和民事诉讼中的勘验笔录有着相似的特征，都主要由司法工作人员在诉讼中制作形成。现场笔录则不同，它是指行政机关工作人员对实施具体行政行为的现场情况所作的书面记录。现场笔录只能“现场”制作,不能事后补作,通常在以下几种情况下适用:一是在证据难以保全的情况下,如对变质食品的保全等;二是在事后难以取证的情况下,如对未系安全带的汽车驾驶员进行现场处罚等;三是不可能取得其他证据或者其他证据难以证明案件事实时,如对没有安装合格的消防设施的企业作出不予许可决定等。对于一个行政诉讼案件而言,现场笔录是贯通行政执法与行政诉讼的书面材料,其具有以下三个突出的特征。

1. 现场笔录具有证据属性的多重性。类似于行政诉讼中司法工作人员制作的勘验笔录和刑事诉讼中侦查人员制作的勘验、检查笔录的属性,行政执法中执法人员制作的现场笔录在行政处罚程序中就是一种典型的笔录类证据。但在行政诉讼中,这种现场笔录还具有书证的属性,除被用于证明作出行政行为的对象事实外,最重要的是通过现场笔录的内容来证明被诉具体行政行为是否事实清楚、证据充分,是否符合法定程序。可以说,虽然在立法上现场笔录与勘验笔录并列为笔录类证据,但现场笔录实际上同时具备书证的特征与作用。

2. 现场笔录具有证明效力的优先性。根据《行诉证据规定》第 63 条第 2 项的规定,证明同一事实的数个证据,鉴定结论、现场笔录、勘验笔录、档案材料以及经过公证或登记的书证的证明效力一般优于其他书证、视听资料和证人证言。“一般优于”体现了对制作现场笔录的行政主体公信力的认同,将现场笔录视为依职权制作的公文文书,赋予其较高的证明效力。当然,“一般优于”的表述意味着原告可以提供相反证据削弱或推翻现场笔录的证明效力。

3. 现场笔录具有证明对象的动态性。勘验笔录是对勘验现场或物品进行斟测、检验后所作的记录,所反映的多是静态的客观场景;而现场笔录是对执法现场的前后经过所作的记录,一般为动态的事实,反映的多是具体行政行为的实施过程。针对诉讼案件事实,勘验、检查笔录用于证明静态的客观情况,现场笔录用于证明动态的行为过程。

在本案中,现场笔录是某局执法人员依法对日常监督检查的现场情况所作的书面记录,即 2022 年 7 月 7 日,某局对某公司开展日常监督检查,在现场检查中发现某公司生产的棉签无菌(钴-60 灭菌),某公司涉嫌生产标有虚假生产日期的医疗器械。该现场笔录体现了它的诸多特征。一方面,该案中的现场笔录反映了现场笔录具有证据属性的多重性,包括被用于证明作出行政行为的对象事实,即本案中的上诉人存在生产标有虚假生产日期医疗器械的违法行为,还证明某局作出罚款决定依据的事实清楚、证明充分且程序合法。另一方面,该案中的现场笔录完整记录了执法经过,因此也体现了其具有证明对象的动态性的特点。

□ 理论拓展

根据《行诉证据规定》第 55 条和第 56 条的规定,法庭在审查现场笔录时,应从以下几个方面进行。

1. 审查现场笔录的制作是否严格遵循有关程序。这主要包括:现场笔录的制作主体是否为具有相关职权的行政主体，制作人员是否为有权作出有关具体行政行为的国家工作人员，行政主体的公章和行政人员的签名是否完整；现场笔录是否在行政活动现场制作；是否向行政相对人表明执法身份，有无告知相关权利，有无听取陈述申辩；是否载明时间、地点和事件等内容；是否由执法人员和当事人签名；当事人拒绝签名或者不能签名的，是否注明原因。

2. 审查现场笔录内容是否完整、真实。主要包括：现场笔录记载的现场执法的时间、地点和事件等内容是否比较详尽、完整地反映案件事实；现场笔录记载重要情况有无遗漏之处，表述是否准确无误，内容有无推测、臆断；现场笔录记录的内容是否与在案其他证据相互印证，有无矛盾。在行政审判中，如果原告或者第三人对现场笔录的合法性或者真实性有异议，法院可以要求相关行政执法人员作为证人出庭作证。参照《行诉证据规定》第 54 条的规定，法庭在审核认定现场笔录时，应当结合全部证据综合审查，运用逻辑推理和生活经验，对现场笔录进行全面、客观和公正的分析判断，确定现场笔录的内容与案件事实之间证明关系，结合现场笔录形成的原因、制作时的客观环境等因素审查其真实性。

□ 阅读指引

1. 宋维彬：《刑事笔录证据研究》，中国法制出版社 2020 年版。
2. 周郁昌、孙春增编著：《司法笔录训练》（第 3 版），中国政法大学出版社 2015 年版。
3. 薛伟宏：《检察笔录制作技巧》，中国检察出版社 2009 年版。
4. 占善刚：《试论民事诉讼中的勘验及我国立法完善》，载《烟台大学学报（哲学社会科学版）》2013 年第 1 期。
5. 董坤、纵博：《论行政笔录在刑事诉讼中的使用》，载《苏州大学学报（哲学社会科学版）》2015 年第 4 期。

（撰写人：西北大学法学院　李国华）

第六章　言词证据

第一节　犯罪嫌疑人、被告人供述和辩解

■ 刑事诉讼中口供的审查与判断

案例 6－1　刘某、陈某某绑架、抢劫案[1]

□ 案情概述

刘某与陈某某在澳门赌场工作结识，并成为男女朋友关系，其间两人有经济往来，刘某的父母长期在江苏省江阴市打工，2012 年 8 月陈某某随刘某到江阴市，刘某发现自己和女友所得性病治疗费用需要几万元，其认为从家里拿的钱已在住宿、吃喝和看病上用得较多，不好意思再向家里开口拿钱，遂联想到电影里的“场景”，产生了通过勒索卖淫女、绑架小孩“搞钱”的想法。

2012 年 9 月 21 日，刘某携带电击器、胶带、绳子等工具，在江阴市澄江街道青果路，以帮“吹气球”给付报酬为由，将被害人沈某某（男，2000 年 6 月 30 日生）诱骗至当地拆迁区域的空置房间内，采用捆绑、威胁等手段对其实施绑架，并打电话向其家人索要人民币 5 万元，要求汇入刘某自己的卡内。其间刘某打电话给陈某某，告知陈某某其绑架了一个小男孩，要求其帮助取款。在被害人沈某某的家人告知钱无法缴入其提供的银行卡的情况下，刘某又打电话让陈某某缴入人民币 100 元到上述银行卡上试卡，在得知被害人沈某某的家人向其卡上缴入款后，刘某指使陈某某使用该卡去取钱，陈某某明知该卡上的钱是刘某实施绑架所得，仍然帮助其使用该卡在 ATM 上取款人民币 12，000 元，刘某在得知陈某某已经取得部分索要的款项后，遂将被害人沈某某弃于绑架地后自行逃离。后两人更换服装逃至江苏省靖江市，陈某某又利用作案使用的银行卡在 ATM 上提取勒索得来的人民币 7300 元。

2012 年 9 月 14 日下午，陈某某随刘某去江苏省张家港市打算找刘某的表哥借钱，坐出租车去张家港市的路上，刘某将如果借不到钱就通过勒索卖淫女“搞钱”的想法告知陈某

---

〔1〕 参见江苏省无锡市中级人民法院（2013）锡刑终字第 44 号刑事裁定书。

某。两人到达张家港市城区后在步行街附近开了房间，稍后刘某携带电击器、胶带等工具外出。在找其表哥未果后，当晚六七时，刘某在一足疗店以“嫖娼”的名义将被害人彭某某带到酒店，采用电击器电击、捆绑、语言威胁等手段，对被害人彭某某进行抢劫，劫得人民币2600元、苹果4S手机1部（价值人民币3344元）、邮政储蓄银行卡1张，随后刘某电话纠集陈某某到达作案现场将所劫取的邮政储蓄银行卡交由其取款，刘某仍然在现场看守住被害人，陈某某则前往作案现场附近的ATM上提取人民币4000元，然后租车接刘某一起逃离现场。

案发后，刘某和陈某某均对上述案件事实作了有罪供述。陈某某供述自己在“试卡”“取钱”时知晓刘某绑架、抢劫他人的行为。据此，公诉机关认为应当以绑架罪、抢劫罪追究两被告人的刑事责任，认定被告人刘某系主犯，被告人陈某某系从犯。

但在审判阶段，陈某某当庭翻供，声称其在实施“试卡”“取钱”等行为时，并不知晓涉案钱款系刘某绑架、抢劫所得，而侦查阶段的有罪供述系侦查人员诱供所致，因此不应构成刘某绑架罪、抢劫罪的共犯。但审判机关并未采纳上述说法，江苏省江阴市人民法院于2013年4月15日作出刑事判决[（2013）澄少刑初字第24号]，仍认定陈某某成立与刘某绑架罪、抢劫罪的共犯，数罪并罚判处陈某某有期徒刑5年6个月，并处罚金人民币6000元。陈某某不服提出上诉，二审江苏省无锡市中级人民法院认为原判决认定事实和适用法律正确、量刑适当，作出裁定，驳回陈某某上诉，维持原判。

在针对陈某某当庭翻供的认定问题上，法院指出：“1. 现无证据能够证明公安机关在侦查过程中有诱供情形。理由：（1）上诉人陈某某在侦查机关所作的有罪供述先于原审被告人刘某。（2）审讯录像显示，上诉人陈某某于2012年9月25日在江阴市看守所受审时神情自然，言行正常。（3）上诉人陈某某的多份有罪供述中均存在着较多的犯罪心理描述，并对供述笔录的内容予以修正，其辩称有罪供述系遭诱供所致的理由并不属实。2. 上诉人陈某某在绑架、抢劫过程中，实施汇款检验账户有效性、取卡、取款等一系列行为的事实，既有上述人陈某某的供述予以证明，又能得到原审被告人刘某以及被害人彭某某、沈某某的印证，且上诉人陈某某与原审被告人刘某就犯意的产生，犯罪过程中联系、交流、银行卡的交接，逃跑过程中更换衣服等供述细节均能够相互印证，足以认定。”

□ 证据分析

本案的证据焦点是：（1）陈某某的翻供能否成立？（2）如何审查判断口供的真实性？

犯罪嫌疑人、被告人供述和辩解即口供，是法定证据种类之一，指的是犯罪嫌疑人、被告人就案件情况所作的陈述，既包括承认自己有罪的人对自己犯罪情况的供述，也包括声称自己无罪或者罪轻的辩解。在刑事诉讼中，口供通常可以直接证实被追诉人的作案动机、作案时间、地点、对象、手段、后果等主要情节，并且根据口供提取到作案工具、赃物等其他客观性证据，对认定案件事实十分有利，故口供在司法实践中历来为办案机关所重视。但实践中，口供又具有不稳定性和复杂性的特征，由于被追诉人在诉讼过程中心理活动和状态的复杂变化，翻供行为较为常见，增加了办案人员审查判断口供的难度。

本案中,陈某某在庭审上翻供,提出此前其在侦查阶段所作的有罪供述系侦查人员诱供所致,而自己在实施“试卡”“取钱”等行为时,并不知晓涉案钱款系刘某绑架、抢劫所得。对于这种翻供的情况,审判机关需要结合陈某某前后的口供,认真审查其供述同其他在案证据是否可以形成完整的证据链,进而认定案件事实。如果片面地采纳某一版本的供述,或者不加甄别、片面地相信陈某某在侦查阶段的有罪供述,忽视口供同其他证据的印证关系以及陈某某的翻供原因,很容易造成错误认定、酿成刑事错案。我国《刑事诉讼法》第55条规定的“对一切案件的判处都要重证据,重调查研究,不轻信口供。只有被告人供述,没有其他证据的,不能认定被告人有罪和处以刑罚……”,以及《刑诉法解释》第96条规定的“审查被告人供述和辩解,应当结合控辩双方提供的所有证据以及被告人的全部供述和辩解进行。被告人庭审中翻供,但不能合理说明翻供原因或者其辩解与全案证据矛盾,而其庭前供述与其他证据相互印证的,可以采信其庭前供述。被告人庭前供述和辩解存在反复,但庭审中供认,且与其他证据相互印证的,可以采信其庭审供述;被告人庭前供述和辩解存在反复,庭审中不供认,且无其他证据与庭前供述印证的,不得采信其庭前供述”,即体现了规范性文件对于处理口供审查判断及翻供问题时的特别审慎态度。实践中,可以结合翻供理由、口供与其他证据的印证关系、供证细节以及前后口供的关系等内容,运用经验法则综合审查判断口供的真实性。

第一,关于翻供的理由。陈某某声称此前的有罪供述系侦查人员诱供所致,但办案机关经调查讯问录音录像没有发现侦查人员存在诱供行为,而且记录显示陈某某在侦查阶段所作的有罪供述是先于刘某的,按照经验和逻辑法则推断,侦查人员在未收集刘某口供的情况下,难以形成预先的审问意图,诱供的理由不能成立。

第二,关于印证关系。采信何种版本口供的重点,是要审查被追诉人的前后口供与其他证据能否相互印证并形成完整的证据体系。如果庭前有罪供述与其他证据之间可以相互印证,不存在无法排除的矛盾和无法解释的疑问,并足以排除合理怀疑,则可依法认定犯罪事实,同时证明被追诉人翻供的虚假性。如本案中抢劫案的被害人陈述笔录中关于被告人陈某某的发型、肤色和穿着打扮的详细描述,基本与被告人陈某某的供述一致,另结合刘某的供述,可以认定陈某某翻供的虚假性。

第三,关于供证细节。供证细节往往是判断口供真实性的方法,通常“先供后证”模式下的口供真实性更强。而对于“先证后供”的情况,则应具体分析,一般而言,先有其他直接证据后获取口供的,口供真实性较强;根据一些间接证据或共犯口供获取的口供,则不能排除虚假性。如本案中抢劫系先有被害人的陈述(称被一男一女抢劫),后有被告人口供,故被告人陈某某翻供称对被告人刘某抢劫不知情的意见不成立。

第四,关于前后口供的关系。本案中被告人刘某认罪,被告人陈某某不认罪,对比两被告人的多次口供可以发现供述的基本事实一致,但细节有不同之处,因此陈某某供述中本案的基本事实可以结合其他证据予以确定。至于不同版本口供的差异性,办案机关应结合同案犯供述、被害人陈述、取款录像等证据予以综合判断。

综合而言,陈某某作出认罪供述的过程自然,供述的内容能够与在案证据相互印证,故认定其庭前有罪供述具有自愿性和合法性,能够认定陈某某在"试卡"和"取款"的过程中知晓刘某在实施犯罪行为,翻供不能成立。

□ 理论拓展

翻供的行为除却在事实认定层面涉及前后口供真实性的审查判断,也会影响办案人员对于坦白、自首和认罪认罚的认定和适用。坦白、自首、认罪认罚均要求被追诉人"如实供述自己的罪行"。我国《刑法》第 67 条规定:"犯罪以后自动投案,如实供述自己的罪行的,是自首……犯罪嫌疑人虽不具有前两款规定的自首情节,但是如实供述自己罪行的,可以从轻处罚……"我国《刑事诉讼法》第 15 条规定:"犯罪嫌疑人、被告人自愿如实供述自己的罪行,承认指控的犯罪事实,愿意接受处罚的,可以依法从宽处理。"因此,被追诉人先作有罪供述后又翻供的,存在坦白、自首和认罪认罚的认定和适用问题。

对于坦白、自首中"如实供述"的认定,最高人民法院 1998 年发布的《关于处理自首和立功具体应用法律若干问题的解释》第 1 条明确规定了"……犯罪嫌疑人自动投案并如实供述自己的罪行后又翻供的,不能认定为自首,但在一审判决前又能如实供述的,应当认定为自首",也即坦白、自首的认定并不要求一直稳定"如实供述",被追诉人作出有罪供述后翻供的,只要在一审判决作出前能够如实供述,也可以成立坦白和自首,只不过法院在量刑时,会综合考虑如实供述的时间早晚以及供述的稳定程度决定从宽的幅度。但倘若被追诉人前期"如实供述",之后却翻供且在一审判决作出前未能"如实供述",根据《人民司法》给出的具有参考意义案例,不再认定自首和坦白:"作为量刑情节的坦白,最终应由裁判者加以认定,故不能机械限定为'犯罪嫌疑人''侦查阶段',不应割裂理解主体、质、量、稳定性要素。如此看来,冯某勇前期虽如实供述犯罪事实,但在法庭审理阶段翻供,无从体现供述的稳定性,故依法不构成坦白。"[1]

还需要指出的是,被追诉人对事实性质的辩解不等同于翻供。翻供通常是指被告人在庭前认罪后又否认自己的庭前认罪供述(否定自己的犯罪行为),被告人在庭前认罪后提出的无罪辩解可以被视为翻供,而罪轻辩解则一般不被视为翻供。如果被告人始终未曾认罪,则不存在翻供的问题,但被告人仍然可能会提出无罪甚至罪轻的辩解。根据《刑事审判参考》刊登的具有参考意义案例,对行为性质的辩解,不能认定为翻供,也不会影响"如实供述"的成立。[2]

在认罪认罚从宽制度中,《关于适用认罪认罚从宽制度的指导意见》明确"认罪"是指犯罪嫌疑人、被告人自愿如实供述自己的罪行,对指控的犯罪事实没有异议。因此,被追诉人

---

〔1〕 索朗扎西、王帅:《坦白情节的认定》,载《人民司法》2021 年第 11 期。

〔2〕 参见《姜方平非法持有枪支、故意伤害案——被告人对事实性质的辩解不影响如实供述的成立》,载最高人民法院刑事审判一、二、三、四、五庭主办:《刑事审判参考》总第 30 集,法律出版社 2003 年版。

先认罪认罚后又翻供的,自然不再成立认罪认罚。《关于适用认罪认罚从宽制度的指导意见》第十一部分也区分不同诉讼阶段明确“认罪认罚的反悔和撤回”的处理规则,在检察机关作出不起诉决定后翻供的,检察机关区分下列情形依法作出处理:发现犯罪嫌疑人没有犯罪事实,或者符合《刑事诉讼法》第16条规定的情形之一的,应当撤销原不起诉决定,依法重新作出不起诉决定;认为犯罪嫌疑人仍属于犯罪情节轻微,依照刑法规定不需要判处刑罚或者免除刑罚的,可以维持原不起诉决定;排除认罪认罚因素后,符合起诉条件的,应当根据案件具体情况撤销原不起诉决定,依法提起公诉。起诉前翻供的,“具结书失效,人民检察院应当在全面审查事实证据的基础上,依法提起公诉”。审判阶段翻供的,“人民法院应当根据审理查明的事实,依法作出裁判。需要转换程序的,依照本意见的相关规定处理”。实践中,也存在多起被追诉人在审前认罪认罚,签署认罪认罚具结书,但在庭审中又翻供的情况,检察机关一般会撤回从宽处理的量刑建议,并重新提起一个较重的量刑建议。这里需要注意的是,检察机关需要避免报复性起诉和提出报复性量刑建议。[1]

另外,对于被追诉人认罪认罚后翻供的,在理论上还存在翻供前有罪供述的证据效力问题。不同于普通案件中,翻供前后被追诉人作出的口供只要符合证据取得规则(如不存在非法证据排除的情形),则这些口供都具有证据资格,都能经过法官审查判断查证属实后作为定案根据。但在认罪认罚从宽制度中,被追诉人在审前阶段作有罪供述的主要目的之一是换取从轻处罚的量刑建议,所以被追诉人翻供后,存在先前有罪供述的证据效力认定问题。对此,有观点认为,被追诉人撤回认罪认罚后,认罪认罚具结书不能作为其认罪认罚的依据,但仍可作为其曾作有罪供述的证据,只不过应由法院结合其他证据对本案事实进行认定。[2] 这也是实务界的惯常做法,有研究表明,司法实践中一旦被追诉人反悔认罪认罚,司法机关虽然会转变诉讼程序,但是对于此前依照认罪认罚程序收集的供述,仍旧会照单全收。[3]

□ 阅读指引

1. 闫召华:《口供中心主义研究》,法律出版社2013年版。
2. 牟军:《自白制度研究——以西方学说为线索的理论展开》,中国人民公安大学出版社2006年版。
3. 王海:《被告人翻供问题研究》,法律出版社2022年版。
4. 陈瑞华:《论被告人口供规则》,载《法学论坛》2012年第6期。
5. 李训虎:《口供治理与中国刑事司法裁判》,载《中国社会科学》2015年第1期。

(撰写人:西北政法大学刑事法学院　刘仁琦)

---

〔1〕 参见闫召华:《报复性起诉的法律规制——以美国法为借鉴》,载《法学论坛》2010年第2期。
〔2〕 参见胡云腾主编:《认罪认罚从宽制度的理解与适用》,人民法院出版社2018年版,第127页。
〔3〕 参见马明亮、张宏宇:《认罪认罚从宽制度中被追诉人反悔问题研究》,载《中国人民公安大学学报(社会科学版)》2018年第4期。

第二节　被害人陈述

■ 刑事诉讼中被害人陈述的审查与判断

案例6-2　卢某某盗窃案[1]

□ 案情概述

2009年2月24日12时许,卢某某同其同伙(均在逃)在厦门市集美区侨英街道新油源加油站附近,以外面为100元真钞、内部为包扎成捆的冥币为诱饵,采取“掉钱”“捡钱”“分钱”的手段设局,并以怀疑被害人帅某(女)捡到钱且已转入银行卡为由,要求帅某将黄金戒指、手机等财物和农村信用社储蓄卡及密码交出“检查”,后假装将财物及银行卡放回帅某的包内,趁帅某不注意,秘密窃走帅某的现金70元、CECT手机一部(其中SIM卡价值45元)、一枚黄金戒指及农村信用社储蓄卡。随后,卢某某持帅某的农村信用社储蓄卡到兴业银行ATM上取走卡内存款18,000元。

案发后,办案机关仅控制了卢某某,其他同伙均在逃,且本案并没有其他目击证人。因此,案发过程的详细情况的认定非常依赖被追诉人卢某某的供述以及被害人帅某的陈述。但办案机关讯问卢某某、询问帅某后,发现两人对案件事实描述大相径庭:被追诉人卢某某的供述称其使用的是诈骗与盗窃结合的手段获得财物,即以检查为由要求帅某将黄金戒指、手机等财物和农村信用社储蓄卡及密码交出,然后趁其不备窃取上述财物;但被害人帅某却在询问中坚称,卢某某是以强制手段,压迫自己反抗强行取走涉案财物。

法院经审理认为,卢某某以非法占有为目的,秘密窃取他人财物、信用卡,并持盗窃所得信用卡冒领卡内款项,可计价值共18,115元,其行为构成盗窃罪。公诉机关指控的罪名成立。卢某某曾因犯罪被判处有期徒刑,在刑罚执行完毕后5年内再犯应当判处有期徒刑以上刑罚之罪,是累犯,依法应当从重处罚。鉴于其在庭审时能够自愿认罪,可以酌情从轻处罚。据此,法院以卢某某犯盗窃罪,判处有期徒刑3年9个月,并处罚金1万元。

宣判后,卢某某以量刑不当为由提出上诉,但在二审审理过程中申请撤诉。法院经审查裁定准许上诉人撤回上诉。

---

[1] 参见《卢文林盗窃案——在直接证据“一对一”的情况下如何准确认定犯罪事实以及在“抛物诈骗”类案件中如何准确区分盗窃罪和诈骗罪》,载最高人民法院刑事审判第一、二、三、四、五庭主办:《刑事审判参考》总第91集,法律出版社2014年版。

回 证据分析

本案涉及证据的争议焦点是:如何审定本案中被害人帅某陈述的真实性?

被害人陈述,是指受到犯罪行为直接侵害的人就其所遭受侵害的事实和有关犯罪嫌疑人、被告人情况向公安机关、人民检察院或人民法院所作的陈述。刑事被害人既可能是自然人也可能是单位,但由于被害人陈述系犯罪侵害的对象就亲身感知和经历所作的一种言词证据,因而不包括被害单位的陈述。在实践中,被害人陈述对于案件办理尤为关键,毕竟被害人才是合法权益受到犯罪行为直接侵害的人,其作出的陈述通常情况下是直接证据,内容涉及对案件事实的细致描述、对案件前因后果的详细分析、对案件处理的请求等,且相较其他证据更为全面、细致,能够较为完整地还原犯罪行为的细节、行为人的体貌特征、犯罪手段、犯罪工具和现场环境。也正因如此,被害人陈述往往是办案机关据以查明案件事实、据以审查判断其他证据真实性的重点材料,具有较为特殊的证明价值。

在刑事诉讼中,被害人陈述与证人证言具有类似之处,二者均为言词证据,且系陈述主体以自己亲身感知和经历向办案机关作证、陈述,因此二者的主观性较强,相比客观证据稳定性有限。在英美法系中,正是考虑到被害人陈述与证人证言均为言词证据,都适用排除传闻和接受交叉询问的规则,因而二者不因主体和内容的差异而有所区别,均为"人证"的范畴。我国《刑事诉讼法》第 127 条、《刑诉法解释》第 92 条也基于被害人陈述与证人证言两类证据的共通特点,明确对被害人陈述的审查与认定,参照适用证人证言的有关规定。

但也正是由于被害人系合法权益受到犯罪行为直接侵害的人,与案件处理结果具有利害关系,被害人陈述有时很难做到完全的客观、中立,反而带有较强的追诉倾向,甚至可能出于报复行为人或者害怕行为人报复等动机作出虚假陈述。例如,暴力犯罪以及黑社会性质组织犯罪等案件中的被害人,因其人身安全面临严重的威胁,可能出现因害怕遭到打击报复而不敢如实陈述案件情况;又如,强奸罪等侵犯性自主权犯罪案件中的被害人,可能因担心自己的名誉或者婚姻家庭关系受到影响而作虚假陈述。总之,考虑到被害人陈述的这一特性,办案机关在审查判断被害人陈述时,也应当重点审查陈述是否有所夸大、是否符合客观事实。

本案中,被害人帅某强烈要求以抢劫罪追究卢某某的刑事责任,但该陈述描述的事实同被追诉人陆某某描述的事实大相径庭,在没有其他证言印证的情况下,即形成被害人陈述和被追诉人口供"一对一"的情况,此时,办案机关需要判定被害人陈述和被追诉人口供的真实性问题,其具体思路是:其一,通过比较分析被害人陈述和被追诉人口供的内容逻辑性、陈(供)述稳定性以及其他证据的印证关系,综合运用经验和逻辑法则,判断二者的证明力大小;其二,如果难以认定被害人陈述和被追诉人口供何为真实,或者说案件不能排除合理怀疑,则需要借由刑事诉讼证明责任制度以及存疑有利被告人原则,作出有利于被追诉人的事实认定。

1. 本案中被害人帅某关于其被抢劫的陈述不稳定,而被告人卢某某的供述更为稳定。法院经审查认为,帅某前后共有六次陈述,侦查阶段三次,审理阶段三次。侦查阶段三次陈述的矛盾点体现在:(1)案发地点不一致,第一次陈述案发起点为集美大道,而第二次陈述则为乐安中学门口。经现场查看,该两处距离较远。(2)第一次陈述称是卢某某将摩托车开走,而第二次陈述则表示卢某某在旁边看。(3)第一次没有陈述其被两名男子用膝盖顶的情节,而在第二次陈述有该情节。(4)第一次陈述称其被直接抢走包,而在第二次陈述说是作案人先将其拖到小巷子里,再抢走她的包。(5)第三次陈述称一个男子说她戒指里面有字,而之前的陈述没有提到这一点。

在审判阶段,被害人的三次陈述笔录均系其代理人记录,对其在侦查阶段的陈述作了补充和变更,具体体现在:(1)两名男子从其挎包内翻出存折,并问密码,其拒绝后,两名男子将存折放回包内;(2)两名男子因无法从其手上摘下戒指,遂将其拖到小巷子里,一名男子说戒指是送给老婆的结婚礼物,里面还有两个字,现在要还给她;(3)两名男子用力压其腹部,并用砖头砸其前额,额头被砸青一块,其头部、腰部、盆腔均受伤;(4)那几名男子没有对其飞车抢夺。

而卢某某的供述则更为稳定,卢某某供称其与另外两名作案人先用诈骗手段获得帅某的银行卡密码,而后趁帅某不注意,秘密窃走帅某的银行卡、现金、手机、戒指等财物,随后持帅某的银行卡到 ATM 上取款。卢某某在侦查、审查起诉阶段一共作了五次供述,所供主要内容(包括犯罪方法、作案人数、作案工具、犯罪对象、涉案财物及金额等)基本一致。

2. 被害人帅某的陈述在内容上存在不能合理解释的逻辑上的矛盾。一方面,办案机关经调查发现,本案案发时间为中午,案发地点并非偏僻之处,帅某称其被拖过马路(中间带有绿化带),且帅某、卢某某在侦查阶段均称帅某的包最后被挂在比较高的地方,没有随其他财物一起被抢走,这不符合一般抢劫犯罪的特征;另一方面,如果帅某遭受的是抢劫犯罪,一般不会出现作案人称被害人的戒指里有字的情节,而该情节表明作案人说此话的目的是骗被害人将戒指从手上脱下来,这恰恰是“抛物行骗”案件的惯用伎俩。而卢某某的供述则对为何最后将帅某的包放在比较高的位置作了解释,主要是因为假装要去验证戒指是谁的,故暂时将包放在帅某不易拿走的位置,但包当时是由帅某看着的。相较而言,卢某某的供述可靠性更强。

3. 被害人帅某的陈述没有得到其他证据的印证。(1)帅某称案发当时其腰部受伤,但根据其提交的病历记录,其当天去医院看病主诉腰部酸痛 1 月有余并加剧 2 天,医生诊断结果是腰部酸痛、劳累加剧,是湿热型的腰痛,故该病历记录不能证明其腰部系因本案受伤。(2)证人占某云称其和帅某一起向公安机关报案,其看见帅某额头受伤,帅某本人亦称额头当时有瘀青,但没有证据证实该二人报案时即向公安机关告知额头受伤。帅某于案发当日下午到医院看病的病历亦未记录该情况,也没有其他证据证实帅某额头受伤。(3)虽然证人占某云、陈某胜称帅某被抢劫,且额头、腰部受伤,但这两名证人没有目击案发过程,证言均来源于帅某,且均系在庭审阶段由帅某的诉讼代理人制作证言笔录。(4)帅某的诉讼代理人提交的路线图及照片系根据帅某的陈述制作或者拍摄,不足以证明本案构成抢劫罪的事实。

据此,被害人帅某所作陈述对应的事实存在合理怀疑,对于其中真伪不明之处,应当借由刑事诉讼证明责任制度以及存疑有利被告人原则,作出有利于被追诉人卢某某的事实认定,即排除抢劫罪的认定。

□ 理论拓展

类似本案,实践中存在诸多被害人作不利于被追诉人陈述,但没有充足的其他证据予以印证的情况。此类情形也多发于性犯罪案件中,因为该类案件多发生于密闭且私密的空间,案发过程不存在证人证言、监控录像的印证,对于行为人是否违背妇女意志强行与被害人发生性关系的判断便尤为棘手。此时,事实裁判者多面临被害人陈述之事实难辨真伪的疑虑,即有存疑有利于被告人原则的适用空间。

存疑有利于被告人原则是各国通认的证据法原则,源自著名罗马法谚"in dubio pro reo",核心含义在于当对事实有疑问时,应当作出有利于被告人的认定和处理。这在大陆法系也被称为"罪疑惟轻",普遍观点认为"罪疑惟轻"是"无罪推定原则"的推论,但二者有适用层面的细微差异。"无罪推定原则"解决的是被追诉人在所有诉讼阶段都得被推定为无罪的问题,而"罪疑惟轻"则仅针对法官对证据进行评价后的自由心证环节,要求法官在没有形成心证确信时作出有利于被告人之裁判。

因此,并非刑事诉讼所有阶段只要存在疑点就作有利于被告人的认定。该原则与被害人陈述这一证据种类的密切关系在于,只有在审判阶段,事实裁判者在对包括被害人陈述、被告人供述在内的证据进行审查判断后,仍无法采信其中之任一时,法律要求事实裁判者认定被告人供述为真,否认被害人陈述中与被告人供述不一致之处,此即法律拟制的事实认定规则。这并非对被害人诉讼主体地位的忽视,而系现代刑事诉讼秉持消极实体真实理念,贯彻保护被追诉人的人身权、生命权不受错误追究的人权保障理念的应有之义。在诉讼证明领域,即通过证明责任分配规则、存疑有利于被告人原则等内容体现上述理念。

当然,存疑有利于被告人原则适用的根本前提是法官经过证据分析判断后认为案件仍然"存疑",倘若被害人陈述能够与其他在案证据相互印证,综合全案已经形成完整证据链,则案件并不存在不能合理解释的疑点,此时法官还是得以认定被害人陈述的真实性。例如,具有参考意义的案例曾明确:"性侵害未成年人案件中被害人陈述稳定可靠且与其他证据能够印证的应当予以采信。"[1]这说明法官在审查判断被害人陈述是否应当采信时,重点仍在于通过对被害人陈述本身的内容以及对被害人陈述与其他证据的印证关系进行审查,形成案件事实的内心确信,而只有当上述证据审查判断工作完成后仍对案件事实存有疑点时,才发挥存疑有利于被告人原则的事实拟制作用。

---

〔1〕 北京市第二中级人民法院刑事裁定书,(2020)京02刑终574号。

□ 阅读指引

1. 欧卫安:《被害人陈述问题研究》,法律出版社 2009 年版。
2. 兰跃军:《刑事被害人作证制度研究》,中国人民公安大学出版社 2011 年版。
3. 向燕:《论性侵儿童案件中被害人陈述的审查判断》,载《环球法律评论》2018 年第 6 期。
4. 向燕:《性侵未成年人案件证明疑难问题研究——兼论我国刑事证明模式从印证到多元“求真”的制度转型》,载《法学家》2019 年第 4 期。
5. 向燕:《醉酒类强奸案件的司法认定:在不确定性中寻求真实》,载《法学家》2023 年第 6 期。

（撰写人:西北政法大学刑事法学院　刘仁琦）

第三节　当事人陈述

■ 民事诉讼中当事人陈述的审查与判断

案例 6－3　温州宏业精机有限公司与郑某宗、林某金、张某群买卖合同纠纷案[1]

□ 案情概述

2019 年 2 月 11 日,温州宏业精机有限公司(以下简称宏业公司)曾以郑某宗、林某金为被告向重庆自由贸易试验区人民法院提起买卖合同纠纷一案并诉请郑某宗、林某金向宏业公司支付尚欠的货款 452,646 元及相应资金占用损失。重庆自由贸易试验区人民法院经审理后判决郑某宗、林某金支付宏业公司货款 421,445 元及相应资金占用损失。林某金不服该判决提起上诉。2021 年 5 月 7 日,重庆市第一中级人民法院以“因重庆市巴南区人民法院作出的(2019)渝 0113 民初 6058 号民事判决书确认郑某宗与张某群、林某金就南邦拉链厂的生产经营具有合伙关系,故本案一审遗漏了共同被告张某群,依法应当发回重审”为由,裁定撤销原判发回重审。重庆自由贸易试验区人民法院重新立案受理。

宏业公司的一审诉讼请求:判令郑某宗、林某金、张某群立即支付货款及设备款 798,214.1 元(其中设备款 421,445 元、拉链款 376,769.1 元)及相应资金占用损失。

经法院审理查明,2017 年 4 月 19 日,宏业公司出具销货清单(单号:HY－LL17040491),主要载明客户名称、地址、货运方式、结款方式、产品名称等信息。郑某萍在销货清单尾部客户签字处签名。

---

〔1〕参见重庆市第一中级人民法院(2022)渝 01 民终 5301 号民事判决书。

2017 年 11 月 6 日,张某群向张某贵转款 50,000 元;2017 年 12 月 4 日,郑某萍向张某转款 40,000 元;2017 年 8 月 30 日、9 月 1 日,章某通分别向张某转款 10,000 元、100,000 元;2018 年 2 月 13 日、3 月 9 日,章某通分别向张某贵转款 50,000 元。宏业公司表示张某、张某贵系其委托收取货款的人员。

另查明,重庆市巴南区人民法院于 2020 年 5 月 11 日作出民事判决书[(2019)渝 0113 民初 6058 号]认定:"2017 年 1 月,原告(郑某宗)与二被告(张某群、林某金)达成口头协议,约定三人合伙经营南邦拉链厂。其后,原、被告于重庆市巴南区木洞镇租赁厂房开设了南邦拉链厂。""原告与二被告未签订书面合伙协议。南邦拉链厂至今未在市场监督管理部门办理注册登记。""2017 年 11 月 6 日,被告张某群向林某月转款 20,000 元。同日,被告张某群向南邦拉链的供货商张某贵转款 50,000 元。"并判决确认"原告郑某宗与被告林某金、张某群就南邦拉链厂的生产经营具有合伙关系"。在该案审理过程中,郑某宗举示"工人工资发放记录(人民币)金额记录、工人领取工资签字的收款收据,证明南邦拉链的工人只有汪某水、饶某菊、曹某彩、陈某枝、汪某文、王某英、陈某会、沈某红、罗某昌、刘某敏、彭某芳、章某通、郑某萍、张某全、王某,不包括张某群"。林某金质证认为"对该组证据真实性无异议,但是不能证明张某群是我们的合伙人"。

重庆自由贸易试验区人民法院认为,宏业公司与郑某宗、林某金、张某群虽建立买卖合同关系,但宏业公司举示的对账单、情况说明、除郑某萍签字的销货清单、物流单据等或系其单方制作,或系案外人员填写,无郑某宗、林某金、张某群或者其授权人员的签字,应承担举证不能的后果。因此,对于宏业公司主张的郑某宗、林某金、张某群拖欠其设备款 421,445 元以及拉链款 376,769.1 元的主张无相应的事实依据,一审法院不予采信,并判决驳回宏业公司全部诉讼请求。宏业公司不服一审判决,向重庆市第一中级人民法院提起上诉。

重庆市第一中级人民法院认为,林某金、张某群在另案诉讼中认可宏业公司销售货物的部分清单在本案中不构成自认,对账单、销货清单、物流单据亦不应予采信,宏业公司未能提供有效证据证明其所主张的设备及拉链原材料已送至郑某宗、林某金、张某群经营的南邦拉链厂,应承担举证不能的不利后果。遂判决驳回上诉,维持原判。

该案涉及的证据基本情况如下:

宏业公司举示以下 9 项证据。(1)宏业公司对账单、情况说明、销货清单。(2)签订日期为 2017 年 5 月 13 日、7 月 26 日的货运信息协议书、驾驶证复印件、行驶证复印件。(3)2017 年 4 月前销货清单复印件 11 页。(4)2018 年 6 月 25 日的对账单、收款汇总、销货清单及对应的泰易达物流单据。(5)中国农业银行个人账户明细打印件、浙江农信综合柜面业务系统屏幕打印件 2 份、公司财务系统打印件、微信截图 1 份。(6)(2019)渝 0192 民初 762 号民事判决书、(2020)渝 01 民终 3987 号之一民事裁定书。(7)微信聊天记录。(8)章某通证人证言。(9)王某英公证书 1 份。

郑某宗举示以下 12 项证据。(1)销货清单。(2)情况说明。(3)重庆市公安局巴南分局报警回执、设备清单。(4)微信聊天记录截图光盘。(5)重庆市巴南区人民法院庭审笔录、证据清单、销货清单。(6)(2019)渝0113民初6058号民事判决书。(7)对账单。(8)温州市瓯海潘桥货运信息协议书2份,顺丰速运物流单3份,温州泰易达物流有限公司、浙江汇邦物流有限公司物流单40张。(9)销货清单。(10)聊天记录。(11)费用记录单。(12)重庆市巴南区人民法院调取的郑某宗起诉林某金、张某群合伙协议纠纷一案的案卷材料,包括销货清单(27.6万元)、证据清单及开庭笔录[日期为2017年7月25日、金额为27.6万元的销货清单载明:客户名称南邦拉链厂,地址重庆市巴南区木洞轻纺城D7-4,货运方式托运,结款方式月结,联系人章某通(郑某勤)。该案开庭笔录载明:郑某宗举示了上述销货清单,拟证明张某群在南邦拉链厂的合伙中履行了出资义务,张某群是南邦拉链厂的合伙人。林某金、张某群在该案中对销货清单的质证意见为对真实性予以认可]。

林某金、张某群举示以下4项证据。(1)重庆自由贸易试验区人民法院庭审笔录1份。(2)重庆市巴南区人民法院庭审笔录1份、工人工资发放记录1份。(3)《南邦拉链厂资金流动运作状态》。(4)证据清单1份、(2019)渝0113民初6058号庭审视频1份。

回 证据分析

本案涉及证据的争议焦点是:(1)宏业公司举示的销货清单、付款单据、物流单据、对账单能否采信?(2)郑某宗在本案中自认的法律效力?(3)林某金、张某群在另案诉讼中认可宏业公司销售货物的部分清单是否构成自认?

对于以上证据问题,分析如下。

(一)销货清单、对账单、物流单据、付款单据能否采信

销货清单金额较大的有两笔,一笔注明"客户名称:万丰拉链厂"、"联系人:郑某勤"、金额为21万元的清单无人签收,另一笔注明"客户名称:南邦拉链厂"、"联系人:章某通(郑某勤)"、金额为27.6万元的清单也无人签收。有签收的有两笔,一笔注明"客户名称:南邦拉链厂"、"联系人:郑某勤"、金额为390元,客户签收栏有郑某萍签字;另一笔注明"客户名称:南邦拉链厂"、"联系人:郑某勤"、金额为150元,客户签收栏有卢某丽签字。其余销售清单客户签收栏均无人签收。考察上述证据,一张销货清单显示"客户名称:万丰拉链厂",并非南邦拉链厂,不能证明系向南邦拉链厂供货。大多数清单无人签收,除郑某萍签字的金额为390元的销货清单外,还有一笔注明"客户名称:南邦拉链厂"、"联系人:郑某勤"、金额为150元,但客户签收栏是卢某丽签字,而卢某丽不是南邦拉链厂工作人员。部分销货清单虽标注"已对""已注""已核",但因没有接收人签字,作为记账人员的王某英虽认可系其标注但未对上述"已对""已注""已核"的意思作解释和说明且其无权代库管人员行使核验权利,故上述销货清单除郑某萍签字的可以认定为实际发生的外,其他的销货清单均不能作为买卖货物的收货凭证。而对账单系宏业公司单方制作且无合伙人或其授权人员签字,对该证据不应采信。物流单据收货人载明是章某通,未显示与南邦拉链厂的关联性,且没有销货清单佐证。故该证据亦不能证明宏业公司向南邦拉链厂供货的金额。

(二)郑某宗在本案中的自认的法律效果

宏业公司主张其曾向郑某宗、林某金、张某群合伙经营的南邦拉链厂供货而要求三名合伙人支付货款,故郑某宗、林某金、张某群对于本案诉讼标的具有共同的权利义务,系本案的必要共同诉讼当事人。庭审中,郑某宗表示其与林某金、张某群欠付货款共计786,216元(其中设备款421,155元、拉链款365,061元),而林某金、张某群当庭予以否认。根据《民诉证据规定》第6条第2款规定,郑某宗的上述陈述对郑某宗、林某金、张某群不发生自认的法律效果。至于郑某宗的上述陈述是否对其自身产生约束力,如前所述,郑某宗、林某金、张某群系本案必要共同诉讼当事人,案涉诉讼标的对郑某宗、林某金、张某群具有同一性、不可区分性,此时作为必要共同诉讼被告之一的郑某宗的自认使在同一法律关系中的共同诉讼人诉讼利益不一致,违背了必要共同诉讼的基本原则,故其自认行为不仅对其他人不具有约束力,对其自身也不发生法律效力。

(三)林某金、张某群在另案诉讼中认可宏业公司销售货物的部分清单是否构成自认以及宏业公司主张向南邦拉链厂销售货物是否仍应承担举证责任的问题

郑某宗举示重庆市巴南区人民法院调取的宏业公司销货清单(27.6万元)、证据清单及开庭笔录,拟证明林某金、张某群在该案庭审笔录中认可宏业公司销货清单(27.6万元)。林某金、张某群质证认为,该案销货清单所载时间为2017年7月25日,但对应证据清单载明时间为2017年11月6日,该销货清单不是郑某宗当时向法院提交的那一份,且巴南区人民法院审理的是合伙纠纷,当事人争议的问题是张某群是否为合伙人,故林某金、张某群未仔细看证据,加上没有相应法律意识,简单表达了对真实性无异议,二人真实意思是该证据无法证明张某群是合伙人,结合本案数次开庭一直都表示对销货清单真实性不予认可,对证据认定应当考察二人一贯质证意见进行综合评判。

对于林某金、张某群另案诉讼中对销货清单的认可是否构成自认的问题,涉及对自认行为性质的判断。“自认的内容必须直接作为裁判的基础”这种效果之所以可以获得正当化,其原因在于自认是因自认而承受不利益的当事人作出的、无争议地认可该事实之意思,而之所以不允许自认人撤回自认,是因为需要保护因信赖这种意思而行事的对方当事人之利益。[1] 因另案纠纷是郑某宗起诉确认与林某金、张某群之间存在合伙关系,前述证据对于本案诉争的外部当事人与合伙人之间的买卖合同关系而言系另一法律关系,诉讼外包括另案诉讼中于己不利的陈述不能作为本案诉讼中当事人的自认。首先,本案诉讼中当事人于己不利的陈述产生约束法院和当事人的拘束力的原因在于强化当事人的自我责任与保护对方当事人的信赖利益。自认内容直接作为裁判基础而无须当事人举证的正当性在于一方面自认是因自认而受不利益的当事人作出的、无争议地认可该事实的意思,另一方面是需要保护因信赖这种意思表示而作为或不作为的对方当事人的利益。其次,另案中林某金、张某群作出陈述时对方当事人宏业公司并非诉讼当事人,合伙人之间争议的是张某群

---

〔1〕 参见[日]新堂幸司:《新民事诉讼法》,林剑锋译,法律出版社2008年版,第376页。

是否系合伙人而非与案外人的某种法律关系，故林某金、张某群的陈述并没有对非当事人的宏业公司形成对陈述内容的信赖。最后，郑某宗举示的宏业公司的销售清单并非合伙人身份确认诉讼中足以确定张某群合伙人身份的关键证据，该证据拟证明张某群作为合伙人在经营南邦拉链厂期间向发货方支付了货款并将该支付款项计入了张某群的合伙出资，张某群虽对证据真实性予以确认但对证明目的是否认的。并且该案为合伙人确认纠纷而非处理合伙人与外部主体的买卖关系，该证据系间接证据未经充分质证使林某金、张某群难以认知相关陈述对其与外部关系案外人其他纠纷的意义，故林某金、张某群对该证据的认可不符合当事人应认识到自认而受不利益仍予以认可的条件，因此林某金、张某群在另案中作出的于己不利的陈述不能作为本案自认产生拘束力，但可作为证据提交，其证明力由法院结合相关事实予以综合认定。

关于宏业公司主张向南邦拉链厂销售货物是否仍应承担举证责任的问题。本案诉讼自始林某金、张某群就不认可宏业公司与合伙人之间存在买卖关系，并对另案中的陈述作了合理解释，故宏业公司及郑某宗仍应举示其他证据证明宏业公司与合伙人之间存在买卖关系并销售了一定金额的货物。宏业公司、郑某宗也未举示其他证据进行补强。故对销货清单（27.6 万元）、证据清单及开庭笔录的关联性不应确认，林某金、张某群在另案诉讼中认可宏业公司销售货物的部分清单并不构成自认，宏业公司未证明合伙人向其采购了相关设备和拉链。宏业公司作为地处浙江温州的商事主体，其主张向位于重庆的南邦拉链厂供应设备及拉链原材料，二者之间的交易并不在同一地域发生，亦非可即时交易完毕的事项，其更应尽到一个正常商事主体应有的合理注意义务，有意识地留存与买卖合同相关的证据。但直至本案二审作出判决前，宏业公司仍未能提供有效证据证明其所主张的设备及拉链原材料已送至郑某宗、林某金、张某群经营的南邦拉链厂，根据《民诉法解释》第 90 条规定，应自行承担举证不能的不利后果。

二审法院在对上述证据进行综合认定及判断另案自认对本案诉讼是否具有拘束力的基础上，对于宏业公司主张的郑某宗、林某金、张某群拖欠其设备款 421, 445 元以及拉链款 376, 769.1 元的诉讼请求予以驳回。

□ 理论拓展

（一）自认及其构成要件

自认是指当事人对对方当事人主张的不利于自己的事实的承认。自认分为诉讼中的自认和诉讼外的自认，诉讼中的自认是指当事人在诉讼中对对方当事人陈述的不利于自己的事实的承认。我国《民事诉讼法》及其相关司法解释所论及的自认均是指诉讼中的自认。《民诉法解释》第 92 条第 1 款规定：一方当事人在法庭审理中，或者在起诉状、答辩状、代理词等书面材料中，对于己不利的事实明确表示承认的，另一方当事人无须举证证明。诉讼中的自认，其构成要件如下：(1)一方的主张与对方当事人的主张一致。通常是对方先作出不利于一方的陈述，一方对该不利于自己的陈述予以认可。此为典型的自认形成过程。另外,理论上还有一种“先行自认”,即一方先作出不利于自己的陈述,对方当事人加以援用时,也能成立有效的自认。(2)必须在法庭审理中,或者在起诉状、答辩状、代理词等书面材料中,对于己不利的事实明确表示承认的,才是诉讼中的自认。当事人在另案中于己不利的陈述,不能作为本案的自认,但可以作为证据材料,结合本案事实予以综合认定。当事人在刑事案件中所作不利于己的陈述,不是民事诉讼中的自认。可以作为诉讼上的自认的,除当事人或法定代理人外,诉讼代理人也可作出。但诉讼代理人所作的自认,如在场的当事人本人不予认可,则不发生自认的效力。(3)系就对自己不利事实的陈述。“不利”系指其陈述事实的举证责任由对方当事人负担,即当对方当事人所主张事实经法院作为事实采信时,自认一方有可能招致败诉判决时,即为不利。普通共同诉讼当事人中一人所作的自认,其效力不及于他人,必要共同诉讼当事人中一人所作的自认,如未经其他共同诉讼人认可,也对其他共同诉讼人不生效力。

(二)自认的效力

如果一方当事人的自认得以成立,即使该内容对其不利,该自认的内容也无须证明,对方当事人亦免除对该事实的证明责任。即对方当事人无须对该自认事实承担证明责任,其从本应承担的证明负担中解放出来。该自认直接约束法院,法院必须以自认的内容作为判决的事实予以认定,而不能作出与当事人自认内容不同的认定。作出自认的一方当事人也要受到自认的拘束,因而不能提出与自认内容相矛盾的其他事实主张。但是根据《民诉证据规定》第9条第1款的规定,在经对方当事人同意或该自认是在受胁迫或者重大误解情况下作出时,人民法院将准许当事人撤销自认。自认撤销后,自认便不再有拘束力。

(三)另案诉讼中的自认作为本案证据的可采信判断

虽然另案自认在本案不具有自认效力,不能直接免除当事人对该事实的证明责任,但另案自认可作为证据,由法官结合案涉其他证据,综合认定其证明力大小。

1. 另案自认的真实性判定

另案自认的真实性认定包括形式真实和内容真实两方面,形式真实性指另案自认载体是否真实,表现为该载体是否为原件、原物。比如自认内容存在的载体为复印件的,且当事人不予认可的,则该自认内容不得采信。内容真实性是指“能够反映案件真实情况”。尽管有自认,但当事人提供证据足以证明另案自认与事实不符的,该另案自认不能为法院采信。

2. 另案自认的关联性判定

另案自认的关联性主要审查其自身承认的事实与本案案件待证事实、本案讼争法律关系之间是否存在客观联系。司法实务中,部分当事人或出于效率或对案件整体利益的考量,或者是疏忽,对另案中的部分事实予以认可,该事实认可在另案中并未体现出对自认人的不利益,但放在本案则体现出对其明显的不利。因此,法院认定另案自认是否构成本案证据时不仅应当考量另案自认是否与另案基本事实、本案基本事实的关系,还要考量与本案争议法律关系的关联。

3. 另案自认的合法性判定

自认的合法性主要体现在对自认构成要件中形式的要求上。如前所述，必须在法庭审理中，或者在起诉状、答辩状、代理词等书面材料中，对于己不利的事实明确表示承认的，才是诉讼中的自认。故自认的形式一般为书面或口头两种，即以起诉状、答辩状、代理词、庭审笔录等记载下的书面形式，或者以庭审录音录像等记录下的口头形式。因此，在满足上述形式要求的情况下，自认才满足合法性的要求。

□ 阅读指引

1. 陈文曲：《民事诉讼当事人陈述理论重构》，法律出版社 2010 年版。
2. 王新平：《民事诉讼证据运用与实务技巧》（增订版），法律出版社 2020 年版。
3. 纪格非：《我国民事诉讼中当事人真实陈述义务之重构》，载《法律科学（西北政法大学学报）》2016 年第 1 期。
4. 廖永安、胡军辉：《试论民事诉讼中的拟制自认》，载《海南大学学报（人文社会科学版）》2007 年第 4 期。

（撰写人：重庆市第一中级人民法院　付永雄）

第四节　证人证言

■ 刑事诉讼中证人证言的审查与判断

案例 6-4　蓝某受贿案[1]

□ 案情概述

一审法院认定，2009 年，被告人蓝某担任原某县国土资源局局长兼某县国土资源局土地开发整理项目建设工程招投标办公室主任，某县某镇某村小型病险水库除险加固土地整理项目（以下简称思练项目）工作领导小组副组长、办公室主任。2009 年上半年某日，工程老板王某为得到某县土地整理项目，约蓝某到宾馆附近见面，将 20 万元现金送给蓝某，希望能得到蓝某的关照。2010 年下半年，广西新桂路桥建筑工程有限公司（以下简称路桥公司）中标思练项目。在蓝某的帮助下，路桥公司于 2011 年 1 月 4 日将思练项目第三片区交由王某承包。案发后，蓝某退回赃款 20 万元。一审法院判决被告人蓝某犯受贿罪，判处有期徒

[1] 参见广西壮族自治区高级人民法院（2016）桂刑抗 8 号刑事判决书。

刑11年,赃款20万元依法予以没收。

一审宣判后,蓝某提出上诉,理由主要包括:(1)王某证言不能证实被告人蓝某利用职务之便为其谋取利益,且证言内容不符合常理;(2)其他证人证言能证实王某得到工程与被告人蓝某无关,蓝某的职权对于王某中标起不到任何作用。

二审法院审理后认定了蓝某收受王某20万元的事实,采纳了"王某送钱时没有具体请托、蓝某也没有承诺""蓝某并未介绍王某去找韦某(项目原负责人)"等辩护意见,但仍然认定蓝某的行为属于"明知他人有具体请托事项,为他人谋取利益"的情形。二审法院审理认为,原判定罪准确,审判程序合法,鉴于关于受贿犯罪数额和相应刑期的规定有变化并已实施,依照后实施的规定调整上诉人的刑期。最终判决蓝某犯受贿罪,判处有期徒刑3年,并处罚金10万元,赃款20万元依法予以没收。

该案证据包括书证、证人证言、被告人供述及勘验、检查、辨认、侦查、实验等笔录。其中证人证言是本案中争议最大的证据,具体情况如下:

1. 行贿人王某的证言。2013年8月15日,王某在接受某县检察机关检察人员询问时称,"大概在思练项目做到一半时,我想得到蓝局长在工作上的支持,遂打电话约蓝局长在宾馆附近见面,把装有20万元的袋子放到蓝局长开来的轿车上面,然后我们就各自离开"。该证言表明,送钱时王某只是心里面想,并没有对蓝某讲具体请托就离开。2014年5月26日,王某在接受某区检察机关检察人员询问时称"我当时跟蓝某讲希望能得到一些工程来做"。该证言表明,送钱时王某对蓝某讲了具体请托。王某先后接受不同检察机关询问时所作证言不一致,因而成为本案的争点证据之一。

2. 证人韦某(思练项目具体施工方)的证言。2014年6月6日,证人韦某在接受某区检察机关检察人员询问时称,"我记得王某没有找我之前,蓝某曾经打过电话给我讲会有一个叫王某的来找我"。辩护人在一审审理期间提出韦某在"情况说明"(自书材料)中称"韦某从未讲过是蓝某介绍王某来找韦某的话,也没有讲过蓝某曾经打过电话给韦某讲有一个叫王某来找韦某的话"。二审法庭上,韦某出庭再次证明"情况说明"内容是其真实意思表示。韦某在侦查阶段所作证言与一审期间提供的自书材料、二审庭审证言之间存在矛盾,因而成为本案的争点证据之一。

3. 被告人供述与辩解。被告人蓝某供述称:2009年三四月某日19时许,王某打电话称他从柳城过来,带了些土特产,此刻在县政府大门外面等,蓝某称不要,当蓝某开车回到宾馆时见到王某,王某从自己车上拿了4盒柳城产云片糕放进其后备箱,王某没有讲什么话就开车回家。过两三天,蓝某打开一盒云片糕看见里面有20万元,遂打电话叫王某拿回去,但王某一直没有来拿,之后他便与王某再没有任何联系。可见,关于王某送钱时是否有表明具体请托问题,王某的证言和蓝某的供述之间存在矛盾,形成学界常说的"一对一"证据,是本案证据采信的难点之一。

☐ 证据分析

本案中涉及证据的争议焦点是:(1)同一证人在不同检察机关所作证言不一致时,如何采信?(2)证人的自书材料与询问笔录之间存在矛盾,庭前证言与庭审证言之间存在矛盾时,如何采信?(3)证人证言与被告人供述相互矛盾时,如何采信?

对于以上证据问题,分析如下。

(一)同一证人在不同检察机关所作证言不一致时,如何采信?

本案中,行贿人王某在接受某县检察机关检察人员询问时所作证言表明,其在送钱时未表明具体请托。而之后在接受某区检察机关检察人员询问时所作证言则表明,其在送钱时讲了具体请托。一审法院采信了后一证言,认定王某在送钱时向蓝某表明希望得到一些工程来做。二审法院在检察机关无法提供讯问同步录音录像的情况下,采信了前一证言,认定王某在送钱时没有表明具体请托。那么同一证人在不同检察机关所作证言不一致时,如何采信?

1. 应当根据法律规定判断此证人是否应当出庭作证。《刑事诉讼法》第 192 条第 1 款规定:"公诉人、当事人或者辩护人、诉讼代理人对证人证言有异议,且该证人证言对案件定罪量刑有重大影响,人民法院认为证人有必要出庭作证的,证人应当出庭作证。"《刑诉法解释》第 91 条第 3 款规定:"经人民法院通知,证人没有正当理由拒绝出庭或者出庭后拒绝作证,法庭对其证言的真实性无法确认的,该证人证言不得作为定案的根据。"证人出庭作证的,应依照法定程序和法定规则对其询问,进而决定庭前证言和庭审证言的采信问题。应当出庭作证的证人拒绝出庭作证的,则可能面临证言不得作为定案根据的风险。

2. 针对两份未出庭作证证人的庭前证言,一方面要注意证人证言审查判断的基本要素,并经过法定程序进行举证、质证;另一方面要注意审查证人证言与其他证据之间能否相互印证,以及有无矛盾。证人证言的审查判断需注意以下内容:(1)证人证言的来源和内容。证人证言的来源直接决定了其真实性、可信性。我国并未确立传闻证据规则,但在《刑诉法解释》第 87 条第 1 项、第 88 条第 2 款中规定了,对证人证言的审查需注意证言的内容是否为证人直接感知;证人的猜测性、评论性、推断性证言,不得作为证据使用,但根据一般生活经验判断符合事实的除外。(2)证人的作证能力。证人证言的价值取决于证人的感知能力、记忆能力、语言表达能力以及是否诚实等因素。根据《刑诉法解释》第 87 条第 2 项、第 88 条第 1 款的规定,审查证人证言时需注意证人作证时的年龄,认知、记忆和表达能力,生理和精神状态是否影响作证;处于明显醉酒、中毒或麻醉等状态,不能正常感知或者正确表达的证人所提供的证言,不得作为证据使用。(3)证人与案件当事人、案件处理结果有无利害关系。利害关系会导致证人证言产生偏见性,进而影响其真实性。我国刑事诉讼法并未否定有利害关系证人证言的证据资格,但在评估其证明力时,需要结合其他在案证据加以认真审查。(4)证人证言的取证程序是否合法。《刑诉法解释》规定了一系列证人证言的取证规则,主要目的是保障证人证言的真实性。这些规则又可以分为无法补正的程序违法和可补正的程序违法两种。前者如询问证人应个别进行;书面证言需经证人核对确认;询问聋、哑人或不通晓当地通用语言、文字的证人,应为其提供翻译人员(包括通晓聋、哑手势的人员);等等。违反这些规则获得的证人证言,几乎是不可能真实可信的,因此《刑诉法解释》第89条规定,具有上述情形之一的证人证言,不得作为定案的根据。另外,《刑诉法解释》第90条规定:“证人证言的收集程序、方式有下列瑕疵,经补正或者作出合理解释的,可以采用;不能补正或者作出合理解释的,不得作为定案的根据:(一)询问笔录没有填写询问人、记录人、法定代理人姓名以及询问的起止时间、地点的;(二)询问地点不符合规定的;(三)询问笔录没有记录告知证人有关权利义务和法律责任的;(四)询问笔录反映出在同一时段,同一询问人员询问不同证人的;(五)询问未成年人,其法定代理人或者合适成年人不在场的。”之所以规定具有上述情形的证人证言可在补正或合理解释后加以采信,是因为这些情形并不会实质上影响到证据的真实性,如一概予以排除,不利于准确认定案件事实。另外,《刑事诉讼法》第56条第1款规定,采用暴力、威胁等非法方法收集的证人证言、被害人陈述,应当予以排除。这是2012年《刑事诉讼法》修改时明确规定的非法证据排除规则。采用暴力、威胁等非法方法收集证人证言,严重侵犯了证人的人身权利,破坏司法公正,极易酿成冤假错案,是非法取证情节最严重的情形,因此应当严格地予以排除。(5)证言之间、证言与其他证据之间能否相互印证、有无矛盾。《办理死刑案件证据规定》第15条第3款规定:“对未出庭作证证人的书面证言,应当听取出庭检察人员、被告人及其辩护人的意见,并结合其他证据综合判断。未出庭作证证人的书面证言出现矛盾,不能排除矛盾且无证据印证的,不能作为定案的根据。”需要说明的是,证据之间的矛盾是指那些影响事实认定的实质矛盾,并不要求证据完全一致,对于那些对事实认定没有影响的微小差异,仅需作出合理解释即可。

3. 根据证据审查认定情况,决定采信哪份庭前书面证言。本案中,王某在接受某县检察机关检察人员询问时的证言表明,其在送钱时并未讲明请托事项。这与被告人蓝某的供述相吻合,经庭审举证质证属实,故该证言可作为定案依据。而王某在接受某区检察机关检察人员询问时的证言表明,其在送钱时讲了具体请托。这与被告人蓝某的供述相矛盾,且检察机关无法提供讯问同步录音录像,法庭无法核对,故该证言属于未经查证属实的证人证言,证据之间存在无法排除的矛盾和无法解释的疑问,不得作为定案根据。

(二)证人的自书材料与询问笔录之间存在矛盾,庭前证言与庭审证言之间存在矛盾时,如何采信?

本案中,韦某在侦查阶段所作证言与辩护人在一审期间提供的“情况说明”(自书材料)之间存在矛盾。一审法院认为,对于韦某在侦查机关所作二次问话笔录,没有证据证实侦查机关是采取刑讯逼供的非法方法取得的,应当是韦某真实意思表示,应当予以采信,进而证实蓝某曾电话介绍韦某将项目分割给王某。二审法庭上,韦某出庭再次证明自书材料内容是其真实意思表示。二审法院认为,证人韦某在出庭作证时以及在自书材料中对前后证言的矛盾进行了解释,符合常理和逻辑,因而采信了韦某的庭审证言。那么证人的自书材料与询问笔录之间存在矛盾,庭前证言与庭审证言之间存在矛盾时,应当如何采信?

证人的自书材料与询问笔录在证据种类上都属于证人证言，前者主要包括证人自己书写的书面证言或证人在与辩护人交谈之后形成的书面证言，后者主要包括证人在接受侦查机关、检察机关询问时形成的证言笔录。相比于自书材料，法律为询问笔录的形成确定了更为精细的程序规范，但这并不能直接说明询问笔录比自书材料的证明力更高。对于自书材料的真实性，应当综合全案证据进行审查。控辩双方对自书材料有异议，且该自书材料对案件定罪有重大影响的，人民法院应当通知证人出庭作证。在自书材料和询问笔录查证属实的基础上，再根据具体情况，从证据与案件事实的关联程度、证据之间的联系等方面审查判断证据的证明力。在自书材料和询问笔录之间存在矛盾时，同样需要注意证人证言审查判断的基本要素，以及注意审查证人证言与其他证据之间能否相互印证以及有无矛盾，进而决定采信哪个证据。

庭审证言与庭前证言之间存在矛盾，即“翻证”，是司法实践中常遇到的证据审查认定难题。《办理死刑案件证据规定》第 15 条第 2 款规定：“证人在法庭上的证言与其庭前证言相互矛盾，如果证人当庭能够对其翻证作出合理解释，并有相关证据印证的，应当采信庭审证言。”《刑诉法解释》第 91 条第 2 款规定：“证人当庭作出的证言与其庭前证言矛盾，证人能够作出合理解释，并有其他证据印证的，应当采信其庭审证言；不能作出合理解释，而其庭前证言有其他证据印证的，可以采信其庭前证言。”《法庭调查规程》第 25 条规定：“证人出庭作证的，其庭前证言一般不再出示、宣读，但以下情形除外：（一）证人出庭作证时遗忘或者遗漏庭前证言的关键内容，需要向证人作出必要提示的；（二）证人的当庭证言与庭前证言存在矛盾，需要证人作出合理解释的。为核实证据来源、证据真实性等问题，或者唤起证人记忆，经审判长准许，控辩双方可以在询问证人时向其出示物证、书证等证据。”综上，司法解释就庭审证言与庭前证言之间存在矛盾的情形确立了两个认定规则：一是合理解释规则，即证人能够当庭就其翻证作出合理解释；二是印证规则，当庭证言要有相关证据加以印证。如果同时满足合理解释规则和印证规则的要求，那么法庭应当采信庭审证言。需要说明的是，《刑诉法解释》第 91 条第 2 款规定并不是说，如果证人不能当庭对翻证作出合理解释，法庭就应优先采纳庭前证言。只能说，如果证人不能当庭对翻证作出合理解释，法庭需要围绕印证规则，进一步决定采信庭前证言还是庭审证言：如果庭前证言有其他证据印证，则可以采信庭前证言；如果庭审证言有其他证据印证，则可以采信庭审证言；如果庭审证言、庭前证言都没有其他证据印证，则需要综合全案证据审查其真实性。本案中，韦某在二审审理过程中出庭作证，对翻证作出合理解释，称庭前证言是检察人员写好后让其签名的，其因没戴老花眼镜，看不清楚，草草看了后面一页即在笔录上签名，并表明情况说明的内容是其真实意思表示，庭前证言记录错误。对于韦某的庭前证言，检察机关不能提供讯问同步录音录像，法庭无法核对，进而得出庭前证言未经查证属实，不得作为定案根据之结论。但法庭在采信韦某庭审证言时，理由仅提到韦某在出庭作证时对翻证作出了合理解释，并未提及满足印证规则的要求。可见，对于为解决庭审证言与庭前证言之间矛盾所确立的合理解释规则和印证规则的关系，有待继续深入研究。

(三)证人证言与被告人供述相互矛盾时,如何采信?

本案中,关于送钱时是否表明具体请托问题,证人证言和被告人供述之间存在矛盾。一审法院认为,王某证言主要部分跟被告人供述是一致的,相互之间可以印证蓝某在收钱的时候是心知肚明的,王某也告知了蓝某该笔钱款的意图。蓝某的特殊身份证实了他当时是利用了便利为王某谋取了利益,对于韦某的分包是有影响的。二审法院认为,送钱时王某先是将现金放在一个云片糕盒内,后将放有现金的云片糕盒连同其他多个云片糕盒一起以土特产的名义送给蓝某,后就各自离开,之后与蓝某再没有联系,证明王某没有具体请托蓝某的行为;当时,蓝某认为是土特产而收下,其知道云片糕盒中放有现金后,即打电话叫王某把钱拿回去,证明当时蓝某并不知情,没有承诺的理由,之后,蓝某与王某再没有联系,双方无承诺和请托的条件。故采纳了王某没有请托、蓝某没有承诺的辩护意见。那么,证人证言与被告人供述相互矛盾时,应当如何采信?

这涉及司法实践中常称的"一对一"证据难点。在受贿、强奸等犯罪案件中,犯罪活动通常处于相对独立的空间内,且过程极为隐蔽,导致这些案件除亲历者的言词证据外,极少会留下物证、书证等证据,因此很难通过印证规则验明"一对一"证据的真伪。另外,受贿案件中的行贿人和受贿人,强奸案件中的被告人和被害人,基于减轻罪责或诬告他人等目的,具有提供虚假证据的动力,因此很容易形成"一对一"证据格局。对于"一对一"证据的审查认定,需要注意以下几方面:首先,仍要注意证人证言、被告人供述审查判断的基本要素。这在前文已有阐述,在此不再展开。其次,充分发挥证人到庭接受质证的程序功能。《法庭调查规程》第 13 条第 1 款规定:"控辩双方对证人证言、被害人陈述有异议,申请证人、被害人出庭,人民法院经审查认为证人证言、被害人陈述对案件定罪量刑有重大影响的,应当通知证人、被害人出庭。"《刑诉法解释》第 259 条及《法庭调查规程》第 19 条规定:证人出庭后,先由举证方发问;发问完毕后,对方也可以发问。根据案件审理需要,也可以先由申请方发问。控辩双方向证人发问完毕后,可以发表本方对证人证言的质证意见。控辩双方如有新的问题,经审判长准许,可以再行向证人发问。《法庭调查规程》第 24 条第 1 款规定:"证人证言之间存在实质性差异的,法庭可以传唤有关证人到庭对质。"证人到庭接受质证是排除矛盾和疑点的重要路径,也是认定证人证言真实性、可靠性的关键。但在我国,不仅规范上没有明确被告人对证人享有发问的权利,而且实践中证人出庭难的问题一直存在,这不但影响辩方质证权的实现,还会影响"一对一"证据的审查认定。再次,坚持存疑有利于被告人原则。存疑有利于被告人原则,是指在刑事诉讼中,如果穷尽法律上的证据方法后,仍然不能排除对案件事实的合理怀疑,则应当作出有利于被告人的选择与认定。在"一对一"证据审查中,经常会出现尽最大努力仍无法排除合理怀疑的情况,此时必须坚持存疑有利于被告人原则。最后,尽力调取其他证据材料,实现证据的印证证明。"一对一"证据的审查难点在于案件证据材料较为稀缺,无法形成强有力的印证关系,因此破解"一对一"证据难点的路径之一是收集尽可能多的具有证明价值的证据材料。例如,可通过收集犯罪嫌疑人、被告人、被害人在案发前后的异常行为以及其他陈述,来辅助"一对一"证据的审查判断。

从本案判决书中,无法看出是否有通知行贿人王某出庭作证。在认定王某送钱时是否讲明具体请托方面,一审法院并未坚持存疑有利于被告人原则,在证人王某的证言和被告人蓝某的供述存在矛盾的情况下,根据王某证言认定在送钱时其讲明了具体请托。二审法院则在审查认定王某证言的基础上,与被告人蓝某的供述形成印证,最终认定王某在送钱时未提出具体请托,蓝某也没有承诺。

◻ 理论拓展

从上述证据分析可以看出,证人出庭并接受控辩双方质询是审查判断证人证言最有力的方法。为此,英美法系国家或地区确立传闻证据规则、交叉询问规则,要求证人必须出庭作证,并接受交叉询问,否则证言便不具有可采性。大陆法系国家或地区确立了证据调查的直接言词原则,同样减少了书面证人证言的准入。但我国尚未建立健全相关证据规则,证人出庭作证制度仍有待完善,以至于证人出庭一直是我国刑事诉讼中的难点,询问笔录始终超越证人出庭成为证人证言的首要载体。

为了解决证人出庭难的问题,2012 年《刑事诉讼法》对证人出庭条件、证人出庭保护、证人作证费用补助、证人拒不出庭作证的制裁措施、证人强制出庭及例外等方面作出了规定。从司法实践情况来看,这些规定并未有效解决证人出庭难的问题。可见,这些制度设计并未触及造成证人出庭难的深层原因。值得一提的是,现行《刑事诉讼法》第 192 条第 1 款规定的证人出庭条件是造成证人出庭难的一个原因。根据该款规定,“证人应当出庭作证”需要满足三个要件:第一,公诉人、当事人或者辩护人、诉讼代理人对证人证言“有异议”;第二,该证人证言对案件定罪量刑有“重大影响”;第三,人民法院认为证人“有必要”出庭作证。将“法院认为证人有必要出庭”设计成证人应当出庭作证的要件之一,颇受争议。不少学者认为,赋予法院在证人出庭问题上过大的裁量权,会使其他条件都被“法院认为证人没有必要出庭”化解,无法根本解决证人出庭难的问题。随后,2016 年最高人民法院、最高人民检察院、公安部、国家安全部、司法部联合出台的《以审判为中心意见》第 12 条第 1 款以及《法庭调查规程》第 13 条第 1 款对《刑事诉讼法》中证人出庭条件作出了一定调整,将证人出庭作证的“第二要件”和“第三要件”进行了合并,改为控辩双方对证人证言、被害人陈述有异议,申请证人、被害人出庭,人民法院认为该证人证言对案件定罪量刑有重大影响的,证人应当出庭作证。客观来说,《以审判为中心意见》和《法庭调查规程》对证人出庭作证条件的调整,对于解决证人出庭难的问题具有积极意义。但是,由于其法律位阶较低、规范约束性有限,在法庭审理中法官往往选择适用具有更高效力、更加灵活的《刑事诉讼法》及其司法解释规定。而且,《以审判为中心意见》和《法庭调查规程》的上述调整,并未被《刑事诉讼法》所吸收,因此现在司法实践中证人出庭难的问题依然十分严峻。

■ 民事诉讼中证人证言的审查与判断

案例6－5 江某某与罗某某离婚纠纷案〔1〕

回 案情概述

原告江某某与被告罗某某于2000年经人介绍相识,同年年底按照农村风俗“过门”。2003年3月20日,二人登记结婚。婚后初期,夫妻感情尚好。2004年5月,原告与被告父亲因家庭琐事发生矛盾,致夫妻感情有所淡薄。2008年,原告提出离婚,经亲属规劝和好。后原、被告外出打工,双方较少联系。婚后原、被告无婚生小孩,无共同财产、债权债务。2014年6月,原告向湖南省隆回县人民法院提起诉讼,请求判准原、被告离婚。

被告罗某某辩称:原、被告婚姻存续期间感情较好,不存在分居事实,不符合离婚条件。

结合证据及庭审调查,法院认为:原告江某某与被告罗某某于2000年相识并同居生活,双方恋爱近三年于2003年3月20日自愿登记结婚,婚姻基础牢固。婚后初期,夫妻感情尚好。后因原告与被告父亲之间的矛盾导致夫妻感情不和。近年来原、被告在外打工,生活在一起的时间较少,夫妻感情出现裂痕,但是只要双方以家庭为重,多多沟通,有和好的可能,夫妻感情没有彻底破裂。据此依法驳回原告江某某的诉讼请求。

该案涉及的证据基本情况如下。

原告江某某向法院提交了如下证据:(1)身份证复印件及户籍证明各1份,以证明原、被告诉讼主体资格;(2)结婚登记资料2份,以证明原、被告登记结婚的事实;(3)对原告江某某的调查笔录1份,拟证明原、被告婚姻关系状况、分居原因及时间;(4)对证人张某某(原告母亲)的调查笔录1份,拟证明原、被告感情不和的原因及分居时间;(5)证人张某某(原告母亲)证明1份,拟证明原、被告婚后存款及还款情况;(6)对证人罗某木(被告父亲)的调查笔录1份,拟证明感情不和的原因及分居时间。

被告罗某某向法院提交了如下证据:(1)对证人贺某某的调查笔录1份,拟证明夫妻感情好,没有分居两年;(2)对证人郑某某的调查笔录1份,拟证明夫妻感情好,没有分居两年。

回 证据分析

本案中涉及证据的争议焦点主要集中于证人证言,具体来说有以下几个方面:(1)有利害关系的证人所陈述的证言,能否作为证据使用;(2)民事诉讼中证人证言的关联性、合法性要求。

对于以上证据问题,分析如下。

---

〔1〕 参见湖南省隆回县人民法院(2014)隆民一初字第800号民事判决书。

（一）关于有利害关系的证人所陈述的证言

本案中，原告向法院提交其母亲的证言，用以证明原、被告感情不和的原因、分居时间以及婚后财产情况。对此，被告提出证人系原告母亲，存在直接利害关系，其证言不能作为证据使用。法院审理后认为，对于原告母亲提供的证言，因存在利害关系，应当结合其他证据予以确认。

司法实践中，证人与当事人存在利害关系是证人证言不被采信的最主要裁判理由。英美普通法上甚至曾存在一项极端的无作证能力规则，即排除所有就结果有直接金钱或者财产利益的人的证言。设置这项规则的理由是防止自利性的伪证。19 世纪中叶，英美普通法废除了这种取消证人资格的规则，但证据法仍然承认证人利益，仍然可以证明利益或者偏见来对可信性进行弹劾。我国现行立法并未排除有利害关系的证人证言，但也对其进行了一定限制。《民诉证据规定》第 87 条规定："审判人员对单一证据可以从下列方面进行审核认定：……（五）证人或者提供证据的人与当事人有无利害关系。"一般而言，有利害关系的证人所陈述的证言的证明力要小于其他的证人证言。不过，对有利害关系证人的证言证明力判断，还是要遵循法官自由心证，由审判人员根据逻辑推理和日常生活经验，对证据有无证明力以及证明力大小进行独立判断。《民诉证据规定》第 90 条规定："下列证据不能单独作为认定案件事实的根据：……（三）与一方当事人或者其代理人有利害关系的证人陈述的证言……"也就是说，有利害关系的证人陈述的证言，需要得到其他证据的补强，才能成为定案根据。

在司法实践中，如何审查认定有利害关系证人的证言一直是民事诉讼中的难点。一是因为大部分知晓案件事实的人是与当事人日常接触较多的人，尤其是离婚纠纷、继承纠纷等家事纠纷的相关事实均发生于日常生活中，一般只有当事人的亲属、朋友等能够成为事实的见证人。可以说，证人正是基于与当事人存在某些特殊关系，才能有机会知晓案件事实并由此获得证人资格，证人与当事人存在特殊关系应属正常现象。另外，尽管《民事诉讼法》第 75 条第 1 款规定凡是知道案件情况的单位和个人，都有义务出庭作证，但从证人角度分析，绝大部分证人的出庭动机不是追求公平正义价值，也不是履行出庭作证义务，考虑更多的是人情成本与收益。若证人证言对当事人不利，私人收益极有可能为零甚至变为负数，影响原本和谐的人际关系，证人自然不愿意作证，更别说出庭作证。所以说，民事诉讼中大部分证人与当事人存在某些特殊关系。二是因为《民诉证据规定》中所言"利害关系"的范围不明。证人与当事人存在亲属、朋友、同事、隶属、合作等"特殊关系"是否等同于"利害关系"，存在争议，以至于部分法官会将"特殊关系"直接等同于"利害关系"，径行排除证人证言。

出庭接受质询是检验有利害关系证人的证言可信性的有力方法。我国民事诉讼确定了"证人出庭作证为原则，书面证言、远程视频作证为例外"的要求。《民事诉讼法》第 76 条规定："经人民法院通知，证人应当出庭作证。有下列情形之一的，经人民法院许可，可以通过书面证言、视听传输技术或者视听资料等方式作证：（一）因健康原因不能出庭的；（二）因路途遥远，交通不便不能出庭的；（三）因自然灾害等不可抗力不能出庭的；（四）其他有正当理由不能出庭的。”《民诉证据规定》第 68 条规定:“人民法院应当要求证人出庭作证,接受审判人员和当事人的询问。证人在审理前的准备阶段或者人民法院调查、询问等双方当事人在场时陈述证言的,视为出庭作证。双方当事人同意证人以其他方式作证并经人民法院准许的,证人可以不出庭作证。无正当理由未出庭的证人以书面等方式提供的证言,不得作为认定案件事实的根据。”第 76 条第 1 款规定:“证人确有困难不能出庭作证,申请以书面证言、视听传输技术或者视听资料等方式作证的,应当向人民法院提交申请书。申请书中应当载明不能出庭的具体原因。”第 77 条规定:“证人经人民法院准许,以书面证言方式作证的,应当签署保证书;以视听传输技术或者视听资料方式作证的,应当签署保证书并宣读保证书的内容。”

审查有利害关系证人的证言,一方面需要严格遵循证人出庭作证、接受质询的规则,具体包括:(1)关于申请证人出庭作证,《民诉证据规定》第 69 条第 1、2 款规定:“当事人申请证人出庭作证的,应当在举证期限届满前向人民法院提交申请书。申请书应当载明证人的姓名、职业、住所、联系方式,作证的主要内容,作证内容与待证事实的关联性,以及证人出庭作证的必要性。”第 70 条规定:“人民法院准许证人出庭作证申请的,应当向证人送达通知书并告知双方当事人。通知书中应当载明证人作证的时间、地点,作证的事项、要求以及作伪证的法律后果等内容。当事人申请证人出庭作证的事项与待证事实无关,或者没有通知证人出庭作证必要的,人民法院不予准许当事人的申请。”(2)关于证人签署保证书,《民诉证据规定》第 71 条第 1 ~ 3 款规定:“人民法院应当要求证人在作证之前签署保证书,并在法庭上宣读保证书的内容。但无民事行为能力人和限制民事行为能力人作为证人的除外。证人确有正当理由不能宣读保证书的,由书记员代为宣读并进行说明。证人拒绝签署或者宣读保证书的,不得作证,并自行承担相关费用。”(3)关于证人陈述的要求,《民诉证据规定》第 72 条规定:“证人应当客观陈述其亲身感知的事实,作证时不得使用猜测、推断或者评论性语言。证人作证前不得旁听法庭审理,作证时不得以宣读事先准备的书面材料的方式陈述证言。证人言辞表达有障碍的,可以通过其他表达方式作证。”第 73 条第 1 款规定:“证人应当就其作证的事项进行连续陈述。”(4)关于询问证人的规则,《民诉证据规定》第 74 条规定:“审判人员可以对证人进行询问。当事人及其诉讼代理人经审判人员许可后可以询问证人。询问证人时其他证人不得在场。人民法院认为有必要的,可以要求证人之间进行对质。”第 78 条第 1 款规定:“当事人及其诉讼代理人对证人的询问与待证事实无关,或者存在威胁、侮辱证人或不适当引导等情形的,审判人员应当及时制止……”

另一方面,需要结合其他证据,综合判断有利害关系证人证言的证明力。《民诉证据规定》第 85 条第 2 款规定:“审判人员应当依照法定程序,全面、客观地审核证据,依据法律的规定,遵循法官职业道德,运用逻辑推理和日常生活经验,对证据有无证明力和证明力大小独立进行判断,并公开判断的理由和结果。”第 88 条规定:“审判人员对案件的全部证据,应当从各证据与案件事实的关联程度、各证据之间的联系等方面进行综合审查判断。”第 96 条规定:“人民法院认定证人证言,可以通过对证人的智力状况、品德、知识、经验、法律意识和专业技能等的综合分析作出判断。”

（二）关于民事诉讼中证人证言的关联性、合法性要求

本案中，针对被告向法院提交的对贺某某、郑某某二人的调查笔录，原告提出不认识上述两位证人，亦不知证词中所提到的场所，法院认为被告没有提供证人的厂牌或者其他证据证明证人与被告系在同一个厂打工，故对此证据不予确认。针对原告向法院提交的对被告父亲的调查笔录，被告认为取证程序不合法，法院认为该证据不符合证据的法定形式，不予确认。

证人作证的基本前提是证人必须了解案件情况，也就是说，证人与案件事实必须具有关联性。据此，《民诉证据规定》第 72 条第 1 款规定：“证人应当客观陈述其亲身感知的事实，作证时不得使用猜测、推断或者评论性语言。”本案中，针对被告向法院提交的贺某某、郑某某二人的调查笔录，由于被告没有提供证人的厂牌或者其他证据证明证人与被告系在同一个厂打工，所以法院认为证人与案件事实不具有关联性，其提供的证言不可采信。

民事诉讼中证据的合法性，是指在民事诉讼中，人们使用特定证据认定案件事实时，该证据必须符合法律规定的要求，不为法律所禁止，否则不具有证据效力。关于证人证言的合法性要求，主要体现在作证主体合法和取证方法合法两个方面：其一，作证主体合法性方面，《民事诉讼法》第 75 条第 2 款规定：“不能正确表达意思的人，不能作证。”《民诉证据规定》第 67 条规定：“不能正确表达意思的人，不能作为证人。待证事实与其年龄、智力状况或者精神健康状况相适应的无民事行为能力人和限制民事行为能力人，可以作为证人。”这是为了保障证据的真实性而确定的证人主体要求。其二，取证方法合法性方面，法律规定证据取得方法必须合法，是为了保障他人的合法权利不至于因为证据的违法取得而受到侵害。

在司法实践中，对证人证言主张取证程序违法的情况主要有两类：第一类，主张对方当事人及其诉讼代理人取得证人证言的程序违法。例如，在泸州市恒圣天然气有限公司与李某某合同纠纷一案[1]中，被告提出原告诉讼代理人在赵某 1、赵某 2 处调取的笔录并未与证人核对，其中一份笔录是在证人饮酒后调取的，相关证人证言的取证程序违法，不应采信。对此，《民诉法解释》第 106 条规定：“对以严重侵害他人合法权益、违反法律禁止性规定或者严重违背公序良俗的方法形成或者获取的证据，不得作为认定案件事实的根据。”第二类，主张法院依职权调取证人证言的程序违法，主要有两种情况：其一，主张法院依职权调取的证据不符合法定范围。《民事诉讼法》第 67 条第 2 款规定：“当事人及其诉讼代理人因客观原因不能自行收集的证据，或者人民法院认为审理案件需要的证据，人民法院应当调查收集。”《民诉法解释》第 94 条第 1 款规定：“民事诉讼法第六十七条第二款规定的当事人及其诉讼代理人因客观原因不能自行收集的证据包括：（一）证据由国家有关部门保存，当事人及其诉讼代理人无权查阅调取的；（二）涉及国家秘密、商业秘密或者个人隐私的；（三）当事人及其诉讼代理人因客观原因不能自行收集的其他证据。”第 96 条规定：“民事诉讼法第六十七条第二款规定的人民法院认为审理案件需要的证据包括：（一）涉及可能损害

---

〔1〕 参见四川省合江县人民法院民事判决书，(2015)合江民初字第 2849 号。

国家利益、社会公共利益的;(二)涉及身份关系的;(三)涉及民事诉讼法第五十八条规定诉讼的;(四)当事人有恶意串通损害他人合法权益可能的;(五)涉及依职权追加当事人、中止诉讼、终结诉讼、回避等程序性事项的。除前款规定外,人民法院调查收集证据,应当依照当事人的申请进行。”为了保障民事诉讼的对抗性,法律对法院依职权调取的证据范围进行了限制。因此民事诉讼当事人经常会对法院依职权调取的证据提出违反法定范围,取证程序违法的意见。其二,主张法院依职权调取证据的程序不符合法定要求。《民诉法解释》第97条规定:“人民法院调查收集证据,应当由两人以上共同进行。调查材料要由调查人、被调查人、记录人签名、捺印或者盖章。”但实践中,为了节省司法资源,经常会出现只有法官一人调取证据,调查笔录由法官“自问自记”等不规范情形。

由此可见,审查民事诉讼中证人证言的合法性,需要重点关注以下几个问题:第一,证人是否具有作证资格,是否能够正确表达意思;第二,当事人收集证人证言的方法是否严重侵害他人合法权益、违反法律禁止性规定或者严重违背公序良俗;第三,法院依职权调取的证人证言是否符合法定范围以及法定程序。

回 理论拓展

为了防止自利性的伪证,英美普通法上曾存在过一项证人资格取消规则,即排除诉讼当事人和所有就结果有直接金钱或者财产利益的人的证言。这项规则遭到广泛批评,后来经过改革,英国彻底废除了这种证人资格取消规则。美国在取消这项一般性规则的同时,保留了一个例外——幸存者案件,即在死者的遗嘱执行人或者管理人起诉或者辩护的诉讼中,当事人和利害关系人仍然没有资格就与死者的交易或者交流作证。因为在改革过程中,有人就诸如合同等协商一致的交易或一方死亡而另一方幸存的交通事故等案件指出,如果幸存的当事人或者利害关系人能够就交易或者事件作证,就可能导致欺诈。美国这种拒绝听取幸存者意见的变通方法,被边沁等一众学者批评为“盲目和愚蠢的”。他们认为,第一,制定法如此规定是为了避免对一方造成不公正,但也忽视了给另一方造成不公正的同等可能性。第二,任何陪审员都会意识到,幸存者可能会因为受到诱惑而提供伪证,因此他们会谨慎评估幸存者证言。而交叉询问往往会揭示出证言的欺骗性。无论如何,取消幸存者的作证资格,更可能不利于诚实的幸存者,而不是更不利于不诚实的幸存者。第三,一个想诉诸伪证的诉讼当事人会毫不犹豫地唆使一个没有被取消作证资格的第三人就虚假的说法发誓。对此,美国立法者和法院主要有三种变革:第一,一些州规定,幸存者可以作证,但是,他的证言在法律上不足以支持判决,除非其证言得到其他证据的补强。第二,一些州则赋予审判法官裁量权,当在其看来幸存者的证言是防止不公正所必需时,允许幸存者作证。第三,一些州完全取消了丧失作证资格的规定,允许幸存者不受限制地作证。同时,允许采纳死者的任何相关书面或者口头陈述(这两种陈述通常被作为传闻而排除),以公平地将给死者遗产带来的不公正危险降到最低。虽然取消当事人和与诉讼结果有利害关系的人的作证资格的规定几乎被一扫而光,但是证据法仍然承认证人利益这一事实的相关性,仍然可以证明利益或者偏见来对可信性进行弹劾。事实上,根据《美国宪法第六修正案》的对质条款,刑事被告人有宪法上的权利来对检控方证人进行交叉询问,以揭露证人的偏见。在大多数司法辖区,审判法官指示陪审团,可以根据一方当事人的自身利益和与审判结果的利害关系来对其证言赋予证明力。

我国《民诉证据规定》第 68 条第 1、3 款明确规定:人民法院应当要求证人出庭作证,接受审判人员和当事人的询问;无正当理由未出庭的证人以书面等方式提供的证言,不得作为认定案件事实的根据。司法实践中,在民事诉讼中对证人出庭的要求较之刑事诉讼中贯彻得更为严格。证人应当客观陈述其亲身感知的事实,作证时不得使用猜测、推断或者评论性语言。对于作伪证的问题,《民诉证据规定》第 71 条第 1、3 款和第 78 条第 2 款明确人民法院应当要求证人在作证之前签署保证书;证人拒绝签署或者宣读保证书的,不得作证;证人故意作虚假陈述的,人民法院应当根据情节,依照《民事诉讼法》第 114 条的规定,对证人进行处罚。司法实践中,不乏证人因为作证时提供虚假证言而被处罚的案例。

□ 阅读指引

1. 颜飞:《书面证言使用规则研究:程序法视野下的证据问题》,中国法制出版社 2012 年版。
2. 叶扬:《刑事证人作证论》,中国政法大学出版社 2017 年版。
3. 张伟:《证言可信性研究》,法律出版社 2022 年版。
4. 周成泓:《民事证人调查研究》,法律出版社 2012 年版。
5. 占善刚、王超:《民事诉讼中书面证言的效力探析》,载《中南大学学报(社会科学版)》2018 年第 2 期。

(撰写人:浙江工业大学法学院　王志坚)

第五节　鉴定意见

■ 刑事诉讼中鉴定意见的审查与判断

案例 6-6　**念某投放危险物质案**[1]

□ 案情概述

2006 年 7 月 27 日晚,福建省某县某村 17 号两户居民家中多人出现中毒症状,其中两人

[1] 参见福建省高级人民法院(2012)闽刑终字第 10 号刑事判决书。

经抢救无效死亡。警方经过侦查,确定是人为投入氟乙酸盐鼠药所致,认为其邻居念某有重大作案嫌疑,念某被批准逮捕后被提起公诉。

福建省福州市中级人民法院原判决认定:被告人念某与丁某虾分别租用陈某娇家相邻的两间店面经营食杂店,存在生意竞争。2006 年 7 月 27 日晚,念某认为丁某虾抢走其顾客而心怀不满。次日凌晨 1 时许,念某产生投放鼠药让丁某虾吃了肚子痛、拉稀的念头,遂将案发前向摆地摊的杨某炎购买的鼠药取出半包,倒在矿泉水瓶中加水溶解后,潜入其食杂店后丁家厨房将鼠药水从壶嘴倒入烧水铝壶的水里。当晚,丁某虾的孩子俞乙(被害人,殁年 10 岁)、俞丙(被害人,殁年 8 岁)、俞甲(被害人,时年 6 岁)食用了使用壶水烹制的稀饭和青椒炒鱿鱼,丁某虾食用了其中的稀饭和青椒,房东陈某娇及其女儿念某珠食用了其中的青椒炒鱿鱼。后俞乙、俞丙、俞甲等人相继出现中毒症状。次日凌晨,俞乙、俞丙经抢救无效死亡,经鉴定系氟乙酸盐鼠药中毒。俞甲住院接受治疗。

认定上述事实的证据有:被害人俞甲、丁某虾陈述,证人陈某娇、念某珠、俞某发、陈某钦、巫某龙、杨某炎、张某、洪某强、杨某平、张某文、刘某珠、吴某英等人证言;现场勘验检查笔录和现场照片,搜查笔录、扣押物品清单和照片;医院病历材料;福州市公安局法医学鉴定书、理化检验报告、侦查实验笔录、公安部物证鉴定中心物证检验意见书;被告人念某的供述和辨认笔录,以及户籍证明、经济损失相关票证等。

据此,福建省福州市中级人民法院认为被告人念某投放危险物质致二人死亡的行为已构成投放危险物质罪,判处被告人念某死刑。上诉人念某不服,称其没有作案,有罪供述内容不真实,系违法取证所得,请求宣告无罪。后本案历时 6 年 10 次开庭审判,念某 4 次被判处死刑立即执行。2014 年 8 月 22 日,福建省高级人民法院作出终审判决,认定念某无罪。

回 证据分析

本案犯罪事实认定的关键在于被害人俞乙、俞丙是否系因被念某投放氟乙酸盐鼠药而中毒死亡。对此,控方指控和原判认定,念某购买了氟乙酸盐鼠药后投放于被害人家厨房铝壶水中,致使二被害人食用了使用壶水烹制的食物中毒死亡。故而,本案犯罪事实认定的关键要素可分为三个重要的证明事项,分别是中毒原因、投毒方式以及毒物来源。这三个证明事项的证明内容皆指向毒物是否为氟乙酸盐鼠药。因此,本案犯罪事实认定的核心证据即对涉案毒物的鉴定,本案所涉的相应鉴定意见则是证据分析的重点。对本案中鉴定意见,分析如下。

(一)关于中毒原因的鉴定

再审中,控方认为,根据原审庭审中公诉机关举证的法医学鉴定意见,俞乙的呕吐物的理化检验报告,俞乙、俞丙的尿液和心血的理化检验报告,俞乙心血的质谱图等证据能够证实,二被害人死于氟乙酸盐鼠药中毒。但是辩方认为,一方面,本案的检验过程未进行“空白”对照检验;另一方面,鉴定检材和标样的质谱图出现错误。由于检验过程不严谨以及质谱图有误,现有证据不能认定被害人死于氟乙酸盐鼠药中毒。

最终,再审法院认为,根据在案证据,二被害人确系中毒身亡,但是无法认定系因氟乙酸盐鼠药中毒而死。具体原因如下:

第一,案件所涉质谱图的真实性存疑。本案中所涉质谱图与常理相悖的地方有两处:一是标注为被害人俞丙尿液和标注为标样的两份质谱图相同;二是标注为被害人俞乙心血的质谱图与标注为被害人俞乙呕吐物的质谱图也相同。同时,被害人尿液、呕吐物、心血这些检材的质谱图、检验电子数据的文件名,与这些检材的名称也不相符。对此,即便鉴定人出庭说明前述错误是质谱图资料归档失误和文件命名规则不统一所致,也都不足为信。质言之,标样与检材的质谱图相同、不同检材的质谱图相同,都意味着鉴定机构对检材的处理操作不具有基本的规范性,严重影响了检材的准确性。

第二,鉴定机构在对被害人的尿液、心血及呕吐物检材的检验过程中,未遵循专业规范要求进行"空白"对照检验,不满足检验结果质量控制要求,故而相应检材的检验结果不能排除假阳性检验结果的可能,本案的鉴定无法排除存在检材被污染的可能。

第三,从被害人的心血和尿液检出氟乙酸盐鼠药成分的检验结论可靠性存疑。再审法院指出,控辩双方聘请的专业人员就能否根据被害人心血、尿液检材的检验数据判断检出氟乙酸盐鼠药成分存在严重分歧。再者,与被害人共同进食的其他人虽有中毒症状,但因未做相应的检验而无法认定中毒原因为何。

基于上述原因,涉案毒物的鉴定既存在检材被污染的可能,又存在鉴定方式未遵循相应专业规范的问题,致使据以认定二被害人系因氟乙酸盐鼠药中毒而死的理化检验报告不足以采信。因此,再审法院认为,原判认定二被害人死于氟乙酸盐鼠药中毒的事实不清,相关证据不确实、不充分。

(二)关于投毒方式和毒物来源的鉴定

再审中,控方认为,根据原审庭审中公诉机关举证的现场勘验检查笔录、现场照片和提取痕迹、物品登记表,铝壶水、高压锅和铁锅的理化检验报告,铝壶的侦查实验笔录,以及理化检验报告的检验电子数据等证据,能够认定念某从杨某炎处购买氟乙酸盐鼠药,并将之投放在铝壶水中。

关于投毒方式为将氟乙酸盐鼠药投放于铝壶水中及毒物来源于贩卖鼠药的杨某炎处的事实,其证明的关键证据亦是相应检材及理化检验报告等鉴定意见证据。但是,再审法院经审查认定,前述鉴定意见证据不足以采信,无法认定铝壶水有毒以及念某投放的鼠药系从杨某炎处购买。具体分析如下:

第一,鉴定所需的检材提取送检存在问题。本案鉴定所需的检材涉及案发现场的铝壶水、铝壶、铁锅以及高压锅等物证,但是这些检材的提取送检存在多方面问题,包括提取送检和检验鉴定委托的时间不符、送检时间与检验时间前后不一致以及送检壶水检材与提取铝壶之间的关联性缺乏确实依据等。这些问题的存在意味着检材的同一性和真实性存疑,不能排除检材非案发现场实物的可能性。

第二,鉴定机构在对铝壶水、高压锅和铁锅表面残留物检材,配制鼠药工具碗、塑料盆、铁盆检材等的检验过程中,未遵循专业规范要求进行"空白"对照检验,不满足检验结果质量控制要求,故而相应检材的检验结果不能排除假阳性检验结果的可能,本案的鉴定无法排除存在检材被污染的可能。

第三,从铝壶水、高压锅、铁锅以及配制鼠药的工具碗、塑料盆和铁盆检材中检出氟乙酸盐鼠药成分的检验结论可靠性存疑。再审法院指出,控辩双方聘请的专业人员就能否根据前述检材的检验数据判断检出氟乙酸盐鼠药成分存在严重分歧。再者,有关投毒方式与毒物来源的言词证据之间存在前后冲突、相互矛盾、无法印证以及无法排除的合理怀疑等问题。

基于上述原因,鉴定投毒方式的检材提取过程不清,投毒方式和毒物来源的鉴定检验过程不规范,致使检验结论可靠性存疑,相关的理化检验报告不足以采信。同时,与投毒方式、毒物来源相关的其他证据之间相互矛盾,且亦存在无法解释的疑点。故而,再审法院认为,依据在案证据,原判认定念某从杨某炎处购买氟乙酸盐鼠药,并将之投放在铝壶水中的事实不清,证据不确实、不充分。

归纳而言,再审法院之所以认定控方所指控的犯罪事实不清,核心关键的原因即在于本案中鉴定意见存在重大问题,不能被采信。《刑诉法解释》第97条和第98条对鉴定意见的审查及适用作出了规定。根据《刑诉法解释》的相关规定,鉴定意见的审查认定实则可归为四部分,分别是审查鉴定主体的资格、鉴定的过程、鉴定意见的形式要件以及鉴定意见的实质内容。根据前述规定,任一部分出现问题都会影响鉴定意见的证据能力和证明力,乃至致使其不得作为定案的根据。在本案中,案涉鉴定意见的问题主要出现在作出鉴定意见的过程中。对鉴定意见过程的审查与判断主要包含两方面内容:一是审查鉴定检材是否真实、有效;二是审查鉴定技术和方法是否科学、合理。[1] 本案的鉴定在这两方面都存在问题。

第一,检材本身便是鉴定的对象,故而检材的真实、有效是确保鉴定意见得以准确的前提。而检材的真实、有效则既需要确保检材的来源真实性,以保证检材本身是真实可靠的,又需要确保检材的提取、保管、送检是完整、连续、安全以及合法的,以保证检材未受污染和检材的同一性、真实性。但是,于本案之中,铝壶水、铝壶、铁锅以及高压锅等案涉检材的提取、送检都存在极大的问题,根据现场勘验检查笔录等证据所反映的情况,案涉检材提取、报关、送检的过程存在时间模糊、前后冲突以及相互矛盾等情形,以至于既无法保证案涉检材未受污染及其同一性、真实性,也无法保证检材与案件之间的关联性。根据《刑诉法解释》第98条第3、4、8项的规定,"送检材料、样本来源不明,或者因污染不具备鉴定条件的""鉴定对象与送检材料、样本不一致的""鉴定意见与案件事实没有关联的"鉴定意见不得作为定案的根据。作为鉴定对象的检材一旦出了问题,自然会影响鉴定结论的准确性以及鉴定意见的效力。念某案中案涉检材的真实性、有效性存疑,直接影响了鉴定结论的可靠性

〔1〕 参见潘金贵主编:《证据法学》,法律出版社2022年版,第222-223页。

判定,以致影响本案鉴定意见的采纳和采信。

第二,鉴定意见具有科学性和合法性的特征及要求,而采用科学严谨的鉴定技术和遵照专业规范的鉴定要求则是鉴定意见科学性、合法性的重要保障。而于本案之中,标样与检材的质谱图相同、不同检材的质谱图相同、检材检验过程中未进行"空白"对照检验等问题,都意味着鉴定检验过程不规范,不具有科学性和严谨性。同时,针对根据相应检验数据能否判定检出氟乙酸盐鼠药成分的问题,控辩双方聘请的专业人员意见存在严重分歧表明,该鉴定事项的鉴定过程和方法都未能符合相关专业已形成的一致、标准的规范要求,以致专业人员产生严重分歧。前述情况都直接致使了检验结论的可靠性存疑以及检验报告的不采信。根据《刑诉法解释》第98条第5、6项的规定,"鉴定程序违反规定的""鉴定过程和方法不符合相关专业的规范要求的"鉴定意见不得作为定案的根据。由于鉴定方法问题,念某案中的鉴定意见无法用于证明被害人系因念某投放的氟乙酸盐鼠药而中毒致死。

回 理论拓展

随着社会的发展与科技的进步,犯罪方式与案件情形日趋复杂,刑事裁判者于刑事司法事实认定过程中需要面对和审理超出自身原有知识范围的专门性问题的场景愈来愈多。面对这些如毒物鉴定、庞杂资金审计以及被告人精神状况认定等需要运用专门性、专业性知识判断的待证事项,鉴定意见是刑事裁判者在认定此类案件事实时所需适用的证据。因为鉴定意见能够弥补刑事裁判者在专门性问题上认识能力的不足,故而对鉴定意见的准确审查、认定与运用是刑事裁判者准确认定此类案件犯罪事实的关键。

正如学者所归纳的,有别于刑事裁判者经由自身感知和经验即可推理判断的普通案件犯罪事实的认定,需经司法鉴定专门性问题的案件之事实认定则需要历经"专业人员鉴定出具意见—裁判者审查认定案件事实"两个步骤。[1] 专业人员鉴定出具意见指的是专业人员将专业知识运用于具体个案中,并经一系列科学规范的程序形成专业意见,也即鉴定意见。裁判者审查认定案件事实指的是裁判者需要对专业人员出具的鉴定意见进行审查判断,并最终据此认定案件事实。在"专业人员鉴定出具意见—裁判者审查认定案件事实"的认知模式下,需经司法鉴定专门性问题的案件之事实认定实则分为了两个步骤:步骤一是专业人员对案件所涉专门性问题的相关事实作出判断并形成专业意见;步骤二则是裁判者对前一步骤所形成的专业意见进行审查,并判断是否采信。

在此种认知模式下,专门性问题的相关待证事实之认定权力依旧为裁判者所掌握,但是不得不承认的是,由于相应专业知识的认知能力和储备的相对不足,刑事裁判者不得不在专业问题上依赖专业人员的判断。专业人员对专门性问题所涉待证事实的看法和意见,极大影响了刑事裁判者对该待证事实的认定。因此,由于专业知识壁垒的存在,刑事裁判者对于专业人员出具的鉴定意见往往只是形式审查后便加以采纳采信。在当前司法实践

---

〔1〕 参见吴洪淇:《刑事诉讼专门性证据的扩张与规制》,载《法学研究》2022年第4期。

中,办案人员对鉴定意见的可靠性判断仍主要是通过对专业资质等外部形式要素的审查来进行。故而,在司法实务中鉴定意见的采纳采信率极高,部分地区高达90%以上。[1]

刑事裁判者往往直接遵循专家出具的鉴定意见的实务倾向,实则蕴含了事实认定失真的风险。许多刑事冤假错案中即存在鉴定问题,以美国为例,“全美冤案平反报告”研究项目指出,司法鉴定错误是造成冤案的第四大原因,超过了被告人错误认罪。[2] 有学者总结归纳出诱发刑事错案的鉴定意见主要存在四方面问题,分别是“检材来源不明”“操作不规范”“检材不充分”“方法错误”,同时,裁判者不当审查与认定鉴定意见亦是引发错案的重要因素。[3]

为了确保事实认定的准确性,刑事司法实务工作者应当对鉴定意见进行实质审查。虽然因为专业壁垒的客观存在以至于刑事司法实务工作者对鉴定意见的审查往往达不到专业业界同行的审查水平,但是刑事司法实务工作者仍然可以从刑事诉讼证明的角度出发,从多个维度进行审查。首先,仍应重视对出具鉴定意见的专家资质的审查,这种审查应该涵盖从业资格、从业经历、同行评价等等。其次,应当重视对鉴定原理的审查。对鉴定原理的审查重在判断鉴定所用科学原理的可靠性、明确性,以及专家论证的严谨性、准确性和完整性。再次,重视对鉴定检材的真实性、鉴定程序的规范性的审查。鉴定检材是否真实、是否与待证事实具有关联性以及鉴定程序是否符合专业规范,都会直接影响鉴定结论的准确性。最后,还应完善专家辅助审查的机制。专家的辅助审查可以弥补刑事司法实务工作者专业认知的不足,为其提供专业的知识及咨询,帮助其更好地对鉴定意见进行实质审查。

■ 刑事诉讼中专门性问题报告的审查与判断

案例6-7 马某飞滥伐林木案[4]

□ 案情概述

一审法院查明,被告人马某飞于2020年10月24日、25日,经他人介绍以26,000元人民币的价格购买了梁某1所有的位于海城市××镇××村“花朋沟”的杨树,在未经县级以上人民政府林业主管部门批准的情况下,马某飞雇用工人擅自将此地的树木砍伐并卖出。海城市恒祥森林资源资产价格评估有限公司出具鉴定意见认定:(1)砍伐杨树伐根326个,蓄积为81.6立方米;(2)砍伐树木的位置为××镇××村××林班4小班,森林类别为商品林,地类为乔木经济林,林种为果树林。

---

〔1〕 参见纵博:《论科学证据的实质审查》,载《法商研究》2024年第1期。

〔2〕 参见陈永生:《论刑事司法对鉴定的迷信与制度防范》,载《中国法学》2021年第6期。

〔3〕 参见左卫民、官胜男:《刑事错案与鉴定意见:复杂关系的实证考察》,载《华东政法大学学报》2022年第3期。

〔4〕 参见辽宁省盘锦市中级人民法院(2022)辽11刑终77号刑事附带民事裁定书。

被告人马某飞于2020年10月27日以6000元人民币的价格购买了于某贵所有的位于海城市××镇××村××屯××庙东侧水沟旁的杨树，在未经县级以上人民政府林业主管部门批准的情况下，马某飞雇用工人擅自将此地的树木砍伐并卖出。海城市恒祥森林资源资产价格评估有限公司出具鉴定意见认定：（1）砍伐杨树49棵，其中砍伐林地上杨树33棵，蓄积为12.8立方米，砍伐非林地上杨树16棵；（2）砍伐树木的位置为××镇××村××林班9小班，森林类别为国家公益林，地类为阔叶林，林种为水土保持林。

另外，刑事附带民事公益诉讼起诉人在履行职责过程中，发现被告马某飞的行为致使森林资源遭受损失，损害了社会公共利益，于2022年3月24日就本案提起民事公益诉讼情况刊发公告，公告期内无法律规定的机关或组织提起诉讼。经辽宁铭威森林资源资产评估有限公司评估，马某飞需补种杨树的数量为1125棵，费用为人民币11,880元。

一审法院认为，被告人马某飞违反森林法的规定滥伐林木，数量巨大，其行为已经构成滥伐林木罪。

马某飞不服，提起上诉。其辩护人认为：一是该案的鉴定意见未附上鉴定机构和鉴定人的资质证明或者其他证明文件，亦未有鉴定人签名，是无效证据。二是海城市恒祥森林资源资产价格评估有限公司出具的《海城市××镇××村砍伐杨树蓄积的调查》（以下简称《砍伐杨树调查》）不能作为证据使用。三是原审庭审中没有对鉴定机构和鉴定人是否具有法定资质进行审查，便将鉴定意见作为认定上诉人马某飞滥伐林木，数量较大犯罪事实的证据使用。四是针对辽宁铭威森林资源资产评估有限公司出具的《马某飞滥伐林木刑事附带民事公益诉讼案补植费用评估报告书》，鉴定评估机构没有依法独立承担评估责任等。

二审法院经审理查明，一审认定被告人的犯罪事实清楚，证据确实充分。二审法院认为，马某飞违反森林法的规定滥伐林木，数量巨大，其行为已经构成滥伐林木罪。针对辩护人所提的辩护意见，二审法院认为根据《刑诉法解释》相关规定，该案所涉的专门性问题报告系有专门知识的人依据科学调查程序作出，故可以作为证据使用，辩护意见不成立。

该案涉及的证据基本情况如下：

1. 证人证言。

2. 被告人供述。

3. 辨认笔录及照片，现场指认照片，现场勘验笔录及照片。

4. 海城市恒祥森林资源资产价格评估有限公司出具的《××镇××村××沟××屯滥伐林木的鉴定意见》（以下简称《滥伐林木鉴定意见》）。

5. 海城市恒祥森林资源资产价格评估有限公司出具的《砍伐杨树调查》。

6. 辽宁铭威森林资源资产评估有限公司出具的《马某飞滥伐林木刑事附带民事公益诉讼案补植费用评估报告书》。

◻ 证据分析

本案中涉及证据的争议焦点是，海城市恒祥森林资源资产价格评估有限公司出具的

《滥伐林木鉴定意见》《砍伐杨树调查》是否具有证据能力,能不能据此作为认定案件事实的依据?

对于以上证据问题,分析如下:

专门性问题报告的性质和效力,一直是实践中的争议焦点。2012 年《刑诉法解释》第 87 条第 1 款规定:“对案件中的专门性问题需要鉴定,但没有法定司法鉴定机构,或者法律、司法解释规定可以进行检验的,可以指派、聘请有专门知识的人进行检验,检验报告可以作为定罪量刑的参考。”据此,在 2021 年《刑诉法解释》出台之前,专门性问题报告并没有证据能力,其仅能作为定罪量刑的参考。但是,实践中大量的专门性问题报告被用于案件事实的证明与认定之中。司法实践中在查明案件事实时遇到的专门性问题层出不穷,司法鉴定的范围已远无法将这些专门性问题尽数覆盖。因此,专门性问题报告已不仅仅发挥着“作为定罪量刑的参考”之作用,而是经常被用于证明与定罪量刑直接相关的构成要件的事实,发挥着与鉴定意见同等重要的作用。[1] 然而,根据证据裁判原则,认定案件事实必须以证据为根据。由于专门性问题报告仅是“定罪量刑的参考”而非法定证据,但司法实践中各类涉及专门性问题的事实认定又以相应的专门性问题报告为准,故而专门性问题报告的司法适用陷入违背证据裁判原则的理论规范与实践相冲突之困境。[2]

为了更好地规范专门性问题报告的适用,明确专门性问题报告的证据资格,相较于 2012 年《刑诉法解释》第 87 条的规定,2021 年《刑诉法解释》第 100 条作了相应的调整,规定:“因无鉴定机构,或者根据法律、司法解释的规定,指派、聘请有专门知识的人就案件的专门性问题出具的报告,可以作为证据使用。对前款规定的报告的审查与认定,参照适用本节的有关规定。经人民法院通知,出具报告的人拒不出庭作证的,有关报告不得作为定案的根据。”专门性问题报告的证据资格在 2021 年《刑诉法解释》中被予以明确规定,实际上是司法解释回应司法实践和社会需求的结果。

与 2012 年《刑诉法解释》第 87 条规定相比,新规范在两点上有突破:其一,原解释仅针对有专门知识的人所作的“检验报告”,而现解释扩大到有专门知识的人出具的“报告”。其二,原解释规定此种检验报告的效力为“定罪量刑的参考”,而现解释则明确规定“可以作为证据使用”。[3]

本案中涉及的《滥伐林木鉴定意见》《砍伐杨树调查》所证明内容为涉案林木的种类、株数、蓄积等问题。对于此类问题,最高人民法院《关于审理破坏森林资源刑事案件适用法律若干问题的解释》第 18 条规定:“对于涉案农用地类型、面积,国家重点保护植物或者其他

---

〔1〕 参见《刑事诉讼法解释》起草小组:《〈最高人民法院关于适用《中华人民共和国刑事诉讼法》的解释〉理解与适用》,载最高人民法院刑事审判第一、二、三、四、五庭编:《刑事审判参考》总第 126 集,人民法院出版社 2021 年版,第 134 页。

〔2〕 参见万毅:《刑事诉讼证据制度若干问题研究——以最高法关于适用刑事诉讼法的解释为切入》,载《人民检察》2021 年第 19 期。

〔3〕 参见龙宗智:《立法原意何处寻:评 2021 年最高人民法院适用刑事诉讼法司法解释》,载《中国法学》2021 年第 4 期。

林木的种类、立木蓄积、株数、价值,以及涉案行为对森林资源的损害程度等问题,可以由林业主管部门、侦查机关依据现场勘验、检查笔录等出具认定意见;难以确定的,依据鉴定机构出具的鉴定意见或者下列机构出具的报告,结合其他证据作出认定:(一)价格认证机构出具的报告;(二)国务院林业主管部门指定的机构出具的报告;(三)地、市级以上人民政府林业主管部门出具的报告。”

基于上述规定,应当予以肯定的是,本案所涉《滥伐林木鉴定意见》《砍伐杨树调查》具有证据资格。值得注意的是,本案所涉《滥伐林木鉴定意见》虽以“鉴定意见”为名,但实则仍是专门性问题报告。原因在于,其虽以鉴定报告的形式出具,但不属于法定鉴定范围,因而并非鉴定意见,实则仍为专门性问题报告。根据司法鉴定管理的相关规定,当前我国仅将法医类、物证类、声像资料、环境损害这四类司法鉴定纳入统一管理登记范围,而实践中所涉及的专门性问题远不止这四类,这些有关专门性问题的专家意见常被冠以鉴定意见的名称而出具。

虽然相关刑事司法规范明确了专门性问题报告具有证据资格,但是专门性问题报告具有证据资格仅意味着其“可以作为证据使用”,而其是否可以作为定罪量刑的根据,则仍需要法官进行审查和认定。

本案中,辩护人质疑《滥伐林木鉴定意见》《砍伐杨树调查》的原因有二:一是《滥伐林木鉴定意见》未附上鉴定机构和鉴定人的资质证明或者其他证明文件,亦未有鉴定人签名;二是《砍伐杨树调查》没有证据资格。

对于辩护人第一点辩护意见,正如上文所言,并非所有以“鉴定意见”形式出具的专家意见皆属于法定的鉴定意见,故而在专门性问题报告已被赋予证据资格的当下,该辩护意见并不成立。针对辩护人前述两点辩护意见,法院认为《滥伐林木鉴定意见》《砍伐杨树调查》皆属于专门性问题报告,出具意见的主体作为森林资源资产价格评估师系具有专门知识的人,而且报告的出具系经科学调查程序,故而本案《滥伐林木鉴定意见》《砍伐杨树调查》具备证据能力和证明力,可以作为定案的根据。

根据裁判意见,法院实则是以形式化的方式,审查认定《滥伐林木鉴定意见》《砍伐杨树调查》的证据能力和证明力,并据此将之作为定案的依据。这种形式化审查的方式表现为两方面:一方面是对涉案专门性问题报告的出具主体资质予以审查。根据裁判意见,法院认为出具报告的主体是森林资源资产价格评估师,系具有专门知识的人,符合专门性问题报告出具主体要求。另一方面是对涉案专门性问题的调查程序予以审查。根据裁判意见,法院认为报告的调查程序具有科学性,符合要求。

但是值得注意的是,本案中辩护人和法院都未对涉案专门性问题报告予以实质性审查。所谓实质性审查,即指对报告作出的研究方法、鉴定检材、鉴定内容等实质影响报告结论规范性和准确性的要素予以审查。由于专门性问题涉及的相关专业知识往往超出裁判者的知识范围,故而缺乏对专门性问题报告、鉴定意见进行实质审查一直也是司法实践中的问题所在。

关于专门性问题报告的审查采信,最高人民法院发布的第147号指导案例"张永明、毛伟明、张鹭故意损毁名胜古迹案"提供了指引。该案被告人是否构成犯罪的关键在于,判断被告人打入巨蟒峰26个岩钉的行为是否达到对巨蟒峰造成严重毁损的程度。对于此一待证事项,全国并无法定司法鉴定机构能进行鉴定。有鉴于此,办案机关决定依法聘请4名地学专家进行检验。对于4名地学专家就此出具的专家意见,法院主要从三方面进行审查认定:一是专家的主体资质,如该案4名专家都长期从事地学领域的研究,都具有地学领域的专业知识,在地学领域发表过大量论文或专著,或主持过地学方面的重大科研课题,具有对巨蟒峰受损情况这一地学领域的专门问题进行评价的能力;二是专家评估巨蟒峰毁损情况的方式和依据,如该案专家依据自身专业知识和现场实地勘查、证据查验,且经充分谈论、分析而出具了专家意见,并且共同予以署名;三是专家出庭对意见的形成过程进行了详细说明,并接受了控辩双方和审判人员的质询。归纳而言,指导性案例的指导意义在于强调对专门性问题报告的采信应形式审查与实质审查并重,同时还应重视程序的合法性,必须从主体到程序均符合法定要求。

综上所述,本案中《滥伐林木鉴定意见》《砍伐杨树调查》作为专门性问题报告,经相关刑事司法规范的明确规定而可以作为证据使用,但是将之作为定案的根据时,则仍需要对其证据能力和证明力进行细致的审查。这种审查既包括形式要件的审查,亦包括意见实质可信性的审查,同时亦应确保适用程序的合法性。

□ 理论拓展

《刑诉法解释》对专门性问题报告之证据资格的明确,是为了因应刑事司法实践中层出不穷的专门性问题的判断需要。但是相应的刑事司法规范仅明确了专门性问题报告的证据资格,对其证据种类、适用范畴、审查采信标准等尚未予以明确,这仍有待理论界和实务界对此进行进一步的研究和探索。

就专门性问题报告所归属的证据种类而言,显然其与我国刑事诉讼现行的证据种类规范存在冲突。为了弥合这种冲突,理论界和实务界亦在探讨可将专门性问题报告解释为某类法定证据。[1] 有观点认为,可以归属为鉴定意见;亦有观点认为,可以归属为证人证言;还有观点认为,可以归属为书证。"鉴定意见说""证人证言说""书证说"等各类观点影响的并不仅仅是专门性问题报告的合法证据属性问题,更直接影响的是应对专门性问题报告适用何种采纳和采信的审查框架,因为刑事诉讼法对不同种类的法定证据都设立了不同的审查和适用要求。但是,无论将专门性问题报告解释为何种法定证据,都会与当前各类法定证据的规范存在一定的抵牾。故此,有学者认为,从刑事司法中专门性问题的解决机制出发,还是应当在未来《刑事诉讼法》的修改过程中,将专门性问题报告纳入法定证据之中,

---

〔1〕 参见龙宗智:《立法原意何处寻:评2021年最高人民法院适用刑事诉讼法司法解释》,载《中国法学》2021年第4期。

可将“鉴定意见”修改为“鉴定意见及其他专门性意见”或者“专家意见”。[1]

就专门性问题的适用范畴而言，专门性问题报告的“专门性”概念范畴仍有待进一步界明。现行相关规范对“专门性”的概念偏向于技术性问题的界定。[2] 例如，2018 年最高人民检察院颁布的《关于指派、聘请有专门知识的人参与办案若干问题的规定（试行）》第 2 条即规定“专门知识”指特定领域内的人员理解和掌握的、具有专业技术性的认识和经验等。《公安机关办理刑事案件程序规定》则规定，涉及有专门知识的人解决的专门性问题主要是对与案件有关的场所、物品等的勘验、检查，收集有关痕迹、生物样本等证据。但是，倾向于将“专门性”的概念限定于技术性问题可能无法有效覆盖司法实践中出现的非技术性问题，故而可以考虑逐步将“专门性”的概念扩大至科学、技术、工艺等领域，以更好地应对实践中种类繁多的专门性问题。

就专门性问题报告的审查采信标准而言，当前相关刑事司法规范并没有为其提供明确的审查标准。虽然《刑诉法解释》第 100 条第 2 款规定，对专门性问题报告的审查与认定，参照适用鉴定意见的相关规定。但是鉴定意见毕竟与专门性问题报告存在诸多不一致的地方，如鉴定主体资质明确单一而专家来源广泛、鉴定意见出具文书格式规范而专门性问题报告形式多样、鉴定标准相对规范明晰而专门性问题报告的审查标准则繁多难测，故而虽然司法解释规定专门性问题报告的审查与认定参照鉴定意见的规定，但是在实践操作中仍会出现诸多问题，这便可能导致控辩审三方对专门性问题报告的适用未能达成共识。有鉴于此，亟待出台相应的细化规定或指导案例对专门性问题报告的审查与认定予以进一步明确。

■ 刑事诉讼中事故调查报告的审查与判断

案例 6－8　刘某全等重大责任事故案[3]

☐ 案情概述

2014 年，被告人刘某全、赵某明、刘某洪共同出资购买了吊水洞煤矿。重庆市胜杰再生资源回收有限公司（以下简称胜杰公司）成立于 2018 年，被陈某、唐某宽和邓某电等人长期用于从事收购关闭煤矿井下设备的生意，但该公司并无井下作业资质。

2020 年，吊水洞煤矿全面停工停产。被告人刘某全、赵某明、刘某洪商定将煤矿设备以回撤外包的方式整体出售。之后，经商谈，由被告人陈某和胜杰公司收购吊水洞煤矿，设备

〔1〕 参见李学军：《诉讼中专门性问题的解决之道——兼论我国鉴定制度和法定证据形式的完善》，载《政法论坛》2020 年第 6 期。

〔2〕 参见艾明、庄嘉伟：《专门性问题报告的证据法问题研究》，载《证据科学》2023 年第 3 期。

〔3〕 参见重庆市永川区人民法院（2021）渝 0118 刑初 457 号刑事判决书。

回撤由陈某和胜杰公司一方组织人员实施,所产生的一切费用及安全事故责任由陈某和胜杰公司负责。双方就此签订合同,但刘某全、赵某明、刘某洪未对陈某及胜杰公司是否具备井下作业资质进行审查、核实。

合同签订后,刘某全一方制作了《重庆市永川区吊水洞煤业有限公司关于撤出井下设备相关工作事项的报告》,并报送相关行政主管部门。

但上述报告尚未经行政主管部门批复同意,刘某全一方即通知陈某进场回撤煤矿井下设备。刘某全一方亦未组织人员对煤矿井下进行全面安全检查。部分员工收受陈某5万元现金并平分,为胜杰公司回撤井下设备提供方便,放松对井下回撤作业安全的监管。

2020年11月15日,吊水洞煤矿对胜杰公司大多数回撤作业人员没有进行安全培训就允许下井作业。吊水洞煤矿的工作人员对回撤作业人员下井未经检身、未携带自救器等违规行为以及井下违规动火行为未予以制止。

2020年11月19日,相关行政主管部门召开吊水洞煤矿关闭退出专题会,会后即通知刘某洪重新编制关闭矿井工作方案,并要求危险性较高设备不予撤出,井下撤出设备相关工作不允许外包,要列出撤出设备清单、不撤出设备清单。之后,刘某洪等人根据要求重新编制报告并抄送有关行政主管部门。但吊水洞煤矿股东隐瞒了已将回撤外包的事实,未按两个清单确定的范围组织设备回撤工作,亦未按行政主管部门要求整改存在的安全问题。

2020年12月4日上午,早班带班矿长被告人刘某六带队下井拆除设备时,未落实好班前培训和入井检身制度,未对回撤作业人员下井未携带自救器、违规动火的行为予以制止。当日14时许,被告人刘某六与中班带班矿长吴某文交接后出井离开。当日16时许,井下发生事故,造成23人死亡、1人重伤,直接经济损失2632万元。经鉴定,23人死亡、1人重伤的原因为一氧化碳中毒。

经重庆市永川区吊水洞煤业有限公司"12·4"重大事故调查组认定,吊水洞煤矿"12·4"重大火灾事故是一起生产安全责任事故,吊水洞煤矿、胜杰公司对事故的发生都负有责任,都是责任主体。事故直接原因:胜杰公司在吊水洞煤矿进行井下回撤作业时,回撤作业人员在-85M水泵硐室内违规使用氧气/液化石油气切割水泵吸水管,掉落的高温熔渣引燃了水仓吸水井内沉积的油垢,油垢和岩层渗出油燃烧产生大量有毒有害烟气,并在火风压作用下蔓延至进风巷,造成人员伤亡。

该案涉及的证据基本情况如下:

1. 吊水洞煤矿和胜杰公司管理架构、职能分配、营业范围、运营状况等书证。

2. 吊水洞煤矿关闭相关合同、报告、批复等书证。

3. 重庆市永川区吊水洞煤业有限公司"12.4"重大火灾事故调查报告。

4. 相关证人证言。

5. 被告人供述。

□ 证据分析

作为一起重大的生产安全责任事故,其事故责任应由何方承担是事实认定的争议焦点。与之对应的是,事故调查报告在重大责任事故犯罪案件的办理中被广泛应用,而事故调查报告中便包含了调查组有关事故责任主体认定的内容。但实践中,事故调查报告是否具备证据能力、是否可以作为定案的根据则是案件证据适用的争议焦点,本案亦是如此。对此,具体分析如下。

(一)事故调查报告的证据能力

我国现行法律规范已明确肯认了事故调查报告的刑事证据资格。2011 年最高人民法院颁布的《关于进一步加强危害生产安全刑事案件审判工作的意见》第 6 条规定:"审理危害生产安全刑事案件,政府或相关职能部门依法对事故原因、损失大小、责任划分作出的调查认定,经庭审质证后,结合其他证据,可作为责任认定的依据。"2019 年应急管理部、公安部、最高人民法院、最高人民检察院联合发布的《安全生产行政执法与刑事司法衔接工作办法》第 25 条规定,经依法批复的事故调查报告在刑事诉讼中可以作为证据使用。2021 年最高人民法院出台的《刑诉法解释》吸收并改造了前述条款,于第 101 条规定:"有关部门对事故进行调查形成的报告,在刑事诉讼中可以作为证据使用;报告中涉及专门性问题的意见,经法庭查证属实,且调查程序符合法律、有关规定的,可以作为定案的根据。"

但是,值得注意的是,对于行政执法证据"可以作为证据使用"的理解,立法机关的解释是,"这些证据不需要经过侦查机关重新收集,即具有进入刑事诉讼的资格"〔1〕。也就是说,"可以作为证据使用"并不意味着必然成为定案的根据,对其仍需要进行证据能力和证明力的审查。〔2〕

(二)事故调查报告责任认定部分的审查与认定

虽然现行相关刑事司法规范明确了事故调查报告具有证据能力,可以作为证据使用,但从"作为证据使用"到"作为定案的根据",则仍需要对事故调查报告之内容予以审查与认定。应予以探究的是,事故调查报告的全部内容,特别是其中事故调查报告责任认定部分,是否皆可作为定案的根据。

根据《生产安全事故报告和调查处理条例》第 30 条的规定,事故调查报告应载明"事故发生单位概况、事故发生经过和事故救援情况、事故造成的人员伤亡和直接经济损失、事故发生的原因和事故性质、事故责任的认定以及对事故责任者的处理建议、事故防范和整改措施"等 6 项内容,归纳而言,可将事故调查报告的内容划分为调查所查明的事实部分和责任认定部分。〔3〕但是,需予以注意的是,司法实践中,司法实务工作者在办理重大责任事故犯罪案件时对事故调查报告的依赖性较强,常直接采信调查报告,将调查报告中对于责任

---

〔1〕朗胜主编:《中华人民共和国刑事诉讼法修改与适用》,新华出版社 2012 年版。

〔2〕参见元明、薛慧:《事故调查报告在刑事案件办理中的运用》,载《人民检察》2021 年第 12 期。

〔3〕参见纵博:《事故调查报告在刑事诉讼中的运用》,载《法律科学(西北政法大学学报)》2022 年第 4 期。

者的处理意见和建议直接作为定案的依据。[1]

应当予以明晰的是,《刑诉法解释》并没有明确规定事故调查报告中关于责任认定的部分可以直接作为定案的根据。根据《刑诉法解释》第101条的规定,报告中涉及专门性问题的意见,经法庭查证属实,且调查程序符合法律、有关规定的,可以作为定案的根据。而根据《刑诉法解释》起草小组的观点,事故调查报告涉及的与案件事实无关的其他事项,则不具有证据性质,不能作为定案的根据使用。[2] 进言之,从事故调查报告的内容来分析,事故调查报告往往内容较多且涵盖面较宽,但唯有与事实认定有关或者涉及专门性问题的意见,方可作为定案的根据。涉及专门性问题的意见一般是指涉及案涉技术性问题的鉴别判断。事故调查报告关于责任划分的部分是调查组就各责任主体应承担的责任进行的法律责任定性划分,并不属于事故事实问题,亦不属于涉及专门性问题的意见。也就是说,事故调查报告中的责任认定部分不可未经审查地直接作为犯罪嫌疑人、被告人定罪的依据。

最高人民检察院发布的指导性案例对此亦持同样的观点。根据最高人民检察院2021年1月27日公布的指导性案例——"宋某某等人重大责任事故案"(检例第95号)之要旨,对相关部门出具的安全生产事故调查报告,要综合全案证据进行审查,准确认定案件事实和相关人员责任。该案中,检察院经审查认为,公安机关结合事故调查报告所作出的一些结论性事实认定缺乏证据支撑。后经补充完善证据,检察院进一步查清和区分相关人员责任,并作出相应处理。该案的重要指导意义在于,事故调查报告是追究相关人员刑事责任的重要参考,但不应直接作为定案的依据,仍应结合全案证据进行审查,准确认定案件事实和涉案人员责任。

根据上述对相关刑事司法规范及指导性案例的阐述,对本案予以分析。本案的事故调查报告包含事故有关情况、事故直接原因、有关责任单位存在的主要问题、对有关责任人员和单位的处理意见、事故的主要教训以及事故防范和整改措施建议这六部分。其中"有关责任单位存在的主要问题"为事故报告中的责任认定部分,对相关责任主体作出了认定。根据该部分内容,吊水洞煤矿、胜杰公司对事故的发生都负有责任,都是责任主体。但事故调查报告并未就具体涉案人员作进一步的直接责任、次要责任等责任划分。

根据本案的裁判文书所载内容,事故调查报告并非本案责任划分的唯一依据。事故调查报告在本案中的证明作用体现在以下三部分:一是本次重大火灾事故的性质及伤亡、经济损失情况;二是事故的直接原因;三是吊水洞煤矿、胜杰公司是本次事故的责任主体以及具体存在的问题。进言之,本案具体涉案人员在本次事故中所承担的责任还需结合其他证据予以综合认定。除了事故调查报告,本案法院结合在案的证人证言、被告人供述及其他书证、物证,进行综合评判,对各被告人的责任予以划分,其中认定9人需要承担事故的主要责任。

---

〔1〕 参见王晓燕:《重大责任事故不起诉案例研析》,载《中国检察官》2022年第4期。

〔2〕 参见《刑事诉讼法解释》起草小组等:《〈关于适用刑事诉讼法的解释〉的理解与适用》,载《人民司法》2021年第7期。

综上所述,虽然事故调查报告的证据能力被相关刑事司法规范予以明定,但并非事故调查报告中的所有内容都可以直接作为定案的根据,尤其是事故调查报告中关于事故责任划分的部分。事故调查报告仅可为裁判者划分事故责任提供重要参考,裁判者应当结合其他在案证据,综合全案,准确认定案件事实和涉案人员责任,若裁判者认为事故调查报告中关于责任的部分不准确,亦可不予采信,而综合其他在案证据作出裁判。

回 理论拓展

事故调查报告是在行政机关主导下相关部门对事故进行调查之后形成的报告,其内容既包括对事故发生原因、经过、结果等事实的描述,也包括事故责任认定、对相关人员的处理建议等方面的法律意见。[1] 2021 年最高人民法院出台的《刑诉法解释》第 101 条规定:"有关部门对事故进行调查形成的报告,在刑事诉讼中可以作为证据使用;报告中涉及专门性问题的意见,经法庭查证属实,且调查程序符合法律、有关规定的,可以作为定案的根据。"该条明确了事故调查报告的证据资格,是关于事故调查报告的证据能力规范。

虽然事故调查报告的刑事证据资格已得以明确,但事故调查报告属于何种刑事证据类型仍是理论界和实务界的争议问题。有观点认为其属于书证,也有观点认为其属于特殊的鉴定意见。故而,有实务工作者认为,司法实践中,应根据对事故调查报告的采纳情况划分其证据属性,如果是证明财产损失等客观性的事实,可以将其列为书证;如果采纳的是对事故发生原因的专业认定,可以作为鉴定意见;如果既有对客观事实认定的采纳也有对技术性鉴定意见的采纳,建议将其作为证明案件事实的书证进行归类。[2] 事故调查报告的证据类型归属,往往直接影响其审查采纳的方式。[3] 我国当前刑事司法规范针对书证和鉴定意见设立了不同的审查框架,将事故调查报告归类为书证或鉴定意见,都将不同程度地影响对事故调查报告的审查方式,进而影响其证据能力和证明力。值得注意的是,《刑诉法解释》中有关事故调查报告的条款位于第四章第五节"鉴定意见的审查与认定",从体系解释的角度而言,对事故调查报告中的内容审查可以参照鉴定意见的相关规定。《刑诉法解释》起草小组亦指出,"事故调查报告中涉及的对专门性问题的意见,其性质实际与鉴定意见类似"[4]。即便如此,事故调查报告的证据种类归属问题仍有待进一步厘清。

除了证据种类归属问题,事故调查报告如何作为证据使用以及如何进行审查亦是亟待探索解决的问题。

关于事故调查报告如何作为证据使用的问题,应将事故调查报告的内容及其所附证据

---

〔1〕 参见冯俊伟、王玉荣:《论事故调查报告证据能力问题——以新〈刑诉法解释〉第 101 条为中心》,载《上海政法学院学报(法治论丛)》2022 年第 1 期。

〔2〕 参见元明、薛慧:《事故调查报告在刑事案件办理中的运用》,载《人民检察》2021 年第 12 期。

〔3〕 参见简婷:《事故调查报告审查实务研究》,载《中国检察官》2023 年第 10 期。

〔4〕《刑事诉讼法解释》起草小组等:《〈关于适用刑事诉讼法的解释〉的理解与适用》,载《人民司法》2021 年第 7 期。

材料区分来看。就事故调查报告的内容而言,正如上述案例所分析的,事故调查报告内容可划分为调查所查明的事实部分和责任认定部分。其中调查所查明的事实部分因与事实认定相关,故可作为证据使用;责任认定部分则因涉及法律性质的判断,故而需结合全案证据进行综合判断,而不能直接作为定案的根据。就事故调查报告所附证据而言,《刑事诉讼法》第54条第2款规定:"行政机关在行政执法和查办案件过程中收集的物证、书证、视听资料、电子数据等证据材料,在刑事诉讼中可以作为证据使用。"据此,随事故调查报告一起移送的物证、书证、视听资料、电子数据等实物证据,如若符合相应的法定条件,则可以直接作为刑事证据使用。

关于事故调查报告如何审查的问题,则应从形式要件和实质可靠性两方面进行审慎审查。第一,重视对事故调查报告形式要件的审查,应对事故调查报告主体的中立性、专业性和组成规范性,以及事故调查程序和内容的规范性进行审查。第二,重视对事故调查报告实质可靠性的审查。对事故调查报告实质可靠性的审查应涵盖事故调查报告结论所依据证据的证据能力与证明力审查,事故调查报告结论作出的方式、技术方法与科学原理的可靠性、科学性审查。

(撰写人:汕头大学法学院　夏睿泓)

■ 民事诉讼中鉴定意见的审查与判断

案例6-9　S劳务公司诉L建筑公司建设工程施工合同纠纷案[1]

回 案情概述

2010年6月,S劳务公司的项目经理谭某与L建筑公司的项目经理夏某口头约定,L建筑公司将其承包的某项目中部分劳务工程分包给S劳务公司。其后,S劳务公司与L建筑公司分别于2011年7月19日和2011年12月2日签订补充协议1和补充协议2,约定合同未尽事宜。2012年2月16日,S劳务公司与L建筑公司签订补充协议3,该协议约定:S劳务公司必须于2012年3月1日前向L建筑公司上报完整的结算资料,L建筑公司须于2012年3月31日前将S劳务公司提交的结算资料审核完成,并按L建筑公司所审核的结算金额支付至工程款总额的97%(基础及保证金不扣保修金),剩余3%作为工程质量保修金,在结算完成一年后7日内退保修金的70%,两年退完(若L建筑公司在2012年3月31日前未办理完结算,以S劳务公司所报结算金额为准);若结算后L建筑公司实际支付金额已超过结算金额,S劳务公司必须在3日内将多付金额退还L建筑公司。

---

〔1〕 参见重庆市第五中级人民法院(2019)渝05民终3218号民事判决书。

2012 年 2 月 28 日，S 劳务公司向 L 建筑公司提交《西城新苑结算表》，L 建筑公司的项目经理夏某于同日签收。该结算表载明的工程结算金额合计 10,759,540.21 元。一审期间，L 建筑公司向法庭提交了一份时间为 2013 年 12 月，工程结算金额为 7,554,787.83 元的“劳务结算单”，同时还提交了截至 2013 年 7 月 18 日 L 建筑公司支付给 S 劳务公司项目经理谭某的工程款明细表，共计 29 笔支付款项明细。S 劳务公司对 L 建筑公司支付的 1～23 笔款项共计 8,735,457.77 元予以认可；S 劳务公司称未委托 L 建筑公司代其支付第 24～29 笔的款项，不认可 L 建筑公司向 S 劳务公司支付了相应的工程款。

S 劳务公司认为，依补充协议 3 之约定，因 L 建筑公司在 2012 年 3 月 31 日前未办理完结算，故应以 S 劳务公司所报结算金额为准。S 劳务公司遂于 2014 年 3 月 4 日向 C 市 D 区人民法院提起诉讼，请求判令 L 建筑公司支付 S 劳务公司剩余工程款及保证金 1,908,196.44 元以及迟延履行之利息，并由 L 建筑公司承担本案诉讼费。

一审法院于 2014 年 12 月 5 日作出判决，判令 L 建筑公司依协议支付 S 劳务公司工程款及保证金 1,908,196.44 元以及相应利息。

L 建筑公司不服一审判决，向 C 市中级人民法院提出上诉。二审中，L 建筑公司举示了一份新证据，即落款时间为 2012 年 3 月 27 日并加盖有 S 劳务公司公章印文的《致 S 劳务公司关于结算的函》，主要内容为 L 建筑公司在 2012 年 3 月 20 日完成了结算审核，并送达 S 劳务公司，该函审核认定的“工程总结算金额为 7,523,576.83 元”。S 劳务公司声称此书证系虚假证据，并申请对该份证据上加盖的 S 劳务公司印章印文的真实性及该书证是否为 2012 年 4 月 1 日之前形成进行司法鉴定。二审法院委托西南政法大学司法鉴定中心进行鉴定。该鉴定中心作出鉴定意见，认为：(1)检材印文与样本印文应为同一枚印章盖印形成。(2)不能确定送检函件是否形成于 2012 年 4 月 1 日之前。二审法院以 L 建筑公司举示的《致 S 劳务公司关于结算的函》及主张存在矛盾、不符合常理为由，未采信该份证据，判决驳回上诉，维持原判。

S 劳务公司依据二审判决向 C 市 D 区人民法院申请强制执行。

L 建筑公司不服二审判决，向 C 市高级人民法院申请再审。该院再审认为，《致 S 劳务公司关于结算的函》上印章印文经过司法鉴定为 S 劳务公司的真实印章，若 S 劳务公司对该时间有异议，理应在该函件上签具实际收到时间，而 S 劳务公司将章盖在打印时间为“2012 年 3 月 27 日”的函上，没有另行签注时间，之后也无证据表明其对此曾提出了异议，故 S 劳务公司收到该函件的时间可确认为该函件上打印的落款时间，即“2012 年 3 月 27 日”，裁定撤销二审判决，发回 C 市 D 区人民法院重审。

一审法院重审过程中，原告 S 劳务公司对《致 S 劳务公司关于结算的函》提出补充鉴定申请，西南政法大学司法鉴定中心补充鉴定后作出鉴定意见，认为该函是利用一份有落款单位名称、日期字迹并加盖有 S 劳务公司印章印文的纸张，在纸张空白部位二次添加打印标题、抬头及正文字迹内容而变造形成。一审法院采信西南政法大学司法鉴定中心作出的鉴定意见，支持 S 劳务公司的主张，判决 L 建筑公司支付 S 劳务公司工程款及保证金

1,908,196.44 元。

宣判后,L 建筑公司再次提出上诉,还提出 S 劳务公司在空白文件上加盖公章,应视为无限授权。二审法院审理认为,按照鉴定意见,S 劳务公司在函件上加盖公章时,该函的内容尚未形成,不能证实 L 建筑公司将案涉工程结算的审核结果告知 S 劳务公司的事实,L 建筑公司的陈述与鉴定意见显然矛盾。L 建筑公司随即改变其陈述称系 S 劳务公司先在空白文件上盖章交给 L 建筑公司,但 L 建筑公司在鉴定意见出具前从未提出过该事实,且不能就改变陈述作出合理解释,故不予采信其上诉意见。综上,二审法院判决驳回上诉,维持原判。

该案涉及的证据基本情况如下。

1. S 劳务公司与 L 建筑公司签订的 3 份补充协议。协议约定 S 劳务公司于 2012 年 3 月 1 日前向 L 建筑公司上报完整的结算资料,L 建筑公司须于 2012 年 3 月 31 日前审核完成,若到期 L 建筑公司未完成结算审核,应以 S 劳务公司所报结算金额为准。

2.《西城新苑结算表》。S 劳务公司于 2012 年 2 月 28 日向 L 建筑公司提交,L 建筑公司项目经理于同日签收,该结算表载明工程结算金额合计 10,759,540.21 元。

3."劳务结算单"及工程款明细表。L 建筑公司于 2013 年 12 月制作的"劳务结算单"载明工程结算金额为 7,554,787.83 元;截至 2013 年 7 月 18 日,L 建筑公司已向 S 劳务公司支付了 29 笔工程款。

4.《致 S 劳务公司关于结算的函》。主要内容为 L 建筑公司于 2012 年 3 月 20 日完成了结算审核,并告知 S 劳务公司:(1)L 建筑公司审核认定的"工程总结算金额为 7,523,576.83 元";(2)"若 S 劳务公司不认可此结算审核结果,请在收到本函 15 个工作日内提出书面异议。若贵司(指 S 劳务公司)在收到本函 15 日内未对我司(指 L 建筑公司)的结算审核结果提出书面异议,我司将视为贵司认可我司的结算审核结果并同意按此结算审核结果结算全部工程款",落款为"签收单位:S 劳务公司(单位盖章)、2012 年 3 月 27 日",并加盖有 S 劳务公司公章印文。

5. 西南政法大学司法鉴定中心于 2015 年 12 月 15 日出具的第一份司法鉴定意见书。委托鉴定事项:印章是否为同一枚印章;该函件的形成时间是否为 2012 年 4 月 1 日之前。鉴定意见:检材印文与样本印文为同一枚印章盖印形成;不能确定送检函件是否形成于 2012 年 4 月 1 日之前。

6. 西南政法大学司法鉴定中心于 2018 年 2 月 8 日出具的第二份司法鉴定意见书。委托鉴定事项:检材上打印字迹与印文的形成时序;检材是否为落款时间(2012 年 3 月 27 日)形成;检材是否存在伪造变造。鉴定意见:检材上落款信息形成时序为先有打印字迹后有印文;不能确定该函件形成时间;该函件是利用一份有落款单位名称、日期字迹并加盖有 S 劳务公司印文的纸张,在纸张空白部位二次添加打印标题、抬头及正文字迹内容而变造形成。

回 证据分析

本案中涉及证据的争议焦点是：书证《致 S 劳务公司关于结算的函》的真实性，也即诉讼双方的工程结算究竟该以 2012 年 2 月 28 日 S 劳务公司向 L 建筑公司提交的《西城新苑结算表》所载明的 10, 759, 540. 21 元为结算依据，还是以 L 建筑公司审核，且已"送达"S 劳务公司并"签收"的《致 S 劳务公司关于结算的函》所载明的 7, 523, 576. 83 元为结算依据？

对于以上证据问题，分析如下。

1. 当事人陈述和鉴定意见之间存在矛盾。L 建筑公司第一次举示《致 S 劳务公司关于结算的函》时，就该证据的形成情况及证明目的向法庭陈述为——该函为 L 建筑公司打印形成，L 建筑公司向 S 劳务公司送达后，S 劳务公司加盖公章返还给 L 建筑公司，如 S 劳务公司对打印的送达时间有异议，应做出修改后再盖章，但该函件并无修改，应推断是 2012 年 3 月 27 日当天送达。然而，一审法院重新审理此案时，对该函是否变造形成进行了司法鉴定，结论为：该函系在一份有落款单位名称、日期字迹并加盖有"S 劳务公司"印文的纸张上二次打印标题、抬头及正文字迹内容而变造形成。也就是说，该函在加盖公章时并无标题、抬头、内容，L 建筑公司的陈述与鉴定意见显然矛盾。

2. 当事人对同一事实的前后陈述自相矛盾。L 建筑公司第一次举示《致 S 劳务公司关于结算的函》时，就该证据的形成情况及证明目的向法庭陈述为——该函为 L 建筑公司打印形成，L 建筑公司向 S 劳务公司送达后，S 劳务公司加盖公章返还给 L 建筑公司。在一审法院重新审理该案期间，补充鉴定意见出具之后，L 建筑公司随即改变其陈述为系 S 劳务公司先在空白文件上盖章交给 L 建筑公司。但 L 建筑公司在补充鉴定意见出具前从未提过该事实，且不能就改变陈述作出合理解释，L 建筑公司前后陈述属自相矛盾。

3. 从函件提交时间来看，按照落款日期，该函件形成于 2012 年 3 月 31 日之前，且是决定 L 建筑公司胜诉的关键证据。而 L 建筑公司在一审(2014 年 3 月)对该证据的存在只字未提，直到二审(2015 年)才提出，于理不合。

4. 从函件格式及内容来看，有违日常使用习惯。该函件由 L 建筑公司发给 S 劳务公司，但抬头和落款单位均为 S 劳务公司，同时正文中"贵司""我司"称谓与文件抬头及落款单位名称相矛盾，最后该函件落款位置亦无发函单位 L 建筑公司名称及盖章。

5. 自认证据自相矛盾。审查该函件内容，发现 L 建筑公司在 2012 年 3 月 27 日载明的工程劳务结算金额 7, 523, 576. 83 元，与其一审提交的 2013 年 12 月制作的"劳务结算单"上载明的结算金额不一致。

6. 从付款情况看，L 建筑公司主张的结算完成时，其实付款远超过结算金额。该函件上载明截至 2012 年 3 月 27 日，L 建筑公司审核确认的工程劳务结算金额为 7, 523, 576. 83 元。而事实上，截至 2012 年 3 月 16 日，L 建筑公司实际已付给 S 劳务公司的金额达 8, 973, 009. 77 元，且对于多付部分在长达 6 年的时间里，没有向 S 劳务公司提出返还，不符合常理。

7. 印章真实不等于协议真实。[1] 虽然该函件上加盖的 S 劳务公司的印章经过司法鉴定为真实印章,但印章真实不等于协议真实。

8. 函件送达程序不符合公司函件来往日常管理制度。L 建筑公司无法详细指出该函件于 2012 年 3 月 27 日当天送达给 S 劳务公司的具体时间、地点和 S 劳务公司的接收人员等关键点。

综上,结合本案其他证据,可以发现核心书证《致 S 劳务公司关于结算的函》的内容与送达等存在诸多有违常理之处,并与 L 建筑公司自己提出的证据与诉讼主张相互矛盾。因此,该份书证的真实性高度存疑,达不到民事诉讼优势证据的证明标准,法院对该书证不予采信,L 建筑公司应当承担举证不能的不利后果。

□ 理论拓展

(一)书证的真实性与鉴真规则

证据法理论认为真实性、关联性和合法性是证据的基本属性。在证据资格范畴,证据的真实性是指用于证明案件事实的证据必须在形式上或表面上是真实的,若完全虚假或者伪造则不得被采纳。在证明力范畴,证据的真实性是指证据的真实可靠程度,它反映出定案的证据通常处于一种"亦黑亦白"的灰色状态。在英美证据法律制度中,真实性标准亦被涵盖在证据的可采性之中。

书证是以文书内容证明案件事实的证据材料。书证得以成为定案根据离不开对其真实性的评价。在民事诉讼中,对于诉讼当事人自己提交的非公文书形式的书证,其真实性往往难以判定,书证的真实性审查也就成为证据调查的核心问题。

判定书证或其他实物证据真实性的证据规则,也称为鉴真规则。《民诉证据规定》第 92 条第 3 款规定:"私文书证上有删除、涂改、增添或者其他形式瑕疵的,人民法院应当综合案件的具体情况判断其证明力。"书证鉴真除运用经验法则和逻辑推理进行辨认、对照、分析外,多数情况下还需要求诸司法鉴定。

文书司法鉴定必须紧扣书证的构成要素,从多个角度对文件进行系统鉴定,以鉴别书证的真伪。书证的构成要素包括文件的形式、内容、言语、笔迹、材料、书写工具、印迹、污损、防伪及其他痕迹等,这些构成要素又与同案件事实有关的其他外部要素密切联系起来。真实完整的文书一旦形成,它所包含的各个要素即相互形成制约,若改变其中的一个或多个要素,则必然导致其他要素发生异常变化。

---

[1] 参见陈某浴与内蒙古昌宇石业有限公司合同纠纷案,最高人民法院(2014)民提字第 178 号民事判决书。该案曾入选《最高人民法院公报》,裁判摘要如下:印章真实不等于协议真实。协议形成行为与印章加盖行为在性质上具有相对独立性,协议内容是双方合意行为的表现形式,而印章加盖行为是各方确认其合意内容的方式,二者相互关联又相对独立。在证据意义上,印章真实一般即可推定协议真实,但在有证据否定或怀疑合意形成行为真实性的情况下,即不能根据印章的真实性直接推定协议的真实性。也就是说,印章在证明协议真实性上尚属初步证据,人民法院认定协议的真实性需综合考虑其他证据及事实。

具体到本案，不能仅以部分要素真实，即印文真实以及落款部位为先打印后盖章，就推定书证真实。而应结合书证上的其他要素，如正文是否为二次添加打印形成、正文与落款是否为同一台打印机打印、正文与落款排版特征是否相同等，有针对性、多角度地对书证进行系统鉴定。避免由于片面的鉴定而使案件事实真相被蒙蔽，甚至出现冤假错案。

（二）经验法则的诉讼运用

对案件事实的认定，离不开法官的自由心证，而自由心证不仅受到证据规则的约束，同时也应遵循经验法则。在证据法意义上，经验法则是指法官依照日常生活中在特定条件下所形成的反映事物之间内在必然联系的事理作为认定待证事实的根据。事理作为某一事物及事物相互之间产生、发展和变化的一种定型化的常态模式，并非仅为法官的主观经验作用，它以一定确实性和合理性作为自身的客观基础。可以说，证据规则为自由心证提供了基本资料，法官以此为基础利用法律推理演绎，并结合经验法则进行心证。所以法官在作出裁判时应结合案件背景，全面审查双方当事人所提交的诉讼资料和证据材料后作出法律逻辑推理，而在对事实的认定上，除非有充分的反证，否则不得违背经验法则，不得存有武断、偏见的倾向。

本案中，运用经验法则，能够发现关键书证《致 S 劳务公司关于结算的函》与其他证据存在诸多矛盾和违反常理之处，且 L 建筑公司不能作出合理解释，故可以推定书证不具有真实性。

（三）民事诉讼中证据的审查认定

1. 单个证据的审查认定

《民诉证据规定》第 87 条规定："审判人员对单一证据可以从下列方面进行审核认定：（一）证据是否为原件、原物，复制件、复制品与原件、原物是否相符；（二）证据与本案事实是否相关；（三）证据的形式、来源是否符合法律规定；（四）证据的内容是否真实；（五）证人或者提供证据的人与当事人有无利害关系。"

具体而言，单个证据审查，是指为了判断和确认单个证据的真实性和有效性，而对单个证据本身进行审查、判断的方法，也称逐证审查判断法。其主要做法包括：（1）审查单个证据的来源。审查单个证据的来源，旨在判明该证据是否具有客观真实性。任何证据都有一定来源，证据来源的审查主要包括证据是如何形成的，是谁提供或者收集的，收集的程序是否合法，收集的方法是否科学，其形成是否受到主客观因素的影响等方面。对于实物证据，要认真审查其收集、保全情况，尤其应特别注意有无伪造、变造或变化。本案中 L 建筑公司举示的《致 S 劳务公司关于结算的函》，经司法鉴定，被法院认定为变造文书，不能作为证据使用。对于证人证言等言词证据，如果是传闻证据，应最大限度地追根溯源，最好能查到原始的第一手资料。（2）审查证据与案件事实之间的联系。审查证据与案件事实之间的联系，旨在判断证据与案件事实是否具有关联性。只有与案件情况有内在联系的证据，才具有证明案件真实情况的作用。凡是与案件无关的事实和材料，均不得作为证据，并应从收集的证据材料中予以剔除。（3）审查证据的收集是否合法。审查证据的收集是否合法，旨在判断证据的有效性。《民诉法解释》第106条规定:“对以严重侵害他人合法权益、违反法律禁止性规定或者严重违背公序良俗的方法形成或者获取的证据,不得作为认定案件事实的根据。”因此,审查判断证据,必须查明每个证据是在什么条件下收集的,收集程序、方法是否符合法律的要求。(4)对每个证据进行具体分析。对每个证据进行具体分析,旨在判断该证据是否合情合理。只有对每个证据形成的时间、地点、空间、条件等因素进行具体审查,作具体分析,才能通过外部特征把握其内容,判断其真伪,作出客观的判断。如果某一证据自身存在逻辑矛盾,前后不一致,显然不合乎情理,那么该证据就不可能是真实的。对于模棱两可,内容含混不清,存在多种理解的证言、陈述,应审慎对待,无法查证的,不能作为有效的证据使用。本案中,针对L建筑公司举示的《致S劳务公司关于结算的函》,在一审法院重审过程中,L建筑公司无法详细指出该函件于2012年3月27日当天送达给S劳务公司的具体时间、地点和S劳务公司的接收人员等关键细节,这不符合公司函件来往日常管理制度,故该函件的真实性存疑。

2. 全案证据的综合审查认定

《民诉证据规定》第88条规定:“审判人员对案件的全部证据,应当从各证据与案件事实的关联程度、各证据之间的联系等方面进行综合审查判断。”

证据矛盾普遍存在,包括证据内的矛盾、证据间的矛盾、证据与事实的矛盾、证据与情理的矛盾。本案法院对于全案证据的审查判断充分运用了矛盾分析法。例如,L建筑公司举示的前后两份书证所反映的内容与情理存在矛盾。第一份书证是L建筑公司截至2013年7月18日支付给谭某(S劳务公司项目经理)的工程款明细表,该明细表显示,截至2012年3月16日,L建筑公司主张的已付款(包括代付款)已达8,973,009.77元。第二份书证是L建筑公司举示的《致S劳务公司关于结算的函》,该函件上载明的工程劳务结算金额为7,523,576.83元,即L建筑公司主张的结算完成时,其工程已付款已经远远超过结算金额。在此种情况下,L建筑公司称其在该函件(指《致S劳务公司关于结算的函》)之后还有代S劳务公司支付费用的行为,完全不符合常理。

综上所述,本案中,无论是对单个证据的审查判断,还是综合全案证据的矛盾分析法,都表明L建筑公司举示的《致S劳务公司关于结算的函》不具备真实性,不能作为证据使用。由于L建筑公司举示的证据不能证实其在2012年3月31日前完成了对案涉工程的结算,按照补充协议3的约定,应当按照S劳务公司上报的结算金额10,759,540.21元作为案涉工程的结算金额。

(四)通过司法鉴定实现精密司法

“精密司法”在刑事诉讼法学界是一个用来形容日本刑事司法程序的专有名词,其用来表明刑事司法程序具有程序精密和结果精准的优点,蕴含着相关工作人员认真负责的工作态度。

鉴定人并非只是完全按照鉴定委托进行鉴定然后吐出鉴定意见的司法“机器”。在案件涉及专业问题时,鉴定人作为“科学法官”,其意见在诉讼中具有重要的地位和作用。鉴定人积极参与诉讼并非越权，反而有利于充分发挥其专业优势帮助法官审理案件、解决争点，促进精密司法与严格司法，在个案中释放出强大的公正价值。

1. 实现精密司法，需要鉴定人积极参与委托事项的设定环节

司法鉴定是指在诉讼活动中鉴定人运用科学技术或者专门知识对诉讼涉及的专门性问题进行鉴别和判断，并提供鉴定意见的活动。合理提出委托事项对发挥鉴定意见的科学性证据价值具有重大意义。以本案中的两次鉴定委托为例进行说明（见表6－1）。

表6－1　两次鉴定委托及鉴定意见

第一次鉴定委托	第一次鉴定意见	第二次鉴定委托	第二次鉴定意见
印章是否为同一枚印章	由同一枚印章盖印形成	检材上打印字迹与印文的形成时序	先打印后盖印
该函件的形成时间是否为2012年4月1日之前	不能确定	检材是否为落款时间（2012年3月27日）形成	不能确定
		检材是否存在伪造变造	属于二次添加打印变造

首先，两次都出现了形成时间节点的鉴定，分别为“该函件的形成时间是否为2012年4月1日之前”和“检材是否为落款时间（2012年3月27日）形成”的鉴定要求，鉴定意见都为“不能确定”。对于这类包含绝对时间节点的鉴定，依据现有的技术手段得出准确结论是相对困难的，作为替代，可以委托鉴定相对形成时间辅之确定或者排除。其次，两次鉴定委托中的“印章是否为同一枚印章”“检材上打印字迹与印文的形成时序”是常见的切入点，但印章真实不等于协议真实，先打印后盖章的正常时序亦不能排除书证虚假。所以还需要寻求其他鉴定思路，比如该文件内容（如正文与落款部位字迹、印文等）是否同时形成，“检材是否存在伪造变造”。第二次鉴定委托正是基于这一扩展的鉴定思路，得出了更具说服力、能够直接证明书证真实与否的鉴定意见。

2. 实现精密司法，需要鉴定人积极参与鉴定意见质证环节

鉴定意见本质上是言词证据，是鉴定人的一份书面证言。它无法回答专家辅助人及其他质证主体的任何提问，所以需要鉴定人出庭积极参与质证环节。《民诉证据规定》、《司法鉴定程序通则》和诉讼法中均有对鉴定人出庭的要求。鉴定人出庭的根本目的是通过参与庭审质证，帮助法庭认识、理解鉴定意见，帮助法庭判断司法鉴定意见证据的可采性。此外，鉴定人出庭后发现鉴定意见存在形式上的瑕疵的，可在法庭上予以补充说明。总之，鉴定人出庭作证、接受质证有利于降低“科学证据”背后潜藏的风险，促进实体公正与程序公正。在遵循程序公正的基础上，应当鼓励鉴定人积极参与相关诉讼环节，促进精密司法，实现个案正义。

（五）贯彻证据裁判原则，促进公正司法与严格司法

无论是运用经验法则、矛盾分析等司法证明方法原理，还是求诸司法鉴定，诉讼过程中

对证据的审查认定,首先,应当坚持证据裁判原则,这是事实认定的核心与前提。其次,对于物证及其鉴定意见,应当倡导鉴定人、专家辅助人出庭,就专业问题进行质疑、辩驳、说明,推动对抗式诉讼与庭审实质化,避免出现“以鉴代审”“庭审走过场”的情况。最后,对于证据的审查认定,应当进行充分的裁判说理,以防止法官自由裁量权的滥用。总之,通过严格贯彻证据裁判原则,能够促进公正司法与严格司法,实现诉讼终极目标。

(撰写人:西南政法大学刑事侦查学院　王跃;重庆市人民检察院　黄永琴)

■ 公益诉讼中专门性问题报告的审查与判断

案例 6－10 重庆市某检察院与重庆市某化工有限公司水污染责任纠纷环境民事公益诉讼案[1]

□ 案情概述

重庆市某化工有限公司(以下简称某化工公司)为减少污染治理成本,修建应急池与暗管,将对硝基苯乙酮车间与应急池连接,设置阀门。该应急池与观察井相连,连接长江。2015 年 4 月至 8 月 14 日,某化工公司在未通过环境影响评价的情况下生产对硝基苯乙酮,将产生的废液通过暗管排放到应急池暂存,并多次将应急池内废液直接排入长江,直至 2015 年 8 月 14 日夜间被查获。该公司共生产对硝基苯乙酮 154.25 吨,因生产工艺中用水量不衡定,故产生的废液总量准确数值现已无法查明,综合在案证据,废液总量至少 1542.5 吨,至多 2313.75 吨。经监测,该废液内含有有毒物质硝基苯类、总氰化物、锰、锌、铅、镍等,其中硝基苯类、总氰化物、锰含量严重超标。

2018 年 3 月 27 日,重庆市渝北区人民法院作出刑事判决,认定某化工公司构成单位犯罪。

受重庆市某人民检察院(以下简称某检察院)委托,重庆市环境科学研究院作出鉴定评估报告。该报告采用虚拟治理成本法,以某检察院认定的 1542.5 吨确定排污量,以被告治污设施实际运行成本及实际排放量确定单位虚拟治理成本为每吨 40.22 元,以受纳水体系Ⅱ类水域功能区确定环境功能区敏感系数为 7,认定被告外排对硝基苯乙酮母液中硝基苯类浓度超过基线水平 584 倍,导致暗管排放口附近长江水域生态环境受到损害,造成的环境损害量化数额为 434,275.45 元。某检察院支付鉴定评估费 74,000 元。

2018 年 7 月 17 日,某检察院就某化工公司污染环境行为在《重庆晨报》上予以公告,至公告期满,未有相关机关或组织提起诉讼。某检察院支出公告费 750 元。

另查明:2016 年 12 月,某化工公司注册资本增至 2000 万元。在此期间,其陆续投入

---

[1] 参见重庆市第一中级人民法院(2018)渝 01 民初 669 号民事判决书。

1592 万余元用于生产线升级改造，其中包括对硝基苯乙酮生产线的升级改造，并通过了环境影响评价及安全条件审查。

某检察院履行诉前公告程序后，无适格主体提起诉讼，遂向法院提起诉讼。请求：(1)判令某化工公司赔偿因违法排放工业有毒废水产生的生态环境损害费 434,275.45 元；(2)判令某化工公司承担评估费 74,000 元、公告费 750 元；(3)判令某化工公司向社会公众赔礼道歉。

被告某化工公司辩称，虽然被告排放污水到长江，但长江经过自然净化后，水质并未受到影响，现损失已不复存在；若法院认定应赔偿，望考虑目前被告的实际困难情况，在减少赔偿金额或在支付期限、支付方式上予以考虑。

重庆市第一中级人民法院对某检察院作为本案公益诉讼起诉主体是否适格、某化工公司是否应承担污染环境侵害公共利益的侵权责任、其承担民事责任的方式和范围等问题进行了评述，一审判决支持了某检察院全部诉讼请求。双方当事人未上诉，一审判决发生法律效力。

该案双方当事人对被告违法排放污染物的事实及其应承担赔偿责任均无异议，案件核心争点在于对被告应承担生态环境损害赔偿数额的认定。具体到证据问题上，即对本案核心证据《某化工公司环境污染案环境损害鉴定评估报告》存有争议。因生态环境损害费数额由司法鉴定机构采用虚拟治理成本法评估确定，而依该评估方法，污染物排放数量与最终确定的赔偿数额呈正相关关系，故本案亦需重点审查认定被告排污数量的证据。

本案涉及的重点证据：

1. 认定生态环境损害赔偿数额的直接证据：重庆市环境科学研究院于 2018 年 6 月作出的《某化工公司环境污染案环境损害鉴定评估报告》，证明某化工公司排放废液致使长江水域生态环境受到损害，造成的环境损害量化数额共 434,275.45 元。

2. 与认定某化工公司排污数量相关的证据：(1)对王某的调查笔录，证明其原为某化工公司董事长、总经理；公司在生产对硝基苯乙酮期间产生的废液均通过暗管排到应急池暂存，然后排放到长江；估计每次偷排在 400 吨左右。(2)对龙某的调查笔录，证明其原为某化工公司副总经理，兼任对硝基苯乙酮生产车间主任；某化工公司 2015 年 3 月开始试生产对硝基苯乙酮，从 2015 年 5 月起生产达到正常，每天产能在 2 吨左右，每生产 1 吨对硝基苯乙酮要产生 10 ~ 15 吨废液；废液收集在应急池内，每月约排放 2 次。(3)对白某的调查笔录，证明其原为某化工公司设备能源部部长，负责工厂设备检修、维护；应急池每月排放 2 次，在废液量达到应急池容量的 80% 时排放，共排放了 7 次或 8 次。(4)对邓某的调查笔录，证明其原为某化工公司工人，负责应急池排污工作；应急池的废液水面距池顶 40 厘米时开闸排放，一个月大约排 2 次，最多 3 次，排了 10 多次。(5)对戴某的调查笔录，证明其原为某化工公司工人，负责对硝基苯乙酮生产车间的氧化反应工作；每生产 100 多千克对硝基苯乙酮需 1 吨多水进行冲洗，冲洗后的水就是废液，冲洗 1 吨多产品大约要产生十几吨废液。(6)付款凭证、送货单、考勤表、某化工公司库管员郭某的证言，证明某化工公司共生产对硝基苯乙酮 154.25 吨。(7)公安机关现场勘验检查工作记录,证明某化工公司的污水应急池长 15.1 米,宽 10 米,高 2.1 米。

□ 证据分析

本案中,涉及证据的争议焦点是:(1)重庆市环境科学研究院于 2018 年 6 月作出的《某化工公司环境污染案环境损害鉴定评估报告》是否应当采信,并以其评估确定的环境损害量化数额作为被告应承担的赔偿金额?(2)综合现有与认定某化工公司排污数量相关的证据,如何认定其具体排污数量?

对于以上证据问题,分析如下。

(一)《某化工公司环境污染案环境损害鉴定评估报告》是否应当采信

最高人民法院《关于审理环境侵权责任纠纷案件适用法律若干问题的解释》(2015 年发布,现已失效)第 8 条规定:"对查明环境污染案件事实的专门性问题,可以委托具备相关资格的司法鉴定机构出具鉴定意见或者由国务院环境保护主管部门推荐的机构出具检验报告、检测报告、评估报告或者监测数据。"对于本案修复费用的确定,某检察院委托了列入相关主管部门环境损害鉴定评估推荐机构名录的重庆市环境科学研究院对涉案污染行为造成的生态环境损害量化数额进行了鉴定评估,并作出了鉴定评估报告。该鉴定委托程序合法,作出机构及人员具有相应资质,具备证据的合法性。鉴定评估项目负责人出庭作证,当庭接受了质询,进一步说明了鉴定意见的科学性和合理性。该鉴定意见运用虚拟治理成本法评估的环境损害量化数额由单位虚拟治理成本、污染物排放量及环境功能区敏感系数相乘得出,其所选用的环境损害量化方法及认定的单位虚拟治理成本、环境功能区敏感系数依据充分,具有客观性、科学性,属于评估鉴定机构依其专业能力履行工作职责的范围,依法应予采信。污染物排放量属事实认定问题,鉴定机构采用的污染物排放量系依据委托单位某检察院认定的数量,该数量是否准确,应结合案件其他相关证据予以判断。

(二)综合现有证据,如何认定具体排污数量

本案中,并无直接证据证明污染物排放的具体数量,且囿于排污行为系持续发生,排放的污染物也汇入长江无法提取查证,根据现有证据无法确定污染物排放的实际数量,但污染物排放量的认定对损害后果的最终确定不可或缺。根据在案证据,对排放量的认定有两种路径:一是证据显示生产 1 吨对硝基苯乙酮会产生 10 ~ 15 吨废液,被告共生产 154.25 吨对硝基苯乙酮,由此认定排放的废液量为 1542.5 ~ 2313.75 吨;二是证据显示暂存废液的应急池容积为 317.1 立方米,容量达 80% 时即排放,此时废液体积约为 253.68 立方米,共排放 7 次或 8 次,共约 1775.76 ~ 2029.44 立方米,且被查处当天应急池中尚有不明数量的废液尚未排出。无论依何种路径计算,被告实际排污量均应不少于 1542.5 吨,故认定污染物排放量为 1542.5 吨证据充分,有相应事实依据。重庆市环境科学研究院采用该排污量进行鉴定评估,并不减损被告某化工公司的利益。

最高人民法院、最高人民检察院《关于检察公益诉讼案件适用法律若干问题的解释》第

18条规定,人民法院认为人民检察院提出的诉讼请求不足以保护社会公共利益的,可以向其释明变更。本案中,某检察院对污染物排放量就低予以认定,并以此评估损害后果,提起诉讼请求,因此有必要对该诉讼请求是否足以保护社会公共利益予以审查。本案证据可证明污染物排放数量为1542.5~2313.75吨的区间值,为何不取最高值或取中间值作为其排污量来计算赔偿金额?

对此,应结合环境民事公益诉讼的制度功能予以考虑。在本案中,认定排污数量为1542.5吨的证据确实、充分,虽在民事诉讼程序中以高度可能性为案件待证事实证明标准,但具体到本案而言,生产154.25吨对硝基苯乙酮,产生的废液数量在1542.5~2313.75吨之间均有可能,除最低数值外,在该范围内认定为其他数量均具有或然性、不确定性。同时,环境公益诉讼不仅是为弥补当前损失,也需着眼于生态环境的未来。被告作为民营企业,在污染行为被查处后,积极投入资金用于其对硝基苯乙酮生产线的升级改造,并通过了环境影响评价及安全条件审查,在继续服务于社会经济发展的同时,已消除了其生产经营行为污染环境、破坏生态的风险。故本案中某检察院就低认定排污量委托鉴定评估,并依此提起诉讼请求,要求被告赔偿生态环境损害费434,275.45元,已经能够实现公益诉讼的目的,足以保护社会公共利益。

▣ 理论拓展

(一)环境民事公益诉讼的救济对象与制度功能

环境民事公益诉讼请求系为救济受损环境公益,因此明确环境民事公益诉讼救济对象与制度功能,系探析诉讼请求的司法审查与释明规则的逻辑起点与价值取向。

审查环境民事公益诉讼个案中的诉讼请求是否足以保护社会公共利益,首先应明确环境民事公益诉讼所保护的社会公共利益内涵,其应包括两个方面:一是社会公共利益的现实损害,二是社会公共利益的受损风险。社会公共利益的现实损害通常是指生态环境的外观、服务功能等已经或正在发生不利变化。社会公共利益的受损风险是指生态环境处于可能受到损害的危险状态,通常可包括以下三种情形:一是侵权人未对生态环境造成现实损害,但其行为的继续会使生态环境具有受损风险;二是侵权人已对生态环境造成现实损害,且其行为的继续会导致损害加大或再次发生的风险,如生产经营行为导致环境损害后,行为人不改变生产经营方式或不改善环保技术条件而继续生产的,生态环境可能再次受到同类损害;三是侵权人已对生态环境造成现实损害,且其行为使生态环境存在其他受损风险,如侵权人大面积破坏林地,造成植被减少等后果,同时导致当地具有发生泥石流等地质灾害的风险。

基于上述救济对象,环境民事公益诉讼才得以发挥保护公共利益的制度功能。对于有使用权人、所有权人的环境资源,有权主体能够在环境私益诉讼中对其损害提起救济,但由于环境资源所承载的释氧固碳、涵养水土、吸附污染物等功能服务于社会公众,故难以通过私益诉讼得到救济。此外,国家所有环境资源的损害,虽然能够通过行政处罚和刑事诉讼追究部分侵权人的行政和刑事责任,但已受损的生态环境却因其“公共属性”而无人提起救济。因此,环境民事公益诉讼制度的设计初衷即对上述环境公益进行保护。

(二)诉讼请求是否足以保护社会公共利益的司法审查

为实现环境民事公益诉讼的制度功能,环境民事公益诉讼的诉讼请求应围绕其救济对象提出。在普通的民事私益诉讼中,原告对其权利具有处分自由,故法院对其诉讼请求应予尊重;但环境民事公益诉讼的原告或公益诉讼起诉人系因法律规定而享有诉讼主体资格,故其对于环境公共利益不能自由处分,为避免公共利益救济不当,司法解释赋予人民法院对该类案件的诉讼请求进行司法审查的权利。审查诉讼请求是否足以保护社会公共利益时应包括以下内容:诉讼请求能否救济社会公共利益受到的现实损害;是否足以保证社会公共利益受损的风险得以消除。

1. 诉讼请求能否救济社会公共利益受到的现实损害

针对社会公共利益受到的现实损害,原告或公益诉讼起诉人可提出停止侵害、排除妨碍、恢复原状、赔偿损失、赔礼道歉的诉讼请求。审查诉讼请求能否救济社会公共利益受到的现实损害时,可包括以下内容:对于停止侵害、排除妨碍等停止侵权类诉讼请求,应审查诉讼请求内容是否包括具体、有效的措施,使被告能够在合理期限内消除生态环境正在发生的不利变化。对于恢复原状等修复类诉讼请求,应审查请求内容是否具备科学性、合理性和可执行性,包括:修复方案的科学性,如是否符合自然规律,是否考虑到动植物的生长、繁殖周期与特点,生态环境的动态变化,生态环境的自我修复可能性等;修复方案的合理性,如修复所需经济成本与时间成本能否实现效益最优化;修复方案的可执行性,如现有技术水平能否达到修复方案所需条件等。对于赔偿损失等赔偿类请求,应审查请求金额是否有事实和法律依据。对于赔礼道歉等人格恢复性诉讼请求,应审查赔礼道歉的方式和内容是否符合对公共利益的影响程度和范围等。

在审查修复类及赔偿类诉讼请求是否足以弥补损害后果时,还应特别注意考量以下内容:其一,需将环境服务功能损失纳入损害后果范围,如侵权行为导致资源数量或种类减少,或者使自然环境产生化学性质的变化,从而破坏生态环境内部平衡,环境容量下降。其二,需将次生污染结果纳入损害后果范围,在普通的民事侵权案件中,侵权行为停止后,一般不会产生新的损害后果,但环境侵权行为即使停止,损害后果也可能继续扩大——在部分污染环境案件中,已排放的原发性污染物在环境中会继续迁移、扩散,经过化学反应产生次生污染物,导致损害范围和程度的持续扩大。其三,区分环境质量达标与损害后果之间的关系,对于受污染环境因自净或人工清理已达到环境质量标准的,应注意受污染环境达到质量标准仅能表明污染得到消除,局域环境质量达标,而不能仅以此认定不存在损害后果或损害后果已得到完全弥补。其四,区分修复弥补现有损害与消除风险行为的关系,对于被告已经改善生产经营方式或环保技术条件的,应认识到该行为旨在杜绝同类行为再次发生的风险,而非对已造成损害的修复和弥补。

2. 诉讼请求是否足以保证社会公共利益受损的风险得以消除

针对社会公共利益受损的风险，原告或公益诉讼起诉人可提出停止侵害、排除妨碍、消除危险等诉讼请求。对于上述诉讼请求，应审查其能否保证被告在合理期限内停止风险行为、消除风险状态。如前所述，风险包括三类情形，在损害已实际发生的两种情形中，原告或公益诉讼起诉人可能会遗漏对风险的关注，而损害复发的风险因不存在现实且紧迫的威胁，更容易被忽视。

审查诉讼请求是否足以保证社会公共利益受损的风险得以消除时，可包括以下内容：其一，诉讼请求内容是否包括具体、有效的措施来防止损害的发生；其二，被告是否已经建立并实施风险识别、评估、防范与管理制度，确保按照法律、法规、规章的相关规定履行其法定的风险防范义务，是否已对其先行行为造成的风险采取相应的防范和修复措施；其三，被告采取措施修复损害、停止侵害行为、消除危险后，是否引发或残留损害公共利益的其他风险。

需注意的是，虽然社会公共利益的现实损害与受损风险两者的内涵与表现形式不同，但在个案中审查诉讼请求时，不应将两者割裂开来：一方面，在部分案件中，所需救济的对象既包括现实损害，也包括受损风险；另一方面，原告或公益诉讼起诉人所提出的停止侵害、排除妨碍等诉讼请求，既能救济正在或者已经发生的损害，同时也消除了损害进一步扩大或再次发生的风险。

（三）诉讼请求不当的释明规则

环境民事公益诉讼及检察公益诉讼相关司法解释均规定，人民法院认为原告或公益诉讼起诉人提出的诉讼请求不足以保护社会公共利益的，可以向其释明变更。这一规定既赋予了人民法院在环境民事公益诉讼中主动审查诉讼请求的职权，同时亦明确了人民法院对生态环境充分发挥司法保障功能的职责义务。在环境民事公益诉讼中，人民法院审查诉讼请求后，判断是否需要行使释明权、如何行使释明权时，应以环境公益保护为价值目标，并遵循民事诉讼制度的基本原则，不得超出原告或公益诉讼起诉人的诉讼请求作出裁判。申言之，原告或公益诉讼起诉人的诉讼请求可能不能完全救济被告行为造成的所有损害或消除风险。人民法院结合诉讼请求、在案证据进行审查，凡原告或公益诉讼起诉人遗漏与保护环境、恢复生态终极目标密切相关的停止侵害、排除妨碍、消除危险、恢复原状等诉讼请求，或其请求的赔偿金额明显无法满足损害填补或修复需求时，人民法院应当认定其诉讼请求不足以保护社会公共利益，并依法予以释明；凡原告或公益诉讼起诉人遗漏与环境保护终极目标的关联性不强的赔礼道歉等诉讼请求时，人民法院可不予释明。经释明后，原告或公益诉讼起诉人坚持不变更或者不增加诉讼请求的，人民法院应当在裁判文书中载明释明情况。

（撰写人：重庆市垫江县人民法院　张力）

□ 阅读指引

1. 王跃:《刑事诉讼中的鉴定意见质证制度研究》,法律出版社 2017 年版。
2. 王跃:《法律硕士证据调查教学案例指引》,知识产权出版社 2020 年版。
3. 刘丽云:《常用司法鉴定意见质证要点》,法律出版社 2021 年版。
4. 刘振红:《司法鉴定:诉讼专门性问题的展开》,中国政法大学出版社 2015 年版。
5. 孙大明编著:《司法鉴定法宝:法律指引与实务》,北京大学出版社 2018 年版。
6. 陈永生:《论刑事司法对鉴定的迷信与制度防范》,载《中国法学》2021 年第 6 期。
7. 左卫民、官胜男:《刑事错案与鉴定意见:复杂关系的实证考察》,载《华东政法大学学报》2022 年第 3 期。
8. 吴洪淇:《刑事诉讼专门性证据的扩张与规制》,载《法学研究》2022 年第 4 期。
9. 纵博:《事故调查报告在刑事诉讼中的运用》,载《法律科学(西北政法大学学报)》2022 年第 4 期。
10. 冯俊伟、王玉荣:《论事故调查报告证据能力问题——以新〈刑诉法解释〉第 101 条为中心》,载《上海政法学院学报(法治论丛)》2022 年第 1 期。

第七章　证明对象

第一节　刑事诉讼中证明对象的理解与适用

案例7－1　卢某新涉嫌故意杀人、强奸案[1]

□ 案情概述

2012年9月10日下午，云南省西双版纳傣族自治州某村村民邓某（女，被害人，殁年28岁）外出到自家地里劳作至晚未归，亲属查找后在地里发现被掩埋的被害人尸体，遂报案。公安机关到现场勘查时，在附近小河中发现1把锄头（被害人邓某的农作工具）。尸体检验报告显示，被害人邓某系被扼颈致机械性窒息死亡，生前曾被暴力性侵犯。9月12日上午，当地公安机关突然来到卢某新家里，以卢某新不能解释身上和大腿内侧多处伤痕又记不清案发当天的事为由将其带走调查。公安机关对卢某新进行了8次讯问，在第7次讯问中卢某新作了有罪供述：承认其喝醉酒后见到在地里干活的被害人邓某，遂见色起意将其掐晕后实施强奸，其间邓某醒过来大喊大叫，就用锄头打晕她继续强奸，完事后担心事发便用锄头在地里挖坑将尸体掩埋，后把锄头丢弃在附近的河中。2012年9月18日，公安机关将锄头柄部擦拭物送检，检出与被告人卢某新血样STR分型相同的物质。9月20日，卢某新被刑事拘留，30日被批准逮捕。2014年6月9日，云南省西双版纳傣族自治州中级人民法院以故意杀人罪、强奸罪数罪并罚，判处卢某新死刑缓期2年执行。卢某新与被害人家属均不服提出上诉。2015年4月2日，云南省高级人民法院以部分事实不清、证据不足为由发回重审。2015年12月20日，云南省西双版纳傣族自治州中级人民法院一审重新作出相同判决。卢某新不服，再次上诉。2017年1月6日，云南省高级人民法院作出终审判决：撤销原判，改判卢某新无罪。

该案证据表面上能够对被告人卢某新实施强奸、杀人的行为形成比较完整的证明，但是卢某新与案件的关联性、证据的同一性以及其他重要证据的要件事实指向性等待证明对象，却被法院混为一体，甚至在一审阶段完全忽视。

---

〔1〕 参见云南省高级人民法院（2016）云刑终字262号刑事判决书。

(一)一审主要证据及证明对象基本情况

1. 卢某新有罪供述(第7次讯问):2012年9月10日18时30分许,自己在某村看见被害人邓某在田里劳作,遂通过小路来到李某生家稻田南侧等候,待邓某准备回家时,卢某新尾随邓某,并强行将邓某拖至草丛中强奸。在邓某反抗过程中,卢某新为掩盖罪行使用扼颈、捂口等暴力手段致邓某死亡,并用被害人的锄头挖坑将尸体掩埋,后把锄头丢弃在附近小河中逃离现场。

2. DNA鉴定意见:西双版纳傣族自治州公安司法鉴定中心出具的DNA鉴定书(以下简称西双版纳州837号鉴定书)显示,从锄头柄部擦拭物上检出与被告人卢某新血样STR分型相同的物质。

3. 物证:现场提取(作案工具)锄头1把。

4. 人身检查笔录:表明卢某新身上、大腿内侧有多达28处新旧伤痕,所穿衣服、裤子上有多处血迹。

5. 现场勘查笔录:表明案发现场、埋尸地及被害人尸体情况。

6. 现场指认笔录:表明卢某新能够准确指认作案现场和尸体掩埋地。

7. 尸体检验报告:被害人的死亡原因为"机械性窒息死亡",头骨上有两处"Y"型伤口(并未导致骨裂,颅脑损伤程度不足以致人死亡)。

8. 抓获经过、侦破经过及相关情况说明:表明当地公安局对案件的侦查过程、锁定及抓获犯罪嫌疑人卢某新的经过等。

(二)二审新增证据及证明对象基本情况

1. DNA鉴定意见:在被害人邓某阴道和外阴擦拭物、内裤上都检出邓某、邓某丈夫及第三人的生物物质,但未检出被告人卢某新的生物物质。

2. DNA鉴定意见:经鉴定,在案发现场提取的毛发(阴毛)均不是来源于被害人邓某和被告人卢某新。

▢ 证据分析

本案中涉及证据的争议焦点是:(1)案发现场锄头柄部是否留有来自被告人卢某新的DNA物质?(2)被告人卢某新的有罪供述是否可信?

对于以上证据问题,分析如下。

(一)在案证据不能证明锄头柄部留有卢某新的DNA物质

西双版纳州837号鉴定书显示,从锄头柄部擦拭物上检出与被告人卢某新血样STR分型相同的物质。尽管这一鉴定意见本身没有问题,但送检样本(检材)存在明显的来源不清问题:一方面,锄头柄部残留人体DNA物质的可能性非常小,案发当晚下雨,该把锄头泡在河水里长达10多个小时之后才被发现提取,由于DNA是水溶性物质,在此种情况下,还能在锄头柄部提取到人体DNA物质的可能性微乎其微。即使能够提取到人体DNA物质,那也应该是混合型DNA图谱或有污染的DNA图谱,因为该锄头系被害人生前使用的劳动工具,且长时间在河水中浸泡。令人惊异的是,该份鉴定意见所依据的DNA图谱与卢某新血样图谱竟然高度一致且十分清晰。另一方面,公安机关对锄头柄部擦拭物(检材)的来源说明和提取过程存在重大问题:其一,公安机关对于检材来源存在三种相互矛盾的解释,第一种解释是"现场勘查笔录和鉴定聘请书均显示为现场提取",第二种解释是"锄头原物封装送西双版纳傣族自治州公安局刑侦科所后提取柄部擦拭物",第三种解释为"锄头和擦拭物是在同时送至公安局刑侦科所后提取"。其二,公安机关是在拿到卢某新DNA图谱后才对锄头柄部擦拭物进行送检。委托鉴定书显示系在2012年9月11日对卢某新血样送检(但警方是在9月12日才找到卢某新,后出具情况说明称是记录错误所致),案发现场提取的其他检材均是9月11日送检,唯独锄头柄部擦拭物是在9月18日才送检(此时卢某新血样已经送检)。其三,公安机关关于上述锄头柄部物证提取的情况说明前后矛盾,且无经办人签字。

二审期间,云南省检察机关、公安机关分别委托鉴定机构重新提取该锄头柄部擦拭物进行鉴定。云南省公安司法鉴定中心2016年7月10日作出生物物证/遗传关系检验报告(以下简称云南省492号检验报告)、公安部物证鉴定中心2016年9月6日作出物证鉴定书(以下简称公安部2629号鉴定书)显示,从锄头柄部擦拭物上均未检出阳性DNA扩增产物。

(二)被告人卢某新的有罪供述不能证明犯罪行为事实

卢某新在侦查阶段共有8次供述,仅第7次作有罪供述,随后翻供。一审法院据此认定,卢某新的有罪供述能够和证人证言、现场勘查笔录、鉴定意见等证据相印证,系认定其犯罪的主要证据。然而,该份有罪供述作出过程存在如下严重问题:

第一,在案证据显示被告人卢某新有罪供述的讯问地点相互矛盾。当地公安局提讯证、第7次讯问笔录载明讯问地点在当地看守所第二审讯室,但讯问录像显示的讯问地点并非看守所讯问室,二者存在明显矛盾。

第二,在案证据显示卢某新有罪供述的讯问时间相互矛盾。当地公安局提讯证证实,卢某新于2012年9月21日22时0分至9月22日1时20分被提讯;第7次讯问笔录载明2012年9月21日22时47分至22日1时8分卢某新作出了有罪供述;讯问录像显示第7次讯问时间为2012年9月21日22时0分至22日1时49分。上述证据关于讯问的起止时间存在明显矛盾。

第三,被告人卢某新有罪供述的讯问录像存在重大疑问,没有得到合理解释。当庭播放的讯问录像图像中仅有卢某新的背影,且没有声音。对于上述问题,当地公安局于2014年5月16日出具说明称,画面无声音系拾音器出现故障;同年11月5日又出具说明称,因办案场所改造未及时安装录音设备。两份说明前后不一,存在明显矛盾。此外,录像画面显示,面对卢某新方向有一部摄像机,但无该摄像机录制的视频资料。对此,公安机关未予说明。

第四,卢某新有罪供述的内容,多处不符合常理,且与案件其他证据之间存在明显矛盾:一是在锄头上没有检出被害人的DNA,且从尸检照片来看,两处伤口呈“Y”形开放状,创口较浅且没有骨折,不应是现场发现的那把锄头所形成的,且卢某新在慌乱的情况下,是否能对打击位置记得那么清楚,不无疑问。二是卢某新称其将被害人掐晕后进行了强奸,其间被害人醒过来大叫,其就用锄头打了被害人两下,把被害人打晕继续强奸后就用锄头把被害人埋了,没有再掐,但尸体检验报告表明被害人死因是窒息,即在强奸前被害人已死亡,中途不可能醒来。三是作为一个醉酒状态下的中年农民,卢某新不太可能具有丰富的DNA知识和逃避打击的意识,其穿着案发当天的留有血迹的长袖T恤直到2012年9月12日被公安机关传唤都未更换或丢弃这一行为可为佐证。四是从现场照片看,犯罪嫌疑人只要再挖几下就可把被害人全部埋起来,其供述的掩埋尸体情况不符合正常人的思维和做法。五是卢某新供述在强奸过程中将被害人拖到另一个地方,但尸检报告却反映出被害人全身只有少量皮下出血。六是现场指认录像、指认笔录作为有罪供述的辅助证据,[1]与有罪供述中的作案细节有很大出入。从指认录像中可明显看出卢某新在整个指认过程中表情很茫然,指认也比较被动,数次出现指认不下去,经现场人员提醒才继续指认的情况,且指认录像与指认笔录也存在较大差异。

综上,被告人卢某新唯一一次有罪供述的讯问地点、时间和讯问录像存在重大瑕疵,公安机关亦未作出合理解释,其供述内容多处不符合常理且与案件其他证据之间存在明显矛盾,不具有可信性。因此,二审法院认为卢某新有罪供述的取证程序违反了《刑诉法解释》及《看守所条例实施办法(试行)》的相关规定,不能作为定案的根据。

▢ 理论拓展

(一)证明对象的基本法理

法律的适用总是对应于一定的生活事实,法律适用所直接对应的事实称为法律要件事实。法律要件事实是证明对象的基本锚定点。从法律要件事实构造原理来观察证明对象的法理,需要阐明的主要有这样几个方面。

首先,法律要件事实是对生活世界的有限“截取”,其具有指向特定性与有限性的特征。人们对世界的认知与操作,需要把世界“分割”开来进行,即通过语言技术将绵延的世界现象“切分”为一个个的“事实”,由“事实”的特定指向来引领人们的认知与操作。[2] 法律治理是对社会生活的有限规范,即法律只管理社会生活的有限范围,而不可能面面俱到地“发力”。因此,在繁多、琐碎的社会生活中,法律要件事实是一种有限的、特殊的事实。法律确定将哪些生活事实纳入自己的治理疆域,主要基于两个方面的考量:一方面,从价值评价的角度来说,哪些生活事实需要用法律规范进行评价?另一方面,从工具理性的角度来说,哪

[1] 所谓辅助证据,是指在证明时被认为属于因相对独立于待证事实的其他事实的存在或发生而形成的证据。参见周洪波:《实质证据与辅助证据》,载《法学研究》2011年第3期。

[2] 参见陈嘉映:《事物·事实·论证》,载陈嘉映:《泠风集》,东方出版社2001年版,第173-182页。

些生活事实是国家有能力(在司法上主要就是司法能力)以法律方式来进行治理的?前一个问题主要是实体法学的研究任务,后一个问题主要是程序法学的研究任务。

诉讼皆是因案而起,因此,人们常常习惯于在“案件事实”的意义上来言说司法证明对象。但需要明确的是,相较于案件事实,法律要件事实对证明对象的指向更为准确。理论上,在任何一个案件中都可以发现(“截取”)无穷多的事实,[1]但是,对于法律适用有意义的事实只是其中很少的一部分。比如,在本案中,对法律适用有意义的只有被告人是否有强奸、杀人的主观故意,是否实施了强奸、杀人的客观行为,是否具备刑事责任能力等关键事实。除此之外,在案件中被告人穿什么颜色的衣服、有没有喝酒、作案工具的材料构造是什么、作案时光线如何等事实,虽然常常都可以确定,但对法律适用没有太大意义。此外,关于抓获经过、侦破经过以及侦查过程的情况说明所指向的事实,也都不能称为“法律要件事实”。而法律规定上缺乏“法律要件事实”的聚焦意识。比如,《刑诉法解释》第72条第1款规定:“应当运用证据证明的案件事实包括:(一)被告人、被害人的身份;(二)被指控的犯罪是否存在;(三)被指控的犯罪是否为被告人所实施;(四)被告人有无刑事责任能力,有无罪过,实施犯罪的动机、目的;(五)实施犯罪的时间、地点、手段、后果以及案件起因等;(六)是否系共同犯罪或者犯罪事实存在关联,以及被告人在犯罪中的地位、作用;(七)被告人有无从重、从轻、减轻、免除处罚情节;(八)有关涉案财物处理的事实;(九)有关附带民事诉讼的事实;(十)有关管辖、回避、延期审理等的程序事实;(十一)与定罪量刑有关的其他事实。”这一规定由来已久,基本上是沿袭之前司法解释的表述,其无疑是有问题的。因为,每个案件需要认定的法律要件事实是不同的,其中规定的许多证明对象在很多案件中是没有法律意义的。比如,被告人、被害人的身份与犯罪的动机、目的、地点、手段等,都不一定是个案的法律要件事实内容。

其次,法律治理是对生活世界的归类治理,相应地,法律要件事实是具有一定包容性的类型化事实。也就是说,每一个法律要件事实都能够包容许多不同的具体生活事实。就此而言,法律要件事实具有一定的抽象性,其只是对证明对象的一个初步指引,其所包容的具体生活事实才是司法活动的具体证明对象。从法律要件事实来确定作为具体证明对象的生活事实,是一个解释的过程。一般说来,多数概念的所指可以分为能够形成明显共识的明确区和具有争议可能性的晦暗区。对于前者,具体生活事实与抽象的法律要件事实之间是否具有归属关系是较为简单的;对于后者,归属问题就需要借助于解释。某一具体生活事实能否归入某一法律构成要件,往往也被视为证明问题,不过,这在本质上是一个是否合理的法律解释问题,而不是一个是否真实的证明问题。

再次,法律要件事实可以分为纯粹的事实要件和规范要件。纯粹的事实要件,是指存在或不存在某一现象。规范要件,是指对某一现象进行肯定性或否定性的法律价值评价。法律要件事实中的事实要件与规范要件常常是“纠缠”在一起的,如按我国的犯罪构成理

---

[1] 参见周洪波:《刑事证明标准问题之争中的四大误区》,载《清华法学》2008年第5期。

论,某一犯罪的成立由四个方面的要件构成,其中,犯罪客体(某一行为被评价为侵犯了刑法所保护的法益)就是规范要件。比如,就刑法上的因果关系这一要件事实而言,在一果多因的事件中,探查是否存在引起特定结果的某一客观原因,就是探查事实要件,探查对象就是证明对象。而此一关系是否应当被设定为法律上的因果关系,就是规范的评价。此外,二者还可以在分析的意义上进行区分,前者属于证明问题,后者属于法律评价问题。

从这种区分来看,法律要件事实作为证明对象往往具有局限性,即其中的纯粹事实要件才属于证明对象,而规范要件则不属于证明对象。比如,法律上的是否"明知"就是事实要件的判断,判断对象是证明对象。而我国刑法上的"应当知道""猥亵""强奸""淫秽物品""危险"等都不是纯粹的事实,都具有规范评价的意涵,所谓的要件事实就是一种规范评价的结果。这种区分的意义在于明确关于法律要件事实中的纯粹事实要件的争议问题按诉讼证明的制度原理处理,而关于规范要件的争议问题则按法律解释的制度原理进行处理。

最后,对于一个诉讼案件而言,法律要件事实一般都是复数性的,往往还需要作进一步的细分。法律要件事实的复数性,也就是在一个案件里可以或有必要区分出多个更微观的要件事实。其一,一个案件往往存在需要分别评价的多个责任或权利事项,每一个责任或权利事项无疑对应一个整体性的法律要件事实。比如,在本案中,凶手实施了构成强奸、杀人的多个犯罪行为,每一个犯罪行为就有一个独立的整体性法律要件事实。其二,责任或权利事项一般分为有无和大小两种类型,相应地,法律要件事实也可分为责任或权利有无的要件事实与责任或权利大小的要件事实。比如,某一犯罪是否成立,所对应的就是责任有无的要件事实;犯罪属于预备、中止、未遂哪一种形态等,所对应的就是责任大小的要件事实。其三,责任或权利成立的要件事实一般还要区分为不同类型,而且有不同的结构安排理论。比如,在民法上,法律要件事实可以区分为请求权要件事实与抗辩权要件事实,抗辩权要件事实又可分为权利妨碍事实、权利消灭事实等。在刑法上,大陆法系有阶层式构造,英美法系有犯罪本体要件与抗辩要件的双层模式,在我国有四要件理论与阶层式要件理论的不同主张。其四,一个案件所涉及的法律要件事实往往归属于不同的部门法,也需要区分不同的类型。比如,区分刑法构成要件与民法构成要件、实体法要件与程序法要件等。

总体的法律要件事实的复数性及其细分,对于证明对象的法理意义主要是:一方面,当一个案件包括多个独立的责任要件事实或权利要件事实,或者一个独立的责任要件事实或权利要件事实包括多个方面或多个层面的事实时,从证明的步骤或方法来说,自然需要分别进行,然后再"加总",而不可能直接进行"囫囵吞枣"式的证明。另一方面,能够区分开来的要件事实,往往在法律上有不同的地位、属性,作为证明对象就需要进行必要的区分,而且这种区分常常还会涉及证明标准、证明责任〔1〕、证据相关性等的确定。比如,实体法事

---

〔1〕 证明责任应当区分为多种类型,此处按通常的狭义理解,指的是说服意义上的证明责任。关于证明责任的分类,参见周洪波:《证明责任分类的体系重构》,载《法制与社会发展》2020年第3期。

实与程序法事实、刑事法事实与民事法事实、责任有无事实与责任大小事实等,在证明标准的要求上往往都有比较性的差异。刑法上的阶层论犯罪构成要件中的该当性事实与违法阻却事实、责任阻却事实,或是本体要件事实与抗辩事实,以及民事法上的请求权事实与抗辩事实,在证明责任上都有不同的分配。同一个证据事实与此法律要件事实有相关性,是直接证据,但是与同一案件的彼法律要件事实却可能相关性较小,是间接证据,甚至没有相关性。

(二)诉讼认知构造视野中的证明对象

诉讼认知构造,包括诉讼认知的推理构造与制度构造两个方面。诉讼证明是一种特殊的认识活动,其特殊性主要体现在两个方面:一方面,诉讼证明一般是间接认知,即其一般是基于当前存在的现象事实通过推理判断是否存在过往的特定现象事实,这种推理多具有多步性和复杂性;另一方面,诉讼制度对认知活动会进行规范引导,即诉讼模式以及证明标准、证明责任等的规定都会对认识活动进行特定的塑造。这两方面对证明对象的法律设定和司法确定都有重要的影响。

首先,从当前的证据事实到核心证明对象即法律要件事实的证明多不是"一步到位",而是具有多步性和复杂性。诉讼证明主要是一种溯因推理,即通过分析证据事实之出现原因,回溯性地去推理判断是否存在某一证明对象为其中的原因。最简单的诉讼推理由三个逻辑要素构成,即证据事实、待证事实以及在二者之间建立推理桥梁的事理。[1] 比如,在本案中,证据事实:将案发现场发现的一根体毛(阴毛)和被害人阴道、外阴擦拭物送检,均检出来自第三人洪某华的 DNA 物质,而没有检出被告人卢某新的 DNA 物质。事理:一般而言,只有实施了强奸行为的凶手才会在被害人体内留下精液、在现场留下体毛(阴毛)。待证事实:是第三人洪某华而非被告人卢某新对被害人邓某实施了强奸行为。通过这里的证据事实与事理判断待证事实,就是一种最简单的推理认知构造。单纯依靠这种简单推理构造完成证明,在实践中基本上是极为少见的。更常见的情形是:其一,在证据事实与法律要件事实之间需要一个或多个中间事实的推理过渡。这是因为,某一过往待证事实发生之后,其直接形成的痕迹事实现象往往要经过多次流转以后才能来到法庭上,相应地,就需要先证明流转过程中的现象事实状态,之后才能最终达到对待证事实的证明。比如,强奸、杀人案发生后,形成一定的案发现场(作案工具,被告人指纹、精液、皮肤、毛发,被害人的受伤害情况及死亡原因等),这些现场的现象事实都不可能直接来到法庭(即便作案工具可以提取后在法庭上展示,但作案工具与场所的关系事实也不可能直接呈现在法庭上),而是通过进一步的证据方法如拍照、侦查笔录、鉴定报告、侦查人员的出庭作证等来间接证明。那么,在证明的时候,就先要证明案发现场的诸多事实,然后在此基础上推论证明犯罪事实。例如,在本案中,虽然西双版纳州 837 号鉴定书表明从锄头柄部擦拭物上检出来自被告人卢

---

〔1〕 参见刘哲玮:《起诉书中指控事实的边界:从北大学生雇凶杀人乌龙事件谈起》,载《南方周末》2021 年 8 月 26 日,第 6 版。

某新的DNA物质,但由于该擦拭物(检材)的提取、送检过程存在严重问题、来源不明,检测结果也不符合常理,不能据此证明被告人卢某新使用过该锄头(作案工具)。其二,在认知推理构造上,证据事实、中间事实、法律要件事实之间是靠事理建立推理联系的,但事理不为一般人所熟知时,其也会成为需要证明的对象。比如,通过某一死亡现象的证据事实溯因证明某人实施了投毒行为这一待证事实,这种证明关系是靠对毒物的致害原理的认知而建立起来的,如果这一原理不为一般人所熟知,就需要通过鉴定或专家证人等证据方法来进行证明。

其次,现实的诉讼制度分为不同的模式类型,这也在一定程度上形塑着诉讼认知活动。诉讼制度模式,可以有不同角度的界分。最显见的一种区分,是从诉讼主体的法律关系模式角度将诉讼制度区分为当事人主义模式与职权主义模式两种范型。现实中的诉讼制度往往不是一种纯粹的理想范型,而是不同程度地偏向于其中的某一端。英美法系具有明显的当事人主义特征,大陆法系具有明显的职权主义特征。按当事人主义模式,诉讼的推进由平等对抗的当事人双方所主导,相应地,法律的规范对象主要是当事人的活动;按职权主义模式,诉讼由权力主体尤其是法官所主导,相应地,法律的规范对象主要是权力主体尤其是法官。就法庭的证据调查与证明活动而言,在当事人主义模式中法律的规范对象主要是当事人的主张与抗辩所对应的证明,在职权主义模式中法律的规范对象主要是法官的事实认定与证据运用。

基于前述比较法的差异,当事人主义模式中的证明对象主要是当事人双方有争议的法律要件事实及其派生性待证事实与待证事理,换言之,当事人无争议或没有主张的事实无须证明。而职权主义模式中的证明对象则是所有法律要件事实及其派生性待证事实与待证事理。也就是说,在前者中,法律对证明活动的规范目标是看当事人对争议事实的证明是否应当得到支持;在后者中,法律对证明活动的规范目标主要是看裁判者对法律要件事实的认定是否具有合理性,这种规范主要是让裁判者给公众以交代,而不只是给当事人以交代。基于这种差异,刑事诉讼中的被告人自白与民事诉讼中的自认的法律地位和作用是不一样的:在当事人主义模式中,其作用是起到确定证明对象范围的作用,即凡是自白和自认的事项,都无须证明。在职权主义模式中,其具有证据的作用,即其是法官认定事实所依据的重要证据。如果说对自白和自认有争议性的救济诉讼,当事人主义模式主要审查的是自白与自认的自愿性,而职权主义模式主要审查的是自白与自认的真实性,即便后者常常要审查自愿性,这种审查也是为真实性的审查服务的。

再次,从观察中国问题的比较法来看,证明标准的类型差异,尤其是或然性真实的证明标准与“结论具有唯一性”的证明标准的类型差异,对证明对象的范围和分类也有较大的影响。其一,就证明对象的范围而言,或然性真实标准比“结论具有唯一性”标准的证明对象范围更宽。其二,就证明对象分类的影响而言,一方面,证明对象的类型区分之必要,往往也是因应于诉讼制度根据证明对象的法律利害大小不同而区分不同的证明标准。另一方面,在将或然性真实作为一般性证明标准的制度语境中,一般性地允许法律推定的存在,因而可以对法律责任成立要件事实进行阶层化的区分，而在将“结论具有唯一性”作为一般性证明标准的制度语境中则不然。由此而论，在将“结论具有唯一性”作为一般性证明标准的制度语境中，对犯罪构成要件进行前述阶层论的区分就并非必要。

最后，基于证明责任在当事人之间的不同分配，需要将证明对象进行相应的类型区分。在一个诉讼中，一些法律要件事实的证明责任由一方当事人承担，另一些法律要件事实的证明责任由相对方的当事人承担，要使这种证明责任分配制度得以运行，自然需对要件事实进行区分。比如，民事诉讼中的请求权基础事实与抗辩权基础事实、英美刑法中的本体要件事实与抗辩要件事实的区分，也是适应于二者的证明责任的不同分配机制。

（撰写人：西南民族大学法学院　周洪波）

第二节　民事诉讼中证明对象的理解与适用

案例 7-2　无锡市隆盛电缆材料厂等与西安秦邦电信材料有限责任公司专利侵权纠纷案[1]

回 案情概述

2006 年 2 月 9 日，西安秦邦电信材料有限责任公司（以下简称西安秦邦公司）向西安市中级人民法院对无锡市隆盛电缆材料厂（以下简称无锡隆盛厂）、上海锡盛公司、西古公司提起专利侵权诉讼。西安秦邦公司声称，无锡隆盛厂生产的光缆用铝塑复合带产品使用了其获得专利权的“平滑型金属屏蔽复合带的制作方法”，且该厂分别向西古公司、汕头高新区奥星光通信设备有限公司销售了该光缆用铝塑复合带产品。并且，上海锡盛公司向日长飞公司、杰鸥公司销售的光缆用铝塑复合带产品均由无锡隆盛厂生产，二者为关联单位，因此无锡隆盛厂、上海锡盛公司侵害了西安秦邦公司的专利权。同时，西古公司未经西安秦邦公司授权使用从无锡隆盛厂收购的光缆用铝塑复合带产品，亦侵害了西安秦邦公司的专利权。无锡隆盛厂、上海锡盛公司、西古公司的专利权侵权行为给西安秦邦公司造成了严重损失。基于此，西安秦邦公司诉请要求无锡隆盛厂、上海锡盛公司、西古公司停止专利侵权行为、销毁侵权产品和用于生产侵权产品的设备并赔偿原告西安秦邦公司因此所遭受的损失。

无锡隆盛厂在提交答辩状期间对本案管辖权提出异议。2006 年 4 月 3 日，西安市中级人民法院裁定驳回无锡隆盛厂对本案管辖权提出的异议。无锡隆盛厂不服裁定，向陕西省高级人民法院提出上诉。2006 年 7 月 13 日，陕西省高级人民法院裁定驳回上诉，维持原裁

〔1〕 参见最高人民法院（2012）民提字第 3 号民事判决书。

定,由西安市中级人民法院继续审理。

案件经开庭审理后,西安市中级人民法院作出民事判决,判决如下:(1)被告无锡隆盛厂、上海锡盛公司立即停止侵犯原告西安秦邦公司"平滑型金属屏蔽复合带的制作方法"专利权的行为;(2)被告无锡隆盛厂立即销毁侵权产品和用于生产侵权产品的设备(含生产模具);(3)判决生效后10日内被告无锡隆盛厂、上海锡盛公司赔偿原告西安秦邦公司损失3000万元,无锡隆盛厂、上海锡盛公司对以上损失赔偿承担连带责任;(4)被告西古公司立即停止使用无锡隆盛厂、上海锡盛公司生产、销售的侵犯原告西安秦邦公司"平滑型金属屏蔽复合带的制作方法"专利权的产品;(5)驳回西安秦邦公司其余诉讼请求。

西安市中级人民法院宣判后,无锡隆盛厂和上海锡盛公司均不服,向陕西省高级人民法院提出上诉。2008年10月27日,陕西省高级人民法院作出(2008)陕民三终字第18号民事判决,判决如下:(1)维持西安市中级人民法院(2006)西民四初字第53号民事判决主文第一、三、四、五项;(2)变更西安市中级人民法院(2006)西民四初字第53号民事判决主文第二项为"本判决生效后无锡隆盛厂立即销毁侵权产品"。

无锡隆盛厂和上海锡盛公司不服二审判决,向最高人民法院申请再审。2009年3月9日,最高人民法院作出(2008)民申字第1395号民事裁定,指令陕西省高级人民法院再审本案。陕西省高级人民法院再审判决维持(2008)陕民三终字第18号民事判决。

无锡隆盛厂和上海锡盛公司不服再审判决,向最高人民法院申请再审。2012年8月24日,最高人民法院作出终审判决,判决如下:(1)撤销陕西省高级人民法院所作再审民事判决、二审民事判决和陕西省西安市中级人民法院所作一审民事判决;(2)驳回西安秦邦公司的诉讼请求。

该案涉及的证据基本情况如下:

为了证明专利权侵权事实,西安秦邦公司向西安市中级人民法院提交:(1)"平滑型金属屏蔽复合带的制作方法"的专利证书、专利权利要求书、专利授权公告副本以及国家知识产权局出具的缴纳专利年费的收据,以证明西安秦邦公司对"平滑型金属屏蔽复合带的制作方法"拥有专利权,并且专利权处于存续的法律状态;(2)上海市闵行区公证处作出的公证书,公证内容为上海市闵行区银都路2889号1号仓库中带有"无锡隆盛厂为制造商"字样标签的铝塑复合带产品,以证明无锡隆盛厂生产并向他人销售了被控侵权的铝塑复合带产品;(3)国家知识产权局专利检索咨询中心对"平滑型金属屏蔽复合带的制作方法"进行检索后出具的检索报告,以证明案涉专利产品属于新产品;(4)鉴定申请,鉴定内容为无锡隆盛厂、上海锡盛公司生产、销售的铝塑复合带产品是否与其专利方法制造的产品相同,以证明被控侵权产品与诉争专利方法生产的产品属于《专利法》第66条第1款中规定的"同样产品";(5)价格鉴定申请,以证明西安秦邦公司因无锡隆盛厂、上海锡盛公司专利侵权行为所遭受的损失数额。

无锡隆盛厂与上海锡盛公司经质证后认为:(1)国家知识产权局专利检索咨询中心出具的检索报告无法证明案涉专利产品属于新产品。(2)鉴定中心出具的鉴定报告认定其产品与西安秦邦公司专利方法生产的产品是同样产品以及工艺方法与西安秦邦公司专利方法的必要技术特征存在等同的结论，是没有依据的。(3)本案的鉴定人王某、宋某与侯某和西安秦邦公司之间存在利害关系，应当回避，并提供西安秦邦公司法定代理人杭某向王某任职学院的教育基金捐款5000元以及二人合发论文的证据；宋某与西安秦邦公司主要人员共同参与案涉产品相关标准起草的证据；侯某在鉴定期间参加西安秦邦公司直接承办并提供费用的学术研讨会的证据。

▢ 证据分析

上述案件中涉及证据的争议焦点是：(1)专利侵权行为的实体法事实应当如何证明？(2)鉴定人员回避的程序法事实应当如何证明？

对于以上证据问题，分析如下。

(一)专利侵权行为实体法事实的证明

本案中，被告无锡隆盛厂、上海锡盛公司、西古公司不存在专利侵权行为。《专利法》第66条第1款规定："专利侵权纠纷涉及新产品制造方法的发明专利的，制造同样产品的单位或者个人应当提供其产品制造方法不同于专利方法的证明。"制造方法的发明专利侵权行为的构成要件事实包括：(1)专利制造方法所制造的产品属于新产品；(2)侵权行为人制造了与该新产品同样的产品；(3)侵权行为人制造该同样产品的方法与专利方法相同。基于此，侵权行为构成要件事实的前两项——专利制造方法所制造的产品属于新产品和侵权行为人制造了与该新产品同样的产品——属于原告西安秦邦公司的证明对象并由其承担证明责任。被诉侵权人制造同样产品的方法与专利方法不同属于被告无锡隆盛厂、上海锡盛公司、西古公司的证明对象并由其承担证明责任，但该证明以原告西安秦邦公司对前两项构成要件事实的证明达到证明标准为前提。

1. 专利制造方法所制造产品属于新产品的证明

我国《专利法》第66条第1款中的新产品是指与市场上已经销售的产品不同的产品，该产品与专利申请日之前已有的同类产品相比，在产品的组份、结构或者质量、性能、功能方面有明显区别。一审中，原告西安秦邦公司向法院提交了2005年12月26日国家知识产权局专利检索咨询中心对"平滑型金属屏蔽复合带的制作方法"进行检索后出具的检索报告，检索报告称"平滑型金属屏蔽复合带的制作方法"权利要求1—2具备新颖性和创造性，以此证明案涉专利产品属于新产品。被告无锡隆盛厂、上海锡盛公司对该证据提出异议，否认争讼之专利所涉及的产品属于新产品的事实，但未向法院提交相关证据，一审法院、二审法院以及最高人民法院均认可案涉专利产品属于新产品的事实。

2. 侵权行为人制造了与该新产品同样产品的证明

对于侵权行为人制造了与该新产品同样产品的证明，原告西安秦邦公司向一审法院提出了鉴定申请，鉴定内容为无锡隆盛厂、上海锡盛公司生产、销售的铝塑复合带产品是否与其专利方法制造的产品属于"同样产品"，以此证明被控侵权产品与诉争专利方法生产的产品属于“同样产品”。鉴定中心出具的鉴定报告显示无锡隆盛厂生产的铝塑复合带产品与西安秦邦公司专利方法中的产品为相同产品,并且无锡隆盛厂生产铝塑复合带产品的工艺方法与西安秦邦公司的权利要求书记载的必要技术特征存在等同。对于鉴定中心作出的鉴定意见,被告无锡隆盛厂、上海锡盛公司提出异议,认为认定其产品与西安秦邦公司专利方法生产的产品是同样产品及工艺方法与西安秦邦公司专利方法的必要技术特征存在等同的结论,是没有依据的。此后,鉴定中心对无锡隆盛厂提出的问题进行了复议并出具了《关于“铝塑复合带”的复议意见书》,意见书坚持了鉴定报告中的结论。经当事人当庭质证和鉴定人出庭接受质询后,一审法院认为被告无锡隆盛厂、上海锡盛公司生产、销售的铝塑复合带产品与原告专利方法制造的产品属于“同样产品”。

3. 侵权行为人制造该同样产品的方法与专利方法不相同的证明

一审法院认为原告西安秦邦公司完成了对专利制造方法所制造的产品属于新产品以及侵权行为人制造了与该新产品同样的产品这两项专利侵权构成要件事实的证明,因此应当由被告举证证明被诉侵权人制造同样产品的方法与专利方法不同这一专利侵权构成要件事实。由于被告无法提供有力证据证明其产品的制造方法与原告的专利方法不同,一审法院认为被告存在侵害原告专利权的行为。

然而,最高人民法院在再审程序中认为鉴定中心的鉴定报告作出的关于被控侵权产品与诉争专利方法生产的产品属于“同样产品”的结论存在比对对象错误、理论基础欠缺等问题。原一审判决采信上述错误鉴定意见,认定使用本案被诉侵权方法制造的产品与使用本案专利方法制造的产品属于相同产品,进而认定应由无锡隆盛厂、上海锡盛公司承担其产品生产方法不同于本案专利方法的举证责任,以及原二审判决和再审判决均认同上述结论,有所不当。因此,最高人民法院认为无锡隆盛厂、上海锡盛公司、西古公司不存在专利侵权行为,并判决驳回西安秦邦公司的诉讼请求。

(二)鉴定人员回避程序法事实的证明

本案中陕西西安知识产权司法鉴定中心的鉴定程序不合法,鉴定人员回避的程序法事实属于被告证明对象。《民事诉讼法》第47条规定了民事诉讼中回避的事由以及回避的主体,其中鉴定人属于回避的主体范围。《民事诉讼法》第48条第1款规定:“当事人提出回避申请,应当说明理由……”回避制度是程序正义的体现,但不能被当事人滥用成为拖延诉讼、逃避债务的手段,因此,若当事人提出回避申请,应当向法院说明理由,并提供相应的证据证明相关人员存在回避的法定事由。因此,鉴定人员回避的程序法事实属于提出回避申请一方当事人的证明对象,但是该证明标准只需达到较大可能性即可。[1] 具体到本案,被告无锡隆盛厂、上海锡盛公司在法庭辩论终结前对陕西西安知识产权司法鉴定中心委派的鉴定人王某、宋某以及侯某提出回避申请,声称原告西安秦邦公司的法定代表人杭某曾向

---

〔1〕 参见最高人民法院民法典贯彻实施工作领导小组办公室编著:《最高人民法院新民事诉讼法司法解释理解与适用》,人民法院出版社2022年版,第195页。

鉴定人王某任职学院的教育基金捐款5000元,还与王某共同发表论文,二人关系密切;鉴定人宋某与西安秦邦公司的主要人员共同参与了案涉产品相关标准的起草,二者存在一定程度的利害关系;鉴定人侯某在鉴定期间参加原告西安秦邦公司直接承办并提供费用的学术研讨会,并与原告西安秦邦公司法定代表人杭某同时出现在学术研讨会上参与学术交流,分别作了发言汇报。无锡隆盛厂、上海锡盛公司认为鉴定专家与西安秦邦公司及其代理人有着特殊的关系,且这种关系足以影响到鉴定行为的客观、公正,并且提供了相应的证据加以证明。一审法院认为被告无锡隆盛厂、上海锡盛公司提出回避的理由及证据不足以证明陕西西安知识产权司法鉴定中心在本案审理程序中委派的鉴定人员存在《民事诉讼法》第47条规定事由,驳回了被告无锡隆盛厂、上海锡盛公司针对鉴定人员提出的回避申请。

再审程序中,最高人民法院观点与一审法院相反,认为无锡隆盛厂、上海锡盛公司提出回避的理由及证据足以证明陕西西安知识产权司法鉴定中心在本案审理程序中委派的鉴定人员与本案一审原告西安秦邦公司及其法定代表人存在一定可能影响案件公正审理的关系,因此陕西西安知识产权司法鉴定中心在本案审理程序中委派的鉴定人员应当回避,本案中鉴定程序不合法。

▣ 理论拓展

(一)实体法事实作为民事诉讼的证明对象

以实体法律规范的性质为标准,可以将实体法事实划分为:(1)权利发生事实,即民事权利发生或者成立的事实,又被称为"基本事实"、"请求权事实"或"通常事实";(2)权利妨害事实,即导致权利不能成立的事实,如缺乏相应的民事行为能力;(3)权利消灭事实,即导致现有的民事权利消灭的事实,如债的履行、免除等;(4)权利受制事实,即限制当事人行使其民事权利的事实,如重大误解、诉讼时效等。其中,权利发生事实是"基本事实",以当事人要求对方承担的民事责任为标准,又可以将权利发生事实划分为侵权民事责任的发生事实、返还不当得利民事责任的发生事实和违约责任的发生事实。

1. 侵权民事责任的发生事实。此类事实包括:(1)存在违法行为;(2)造成损失;(3)违法行为与损失之间存在因果关系;(4)主观上符合归责原则规定。归责原则包括过错(故意或过失,包括过错推定)归责原则、严格责任原则(也称无过错责任原则)和公平责任原则。

2. 返还不当得利民事责任的发生事实。根据我国《民法典》第985条的规定,返还不当得利民事责任的实体法事实包括:(1)取得了利益的事实;(2)致人受损的事实;(3)无法律上原因的事实。

3. 违约责任的发生事实。此类事实包括:(1)存在违约行为;(2)主观上符合归责原则规定。我国采用严格责任原则,但是《民法典》合同编中大量的有名合同采取过错归责原则,如《民法典》第823条规定承运人应对旅客的伤亡承担第三人过错致害责任。

(二)程序法事实作为民事诉讼的证明对象

在民事诉讼中,需要当事人证明的程序法事实主要包括:(1)关于回避的事实。如果当事人申请审判人员、书记员、翻译人员、鉴定人、勘验人等回避,就应当对是否存在《民事诉讼法》第47条规定的回避事实加以证明。(2)申请证据保全的事实。当事人向法院申请保全证据时,应当证明"证据可能灭失或者以后难以取得的情况"。(3)申请顺延诉讼期限的事实。当事人申请顺延诉讼期限时,应当证明耽误期限的不可抗拒的事由或其他正当理由。(4)申请保全的事实。当事人申请法院采取保全措施时,应证明可能因当事人一方的行为或者其他原因,使判决难以执行或者造成当事人其他损害的事实。利害关系人申请法院采取诉前保全措施的,还应当证明因情况紧急,不立即申请保全将会使其合法权益受到难以弥补的损害的事实。[1] (5)申请先予执行的事实。当事人申请先予执行时,应证明下列事实:当事人之间权利义务关系明确,不先予执行将严重影响申请人的生活或者生产经营;被申请人有履行能力。(6)违反法定程序的事实。当事人以法院违反法定诉讼程序为由提起上诉或申请再审时,应证明有关程序违法的事实。

但是,在民事诉讼中,并非所有的程序法事实都需要由当事人予以证明,有些程序法事实应由法院依职权调查,主要包括:(1)关于起诉要件的事实;(2)采取妨害民事诉讼的强制措施的事实;(3)中止、终结诉讼的事实;(4)中止、终结执行的事实。上述程序法事实,由于当事人不承担举证责任,所以不是民事诉讼中的证明对象。

(三)外国法律作为民事诉讼的证明对象

在审理涉外民事诉讼时,法院根据冲突规范或当事人的选择而适用外国法律时,或者在起诉与答辩中当事人援用外国法律作为自己权利的依据时,法院应当查明该外国法律的有效性及其具体内容。对于外国法的性质,存在事实说、法律说、折中说等不同的见解。

在我国,对于应当适用的外国法律,可通过下列途径查明:(1)由当事人提供;(2)由与我国订立司法协助协定的缔约对方的中央机关提供;(3)由我国驻该国使领馆提供;(4)由该国驻我国使领馆提供;(5)由中外法律专家提供。通过以上途径仍不能查明的,适用中华人民共和国法律。

(四)经验法则作为民事诉讼的证明对象

证明的对象不仅仅限于事实。经验法则是从经验中归纳得出的关于事物的知识和法则。在事实认定方面,它和逻辑规则发挥着同样的作用。从一般性的常识到高度专业化的科学领域,其适用范围十分广泛。虽然经验法则是在对事物作出判断时的前提性知识或法则,很难说是某一具体事实,但是也会成为证明对象。一般常识性的经验法则没有必要在诉讼中加以证明,因为有违诉讼效率的要求。但是,如果某一经验法则属于非常识性,且能够左右事实认定的结果,则必须要在诉讼中加以证明。[2] 通常,法院可以运用鉴定的方式对经验法则进行证据调查。

---

〔1〕 参见最高人民法院民事审判第一庭编著:《最高人民法院新民事诉讼证据规定理解与适用》,人民法院出版社2020年版,第269-270页。

〔2〕 参见[日]高桥宏志:《民事诉讼法重点讲义》(导读版),张卫平、许可译,法律出版社2021年版,第34页。

（五）民事诉讼中的免证事实不属于当事人的证明对象

当事人自认的事实、裁判法官司法认知范围内的事实、推定的事实、已为生效法律文书确定的事实属于民事诉讼中的免证事实，此类免证事实不属于诉讼当事人的证明对象。[1]对于自认的事实，对方当事人无须举证证明，人民法院原则上也要受到当事人自认事实的拘束。另外，《民诉证据规定》第10条规定："下列事实，当事人无须举证证明：（一）自然规律以及定理、定律；（二）众所周知的事实；（三）根据法律规定推定的事实；（四）根据已知的事实和日常生活经验法则推定出的另一事实；（五）已为仲裁机构的生效裁决所确认的事实；（六）已为人民法院发生法律效力的裁判所确认的基本事实；（七）已为有效公证文书所证明的事实。前款第二项至第五项事实，当事人有相反证据足以反驳的除外；第六项、第七项事实，当事人有相反证据足以推翻的除外。"

（撰写人：西南政法大学法学院 谷佳杰）

第三节 行政诉讼中证明对象的理解与适用

案例7-3 罗某等诉海南省三亚市综合行政执法局天涯分局行政赔偿案[2]

□ 案情概述

2012年罗某等五人成立秋明合作社，取得了农民专业合作社法人营业执照。2013年秋明合作社与海南省三亚市凤凰镇水蛟村民委员会水足村民小组签订土地租赁协议，租用约6亩土地建造猪栏舍及其他附属设施进行生猪养殖经营。2015年罗某等人根据环保部门要求，对养猪场进行整改，建设相关的水污染防治设施并于同年7月投入使用。

2015年8月26日，原海南省三亚市天涯区城市管理局（以下简称天涯区城管局）以养猪场属违法建筑为由，在未作出任何处理决定并告知罗某等人相关权利的情况下，便对养猪场及相关附属设施实施强制拆除。

2018年12月20日，三亚市中级人民法院作出（2018）琼02行初32号行政判决，确认天涯区城管局2015年8月26日强拆涉案养猪场及附属设施的行政行为违法。对于涉案养猪场及附属设施财产损失，天涯区城管局应当承担赔偿责任，一审法院确定的赔偿数额为1,802,439元。一审判决作出后，海南省三亚市综合行政执法局天涯分局（以下简称天涯区执法局）不服向海南省高级人民法院提起上诉，海南省高级人民法院判决再次确认天涯区执法局的案涉行政行为违法，改判赔偿数额为864,984元。罗某等人在判决发生法律效力

〔1〕 参见田平安主编：《民事诉讼法原理》，厦门大学出版社2022年版，第252-253页。

〔2〕 参见最高人民法院（2020）最高法行赔再7号行政判决书。

后申请再审,最高人民法院提审后,对直接损失的范围进行明确界定,并逐一计算和认定养猪场被强拆所遭受各项损失,依法扣除未实际遭受的损失和再审申请人过错导致的损失,对罗某等人合理的再审主张予以充分考虑和支持,最终判决天涯区执法局赔偿罗某等人1,691,788元。

该案涉及的证据基本情况如下:

1. 为了证明行政行为的合法性,罗某等人举示了:(1)秋明合作社的农民专业合作社法人营业执照、与三亚市凤凰镇水蛟村民委员会水足村民小组签订的土地租赁协议,以证明案涉养猪场及其附属设施属于农业生产设施,不属于违法建筑;(2)三亚市农业机械化管理局给予该养猪场购机财政补贴资金7.5万元及2013年度与2014年度该合作社在海南省农民专业合作社综合培训中考核合格的证据,以证明行政机关对案涉养猪场及其附属设施的认可,该合作社的经营行为合法。因此天涯区执法局的强制拆除行为违法。

天涯区执法局经质证后认为:(1)案涉养猪场不具有建设规划许可证,罗某等人从村委会租用土地从事养殖业不具有合法性;(2)三亚市农业机械化管理局补贴等证据不具有关联性,不能仅依据涉案养猪场及附属设施已得到乡镇、农业部门及畜牧主管部门的财政资金补贴、技术支持就认为涉案养猪场就是合法建筑。因此,天涯区执法局的强制拆除行为合法。

2. 为了证明行政赔偿的具体数额,经罗某等人申请,一审法院委托三亚中业勤资产评估事务所对涉案养猪场及附属设施价值进行鉴定。三亚中业勤资产评估事务所作出了中业勤评报字[2017]第0001号《资产评估技术报告》(以下简称《评估报告》),显示经评估后涉案养猪场及附属设施财产损失价值为1,802,439元。天涯区执法局经质证后不认可该证据的三性,认为《评估报告》存在漏洞,罗某等人的赔偿请求没有法律依据。

回 证据分析

本案涉及证据的争议焦点是:(1)行政机关作出的被诉行政行为是否具有合法性?(2)行政赔偿构成要件和行政赔偿的具体数额应当如何证明?

对于以上证据问题,分析如下。

(一)被诉行政行为合法性的证明

本案中,天涯区执法局的强拆行为系违法的行政行为。天涯区执法局主张被强拆建筑并未取得建设规划许可证,不属于合法建筑,其拆除行为系合法行为。但是,根据2014年9月29日原国土资源部、原农业部发布的《关于进一步支持设施农业健康发展的通知》(国土资发〔2014〕127号,现已失效)的规定,设施农用地包括生产设施用地、附属设施用地以及配套设施用地,按农用地管理,不用办理农用地转用审批手续。设施农用地使用前,经营者应拟定设施建设方案并公告,公告无异议后乡镇政府、农村集体经济组织和经营者三方签订用地协议,乡镇政府应及时将用地协议与设施建设方案报县级国土资源部门(现为县级自然资源主管部门)和农业部门备案,不符合设施农用地有关规定的不得动工建设;对于擅自或变相将设施农用地用于其他非农建设的,应依法依规严肃查处。涉案养殖设施属于该通知规定的农用设施,虽然涉案养猪场未能办理相关的审批、备案手续,但是其是通过土地租赁的方式从集体经济组织合法取得的,相关政府部门发放给秋明合作社政府专项补贴以及资金,对其发展生猪养殖业予以鼓励与支持,且秋明合作社系经罗某等人合法登记成立的生猪养殖合作社,至强拆行为发生之时仍合法有效,不能认定为违法建筑。因此天涯区执法局未依照相应法定程序进行强制拆除,违反了《行政强制法》的相关规定,该具体行政行为违法。

(二)行政赔偿构成要件及其证明

在行政赔偿案件中,原告应当举证证明符合行政赔偿构成要件的事实。《国家赔偿法》第4条规定:"行政机关及其工作人员在行使行政职权时有下列侵犯财产权情形之一的,受害人有取得赔偿的权利:……(四)造成财产损害的其他违法行为。"第36条第8项规定,对财产权造成其他损害的,按照直接损失给予赔偿。在本案中,天涯区执法局涉案强拆行为已被确认违法,天涯区执法局应就违法强拆行为造成的合法财产损失承担赔偿责任,赔偿数额和标准应当以违法行政行为产生的直接损失为限。而所谓的"直接损失"是指行政行为造成的实际损失,包括当事人因违法行政行为产生的直接财产损失和其他必得利益损失。《行政诉讼法》第38条第2款规定,在行政赔偿、补偿的案件中,原告应当对行政行为造成的损害提供证据;因被告的原因导致原告无法举证的,由被告承担举证责任。具体到本案中,天涯区执法局在实施强拆过程时,未依法清点被拆除养殖场财产并进行证据保护,造成目前无法准确认定罗某等人被拆除建筑物及合法财产损失,故应承担举证不能的法律后果。一审期间,三亚市中级人民法院委托三亚中业勤资产评估事务所对涉案养猪场及附属设施价值进行了鉴定并出具《评估报告》,在各方当事人均没有提出关于本案强拆造成损失的直接证据的情况下,应当根据该报告并结合全案证据认定罗某等人可以获得的赔偿金额。

回 理论拓展

在行政诉讼中,被诉行政行为合法性是需要被证明的实体法事实,其中行政行为既包括具体行政行为也包括抽象行政行为。其中,行政诉讼的中心任务是审查具体行政行为的合法性。因此,对被诉具体行政行为合法性的证明是行政诉讼活动的基础和主要内容。具体行政行为的合法性是行政诉讼全部证明活动的中心,行政诉讼的全过程都要紧紧围绕具体行政行为的合法性来进行。[1] 根据《行政诉讼法》规定,行政机关应当从以下方面证明被诉具体行政行为合法:(1)行政机关是否具备相应的行政主体资格和行政权限;(2)被诉具体行政行为是否由行政机关依法作出;(3)被诉具体行政行为是否符合法定程序。

在本案中,经法院查明,天涯区城管局和天涯区执法局属于"一套人马,两块牌子",天

〔1〕 参见马怀德、刘东亮:《行政诉讼证据问题研究》,载《证据学论坛》2002年第1期。

涯区执法局具有违章建筑强制拆除职责,并且具体实施了拆除行为,因此天涯区执法局是本案的适格被告。但根据《行政强制法》第37条的规定,行政机关在作出行政决定后,需经过催告等程序,当事人逾期仍不履行行政决定且无正当理由的,行政机关才可以作出强制执行决定。罗某等人所建设经营的养猪场及附属设施从未被认定为违法建筑,天涯区执法局对其进行强制拆除的过程中,既没有依法作出强制拆除决定,也并未经过催告等法定程序,既属于事实认定错误,又违反了法律规定。同类案件可参见何某强诉华中科技大学拒绝授予学位案[1],在该案中华中科技大学具有对武昌分校推荐的应届本科毕业生进行审查和决定是否颁发学士学位的法定职责,《华中科技大学武昌分校授予本科毕业生学士学位实施细则》是华中科技大学在其职权范围内依法制定的,其中第3条将全国大学英语四级考试成绩与学士学位挂钩,是华中科技大学对授予学士学位的标准的细化,属于高等学校依法行使教学自主权的范畴,符合上位法的相关规定。何某强因未通过全国大学英语四级考试不符合华中科技大学学士学位的授予条件,华中科技大学不予推荐其申请授予学士学位,并不存在行政行为违法的事实。

除了审查具体行政行为的合法性,行政诉讼的证明对象还包括被诉具体行政行为所适用的规范性文件,即抽象行政行为。根据《行政诉讼法》第34条的规定,被告应当提供作出该行政行为所依据的规范性文件。被告应当对其作出的具体行政行为的法律依据加以说明,说明自己是否适用了应当适用的法律、法规及具体条款,自己作出的行政处理决定在定性、形式、程度等方面是否符合法律、法规的要求。在鲁潍(福建)盐业进出口有限公司苏州分公司诉江苏省苏州市盐务管理局盐业行政处罚案[2]中,法律及《盐业管理条例》没有设定工业盐准运证这一行政许可,地方政府规章因此也不能设定工业盐准运证制度。所以,江苏省苏州市盐务管理局对鲁潍(福建)盐业进出口有限公司苏州分公司作出行政处罚时,虽然适用了《江苏省〈盐业管理条例〉实施办法》(已失效),但是《江苏省〈盐业管理条例〉实施办法》并不符合《行政许可法》的规定,属于法律适用错误。同样,在宣某成等诉原浙江省衢州市国土资源局收回国有土地使用权案[3]中,法院认为被告原浙江省衢州市国土资源管理局作出通知时,虽然说明了该通知所依据法律的名称,但并未引用具体法律条款,故其作出的具体行政行为没有明确的法律依据,亦属于法律适用错误。在行政诉讼中,由行政机关证明被诉具体行政行为适用了何种规范性文件,有利于监督行政机关遵循依法行政原则,促使行政机关依法行使职权。

此外,根据《国家赔偿法》有关规定,行政赔偿诉讼的证明对象与一般的行政诉讼不同。一般认为,行政诉讼中,被告对被诉行政行为的合法性承担证明责任,而在行政赔偿诉讼中,行政赔偿构成要件的事实是主要的证明对象,主要包括:(1)侵权行为是否由作为被告的行政机关及其工作人员实施;(2)侵权行为是否是行政机关及其工作人员在行使行政职

---

〔1〕 参见湖北省武汉市中级人民法院(2009)武行终字第61号行政判决书。

〔2〕 参见江苏省苏州市金阊区人民法院(2009)金行初字第0027号行政判决书。

〔3〕 参见浙江省衢州市柯城区人民法院(2003)柯行初字第8号行政判决书。

权的过程中实施;(3)侵权行为是否给作为原告的受害人造成人身权或者财产权的损害及损害大小;(4)侵权行为与损害之间是否具有因果关系。《国家赔偿法》第15条第1款规定:"人民法院审理行政赔偿案件,赔偿请求人和赔偿义务机关对自己提出的主张,应当提供证据。"《行诉证据规定》第5条规定:"在行政赔偿诉讼中,原告应当对被诉具体行政行为造成损害的事实提供证据。"上述法律规定表明,在行政赔偿诉讼中,原告应当就行政机关作出的行政行为是否造成损失、具体损失金额多少承担证明责任。同时,对于因被告违法行政而造成原告举证困难的情形作出了特殊规定,即《行政诉讼法》第38条第2款规定:"在行政赔偿、补偿的案件中,原告应当对行政行为造成的损害提供证据。因被告的原因导致原告无法举证的,由被告承担举证责任。"在具体的赔偿范围及金额方面,根据《国家赔偿法》第36条的规定,行政赔偿的范围限于行为本身对受害人人身、财产造成的直接损失。《行诉法解释》第98条规定,在确定赔偿数额时,应当考虑该不履行、拖延履行法定职责的行为在损害发生过程和结果中所起的作用等因素。因此,在被诉行政行为确已给原告造成损失,但原被告双方又无法证明具体损失数额的情况下,法官应当结合国家赔偿的价值取向、举证目的、证明对象等实际情况等对全案证据进行综合审查,运用逻辑推理和生活经验,进行全面、客观和公正的分析判断,依法对损失金额予以认定。

案例7-4 海口市美兰区演丰镇塔市村委会大塘村民小组诉海口市人民政府行政不作为案[1]

回 案情概述

2005年8月,桂林洋农场因位于海口市美兰区演丰镇塔市村委会大塘村的宗地号为01-10-00028Z、01-10-00030Z、01-10-00036Z的三宗土地与大塘村民小组产生争议,向海口市人民政府(以下简称海口市政府)及原海口市国土局分别递交了土地权属争议案件申请书,要求确认上述三宗土地所有权。原海口市国土局受理后向大塘村民小组送达了答辩通知书,要求大塘村民小组提交答辩状及有关证据材料。大塘村民小组应要求向海口市政府和原海口市国土局提交了有关材料,但海口市政府受理此案后,直到2009年仍未作出确权决定,故大塘村民小组向海口市中级人民法院提起行政诉讼,以行政不作为为由要求其限期作出确权决定。

海口市政府答辩称本案原告不适格,根据《行诉证据规定》第4条第2款"在起诉被告不作为的案件中,原告应当提供其在行政程序中曾经提出申请的证据材料"的规定,大塘村民小组应当提交其在土地权属争议程序中曾经提出申请的证据,但其至今并未提交,因此其不能证明其具有主体资格,不符合起诉条件,应裁定驳回起诉。海口市中级人民法院经审理后认为,本案中桂林洋农场因与大塘村民小组就三宗土地发生权属争议向海口市政府

---

〔1〕 参见海南省高级人民法院(2010)琼行终字第27号行政判决书。

提出土地确权申请,在启动土地权属争议案件处理程序后,大塘村民小组已按要求提出答辩意见和相关的土地确权材料,主张争议土地所有权属于自己,这些主张和相关证据材料属于大塘村民小组在行政程序中曾经提出申请的证据材料,据此,大塘村民小组的起诉符合法定条件,其可以作为本案原告提出行政诉讼。

一审判决宣判后,海口市政府不服,向海南省高级人民法院提起上诉,二审法院经审理后判决驳回上诉,维持原判。

该案涉及的证据基本情况如下:

为了证明行政诉讼中原告适格,大塘村民小组举示了3份答辩通知书,以及其向原海口市国土局提交的土地权属争议答辩状及有关证据材料,以证明其已经向海口市政府申请作出将争议地确权归于大塘村民小组的处理决定。海口市政府经质证后不认可该证据的关联性,认为大塘村民小组应当提交其在土地权属争议程序中曾经提出申请的证据,但至今并未提交,因此不能证明其具有本案的原告主体资格。

□ 证据分析

本案中涉及证据的争议焦点是:(1)行政诉讼中程序法事实应当如何证明?(2)行政不作为诉讼中,"原告已经向行政机关提出申请"的起诉条件应当如何证明?

对于以上证据问题,分析如下。

(一)行政诉讼中程序法事实的证明

行政诉讼中原告需要证明其起诉符合法定的起诉条件,即证明程序法事实。本案中,海口市政府按法定程序已经通知大塘村民小组进行答辩,大塘村民小组亦向其提交土地确权答辩意见和有关证据材料,并按时参加了海口市政府组织召开的土地确权会议等,上述事实说明海口市政府及其所属土地行政主管部门已经受理了桂林洋农场与大塘村民小组之间的土地权属争议案件,但此后在长达几年的时间里海口市政府仍未对此土地权属争议案件作出确权决定,使该土地争议长期处于持续状态。海口市政府自2005年8月受理该三宗土地争议案件始至大塘村民小组提出本案诉讼时止,无正当理由超过法定的办理期限拖延至今仍未作出处理决定,应认定属于不履行法定职责,其不作为的行政行为违反法律规定。根据《行政诉讼法》第49条第3项规定的原告提起诉讼应当"有具体的诉讼请求和事实根据",认定大塘村民小组符合法定的起诉条件。

(二)行政不作为诉讼中"原告已经向行政机关提出申请"的证明

本案中,大塘村民小组已经向海口市政府提出确权申请,具有本案的适格原告主体资格。根据《行诉证据规定》第4条第2款的规定,被告不作为应当是发生在原告申请其作为之后,因而原告起诉被告不作为,必须提供其在行政程序中曾经提出申请的证据材料以证明自己曾经向被告行政机关提出过申请。但下列两种情况除外:一是被告应当依职权主动履行法定职责的;二是原告因被告受理申请的登记制度不完备等正当事由不能提供相关证据材料并能够做出合理说明的。具体到本案,海口市政府启动土地权属争议案件处理程序后,大塘村民小组已按要求提出答辩意见和相关的土地确权材料,这些相关证据材料能够视为大塘村民小组“在行政程序中曾经提出申请的证据材料”,因此能够证明其曾经向海口市政府提出申请。

▢ 理论拓展

行政诉讼中的程序法事实也是证明对象之一,其中包括:(1)起诉符合法定的起诉条件;(2)有关主管和管辖的事实;(3)有关审判组织的事实;(4)有关采取排除妨害行政诉讼强制措施的事实;等等。但是并非所有的程序性事实都属于行政诉讼中的证明对象,比如行政诉讼中的自认事实和免证事实。[1]

在本案中,涉及对于“是否符合法定起诉条件”这一程序法事实的认定。由于行政诉讼是当事人对行政行为不服提起的诉讼,因此,具体的诉讼请求应当指向有关的行政行为。[2]本案属于行政不作为案件,司法实践中行政不作为案件的类型多样,如行政机关依申请应作为而不作为、依职权应作为而不作为、依生效判决应作为而不作为等。根据《行诉证据规定》第4条第2款的规定,除了被告应当依职权主动履行法定职责以及原告因被告受理申请的登记制度不完备等正当事由不能提供相关证据材料并能够作出合理说明的情形,起诉行政机关行政不作为的案件,原告应当提供其在行政程序中曾经提出申请的证据材料,原告未曾提出申请则不能启动诉讼程序。具体到本案,案外人向行政机关提出申请,行政机关已经启动了行政处理程序,在原告已被纳入了行政程序后,行政机关长期拖延不处理。问题的焦点集中于在原告起诉被告行政不作为的案件中,原告未曾直接向被告提出申请时是否具有适格主体资格?

本案评议中,就原告的起诉是否符合起诉条件存在分歧。一种意见认为,在起诉被告不作为的案件中,根据《行诉证据规定》第4条第2款关于“在起诉被告不作为的案件中,原告应当提供其在行政程序中曾经提出申请的证据材料”的规定,原告应当证明其在行政程序中曾经提出申请的事实。行政不作为案件大多是依申请行政行为引起的行政争议,此种行政行为的作出须以公民、法人或其他组织提出申请为前提,原告应当提供证据证明自己在行政程序中曾经向行政机关提出过申请。在本案中,原告未曾向被告提出土地确权的申请,因此其起诉没有事实根据,不符合法定起诉条件。另一种意见认为,从《行政诉讼法》和《行诉证据规定》来看,在起诉行政不作为案件中,要求原告提供在行政程序中曾经提出申请的证据材料实质上是要求原告起诉应当有被告不作为行为存在的事实根据。本案中,大塘村民小组已经提出“案外人桂林洋农场业已提出申请,而海口市政府存在行政不作为的行为,且该不作为的行为与其存在利害关系”的相关证据材料,足以证明行政不作为行为的

---

〔1〕 参见潘金贵主编:《证据运用实务教程》,法律出版社2023年版,第389页。

〔2〕 参见全国人大常委会法制工作委员会行政法室编写:《〈中华人民共和国行政诉讼法〉解读与适用》,法律出版社2015年版,第110－111页。

存在,该行为的存在就是行政诉讼案件的事实根据。因此大塘村民小组的起诉符合“起诉应当有事实根据”的规定,具备法定起诉条件。否则如果要求原告在该土地争议处理程序中重复他人申请的行为,再次向行政机关提出申请,是对行政资源的浪费,也无端增加了当事人的诉讼成本。本案在最终判决中采纳了后者的意见,其理由为,被告启动土地权属争议案件处理程序后,原告已按要求提出答辩意见和相关材料,主张争议土地所有权属于自己,并请求政府依法确权维护自己的合法权益,这些主张和相关材料表明原告已被纳入了行政程序。由于土地的使用状态已应政府机关的要求而固定,各方均不得加以继续开发和使用,所以土地抛荒至今。然而土地管理机关启动土地确权程序后,却迟迟不予作出处理决定,迟延了土地的开发和利用,对原告或他人的权利义务产生重大影响。尽管原告没有直接提出过申请,但是原告在该土地权属争议案件中提出的证据和主张足以表明原告在积极主张权利,原告与桂林洋农场在土地确权程序中具有平等的地位和权利,对被告已经受理的土地争议案件长期拖延,迟迟不作出处理意见的行政不作为依法享有诉权,可以作为本案原告提出本案之诉。

综上,在行政不作为案件中,实务裁判运用需要注意以下问题:

根据《行诉法解释》第 66 条的规定:“公民、法人或者其他组织依照行政诉讼法第四十七条第一款的规定,对行政机关不履行法定职责提起诉讼的,应当在行政机关履行法定职责期限届满之日起六个月内提出。”另据《行诉证据规定》第 4 条第 2 款关于“在起诉被告不作为的案件中,原告应当提供其在行政程序中曾经提出申请的证据材料”的规定,一般情形下的行政机关应依申请而作为的行政不作为纠纷案件中,须以原告曾向行政机关提出过申请为必备的起诉条件。

《行政诉讼法》第 49 条第 3 项规定原告提起诉讼应当“有具体的诉讼请求和事实根据”。在审理行政不作为案件时,原告履行初步证明责任后,法院方可启动诉讼程序。初步证明责任是指当事人提供证据以证明其主张构成法律争端,从而值得或者应当由法院进行审理的证明责任,即利用证据推动诉讼进行的责任。原告向行政机关提出申请的证据材料是为了证明原告和行政机关存在行政争议的事实,属于初步证明责任的范围。如果原告能够提供其他证据证明原告与行政机关存在行政不作为的行政争议,应由法院通过审判来解决,也可以认定原告的起诉具有事实根据。在本案中,原告举证证明了行政机关应他人申请而启动了行政处理程序,但被告迟延不作为,且本人与该行政处理行为存在利害关系,即可启动行政诉讼程序,而不应将初步举证范围局限于原告的申请材料。在该类案件中行政处理程序已经启动,相对于原告而言,解决原告与他人权利争端的行政处理行为,已经属于行政机关依职权处理的行为,而非应申请而进行的行为。

在行政不作为案件中,对未曾向行政机关提出过申请的原告主体资格的认定必须掌握两个必备条件:(1)处理程序已经启动且处理机关已经将原告纳入了处理程序;(2)处理机关的迟延处理行为与原告存在利害关系。无论哪类行政诉讼案件,行政机关与原告存在行政争议的事实都应当属于启动诉讼案件的必备条件。一般情形下,如果原告未向行政机关提出过申请,则被告对原告的权利诉求并不知情,其行政处理程序也没有得以启动的成因。只有在处理程序已经启动,行政机关根据案件的实际情况,将原告纳入了处理程序当中,让原告在该程序中陈述己方的意见和要求的情况下,行政机关才能对原告的权利诉求有所了解并进行处理。如果原告既没有提出过申请,也没有被纳入行政处理程序,则原告在该行政程序中没有相应地位,此时原告主体不适格。[1]

(撰写人:西南政法大学法学院　谷佳杰)

□ 阅读指引

1. 陈瑞华:《刑事证据法》(第4版),北京大学出版社2021年版。
2. 田平安主编:《民事诉讼法原理》,厦门大学出版社2022年版。
3. 胡建淼:《行政法学》(第5版),法律出版社2023年版。
4. 周洪波:《证明对象的基本法理与中国问题》,载《江海学刊》2022年第1期。
5. 孙远:《证明对象、要件事实与犯罪构成》,载《政治与法律》2011年第8期。

---

〔1〕 参见江必新主编、中华人民共和国最高人民法院行政审判庭编:《中国行政审判案例:第40－80号案例》(第2卷),中国法制出版社2011年版,第75－76页。

第八章　证明责任

第一节　刑事诉讼中证明责任的理解与适用

案例 8-1　王某盗窃案[1]

□ 案情概述

上海市人民检察院第二分院指控被告人王某犯盗窃罪，向上海市第二中级人民法院提起公诉。公诉机关指控被告人王某于 2014 年 8 月 23 日至 12 月 23 日，在上海市青浦区先后三次入户以及进入他人公司秘密窃取财物，价值合计 430 余万元。2014 年 12 月 26 日至 2015 年 1 月 6 日，被告人王某独自或者指使其女友周某（另案处理）在贵州省遵义市将窃得的千足金项链、钻石耳环等赃物进行销赃。2015 年 1 月 8 日，公安机关在贵州省遵义市将王某抓获。后公安机关在王某随身物品中、其女友周某居住的房屋室内以及收购金银饰品的店主处分别查获被窃的手机、平板电脑、项链等财物，并将查获的上述物品发还给各失主。

被告人王某否认公诉机关指控的四起盗窃事实，辩称查获的物品系从他人处收购得来，虽然他到过晨兴商务楼，但是去晨兴商务楼内的“香港纯 K”找一女性朋友，因为喝醉酒了，不记得是否去过晨兴商务楼内的易成公司。但王某无法提供被窃物品出售者以及所要寻找的“香港纯 K”内的女性朋友的具体姓名、联系方式、住址等情况。王某辩护人认为，公诉机关起诉指控王某犯有盗窃罪的事实不清、证据不足，对王某无正当理由持有赃物的行为应以掩饰、隐瞒犯罪所得罪定罪量刑。

上海市第二中级人民法院经审理后认为，被告人王某以非法占有为目的，多次秘密入户或者进入他人公司窃取他人财物，价值 430 余万元，数额特别巨大，其行为已构成盗窃罪，依法应处 10 年以上有期徒刑或者无期徒刑，并处罚金或者没收财产。公诉机关指控的罪名成立，应予以支持。被告人王某的辩解及其辩护人的辩护意见无事实和法律依据，不予采纳。

---

〔1〕 参见上海市第二中级人民法院（2015）沪二中刑初字第 92 号刑事判决书。

□ 证据分析

本案共涉及四起盗窃犯罪事实。公诉机关指控的主要证据大致分为两类:一类是涉案赃物,系分别从被告人随身携带的物品中、被告人女友的住处以及收购被盗金银饰品的店主处查获,且与被害人失窃物品相符。另一类是从被盗现场2(易成公司)中发现的果皮以及被盗现场4(某小区170号)卧室梳妆台抽屉、玻璃、大小木盒上提取的粘连物上具有与被告人王某相同的基因型,不能排除为王某所留。但由于王某始终不承认盗窃的犯罪事实,所以在没有关于王某实施盗窃的直接证据的情况下,根据现有证据能否认定王某实施盗窃,是本案的争议焦点。

虽然本案涉及四起盗窃事实,但行为相似、证据类似,控方也遵循了相同的指控逻辑,即在客观证据的基础上推定王某实施了盗窃行为。具体分析如下:

首先,根据被害人陈述以及现场勘验检查笔录等证据,证明确实发生了盗窃事实。

其次,公安人员抓获王某后,从其随身携带的物品中查获了第一起盗窃案中失窃的苹果 iPhone5S 手机和苹果 iPad 平板电脑(有扣押清单及笔录证实)。随后又从王某的女友周某暂住处查获了第四起盗窃案中被害人失窃的 iPhone4 手机、钻石挂坠等物品(有搜查笔录证实),并从"恒生饰品"店调取了第三起盗窃案中被害人失窃的24K金项链(店主潘某证言及辨认笔录证实系王某向其出售),以及从"汇通寄卖行""银之恋"等金银饰品回收、寄卖店先后调取了第四起盗窃案中被害人失窃的项链、戒指等物品(以上均有证人证言、辨认笔录等证实系王某独自或者指使其女友周某销售)。

最后,在第二起和第四起盗窃案现场,公安机关对现场遗留物进行了 DNA 鉴定,结果表明不能排除检材中的生物性物质为王某所留,即证明王某曾出现在案发现场。

综上,王某持有被盗窃物品且曾出现在案发现场,结合王某无业,并有赌博、吸毒等恶习,因此虽无直接证据指向王某实施了上述盗窃行为,但根据现有证据足以认定王某的盗窃事实。

针对上述指控逻辑,可能存在一定的质疑或者反驳,典型如王某及其辩护人所提出的辩解理由。针对第一起和第三起盗窃事实,虽然王某及其女友周某持有部分失窃物品,但王某辩称赃物系从他人处收购得来,且没有证据证实王某曾到过犯罪现场,故对这两起盗窃事实不能认定,最多只能以掩饰、隐瞒犯罪所得罪对王某追究刑事责任。针对第二起盗窃事实,王某称其到过晨兴商务楼(被盗的易成公司所在的楼栋),但是去晨兴商务楼内的"香港纯K"找一女性朋友,不记得是否去过易成公司。即便有 DNA 鉴定意见,也不能仅凭其到过现场就认定其实施了盗窃行为。针对第四起盗窃案,王某除辩称其未到过现场外,还辩称也和第一起、第三起盗窃案一样,赃物系从他人处收购所得。

应当说,上述辩解似有一定的合理性,或者说似乎至少表明存在不是王某实施盗窃的可能。比如在现实生活中,从他人处低价购得来历不明的财物并持有或者转卖也完全是可能的。但需要注意的是,王某虽辩称赃物系从他人处收购所得,却无法提供出售者的具体情况。此时,究竟应由谁来承担"出售者"是否存在的证明责任就成为值得进一步讨论的话题。

有观点认为,根据无罪推定的原则,公诉案件由控方承担证明责任,被告人不承担证明自己无罪或者罪轻的责任。按此原则,本案中公诉机关若坚持指控王某实施了盗窃行为,就应当排他性地证明没有所谓的"出售者",即王某的辩解不成立。但从生活常识即可判断,在王某不提供"出售者"相关情况的情形下,公诉机关是难以甚至可以说是无法履行这一证明责任的,这一点与所谓的"幽灵抗辩"颇为相似。[1] 因此,如果本案中要求由检察机关来承担证明责任明显是不合理的,也将导致类似案件陷入"无法证明"的困境。

也有观点认为,王某的辩解至少表明案件事实的认定尚存"疑点",此时承担"真实发现义务"的法官则应当负有查明事实的责任。"在职权主义诉讼模式下,被告人如果提出了一个积极抗辩事由但却未能提供相当证据予以支持(出现所谓'幽灵抗辩'的情形时),法官并不能像当事人主义诉讼模式下的法官一样直接不经实体审理即作出对被告人不利的判决……而是应当启动法官调查程序,由法官依职权就抗辩事由展开证据调查",但即便如此,"……法官认为被告人的抗辩事由没有任何证据线索和讯息,无从展开证据调查的,或者法官依职权调查后认定被告人的抗辩事由不能成立的,将就该抗辩事由作出对被告不利益的判断"[2]。具体到本案来看,王某的辩解显然属于"没有任何证据线索和讯息,无从展开证据调查"的情形,不会影响到对王某实施盗窃行为的最终认定。

由被告人对自己的辩解承担证明责任是否有违无罪推定的原则呢?我国台湾地区学者王兆鹏先生认为,就"无罪推定"理论解释,所谓"推定"不同于"视为",推定被告人无罪并非视为被告人无罪,被告人无罪之推定可被驳斥。检察官可提出证据驳斥被告人无罪之推定。检察官尽其举证责任之后,被告人之无罪推定即可推翻。在其无罪之推定被推翻后,要求被告人提出证据证明阻却违法或阻却责任事由的存在,并不违背无罪推定原则。[3] 在特定情形下,被告人承担一定的证明责任或者说举证责任的转换,已为不少国家立法和司法判例所确认。比如,根据 1973 年美国联邦最高法院对巴恩斯诉合众国一案的判决意见,确立了一个举证责任倒置和事实上有罪推定的原则:根据某人最近明知且排他地拥有某犯罪赃物——无法解释或解释很无力——的事实可以对其作有罪的推断。英国议会于 1994 年 11 月通过了《英国刑事司法和公共秩序法》,该法对刑事诉讼中被告人享有的刑事沉默权作了重大限制。例如,在嫌疑人的人身、衣服上或者在其被逮捕处发现可疑的物品和痕迹,而嫌疑人未回答警察对这些物品和痕迹的询问时,法官和陪审员可以作出对被告人不利的推断;当嫌疑人在案件发生时或案发相近时间出现于某处,并为此而被逮捕时,如果嫌疑人对当时在场的原因未能作出解释,法官和陪审员可以对其作出不利的推断;等等。[4]

---

〔1〕 对于"幽灵抗辩"问题的详细分析可参见万毅:《"幽灵抗辩"之对策研究》,载《法商研究》2008 年第 4 期。

〔2〕 万毅:《"幽灵抗辩"之对策研究》,载《法商研究》2008 年第 4 期。但也有学者认为,将法官之职权查明或者职权澄清义务对立于或者相互排斥于被告人之证明责任,是一种概念的偷换。参见欧卫安:《论刑事被告人的证明责任及其履行——以积极辩护为中心》,载《法学评论》2018 年第 5 期。

〔3〕 参见王兆鹏:《美国刑事诉讼法》,北京大学出版社 2005 年版,第 530 页。

〔4〕 参见翁晓斌、龙宗智:《罪错推定与举证责任倒置》,载《人民检察》1999 年第 4 期。

虽然目前我国《刑事诉讼法》尚未对被告人承担证明责任的情形作出详细规定,但国内诸多学者和司法实务部门工作人员对此问题已进行了大量富有成效的研究。[1] 根据既有研究成果,如果被告人提出的辩解属于"被告人主张的、独知的事实",即如果根据经验法则,被告人提出的某一关键性的辩护理由只可能是其独知的事实,由控方举证难度太大,从证据收集和举证难易程度角度考虑,应当由被告人对其独知的事实承担证明责任。[2] 具体到本案中,王某提出的"出售者"属于其"独知的事实",由其进一步提供相应证据,至少表明事实存在有一定的可能时,其辩解理由才能成为"合理的疑点",也即王某应当承担"疑点形成之责任"。相反,若像本案一样仅是声称其存在,但无法提供任何关于"出售者"的相关情况,则其辩解显然无法成立,不能阻断控方有罪链条的形成。

根据此种思路再分析本案中的第二起盗窃事实也可进一步论证。第二起盗窃案中,DNA 鉴定意见虽然能够证实王某进入过易成公司,但是王某是否有可能并未实施盗窃或者盗窃未遂(被他人事前或事后盗窃)呢?从第二起案件的证据来看,现场勘验笔录证实,进入易成公司需要密码或者门禁卡,外人不能随意出入(案发时易成公司大门的电源被人为切断,老板办公室的电控门锁被撬坏)。晨兴商务楼内虽然有"香港纯 K",但是不能从"香港纯 K"直接进入易成公司。此时,王某对其出现在易成公司的遗留物(DNA 鉴定意见)不作合理解释,仅声称自己系去"香港纯 K"找"女性朋友"(也未提供任何相关情况),其辩解显然难以形成"合理的疑点"。

综上,根据本案现有证据,如果王某未实施盗窃为何会有失窃物品在王某及其女友周某处被查获?如果王某未实施盗窃为何在失窃物品现场会留有王某的 DNA 痕迹?控方由此可以合理推定王某实施了盗窃。对此,王某虽然提出了反驳,但对其反驳未能提供进一步的证据表明其存在的合理性,相应地,王某就应当承担证明责任履行不利的后果,即公诉机关的指控成立,法院应当认定其构成盗窃罪。

□ 理论拓展

(一)公诉案件中证明责任的分配原则

基于无罪推定原则的要求,在公诉案件中,证明被告人有罪的责任由公诉机关承担,被告人不承担证明自己无罪的责任。《刑事诉讼法》第 51 条规定:"公诉案件中被告人有罪的

---

[1] 代表性论文可参见龙宗智:《证明责任制度的改革完善》,载《环球法律评论》2007 年第 3 期;卞建林、韩旭:《刑事被告人证明责任研究》,载《法学论坛》2002 年第 3 期;欧卫安:《论刑事被告人的证明责任及其履行——以积极辩护为中心》,载《法学评论》2018 年第 5 期;黄维智:《合理疑点与疑点排除——兼论刑事诉讼证明责任的分配理论》,载《法学》2006 年第 7 期;等等。

[2] 例如持有毒品或持有被盗物品的行为,除非被告人对其不知情作了合理的证明,否则被告人应承担证明责任。这是因为往往只有持有者才能说明为何持有这些物品。不过应注意"证据距离"的分配原则可能受到被告人有权不自证其罪原则的限制。因此。只有在少数例外的情况下"证据距离"才能成为被告人承担证明责任的根据。参见龙宗智:《证明责任制度的改革完善》,载《环球法律评论》2007 年第 3 期。

举证责任由人民检察院承担,自诉案件中被告人有罪的举证责任由自诉人承担。”因此,在审判阶段,公诉机关要向法院提供充分的证据证明其指控的犯罪事实,而且其证明要达到案件事实清楚、证据确实充分、排除合理怀疑的法定标准。

在刑事诉讼中,由控方承担证明责任具有两层内涵:一方面,控方需提供证据证明被告人有罪,被告人无须提供证据证明自己无罪。[1] 当然这并不排斥被告人及其辩护人提供证据证明自己无罪,但其提供证据的主要目的在于反驳对方的指控,这是其行使辩护权的表现,而不是履行证明责任的要求。另一方面,在被告人是否实施了犯罪行为的案件事实处于真伪不明状态时,即控方不提供证据或者提供的证据未达到证据确实充分的程度,不足以排除合理怀疑时,法院应当作出宣告被告人无罪的判决。

换言之,在公诉案件中,犯罪嫌疑人、被告人不承担证明责任,其既没有义务证明自己有罪,也没有义务证明自己无罪。不能因为犯罪嫌疑人、被告人不能证明自己无罪,便据此得出犯罪嫌疑人、被告人有罪的结论。《刑事诉讼法》第 120 条第 1 款规定对于侦查人员的提问,犯罪嫌疑人应当如实回答。如实回答的含义是:有罪的犯罪嫌疑人应当如实交代罪行,提供自己能够提供的证据;无罪的犯罪嫌疑人则应当如实陈述无罪的事实,并提供自己能够提供的证据或线索。犯罪嫌疑人、被告人应当如实回答,不等于他负有证明责任,因为司法工作人员不能据其是否如实回答以确定其是否犯罪。[2] 而且,《刑事诉讼法》第 52 条明确规定了“不得强迫任何人证实自己有罪”,基于此,也不能强迫犯罪嫌疑人被告人承担证明自己有罪或者无罪的责任。

需要注意的是,为了正确行使国家的审判权,实现刑事诉讼的任务,人民法院负有调查核实证据、运用证据认定案件事实真相的职责。并且相关法律为人民法院配置了依法进行勘验、检查、查封、扣押、鉴定和查询、冻结的职权;在法庭审理中,人民法院可以讯问被告人,询问证人、鉴定人等。但是,负有调查核实证据的职责并不意味着法院承担证明责任,法院在刑事诉讼中不承担证明责任。[3]

(二)公诉案件中被告人承担证明责任的主要情形

在刑事诉讼中,由控方承担证明责任是一般原则,被告人不承担证明自己无罪的责任。但是,作为控方承担证明责任的例外,在特殊的情形下,被告人需承担一定的证明责任。

1. 持有型犯罪及巨额财产来源不明犯罪中的证明责任

巨额财产来源不明的案件系犯罪嫌疑人、被告人不负证明责任的例外。《刑法》第 395 条第 1 款规定:“国家工作人员的财产、支出明显超过合法收入,差额巨大的,可以责令该国家工作人员说明来源,不能说明来源的,差额部分以非法所得论……”据此,对于此类案件,首先承担证明责任的仍是司法机关,当司法机关收集到足够证据证明某国家工作人员的财

---

〔1〕 公诉机关在法庭上举证的方式表现为对证人、鉴定人发问,向法庭出示物证、未到庭证人的证言笔录、鉴定人的鉴定意见以及勘验、检查、辨认、侦查实验笔录和其他作为证据的文书。

〔2〕 参见孙长永:《探索正当程序:比较刑事诉讼法专论》,中国法制出版社 2005 年版,第 190 - 192 页。

〔3〕 参见龙宗智:《证明责任制度的改革完善》,载《环球法律评论》2007 年第 3 期。

产或支出明显超过合法收入且差额巨大时，证明责任即转移到犯罪嫌疑人、被告人身上，他必须说明差额部分的来源是合法的，若不能说明，差额部分即以非法所得论。

另外，《刑法》第282条第2款规定，非法持有属于国家绝密、机密的文件、资料或者其他物品，拒不说明来源与用途的，构成非法持有国家绝密、机密文件、资料、物品罪。可见，按该条的规定，公安、司法机关只需证明犯罪嫌疑人、被告人持有不该持有的属于国家绝密、机密的文件、资料、物品，在上述事实得到证明的情况下，犯罪嫌疑人、被告人应承担主张责任和证明责任，主张并证明自己持有该文件、资料、物品是合法的；如果他不能以优势证据证明自己持有该文件、资料、物品是合法的，那么他将承担持有文件、资料、物品被推定为非法而招致被定罪量刑的不利后果。

2. 积极抗辩中的证明责任

"积极抗辩事由"（affirmative defenses）是英美刑事法的核心概念之一，与其直接对应的概念是"犯罪本体要件"（elements of crime）。通常情况下，只有认定被告人的行为符合犯罪本体要件，同时不存在积极抗辩事由，才能认定被告人构成犯罪。[1] 在英国和美国，如果辩护方提出一些积极抗辩，如有精神病、正当防卫、受到强迫、自愿醉酒、极端的情绪障碍等，以证明被告人的行为不构成犯罪或者应被判处较低等级的罪名，那么辩护方承担证明责任。在加拿大，辩护方必须提出证据证明自己的抗辩事由具有存在的可能性（a sense of reality），法官才会将此辩护意见提交给陪审团加以考虑。在我国香港特别行政区，在下列法定情形下，被告方也承担证明责任：（1）被告人以患精神病、不适于受审、病理性醉酒等作为主张减免刑事责任的辩护理由时；（2）某些成文法规定的应由被告方负举证责任的事实，如行为有合法授权、有正当理由或持有执照等；（3）被告方拟推翻成文法对某些事实的推定，或者拟引用条文中的但书、例外或豁免；（4）被告人主张其行为曾取得同意、出于意外、由于受胁迫、基于义愤或目的在于自卫等。[2]

我国《刑事诉讼法》第42条规定了辩护人对不在犯罪现场、未达到刑事责任年龄、属于依法不负刑事责任的精神病人等三项辩护理由的"告知"义务，而没有明确辩护方的证明责任。不过，依据证明责任分配的一般原理，只要一方程序主体提出积极的诉讼主张，即应承担相应的证明责任。也就是说在特殊情形下，如果被告人在犯罪构成要件之外另行提出了某项"争议事实"，如被告人主张其属于精神病人，其行为系出于正当防卫、紧急避险或者意外事件，即在犯罪构成要件之外另行提出阻却违法、阻却有责等积极抗辩事由，且这一主张提出与否直接影响到罪与非罪或罪行轻重的认定，而这一事实却并未被控方所掌握，则该积极抗辩事由就不再属于控方承担证明责任之证明对象。由于该争议事实独立于控方主张且经被告人提出而形成一个新的争点，需要纳入审判对象，所以就蕴含着被告人就此承担证明责任的可能。应当说，对于刑法中的一些"但书"或者"豁免"的情形，不宜由控诉方

---

〔1〕 参见李昌盛：《积极抗辩事由的证明责任：误解与澄清》，载《法学研究》2016年第2期。

〔2〕 参见甄贞主编：《香港刑事诉讼法》，河南人民出版社1997年版，第150－151页。

一一举证排除,而应由辩护方举证。[1]

3. 程序性事实的证明责任

对于程序性事实的证明责任分配问题,我国法律没有作出明确规定。由于程序性事实与定罪量刑没有关系,因此在程序性事实的证明中不适用无罪推定原则。通常情况下,公安司法机关对有关程序性事实承担证明责任。但是对于某些程序性事实,提出主张的诉讼当事人负有证明责任。

这些情形包括:被告人申请回避时,应提出相应证据证明被申请人符合法律规定的回避情形;庭审中,被告人及其辩护人有权申请通知新的证人到庭、调取新的证据、申请重新鉴定或勘验,但应当一定程度上"提供证人的姓名、证据的存放地点,说明要证明的案件事实、要求重新鉴定或勘验的理由";被告方申请期间的恢复,那么他就应当提出证据证明存在不可抗拒的原因或其他正当理由,并对此承担结果责任;等等。对上述事实,如果被告人没有进行合理的证明,将产生不利的后果,即被告人对程序性事实的主张不被采纳。[2]

4. 非法证据排除中的初步证明责任

非法证据排除规则在规则定位上反映的是程序理性而非实体理性,在法律效果上对辩护方有利而对控诉方不利,在事实认知上妨碍事实查证而非促进事实查证。[3] 因此,《刑事诉讼法》第 58 条第 2 款、第 59 条第 1 款对于非法证据排除的证明责任作出两点分配:一是当事人及其辩护人、诉讼代理人有权申请人民法院对以非法方法收集的证据依法予以排除,申请排除以非法方法收集的证据的,应当提供相关线索或者材料;二是在对证据收集的合法性进行法庭调查的过程中,人民检察院应当对证据收集的合法性加以证明。

根据《刑事诉讼法》第 58 条第 2 款的规定,被告方申请排除以非法方法收集的证据的,只需要提供相关线索或者材料。经审查,法庭对证据的合法性有疑问的,根据《刑事诉讼法》第 59 条的规定,人民检察院应当对证据收集的合法性加以证明;现有证据材料不能证明证据收集的合法性的,人民检察院可以提请人民法院通知有关侦查人员或者其他人员出庭说明情况;人民法院可以通知有关侦查人员或者其他人员出庭说明情况;有关侦查人员或者其他人员也可以要求出庭说明情况。如果对证据的合法性,人民检察院不提供证据加以证明,或者已提供的证据不够确实、充分,根据《刑事诉讼法》第 60 条的规定,该证据应当予以排除。

另外,在证明标准上,"对于经过法庭审理,确认或者不能排除存在规定的以非法方法收集证据情形的,对有关证据应当予以排除",在排除的标准上是比较低的。可见,对于程序性裁判中非法证据排除程序的启动,包含辩护方在内的申请人要提供线索或者材料证明可能存在非法取证,然后由控诉方证明取证的合法性。对于辩护方非法证据排除辩护的证

---

〔1〕 参见房保国:《论辩护方的证明责任》,载《政法论坛》2012 年第 6 期。

〔2〕 参见李玉萍:《试论刑事诉讼中被告人的证明责任》,载《人民检察》2001 年第 6 期。

〔3〕 参见张斌:《我国非法证据排除规则运用的十大技术难题——兼评〈关于办理刑事案件排除非法证据若干问题的规定〉》,载《中国刑事法杂志》2010 年第 10 期。

明要求不是很高，只要提供"相关线索"或者"材料"就完成了证明义务，对于这种证明责任，理论上一般视为辩护方要承担"初步证明责任"，[1]而证据合法性的最终证明责任由检察院承担。

（撰写人：西南政法大学法学院　颜飞）

第二节　民事诉讼中证明责任的理解与适用

案例 8－2　郑某诉洪某某不当得利纠纷案[2]

□ 案情概述

郑某系诚燃公司法定代表人；洪某某系兴电公司法定代表人，其与吴某某系夫妻。郑某与洪某某是朋友关系，诚燃公司与兴电公司长期存在煤炭供销业务往来，郑某与洪某某个人没有业务合作。

郑某于 2010 年 3 月 12 日、6 月 17 日、12 月 14 日，2011 年 1 月 7 日、4 月 27 日、6 月 17 日、6 月 29 日，2012 年 3 月 10 日、3 月 14 日、4 月 17 日分别通过银行转账的方式向洪某某账户内汇款共计 12 笔，金额为 1522 万元，郑某之女郑某 1 接受郑某委托于 2011 年 5 月 3 日自本人账户通过工商银行转账给洪某某 94 万元，郑某 1 确认此款为郑某所有；案外人黄某接受郑某委托于 2012 年 3 月 8 日、3 月 12 日、3 月 16 日自本人账户通过银行转账向洪某某汇款 4 笔共计 1190 万元，黄某确认此款为郑某所有。以上郑某的汇款共计 2806 万元，郑某自认洪某某已经还款 19，374，497 元。

郑某先以民间借贷纠纷为案由向天津市第二中级人民法院提起诉讼，要求洪某某、吴某某返还借款 17，625，503 元，后经一审法院释明，郑某将案由变更为不当得利纠纷，主张洪某某、吴某某返还不当得利 8，685，503 元。

本案经过开庭审理，天津市第二中级人民法院作出一审判决[（2013）二中民一初字第 0084 号]，洪某某、吴某某不服判决结果，向天津市高级人民法院提起上诉，要求撤销一审判决，驳回郑某的诉讼请求。天津市高级人民法院经二审审理，作出终审判决[（2014）津高民一终字第 0086 号]：撤销天津市第二中级人民法院一审民事判决，驳回郑某的诉讼请求。郑某不服上诉判决，向最高人民法院申请再审。最高人民法院于 2015 年 12 月 11 日作出（2015）民申字第 2490 号民事裁定，提审本案，并作出再审判决[（2016）最高法民再 39 号]。

本案基本处理情况：

---

[1] 参见陈瑞华：《非法证据排除规则的中国模式》，载《中国法学》2010 年第 6 期。

[2] 参见最高人民法院（2016）最高法民再 39 号民事判决书。

一审法院审理认为,本案中,郑某以其名下账户向洪某某名下账户汇款1522万元,洪某某自认收到该款。黄某通过其名下账户向洪某某账户汇款合计1190万元,郑某1通过其名下账户向洪某某账户汇款94万元。黄某和郑某1共汇款1284万元,黄某和郑某1当庭确认该1284万元属于郑某所有。虽然洪某某不认可该1284万元属于郑某所有,但没有提出证据予以证实,故将该1284万元认定为郑某委托黄某和郑某1向洪某某汇款,该1284万元属于郑某所有,因此认定郑某向洪某某汇款总额为2806万元。洪某某抗辩称,郑某和黄某、郑某的女儿打款给他,是因为郑某和黄某、郑某的女儿截走了其名下的兴电公司卖给案外人煤炭的货款,汇款是返还部分煤炭款。对此,一审法院认为,郑某作为法定代表人的诚燃公司与洪某某作为法定代表人的兴电公司之间有煤炭业务往来,在庭审中,洪某某亦认可郑某和其个人之间没有合作关系。郑某自认洪某某已还款19,374,497元,郑某的给付系给付原因缺失,现郑某主张洪某某返还不当得利之债8,685,503元。根据法律规定,洪某某负有证明其收取郑某8,685,503元的合法性的责任,否则洪某某应承担返还不当得利的相应法律责任。洪某某不能证明其收取郑某的8,685,503元有合法的依据,因此,郑某请求洪某某偿还郑某不当得利之债8,685,503元的诉讼请求,具有事实和法律依据,应予以支持。最终一审法院作出判决:洪某某、吴某某自判决生效之日起10日内共同返还郑某8,685,503元。如果未按判决指定的期间履行给付金钱义务,应当依照2012年《民事诉讼法》第253条(现为第264条)之规定,加倍支付迟延履行期间的债务利息。一审案件受理费115,853元,由郑某负担52,134元,洪某某、吴某某共同负担63,719元;诉讼保全费5000元,由郑某负担2250元,洪某某、吴某某共同负担2750元。

二审法院审理认为:郑某先以民间借贷纠纷起诉,后在一审期间变更诉讼请求而以不当得利为由起诉,但郑某均主张给付洪某某款项的原因是洪某某向其借款,现有证据不能证明双方之间就借款数额、借款期限以及偿还时间和利息存在约定。故郑某主张其向洪某某汇款的原因是借款这一基础法律关系,不能成立。本案中,对于"获利无合法根据"这一不当得利的构成要件,不当得利请求权人应当对欠缺给付原因的具体情形负举证责任,故郑某应就此承担举证责任。并且通常而言,证明消极事实的难度要大于积极事实,在不当得利诉讼中,原告即请求权人系因自己的行为导致原本由其控制的财产发生主体变动,其在证据距离上比被告更为接近。故由请求权人承担"获利无合法根据"这一消极事实举证困难所发生的危险,符合公平原则。本案中,郑某为汇款即主动引起财产变动的主体,其并未提供证据证明其个人向洪某某支付款项缺失给付原因。

二审法院判决如下:(1)撤销天津市第二中级人民法院(2013)二中民一初字第0084号民事判决;(2)驳回郑某的诉讼请求。一审案件受理费人民币115,853元,保全费5000元,二审案件受理费72,599元,均由被上诉人郑某负担。

再审法院认为:本案系经一审法院释明由民间借贷之诉变更为不当得利之诉。根据法律规定,不当得利的构成要件为:一方获利,他方受损,一方获利与他方受损具有因果关系,获利无合法根据。在举证责任分配问题上,2012年《民事诉讼法》第64条第1款(现为第67

条第1款)规定:当事人对自己提出的主张,有责任提供证据。依照上述法律规定,郑某应就洪某某取得其诉争8,685,503元款项构成不当得利的诉讼请求提供证据。结合本案案情,认定洪某某是否不当得利,关键是认定其取得诉争款项是否具有合法依据。从举证责任角度分析,对得利没有合法依据的举证,系对消极事实的证明;权利主张人对于消极事实通常无法直接予以证明,而需要从相关事实中予以推导判断。这其中,得利被主张人对消极事实的抗辩,则会成为认定消极事实主张是否成立的直接证据。《民诉法解释》第90条规定,当事人对自己提出的诉讼请求所依据的事实或者反驳对方诉讼请求所依据的事实,应当提供证据加以证明,但法律另有规定的除外;在作出判决前,当事人未能提供证据或者证据不足以证明其事实主张的,由负有举证责任的当事人承担不利后果。根据上述司法解释规定精神,对于洪某某取得诉争款项是否具有合法依据,不仅郑某需就其主张提供证据,洪某某亦需就其抗辩主张提供证据,由人民法院在审核认定双方提交证据的证明力基础上作出认定。具体到本案,在郑某提交了案涉8,685,503元真实的银行转账凭证并主张洪某某不当得利后,洪某某应当就不欠款项或双方存在合作关系等抗辩事由承担初步的举证责任。二审法院简单以不当得利主张人应当对给付欠缺原因的具体情形负举证责任为由,将举证责任完全分配给郑某,并以郑某向洪某某支付款项缺失给付原因、双方公司之间存在合作经营煤炭关系、个人资金往来与公司之间资金往来存在联系和混同为由,驳回了郑某的诉讼请求,属举证责任分配不当,适用法律错误,应予纠正。

再审判决如下:(1)撤销天津市高级人民法院(2014)津高民一终字第0086号民事判决;(2)维持天津市第二中级人民法院(2013)二中民一初字第0084号民事判决。本案一审案件受理费115,853元,保全费5000元,二审案件受理费72,599元,均由洪某某负担。

该案涉及的证据基本情况如下:

1. 郑某提交的真实的银行转账凭证,用以证明郑某及其委托人向洪某某汇款总额为2806万元、洪某某共汇回19,374,497元,尚存在8,685,503元差额。

2. 洪某某提交的公安机关询问笔录及其与案外人姚某某签订的股权转让合同,用以证明郑某与洪某某个人之间不存在共同经营、共享利润、共担风险的联营合作或个人合伙关系。

3. 洪某某所提双方个人与案外人汇城石化公司、康氏能源公司等的资金往来等证据,用以证明案涉8,685,503元银行汇款系公司账户与个人账户混同而形成的非个人借款债务。

回 证据分析

对比一审、二审及再审裁判要旨可见,虽然本案被列为不当得利纠纷,但是不同层级的法院对证明责任的承担存在较大的分歧,这种分歧直接导致截然相反的诉讼结果。对于不当得利的四个构成要件,即一方得利,另一方受损,两者之间有因果关系,获利无合法根据,前三个应由原告承担证明责任没有争议,但最后一个"获利无合法根据"要件应由哪方承担证明责任在本案中却存在较大的分歧。一审法院认为该要件的证明责任由得利被请求人(被告)承担,因其未能提供证据证明取得本案所涉款项"存在法律根据",故支持了请求权人(原告)诉请;二审法院则认为该要件应由原告承担证明责任,并认为原告作为主动引起财产变动的主体,未能提供证据证明该要件,因此驳回了原告诉请;再审法院虽然维持了一审法院的裁判,支持了原告主张,但其理由又有所不同,其认为原则上该要件的证明责任由原告承担,但考量到消极事实的证明难度,以及被告对消极事实的抗辩应成为认定消极事实主张是否成立的直接证据,当原告提出不当得利主张后,被告应当就不欠款项或双方存在合作关系等抗辩事由承担初步举证责任,故二审证明责任分配不当。

因此,本案中涉及证据的争议焦点是:应当由原告郑某承担被告取得诉争款项"无合法根据"的证明责任,还是由被告承担其取得诉争款项"有合法根据"的证明责任,抑或需要双方当事人共同承担证明责任?

对于以上证据问题,分析如下。

本案所争议的不当得利中"获利无合法根据"应由哪方当事人举示证据证明,归根结底是由证明责任以及证明责任分配所决定的。这主要涉及主观证明责任与客观证明责任的划分以及证明责任分配原则的运用,但对于该问题我国司法部门的理解与适用并不统一,这也是本案虽经三次审理,但每次审理不同法院都有不同认识的原因。

(一)证明责任分配的原理

就证明责任而言,存在行为意义上的证明责任与结果意义上的证明责任之分,行为意义上的证明责任指提出主张的一方当事人应当承担向人民法院提供证据的责任,对应案件判决书中所引用的2012年《民事诉讼法》第64条第1款"当事人对自己提出的主张,有责任提供证据"的内容。通常行为意义上的证明责任也被称为主观证明责任、举证责任。

但是行为意义上的证明责任只是在诉讼进行过程中,当事人应当就自己的主张提供证据以说服法院的一种责任,它并不能够解决民事诉讼终结时,全部证据仍不能判明当事人主张的事实真伪的,由哪方当事人承担不利的诉讼后果的问题。对此,需要由结果意义上的证明责任来解决。结果意义上的证明责任是指当待证的要件事实真伪不明时,由依法负有证明责任的人承担不利后果的责任,因而又被称为客观意义上的证明责任、实质上的举证责任。行为意义上的证明责任着眼于"何人应该举证",如果无法履行这一义务,就要承担法院对该事实存在与否不予考虑的危险;而结果意义上的证明责任着眼于"何事应该被举证",如该事实最终无法得到证明,法官必须作出对承担客观证明责任的当事人不利的判断。

我国民事立法中对两种责任的使用在一定时期内未能进行很好的区分,这也是司法实践在此问题上的认识差异的原因所在,《民事诉讼法》以及2001年《民诉证据规定》对两种责任都用"举证责任"来指代,至2015年《民诉法解释》时,为了区分两种责任,最高人民法院创设"举证证明责任"一词,用以指代客观证明责任。

因行为意义上的证明责任随当事人主张而产生,故对其不能事先进行分配,能够事先进行分配的只能是结果意义上的证明责任。再审法院认为"在举证责任分配问题上,《中华人民共和国民事诉讼法》第六十四条第一款规定……”,明显就是混淆了两种证明责任,以此进行的分析以及所作出的最终结论不可避免地会产生问题。对于证明责任的分配,应当依据的法律规范为《民诉法解释》第91条:“人民法院应当按照下列原则确定举证证明责任的承担,但法律另有规定的除外:(一)主张法律关系存在的当事人,应当对产生该法律关系的基本事实承担举证证明责任;(二)主张法律关系变更、消灭或者权利受到妨害的当事人,应当对该法律关系变更、消灭或者权利受到妨害的基本事实承担举证证明责任。”据此规定,当事人证明责任的承担,本质上需要根据其所主张的请求权(或抗辩)所依据的实体法规范来决定,而证明责任的对象则是构成这些法律规范的基本事实(要件事实、主要事实)。

(二)本案争议焦点“获利无合法根据”要件证明责任的承担

关于证明责任的承担,《民诉法解释》第91条第1项所规定的一般原则为“主张法律关系存在的当事人,应当对产生该法律关系的基本事实承担举证证明责任”。本案原告所主张的为不当得利返还请求权,所适用的请求权基础为原《民法通则》第92条规定:“没有合法根据,取得不当利益,造成他人损失的,应当将取得的不当利益返还受损失的人。”[现为《民法典》第985条规定:“得利人没有法律根据取得不当利益的,受损失的人可以请求得利人返还取得的利益,但是有下列情形之一的除外:(一)为履行道德义务进行的给付;(二)债务到期之前的清偿;(三)明知无给付义务而进行的债务清偿。”]按照我国民法对不当得利请求权的界定,不当得利请求权构成要件为:一方获利,他方受损,一方获利与他方受损具有因果关系,获利无合法根据。因此,在法律没有另行规定的情况下,主张不当得利请求权的当事人应当就该权利发生的所有四个要件事实承担证明责任,故本案中应由原告郑某就洪某某取得相应款项没有合法根据承担证明责任,若郑某不能就该要件予以证明,将导致其所主张的法律规范的适用不能获得法院的支持,最终后果则是其诉讼请求不能获得支持而败诉。从本案所涉及的证据来看,郑某提交了真实的银行转账凭证,用以证明郑某及其委托人向洪某某汇款总额为2806万元,洪某某共汇回19,374,497元,尚存在8,685,503元差额。这仅仅能够证明自己利益受损以及对方获利这两个要件,并不能实现对洪某某“获得该利益无合法根据”要件的证明,因此二审法院以“本案中,郑某为汇款即主动引起财产变动的主体,其并未提供证据证明其个人向洪某某支付款项缺失给付原因”为由,驳回其诉讼请求,是完全符合我国证明责任分配规则的。而一审法院关于“根据法律规定,洪某某负有证明其收取郑某8,685,503元的合法性的举证责任,否则洪某某应承担返还不当得利的法律责任,洪某某不能证明其收取郑某的8,685,503元有合法的依据,因此郑某的诉讼请求具有事实和法律依据,应予以支持”的认定,是将本应由郑某承担证明责任的要件事实转移给了洪某某负担,不符合不当得利请求权证明责任分配的要求。

(三)得利被主张人对消极事实的抗辩在证明责任承担中的作用

本案最高人民法院在再审裁判中论证当事人之间证明责任承担时,认为“对得利没有合法依据的举证,系对消极事实的证明,权利主张人对于消极事实通常无法直接予以证明,而需要从相关事实中予以推导判断”,“根据上述司法解释规定精神,对于洪某某取得诉争款项是否有合法依据,不仅郑某需就其主张提供证据,洪某某亦需就其抗辩主张提供证据,人民法院在审核认定双方提交证据的证明力基础上作出认定……在郑某提交了案涉8,685,503元真实的银行转账凭证并主张洪某某不当得利后,洪某某应当就不欠款项或双方存在合作关系等抗辩事由承担初步的举证责任"。再审判决书中这段阐述涉及两个问题:一是关于抗辩事由以及证明责任的承担,二是消极事实如何证明以及对当事人举证上的要求。

1. 洪某某是否需要就抗辩主张提供证据,以使法院在审核认定双方提交证据的证明力基础上认定其取得诉争款项具有合法依据

对于该问题的回答,首先需要明确抗辩与否认的区别,否认是对某一事实的单纯否定,抗辩是赋予主张相对方的一种对抗手段,它是"被告根据与基本规定(权利发生规定、权利根据规定、原则规定,据此发生法律效果的权利或法律效果)相对立之反对规定(例外规定,据此发生反对效果,即权利障碍规定、权利消灭规定、权利排除规定)以要求驳回原告的请求之被告的主张"。抗辩和单纯的否认有本质的区别,单纯的否认是否认方仅对对方的主张给予直接的否定,但并不会提出新的事实,因此不涉及证明责任的承担。但抗辩则是为了阻止对方当事人主张权利的发生与行使,即为了推翻对方提出的请求原因事实对应的法律效果,它相较于对方的请求事实提出了新的事实主张,因此需要对抗辩的事实承担证明责任。从本质上而言,抗辩与否认的区别在于抗辩中请求的原因事实与抗辩事实能够共存,而否认事实与请求的原因事实相互排斥。

具体到本案,郑某应当就洪某某"获利无合法根据"承担证明责任是证明责任分配规范的应然结果,对同一要件事实的证明责任只能由一方当事人承担。"有合法根据"与"无合法根据"为同一事实的不同表述,因此,洪某某并不就其取得该款项"有合法根据"承担证明责任。在郑某提交了案涉8,685,503元真实的银行转账凭证并主张洪某某不当得利后,洪某某提出的不欠款项以及双方存在合作关系的事实主张与郑某主张不当得利的事实请求的原因事实不能并存,因此它们的性质并非抗辩,而是否定。再者,从请求与抗辩的关系来看,当事人进行抗辩的目的是否定请求权,因而只有当请求权能够成立时,判断抗辩事实是否有证据证明,抗辩效果能否发生才有意义。本案中由于郑某并未实现不当得利要件证明责任的承担,不当得利请求权还未成立,此时没有考虑洪某某抗辩是否成立的必要。即便洪某某所提双方个人与案外人汇城石化公司、康氏能源公司等的资金往来等证据,不能证明案涉8,685,503元银行汇款系公司账户与个人账户混同而形成的非个人借款债务,也不影响认定郑某所主张的不当得利请求权不成立。

2. 消极事实证明方法与证明责任的承担

"获利无合法根据"属于消极事实,消极事实难以证明的确为不争的现实,但是不能以此否定应由不当得利权利主张者承担该事实证明责任的法律要求,证明责任的分配并不由证明的难易程度或当事者与证据的距离决定,而是由实体法规范来决定的。再审法院认为"权利主张人对于消极事实通常无法直接予以证明,而需要从相关事实中予以推导判断"是

没有问题的，但并不能以“得利被主张人对消极事实的抗辩，则会成为认定消极事实主张是否成立的直接证据”为由改变证明责任。如前分析，抗辩是针对权利发生的效果而言的，并非针对事实，因此得利被主张人提出的针对得利主张者关于“获利无合法根据”主张的不同事实主张，性质上属于否定，得利被主张人此时不负证明责任。

理论上，为了缓解消极事实主张者在证明上的困难，可以要求对方当事人先就一定的积极事实予以主张，再由消极事实主张者通过举证对这些积极事实予以否定，从而实现对消极事实的证明。如本案中，被告洪某某主张与原告存在合作关系，款项基于该关系而取得，此时原告通过举证对双方合作关系进行否定，一定程度上实现对“无合法根据”的证明。但是，这种对权利被主张方提出积极事实的要求，仅是民事诉讼法上为了缓解消极事实主张方证明上困难的一种手段，属于对不负证明责任当事人的事案解明义务，而非将相应要件事实的证明责任交由其承担。本案归根到底，需要由原告郑某通过证据使法院形成洪某某取得款项“没有合法根据”的心证，当该要件事实无法证明，或法院认定该要件处于真伪不明状态时，不利后果仍应由郑某承担。

回 理论拓展

（一）证明责任双重内涵

证明责任发源于罗马法，优士丁尼时期的法学家首次抽象出“谁主张，谁举证”这一基本规则。罗马法时期的证明责任仅指主观证明责任，即提出证据，而行为意义上的责任涉及法官要求哪一方当事人举证的问题。近代以来，人们更多地探讨客观证明责任，即结果意义上的证明责任，亦即当事实真伪不明时由哪方当事人负担不利后果。

根据现代证明责任理论，证明责任可分为主观证明责任与客观证明责任，即所谓证明责任的双重内涵。其一，行为意义上的证明责任是指当事人在具体的民事诉讼中，为避免败诉的风险而向法院提出证据证明其主张的一种行为责任。它是一种动态的举证责任，随着双方当事人证据证明力的强弱变化以及法官对待证事实的心证程度的变化而在当事人之间发生转移。其二，结果意义上的证明责任是指当待证事实的存在与否不能确定、真伪不明时，由哪一方当事人负担不利后果的责任和风险。它是一种不能转移的举证责任，解决的是待证事实真伪不明时法官如何裁判的问题，即只有在待证事实真伪不明时，结果意义上的举证责任才能发挥作用。

（二）证明责任的分配原则

关于证明责任分配的理论，存在多种学说，具体包括待证事实分类说和法律要件分类说。前者以待证事实性质为判断标准，主要有消极事实说、基础事实说、推定事实说等。后者以实体法的构成要件事实为核心，其中罗森贝克的规范说在大陆法系中占据通说的地位。罗森贝克认为，证明责任分配在原则上只有一个原理，即不适用特定的法规范其诉讼请求就不可能有结果的当事人，必须对法规范要素在真实的事实中得到实现承担主张责任和证明责任。罗森贝克的规范说将引起权利发生的法律规范一分为二，将其中的一部分作为权利发生规范,另一部分作为权利对立规范,并认为尽管权利发生规范规定的事实存在与权利对立规范规定的事实不存在,都是权利得以发生的必要条件,但主张权利存在的当事人仅需就前者的存在负证明责任,无须再证明后者的不存在,后者的存在应当由对方当事人负证明责任。

我国首次对证明责任分配作出原则性规定的是2015年《民诉法解释》第91条,由此建立起了我国关于证明责任分配的一般规则。该条规定:“人民法院应当依照下列原则确定举证证明责任的承担,但法律另有规定的除外:(一)主张法律关系存在的当事人,应当对产生该法律关系的基本事实承担举证证明责任;(二)主张法律关系变更、消灭或者权利受到妨害的当事人,应当对该法律关系变更、消灭或者权利受到妨害的基本事实承担举证证明责任。”该条司法解释的理论依据即法律要件分类说中的规范说理论。根据最高人民法院的观点,法律要件分类说相对于其他学说,规则上相对清晰、简单,也具有较强的可操作性。而法律要件分类说的一些缺点,如不能很好地兼顾个人公平等,则可以通过实体法律和司法解释的特别规定予以矫正。

(三)不同类型不当得利下证明责任的承担

关于不当得利的类型,民法上有统一说和非统一说两种对立的观点,众说纷纭。非统一说认为,各种不当得利各有其基础,并无统一的判断标准,需要就各种不当得利分别判断。后非统一说逐渐占据主导地位,并构建了给付型不当得利及非给付型不当得利两种基本类型。其中,非给付型不当得利又可分为权益侵害型不当得利、支出费用型不当得利以及求偿型不当得利。在司法实践中,权益侵害型不当得利是非给付型不当得利的重要类型,它是指因侵权人的侵权行为而使权利主体的财产权利或人身权利受到损害时,权利人要求侵权人予以赔偿,以弥补损失的权利。给付型不当得利与非给付型不当得利,不但二者无法律上原因的问题以完全不同的样态呈现,而且二者规范功能亦有所不同。

相较于给付型不当得利中无法律上原因证明责任应由不当得利权利主张者承担的较为统一的观点,关于权益侵害型不当得利中无法律上原因证明责任承担的争议较大,且各存在一定的理论基础。

有观点认为,权益侵害型不当得利中无法律上原因的证明责任应由得利人承担,其理由在于:与给付型不当得利制度的目的在于交易安全之保护不同,权益侵害型不当得利中判断构成要件的证明责任分配应当考虑非给付型不当得利制度的价值判断和宗旨,即保护权益的归属问题。对权益归属的保护必然要求在非给付型不当得利中更为偏重对原有利益归属状态的保护。是故,非给付型不当得利中无法律上原因之证明责任应当由得利人承担。无论是法律要件分类说还是利益考量说,给付型不当得利请求权人承担无法律上原因的证明责任的依据均在于其透过自己之行为造成财产利益的变动,则其变动是否有法律上原因陷于真伪不明之危险时,自应由请求人自己加以承担。与之相反,权益侵害型不当得利请求权人对于财货的移转并无“给付”的意思表示,因此如同给付型不当得利的情形仍由其承担举证责任不妥。权益侵害型不当得利因受益非来源于给付行为,故一般认为只要受益人有侵害事实存在,该侵权行为即构成无法律上原因。基于对权利归属亦即原有利益归属状态的保护,无法律上原因的证明责任应当由得利人承担。反对者则认为,权益侵害型不当得利无法律上原因的证明责任仍应由权益受损人,即主张不当得利请求权的当事人承担。并认为,将该要件证明责任交由得利人承担的观点忽视了权益侵害型不当得利在构成要件上的特殊性——"因侵害他人权益而受有利益"。基于该要件的要求,对"无合法根据"的证明,理应转化为对侵害他人权益行为的证明,如受益人有犯罪行为或侵权行为。换言之,受损人证明了有侵害事实存在,也就证明了"无合法根据",从而完成了证明责任。

（撰写人:西南政法大学法学院　夏璇）

第三节　行政诉讼中证明责任的理解与适用

案例 8-3　陈某某不服重庆市 J 区公安局行政拘留案[1]

回 案情概述

原告陈某某诉称:被告作出的行政处罚决定书没有事实依据,证据不足,应当依法予以撤销。原告主观上没有嫖娼的意识,其没有与任何人讲价,不知道服务内容,也尚未开始接受非法服务,无从知晓其非法性;且接受邱某某服务时自己内心有所抗拒,并拒绝邱某某亲吻,不想和邱某某发生关系,其无主观过错,也无行为结果。

被告重庆市 J 区公安局辩称:原告受朋友文某某邀约一起去嫖娼,文某某根据以往嫖娼经历向原告介绍了"壹号"洗浴中心的服务项目,即 398 元的"半套"服务。二人到达该洗浴中心后,未询问该洗浴中心的服务项目和价格,负责接待的工作人员确认对方是来嫖娼之后,即安排卖淫女为其提供卖淫服务,因"壹号"洗浴中心只有 398 元的"半套"服务,双方对此系默认,并不能因为未专门询价讲价就否认原告与卖淫女对卖淫价格和方式达成一致的事实。本案处罚事实清楚,证据确凿,程序合法,适用法律依据正确,处罚适当,请求法院驳回陈某某诉讼请求。

法院经审理查明:2022 年 6 月 14 日 0 时许,陈某某受朋友文某某邀约到 J 区某洗浴店去做 398 元的"半套"服务(包含洗澡、按摩、亲吻身体敏感部位、手淫)。文某某曾经多次嫖娼且熟悉该洗浴店服务内容、价格。服务过程中,邱某某用手对陈某某身体进行了清洗(包括清洗生殖器),后陈某某穿上纸内裤躺在床上,邱某某为其按摩,并口含茶水亲吻陈某某身体,在亲到陈某某的胸口时,被 J 区公安局民警查获。因被民警现场查获,其二人尚未完

---

〔1〕 参见重庆市第五中级人民法院(2022)渝 05 行终 690 号行政判决书。

成手淫行为。

J区公安局依法对该案予以立案调查。经查明,案涉洗浴店仅有398元的“半套”服务。后J区公安局作出案涉处罚决定书,处罚陈某某行政拘留3日,并将该处罚决定送达陈某某。陈某某不服该处罚决定,辩称自己并未与邱某某及案涉洗浴店工作人员就嫖娼达成共识,且接受邱某某服务时自己内心有所抗拒,并拒绝邱某某亲吻,不想和邱某某发生关系,其无主观过错,也无行为结果,J区公安局所作处罚决定没有事实依据且证据不足,故诉请人民法院撤销J区公安局所作案涉处罚决定。

重庆市J区人民法院一审认为:本案中陈某某前往案涉洗浴店接受特定场所“半套”服务,具有嫖娼的意图,但陈某某被民警查获时尚未进行手淫,而服务中陈某某曾对邱某某服务内心有所抗拒,并表示拒绝邱某某亲吻。同时,被告没有提供证据证明陈某某与邱某某或者与该洗浴店对服务项目进行了明确,也没有提供证据证明邱某某其后是否为陈某某提供手淫、陈某某是否接受邱某某为其提供手淫,结合该洗浴店仅有398元的服务,其既可以是非正常服务又可以是正常服务的客观事实,故陈某某是否从主观上接受邱某某服务、“半套”服务尚未完成是否基于陈某某主观意志均存在不确定性。因此,重庆市J区人民法院认为,J区公安局认定陈某某存在嫖娼行为主要证据不足,遂于2022年8月26日作出行政判决:撤销被告重庆市J区公安局所作出的本案行政处罚决定书。重庆市J区公安局向重庆市第五中级人民法院提出上诉。

重庆市第五中级人民法院二审认为:卖淫嫖娼系在不特定的异性之间或同性之间以金钱、财物为媒介发生性关系的行为。行为主体之间主观上已经就卖淫嫖娼达成一致,已经谈好价格或已经给付金钱、财物,并已经着手实施,但由于本人主观意志以外的原因,尚未发生性关系的,可按卖淫嫖娼行为依法从轻处罚。邱某某服务过程中,用手对陈某某身体进行了清洗(包括清洗生殖器),后陈某某穿上纸内裤躺在床上,邱某某为其按摩,并口含茶水亲吻陈某某身体,在亲到陈某某的胸口时,被J区公安局民警查获。故陈某某主观上有嫖娼故意,其以默许方式与邱某某就以手淫方式卖淫嫖娼达成一致,客观上已经着手实施了嫖娼行为。即便陈某某在嫖娼过程中内心有所抗拒,也并无证据足以证明其对实施的嫖娼行为主观无过错。陈某某的行为符合“卖淫嫖娼”的认定情形,已构成嫖娼,依法应受到处罚,但陈某某出于本人主观意志之外的原因,尚未与邱某某以手淫方式完成嫖娼,属嫖娼“情节较轻”的情形,J区公安局认定陈某某行为构成嫖娼但情节较轻,并给予行政拘留3日的行政处罚,并无不当。综上,重庆市第五中级人民法院于2022年12月23日作出行政判决:(1)撤销重庆市J区人民法院一审行政判决;(2)驳回被上诉人陈某某的诉讼请求。

回 证据分析

对比本案一审判决和二审判决,可以看出两审法院最大的差异在于,对于陈某某是否从主观上接受邱某某服务,以及“半套”服务尚未完成是否基于陈某某主观意志的证明,一审法院认为应由行政机关承担证明责任,而二审法院则认为陈某某应提供证据证明其主观上并不同意接受嫖娼服务。

根据《行政处罚法》第 40 条的规定,原则上行政机关对于违法事实的存在承担举证责任,违法事实不清、证据不足的,不得给予行政处罚。但是作为例外规定,根据 2021 年修订的《行政处罚法》第 33 条第 2 款的规定,主观无过错的证明责任由当事人承担,即根据 2021 年修订的《行政处罚法》第 33 条第 2 款的规定,实施了应当予以行政处罚行为的人主张自己主观无过错的,应当提供证据予以证明。这里的证明责任应指主观证明责任而非客观证明责任。

本案中,陈某某已经前往案涉洗浴店,邱某某用手对陈某某身体进行了清洗(包括清洗生殖器),后陈某某穿上纸内裤躺在床上,邱某某为其按摩,并口含茶水亲吻陈某某身体,据此可以认定陈某某已为嫖娼行为,对此嫖娼行为,陈某某主张自己主观无过错,则需提供证据予以证明。未能提供证据证明主观无过错的,应推定为主观有过错。由于陈某某既未提供证据证明其对嫖娼行为"主观无过错"、也未提供证据证明嫖娼行为没有完成是因其主动停止,所以行政机关认定陈某某从事嫖娼行为但情节较轻,并给予行政拘留 3 日的行政处罚并无不当。

一审法院因为混淆了承担主观无过错证明责任的主体而作出了错误的判决,二审法院对此予以纠正。

◻ 理论拓展

1996 年《行政处罚法》并未对行政处罚"主观过错"要件作出规定,故长期以来,行政处罚一直坚持结果责任的立场,只要行为人做出的客观行为违法即予以处罚。对于 2021 年修订的《行政处罚法》新增第 33 条第 2 款,是否改变了传统的"客观归则"立场这一问题,有"定罚论"和"量罚论"两种观点。"量罚论"认为新《行政处罚法》并未改变过去的客观归责逻辑,主观过错并非认定应受行政处罚行为的必备要素,新《行政处罚法》第 33 条第 2 款是一个量罚条款,只是违法行为已被认定成立后,行政机关考量要不要予以处罚的一个裁量因素。所谓"定罚论"是指新《行政处罚法》第 33 条第 2 款中确定的主观过错应是所有应受行政处罚行为的必备要素。[1] 多数观点为"定罚论",认为新《行政处罚法》第 33 条第 2 款宣示了在应受行政处罚行为是否以主观过错为构成要件这一争议问题上的责任主义立场,主观过错是应受行政处罚行为的构成要件,即无错不罚。责任主义理论源自刑法,"无责任即无刑罚"是近代以来刑法的基本原理,只有"能够把行为人实施的符合构成要件的违法的行为作为应受谴责的东西而归于行为人",才能说"行为人具有责任",并对其施以刑罚,[2] 亦即"在完全不能非难行为人的场合,是不能科处制裁的"[3]。

---

〔1〕 参见熊樟林:《〈行政处罚法〉主观过错条款适用展开》,载《中国法学》2023 年第 2 期。
〔2〕 参见冯军:《刑法中的责任原则——兼与张明楷教授商榷》,载《中外法学》2012 年第 1 期。
〔3〕 [日]佐伯仁志:《制裁论》,丁胜明译,北京大学出版社 2018 年版,第 17 页。

如何确定行为人对于实施嫖娼行为是否存在主观过错,主观过错的主观证明责任和客观证明责任及其证明标准,是本案定性的关键。

(一)《行政处罚法》第33条第2款为主观过错推定条款

根据文义解释,《行政处罚法》第33条第2款对行政处罚主观要件采用过错推定模式,即行政处罚之主观过错由法律拟制,释明己身无过错之主观证明责任交于不法行为人。《行政处罚法》第33条第2款的过错推定与民事侵权领域的过错推定类似,但行政处罚系行政机关依职权对违反行政管理秩序的公民、法人或其他组织,依法予以惩戒的行为,与平等民事主体之间的侵权责任有所不同。因此,结合行政法领域自身属性、特点,其过错推定应作如下阐释:

第一,主观过错的释明涉及个体的内心活动,从主客观一体的角度出发,法律有理由相信行为人的客观行为受到其主观意志的支配,可以推定其主观上对其客观违法行为存在过错。加之行政不法行为高发,若苛以行政机关过重的举证负担,势必降低执法效率,而将主观无过错的证明责任交给行为人减轻了执法机关的举证压力,有利于快速、高效地打击违法活动。故基于目的解释,《行政处罚法》第33条第2款系第40条的特殊规定,将主观过错的证明责任交给违法行为人,更为契合行政处罚制度本身,也更有利于行政处罚制度效能的发挥。

第二,《行政处罚法》第33条第2款确立了过错推定原则,将主观过错作为行政处罚要件,赋予行为人以自证清白的权利与机会,[1]违法行为人可就违法行为发生时自身无过错进行举证,从文义解释的角度来看,若其提供的证据足以证明主观无过错,则违法行为人不应接受处罚;反之,则违法行为人应受行政处罚。本案中,一审法院判决被撤销就是因为其混淆了"主观无过错"证明主体,二审判决对此予以纠正。

(二)当事人主观无过错的证明标准为优势证据证明标准

根据《行政处罚法》第33条第2款的规定,只要行政机关发现当事人从事了应当予以行政处罚的违法行为,就推定其对于违法行为主观上存在过错。这就是过错推定责任。过错推定责任允许当事人提供证据予以推翻,推翻标准是"有证据足以证明没有主观过错的"。根据《行政诉讼法》第101条的规定,《行政诉讼法》没有规定的,适用《民事诉讼法》上有关民事诉讼的证明标准,具体如下:

第一,根据待证事实的不同,待证事实存在的证明标准由低到高依次是优势证据证明标准、高度盖然性标准和排除合理怀疑标准。民事案件中待证事实为实体要件事实时,采用的一般是高度盖然性标准,即要求待证事实的存在有较高的盖然性。优势证据证明标准,也叫疏明标准,主要用于判断是否保全、是否有管辖权、是否应当回避等程序性事项(《民诉证据规定》第86条第2款)。疏明标准要求待证的程序性事实大致存在,该证明标

---

[1] 参见章剑生:《行政处罚中的"主观过错":定位、推定与例外——〈行政处罚法〉第33条第2款评释》,载《浙江学刊》2023年第3期。

准相对较低。需要注意的是适用疏明的情形下，接受当事人提交的证据后不一定需要开庭，可以采取单方询问等比较灵活的方式。排除合理怀疑标准则主要适用于对欺诈、胁迫、恶意串通以及口头遗嘱或赠与事实的证明（《民诉法解释》第 109 条、《民诉证据规定》第 86 条第 1 款）。虽同为排除合理怀疑，但因民事诉讼和刑事诉讼二者在诉讼目的、诉讼主体以及取证手段等方面的不同，应当认为这一标准在民事诉讼中低于刑事诉讼。且民事诉讼中排除合理怀疑标准的合理性一直受到质疑。[1]

第二，在本证达到相应的证明标准（一般称为“临时心证标准”）后，反证方应提供证据。反证方提供反证进行反驳时需要达到的证明标准是让法官对于待证事实是否存在陷入真伪不明，即只要让法官的心证降到临时心证标准以下，对待证事实是否存在产生怀疑即可。

而根据《行政处罚法》第 33 条第 2 款的规定，法律推定作出不法行为的当事人存在主观过错，在此基础上，当事人可以提供证据证明自己不存在主观过错，此时要达到的证明标准究竟适用哪种，法律上并未明确推定，虽然从文义解释的角度适宜采用高度盖然性标准，但是本书认为基于以下几点理由适宜采用优势证据证明标准：

第一，从行政相对人举证的难易程度来看。《行政处罚法》第 33 条第 2 款要求行政相对人证明主观无过错属于“证无”。而从证据的角度出发，“证无”的难度远高于“证有”，其对当事人的证据感知能力、证据收集能力、推理能力、法律知识储备以及综合能力都提出了相当高的要求，若不考虑行政相对人的举证难易程度，一味选用过高的证明标准，对相对人苛以过高的证明责任，将导致行政相对人陷入“举证不能”的境地，其遭受行政处罚的概率将大幅提高，如此一来势必有违行政处罚的立法初衷，导致滥罚现象丛生。

第二，从过错推定的逻辑构建来看。根据《行政处罚法》第 33 条第 2 款的规定，行政相对人的过错本就系法律推定，该推定事实没有任何证据支持。而欲驳斥这种法律拟制的推定，仅需相对人提供证据将法律拟制的“主观有过错”推翻，推翻标准不宜采用较高标准，适宜采用较低的优势证据证明标准。

第三，从域外的经验来看。首采过错推定立法模式的《奥地利行政处罚法》嗣后为减轻行为人的举证责任于 2002 年修改，将行为人“不能证明”改为“不能释明”。所谓“释明”是指只要说明事件原委大概如此即可，而不必达到使人确信的程度。[2]

（撰写人：中国社会科学院大学法学院　孔金萍）

□ 阅读指引

1. 孙长永、黄维智、赖早兴：《刑事证明责任制度研究》，中国法制出版社 2009 年版。
2. 黄永：《刑事证明责任分配研究》，中国人民公安大学出版社 2006 年版。

---

〔1〕 参见霍海红：《提高民事诉讼证明标准的理论反思》，载《中国法学》2016 年第 2 期。
〔2〕 参见吴庚、盛子龙：《行政法之理论与实用》（增订 15 版），台北，三民书局 2017 年版，第 458 页。

3. 霍海红:《证明责任的法理与技术》,北京大学出版社 2018 年版。
4. 肖建国、包建华:《证明责任:事实判断的辅助方法》,北京大学出版社 2012 年版。
5. 王国征等:《合同纠纷证明责任研究:基于买卖合同等 4 种合同的分析》,法律出版社 2020 年版。

第九章　证明标准

第一节　刑事诉讼中证明标准的理解与适用

案例 9-1　陈某故意杀人案[1]

回 案情概述

2012 年 3 月 10 日上午，陈某向昆明市公安局盘龙分局派出所报案，称其同居女友胡某英自 3 月 9 日下午外出后失联。2012 年 3 月 13 日下午，胡某英的哥哥胡某阳向警方报案，称其与朋友在寻甸县红色庄园（陈某的别墅）附近的山沟里发现一个被埋在泥土里疑似装有尸体的黑色塑料袋。民警立即赶到现场，发现袋内确实装有一具尸体，经胡某阳辨认和尸体检验报告证实，死者正是胡某英。警方经过调查，认为死者的同居男友陈某有重大作案嫌疑。2014 年 8 月 7 日，云南省昆明市人民检察院以陈某犯故意杀人罪提起公诉，指控被告人陈某于 2012 年 3 月 8 日晚至 9 日凌晨期间，在家中用钝器将胡某英杀害，并埋尸在其位于寻甸县的红色庄园附近的山沟内。2014 年 11 月 2 日，云南省昆明市中级人民法院在寻甸县人民法院开庭审理了这起故意杀人案。

该案涉及的证据基本情况如下。

（一）控方证据

1. 证明被告人陈某具有故意杀害胡某英之动机的证据：

（1）胡某阳的证人证言：陈某与胡某英二人在未婚同居期间，因子女、经济、感情等问题产生了相当尖锐的矛盾，并多次发生激烈的言辞甚至是肢体冲突。

（2）李某 1 证言：胡某英和陈某在一起生活快 3 年了。2012 年春节前二人经常吵架、打架，春节后二人关系有所好转。听胡某英说 2012 年 3 月 19 日要和陈某登记结婚。其间陈某出过 10 万元为胡某英在泸州老家买了房子，陈某的车也过户给了胡某英。3 月 10 日上午，陈某打电话给我，说胡某英昨天一晚都没有回家，他找了一晚上，可能不行了。我让陈某联系亲友帮忙寻找胡某英。3 月 11 日，我从四川老家来到陈某家。胡某英的儿子陈某 1 对我说，他 3 月 9 日早上起床后就没有见到胡某英，当时他到卫生间、厨房、卧室找过，都没

---

[1] 参见云南省昆明市中级人民法院（2014）昆刑一初字第 120 号刑事附带民事裁定书。

有找到胡某英。

(3)谢某某的证言:2011 年 12 月底,我在珍爱网上认识了陈某,之后两人约会过 6 次。2012 年 2 月 28 日我和陈某开始同居,后来有一段时间联系不上他,我就去了北京。2013 年陈某释放出来后他又和我联系,我就从北京回到昆明,同陈某居住在北站新村×组××栋×单元××室。

(4)李某 2 证言:胡某英和陈某没有办理结婚手续,胡某英觉得没有保障,让陈某写了一张 50 万元的欠条,还要求陈某把房产和车子过户给她。胡某英告诉过我,说她和陈某原定 2012 年 2 月 14 日去办理结婚登记,后因陈某出差没有办成。胡某英说给陈某最后期限是 3 月 12 日,如果陈某还不去办结婚手续,她就要去举报陈某贪污、开公司洗黑钱等经济问题,让陈某身败名裂。2012 年 3 月 10 日上午,陈某打电话给我,说胡某英 3 月 9 日下午遇到一个多年不见的朋友,出去吃饭,之后就联系不上了。

(5)龚某证言:2010 年的时候,陈某给胡某英在四川老家买过房子,陈某的车也过户给了胡某英。曾经听胡某英说陈某给人没有安全感,二人关系不太好,胡某英经常向陈某要钱。

(6)肖某某证言:2012 年 2 月时,我发现陈某总是有心事,有时候遇到和他打招呼要喊两三声他才能反应过来,其间有六七个晚上他都住在办公室。

2. 证明陈某具有作案时间和作案条件的证据:

(7)现场勘查笔录:胡某英尸体被发现时身着一套粉红色的睡衣,发现地点位于陈某拥有使用权的寻甸县红色庄园斗牛场西南方一树林下山沟内。

(8)尸体检验报告显示,死者死亡时间距离尸体检验时间 5 天左右,距最后一餐 6 小时以上,系他人用钝器击打头部致颅脑损伤死亡。

(9)小区保安李某 3 证言:2012 年 3 月 8 日 19 时 30 分许,我在小区门口值班室上班,见陈某一家三口出去散步,大约半小时后返回到小区。陈某有一辆银白色轿车,他平时从不停在小区院内。3 月 9 日或者 10 日 13 时许,陈某开车来到小区门口,说要拉东西回家,我给他开的大门,他把车开进小区停在他住的单元口,后见他搬了一个纸箱和一个手提袋。3 月 10 日晚,陈某说要去接孩子的外婆,让我晚上帮他开一下门。到了 11 日 1 时许,陈某带着岳母和孩子回来。我从 3 月 8 日晚上以后就再没有见过胡某英了。

(10)昆明高速公路监控视频显示,2012 年 3 月 9 日 22 时 20 分陈某开车上了出昆明城的高速,23 时 31 分他在"金锁"出口下了高速,3 月 10 日 2 时 8 分他又从金锁上了高速,3 时回到了昆明城内,距离"金锁"出口十多公里处就是红色庄园小区。

警方侦查实验:侦查员开车从高速下来,到达红色庄园陈某的别墅,找工具、挖土坑、掩埋尸体,再开车返回高速公路,整个流程用时 1 小时 24 分。陈某 3 月 9 日 23 时 31 分从"金锁"出口下了高速公路,于 3 月 10 日 2 时 8 分返回高速公路,期间间隔 2 小时 37 分,证明他有足够的时间实施运尸、埋尸这一系列行为。

(11)手印鉴定意见书:①在捆绑尸体腿部的胶带纸光面上提取到的手印为陈某左手拇

指所遗留,捆绑尸体腿部的胶带纸粘面上提取到的手印为陈某左手手掌所遗留。②在捆绑尸体头部的由外向内第三层黑色塑料袋上缠绕的胶带纸中由外向内的第三层胶带纸粘面上提取到的手印为陈某右手环指所遗留;在捆绑尸体头部的由外向内第四层黑色塑料袋上缠绕的胶带纸中由外向内第二层胶带纸粘面上提取到的手印为陈某左手食指所遗留。手印鉴定中胶带纸的宽度为5.25厘米。

(12)昆明市公安局刑侦支队刑科所情况说明证实:①从捆绑胡某英尸体躯干的胶带纸上提取到6枚手印,其中2枚具备鉴定条件的手印已做鉴定;从捆绑胡某英尸体头部的胶带纸上提取到3枚手印,其中2枚具备鉴定条件的手印已做鉴定。②血潜手印形成的情况有两种:一是手部乳凸纹线粘附血渍遗留在客体上,此时通过化学方法显色处理,提取到的手印纹线为手部乳凸纹线所遗留,形成的是加层血潜手印;二是客体上粘附有血渍,手部印压在客体上把血渍带走,通过化学方法显色处理,提取到的手印纹线为手部小犁沟所遗留,形成的是减层血潜手印。结合上述两点,两枚手印均为手部乳凸纹线粘附血渍遗留在客体上形成。

(13)DNA鉴定意见显示:在被害人胡某英尸体及捆绑尸体的胶带纸上提取到被害人和陈某的DNA,且没有提取到第三人的DNA。

(14)调取证据通知书及清单、通话清单证实:陈某于2012年3月9日7时56分55秒拨打过胡某英号码,通话时间15秒,基站号为17401(陈某所在单位基站)。同日0时2分、8时9分、15时22分、15时28分胡某英发送短信给陈某,陈某于8时9分、8时13分、15时22分、15时28分发送短信给胡某英。

(15)侦查机关手机分析系统显示:2012年3月9日被告人、被害人两个号码当日的通话及短信发送基站为陈某的办公地点的基站。

(二)辩方证据

(16)被告人陈某的辩解:2009年11月左右,我通过网络认识了胡某英,后来我们就带着各自的小孩生活在一起,但我们一直没有办理结婚登记。我们原定2012年2月14日去办理结婚手续,后来由于我出差,没有办成,于是准备3月去办理。由于胡某英没有工作,家庭经济开支都由我承担。2011年我出了20万元在四川泸州为胡某英购买了房子,我的云A×××××银色雪佛兰轿车也过户给了她。胡某英和我女儿陈某2关系不好,胡某英曾经打过我女儿,为此我和胡某英还打过架。在这期间,我通过网络认识了谢某某,我和她在一起很开心。2012年3月8日晚饭后,我、胡某英、陈某2一起去散步,大约20时就回家了,睡觉时胡某英穿一套粉红色睡衣。3月9日7时多,我送陈某2上幼儿园,当时胡某英还在睡觉。当日13时许,我开车进小区拉了一箱酒和一包茶叶回家,回家时没有见到胡某英,这期间同事倪某某打电话让我发文件,我就回到单位。15时许,胡某英给我发短信,说她遇到了朋友要一起吃晚饭,让我去接陈某2。22时许,胡某英仍没有回家,电话也不接,我就开车出去找,也到过红色庄园找,均没有找到。我从红色庄园返回昆明时,由于住处大门锁了,就在车上睡到天亮才回家。当天我打电话给胡某英的朋友陈姐等人询问胡某英的下落,也打电话把胡某英失踪的情况告诉了她母亲李某4。后来我还到盘龙分局联盟派出所报了案。3月11日、12日胡某英的母亲李某4、小姨李某5、哥哥胡某阳也来到昆明帮忙寻找胡某英。12日晚上,女儿陈某2发短信问我是否找到胡某英,我回复说胡某英不会回来了。13日下午我开车去寻徇的路上接到女儿陈某2的电话,说胡某英的尸体找到了。对于从捆绑胡某英尸体的胶带纸上提取到我的指纹,以前我们在红色庄园住的时候曾经扯开过一卷胶带纸准备捆被子用,后来没有用,就把扯开的胶带纸卷了回去。至于3月9日我和胡某英的手机使用同一基站通话、发短信,我认为是技术误差导致。

(17)中国移动集团昆明分公司情况说明证实:陈某工作单位所在的海事局基站与其住所地所在的水利局基站之间手机信号有重叠覆盖区域。基站信号在空中传播,会逐渐衰减,越靠近基站,手机收到的该基站信号就越强,反之亦然。根据设置,手机在同时收到多个基站信号的时候,会选择信号最强的基站进行驻留,即使用该基站的信号。当手机移动时,远离的基站信号逐渐变弱,接近的基站信号逐渐变强,当其他基站的信号强度超过当前使用信号基站强度一定值时,会发生切换,手机切换到变强的那个基站。因此,会形成一个"切换带",切换带就是手机发生切换的位置。

(18)手机信息提取笔录:2012年3月13日,民警从陈某使用的手机上提取到3月9日15时许,被害人胡某英所用手机发的三条短信,第一条为"遇见多年未见的朋友,约晚上一起吃饭,晚上麻烦你接一下孩子,我晚点回",时间为3月9日15时21分;第二条为"知道",时间为3月9日15时23分;第三条为"注意今天是星期五,5点接嘿",时间为3月9日15时27分。

□ 证据分析

本案中涉及证据的争议焦点是:(1)被告人的作案动机是什么?(2)被害人的具体死亡时间如何确定?(3)被告人是否实施了杀害被害人的行为?

对于以上证据问题,分析如下。

(一)现有证据能够证明被告人陈某存在作案动机

根据证据(1)、(2)、(5)和(16),可以得出被告人陈某与被害人虽然同居在一起,但感情不好,因为子女、经济、感情等问题产生了相当尖锐的矛盾,并多次发生激烈的言辞甚至是肢体冲突;证据(6)陈某在2012年2月份之后有6~7天宁愿在办公室住也不回家,表明其与胡某英关系陷入恶化;证据(3)表明,陈某在2011年年底就出轨女大学生谢某某,并与其在2012年2月28日开始同居;结合证据(4),可以得出,陈某因出轨女大学生被同居女友胡某英得知,致使感情本来就不好的二人关系急剧恶化,想挽回这段感情的胡某英给陈某下了登记结婚的"最后通牒"(甚至以举报陈某使其身败名裂相要挟),此时已经开启新一段感情的陈某不胜其烦,对胡某英产生了杀意。

被告人陈某当庭提出的"其与被害人胡某英不存在不可调和的矛盾,没有杀人的动机"的辩解,并没有实质削弱其所具有的作案动机,因为案发前陈某已经与他人同居生活,且直至案发也没有与胡某英办理结婚登记，二人之间实际已经到了感情破裂、不可挽救之境地。并且，证明被告人陈某存在作案动机即可，并不要求必须达到确信无疑的地步。对于主观事项的证明，实际上很难达到也不需要达到确信无疑标准。一方面，作案动机作为一种内心思维活动，不像已经发生的事件或行为那样有充分、确实证据可循，除非凶手亲口供述或承认，否则很难确信无疑地对此予以证明；另一方面，作案动机具有非单一性和非独立存在性，其是行为人内心畸形需要、外部因素和自我调节失衡等系列因素综合作用形成的，与犯罪行为之间的因果关系既紧密又复杂多样，只能通过对行为人外化出来的行为与表现进行回溯推知，不应追求必然性与确定性。

（二）现有证据能够确定被害人胡某英的具体死亡时间

根据证据（9）小区保安李某3关于"2012年3月8日19时30分许，我在小区门口值班室上班，见陈某一家三口出去散步，大约半小时后返回到小区。之后就再也没有见过胡某英"的证言，证据（2）"胡某英的儿子陈某1对我说，他3月9日早上起床后就没有见到胡某英，当时他到卫生间、厨房、卧室找过，都没有找到胡某英"，结合证据（7）现场勘验笔录"尸体被发现时身着一套粉红色的睡衣"，证据（8）尸体检验报告"死者死亡时间距离尸体检验时间（3月13日）5天左右，距最后一餐后6小时以上，系他人用钝器击打头部致颅脑损伤死亡"以及证据（16）被告人陈某的辩解"3月8日晚饭后，我、胡某英、陈某2一起去散步，大约20时就回家了，睡觉时胡某英穿一套粉红色睡衣"，可以得出"被害人死于3月9日1时以后，其在睡梦中被陈某用钝器击打头部致死"的结论。

对于被告人陈某提出的"胡某英3月9日白天还活得好好的，是22时才失去联系"的辩解，辩护人提出"对被害人死亡时间只是推断，不具有确定性"的辩护意见，实际上并未对上述关于被害人具体死亡时间的结论造成实质削弱。一方面，被告人用于证明被害人9日白天还活着的证据是孤证，且与其他在案证据存在明显矛盾，可信性非常弱。被告人提出证据（18）手机信息提取笔录，试图证明被害人3月9日白天还好好活着直到22时后才失去联系，但是除了该手机通信记录之外，再也没有其他人在8日晚上之后见过被害人（包括小区门口保安和被害人儿子）；并且，证据（14）和（15）表明，2012年3月9日被告人、被害人两个号码当日的通话及短信发送基站都为陈某单位所在基站，虽然证据（17）说明两部手机通信时处于同一基站并不意味着它们就在同一位置，但是3月9日全天二人的通信都发生在陈某单位所属基站就存在很大问题，被害人不可能9日凌晨、早上和下午都在陈某单位附近。此外，被害人9日全天只与被告人一人有过通信，这几乎是不可能的，被害人有自己的社交圈，且9日出门见朋友（按照被告人说法），不可能不用手机与其他人进行手机通信。另一方面，辩护人提出"尸体检验报告对被害人死亡时间只是推断，不具有确定性"，这一抗辩意见虽指出了尸体检验报告在被害人死亡时间表述上的模糊之处，但没有否定其所确定的时间范围是错误的，更没有削弱控方提出的"被害人死于3月9日凌晨"结论。因为该结论是基于证据（2）、（7）、（8）、（9）和（16）综合推出的，落在尸体检验报告得出的死亡时间范围之内，且符合被害人最后一次出现的时间。

(三)现有证据能够证明陈某实施了捆绑、搬运和掩埋被害人尸体行为

证据(11)和(12)是控方提出的强有力证据,能够充分证明被告人陈某实施了用胶带捆绑被害人尸体行为;证据(9)和(10)证明了被告人陈某实施了将被害人尸体从家中搬运到自己车上,再运输到红色庄园别墅掩埋的行为;证据(12)和(13)表明,在被害人尸体和捆绑尸体的胶带纸上除提取到被告人陈某指纹和DNA之外,不存在第三人的手印和DNA,反向证明实施捆绑、搬运和掩埋尸体的人正是被告人陈某。对于被告人提出的"自己以前在红色庄园住的时候曾经扯开过一卷胶带纸后没有使用又卷回去,胶带上面有自己指纹很正常""被害人有63公斤,自己不可能搬得动尸体,更不可能在人来人往的3月9日中午将尸体从6楼搬下来""自己3月9日晚上驾车去红色庄园没错,但是去寻找失联的被害人,而非搬运掩埋尸体"的抗辩意见,以下将逐个进行分析回应。

首先,被告人陈某关于手印的抗辩意见不成立。一方面,被告人之前扯开过胶带纸没有使用又卷回去的抗辩属于典型的"幽灵抗辩",很难予以确证核实;另一方面,凶手在捆绑被害人尸体时,找到这卷所谓卷起来的胶带并使用的可能性非常低。最重要的是,该抗辩并不能对抗在捆绑尸体胶带纸上提取到的2枚血潜指纹,因为这两枚手印均为被告人手部乳凸纹线粘附血渍遗留在胶带纸粘面内侧形成的。

其次,被告人提出的被害人体重63公斤,自己不可能搬动,且在3月9日人来人往的中午将尸体从6楼搬运下来的抗辩意见,看似合理实则也没有阻断被告人实施了搬运尸体行为的推论链条。其一,被告人将"搬运"概念偷换成"搬动",陈某身为成年男子,完全有能力将尸体打包装箱后通过楼道拖拉、移动至楼下装车;其二,被告人与被害人共同居住的盘江东路小区单元楼是电梯楼,平时大家都是乘坐电梯,很少走楼道,13时正是午休时间,所以即便是中午,楼道里的人也很少,且没有安装监控,适合搬运尸体下楼;其三,根据证据(9)小区保安证言,陈某的车根本不停在小区里,之前从来没有开入小区内,9日中午却反常地开入小区并将车位倒入自家单元楼道口拉东西,与陈某的解释"拉一箱酒和茶叶回家"相比起来,对其系实施将尸体从家里搬下楼装入车子后备箱行为的指控更为可信,且正好弥合了被告人搬运、掩埋被害人尸体的完整推论链条。

最后,被告人关于"去红色庄园别墅是寻找失联的被害人而非掩埋尸体"的抗辩意见经不起推敲。根据被告人陈某供述,被害人于3月9日22时左右失去联系,然后他22时20分就驾车上了去红色庄园别墅的高速公路,基本等同于他一发现被害人失联,就立刻驾车去红色庄园别墅寻找,非常不合常理。一般而言,当妻子不接电话也不回电话时,应是先等待一段时间,如果还是没有消息,再打电话询问一下亲人和朋友,最后才出门寻找。而被告人陈某是一发现妻子不回电话,就立刻前往红色庄园寻找,中间都没有给亲人朋友打去电话询问一下,也没有在家附近寻找过。更重要的是,着急寻人的陈某,竟然在红色庄园别墅逗留了2个多小时(足以完成挖坑埋尸体的时间),他不应该是到红色庄园别墅看一下,没有找到人就立刻转往下一处寻找吗?此外,当时红色庄园别墅附近是有人居住的,也有人帮陈某照看屋子,其为何不打个电话让附近的人帮忙看一下被害人有没有在庄园里,而是

要费时耗力亲自驾车前往呢?

囗 理论拓展

(一)基于我国现行有罪判决证明标准的分析

根据我国现行法律及司法解释,关于证明标准表述的词语有很多,比如,“案件事实清楚,证据确实、充分”“查证属实”“排除合理怀疑”“结论具有唯一性”等。其中,最为明确的表述应是“结论具有唯一性”,其实质意涵即证明结论需达到100%的真实。该标准在2012年《刑诉法解释》第105条[1]获得了淋漓尽致的体现。该条规定,没有直接证据,但间接证据同时符合下列条件的,可以认定被告人有罪:(1)证据已经查证属实;(2)证据之间相互印证,不存在无法排除的矛盾和无法解释的疑问;(3)全案证据已经形成完整的证明体系;(4)根据证据认定案件事实足以排除合理怀疑,结论具有唯一性;(5)运用证据进行的推理符合逻辑和经验。尽管这是关于以间接证据定案的证明要求,但从法律解释学的原理来说,“结论具有唯一性”应当属于一般性的证明标准要求。本案的一审法官,也主要是基于该标准作出的一审判决,其在判决理由和后续对该案的评析中都明确指出:“在本案审理中,法院严格遵循无罪推定原则和证据裁判主义,法院综合现有证据,不能得出陈某故意杀人的唯一结论,证据不具有唯一性和排他性,不能达到‘事实清楚、证据确实充分、排除合理怀疑’的证明程度,故依法作出无罪判决。”[2]

据此,可以通过上述5个条件来对该案庭审证明是否满足法定证明标准作出评价。根据前述分析,首先可以认定第(1)、(3)和(5)项条件已经满足。因此,主要考察第(2)和(4)项条件是否能够达成。根据前述证据分析,证据之间相互印证没有问题。虽然目前学界对于“印证理论”持有较大异议,但此处暂且不论。该理论提出者对“印证”的解释为:“一是主要信息内容的相互支持,其可靠性一般大于无支持或支持不足的个别证据;二是证据间的相互印证,即主要信息内容一致,便于把握和检验。”[3]据此能够得出,本案控方证据已经满足了印证的要求。同时,对于第(2)项条件的后半句要求的“不存在无法排除的矛盾和无法解释的疑问”,本案的庭审证明也是能够满足的。在本案中,无论是控方对被害人死亡时间的推定与辩方举出的陈某手机的通讯记录存在的矛盾,还是侦查机关调查得出的陈某不存在经济犯罪问题的结论与被害人胡某英的朋友提供的证人证言之间存在的冲突之处,都能够合理排除。对于侦查机关没有查获作案工具和被害人的手机,在被告人陈某使用的车辆上也没有检出被害人的血迹以及陈某3月9日至10日之间的反常行为,也都可以作出合理解释。当然,对于本案的作案工具是什么、在什么地方,被害人的手机在哪里,被害人是睡

[1] 2021年《刑诉法解释》第140条除了将第3项“全案证据已经形成完整的证明体系”调整为“全案证据形成完整的证据链”,其他内容完全保留了原第105条的规定。

[2] 冯丽萍主编、昆明市中级人民法院编:《昆明市中级人民法院精品案例·2016》,云南大学出版社2017年版,第16页。

[3] 龙宗智:《印证与自由心证——我国刑事诉讼证明模式》,载《法学研究》2004年第2期。

着时被谋杀还是在清醒时被杀害等诸如此类的问题,根据现有证据确实难以回答。不过,这些问题并非本案的要件事实。

至于第(4)项条件,根据在案证据确实是难以达到的。一方面,如同前述所言,仅凭借陈某实施了捆绑、搬运和埋藏被害人尸体以及编造被害人还活着的假象、误导侦查这一系列行为是不能必然得出陈某就是本案真凶的结论的,即使陈某有作案的动机与机会。因为不能排除陈某实施这一系列行为的另一种合理怀疑,即陈某之所以实施这一系列行为是为了包庇真正的凶手,而该凶手就是其女儿。另一方面,本案没有直接证据,而根据间接证据认定案件事实是难以达至“结论具有唯一性”这样的铁案标准的。在本案中,现有证据无论是对作案机会、作案动机这些要件事实的证明,还是对作案工具、作案具体情节这些非要件事实的证明,都不可能达至“结论具有唯一性”。因此,本案的庭审证明不能满足我国现行刑事有罪判决证明标准的第(4)项条件,也即控方对陈某犯故意杀人罪的证明没有达到我国现行有罪判决证明标准。

(二)基于“最佳解释确信”证明标准的评价

对于过度要求“客观真实”与“铁案”标准的传统司法证明而言,最佳解释确信理论的提出与适用将有着不同旨趣:一方面,其揭示出司法证明并不要求将事实命题与已发生的事件进行直接比对,更不要求认识结果达到百分之百的客观性;另一方面,其给出了一种既符合司法证明过程特征又反映事实真相各项特征的启发性判断方式,而非直接将客观真相作为唯一判准,亦非僵化地把证据之间的相互印证视为达至真相的唯一要求。该理论建立在以下理论基础之上:一是相对似真性理论。最佳解释确信理论经由相对似真性理论改良而成,其沿循了提出竞争性解释并通过比对和判断来确定相对似真解释的方法论。此外,对似真性的判断方式以及对证明标准解释阈值的设置,也受到了相对似真性理论的启发。二是信念解释理论。最佳解释确信理论中的“确信”来自信念解释理论中的“绝对信念”。信念解释理论不仅赋予了证明标准内在层面的程度要求,而且明确了其具体达成方式,为发现真相与实现判决正当性奠定了牢固基础。其具体内容为:首先,应提出与案件及其证据相关的潜在似真解释。这些解释既可以是控辩双方提出的竞争性解释,也可以是被辩方削弱的控方解释,还可以是事实认定者自己提出的第三种解释。其次,应根据不同的证据类型,采取不同方式进行比对和判断,以确定最佳似真解释。事实认定者可以基于“一致性、简明性、符合背景知识、没有裂缝等”自然理性判准进行对比判断。再次,应基于时序、叙事逻辑等,将依据两种进路所得到的判断结果进行整合,从而得出关于案件事实的整体最佳解释。最后,根据调适后的证明标准解释阈值,对整体最佳解释进行检验。只有当控方对于各项要件事实提出的解释都比被告的解释似真程度更高,并据此得出关于整体案件的最佳似真解释,且谨慎的事实认定者有充分的正当理由对该最佳似真解释形成确信(绝对信念)之时,事实认定者才能够认定其为真。[1]

---

〔1〕 参见熊晓彪:《迈向“最佳解释确信”的司法证明》,载《法制与社会发展》2023 年第 5 期。

以下主要基于证明标准解释阈值对本案的证明是否能够满足最佳解释确信进行论述。如前所述，证明标准解释阈值一方面要求对整体案件的最佳解释和各项要件事实的似真解释进行检验确认，另一方面要求事实认定者在充分考虑案件判决的利害关涉之后，结合绝对信念的判准能够对最佳解释形成确信。对于前者，证据分析环节的内容基本回应与满足了相应要求。至于后者，则需要据以得出的最佳解释全部符合绝对信念的三项判准：(1)有充分的正当理由相信最佳解释作出的前提；(2)该前提能够牢固地得出最佳解释的结论；(3)必须符合某种在足够大的相关共同体中被普遍接受的主体间性认知标准。

第(1)项主要是关于证据支持充分性的判断，主要涉及以下方面的评价：其一，证据的可信性；其二，证据的全面性或完整性；其三，证据所支持的待证事实能够对争议事件提供解释性说明。[1] 在本案中，所得出的最佳解释都存在相应可信性证据支持且能够对全案证据进行融贯性解释。尽管欠缺作案现场、作案工具以及被告人实施杀人行为的证据，但现有证据足以对犯罪构成要件进行证明，并形成完整推论链条共同指向被告人陈某实施了犯罪，基于控方对证据所作出的解释都能够为主要争议焦点提供更似真解释，且没有被辩方提出的证据和解释予以实质性削弱，因此得出最佳解释有充分的正当理由(证据基础)。

第(2)项涉及解释的似真性程度判断。其主要取决于两方面因素：一是相对于其他可能解释而言，目标解释的似真性有多好；二是解释的似真性是否足以支撑案件判决结果的利害关涉。前者可以通过与潜在竞争性解释的比较进行判断，如控方解释越好，辩方解释越差，则越能够形成确信；后者则与案件利害关涉的大小成正比，利害关涉越大，形成确信所要求解释的似真性程度越高。按照前述似真性程度的判断，采信普通民事案件(标的额不大或影响不严重)的要件事实解释，要求似真性程度为强以上等级；采信重大民事案件或一般刑事案件的要件事实解释，要求似真性程度为较强以上等级；采信重大刑事案件的要件事实解释，要求似真性程度达到非常强等级。本案是一起命案，被告人可能被判处死刑，属于重大刑事案件，因此采信要件事实“被告人陈某实施了故意杀人行为”的解释，应达到非常强的似真性程度。如表9-1所示，有非常强的似真解释认定陈某有作案动机，非常强的似真解释认定陈某实施了捆绑、搬运和掩埋被害人尸体的行为，且辩方提出的相应解释都非常弱，加之有较强似真解释能够认定被害人死于3月8日晚与被告人一同入睡之后(死亡时间并非要件事实)，可以形成被告人实施了故意杀害被害人行为的确信。

[1] 参见[新加坡]何福来：《证据法哲学：在探究真相的过程中实现正义》，樊传明、曹佳等译，中国人民大学出版社2021年版，第228-233页。

表 9-1　本案中关于证据的原子化似真解释评价表

<table>
<tr><td rowspan="4">解释</td><td colspan="9">主要争议焦点</td></tr>
<tr><td colspan="2">作案动机</td><td colspan="5">作案行为</td><td colspan="2">死亡时间</td></tr>
<tr><td colspan="3">常规性证据</td><td colspan="6">技术性证据</td></tr>
<tr><td>b</td><td>c</td><td>m</td><td>j</td><td>k</td><td>l</td><td>n</td><td>d</td><td>i</td></tr>
<tr><td>控方解释</td><td>强</td><td>非常强</td><td>弱</td><td>非常强</td><td>非常强</td><td>弱</td><td>较强</td><td>较强</td><td>弱</td></tr>
<tr><td>辩方解释</td><td>弱</td><td>非常弱</td><td>较强</td><td>较弱</td><td>非常弱</td><td>强</td><td>较弱</td><td>弱</td><td>强</td></tr>
<tr><td rowspan="2">评价结果</td><td>认定</td><td>认定</td><td>存疑</td><td>认定</td><td>认定</td><td>存疑</td><td>认定</td><td>认定</td><td>存疑</td></tr>
<tr><td colspan="2">被告人有杀人动机</td><td colspan="5">被告人实施了捆绑被害人尸体行为</td><td colspan="2">被害人于 3 月 8 日晚入睡后遇害</td></tr>
</table>

第(3)项主要涉及群体认知共识,即在给定相同证据的情况下,基于共同目标并广泛共享信息的群体都将对相应解释持有同等的信念程度。[1] 简言之,其要求作为个体的事实认定者对最佳解释所形成的确信,必须与共享同一套司法制度的其他裁判者在相同条件下对最佳解释所持有的信念程度保持一致。这也是避免判决主观化并使其经得起上诉审查的关键所在。在本案中,对于作案动机、作案时间和作案行为这三项争议焦点,在给出同样证据的条件下,任何一位理性的法官基本上都能够形成被告人陈某故意杀害被害人胡某英的确信,即该主体间性标准得到了满足。然而,适用该项标准面临一个尴尬问题:最佳解释确信与铁案标准之间的不一致(绝对信念不等于绝对真实),可能导致在我国难以在短时期内形成此种主体间性共识。毕竟,通过印证达成唯一结论的铁案标准,已经植根于我国整个司法制度之中。因此,只要证据之间缺乏印证,或者缺失某些非要件性证据或环节,又或者某些事项不具有唯一性,那么如同本案法官一样,其他法官即使能够形成陈某杀人的确信,也只会作出“指控证据不足、指控犯罪不能成立”的判决。

(三)两种不同类型证明标准的比较分析

根据上述分析,基于两种不同类型的有罪判决证明标准对本案进行评价,可以得出两种截然不同的结论。究其原因,主要是这两种不同类型证明标准在性质上存在根本差异:证明标准的性质主要是为了解答司法证明对发生在过去的案件事实之认定属于何种性质的“真实”。长期以来,学界对此问题存在两种观点:一种是“客观真实说”或者“绝对真实说”,该说以辩证唯物主义认识论为基础,认为裁判者所确信的特定案件事实所指称的经验现象确实存在或在当下存在,这种确信是不会错的。另一种是“相对真实说”,其主张裁判者确信特定案件事实所指称的经验现象曾经存在或在当下存在,但这种确信却可能是错误的。[2] 按照“绝对真实说”,有罪判决证明标准在性质上应属于“绝对性标准”,而根据“相

〔1〕 See Dale A. Nance, *The Burdens of Proof: Discriminatory Power, Weight of Evidence, and Tenacity of Belief*, Cambridge University Press, 2016, p. 43-45.

〔2〕 参见周洪波:《刑事证明标准问题之争中的四大误区》,载《清华法学》2008 年第 5 期。

对真实说”，有罪判决证明标准在性质上应属于“或然性标准”。所谓或然性标准，是指事实认定者只需要根据庭审证明对案件事实形成一种或然性的确信，即可认定案件事实成立。正如有学者所说，在诉讼证明中，运用或然性的普通命题常常只能形成一种怀疑性的判断，无法在认识论上形成事实确信，但是，有时人们也愿意形成或然性的事实确信，这种事实确信的形成依据的是人的行为习惯规律或常情事理。〔1〕英美证据法学的理性主义传统也认为，裁判中所主张事实之真相的建立是一个典型的概率（盖然性）问题，缺乏完全的确定性。〔2〕

根据我国现行有罪判决证明标准，尤其是《刑诉法解释》第140条规定的根据间接证据认定案件事实的5项具体条件中的第（4）项，“结论具有唯一性”这样的要求无疑使得该标准彻底沦为了“绝对性标准”。正如有学者所说，所谓的排他性证明在实质上就是一种事实证明的客观真实。〔3〕实际上，“绝对性标准”无论是在应然层面还是实然层面都是有失科学合理性的。这是因为，一方面，裁判尺度和标准与裁判结果客观性具有完全不同的属性，二者不能混为一谈；另一方面，认为裁判者对案件事实的认定必须符合客观真实，难免陷入一种盲目的乐观主义认识论。〔4〕而解释性阈值证明标准在性质上显然属于“或然性标准”。只要推理所依据的证据具有可信性，推理的前提即概括不被否定，同时据以推出的待证事实不被其他融贯性命题所削弱，那么裁判者即可确信该待证事实为真。该判断标准并没有所谓的客观事实作为参照，其依靠的只是经验法则和逻辑推理，并且作为推理前提的经验法则和逻辑的起点（可信性的证据）都只是未被削弱或者否定的，其只能在当时的庭审中基于现有的诉讼信息和社会认知背景得出一个或然性的事实确信。“或然性标准”符合诉讼认识规律，尊重“剧场之内”的庭审事实认定之特殊性和局限性。

（撰写人：中山大学法学院　熊晓彪）

第二节　民事诉讼中证明标准的理解与适用

案例9-2　刁某诉云南某石化有限公司产品销售者责任纠纷案〔5〕

□ 案情概述

2017年11月3日，原告刁某驾驶其所有的奥迪轿车至被告云南某石化有限公司（以下

---

〔1〕参见周淑厚：《证据法论》，台北，三民书局1995年版，第333页。

〔2〕参见［英］威廉·特文宁：《反思证据：开拓性论著》，吴洪淇等译，中国人民大学出版社2015年版，第91页。

〔3〕参见张继成、杨宗辉：《对“法律真实”证明标准的质疑》，载《法学研究》2002年第4期。

〔4〕参见吴宏耀：《诉讼认识论纲——以司法裁判中的事实认定为中心》，北京大学出版社2008年版，第198－235页。

〔5〕参见云南省昆明市中级人民法院（2018）云01民终4890号民事判决书。

简称某石化公司)位于昆明市五华区A收费站旁的加油站加油,被告工作人员加了430元的95号汽油。该车在加油使用几天后,车辆仪表上废气监控灯报警。同月22日原告将该车送至云南某汽车服务有限公司检测。经检测,发现该车发动机电子设备中有PO42000,尾气催化净化器系统、汽缸列1作用过低的故障存储;三元催化器、氧传感器、火花塞表面有不明白色物质。维修人员口头告知上述故障可能系加了不合格汽油造成,建议原告更换三元催化器、火花塞、氧传感器、喷油嘴并清洗油箱。后云南某汽车服务有限公司对该车进行维修,共计用时17天,原告支出维修费28,743元。在该车维修期间,原告向云南路易商贸有限公司租赁奔驰小汽车替代使用,支付租金13,600元。后原告向五华区消费者协会和B街道市场监督管理所投诉。经工作人员协调,原告与被告同意将所加汽油送检,待检验结果出来后再处理。B街道市场监督管理所将被告销售的汽油先后送至昆明市产品质量监督检验研究院、云南省产品质量监督检验研究院检验,检验结果均为不合格。在消协组织下,被告承诺待其加油站正常运营后对车辆维修等费用进行赔偿。后原告多次找被告协商赔偿事宜无果,故提起诉讼,请求判令被告赔偿原告损失42,773元(汽油费430元+车辆维修费28,743元+车辆维修期间承租替代车辆支出的租金13,600元)。

该案涉及的证据基本情况如下:

原告刁某提供的主要证据有:1. 2017年11月22日,由云南某汽车服务公司出具的维修诊断1份;

2. 由被告法定代表人潘某签名的《消费者协会受理投诉登记表》2份;

3.《云南省产品质量监督检验研究院检验报告》1份;

4. 接处警登记表1份;

5. 维修清单1份;

6. 维修发票1份。

另查明,2017年12月7日,原告刁某欲调取其于2017年11月3日到被告某石化公司经营的加油站加油的监控录像,被告拒绝提供。

被告所提交的主要证据有:情况说明1份,明确其经营的加油站监控设备在正常情况下监控录像的有效保存期限是90天。

◻ 证据分析

本案中涉及证据的争议焦点是:(1)原告刁某所主张的2017年11月3日至被告经营的加油站加油的事实是否成立?(2)原告车辆受损与被告所出售的汽油的油品是否有因果关系?

对于以上证据问题,分析如下。

(一)原告主张的事实是否成立

在本案中,原告虽未能提供加油凭证等能够直接证明其到被告加油站加油的证据,但其提交的2份《消费者协会受理投诉登记表》,可以证实在同一时段有多名消费者(含原告)

针对油品问题投诉被告,且被告在消费者协会与原告协商处理时亦未对原告的消费者身份提出异议。另外,2001 年《民诉证据规定》第 75 条规定:“有证据证明一方当事人持有证据无正当理由拒不提供,如果对方当事人主张该证据的内容不利于证据持有人,可以推定该主张成立。”(2019 年 10 月 14 日,最高人民法院对该司法解释进行修改,前述规定修改后为第 95 条规定:“一方当事人控制证据无正当理由拒不提交,对待证事实负有举证责任的当事人主张该证据的内容不利于控制人的,人民法院可以认定该主张成立。”)原告提交的接处警登记表可以证实 2017 年 12 月 7 日原告为调取其于 2017 年 11 月 3 日到被告经营的加油站加油的监控录像与被告发生争议而报警的事实,且被告向法院提交的情况说明明确其经营的加油站监控设备在正常情况下监控录像的有效保存期限是 90 天。由此,被告在原告于 2017 年 12 月 7 日主张调取监控录像后仍未及时保存并提供相关的监控录像的行为,视为被告持有该证据无正当理由拒不提供,故可推定原告主张的其于 2017 年 11 月 3 日到被告经营的加油站加油的事实成立。

（二）原告的车辆受损与被告向其出售的汽油油品之间是否存在因果关系

2015 年《民诉法解释》第 108 条第 1 款确立了民事诉讼案件一般情况下适用“高度盖然性”的证明标准。在理解和适用高度盖然性的证明标准时,应当注意以下几点:第一,该标准实质上是一种完全证明标准,主要适用于民事实体法上的要件事实,也即能够引起民事实体法律关系或者民事权益发生、变更、妨碍或消灭的直接事实。第二,高度盖然性标准适用于民事诉讼中的本证,也即承担证明责任的一方当事人证明己方主张事实成立所要达到的标准或程度。因此相对于证伪或者反对承担证明责任一方当事人进行的反证,本证的证明标准较高。第三,当事人运用证据究竟达到何种程度方能达到高度盖然性的标准,事实上属于法官自由裁量的范畴,将证明标准进行诸如百分比等准确量化的努力并无实质意义。同时,根据待证事实所涉利益的攸关性不同,证明标准应当作出对应和必要的调整。[1]例如,相较于民事财产权益,涉及民事人身权益事实的证明标准应当更高。在本案中,原被告争执的诉讼标的性质属于纯粹财产性权益范畴,其中车辆受损与汽油油品质量之间的因果关系属于产品销售责任的要件事实,因此适用高度盖然性标准对相关证据进行评价当无异议。原告提交的车辆维修诊断载明:“三元催化器、氧传感器、火花塞表面有不明白色物质。据此判断白色物质与发动机工作时的燃烧相关,建议用户更换三元催化器、火花塞、氧传感器、喷油嘴和清洗油箱后试车正常。”根据《维修诊断》,可以确认原告车辆受损部位与所加汽油的质量存在高度关联。另外,原告提供的由云南省产品质量监督检验研究院出具的检验报告可以证实:昆明市五华区市场监督管理局于 2017 年 11 月 1 日从被告处提取并送检的 2 桶(2 升/桶)95 号汽油样品经检验不合格。同时,《消费者协会受理投诉登记表》可以证明在原告车辆受损事实发生的同一时间段,包括原告在内的多名消费者针对油品问题投诉被告。综合上述证据,原告车辆受损与被告向其出售的油品不合格之间存在因果关

---

〔1〕 参见邵明、李海尧:《我国民事诉讼多元化证明标准的适用》,载《法律适用》2021 年第 11 期。

系的可能性远远大于不存在因果关系的可能性,符合民事诉讼高度盖然性的证明标准,尽管被告对该因果关系的成立不予认可,但其未能提交充足的证据予以证伪或达到动摇法官心证的程度,因此可以认定该因果关系的存在。

□ 理论拓展

(一)民事诉讼证明标准的意义

证明标准或者证明度,从当事人的角度审视,意味着承担证明责任的当事人提供证据对待证事实加以证明所要达到的程度[1],证明标准实际上是一种要求或者任务:当事人实施的证明活动何时才能视为成功;而从法官的角度观察,其意指法官可以作出事实认定的心证度[2],决定法官缘何能够形成心证,往往与自由心证主义原则产生直接关联。因此,证明标准在证据法上的意义在于,其维系着诉讼证明活动的方向并成为诉讼证明活动是否完成的标识或准绳,同时能够确保证明责任的分配具有可操作性。[3]

在我国民事诉讼领域中,证明标准的提出与发展则是置身于民事审判方式改革的背景下。在我国传统的民事诉讼结构和民事审判方式下,当事人主义模式并没有运行的充足空间,"重调查,轻举证"成为基本的运行底色。法院在审判活动中具有积极探知案件事实的职权,不仅可以主动收集调查证据,甚至可不受当事人主张的限制,将当事人未主张的事实作为裁判的依据。由于法官、法院要对民事案件进行"全面、深入"的调查,负有查明事实的全部责任,而当事人则无须承担证明责任的风险,在这样的前提下,证明标准的最初定义主要指向法院,在证据理论中长期占主导地位的是"客观真实说",该说采用了一元证明标准论,认为无论是民事诉讼还是刑事诉讼,都要查明案件客观真实。法院在认定案件事实时,需要达到"事实清楚,证据确实充分"的程度。[4] 改革开放以后,尤其是自 20 世纪 80 年代中后期以来,我国的民事案件数量逐年大幅上升,法院不堪重负,原有的审判方式难以为继,改革的呼声愈加强烈。于是在 20 世纪 90 年代初期启动的民事审判方式改革中,强化当事人的证明责任以缓解法院的审判压力便成为主要的动因。在改革的推进过程中,证明责任作为一种科予当事人的不利后果逐渐为学界和实务界普遍接受。既然证明责任是一种不利后果,那么如何判断当事人何时承担此种后果便成为必须回答的问题。自此,更加丰满的证明标准概念的提出便具有了现实的土壤。

(二)我国民事诉讼证明标准体系的法律规范演进历程

我国《民事诉讼法》自 1991 年正式颁行以来,历经 2007 年、2012 年、2017 年、2021 年、2023 年等 5 次修改,均没有对民事诉讼中的证明标准作出直接明确的规定。对民事诉讼证明标准的多层次构建任务事实上是由相关司法解释完成的。

---

[1] 参见占善刚:《民事证据法研究》,武汉大学出版社 2009 年版,第 64 页。
[2] 参见[日]新堂幸司:《新民事诉讼法》,林剑锋译,法律出版社 2008 年版,第 372 页。
[3] 参见占善刚:《民事证据法研究》,武汉大学出版社 2009 年版,第 65 页。
[4] 参见张卫平:《民事证据法》,法律出版社 2017 年版,第 241 页。

2001 年,最高人民法院发布的《民诉证据规定》,首次对证明标准作出了明确规定,[1]尽管还存在部分争议,但当时学界的主要观点认为该规定意味着"高度盖然性"标准在我国民事诉讼中被正式法定化。[2] 2015 年,最高人民法院颁行的《民诉法解释》正式确立了真正意义上的"高度盖然性"标准[3],并且在欺诈、胁迫、恶意串通事实证明等特殊领域规定了"排除合理怀疑"的证明标准[4];在反证证明领域,确立了"真伪不明"的证明标准[5]。2020 年、2022 年,最高人民法院分别对《民诉法解释》进行了修改,但上述规定内容没有发生变化。2019 年,最高人民法院对《民诉证据规定》进行了修改,其中第 86 条对《民诉法解释》确立的"排除合理怀疑"标准予以重申,并针对证据保全、回避等程序性事实确立了"较大可能性"标准或者称为"优势证据"标准。[6]

自此,我国民事诉讼证明标准的多层次体系初步建成:按照证明标准从高到低的顺序,依次为"排除合理怀疑"标准、"高度盖然性"标准、"优势证据"标准和"真伪不明"标准。不同的证明标准匹配与之对应的待证事实类型,其中,欺诈、胁迫、恶意串通等事实被单列为特殊的实体性事实,原因在于一旦这些事实成立将会直接发生实体法律关系上的相应效力,正是因为这些事实对于民事裁判的实际影响更大,理应采取更为严格的"排除合理怀疑"证明标准;作为民事诉讼通行证明标准的"高度盖然性",对应的是除特殊实体性事实之外的一般实体性事实;而"优势证据"标准对应的是程序性事实,这些事实虽然也会对民事裁判产生影响,但影响程度不及实体性事实,所以此标准相对实体性事实标准较低;"真伪不明"的标准针对的是反证的实体性事实,通常情况下要低于本证的通行标准,也即低于"高度盖然性"的标准。[7]

---

[1] 参见 2001 年《民诉证据规定》第 73 条第 1 款规定:双方当事人对同一事实分别举出相反的证据,但都没有足够的依据否定对方证据的,人民法院应当结合案件情况,判断一方提供证据的证明力是否明显大于另一方提供证据的证明力,并对证明力较大的证据予以确认。

[2] 参见吴泽勇:《"正义标尺"还是"乌托邦"?——比较视野中的民事诉讼证明标准》,载《法学家》2014 年第 3 期。

[3] 参见 2015 年《民诉法解释》第 108 条第 1 款规定:"对负有举证证明责任的当事人提供的证据,人民法院经审查并结合相关事实,确信待证事实的存在具有高度可能性的,应当认定该事实存在。"2022 年《民诉法解释》保留了该规定内容。

[4] 2015 年《民诉法解释》第 109 条规定:"当事人对欺诈、胁迫、恶意串通事实的证明,以及对口头遗嘱或者赠与事实的证明,人民法院确信该待证事实存在的可能性能够排除合理怀疑的,应当认定该事实存在。"2022 年《民诉法解释》保留了该规定内容。

[5] 2015 年《民诉法解释》第 108 条第 2 款规定:"对一方当事人为反驳负有举证证明责任的当事人所主张事实而提供的证据,人民法院经审查并结合相关事实,认为待证事实真伪不明的,应当认定该事实不存在。"(2018)最高法民终 37 号判决书将该条款的规定作为举证责任的分配规则。不过,(2019)最高法民申 5580 号裁定书将该条款的规定作为反证的证明标准。2022 年《民诉法解释》保留了该规定内容。

[6] 《民诉证据规定》第 86 条规定:"当事人对于欺诈、胁迫、恶意串通事实的证明,以及对于口头遗嘱或赠与事实的证明,人民法院确信该待证事实存在的可能性能够排除合理怀疑的,应当认定该事实存在。与诉讼保全、回避等程序事项有关的事实,人民法院结合当事人的说明及相关证据,认为有关事实存在的可能性较大的,可以认定该事实存在。"

[7] 参见邵明、李海尧:《我国民事诉讼多元化证明标准的适用》,载《法律适用》2021 年第 11 期。

(三)我国民事诉讼证明标准体系优化的可能路径

尽管经过多年的不懈努力,我国已经初步构建民事诉讼多元证明标准体系,但是在民事证据法律规范的完善方面仍然有提升的空间。学界对现行证明标准规范的质疑与批评主要集中在以下方面:第一,错误引入“排除合理怀疑”标准。表现在现行司法解释误解了域外国家民事诉讼证明标准的层次化理论,同时混淆了民事诉讼与刑事诉讼的界限,将“与实体法立法意图保持一致”“维护法律秩序的稳定、保障交易安全”等作为提高特殊类型实体性事实证明标准的理由实际上难以成立。不仅如此,该标准的具体适用还极有可能不适当地增加受害人或权利人的证明难度,并对相关民商事交易活动产生负面影响。[1] 第二,没有明确证明标准降低的特殊情形。在司法实践中,当事人可能存在证明上的现实困难,在某些领域还可能存在证据分布不均匀抑或证据偏在现象。对这两种情形,若僵化适用“高度盖然性”标准将会对承担证明责任的当事人造成显著不公,但我国现行法律规范对这一问题没有作出直接的回应。第三,证明标准体系的层次有待进一步完善。例如,根据现行规范,“高度盖然性”和“优势证据”标准分别对应一般实体性事实与程序性事实,而实体性事实和程序性事实的划分仍然较为粗糙,不能全面反映各自内部的各种情形。[2]

针对上述问题,可供我国证明标准法律规范选择的完善路径主要有:

1. 摒弃现行民事诉讼的“排除合理怀疑”证明标准。鉴于“排除合理怀疑”标准的确立既没有法律上的根据,也缺乏理论上的充分论证,在实务操作中极有可能明显不恰当地增加欺诈、胁迫、恶意串通等行为受害人的维权难度,进而有碍于民事诉讼目的的实现,加之“高度盖然性”标准实际上已经属于较高的证明标准,完全可以解决同类问题,因此可以考虑将该标准从民事诉讼中整体移除。

2. 允许特殊情形下证明标准的降低。例如,在前述因客观原因导致当事人证明困难的情形下,可以合理适当参考德国的“表见证明”理论以及与其具有高度相似性的日本的“大致推定”理论。所谓“大致推定”,指的是法官进行事实上推定时若适用的经验法则具有高度盖然性,则一旦前提事实获得证明,那么法官有关推定事实的心证将几乎一举接近证明度。这种事实上的推定即为“大致的推定”,若对方当事人未提出证明该推定为错误或存疑的反证,那么推定的事实将就此获得确认,接受这种证明之状态即为表见证明。[3] 在侵权损害赔偿案件中适用“表见证明”或“大致推定”较为恰当,具体表现为负有证明责任的受害人只需要证明前提性事实即可,而侵权人的过错及侵害行为与损害结果之间的因果关系等,则由法官利用经验法则加以认定。[4]

3. 进一步细化民事诉讼证明标准的层次。例如,在前述“排除合理怀疑”标准被整体移除的前提下,“高度盖然性”即成为民事诉讼中最高的证明标准,除了原对应“排除合理怀

---

〔1〕 参见刘学在、王静:《民事诉讼中“排除合理怀疑”证明标准评析》,载《法治研究》2016 年第 4 期。

〔2〕 参见吴如巧:《我国民事诉讼证明标准体系的再检讨》,载《南大法学》2023 年第 1 期。

〔3〕 参见[日]新堂幸司:《新民事诉讼法》,林剑锋译,法律出版社 2008 年版,第 402 - 403 页。

〔4〕 参见吴如巧:《我国民事诉讼证明标准体系的再检讨》,载《南大法学》2023 年第 1 期。

疑”标准的欺诈、胁迫、恶意串通等特殊实体性事实接续对应为“高度盖然性”标准，涉及民事实体法律关系产生、变更、消灭，民事主体民事行为能力以及特殊情感或价值的事实也应当对应“高度盖然性”标准，而对发生民事法律效力影响较低的其他实体性事实则没有必要采用“高度盖然性”标准。对于纯粹的程序性事实继续对应“优势证据”标准当无异议，而对于直接影响当事人实体权利或者对程序的启动、发展乃至终结产生重大影响的重要程序性事实则应当采用高于“优势证据”的证明标准。对此，可以考虑在“高度盖然性”和“优势证据”之间设置“较大盖然性”或者“次高度盖然性”标准，以对应其他实体性事实和重大程序性事实。[1] 通过此举，可以实现民事诉讼证明标准的高低与待证事实重要性之间的科学匹配。

（撰写人：甘肃政法大学民商经济法学院　蒋玮）

第三节　行政诉讼中证明标准的理解与适用

案例9-3　罗某诉重庆市彭水苗族土家族自治县地方海事处政府信息公开案[2]

回 案情概述

2014年11月17日，兴运2号船船主罗某以邮政特快专递方式向重庆市彭水苗族土家族自治县地方海事处（以下简称彭水县地方海事处）提出政府信息公开书面申请，申请公开内容为：(1)彭水苗族土家族自治县港航管理处（以下简称彭水县港航处）和彭水县地方海事处的设立、主要职责、内设机构、人员编制文件；(2)兴运2号船在2008年5月18日、9月30日的两起安全事故及鑫源306号、鑫源308号、高谷6号、荣华号等船舶在2008年至2010年发生的安全事故的海事调查报告等所有事故材料。

2014年11月19日，彭水县地方海事处签收罗某的邮政专递，但未在《政府信息公开条例》第33条规定的法定期限内对罗某进行答复。罗某向彭水苗族土家族自治县人民法院（以下简称彭水县法院）提起行政诉讼。

2015年1月23日，彭水县地方海事处于一审审理期间，作出(2015)彭海处告字第006号政府信息告知书，告知书中明确告知了罗某所申请公开的彭水县港航处和彭水县地方海事处的内设机构名称等信息的获取方式和途径，并载明其申请公开的涉及兴运2号、鑫源306号、鑫源308号、高谷6号和荣华号航船的海事调查报告等事故材料的政府信息不存在。

---

〔1〕 参见吴如巧：《我国民事诉讼证明标准体系的再检讨》，载《南大法学》2023年第1期。

〔2〕 参见重庆市第四中级人民法院(2015)渝四中法行终字第00050号行政判决书。

2015 年 3 月 31 日,彭水县法院作出(2015)彭法行初字第 00008 号行政判决,确认彭水县地方海事处在收到罗某的政府信息公开申请后未在法定期限内进行答复的行为违法。

2015 年 4 月 22 日,罗某以彭水县地方海事处作出的(2015)彭海处告字第 006 号政府信息告知书不符合法律规定,且与事实不符为由,提起行政诉讼。诉讼请求为:(1)撤销彭水县地方海事处作出的(2015)彭海处告字第 006 号政府信息告知书;(2)彭水县地方海事处向罗某公开海事调查报告等涉及兴运 2 号船的所有事故材料。彭水县法院认为彭水县地方海事处对罗某的政府信息公开申请已经履行了法定告知义务,故根据最高人民法院《关于审理政府信息公开行政案件若干问题的规定》第 12 条第 1 项之规定,作出(2015)彭法行初字第 00039 号行政判决,驳回原告诉讼请求。罗某不服,向重庆市第四中级人民法院提出上诉,请求:(1)依法撤销彭水县地方海事处作出的(2015)彭海处告字第 006 号政府信息告知书;(2)改判彭水县地方海事处立即公开罗某申请公开的安全事故相关政府信息。

2015 年 9 月 18 日,在重庆市第四中级人民法院二审审理期间,彭水县地方海事处以查找资料程序存在瑕疵为由,作出(2015)彭海处撤字第 005 号撤销决定书,撤销(2015)彭海处告字第 006 号政府信息告知书,但罗某仍坚持诉讼。重庆市第四中级人民法院经审理后认为,被告彭水县地方海事处没有提供印证证据证明其尽到了查询、翻阅和搜索申请公开的相关政府信息的义务,但鉴于彭水县地方海事处已主动撤销了其作出的政府信息告知书,故作出(2015)渝四中法行终字第 00050 号二审判决:(1)撤销彭水县法院作出的(2015)彭法行初字第 00039 号行政判决;(2)确认彭水县地方海事处于 2015 年 1 月 23 日作出(2015)彭海处告字第 006 号政府信息告知书的行政行为违法。[1]

本案原告罗某提交的主要证据材料如下:(1)《乌江彭水水电站断航碍航问题调查评估报告》;(2)《彭水县地方海事处关于 6 月 6 日鸿福 618 等船舶搁浅事故的情况汇报》;(3)《彭水县地方海事处关于近两年因乌江彭水万足电站不定时蓄水造成船舶搁浅事故的情况报告》;(4)重庆市发展和改革委员会《关于委托开展乌江彭水水电站断航碍航问题调查评估的函》(渝发改能函〔2009〕562 号);(5)《关于开展乌江彭水水电站断航碍航补偿有关工作的通知》(渝发改交〔2011〕665 号)和乌江彭县地方水电站断航碍航补偿方案及船舶第二次、第三次公示说明。

本案被告彭水县地方海事处提交的主要证据材料如下:(1)(2015)彭海处告字第 006 号政府信息告知书;(2)向罗某邮寄(2015)彭海处告字第 006 号政府信息告知书的邮政专递单;(3)彭水苗族土家族自治县机构编制委员会《关于对县港航管理机构编制进行调整的通知》(彭水编发〔2008〕11 号);(4)彭水苗族土家族自治县交通委员会政务公开栏目网页;(5)(2015)彭法行初字第 00008 号行政判决书及 2015 年 2 月 4 日行政审判笔录。

---

〔1〕 2018 年 12 月,最高人民法院将本案作为第 101 号指导案例公开发布,明确裁判要点为:“在政府信息公开案件中,被告以政府信息不存在为由答复原告的,人民法院应审查被告是否已经尽到充分合理的查找、检索义务。原告提交了该政府信息系由被告制作或者保存的相关线索等初步证据后,若被告不能提供相反证据,并举证证明已尽到充分合理的查找、检索义务的,人民法院不予支持被告有关政府信息不存在的主张。”

□ 证据分析

本案中,对罗某的政府信息公开申请,彭水县地方海事处作出了申请公开的政府信息不存在的答复行为,认定该具体行政行为是否合法最关键的问题在于其是否满足《政府信息公开条例》第36条第4项规定的"经检索后政府信息不存在"之实质要件要求。结合诉辩双方主张,本案中涉及证据问题的争议焦点是:(1)被告彭水县地方海事处提交的证据材料是否能证明原告申请公开的政府信息不存在;(2)本案涉及证明对象的确定、证明责任的分配以及证明标准的把握。

对于以上证据问题,分析如下:

本案审理过程中,原告罗某主张"申请公开的海事事故调查报告实际存在",被告彭水县地方海事处主张"申请公开的海事事故调查报告等政府信息不存在",并且双方均向法院提交了相关证据材料。根据《行政诉讼法》第69条的规定,承担行政行为合法性证明责任的行政机关,应当证明行政行为达到"证据确凿,适用法律、法规正确"之证明标准要求。结合"政府信息不存在"事实的证明责任分配规则和"证据确凿"证明标准,对于本案中双方当事人提交证据材料的审核认定应当作如下考量:

首先,根据《行诉证据规定》第23条和最高人民法院《关于审理政府信息公开行政案件若干问题的规定》第5条第5款的规定,被告主张政府信息不存在,原告能够提供该政府信息系由被告制作或者保存的相关线索的,可以申请人民法院调取证据。本案中,原告罗某提交了《乌江彭水水电站断航碍航问题调查评估报告》、《彭水县地方海事处关于6月6日鸿福618等船舶搁浅事故的情况汇报》、重庆市发展和改革委员会《关于委托开展乌江彭水水电站断航碍航问题调查评估的函》等书证材料,且经双方当事人质证无异议,已满足请求人民法院依职权调查证据的基本条件,而原告罗某却并未申请法院依职权调取证据。但是,罗某提交的证据内容与兴运2号船于2008年5月18日在彭水高谷长滩子发生整船搁浅事故以及于2008年9月30日在彭水高谷煤炭沟发生沉没事故有直接关联性,实质上提供了其申请公开政府信息由被告彭水县地方海事处制作或者保存的相关线索。

其次,法院在对原告提交的政府信息系由被告制作或者保存的相关线索进行审查后,实际上已能形成"政府信息客观存在"的初步心证,之后再审查被告一方提供的证据,判断是否能证明行政机关已履行对申请公开信息的充分合理检索义务。而作为承担"政府信息不存在"证明责任的被告,彭水县地方海事处向法院提交的所有证据材料中,仅仅庭审过程中的被告自述与本案待证事实之间具有相关性,其陈述内容为"已对其档案室的所有海损事故卷宗进行查询,确无罗某诉称的海事调查报告等所有事故材料"。该言词证据属于法定证据种类之当事人陈述,仅能表明检索范围为该行政机关的档案室保存的海损事故卷宗,却无法说明彭水县地方海事处在信息检索过程中使用的具体检索方法、手段、程序及检索人员实施检索行为的相关情况等具体信息,对行政机关已履行信息检索义务的举证不充分合理。

最后,政府信息公开行政诉讼的双方当事人,针对同一待证事实均提供证据材料的,对承担本证责任的行政机关与承担反证责任的行政相对人,应当坚持不同证明标准审核认定。就“政府信息不存在”这一待证事实的证明,承担证明责任的行政机关提交的用于证明其已经履行信息检索义务的证据,其证据类型属于本证,应当达到“证据确凿充分”的证明标准。而作为对该待证事实不负有证明责任的行政相对人,原告实施了提交申请公开的政府信息系由被告制作或者保存的相关线索,意图证明政府信息客观存在的积极举证行为,其证据类型属于反证,仅要求能初步证明申请公开的政府信息实际上客观存在,让裁判者对行政机关关于“政府信息不存在”的事实主张不成立产生怀疑即可,其证明标准远低于“证据确凿充分”的证明标准。

综上所述,原告罗某以书面形式向被告邮寄政府信息公开申请,申请书中明确载明请求彭水县地方海事处公开涉及兴运 2 号船的海事调查报告,对申请公开的政府信息内容的特征描述详细,符合《政府信息公开条例》第 29 条关于政府信息公开申请的形式要求,明确了彭水县地方海事处信息查询工作的对象、范围与内容。同时,原告还向法院提供了《乌江彭水水电站断航碍航问题调查评估报告》等书面证据材料,能证明其申请公开的海事调查报告应当在彭水县地方海事处履行内河交通事故调查处理职责的过程中确已形成,罗某关于申请公开的政府信息客观存在的事实主张,足以让裁判者形成初步心证。然而,被告彭水县地方海事处仅仅提交了其作出答复行为当时情况的单方自述,并未向法院提交其实施了检索行为但政府信息不存在的其他相反证据,无法形成完整的证据链。根据《行诉证据规定》第 71 条的规定,彭水县地方海事处的单方陈述,不能单独作为认定彭水县地方海事处已履行了信息检索义务的依据。因此,作为具体行政行为合法性证明责任的承担者,被告彭水县地方海事处所提供的证据材料,无法合理说明彭水县地方海事处对罗某申请公开的政府信息进行检索的全部过程、完整程序与具体情况,未达到《行政诉讼法》第 69 条要求的“行政行为证据确凿”证明标准之要求,无法证明彭水县地方海事处已尽到了充分合理的查询和搜索义务,不能认定彭水县地方海事处关于“政府信息不存在”的事实主张成立。

◻ 理论拓展

证明标准是诉讼过程中证明主体根据法律规定运用证据证明案件待证事实所应达到的程度。对待证事实负有证明责任的主体,只有当其提供的证据达到了证明标准要求时才能解除证明负担,认定其提出的事实主张成立。证明标准属于法律问题,“基于法律的安定性、预见可能性及平等性”,证明标准应当由法律予以抽象化固定。我国《行政诉讼法》并没有在法律层面明确规定行政诉讼的证明标准,一般以《行政诉讼法》第 69 条作为规范依据,将行政诉讼的证明标准概括为“证据确凿”或“证据确实充分”。然而,由于第 69 条规定用语的抽象性,在具体把握和理解行政诉讼证明标准问题时,无论是行政诉讼实务界还是理论界,分歧都非常大。在行政诉讼实务中,不同法院对行政诉讼证明标准的把握差异明显,从最高人民法院到地方各级人民法院的审判实践表明,在不同类型行政诉讼案件中,根据被诉具体行政行为的性质差异实际上适用的是多元化证明标准。例如，在涉及限制人身自由的行政处罚案件、工伤认定复议案件、涉及身份关系认定的社会抚养费征收案件中适用“排除合理怀疑”证明标准；[1] 在土地权属争议行政复议案件、环境行政处罚案件、现场即时处置行政行为案件中适用“优势”证明标准。[2] 学术界的基本共识是应当构建多元化的行政诉讼证明标准体系，但就具体证明对象适用何种证明标准的争议较大，归纳起来主要存在以下观点：

一是证明标准一元论。该观点主张为保持法律适用的统一性和行政诉讼证明标准的独立性，应区别行政诉讼证明标准与行政程序证明标准，以《行政诉讼法》第 69 条为制度资源，明确以“证据确凿”为行政诉讼的一般证明标准，但在司法实践中予以层次化的具体把握。二是证明标准二元论。一种二元论主张将行政诉讼证明标准分为“证据确实充分”标准和“优势证据”标准，前者适用于涉及行政相对人重大权利义务的行政诉讼，后者适用于行政机关使用简易程序作出的行政行为或采取临时性行政保全措施引发的行政诉讼；另一种二元论主张对涉及人身权利的行政行为坚持“排除合理怀疑”证明标准，对其他行政行为坚持“合理性”证明标准。三是证明标准多元论，其主张根据行政行为的类型分别确定行政诉讼证明标准。一种多元论认为对严重影响行政相对人的人身财产权利的行政案件适用“排除合理怀疑”证明标准，对受益性行政行为适用“清晰而有说服力”证明标准，对即时性行政强制措施适用“合理怀疑”证明标准；另一种多元论主张以“明显优势”证明标准为原则，而以“优势”证明标准和“排除合理怀疑”证明标准为补充的多元证明标准体系。四是证明标准个案化观点。其主张应当根据法律的原则性规定，考虑行政案件具体性质差异和对当事人权益影响大小等因素，根据特定案件中证明对象的具体情形，交由法官灵活地确定不同案件待证事实的证明标准。

证明标准具有约束法官裁量权，提供当事人对裁判的稳定性预期的重要功能。与刑事诉讼和民事诉讼相比，行政诉讼的纠纷解决对象具有特殊性，行政诉讼实质上是对行政机关具体行政行为的事后性司法审查，在充分考虑到行政机关行政管理过程中履职范围的专门性与行政行为类型的多样性，以及不同类型行政行为对行政相对人合法权益影响的程度差异，平衡行政机关在具体行政程序中的行政效率价值追求与行政程序中具体行政行为的合法性标准，增强证明标准在行政诉讼司法实践中的可操作性的基础上，我国应当根据行政行为性质差异，构建类型化的行政诉讼证明标准体系：一般行政案件中，基于行政诉讼双方当事人的权利义务关系不对等性，适用“清晰而有说服力”证明标准；在行政机关对民事

[1] 参见李某诉浚县公安局治安管理行政处罚案，河南省鹤壁市中级人民法院（2020）豫 06 行终 99 号行政判决书；李某华诉丽江市人民政府工伤确认行政复议案，云南省高级人民法院（2014）云高行终字第 94 号行政判决书；叶某靖诉广州市增城区卫生健康局社会抚养费征收决定案，广州铁路运输中级法院（2019）粤 71 行终 4542 号行政判决书。

[2] 参见阳春市春湾镇前进经济联合社诉阳春市人民政府、阳江市人民政府土地权属争议及行政复议纠纷案，广东省高级人民法院（2017）粤行终 1580 号行政判决书；文昌盈海清澜水务有限公司诉海南省文昌市生态环境局、海南省文昌市人民政府行政处罚及行政复议案，最高人民法院（2022）最高法行再 329 号行政判决书。

法律关系主体间民事纠纷作出行政裁决而引发的行政诉讼中,适用“优势”证明标准;在涉及行政相对人人身自由和重大财产利益的行政案件中,适用“排除合理怀疑”证明标准。

(撰写人:贵州大学法学院　祝颖)

□ 阅读指引

1. 刘金友主编:《证明标准研究》,中国政法大学出版社 2009 年版。
2. 郭志远:《证明标准研究——以刑事诉讼为视角》,中国人民公安大学出版社 2010 年版。
3. 王学棉:《证明标准研究——以民事诉讼为中心》,人民法院出版社 2007 年版。
4. 山东省高级人民法院研究室编:《类案证明标准研究》,中国法制出版社 2020 年版。
5. 熊晓彪:《刑事证据标准与证明标准之异同》,载《法学研究》2019 年第 4 期。
6. 邵明、李海尧:《我国民事诉讼多元化证明标准的适用》,载《法律适用》2021 年第 11 期。

第十章　证明环节

第一节　取　证

■ 刑事诉讼中取证的理解与适用

案例 10－1　王某雷不批准逮捕案[1]

□ 案情概述

2014 年 2 月 18 日 22 时许，河北省顺平县公安局接王某雷（1968 年 3 月生，某乡某村人）报案称：当日 22 时许，其在回家路上发现一名男子（后查明死者系本村村民王某 1）躺在地上，旁边有血迹。次日，顺平县公安局对此案立案侦查。经排查，顺平县公安局认为报案人王某雷有重大作案嫌疑，遂于 2014 年 3 月 8 日以涉嫌故意杀人罪将王某雷刑事拘留。

同年 3 月 15 日，顺平县公安局提请同级人民检察院批准逮捕王某雷，顺平县人民检察院办案人员在审查批捕该案过程中，发现该案事实证据存在诸多疑点和矛盾，认为该案事情不清，证据不足，不符合批准逮捕条件。同年 3 月 22 日，顺平县人民检察院对王某雷作出不予批准逮捕的决定。后公安机关依法解除对王某雷的强制措施，予以释放。

顺平县人民检察院对此案跟踪监督，依法引导公安机关调查取证，并顺利抓获犯罪嫌疑人王某 2（某乡某村人）。经查明：王某 2 因本村承包地地界问题与村民王某 1 发生过矛盾，后王某 1 又经常骚扰王某 2 之妻，王某 2 怀恨在心，遂起报复之念。2014 年 2 月 18 日 19 时许，王某 2 在自家附近的胡同内等候路过的王某 1，并用事先准备好的槽钢击打王某 1 头部数下，致王某 1 死亡。

2014 年 7 月 14 日，顺平县人民检察院对王某 2 以涉嫌故意杀人罪予以批准逮捕。2015 年 1 月 17 日，保定市中级人民法院以故意杀人罪判处被告人王某 2 死刑，缓期 2 年执行，剥夺政治权利终身。被告人王某 2 未上诉，一审判决生效。

该案涉及犯罪嫌疑人王某雷的证据基本情况如下：

---

〔1〕 参见人民法院出版社编：《最高人民法院、最高人民检察院指导性案例》（第 7 版），人民法院出版社 2023 年版，第 838 页。

1. 犯罪嫌疑人王某雷供述与辩解。
2. 证人证言。
3. 现场勘验笔录。
4. 提取痕迹物证清单。
5. 现场照片。
6. 被害人尸检报告。
7. 现场提取的手套、血迹、烟蒂等物证。

□ 证据分析

本案中涉及证据的争议焦点是:(1)公安机关收集的犯罪嫌疑人王某雷供述与辩解的客观性和合法性存疑。(2)犯罪嫌疑人王某雷作案时的"血衣"未查获,犯罪工具种类及去向存在重大疑问,公安机关收集实物证据缺乏全面性。(3)现场提取的手套、血迹、烟蒂物证未作鉴定,被害人尸检报告未载明死亡时间,刑事科学技术对收集到的实物证据未作进一步鉴定,法医科学没有形成科学性鉴定意见。(4)证据收集过程中因刑事侦查与刑事技术脱节,言词证据与实物证据存在矛盾。

对于以上证据问题,分析如下。

(一)证据收集分析

关于刑事案件证据收集问题,我国法律及部门规章对证据收集主体、程序、内容、方法、要求以及禁止性行为等多个方面均作了详细规定,以保障证据收集过程的规范性和合法性,从而保证收集到的证据材料具有合法性、相关性和客观性,能够作为证据证明全部案件事实,或者案件事实的部分碎片,确保进入刑事诉讼阶段的证据具有证据能力和证明力。

为此,《刑事诉讼法》和《公安机关办理刑事案件程序规定》从不同层面对侦查机关收集证据作出了详细规定。《刑事诉讼法》第 52 条规定:审判人员、检察人员、侦查人员必须依照法定程序,收集能够证实犯罪嫌疑人、被告人有罪或者无罪、犯罪情节轻重的各种证据;严禁刑讯逼供和以威胁、引诱、欺骗以及其他非法方法收集证据,不得强迫任何人证实自己有罪;必须保证一切与案件有关或者了解案情的公民,有客观地、充分地提供证据的条件,除特殊情况外,可以吸收他们协助调查。《公安机关办理刑事案件程序规定》第 8 条规定:公安机关办理刑事案件,应当重证据,重调查研究,不轻信口供;严禁刑讯逼供和以威胁、引诱、欺骗以及其他非法方法收集证据,不得强迫任何人证实自己有罪。据此,对本案涉及证据的争议焦点分析如下。

争议焦点之一:犯罪嫌疑人王某雷的供述与辩解的客观性和合法性存疑。本案中侦查人员对王某雷前后进行 9 次讯问(询问),共形成 9 份讯问(询问)笔录。在这 9 份笔录中,嫌疑人供述存在重大矛盾:一是嫌疑人王某雷前后辩解与供述在罪与非罪方面存在矛盾:前 5 次均为无罪辩解,后 4 次为有罪供述。二是在后 4 次有罪供述中,用于击打被害人王某 1 的犯罪工具种类及其去向相互矛盾:第 6 次供述作案工具是斧头,扔在玉米秸秆堆里;第 7

次供述作案工具是锤子，洗了放在家里；第 8 次供述作案工具是刨锛，扔在河里；第 9 次还是刨锛，但放哪里想不起来了。

检察机关审查批捕过程中提讯犯罪嫌疑人时，发现王某雷右臂打着石膏缠着绷带，面对检察官有关伤情形成的询问，王某雷极力回避，一再表示“记不清了”。经过进一步询问，王某雷边哭边否认自己杀人，称之前之所以作有罪供述是因为“被打了”。

《刑事诉讼法》第 56 条第 1 款规定：采用刑讯逼供等非法方法收集的犯罪嫌疑人、被告人供述和采用暴力、威胁等非法方法收集的证人证言、被害人陈述，应当予以排除。同样，《公安机关办理刑事案件程序规定》第 71 条第 1 款规定：采用刑讯逼供等非法方法收集的犯罪嫌疑人供述和采用暴力、威胁等非法方法收集的证人证言、被害人陈述，应当予以排除。

根据上述规定，公安机关采取非法方法收集犯罪嫌疑人王某雷的供述与辩解不具有合法性；其供述内容前后不一，且有罪供述中出现犯罪工具种类及去向相互矛盾问题，与案件客观事实（主要是尸体检查致命伤口呈“U”形，且未收集到供述的犯罪工具）不符，缺乏客观性。因此犯罪嫌疑人的供述与辩解不具有合法性和客观性，不能作为证据使用，应当予以排除。

争议焦点之二：犯罪嫌疑人作案时的“血衣”未查获，犯罪工具存在重大疑问，公安机关收集实物证据缺乏全面性。实物证据主要是物证、书证、视听资料、电子数据、笔录类等 5 种证据，这 5 种证据具有客观存在性、性状稳定性、证据碎片性、证明能动性的共性特性。[1]《公安机关办理刑事案件程序规定》第 191 条规定：公安机关对已经立案的刑事案件，应当及时进行侦查，全面、客观地收集、调取犯罪嫌疑人有罪或者无罪、罪轻或者罪重的证据材料。根据该规定，公安机关侦办案件收集证据时应当本着全面、客观、及时、准确、合法的原则对案件涉及的证据应收尽收，确保收集的证据具有客观性、相关性、合法性，才能证明案件事实。本案中犯罪嫌疑人作案时穿的“血衣”（对于“血衣”，犯罪嫌疑人先称拿到村里桥下烧毁了，后又称洗净后放回家了）和杀人使用的犯罪工具均是证明案件事实的重要物证，具有很强的客观存在性和性状稳定性，属于证明本案案件事实的必要性证据，公安机关在收集证据时既没有找到“血衣”，也没有收集到“斧头”“锤子”“刨锛”。这样一来，证明犯罪嫌疑人实施杀人行为的犯罪证据无法形成证据锁链，且与其供述与辩解出现重大矛盾，无法证明案件事实。

争议焦点之三：现场提取到的手套、血迹、烟蒂等实物证据未作司法鉴定，被害人尸检报告没有确定死亡时间。因此，刑事科学技术对收集到的实物证据未作进一步鉴定，法医科学对被害人死亡时间没有形成科学性鉴定意见。《办理死刑案件证据规定》第 6 条第 4 项规定，对于物证、书证，应当着重审查其与案件事实有无关联；对现场遗留与犯罪有关的具备检验鉴定条件的血迹、指纹、毛发、体液等生物物证、痕迹、物品，是否通过 DNA 鉴定、

〔1〕 参见潘金贵主编：《证据运用实务教程》，法律出版社 2023 年版，第 247 页。

指纹鉴定等鉴定方式与被告人或者被害人的相应生物检材、生物特征、物品等作同一认定。本案中对于现场提取到的手套、血迹、烟蒂等实物证据,按照该规定需要进一步作 DNA 鉴定,与提取到的犯罪嫌疑人生物检材进行同一性比对,确定该证据材料的证据能力和证明力,以确定现场遗留物是否属于王某雷所留,进一步完善案件证据体系。

检察机关经过审查发现本案事实不清、证据不足,遂对犯罪嫌疑人王某雷不予批准逮捕,并且向公安机关发出了《不捕理由说明书》、《补充侦查提纲》和《纠正违法通知书》。后公安机关按照《补充侦查提纲》的要求,对现场提取到的手套、血迹、烟蒂等实物证据进行DNA 鉴定,比对出本案真正的犯罪嫌疑人王某 2。

事实证明,公安机关在侦办案件过程中对收集到的物证作进一步司法鉴定对案件侦破、证据收集和证明案件事实不无裨益。

司法部司法鉴定管理局颁布的《司法鉴定技术规范》(SF/Z JD0101002—2015)中的《法医学尸体解剖规范》第 6 条"尸体解剖报告"中,第 6. 1. 1 项要求尸检报告内容完整、详细、易懂、客观;第 6. 2. 3 项要求如果已知,应当包括死亡的日期、时间和地点。从证据收集角度来看,通过法医技术查明被害人死亡时间,形成科学性意见,是完善命案证据极其重要的一环。从公安预审角度分析,被害人死亡时间作为重要的隐蔽性证据,既是客观锁定犯罪嫌疑人的一种手段,也是审查该证据与犯罪嫌疑人口供等其他证据是否相互印证,形成证据链的重要内容之一。本案中被害人尸检报告没有载明被害人死亡时间,从法医科学角度来看,也就是说对被害人死亡时间没有形成科学性意见,对此部分案件事实没有查明,导致事实不清。

争议焦点之四:证据收集过程中刑事侦查与刑事技术脱节,导致言词证据与实物证据矛盾问题。在刑事案件办理过程中,刑事侦查和刑事技术都是收集证据、固定证据、增强证据证明力的重要方法和手段,二者应该通力协作、相互配合,及时沟通,共同完成刑事证据收集、预审、鉴定等工作。一是通过侦查手段对收集到的实物证据进行辨认,初步确定其与犯罪事实和犯罪嫌疑人是否具有相关性,再进一步采取刑事技术手段对这些实物证据进行科学鉴定,从科学证据的角度形成鉴定意见,更加准确地认定证据的相关性问题。二是对于通过讯问(询问)等方法收集到的言词证据,应及时与通过刑事技术(法医、痕迹、影像、理化、警犬、心理测试等)收集到的证据材料进行印证性比对,以便确定进一步侦查方向和取证重点。本案中,犯罪嫌疑人王某雷从无罪辩解到有罪供述,前后共计作了 9 次笔录,不但笔录之间相互矛盾,而且笔录中供述的犯罪工具种类与现场勘查中法医鉴定的被害人伤口不符。死者尸体照片显示,被害人王某 1 的致命伤口呈"U"形,王某雷供述的斧头、锤子、刨锛三种工具均不能形成"U"形伤口。显然,通过审讯取得的言词证据与现场勘查中的被害人伤口无法印证。可见,公安机关在刑事侦查与刑事技术环节出现了"脱节",并未将二者结合起来重新确定侦查方向和证据收集重点,因而也就无法查明真正的犯罪嫌疑人。

(二)全案证据分析

结合证据收集情况及后续诉讼结果,本部分拟对案件涉及的证据标准和证明标准进行分析。一般来讲,证据标准是对证据本身的要求,即收集、固定、审查和运用证据证明案件事实应达到的具体程度和要求。而证明标准是指承担证明责任的公安司法机关对刑事犯罪事实加以证明所要达到的程度和要求。从证据标准的功能看,主要有如下两方面:其一,在侦查阶段对案件主要证据的收集、获取进行指导与规制,即一个案件的发生会留下哪些可能的主要证据以及如何正确收集、获取这些证据;其二,对进入审判阶段的案件证据进行审查过滤,即案件应具备哪些证据条件才被允许提起诉讼并进入审判阶段。[1] 证明标准则是《刑事诉讼法》第 55 条所要求的"证据确实、充分"。

1. 本案证据收集重主观性证据,轻客观性证据。被害人王某 1 被击打死亡(属于命案),犯罪嫌疑人从犯罪工具准备、进入犯罪现场到在中心现场及外围现场(犯罪嫌疑人来路、蹲守、逃跑等轨迹)实施犯罪行为可能留下影像资料、电子信息、痕迹物证、目击者以及因犯罪工具处理而产生的一系列主观证据材料和客观证据材料。侦查机关可以根据案件发生前后的客观情况对这些证据进行全面收集,对周围人员进行调查访问,对涉案人员进行讯问(询问),因而可能收集到物证,书证,证人证言,犯罪嫌疑人、被告人供述和辩解,鉴定意见,勘验、检查、辨认、侦查实验等笔录,视听资料,电子数据等证据。本案中,侦查人员在证据收集方面采取从人到案的方式,注重收集犯罪嫌疑人供述与辩解、证人证言等主观性证据,而对犯罪工具及"血衣"等客观性证据收集重视程度不够。因而导致案件事实不清,证据不足,无法排除他人作案的可能。

2. 本案证据收集未达到命案所要求的证据标准。根据公安部对命案侦办的要求和标准,公安机关在办理命案过程中应该按照《办理死刑案件证据规定》的要求,收集与犯罪构成要件相关联的所有刑事证据,包括证明犯罪事实发生的证据,证明犯罪嫌疑人实施了犯罪行为与实施犯罪行为的时间、地点、手段、后果以及其他情节的证据,证明影响嫌疑人定罪的身份情况、刑事责任能力、罪过的证据,证明是否存在共同犯罪及被告人在共同犯罪中的地位、作用的证据,对嫌疑人从重处罚的证据。本案中,公安机关对王某雷的犯罪动机和犯罪工具、被害人死亡时间、犯罪留下的重要物证(血衣)等均未查实,达不到本案所要求的证据标准,无法证实王某雷为本案作案人。

3. 本案收集到的证据无法相互印证,不能达到"证据确实充分"的证明标准。《刑事诉讼法》第 55 条第 2 款将"证据确实、充分"具体化为三点:(1)定罪量刑的事实都有证据证明;(2)据以定案的证据均经法定程序查证属实;(3)综合全案证据,对所认定事实已排除合理怀疑。本案中,一是犯罪嫌疑人供述与辩解与其他证据存在重大矛盾,定罪量刑的犯罪动机、犯罪工具等均未有证据予以证实;二是收集王某雷的供述与辩解的手段非法,不能作为证据使用;三是综合全案无法排除第三人作案的合理怀疑。因此,本案事实不清,证据不足。

---

〔1〕 参见熊晓彪:《刑事证据标准与证明标准之异同》,载《法学研究》2019 年第 4 期。

□ 理论拓展

刑事诉讼存在两种不同的价值观:实体真实观与正当程序观。追求实体真实体现在国家安排各种刑事制度以保障发现案件真相,对采取的发现案件真相的方法与措施在所不论。正当程序原则要求国家行使刑罚权“必须是公正的,而且是以看得见的方式实现公正”[1]。追求实体真实虽然更利于打击和控制犯罪,但因对采取的发现案件真相的方法与措施控制不严,客观上就可能会对公民的宪法性权利造成不同程度的侵害。与此相反,正当程序原则有可能放纵真正的犯罪人,但能保障公民的合法权益不受侵害,从长远来看,有利于社会秩序的修复和个人权利的保障。

实体真实与正当程序的价值观冲突,反映了国家在刑事诉讼制度安排方面的刑罚观和权力观的差异。我国提出全面依法治国战略以来,出于查明案件事实的现实需要,安排了各种制度,给予侦查机关收集证据、查获犯罪嫌疑人以充分保障;同时,制定了严格的内部审批制度、辩护制度、监督制度等不断加强对犯罪嫌疑人合法权利的保护力度,在一定程度上平衡调和了实体真实与程序正当的价值冲突。

根据我国现有刑事诉讼制度安排,侦查机关应在保障犯罪嫌疑人宪法性权利等相关法律权益的前提下查明案件事实真相。主要是侦控、查找、捕获犯罪嫌疑人,同时收集证据揭露犯罪、查明犯罪、证实犯罪,两项工作犬齿交织、相互支持、相辅相成,从而保障顺利侦查终结。在以审判为中心的司法制度背景下,侦查部门转变了刑事执法理念,侦查办案也体现了以收集证据为核心,通过刑事程序保障证据收集的合法性、客观性、全面性、准确性和及时性。

(一)证据收集要求及基本原则

1. 刑事证据收集要求

公安机关应围绕刑事侦查和证据收集展开工作,按照刑事法定程序,根据各类证据规则和证据特点,在遵循证据收集客观规律基础上,通过传统取证手段和现代科技,对与犯罪事实相关联的证据开展讯问(询问)、现场勘查、搜查、扣押、辨认、比对、侦查实验等证据收集工作,实现刑事诉讼揭露犯罪、证实犯罪的目的。

因此,刑事案件中收集证据时必须在保障公民宪法性权利的前提下,按照实现刑事诉讼目的、遵循证据规则、适应证据特点、遵循客观规律、借助现代科技等要求开展取证工作。

2. 证据收集基本原则

(1)合法性原则。合法性原则具体包括收集主体合法、收集程序合法、收集手段合法、证据形式合法等,在侦查取证程序合法前提下确保收集到的证据具有合法性。

(2)客观性原则。侦查人员收集证据时应当秉持客观性原则,不能主观“臆造”证据,不能片面追求证明有罪的目的,不但要注重收集各种证明犯罪嫌疑人、被告人有罪、罪重的证据,而且要注重收集证明犯罪嫌疑人、被告人无罪、罪轻的证据;不但要收集定罪的证据,而

---

〔1〕 孙长永主编:《侦查程序与人权保障——中国侦查程序的改革和完善》,中国法制出版社2009年版,第2页。

且要收集量刑的证据;不但要收集各种法定量刑情节证据,而且要收集各种酌定量刑情节证据。

(3)全面性原则。在刑事案件侦办过程中,凡是与案件事实有关、能够反映案件真实情况的证据材料都应尽可能收集到位,防止遗漏,以形成完整的证据链。包括犯罪动机、犯罪目的、客观行为、危害后果、行为人犯罪前后表现等在内的影响定罪量刑的所有证据都应当收集。

(4)准确性原则。公安机关收集证据一定要以证据关联性为基准,收集证明案件事实或者证否犯罪嫌疑人的证据,切忌收集既不能证实又不能证否的所谓"无用"证据。最终要形成收集到的证据与以之证明的案件事实之间存在一一对应关系,所有的证据都用以证明案件事实,所有案件事实均有证据予以证明,且达到充分的程度。

(5)及时性原则。对于刑事案件侦办来说,收集证据的时限性、及时性尤为重要:一是证据可能会因为自然条件的影响发生变化、毁坏乃至消失;二是当事人、知情人对案件事实的记忆会逐渐淡化、模糊,难以唤醒回忆和准确表达,甚至出现遗漏或错误;三是收集证据过程若久拖不动、久拖不决,也会出现人为地隐匿证据、毁灭证据,导致证据无法收集到案。[1]

(二)刑事证据收集存在的问题及对策

我国现有刑事诉讼制度设置一方面加大了查明案件事实的侦办力度,另一方面也在保障公民宪法性权利方面"颇下功夫"。侦查机关作为一线执法单位,按照现有刑事诉讼制度规定,迅速从打击犯罪和侦查破案的固有窠臼中挣脱出来,实行以保障犯罪嫌疑人合法权益为前提,以刑事诉讼为目的,以收集证据为核心,全面实现刑事执法规范化和法治化,不断提升收集证据能力和执法办案水平。然而,这一过程并非一蹴而就,正如在侦查办案工作中虽然非法证据收集大为减少,但"灰色"的瑕疵证据仍然出现。侦查体制实行"侦审合一"以来,预审工作表现出不断弱化的倾向,在证据收集、审查、组合以及证据标准方面尚存在不少问题。

1. 瑕疵证据产生及处理机制

瑕疵证据主要是指执法办案人员通过不符合法定程序和要求,但尚未损害到公民宪法性实体权利的执法方法、手段、措施等收集到的证据。因为执法人员在收集证据的过程中出现轻微违法行为或者执法不规范而产生的瑕疵证据既不具有证据本身应该具有的合法属性,也不属于损害公民宪法性权利而收集的非法证据,而是介于合法证据与非法证据之间的"灰色证据",处于证据能力待定状态。

瑕疵证据产生的原因在于:一是侦查取证人员的法治意识、证据意识、程序意识薄弱,没有真正领会证据所必备的合法性要件。严格来讲,侦查行为属于行政行为,其价值目标是追求效率,尽快确定并捕获作案人员,侦查人员对侦查破案的方法、措施、思路"颇有心

---

[1] 参见潘金贵主编:《证据运用实务教程》,法律出版社 2023 年版,第 228-236 页。

得”,运用起来得心应手,却往往忽视侦查过程实质上也是取证过程,侦查的最终目的也是获取证据。侦查人员有时会出现侦查中“忘记”收集证据和固定证据,事后补充收集证据的情况。二是受客观办案环境影响,无法完全按照法定程序和要求完成证据收集工作。这主要发生在现场勘查、搜查、侦查实验等需要见证人的情形下,实践中,受客观条件限制,很多现场勘查、搜查、侦查实验无法找到见证人,特别是在荒郊野外更是如此。三是案件证据本身具有特殊性,部分只能收集到瑕疵证据。例如,因原始物证、书证被人为毁坏、自然灭失等,只能收集复制件或者其他间接证据(毁灭的实物证据、毁坏现场、画影图形等)。

正因为如此,言词证据、物证、书证、电子数据、视频资料、现场勘查笔录类等中产生了许多瑕疵证据,由于案件在客观上证据非常有限,如果排除全部瑕疵证据,则证明案件事实非常艰难,所以这些瑕疵证据不得不进入诉讼程序。因此,面对司法现实问题,法律采取“妥协”方式,相对合理地对瑕疵证据予以补正或者对经合理解释后的瑕疵证据赋予证据能力,并将其作为认定案件事实的根据,无法补正或解释不合理的则排除在诉讼程序之外。本书认为,第三种原因产生的瑕疵证据符合补正和合理解释的条件,但对于第一种因为办案人员主观原因而产生的瑕疵证据,侦查机关往往以情况说明予以解释,其客观性存疑,既不利于公民权利保障,也不利于民警执法规范化的推行,应该严格控制。本案中,被害人尸检报告未载明死亡时间,该报告属于重要证据之一,被害人死亡时间为其必备要素,漏掉此项材料系刑事技术人员证据意识淡薄所致,类似的瑕疵证据不能简单地以情况说明解释,而是应该排除在诉讼之外,收集其他相互印证的间接证据形成证据链证明死亡时间。

因此,减少甚至杜绝执法人员主观原因导致的瑕疵证据,一是要提升侦查取证人员的法治意识、证据意识、程序意识,二是要加强内部执法督导和外部执法监督,三是要强化证据审查,加大排除非法证据力度。

2. 非法证据收集及其法治化规制

通常来讲,比较突出的非法证据收集问题主要是言词证据中的刑讯逼供,其造成了一些冤假错案,虽然这些案件陆续都得到纠正,但也引起了侦查部门高度警惕,采取了一系列措施杜绝刑讯逼供,如对审讯场所进行物理隔离改造、对讯问过程进行全程录音录像等。这样一来,刑讯逼供问题得到根本性扭转。相对而言,通过威胁、引诱、欺骗以及疲劳审讯等手段获取犯罪嫌疑人供述的问题就凸显出来:一是采取威胁、引诱、欺骗方法取证的标准比较模糊,在证据收集和案件审查中难以从程度上予以界定;二是通过威胁、引诱、欺骗取证与侦查审讯策略相互交织,界限不清;三是疲劳审讯具有较大的“裁量”空间,实践中操作随意性较强。目前,刑事法律、司法解释以及部门规章等都禁止采取威胁、引诱、欺骗和疲劳审讯方法取证,以保障犯罪嫌疑人和被告人合法权益。

(1)严禁以威胁方法取证,但可以适当对犯罪嫌疑人、被告人施加压力,从而使其如实供述。严禁采用以严重损害本人及其近亲属合法权益等进行威胁的方法,使犯罪嫌疑人、被告人遭受难以忍受的痛苦而违背意愿作出供述。但是,犯罪嫌疑人、被告人因为涉嫌犯罪,其部分权利受到限制甚至被剥夺,侦查人员可以在不违反法律、司法解释、部门规章禁止性规定的前提下，运用审讯策略适当施加压力，如宣讲政策、讲法释理、案例类比等，让被审讯人员深刻认识到自己犯罪的危害性和严重性，迫于外部压力和内心“反省”，从而自愿选择如实供述。

(2)严禁以引诱方法取证，但可以在法律政策允许范围内对犯罪嫌疑人、被告人实行人性化待遇，使其受到感化而获取证据。严禁以引诱方法收集证据，不得强迫任何人证实自己有罪。但可以在法律政策允许范围内给予犯罪嫌疑人、被告人人性化待遇，在刑事执法中体现法律对公民合法权益的保护，如应犯罪嫌疑人、被告人要求代其探望家人，帮助解决家中困难，实现某些合理合法的愿望等，以使犯罪嫌疑人、被告人受到感化而自愿供述犯罪事实。

(3)严禁以欺骗方法取证，但可以在法律政策和道德伦理底线之上采取审讯策略让犯罪嫌疑人、被告人产生“错觉”，自愿交代案件事实。采取审讯策略不能违反法律政策，更不能突破道德伦理底线，如假扮律师、牧师、老师、家人、恋人等欺骗犯罪嫌疑人、被告人，从而破坏既有社会道德伦理秩序“骗取”证据。而在法律政策和道德伦理底线之上可以采取审讯策略，如通过化妆侦查、蒙太奇手法等让被审讯人员产生“错觉”，自愿供述案件事实。

(4)疲劳审讯实质上属于变相刑讯逼供，违反法律规定和人性机理，是对人权的漠视和践踏，绝不允许采取这种方法取证。疲劳审讯主要是对犯罪嫌疑人、被告人进行较长时间的审讯，使其在肉体上或者精神上遭受到痛苦，而不得不违背真实意愿作出供述。考察疲劳审讯的主要因素为时长、强度、审批与否，特别严控夜间审讯。虽然对审讯时长作了限制，但对审讯时段和时机没有禁止性规定。因此，审讯人员可以根据案件情况和审讯对象特点，在审讯时长范围内及保障被审讯人员饮食及休息权利的前提下，灵活选择容易突破口供的时段和时机进行审讯。

3. 证据收集与刑事预审紧迫性

近年来，侦查机关改革案件侦办机制，实行“侦审合一”，刑事案件由侦查和预审两个部门侦办的工作机制被打破，实行侦查和预审“一竿子到底”的侦办模式，侦查人员既负责侦破案件，又承担案件预审工作，直至侦查终结。这种改革模式提升了办案效率，客观上对侦查人员办案素质提出了更高的要求。因为侦查和预审属于两种不同的刑侦工作，侦查主要着眼于侦破案件和捕获犯罪嫌疑人，其价值取向为侦查效率。而预审则是在侦破案件的基础上，对已经被逮捕的犯罪嫌疑人进行审讯，进一步收集证据，查清案件事实、犯罪情节和甄别核查其他犯罪线索，重点工作是在前期侦破案件之后精准地收集、固定、补充、组合、排除证据，最终按照证据标准形成证据体系，达到“犯罪事实清楚，证据确实充分”的证明标准。

虽然《刑事诉讼法》第3条第1款规定对刑事案件的侦查、拘留、执行逮捕、预审，由公安机关负责，保留了侦查机关对刑事案件的预审权，但实行“侦审合一”模式以后，侦查人员包揽了价值取向不一致的侦查和预审两项工作，难以适应此种工作模式，专业素质也难以达到工作要求。因此，侦查机关的预审工作逐渐显露问题，甚至出现“侦而难审”的尴尬局面,案件审讯和证据收集“乏力”,案件质量难以提高。本书认为,侦查机关基于提升审讯水平和证据收集能力需要,可以考虑重新组建专业案审(预审)队伍,提升侦办效率和案件质量。

(撰写人:重庆市九龙坡区公安局　蒋和平)

■ 民事诉讼中取证的理解与适用

案例 10-2　某房地产开发公司、某中学与某市文旅投公司买卖合同纠纷再审案[1]

□ 案情概述

某房地产开发公司与某市文旅投公司于 2016 年 1 月 19 日签订《某中学财产转让协议》,协议约定将某中学财产转让给某市文旅投公司,某房地产开发公司以租赁方式续经营并向某市文旅投公司缴纳租金。协议签订后,某市文旅投公司依约向某房地产开发公司支付全部转让款。然而由于某房地产开发公司拖欠租金,某市文旅投公司在经过多次催缴租金后,于 2017 年 5 月 30 日向某房地产开发公司发出解除与某房地产开发公司签订的某中学财产转让协议的通知,通知某房地产开发公司将依法收回某中学的资产。

双方围绕支付租金、解除协议与收回资产等纠纷经过了一审、二审。某房地产开发公司认为二审法院在认定《某中学财产转让协议》的性质、是否成立、效力与解除等基本事实时,缺乏证据证明,法律关系认定错误。同时,某房地产开发公司认为,其申请二审法院向顾某调查取证,二审法院未准许,构成“对审理案件需要的主要证据,当事人因客观原因不能自行收集,书面申请人民法院调查收集,人民法院未调查收集的”情形。综上,某房地产开发公司申请再审。

再审法院经审查,以二审法院审理程序并未违法,证人证言不属于当事人因客观原因不能自行收集的证据,且相关书证已经构成完整的证据链条,该证人证言并非为认定本案基本事实而需要调查收集的证据为由,认为二审法院对相关事实认定清楚、适用法律正确。某房地产开发公司申请再审的理由不能成立,裁定驳回其再审申请。

该案涉及的证据基本情况如下:

某房地产开发公司向法院提交的证据调查收集申请书,申请法院收集顾某的证人证言,以证明某房地产开发公司主张的相关事实真实。某市文旅投公司对此表示,该案不需要证人证言,反对法院向顾某调查取证。

---

[1] 参见最高人民法院(2021)最高法民申 3409 号民事裁定书。

▢ 证据分析

本案涉及证据的争议焦点是:当事人申请法院收集证人证言,是否属于法院依申请调查取证的范畴?

对于以上证据问题,分析如下:

根据《民诉法解释》第94条第1款规定,当事人及其诉讼代理人因客观原因不能自行收集的证据包括:第一,由国家有关部门保存,当事人及其诉讼代理人无权查阅调取的;第二,涉及国家秘密、商业秘密或者个人隐私的;第三,当事人及其诉讼代理人因客观原因不能自行收集的其他证据。本案中某房地产开发公司所申请的证人证言显然不属于由国家有关部门保存,当事人及其诉讼代理人无权查阅调取的证据,也不属于涉及国家秘密、商业秘密或者个人隐私的证据。

根据《民诉法解释》第117条第1款和第2款的规定,当事人申请证人出庭作证的,应当在举证期限届满前提出;符合该解释第96条第1款规定情形的,人民法院可以依职权通知证人出庭作证。因此,证人出庭作证由当事人向法院申请或法院依职权通知(符合条件可不出庭作证)。证人在法庭上的陈述系证人证言,且该证人证言一经作出,法院与双方当事人即可得知。所以,在此情况下,不存在客观原因使当事人无法收集证人证言。

除此之外,《民诉证据规定》第70条第1款规定,人民法院准许证人出庭作证申请的,应当向证人送达通知书并告知双方当事人。由此可见,法院是以"通知"而非"传唤"的方式告知证人出庭,证人实际上并不负有强制出庭作证的义务。证人拒不出庭,原则上不会构成妨碍司法审判。所以,法院不可能通过调查取证的强制方式强迫"证人"作证言。

综上,证人证言不属于"当事人因客观原因不能自行收集的其他证据",本案中某房地产开发公司申请法院向证人顾某调查取证,法院依法驳回申请是正确的。

▢ 理论拓展

当事人自行收集证据分为当事人本人收集证据与当事人的诉讼代理人收集证据。

(一)当事人本人收集证据

根据《民事诉讼法》第67条第1款的规定,当事人对自己提出的主张,有责任提供证据。因此,为了让法院充分了解案件事实并获得有利于己的判决,当事人具有主动收集证据的高度积极性与能够收集到证据的全面性。因为只有当事人才最了解案件事实及相关证据。

(二)当事人的诉讼代理人收集证据

当事人的诉讼代理人收集证据大致可以分为非律师收集证据和律师收集证据。在律师收集证据中,民事证据调查令成为主要方式。民事证据调查令虽然并未规定在《民事诉讼法》及相关的司法解释之中,但部分地区已经陆续出台相关规定允许律师在民事诉讼中申请民事证据调查令[1]，对民事证据调查令的适用范围、申请程序、审核签发、使用管理等方面作出规定，有的地区还明确规定了接受调查单位拒不配合的法律责任及滥用调查令的惩戒措施。

此外，书证提出命令制度是提高当事人举证能力和扩展当事人收集证据手段的重要措施。书证提出命令的主体包括：(1)申请人，即负有证明责任的一方当事人；(2)被申请人，即民事诉讼中的对方当事人以及第三人，但不包括大陆法系国家和地区文书提出命令制度中的案外第三人。申请人在向法院申请书证提出命令时，应当明确书证的内容与要证事实，并提供对方当事人控制书证的依据及理由。

法院对书证的审查包括：(1)形式审查，即审查当事人提交的申请书是否符合法律及司法解释的规定；(2)实质审查，即判断对方当事人即第三人是否负有书证提出义务，主要包括书证是否特定，书证是否具备证明利益，书证是否包含于法定的客体范围，书证是否位于对方控制之下。

我国虽然规定了书证提出的法定客体，但与大陆法系国家和地区立法上的规定还是存在一定差异。我国对于书证提出义务并未遵循严格的限定主义，而是设置了兜底性条款，由人民法院酌定情形适用。[2] 大陆法系某些国家和地区对于文书提出的客体范围进行了以下限制排除：(1)涉及公务员职务秘密的文书；(2)记载有免证义务的其他人职务行为的文书；(3)专为文书制作人自己利益所制作的文书；(4)不属于法律上应公开的，国家机关内部组织所制作的文书。[3] 而我国仅规定涉及国家秘密、商业秘密、当事人或第三人的隐私，或者存在法律规定应当保密的情形的，书证提交后不得公开质证。而且书证提出命令的适用对象不仅包括书证，还包括视听资料、电子数据。

法院对于书证提出命令的审查结果主要包括：(1)申请理由成立，裁定责令对方提交，对方提交该书证；(2)申请理由成立，裁定责令对方提交，对方无正当理由拒不提交该书证，人民法院可以认定申请人所主张的书证内容为真；(3)申请理由不成立，通知申请人。[4]

作为当事人收集证据的补充，《民事诉讼法》第67条第2款规定："当事人及其诉讼代

---

[1] 例如，广东省高级人民法院、广东省司法厅《关于在民事诉讼中实行律师调查令的规定》，重庆市高级人民法院《关于在民事诉讼中推行律师调查令的意见》，江苏省高级人民法院、江苏省司法厅、江苏省律师协会联合印发的《关于在民事诉讼中使用调查令的规定(试行)》，湖南省高级人民法院《关于在民事审判和执行程序中实行律师调查令的工作规程(试行)》，陕西省高级人民法院《关于进一步规范民事执行程序中适用律师调查令的实施细则(试行)》，四川省高级人民法院等20个部门和组织联合印发的《关于在民事审判与执行阶段适用调查令的办法(试行)》，江西省高级人民法院、江西省司法厅《关于在民事诉讼中实行律师调查令的办法(试行)》，《上海法院调查令实施规则》，上海市高级人民法院《关于上海法院在民事诉讼中正式实施调查令的函》，北京市高级人民法院制定发布的《关于委托调查制度的若干意见(试行)》，等等。

[2] 参见最高人民法院民事审判第一庭编著：《最高人民法院新民事诉讼证据规定理解与适用(上)》，人民法院出版社2020年版，第435、443－445、454页。

[3] 参见张卫平：《民事诉讼法》(第6版)，法律出版社2023年版，第247页；[日]高桥宏志：《民事诉讼法重点讲义》(导读版)，张卫平、许可译，法律出版社2021年版，第154－157页；田平安主编：《民事诉讼法·诉讼证据篇》，厦门大学出版社2006年版，第174页。

[4] 参见常怡主编：《民事诉讼法学》(第5版)，中国政法大学出版社2021年版，第154页。

理人因客观原因不能自行收集的证据，或者人民法院认为审理案件需要的证据，人民法院应当调查收集。”当事人申请法院调查取证是法定的证据收集方式，当事人因客观原因不能自行收集证据时，有权向法院提出调查取证申请。法院依当事人申请进行的证据收集活动在性质上仍属于当事人收集证据的范畴，或者说是当事人收集证据的延伸性补充。[1] 法院依申请调查取证需要符合以下实质要件与形式要件。[2]

1. 实质要件

申请法院收集的证据必须属于以下几种情形：（1）该证据属于由国家有关部门保存，当事人及其诉讼代理人无权查阅调取且法院能够依职权调取的档案材料；（2）涉及国家秘密、商业秘密或者个人隐私的材料；（3）当事人及其诉讼代理人因客观原因不能自行收集的其他材料。其中（1）（2）属于列举式规定，（3）则属于概括式兜底规定。对于（3）的把握，应当综合考虑相关制度及规定排除当事人能够收集证据的可能性。

申请法院收集的证据还不能属于《民诉法解释》第 95 条规定的“与待证事实无关联、对证明待证事实无意义或者其他无调查收集必要的”证据。本案中，法院虽然否定证人证言属法院依申请调查取证的范围，但仍论述到，“相关书证已经构成完整的证据链条。上述证人证言并非认定本案基本事实而需要调查、收集的证据”。

2. 形式要件方面

（1）提出申请的人是当事人或其诉讼代理人。

（2）提交书面申请书，内容包含申请人的基本情况以及所要调查的证据内容、原因及拟证明的事实等。

（3）符合申请提交的期限。申请提交的期限应当与举证期限保持一致。举证期限可以由当事人协商。人民法院指定举证期限的，适用第一审普通程序审理的案件不得少于 15 日，当事人提供新证据的第二审案件不得少于 10 日。适用简易程序审理的案件不得超过 15 日，小额诉讼案件的举证期限一般不得超过 7 日。但是举证期限届满后，当事人提供反驳证据或者对已经提供的证据的来源、形式等方面的瑕疵进行补正的，人民法院可以酌情再次确定举证期限，该期限不受上述规定的期间限制。虽然《民诉法解释》第 94 条第 2 款规定的是“可以在举证期限届满前书面申请人民法院调查收集”，但参照最高人民法院关于“对《中华人民共和国民事诉讼法》司法解释疑问”的回复，即“《最高人民法院关于民事诉讼证据的若干规定》是对民事诉讼法有关证据制度的规定在审判实践中如何适用的进一步解释，属于特别规则，相对于 2020 年《最高人民法院关于适用〈中华人民共和国民事诉讼法〉的解释》继续沿用的第 93 条，2019 年《最高人民法院关于民事诉讼证据的若干规定》第 10 条应当优先适用”，当事人申请法院调查取证的时间应当限定在举证时限内。

（撰写人：西南政法大学法学院　谷佳杰）

---

〔1〕 参见王亚新、陈杭平、刘君博：《中国民事诉讼法重点讲义》（第 2 版），高等教育出版社 2021 年版，第 120 页。
〔2〕 参见张卫平：《民事诉讼法》（第 6 版），法律出版社 2023 年版，第 261 页。

第二节 举 证

■ 刑事诉讼中举证的理解与适用

案例 10-3 潘某某故意伤害案[1]

☐ 案情概述

法院经审理查明:2003年10月潘某某与田某某登记结婚。婚后潘某某对田某某控制欲望强烈,经常无端猜忌田某某,双方多次发生纠纷,潘某某曾在纠纷中殴打田某某。2022年9月17日22时许,潘某某酒后回到家中,发现田某某不在家,便微信视频联系田某某,对其质问、辱骂,并要求其立即回家。当日23时许,田某某回家发现门被反锁后敲门,潘某某开门,辱骂并质问田某某是否饮酒,双方发生口角继而发生抓扯。潘某某推搡、拖拽、掌掴、拳击、脚踹田某某,致田某某头部被多次撞击。其间,潘某某为质问田某某朋友曾某某为何邀约田某某喝酒,将掌掴田某某头、面部的部分过程拍摄视频,并微信发给曾某某。后潘某某将倒在地上的田某某拖抱至沙发上,将其衣物褪去盖上毛毯。次日6时许,潘某某起床后无法唤醒田某某便拨打120。医生到后检查确认田某某已经死亡。潘某某电话联系妻弟田某兴告知田某某死亡的讯息,田某兴到达现场后电话报警,潘某某被民警带离现场。经法医鉴定,田某某系严重颅脑损伤死亡。

法院以潘某某犯故意伤害罪判处其死刑,缓刑2年执行。

本案证据基本情况如下:

本案发生时,只有被告人与被害人在场,被害人已经死亡,无法开口说话。收集在案的证明案件事实的主要证据有:

1. 被告人潘某某供述与辩解。潘某某基本认罪,但关于作案详细过程的叙述有一个从少供到多供,再到全供的变化过程,其中夹杂避重就轻的辩解。到案初期潘某某只承认对田某某"打耳光",并强调田某某用烟灰缸打他,右边眼角被打出血。在侦查阶段第4次讯问时,才陆续详细供述对田某某有推搡、拖拽、掌掴、拳击、脚踹的行为,致田某某头部撞击墙面、地面。潘某某辩称自己主观方面是过失。

2. 被告人潘某某与被害人田某某的亲友的证言。多名亲戚朋友证明潘某某猜疑心重,对田某某控制欲强,在本案发生之前曾有酒后对田某某施暴的行为。

3. 法医鉴定意见、检验报告。毒化检验报告反映对提取的被害人田某某尸体心血进行

[1] 参见重庆市第二中级人民法院(2023)渝02刑初2号刑事附带民事判决书。

检验,未检出常见农药、常见安眠药及毒鼠强(排除因服用农药、安眠药及毒鼠强死亡)。组织病理学检验报告反映,对被害人田某某的脑、心等器官进行检查,病理诊断为:脑水肿,神经元变性,大脑及小脑蛛网膜下腔出血,左额底、左颞叶及右颞叶脑挫伤,脑桥出血。法医病理鉴定结论为,田某某系严重颅脑损伤死亡。

▢ 证据分析

公诉人在法庭上举证时,将全案证据分为6组举示。

第1组是反映本案诉讼情况的证据。主要为立案、采取强制措施等程序性法律文书。

第2组是反映被告人、被害人身份信息的证据。主要为户籍信息、职务等材料。

第3组是反映被告人潘某某到案经过的证据。主要为公安机关的接处警记录,接电话后到现场的田某兴和急救医生张某某的证言,以证明系田某兴报警而非潘某某报警。其中,张某某证实潘某某当时是以家属喝醉了为由打的120电话,张某某到现场时潘某某跟她说家属昨晚喝酒,两人吵架,自己打了家属两个耳光,她在确定田某某已经死亡的情况下建议潘某某报警,但潘某某没有报警而是给其妻弟田某兴打电话。田某兴证实自己接到潘某某电话到达现场后发现田某某有明显外伤,但是潘某某说昨晚因为田某某喝酒先打了他,他就打了田某某两个耳光,田某某可能是喝醉了被呕吐物卡了,田某兴没有闻到田某某身上有酒味,就打了110报警电话,警察到现场后潘某某被带走。

第4组是反映潘某某和田某某日常关系状况,以及本案发生前二人是否饮酒的证据。主要有:

1. 潘某某和田某某的多名亲友、同事的证言,证实证明婚后潘某某对田某某控制欲强,猜疑心重,酒后性格急躁,曾有对田某某施暴的行为。

2. 从潘某某手机中提取的电子数据(潘某某与田某某2020年3月以来的微信聊天记录),证实二人因经济、交友、打牌等琐事多次争吵,潘某某曾有殴打田某某的情况。如2020年3月12日,田某某说"如果生活中的烦恼不向别人倾诉,我早就疯了,比你还疯。你是不向人倾诉,只是回来打老婆"。同年3月15日田某某说"要是我敢随便用你的钱还不遭当场杀了。用各人的钱都要遭打"。潘某某对在争吵过程中对田某某有家暴行为予以承认。

3. 案件发生当晚与潘某某一起用餐、饮酒朋友的证言,与田某某一起打牌朋友的证言,证实潘某某当晚饮酒,田某某当晚未饮酒。

第5组是反映本案发生具体经过的证据。主要有:

1. 反映被告人、被害人当晚活动轨迹的相关监控视频及截图,证实二人当晚活动情况为潘某某先回家,田某某于23时许到家,潘某某供述的电话叫田某某回家,与和田某某一起打牌朋友证实的田某某接潘某某电话后回家一致。

2. 被告人潘某某的供述和辩解,公诉人重点宣读第9次讯问笔录,该次讯问中,潘某某详细供述因对田某某在外打牌不满,将田某某叫回家,在田某某回家后,他对田某某责骂,双方发生抓扯,他对田某某掌掴、拳击、拉、拽、踹、推,导致田某某头部多次撞击墙面和地面。

3. 电子数据,从潘某某手机中检测出时长 15 秒的视频 2 段、照片 1 张。公诉人申请当庭播放:(1)视频 1 拍摄时间为 2022 年 9 月 17 日 23 时 46 分,拍摄胸部以上部位,视频显示被害人田某某躺在地上,手臂弯曲,双手护住面部,右手背上有一血滴,被告人潘某某一手持手机拍摄,一手击打被害人面部,均打在被害人手上。被告人一边打,一边责问被害人和谁一起打牌,被害人请求打轻一点,被告人继续殴打、责骂。(2)视频 2 拍摄时间为 2022 年 9 月 17 日 23 时 47 分,为被告人潘某某持手机由站立推近至蹲下视角拍摄,显示被害人田某某躺在餐椅旁边的地上,镜头从膝盖以上部位到胸部以上部位,被害人右手臂弯曲,扶在右脸上,双眼闭上,左眼、左面部颧骨处有明显青紫,鼻孔处有血迹,嘴唇肿胀,全程未发出声音。被告人蹲下责骂,全程未再殴打。照片拍摄的时间为 2022 年 9 月 17 日 23 时 51 分,显示被害人侧躺在地上,左边身体着地,右手放在大腿上,左手放在地上,背后为餐椅、一人位沙发和一只白色凉鞋,拍摄部位为膝盖以上,头部以下。潘某某在 23 时 51 分通过微信将田某某躺地上的照片发送田某某的朋友曾某某,曾某某转发给杨某某(在曾某某、杨某某手机中提取到相应照片)。(3)同楼层邻居李某某提供的自家在发案时间段的监控视频。证实在 2022 年 9 月 17 日 23 时 6 分至 23 时 9 分时间段监控视频中有男子骂人的声音,并且伴随有物体碰撞的声音,中途有尖叫声。李某某在此时间段两次去大门处观望屋外情况。

4. 证人证言,李某某等邻居证实 2022 年 9 月 17 日 23 时许听见男子大声骂人、摔门的声音,疑似田某某受到惊吓后发出的尖叫声,类似头撞地板和家具撞地板的声音。与田某某一起打牌的杨某某,田某某的朋友曾某某等人证实田某某在打麻将途中接到潘某某微信视频电话后,由杨某某、舒某某开车将其送回所住小区,潘某某在田某某到家后陆续给杨某某、曾某某等人打电话质问是否和田某某一起喝酒,潘某某在 23 时 51 分微信将田某某躺地上的照片发送曾某某,曾某某转发给杨某某。

第 6 组证据是反映本案造成的后果的证据。主要有:

1. 鉴定意见、检验报告。(1)毒化检验报告。结论为被害人田某某尸体心血中未检出常见农药、常见安眠药及毒鼠强。(2)组织病理学检验报告。经对田某某的脑、心、肺、肝、脾、胰腺、肾、子宫进行检查,病理诊断为:脑水肿,神经元变性,大脑及小脑蛛网膜下腔出血,左额底、左颞叶及右颞叶脑挫伤,脑桥出血。(3)鉴定意见。根据尸体检验,田某某头面部广泛青紫肿胀,左颞部、左顶枕部、右颞顶部、右颞枕部见片状皮下出血、双侧瞳孔不等大,剥开头皮见帽状腱膜下广泛出血,双侧颞肌出血,右颞枕部见颅骨线性骨折,骨折线延伸至右颅中窝。脑组织广泛蛛网膜下腔出血,脑组织底面见多处脑挫伤,切开脑组织见双侧侧脑室积血等,结合毒化检验结果及组织病理学检验结果等综合分析,田某某符合严重颅脑损伤死亡。鉴定结论为:田某某系严重颅脑损伤死亡。

2. 勘验、检查、扣押等笔录。主要反映现场勘验,提取痕迹、物证、电子数据,扣押潘某某手机,检查潘某某身体等工作过程和相关结果,与前述证据相互印证。其中,对潘某某人身检查,潘某某身份多处受伤,如右上眼睑肿胀,伴浅表裂创,左面颊、右下颚、右颈部、右肩部多处表皮剥脱,右手臂及右大鱼际青紫肿胀,左环指末节青紫肿胀、甲床淤血等,与潘某某供述的和田某某抓扯的细节相互印证。

本案被告人潘某某总体上认罪,庭前会议中,辩护人对被告人实施了殴打行为这一基本事实没有异议。存在的主要争议:一是辩称潘某某系过失致人死亡;二是认为被告人潘某某有自首情节;三是辩护人认为被害人的死亡原因不明确,无法确定殴打是致死的唯一原因,集中体现在对鉴定意见有不同意见。

1. 针对被告人潘某某行为性质争议的举证。针对被告人潘某某行为性质的争议,公诉人在法庭上举示证据时,围绕尸体检验反映的被害人伤情,结合被告人的供述,从时间短促、过程连续、致伤方式、致伤力度、致伤部位、伤害后果的严重性等方面,以客观行为、客观情况展示被告人潘某某对自己的伤害行为可能造成被害人重伤甚至死亡的后果并不持否定态度,不同于过失致人死亡罪行为人对死亡的危害后果持否定态度。

2. 针对潘某某是否有自首情节争议的举证。针对潘某某是否有自首情节的争议,公诉人举示证人田某兴、出诊医生张某某证言证实被告人潘某某没有主动报警,举示被告人潘某某到案后的前3次讯问笔录,指出潘某某虽然承认有殴打被害人的行为,但避重就轻,第1次讯问中只承认有推一下、扇几个巴掌、踢一脚的轻微暴力行为,还谎称田某某酒后自己撞伤头部。此外,申请法院通知办理该案的侦查人员出庭说明情况。通过对出庭侦查人员的询问,揭示潘某某在被抓捕时并未供认犯罪事实,到案后第4次讯问才开始如实供述,2022年9月18日对被害人已经进行尸体解剖,法医根据解剖情况初步判断被害人系颅脑严重损伤致死的事实,并实时通报侦查人员,侦查人员在潘某某如实供述前已掌握其主要犯罪事实。因此,潘某某虽然明知他人报警后仍在现场等待,但并未如实供述主要犯罪事实,不应认定有自首情节。

3. 针对鉴定意见争议的举证。辩护人在庭前会议中表达了对鉴定意见的异议,申请鉴定人出庭。辩护人认为,公安机关的鉴定书只是笼统地给出了田某某系重度颅脑损伤死亡的意见,没有对脑挫伤的严重程度进行充分阐明,即便认为颅脑损伤可能达到致死程度,即潘某某的故意伤害行为导致田某某"头部接触具有一定平面、质地较硬钝性物体",形成严重脑挫伤死亡,这也可能只是田某某死亡原因之一,不能得出这是导致死亡的唯一结论。因为田某某脑桥出血、蛛网膜下腔出血,卵巢有陈旧性出血,而脑桥出血、蛛网膜下腔出血的原因除了外力作用外,也可以由自身疾病引发,还可以由情绪激动、剧烈运动等因素诱发。卵巢有陈旧性出血,不排除死者凝血功能异常。同时组织病理学检验报告中还提到死者"小脑扁桃体可见压迹,切面未见异常",显见压迹原因存在两种可能:一是小脑扁桃体疝,由于外伤性硬膜下出血,导致颅内压升高出现小脑扁桃体疝;二是小脑扁桃体下疝,一种先天疾病,脑部畸形,须依赖影像学检查才能诊断。因而不排除非外伤性小脑扁桃体下疝致死的可能。基于此,辩护人认为,现有证据不能排除合理怀疑,得出田某某死亡系潘某某殴打所致的唯一排他性结论。

针对辩护人对鉴定意见的质疑和在法庭上对鉴定人的发问,公诉人在宣读鉴定意见的基础上,围绕鉴定意见对鉴定人发问,通过鉴定人之口阐释鉴定原理、过程、方法等。公诉人询问鉴定人执业年限,鉴定人答复已执业14年,解决了鉴定资质、能力问题。通过询问鉴定人本案被告人的行为方式能否造成被害人伤情,以及是否要明确具体是哪一种方式造成了被害人的伤情,鉴定人回答被告人的行为方式能够造成被害人的伤情,是这些行为方式共同造成了伤害结果。公诉人要求鉴定人解释什么是"对冲伤",鉴定人答复"对冲伤"是运动的头部接触静止物体受到损伤,对冲性重型颅脑损伤只能由外力形成而不可能由自身疾病引起,本案的颅脑损伤是外伤形成的,头部撞击到墙面或地面可以造成颅脑损伤。

在对辩护人申请出庭的鉴定人发问的基础上,公诉人还申请了有专门知识的人(法医)出庭,通过对有专门知识的人发问,强化了举证效果。通过发问,有专门知识的人说明被告人的作案方式可以形成本案伤情,被害人颅脑多处损伤,无法确定哪一处伤是致命伤,被害人死亡是多处颅脑损伤综合作用下造成的。通过尸体检验、病理解剖,鉴定人根据伤情判定是颅脑损伤,排除发案前出血、病变,鉴定人依据的行业规范现行有效,根据此标准得出的结论是客观准确的。

发问结束后,公诉人总结:被告人作案方式造成被害人严重颅脑损伤,多处颅脑损伤导致被害人死亡,结合病理鉴定,能够排除被害人死亡是其疾病所致。

公诉人举示的证据和针对辩护人质证意见的答辩意见最终被法庭采纳。

▣ 理论拓展

(一)公诉举证与质证密不可分

举证、质证、认证是庭审中最主要的活动,是证明的过程和判决的依据,是证据裁判原则的集中体现。根据《人民检察院公诉人出庭举证质证工作指引》的界定,举证是指在出庭支持公诉过程中,公诉人向法庭出示、宣读、播放有关证据材料并予以说明,对出庭作证人员进行询问,以证明公诉主张成立的诉讼活动。质证是指在审判人员的主持下,由控辩双方对所出示证据材料及出庭作证人员的言词证据的证据能力和证明力相互进行质疑和辩驳,以确认是否作为定案依据的诉讼活动。[1] 举证、质证是出庭支持公诉的最核心环节,举证、质证的质量,直接影响指控犯罪的质量以及出庭支持公诉的效果。[2] 通常情况下,举证在前,质证在后,并且二者有相对明确的功能区分。公诉人举示证据后,被告人、辩护人进行质疑和辩驳,公诉人针对质疑和辩驳进行答辩,举证、质证界限比较分明。但实际运行中,二者的区分是相对的。有的诉讼活动具有双重性,既是举证,又是质证。如在质证中对已经举示的证据进行重复、强调、进一步说明,这既是质证,又是举证的需要。本案中公诉人对辩护人申请出庭的鉴定人发问,既是对辩护人针对公诉人举示的鉴定意见提出的质疑和辩驳的答辩,实际也可以认为是对鉴定意见的进一步举示,通过与鉴定人的一问一答,回

〔1〕 参见《人民检察院公诉人出庭举证质证工作指引》第2条。

〔2〕 参见张相军、侯若英:《〈人民检察院公诉人出庭举证质证工作指引〉理解与适用》,载《人民检察》2018年第19期。

应辩护人的疑问,强化鉴定意见的证明力。因此,根据公诉出庭的实际情况,完全可能举中有质,质中有举,举质交错,举质互用,以举强质,以质强举。相对于单纯举证,以及严格区分举证质证,重视举和质的相生相伴,甚至相互转化的关系,从个案证据实际情况出发,灵活运用举证质证方式,举证质证的效果会更好。

（二）举证应当围绕证明目的突出证明效果

举证的目的是证明诉讼主张成立,该目的直接决定举证的范围。[1] 举证是对在案证据的动态性展示,以充分的证据"绘制"被告人犯罪的清晰"图像",争取说服裁判者相信被告人犯下了公诉人指控的罪行。简单罗列出示证据已不能满足指控犯罪需要,实现证明目的和较好证明效果,主要涉及证据举示顺序和举示方式的选择。举证顺序应当有利于构建当庭指控证据体系、证明公诉主张。举示证据的先后,并非按照证据材料入卷的顺序,而是遵循最有力证明、最清晰展示的原则。指控证据体系中通常有关键证据(如通常情况下,直接证据是案件的关键证据)与非关键证据之分,关键证据是整个体系的骨架和支撑,其他证据围绕在其周围,共同指向案件事实。在举证时,一般对关键证据优先举示、重点举示、详细举示。同时,根据全案证据的相互关联性进行分类组合,确定分组出示的先后顺序。对证据进行分组时,需要遵循证据之间的内在逻辑关系,可以将证明方向一致或者证明内容相近的证据归为一组,也可以按照证据种类进行分组,并注意各组证据在证明内容上的层次和递进关系。分组举证时,在出示每组证据之前,对该组证据证明的主要内容作简单概括说明,出示完某组证据后,对出示证据的关联性和实现的证明目的进行阐明、总结。举证的方式不再囿于传统的宣读、说明方式,宣读、出示、播放、演示、解释、说明、重复、总结、强调、辨认、发问、反对、对质等均可以作为举证方式。其中,法庭的讯问、询问活动也是举证的重要内容和形式。举证方式应尽量生动、形象、直观、具体,现场感强,保持证据的原始面目,节奏紧凑,表述简洁,重点突出,环环相扣。大力借助多媒体示证等科技手段,妥善运用证人、鉴定人、有专门知识的人、侦查人员出庭说明等制度,将笔录类静态证据材料动态、直观地展示出来,让裁判者听得明白、看得清楚,让当事人心服口服,让旁听群众受到教育。

（三）如何提高鉴定意见的举证效果

鉴定意见,是指鉴定人运用科学技术或者专门知识,对诉讼中所涉及的专门性问题通过分析、判断所形成的一种鉴别意见。[2] 虽然其被喻为"证据之王",但并不具有优先采信和当然采信的属性。鉴定意见实质上属于言词证据,其并不因为属于科学证据而可以径直越过法庭质证环节,进而直接作为定罪量刑的证据。[3] 鉴定意见往往是案件的关键证据,公诉人在法庭上能否举示好鉴定意见,直接决定整体的举证效果。由于鉴定意见的技术性、专业性、抽象性、意见性等特性,对鉴定意见的举示,应当不同于其他证据。对于这类技术性特殊证据,作为在非鉴定领域专业人士的公诉人要通过恰当方式、用通俗易懂的语言

---

〔1〕 参见最高人民检察院第三检察厅编:《国家公诉人出庭指南》(修订版),法律出版社2023年版,第156页。

〔2〕 参见陈瑞华:《刑事证据法》(第3版),北京大学出版社2018年版,第307页。

〔3〕 参见潘金贵等:《刑事庭审质证规则研究》,中国检察出版社2019年版,第276页。

将鉴定人的专业判断说清楚,让鉴定意见体现其应有权威性和证明力,这是一项颇具挑战性的工作。对鉴定意见的审查和举证,公诉人一般注重"一头一尾",即鉴定之前的检材提取、保管、送检等是否符合要求,以及鉴定意见的结论部分。对于鉴定意见的举示,公诉人的传统做法是宣读,并且大多只宣读鉴定意见的结论性部分,对于检验、鉴定过程、方法、原理、鉴定人的分析论证等,囿于专业知识的限制和充分举证意识的欠缺,往往不重视、不举示,展示效果、说服作用体现不充分。一旦遇到被告人、辩护人提出异议,发表答辩意见时就会显得底气不足。与之密切相关,目前控辩双方对鉴定意见的举证质证多集中于检材是否受到污染,提取、送检是否符合规范等鉴定前程序问题,而对于鉴定意见本身是否符合相关科学原理、方法是否妥当等则较少涉及。对于鉴定意见这一关键证据,有必要改进举证方式,提升举证效果,继而推动对鉴定意见举证质证的实质化,最大限度地保障司法公正。一是公诉人在庭审前通过对与案件鉴定意见有关的专业知识"充电"学习,以及委托进行技术性证据审查,了解熟悉与鉴定意见相关的知识。二是在法庭上举示鉴定意见时,除了宣读鉴定意见结论性部分,对于检验、鉴定过程、方法、原理、鉴定人的分析论证,以及与检材相关的勘验、搜查、扣押等情况,也应作相应举示和说明。三是申请法院通知鉴定人、专门知识的人出庭,让专业的人来讲专业的问题,让鉴别者来展示作出鉴定(检验)意见的过程,从而提升鉴定意见本身的权威性、可信度,也能进一步强化指控效果。

(撰写人:重庆市荣昌区人民检察院　曾庆云)

■ 民事诉讼中举证的理解与适用

案例 10-4　某机械加工公司与某煤矿侵害发明专利权纠纷案[1]

□ 案情概述

某机械加工公司以某煤矿侵害其发明专利权为由,向法院提起诉讼,并提交两张自行拍摄的某煤矿井下照片,以证明某煤矿的发明专利侵权行为,并申请法院调查取证。一审法院认为涉案专利权在有效期限内,法律状态稳定,应受法律保护。某机械加工公司于本案起诉时已经取得涉案专利权,有权对侵害涉案专利权的行为提起诉讼。其虽申请法院调查取证,但其未提交关联性方面的可靠的初步证据,根据案件审理情况以及专利权人主张权利的情况,某机械加工公司的申请并不属于《民事诉讼法》规定的人民法院调查取证的范围。某机械加工公司对其主张有责任提交证据,其提交的证据不足以证实某煤矿实施了侵害涉案专利权的行为,故对其诉讼请求不予支持,驳回某机械加工公司的诉讼请求。

---

〔1〕 参见最高人民法院(2021)最高法知民终 420 号民事判决书。

二审中,某机械加工公司以"某煤矿使用的案涉侵权产品位于煤矿井下,未经许可难以进入煤矿并获得相关证据,其已在一审中提交了两张自行拍摄的案涉侵权产品的照片,并申请一审法院到某煤矿进一步调查取证,以查明侵权事实。而一审法院未予准许其调查取证申请且未送达不予准许通知书,违反法律规定,属于程序违法"为由上诉。二审法院经审查,认为一审判决认定事实清楚,适用法律正确,驳回了某机械加工公司的上诉请求,维持原判。

该案涉及的证据基本情况如下:某机械加工公司提交调查取证申请书,以证明某煤矿实施了侵权行为,某煤矿表示该证据不属于法院调查取证的范畴,应当由某机械加工公司自行举证。

□ 证据分析

本案涉及证据的争议焦点是:证据处于对方当事人控制,属于法院依申请调查取证的范畴还是当事人自行收集举证的范围?

对于以上证据问题,分析如下:

《民诉法解释》第112条规定书证提出命令制度,"书证在对方当事人控制之下的,承担举证证明责任的当事人可以在举证期限届满前书面申请人民法院责令对方当事人提交。申请理由成立的,人民法院应当责令对方当事人提交,因提交书证所产生的费用,由申请人负担。对方当事人无正当理由拒不提交的,人民法院可以认定申请人所主张的书证内容为真实"。本案中,"某煤矿使用的被诉侵权产品位于煤矿井下,未经许可难以进入煤矿并获得该证据"属于证据处于对方当事人控制之下的情形,某机械加工公司可以向法院申请向某煤矿发出书证提出命令,由某煤矿提交案涉侵权产品的相关资料。因此,案涉证据虽然处于对方当事人控制之下,但是当事人仍可以采取积极措施收集证据。故处于对方当事人控制的证据不属于《民诉法解释》第94条规定的法院依申请调查取证的范畴。

□ 理论拓展

举证的前提是能够收集到相关证据。我国民事诉讼中的证据收集主要分为当事人自行收集证据和法院调查取证。法院调查取证又分为法院依申请调查取证和法院依职权调查取证。法院调查取证是在当事人自行无法收集证据进而举示证据的情况下,为了查明案件事实真相,而作出的一种补充规定。法院依当事人申请进行的证据收集活动在性质上仍属于当事人收集证据的范畴,或者说是当事人收集证据的延伸性补充。[1] 这实质上是涉及如何合理弥补由于客观原因导致当事人的举证能力受限的问题。

法院调查取证实质上是帮助一方当事人举证,因此法律对在何种情形下可以依申请或者依职权调查取证作了限定。法院依申请调查取证需要符合以下几种情形:(1)该证据属

---

〔1〕 参见王亚新、陈杭平、刘君博:《中国民事诉讼法重点讲义》(第2版),高等教育出版社2021年版,第120页。

于国家有关部门保存,当事人及其诉讼代理人无权查阅调取且法院能够依职权调取的档案材料;(2)涉及国家秘密、商业秘密或者个人隐私的材料;(3)当事人及其诉讼代理人因客观原因不能自行收集的其他材料。其中(1)(2)属于列举式规定,(3)则属于概括式兜底规定。对于(3)的把握,应当综合考虑相关制度及规定排除当事人能够收集证据的可能性。

根据《民诉法解释》第96条第1款的规定,法院依职权调查取证的证据包括:第一,涉及可能损害国家利益、社会公共利益的;第二,涉及身份关系的;第三,涉及《民事诉讼法》第58条规定诉讼的;第四,当事人有恶意串通损害他人合法权益可能的;第五,涉及依职权追加当事人、中止诉讼、终结诉讼、回避等程序性事项的。

虽然按照辩论主义原则的要求,法院不宜主动调查取证,但遇到超出当事人处分权、涉及公益等的事项,法院应当依职权收集证据,这属于法院自身的责任和权能。上述五种情形系法院在相关案件中对案件事实进行的职权探知,列举式的规定可分为两类:一类是涉及公共利益和第三人利益,另一类是涉程序性事项。[1]

法院依职权调查取证具有严格性、限定性、独立性,非职权探知事项不可干预。为保障司法的公平公正,法院在民事诉讼中应恪守居中裁判之地位,不能随意依职权调查取证。但也有学者认为,对于如勘验笔录和鉴定意见这两种操作性证据,如果当事人出于某种原因没有申请,而法院又认为其对查明案件事实确有必要,也可以依职权实施勘验或交付鉴定。[2] 上述观点具有相当的合理性。

(撰写人:西南政法大学法学院　谷佳杰)

第三节　质　证

■ 刑事诉讼中质证的理解与适用

案例10-5　陈某龙、施某平贪污案[3]

□ 案情概述

原一审判决认定:2012年9月,省工程公司中标承建漳永高速A3合同段工程,并于同年11月委派时任省工程公司第×分公司经理陈某龙为该工程项目经理。漳永高速A3合

[1] 参见张卫平:《民事证据法》,法律出版社2017年版,第161-162页。

[2] 参见王亚新、陈杭平、刘君博:《中国民事诉讼法重点讲义》(第2版),高等教育出版社2021年版,第120页。

[3] 参见福建省三明市中级人民法院(2022)闽04刑再3号刑事判决书。

同段光洋隧道出口(先后更名为光阳隧道、安建隧道,项目编为“隧道三组”)由福建某隧道工程有限公司劳务承包,实际承包人及现场负责人均为施某平。2013 年至 2015 年,被告人施某平承包“隧道三组”工程期间,利用被告人陈某龙负责项目管理、工程施工、款项拨付的职务便利,在工程未计量结算的情况下,由被告人陈某龙通过代发农民工工资和违规预借工程款的方式,让被告人施某平领取完合同内全部工程款。后被告人施某平与被告人陈某龙共同商议套取合同外工程款,由被告人施某平提供“窝工误工补贴”等材料,被告人陈某龙指使他人伪造工人误工、机械闲置费用和节点完成工程进度量等材料后,利用职务便利进行审核并拨款,从该项目工程中骗取款项人民币 2450.6 万元。工程结束后,被告人施某平分给被告人陈某龙现金人民币 20 万元。

原一审法院认为,被告人陈某龙身为国有企业中从事公务的人员,利用职务便利,与他人勾结骗取国有财产共计人民币 2450.6 万元,数额特别巨大,其行为已构成贪污罪;被告人施某平勾结国家工作人员,利用国家工作人员职务上的便利,骗取国有财产共计人民币 2450.6 万元,数额特别巨大,其行为已构成贪污罪,分别判处有期徒刑 14 年和 13 年 6 个月。

一审宣判后,原审被告人陈某龙、施某平不服,以原审判决认定陈某龙与施某平合谋共同贪污 2450.6 万元事实错误、证据不足等为由,提出上诉。二审法院审理后认定的犯罪事实、证据与一审判决一致,对陈某龙、施某平提出的上诉理由不予采纳,裁定驳回上诉,维持原判。陈某龙和施某平继续向福建省高级人民法院提起申诉。福建省高级人民法院经审查,于 2022 年 2 月 28 日裁定认为,“原一审刑事判决和二审刑事裁定,据以定罪的证据不确实、不充分,适用法律错误”,将本案指定三明市中级人民法院进行再审。三明市中级人民法院经开庭审理,认为原一审、二审认定两被告人构成贪污罪的事实不清、证据不足,宣告不构成贪污罪。

本案就争议焦点涉及的主要证据有以下两方面。

1. 言词证据。

(1)被告人陈某龙和施某平供述,施某平施工班组以隧道内存在泥夹石、围岩等级变更、塌方等地质原因误工要求补偿 3000 余万元,后经协商,通过伪造工人误工和设备闲置情况清单,以误工补偿、节点奖励的名目给予施某平施工班组 2450.6 万元的补偿款。

(2)证人林某、林某玉、林某夏、施某云、陈某、李某、储某龙、林某洲、钱某伟、任某、黄某阳、邓某良、曾某敢等证言,证实施某平施工的隧道出现因地质条件复杂而塌方,工期严重延误,被告人陈某龙与施某平商量,以误工补偿、节点奖励的形式拨付 2400 余万元给施某平施工班组。

2. 书证。

(1)分项工程劳务分包合同,证实本案隧道工程采用单价承包方式,即包工、部分包料、包设备、包工期、包质量、包风险,节约不退、超支不补。

(2)《施工图变更设计——安建隧道出口不良地质处治变更》《隧道围岩跟踪变更专题会议纪要》《地质预报报告》《安建隧道出口段变更设计说明》《安建隧道出口段不良地质处

治专题会议纪要》《不良地质处治方案示意图》《监理日志》,证实施某平施工的安建隧道因地质原因,出现塌方等事故,业主单位、设计单位和勘探单位多次对该隧道重新进行地质勘探、设计等。

《给予明确“隧道三组”误工补偿费用即塌方处理费用的会议纪要》、《关于协调解决安建隧道出口队伍误工情况及增设节点目标的请示》、《“隧道三组”结算情况说明》、《班组结算汇总表》、记账凭证等,证实施某平班组以工期延误为由获得补偿款2450.6万元。

(3)检验报告(泉检技鉴〔2017〕2号),证实漳永高速A3项目部共支付给施某平施工班组工程款9003.587974万元,其中合同内结算金额6390.793376万元、合同外结算金额2612.794598万元。合同外结算金额包括隧道塌方误工补偿1650.6万元、施工期间节点考核奖励800万元。

回 证据分析

本案的争议焦点是:(1)施工班组主张的因地质原因造成的误工损失是否确实发生?(2)如果确认发生,误工损失的责任由哪方承担?

对于以上证据问题,从质证角度分析如下:

如果误工损失确实存在,且由发包单位承担责任,则所谓的套取公款2450.6万元实为工程款,本案不构成贪污犯罪。围绕这些争议焦点,再审期间辩方以“刑民交叉”为突破口,采取全案证据综合质证、单项证据重点质证的方法,对控方的证据进行整体性瓦解,最终实现因“事实不清、证据不足”的无罪判决。

(一)全案证据综合质证法

对于判定本案是否存在地质及设计等非施工方原因导致施某平班组窝工、误工的事实,审理法院采取了综合质证法,即聚合所有言词证据和书证中对辩方有利的内容,重构对辩方有利的案件事实。

1. 在案书证证实了涉案隧道因地质原因多次发生塌方以及进行变更设计的事实(具体列举了书证的内容及其所在卷宗页码):(1)《安建隧道出口段变更设计说明》证实,隧道洞口发生了边仰坡滑塌,洞内初期支护开裂、沉降,洞内掌子面塌方、冒顶等一系列施工安全问题。(2)4份《安建隧道出口段不良地质处治专题会议纪要》证实,安建隧道出口从2013年3月出现基底承载力不足问题以来,在洞口病害处治过程中,建设单位、设计单位、监理单位及施工单位4次开会商讨处治方案;先后多次邀请了省高指专家、国内隧道及地质专家、设计单位隧道专家等到现场实地勘察,结合病害发展、处治进度、处治效果及时调整处治方案,在一年内形成了4份会议纪要。(3)2份《隧道围岩跟踪变更专题会议纪要》证实,根据隧道围岩地质预报和施工现场情况,各方确认围岩由原来设计的Ⅲ级变更为Ⅴ级,决定变更施工方案。(4)22份《地质预报报告》证实,在时间跨度16个月的期限内,因为不良地质问题,建设单位委托地质监测部门持续性地对施工地质进行预测,获取22次预测结果。(5)《不良地质处治方案示意图》证实,在施工过程中,“四方”根据地质预报结果和现场塌方情况,不断调整地质处治方案,施工方案反复无常,直至2014年12月施工方案确定后,方可正常施工。(6)《施工图变更设计——安建隧道出口不良地质处治变更》证实,设计单位在2014年12月才完成"安建隧道出口不良地质处治变更"的《施工图变更设计》,说明施某平班组自从2012年年底进场以后,直至2014年12月施工图变更确定后才能正常施工,施某平班组为此停工、窝工时间长达2年之久。(7)《监理日志》证实,施某平班组在施工过程中,确实多次反复发生泥石流、塌方、冒顶等严重影响施工的事件。

2. 在案言词证据足以证实该事实(对能够证实该事实的各被告人供述和证人证言,具体列举言词证据的原话及其所在卷宗页码):(1)原审被告人施某平供述。施某平在多次供述中均辩解称确实因为地质、围岩和设计不断变更,现场存在窝工、误工近20个月的事实,造成其巨大损失。(2)陈某龙在多次供述中也辩解称施某平班组确实因为地质和设计而窝工、误工,并因此造成其经济损失。(3)证人李某(现场监理工程师)、任某、褚某龙(项目总监)、钱某伟(项目部现场技术员)证实了施某平班组因为窝工、误工造成了巨大损失。(4)证人林某夏(施某平合伙人,现场负责人)、证人任某(现场技术人员)证实了施某平班组因为窝工、误工20个月造成了巨大损失。

聚合质证法的思维模式可见图10-1:

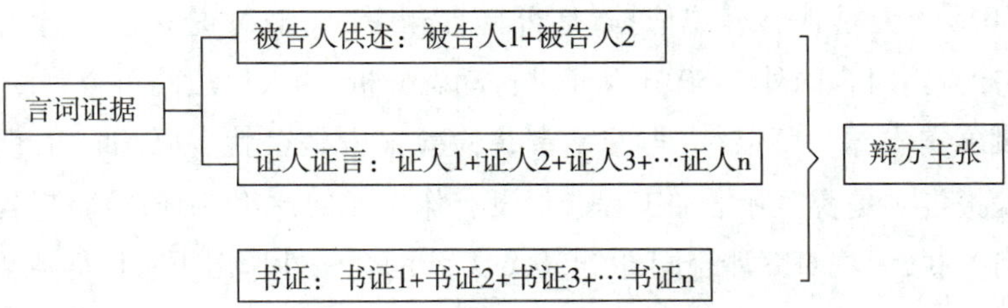

图10-1 聚合质证法的思维模式

(二)单项证据重点质证法

1. 对分项工程劳务分包合同采取证据分析法和规范分析法进行重点质证,因为该证据涉及发包单位应否对施某平班组的误工损失承担赔偿责任。

证据分析法:虽然分项工程劳务分包合同第3条约定了"包风险"的固定单价承包方式,但却没有约定"包风险"的具体风险范围,所以无法确定所谓的"风险"包括因发包单位原因造成的误工损失。

规范分析法:第一,根据国家标准《建设工程工程量清单计价规范》(GB 50500-2013)第3.4.1条中的规定,采用工程量清单计价的工程,应在招标文件或合同中明确风险的内容及其范围(幅度),不得采用无限风险、所有风险或类似语句规定风险内容及其范围(幅度),本案施工分包合同对风险范围的约定违背了国家标准的规定。第二,根据合同法的规定,在双方对风险范围没有明确约定的情况下,应当根据归责原则进行确认。本案中造成施某平班组不能正常施工的主要原因是地质原因和设计原因,这两大原因并非施工班组的原因,而是建设单位的原因与责任,建设单位应当对此承担一切风险,赔偿施工单位因此造成的一切损失。

2. 对检验报告从证据的“三性”角度进行重点质证。该检验报告被视为司法会计鉴定意见,披上“科学外衣”,似乎具有极强的证明力,本案也因此被定为铁案。然而,该检验报告虽然与案件事实具有关联性,但与案件争议焦点没有关联性,而且也存在合法性问题。

首先,检验报告与争议焦点没有关联性。第一,根据《人民检察院司法会计工作细则(试行)》第 9 条规定,司法会计鉴定解决的是静态财务问题,即对现有财务数据进行的检验与确认,而对于该财务数据的成因等动态因素,司法会计是无法解决的。第二,本案检验报告不能解决待证事实。检验报告显示,鉴定人员是依据漳永高速 A3 项目部提供的相关账簿凭证,就漳永高速 A3 项目部与“隧道三组”的工程量中期结算和支付进行汇总、计算,即对“财务往来账项”进行确认。其中所涉及的合同内中期结算共有 12 次,合同外中期结算 7 次,但不论是合同内还是合同外的中期结算,其结算金额均是固有账簿凭证所载明的确定事实,也是双方当事人确认的事实。而且,对于“隧道三组”所领取的合同外补偿款 2450.6 万元,也是各方当事人承认的毫无争议的事实。可见,对于“隧道三组”领取合同外 2450.6 万元不是本案争议焦点。检验报告也仅对这些数据进行了说明与列举,其本身并没有就结算金额和已付金额产生新的证明力。本案争议焦点或待证事实是,对于“隧道三组”所领取的合同外 2450.6 万元是否有客观依据,是否具有合法性。这才是司法会计所应解决的问题,即司法会计应当对合同外 2450.6 万元进行动态分析,为人民法院审查判断 2450.6 万元的合法性提供事实支撑。所以,应当着重审查检验报告是否就实际增加工程造价作出鉴定。如果检验报告对是否实际增加工程造价没有作出任何评价,则该检验报告与案件争议焦点没有任何关联,无法对案涉合同外 2450.6 万元的合法性作出更有可能或更无可能的关联性判断,该检验报告与案件争议焦点或待证事实没有任何关联性。显然,检验报告仅对固有的数据进行汇总和统计,没有对案涉工程是否增加造价或是否存在施工方索赔事宜作出鉴定,那么,原二审法院就没有获得评价合同外 2450.6 万元合法性的事实基础,也无法依据检验报告就合同外 2450.6 万元的合法性作出判断。显然,原审判决和二审裁定将检验报告视为最具证明力的证据是错误的。

其次,检验报告不具有合法性。本案的争议焦点是实际工程造价是多少,因为只有确定了实际工程造价,才能就“隧道三组”领取合同外 2450.6 万元的合法性作出判断。而确定案件工程的实际造价无非通过两种途径实现:一是由双方当事人进行造价审核确认,二是委托具有相应资质的造价咨询公司进行造价审定。在本案中,漳永高速 A3 项目部与“隧道三组”双方并未对案涉造价进行最终结算,那么对工程造价发生争议,只能委托具有造价咨询资质的第三方进行造价审定。根据《建设工程造价鉴定规范》(GB/T 51262 - 2017)第 2.0.5 条和第 2.0.6 条之规定,造价鉴定机构应当是从事工程造价鉴定的工程造价咨询企业;鉴定人是指受鉴定机构指派,负责鉴定项目工程造价的注册造价工程师。根据《建设工程工程量清单计价规范》(GB 50500－2013)[1]第2.0.38条和第2.0.39条之规定,工程造价咨询企业必须取得工程造价咨询资质等级证书,造价工程师必须取得造价工程师注册证书。然而,检验报告鉴定人却仅持有"司法会计"证书,并没有工程造价师注册证书,显然该鉴定人无法也无权就案涉的工程造价进行鉴定,其所检验的合同外造价2450.6万元仅能说明漳永高速A3项目部支付了、"隧道三组"收到了该笔工程款,但不能证明该笔工程款有无工程造价依据以及该工程造价是如何形成的。

回 理论拓展

质证是法庭审理的必经阶段,也是展开法庭审理的重心所在。[2] 质证包括质证的主体、质证的内容、质证方法等内容。

(一)质证的主体

根据我国《刑事诉讼法》的规定,公诉人、当事人及其辩护人和诉讼代理人是质证的主体,但是法官是否属于质证的主体,学界有两种不同的观点:一种观点认为法官是质证的主体,[3]因为法官积极审查判断证据的活动也可视为质证。另一种观点认为,法官不属于质证主体,[4]因为法官审查判断证据的活动不同于质证。本书持否定说,即法官不属于质证的主体,理由是:第一,所谓质证,是就对方提供的证据进行质问和质疑,具有对抗性特征,故只能发生在对抗的双方之间,而法官乃中立裁判者,不能参与质证。第二,法官在庭审中积极参与证据调查,乃是查证、认证的行为,该活动显然不能等同于质证。

(二)质证的内容

无论从诉讼法律规范看,还是从双方实践看,传统观点都认为,质证一般以证据的合法性、真实性和关联性"三性"为主要内容。

证据合法性是指广义的合法性,指证据内容、证据形式、收集或提供证据的主体及程序、方法等均符合法律规定,[5]具体包括五种情形:证据的内容是否合法,证据的形式是否合法,收集主体是否合法,收集手段、方法是否合法,收集程序是否合法。就收集手段和方法而言,如果违法,则该证据为狭义的"非法证据",可适用非法证据排除规则进行排除。就收集的程序而言,视程序违法的程度而定,如果仅一般违法,没有严重影响司法公正的,属于瑕疵证据,允许作出合理解释或补正;如果因程序违法而严重影响司法公正的,则作为非法证据予以排除。就收集主体而言,如前述案例表明,检验报告不能取代工程造价鉴定,"司法会计"人员不具有工程造价鉴定资质,其作出的造价核定因为鉴定主体违法而不能作为本案定案根据。

---

[1] 该规范属于国家标准,其中第3.1.1条规定,使用国有资金投资的建设工程发承包,必须适用该规范。
[2] 参见潘金贵等:《刑事庭审质证规则研究》,中国检察出版社2019年版,第1页。
[3] 参见郑未媚:《庭审中心与质证规则构建》,载《证据科学》2016年第3期。
[4] 参见尚华:《论质证》,中国政法大学出版社2013年版,第78页。
[5] 参见吴国章:《非法证据排除规则实务研究》,法律出版社2017年版,第19页。

证据真实性,也被称为证据的客观性,但客观性并不等同于真实性,即客观的证据不一定是真实的证据,比如,原告向法庭提供了一张系伪造的借条,这份借条是客观存在的,客观性没有问题,但却不真实。所以,现在学界大都认可证据的真实性,而不坚持证据客观性的说法。由于证据的形式真实性与内容真实性往往是割裂的,所以在实务中一般将证据的真实性分解为形式真实性和内容真实性。所谓形式真实性,是指证据载体及其表现形式是真实的,内容真实性是指证据载体所承载的证据信息是真实的。比如原告提供了一份加盖某单位公章和法定代表人私章的证明,该证明加盖的印章都是真实的,但证明的内容却不符合客观事实,因此该证据的形式真实性没有异议,但内容真实性存疑。

证据关联性,是指某一证据材料对于证明案件争议事实更有可能或更无可能的倾向。有学者将证据关联性视为证据的根本属性,[1]但其实关联性是证据的基本要求或基本条件,而不应当是根本属性。因为属性是某一事物区别于其他事物的内在性质,具有内在性;而证据关联性是一种经验评价,具有外在性。因此,我们认为,证据关联性是证据的外在条件或标准,而不是根本属性。证据的根本属性是哲学概念,应当从证据的定义要件去理解。所谓证据是指能够证明案件事实的材料或信息,在该定义中,定义联项是"证明案件事实",因此,"证明性"才是证据的根本属性。在运用证据关联性进行质证时,要区分证据与案件事实的关联性和与争议焦点的关联性,因为关联性是对证明案件事实更可能或更无可能的倾向性,这就意味着当证据关联性发生争议时,是指与案件争议焦点关联性发生争议,而不是指所有与案件有关的证据材料都具有关联性。比如,关于被告人前科的证据材料,属于被告人的品格证据,但与案件事实却没有任何关联,该证据就不具有关联性。再比如本案中的检验报告,该报告与案件事实具有关联性,但与争议焦点却没有关联性,因为即使加入该报告,也不能对被告人是否构成贪污罪作出更有可能或更无可能的评价。

近年来,证据质证的内容有所扩张,即由传统的"三性"质证,扩大到了对证明能力和证明力(以下简称为"两力")的质证,[2]比如《人民检察院公诉人出庭举证质证工作指引》第40条第2款规定:"质证应当一证一质一辩。质证阶段的辩论,一般应当围绕证据本身的真实性、关联性、合法性,针对证据能力有无以及证明力大小进行……"证据能力指向证据的资格,相当于证据可采性;证明力是指该证据对案件事实变得更有可能或更无可能的影响程度,相当于证据的关联性。

(三)质证的方法

质证的方法可以与举证的方法相对应:如果举证方是分组举证的,则可以采取综合质证法,比如前文案例中对言词证据和书证的综合质证;如果举证方是逐一举证的或质证方认为某项证据对定罪量刑有重大影响的,则可以采取单项证据质证法,比如前文案例中对分项工程劳务分包合同和检验报告的质证。质证方法的选择,主要根据证据"三性"争议程

---

〔1〕 参见张保生、阳平:《证据客观性批判》,载《清华法学》2019年第6期。

〔2〕 参见龙宗智:《论我国诉讼证据审查要素及审查方法的调整改革》,载《法学研究》2023年第4期。

度来决定,可以灵活自由掌握,但应当考虑诉讼效率等其他诉讼价值。

在单项证据的质证中,可采取“点”“线”“面”相结合的质证技巧。所谓“点”,是指对证据本身“三性”进行的静态审查质证;所谓“线”,是指从纵向的动态视角对证据的收集、保管、移送等环节和过程进行的审查质证,因为证据从生成到法庭展示,是一个动态的“生命流程”。[1] 只有对证据进行动态的审查,才能对证据的合法性、真实性进行溯源,确保证据的可采性和证明力。所谓“面”,是指从横向角度对证据与证据之间的链接、印证,是否合乎逻辑和经验。只有对证据进行点、线、面三维的质证,才能整体性过滤证据,将“带病”的证据排除在定案之外,保证司法公正。

■ 民事诉讼中质证的理解与适用

案例 10－6　王某春诉福州建某房地产评估咨询有限公司某某分公司不当得利案[2]

□ 案情概述

2014 年 8 月 13 日王某春向福州建某房地产评估咨询有限公司某某分公司(以下简称某某分公司)转账 20 万元。2015 年 5 月 14 日,王某春以某某分公司拒不偿还该 20 万元不当得利为由向人民法院提起诉讼。某某分公司答辩认为,该 20 万元系王某春归还给某某分公司的借款,本案不存在不当得利问题。一审法院认为,王某春提供了汇款凭证,证实向某某分公司转账 20 万元的事实,故某某分公司收到该款项的事实清楚。虽然某某分公司主张系还款,但不能提供出借给王某春 20 万元的证据,某某分公司收取该 20 万元没有合法依据,故王某春主张不当得利成立。某某分公司不服该判决而提起上诉。二审法院认为王某春未尽举证责任,一审判决以不当得利为由判决某某分公司归还 20 万元是错误的,故撤销原审判决,驳回王某春事实请求。

本案涉及的证据只有 1 张银行转账凭证。

□ 证据分析

本案的案情和证据都非常简单,但却形成了两个完全不同的判决。在司法实践中,对于当事人只有汇款凭证而主张不当得利的,基本都会得到法院的支持。但是在本案中,因为被告一方提出充分的质证理由,改变了司法实践中普遍的裁判规则。

被告一方的质证理由是:第一,在不当得利案件中,原告的举证责任不能仅限于体现汇款事实的“汇款凭证”,其证明的范围不止限于“利益损失”,还要从法律要件上尽举证责任。

---

[1] 参见冯俊伟:《刑事证据“生命流程”的理论阐释》,载《中国法学》2023 年第 1 期。

[2] 参见福建省莆田市中级人民法院(2015)莆民终字第 2367 号民事判决书。

根据法律规定,基于给付的不当得利中"无法律上的原因",是指给付欠缺原因。而给付欠缺原因在具体案件中应当具体化,使不当得利请求权建立在一个客观上可供检验的构成要件上。王某春作为不当得利请求权人,因为不当得利首先是不当汇款,故应当对欠缺给付原因的具体情形负举证责任,即证明其当初是基于何种理由而造成对某某分公司错误汇款。但是,王某春对此无法举证,亦无法作出合理解释,所以,既然王某春不能就"不当汇款"进行合理解释或举证,当然无权主张不当得利。第二,在基于给付而形成的不当得利案件中,从经验法则看,一旦出现不当汇款或错误汇款,主张不当得利的一方会立即向收益方提出权利主张,即要求返还不当得利。但是在本案中,原告于 2014 年 8 月 13 日向某某分公司汇款,却于 2015 年 5 月 14 日才向人民法院提起诉讼,显然不符合经验法则。

本案质证成功的典型意义在于,对证据的质证,不能仅停留在证据本身的有限范围内,有时应当根据案件需要拓展到案由涉及的法律要件上进行质证,以论证举证方是否完成了法律要件所要求的举证责任。

回 理论拓展

民事诉讼举证遵循"谁主张,谁举证"原则,并且在一方提供的证据对另一方不利时,另一方可以继续提供反驳性证据,因此民事诉讼证据的举证、质证呈现纵横交错的交互性状态。相对于刑事诉讼证据、行政诉讼证据,民事诉讼证据的质证显得更为自由,因为其遵循当事人主义的诉讼模式。但其实我国的民事诉讼模式并非完整意义上的当事人主义,当事人主义仅是民事诉讼的外观,其本质仍是职权主义,比如法官具有查明真相的职责,对案件事实应进行穿透式审查。因此在质证方面充分把握这一制度核心价值,才能实现民事诉讼质证的效果。

(一)将质证与举证有机结合

虽然《民诉证据规定》规定了当事人的举证期限,但不等于当事人在举证期限届满后不能继续提供证据,比如该规定第 51 条第 3 款规定:"举证期限届满后,当事人提供反驳证据或者对已经提供的证据的来源、形式等方面的瑕疵进行补正的,人民法院可以酌情再次确定举证期限,该期限不受前款规定的期间限制。"因此,当一方当事人对另一方当事人提供的对己不利的证据时,不能仅停留在口头的质证意见上,因为质证仅对证据的"三性"进行质疑,并不能因此彻底否定某一证据。在民事诉讼中,要否定某一证据,往往需要提供反驳性的证据。所以,在民事诉讼中,质证要与反证紧密结合。比如,在某一民间借贷纠纷诉讼中,被告对原告出具的借条原件质证认为,其已归还借条中所约定的借款。如果被告仅作此质证和答辩,显然无法否定该借条的"三性",此时被告需要提供反驳性证据,比如提供汇款给原告的银行交易明细等。

(二)质证方法的灵活性与严苛性

第一,对证人证言的质证,应当通过证人出庭的方式进行当场质证。《民诉证据规定》第 68 条第 1 款第 1 句、第 3 款规定,人民法院应当要求证人出庭作证,接受审判人员和当事人的询问。无正当理由未出庭的证人以书面等方式提供的证言,不得作为认定案件事实的根据。可见,在民事诉讼中对证人证言的质证比刑事诉讼、行政诉讼更为严苛,因为在刑事诉讼和行政诉讼中,证人证言仅限于对书面证言的质证。所以,在民事诉讼中,对证人证言的质证更需要质证方法和技巧,比如询问证人的态度、方式和技巧,都将影响证人的作证。

第二,对鉴定意见的质证,可通过"书面异议 + 书面回复 + 出庭接受询问"的方式进行质证。在当事人对鉴定意见有异议时,应当向法庭提出书面的异议理由,由法庭将该异议理由转交给鉴定单位,鉴定单位据此对异议理由作出解释、说明或补充的书面答复,再由法庭将书面答复转交给鉴定单位。如果当事人对书面答复仍有异议,法庭应当通知鉴定人员出庭接受询问。

第三,对于实物证据的质证,采取原物、原件 + 例外的质证规则。在一般情况下,证据提供方应当提供证据的原物、原件供法庭和对方当事人进行质证,但在两种情况下允许例外:其一,证据是动产的,且不宜搬移或者不宜保存,可以提供复制品、影像资料或其他替代品;其二,证据系不动产的,应当提供该不动产的影像资料。在前述例外规则中,应当保证质证方对原物、原件的现场查验权。

第四,对于电子证据,除了对传统的证据"三性"进行质证外,还应着重审查电子证据的来源和完整性。对于电子证据的来源,应要求提供电子证据原件,即电子数据的原始载体。对于电子证据的完整性,应通过校验电子数据的哈希值等方式进行。

(三)应发挥专家辅助人的质证优势

随着科学技术的发展,民事诉讼中涌现了大量的科学证据和大数据证据,这些证据具有极强的专业性,当事人及其代理律师往往因为专业性知识的短板而陷入质证困境,此时需借助专家辅助人实现有效质证。民事诉讼中的专家辅助人制度最早出现于2001年《民诉证据规定》第61条,该条款规定,当事人可以向法庭申请1~2名具有专门知识的人员出庭就案件的专门性问题进行说明,审判人员和当事人可以对其当庭询问,经法院准许,可以由当事人各自申请的具有专门知识的人员就有关案件中的问题进行对质,具有专门知识的人员可以对鉴定人进行询问。在之后的民事诉讼法司法解释中,最高人民法院逐渐完善了专家辅助人制度,专家辅助人成为针对鉴定意见或专业问题的重要质证力量。然而,这一辅助质证手段并未引起实务界的足够重视。比如有学者通过实证研究发现,2010年涉及专家辅助人的公开裁判文书只有1例,2011年仅有2例,2012年仅有4例,2020年也仅有17例。[1] 可见,专家辅助人的质证优势在我国民事诉讼中并未被充分挖掘,仍有大量的运行空间。

---

〔1〕 参见戴昌昆、吴正鑫:《民事诉讼中专家辅助人制度实证研究》,载《中国司法鉴定》2021年第3期。

■ 行政诉讼中质证的理解与适用

案例 10-7 莆田润某生物科技有限公司被行政处罚案[1]

□ 案情概述

原告P市润某生物科技有限公司的前身为圣某药业有限公司(以下简称圣某公司)。2016年4月28日,原福建省食品药品监督管理局作出(闽)食药监稽罚〔2016〕1号行政处罚决定书,认定圣某公司于2014年1月30日至2015年4月1日向山东庞某卫非法销售疫苗和生物制品,共计44笔,总金额4,036,800元,决定对圣某公司作出吊销药品经营许可证的行政处罚决定。2016年6月13日,P市某区公安分局以圣某公司涉嫌非法经营罪移送某区人民检察院审查起诉,2016年12月29日某区人民检察院以认定事实不清、证据不足为由,对圣某公司作出不起诉决定。2017年3月21日,某市人民检察院向P市食品药品监督管理局发出检察建议书,认为圣某公司的行为虽然不构成犯罪,但违反了行政法规应当予以行政处罚。2017年5月19日山东省高级人民法院作出终审裁定,庞某卫因非法经营疫苗,以非法经营罪被判处有期徒刑19年。2017年11月23日,P市食品药品监督管理局以圣某公司向无资质个人庞某卫销售疫苗为由作出罚款和没收违法所得的行政处罚决定。圣某公司不服该处罚决定,向P市中级人民法院提起行政诉讼,P市中级人民法院维持行政处罚决定。圣某公司向福建省高级人民法院提起上诉,福建省高级人民法院判决维持一审判决。

该案争议焦点涉及的主要证据有:

1. 言词证据,即圣某公司法定代表人、员工以及庞某卫在侦查机关的供述笔录。

2. 书证,即圣某公司销售给庞某卫疫苗的销售记录、庞某卫向圣某公司购买疫苗的账本、庞某卫向圣某公司支付货款的银行流水、P市某区人民检察院对圣某公司作出不起诉的决定书、庞某卫被判处有期徒刑19年的刑事判决书。

□ 证据分析

案件的争议焦点之一是,该案中由侦查机关调查收集的证据能否在行政诉讼中使用?

对此证据问题,分析如下:

原告认为,被告P市食品药品监督管理局没有依法调查收集证据,而是从检察机关复制公安机关制作、调取的证据复印件,不符合法定证据形式要求,且公安机关调查收集的证据因检察机关作出不起诉决定而失效,不具有证明力。但一审、二审法院经审查认为,原告对被告提供证据提出的质证意见不能成立。

---

〔1〕 参见福建省高级人民法院(2020)闽行终435号行政判决书。

关于侦查机关调查收集证据的合法性问题。首先,从证据标准来看,刑事诉讼证据的标准明显高于行政诉讼证据的标准,因此,刑事诉讼证据完全可以适用于行政诉讼,尤其是《刑事诉讼法》规定,行政机关以法定程序收集的相关证据可以在刑事诉讼中作为证据使用,那么举重以明轻,刑事诉讼证据当然可以在行政诉讼中使用。其次,从非法证据排除规则来看,原告并没有证据线索证明侦查机关调查收集的相关证据系非法取证,故没有理由否定由公安机关调查收集的案涉证据的证据能力。最后,虽然检察机关对圣某公司作出不起诉决定,但是不起诉决定不是因为证据能力或证明力问题,而是因为法律适用问题,所以,不起诉决定不会改变圣某公司非法销售疫苗的客观事实。

关于侦查机关调查收集证据的证明力问题。侦查机关调查收集的证据均是直接证据,比如圣某公司法定代表人、销售经办人员、财务人员的言词证据以及庞某卫的供述,均承认销售疫苗的事实,这些言词证据相互印证,而且也与银行流水、销售账本等书证相互印证,因此,具有较高的证明力。

回 理论拓展

行政诉讼中的质证,是指在人民法院的组织和当事人的参加下,就各方在法定举证期限内提供的证据材料从证据能力和证明力角度进行的评价。《行政诉讼法》第 43 条规定了行政诉讼证据质证的基本规则,即证据出示规则、保密规则和非法证据排除规则。由于行政诉讼具有自身诉讼规律性,所以,其质证规则有别于刑事证据质证规则和民事证据质证规则。

(一)质证主体以原告为主

质证的单调性是指在行政诉讼中,承担举证责任的是被告行政机关,质证多由原告进行。质证的单调性源于行政诉讼举证责任倒置原则。《行政诉讼法》第 34 条第 1 款规定,被告对作出的行政行为负有举证责任,应当提供作出该行政行为的证据和所依据的规范性文件。该条款即规定了行政诉讼举证责任倒置原则,由行政机关就其作出行政行为的合法性、合理性提供充分的事实依据和规范性依据。举证责任倒置原则体现了行政诉讼中对行政机关的严格要求,促使其依法行政、规范执法。另外,这一举证原则也有助于平衡原、被告之间的诉讼地位,保证原告合法权益得到有效维护。被告举证的范围包括证明其行政行为合法性、合理性的证据,其中合法性证据包括事实依据、程序依据和规范依据。在举证责任倒置的场景下,质证活动往往由原告一方进行,举证和质证明显是截然分开的,并不像刑事和民事诉讼中举证和质证是交叉进行的。当然,举证责任倒置原则并不完全排除原告的举证责任,原告在特定情况下也需承担一定的举证责任。比如,当原告诉讼主张被告的行政行为侵害其合法权益时,需提供相关证据证明其合法权益受到侵害并受损的事实。

(二)质证对象是行政证据

尽管行政诉讼证据与行政证据在范围、目的、适用主体等方面存在差别,但由于《行政诉讼法》第 34 条规定了被告对作出的行政行为负有举证责任,而且证据范围仅限于作出行政行为时的事实依据,因此被告所提供的证据其实就是行政证据。可见,在行政诉讼中的证据是对行政证据的二次适用。既然是行政证据的二次适用,在质证时应当遵循行政证据适用规则。除行政处罚、行政许可、行政强制程序有统一的《行政处罚法》《行政许可法》《行政强制法》规定外,由于我国目前尚未制定统一的"行政程序法",各行政主管部门在行政执法时往往根据各自行政执法规范性文件进行,因此应当根据相应执法规范审查其取证的合法性。比如,烟草专卖执法部门在执法时依据《烟草专卖文明执法行为规范》进行取证,市场监督管理部门在执法时依据《市场监督管理行政处罚程序规定》。此外,地方政府也会制定一些行政执法程序规定。可见,在对行政诉讼证据进行质证时,要遵循行政证据质证规则。

(三)质证依据的复杂多样性

由于行政执法部门繁杂,而且每个行政执法部门都有相应的执法规范依据。因此,面对不同行政部门而发生的行政诉讼案件,其行政证据都是基于不同的规范性文件而生成的。基于此,《行政诉讼法》要求被告在提供证据时,应当一并提供所依据的规范性文件。由于行政证据生成的规范依据具有复杂性、多样性特征,这就对原告的质证能力提出了严格要求,即原告一方应当全面掌握行政机关执法的依据,要认真审查规范依据的效力问题、上位法与下位法的冲突问题。比如,烟草行政主管部门在作出行政处罚时,可能依据其部门法进行调查取证,但该部门法不得与《行政处罚法》相冲突,如果存在冲突,则应当以《行政处罚法》为质证依据。

(四)质证效果的明显性

在刑事诉讼中,为查明真相,允许控辩双方在开庭审理前后多次举证,一般不限定举证期限。但在行政诉讼中,对被告的举证期限作了严格的规定。《行政诉讼法》第 34 条第 2 款第 1 句规定,被告不提供或者无正当理由逾期提供证据,视为没有相应证据,即学理上的"证据失权"。另外,被告所提供的证据仅限于其作出行政行为时所收集到的证据,在诉讼过程中,被告不得自行向原告、第三人和证人收集证据。前述规定体现了被告举证时效性的两个维度:第一,证据范围维度,仅限于作出行政行为时已收集到的证据;第二,举证期限维度,必须在举证期限内提供,否则视为没有证据。被告举证的时效性为原告的质证提供了更多的话语空间,增强了原告的质证效果。

(撰写人:福建壶兰律师事务所　吴国章)

第四节　认　证

■ 刑事诉讼中认证的理解与适用

案例 10－8　李某抢劫案[1]

□ 案情概述

2018 年 5 月 1 日 20 时，被告人李某上身着深色外套与深色 T 恤，T 恤上有暗色印花，下身着深色裤子，从重庆市万州区“江南第一城”家中步行至国本路星月网吧，从 5 月 1 日 21 时上网至次日凌晨离开。离开网吧时李某面戴口罩，手拿蓝色雨伞，从国本路沿万里城墙、卫生学校步行至和平广场，然后乘车至渝东花园下车，再从渝东花园步行至青龙石附近。5 月 2 日 1 时 49 分左右，李某在北山新华学校对面人行道发现正在独自行走的吴某秀，尾随至北山大道小牛金幼儿园对面人行道，趁吴某秀不备，从后面将其控制，拖至路边一巷口内，以暴力和威胁的方法将吴某秀手提挎包抢走，迅即逃离现场，后在枇杷坪大巴车站乘出租车至清江上城下车，步行至和平广场，乘出租车到江南新区信访办附近下车，回到“江南第一城”家中。被害人的手提挎包内有现金约 710 元，李某系累犯。重庆市万州区人民法院以抢劫罪判处被告人李某有期徒刑 5 年，并处罚金人民币 5000 元。李某不服，提起上诉，重庆市第二中级人民法院裁定驳回上诉，维持原判。

证据情况：(1)案发后 20 天被告人李某被抓获归案，到案后拒不供述实施了抢劫吴某秀的行为，系零口供；(2)现场周边监控视频中有抢劫过程的影像，但图像模糊，加之嫌疑人佩戴口罩，无法清楚辨识嫌疑人相貌；(3)案件发生在凌晨这一特殊时段，没有目击证人证实案发过程，公安机关没有提取到被害人的挎包、现金等赃款赃物，存在物证缺失；(4)公安机关对现场监控视频中的嫌疑人进行了视频追踪，以案发现场为起点，回溯发现现场视频中的嫌疑人来自星月网吧，但该人像是背影，难以直接确认是李某；(5)李某的父亲李某 2 及前妻罗某证实视频追踪显示的星月网吧的人像是李某，经司法技术鉴定，抢劫现场的人像与视频追踪到星月网吧的人像具有同一性；(6)公安机关在李某家中提取了与现场嫌疑人穿着及携带物品高度相似的黑色上衣、黑色裤子、蓝色短袖、蓝色雨伞；(7)侦查机关抓获李某后，要求其穿着从其家中提取的前述衣物，戴着口罩，拿着雨伞，沿着案发现场监控视频资料中嫌疑人所经过的路线行走，进行了侦查实验；(8)李某在看守所羁押期间同监舍人员证实，李某告诉过他们北山的抢劫案是其实施的，但公安机关没有证据难以对他进行

[1] 参见重庆市万州区人民法院(2019)渝 0101 刑初 75 号刑事判决书。

追究。

回 证据分析

本案中涉及证据的争议焦点为:(1)在没有目击证人,公安机关未能查获赃款赃物等物证,被告人李某又是零口供的情形下,如何认定图像模糊、不能清晰辨识人像的现场监控视频资料的证据能力和证明力?(2)根据现有证据能否认定李某实施了公诉机关指控的抢劫犯罪?

对于以上证据问题,结合本案办理过程中无罪和有罪的两种观点,进行以下分析。

(一)认为李某无罪的观点的证据分析

该观点认为,现场监控视频资料系公安机关依法提取,来源合法、内容客观真实,大致反映了现场确实有抢劫犯罪发生,与本案具有关联性。但由于视频影像并不清晰,不能直接辨识出抢劫嫌疑人的相貌,不能直接关联到被告人李某。故该视频资料虽具有证据能力,但是证明力较弱,证明李某实施抢劫需要其他有力证据补强。但在案其他证据亦不能直接指向李某犯罪。因此,即便综合全案证据判断,也不能证明实施抢劫的人就是李某,应当以证据不足、指控的犯罪不能成立为由,宣布李某无罪。具体理由如下:

1. 认定被告人李某犯抢劫罪既缺乏关键的言词证据,又缺乏关键的实物证据。一方面,李某始终不供述抢劫犯罪的事实,系零口供。另一方面,侦查机关既没能提取到本案赃款赃物,又没能在现场提取到任何物证或者痕迹,无法将李某与现场以及本案事实联系在一起。虽然在李某家中提取了与现场嫌疑人穿着及携带物品高度相似的黑色上衣、黑色裤子、蓝色短袖、蓝色雨伞,但二者之间仅具有外观相似性,没有证据证实二者具有同一性,这些物证仅能证实李某实施抢劫的可能性,并不具有排他性、唯一性。

2. 唯一能直观反映案发现场情况的证据是现场监控视频资料,监控视频资料记录了嫌疑人抢劫的过程,但图像模糊,嫌疑人戴着口罩,该视频监控资料不能证实对被害人吴某秀实施抢劫的人就是李某。

3. 侦查实验系侦查机关自导自演而得出的结论,对于证明本案的事实没有实质意义。

4. 虽然侦查机关对监控视频中星月网吧出现的人影与抢劫现场嫌疑人的人影进行同一性鉴定并得出肯定性结论,但鉴定意见不具有客观性和排他性,不足以认定被害人实施了抢劫行为:(1)人像检验主要依据所穿的衣服、裤子和鞋等特征来判断,衣服胸前有狼头、虎头图案,有拉链、有反光等情形,但衣服不具有唯一特征。不能排除不同的人相貌、体型、头发等具有相似特征,本案以人像和体态的相似作为认定两个人影系同一人的依据不具有客观性、唯一性。(2)同一鉴定机构第一次出具的鉴定意见趋向认为是同一人人像。第二次鉴定意见明确是同一人人像,说明鉴定意见具有随意性,不具有权威性。

5. 被告人父亲李某2及前妻罗某在辨认网吧视频中的男子并指出其就是李某的过程中,没有与其他同类人像进行对比辨认,不符合辨认的要求,应予以排除。

6. 虽然有李某同监舍人员证实,李某告诉过他们北山的抢劫案是其实施的,但被告人李某对此予以否认,双方的说法形成“一对一”的态势,仅根据同监舍人员的证言,无法确认李某告诉对方自己实施抢劫行为的事实。

(二)认为李某有罪的观点的证据分析

此种观点,即重庆市万州区人民法院的判决意见认为,尽管现场监控视频资料图像模糊,加之嫌疑人戴有口罩,无法从视频资料本身直接确认李某实施抢劫,侦查机关没能提取到被害人被抢劫的赃款赃物,也没能在现场提取到能证实李某犯罪的相关物证,被告人也不供述抢劫事实,但本案的证据确实、充分,且能形成证据链,并能排除另有他人犯罪的合理怀疑,依法应当认定李某犯抢劫罪。具体理由如下:

1. 虽然现场监控视频资料图像模糊,不能分辨嫌疑人相貌,但能够证实有抢劫事实发生,且视频中戴口罩尾随被害人的男子就是抢劫案的嫌疑人。一旦嫌疑人身份确定,本案就会水落石出。

2. 侦查机关采取图侦措施对监控视频资料中戴口罩的嫌疑人进行顺向与逆向视频追踪。一方面,通过回溯查明嫌疑人来自何处,发现嫌疑人从“江南第一城”C区出来,之后在星月网吧上网,网吧监控视频中嫌疑人图像清晰,且没有戴口罩,易于辨认;另一方面,通过视频追踪嫌疑人作案后去向何方,发现嫌疑人作案后又回到“江南第一城”C区。嫌疑人从“江南第一城”C区出发,到星月网吧滞留后出来,进入现场作案,再到离开现场回到“江南第一城”C区的全过程视频图像是完整、连续覆盖和封闭的,没有第三人进入现场。因此,只要能够确认星月网吧中没戴口罩的嫌疑人的身份,就能直接确定嫌疑人的身份。

3. 被告人李某的父亲李某2及前妻罗某作为证人查看星月网吧中嫌疑人的影像后,直接指认其系李某,由于该影像与现场嫌疑人影像具有同一性,实际上也就确认了实施抢劫行为的人就是李某。作为父亲和前妻,李某2和罗某显然熟悉李某的相貌特点,二人直接辨认出星月网吧监控视频中的辨认对象系李某,符合刑事诉讼办案程序。

4. 侦查机关在李某位于“江南第一城”C区家中提取了与作案现场嫌疑人穿着特征相符的黑色上衣、黑色裤子、蓝色短袖、蓝色雨伞。

5. 侦查人员抓获李某后进行了侦查试验,要求李某穿着从其家中提取的衣服,随身携带雨伞,戴着口罩,沿着抢劫现场及前后两个方向监控视频资料中嫌疑人行进过的路线行走,侦查实验中李某的衣着特征与案发现场嫌疑人的衣着特征高度相符。

6. 公诉机关委托贵州警察学院司法鉴定中心对案发现场及其前后两个方向沿途监控视频资料中的嫌疑人影像、星月网吧监控视频中嫌疑人影像、侦查实验视频中的李某影像与李某本人影像是否为同一人人像进行鉴定。鉴定意见为:检材人像与本人的人像在头面部特征(头型、发际、额头等头面部特征相符,位置关系一致)、衣着特征(外衣颜色、版型、反光物位置、内衣衣领样式、图案位置、大小一致)、手持物特征(手持的雨伞特征相符)、体态特征(行走时人像步态特征、双肩动作习惯、八字脚及两腿间距相符)、身高比例特征(人像在相同位置的身高比例数据测量一致)等21处相符。视频监控中的嫌疑人影像与星月网吧视频中嫌疑人影像、侦查实验视频中的李某影像为同一人人像。

7. 证人付某1、付某2证实,李某在看守所羁押期间曾告诉同监舍羁押的在押人员付某1、付某2,自己实施了本案中的抢劫行为,但公安机关没有其他人证、物证证明是李某干的。

综上,在案证据已经清楚地证实了被告人李某就是抢劫现场的嫌疑人,而现场监控视频资料又清楚地记录了李某实施抢劫的全部过程,因此,李某犯抢劫罪的事实清楚,证据充分,足以认定其犯罪事实。李某拒不供述犯罪事实、侦查机关没有提取到赃款赃物并不影响对全案事实的认定,也不影响对李某所犯抢劫罪的认定。

☐ 理论拓展

(一)认证概述

认证,即证据的审核认定,是办理案件的审判组织对经过庭审质证的证据材料,依照法律规定、经验和逻辑,确定其证据能力和证明力的审判活动。通俗一点讲,认证就是裁判者对公诉机关(原告)和被告人(被告)向法庭举示的证据材料进行审查判断,决定是否采信以及在何种程度上采信的审判活动。作为审核判断证据材料、决定采信与否的审判行为,认证与根据采信的证据对案件事实成立与否作出判定的事实认定活动在逻辑上有着明显不同,但是由于裁判者对证据的分析认定往往直接决定着案件事实认定结论,认证同案件事实认定之间又存在紧密联系,呈现出一体两面的特征。正因如此,主张认证与事实认定具有内在一致性的观点不无道理。

认证在实体上表现为对经庭审质证的证据材料证据能力和证明力的审核认定。具体包括对证据材料真实性、关联性和合法性的分析认定。从司法实践中的具体样态来看,认证一般分为对单个证据的认证和对系列证据的认证两种情形:对单个证据的认证主要从真实性、关联性、合法性三个方面对某一个具体证据是否具备证据能力(证据资格)和证明力,以及证明力大小进行审核并作出判定;对系列证据的认证一般是指对证据进行综合审查判断,包括对一组证据或者全案证据进行审核认定,审核的主要内容是从总体上判断某一组或者全案的证据是否具备一定数量、与案件事实之间的关联程度以及各证据之间的关联关系,从而对相关证据是否已经形成证据链、能否排除合理怀疑作出认定。

认证的方法,一般可以概括为印证和心证两种模式。印证是指裁判者利用不同证据内含信息的同一性来确认单个证据真实性、多个证据乃至全案证据之间关联性的认证方法。这种方法强调将两个、两个以上乃至全案证据联合起来综合审核,比对分析,以确定证据之间是否能够相互照应、协调一致,是否存在冲突和矛盾,从而对单个证据是否具有证据能力和证明力,系列证据之间是否已经形成证据链,是否足以排除合理怀疑确认案件事实作出分析和认定。基于孤证不能定案的司法理念和法律原则,在我国司法实践中,裁判者特别重视通过印证方法认定证据。无论是对直接证据的认定还是对间接证据的采信,也无论是对某个证据的单一认定还是对全案证据的综合认定,印证模式无疑是裁判者首选也是占据主要地位的认证方法。心证在理论上也被称为自由心证,是指在审判过程中,裁判者在对证据材料是否具备证据能力、证明力以及证明力大小,难以通过印证的方法作出判断和决定的情形下，合理运用社会常识、生活经验和逻辑推理等多种手段，依据或然性法则进行最佳解释并作出决定的认证方法。相比印证的方法，采用心证的方法认定证据更具有主观色彩，对裁判者的职业修为、法律素养、社会经验和逻辑能力有着更高要求。司法实践中，在事实证据疑难复杂、仅依赖印证方法难以对证据和事实作出判断和取舍，裁判者又不得不作出决定的情形下，心证就理所当然地作为重要手段被运用到认证活动中。

（二）印证模式是我国诉讼活动中认证的基本方法

在我国证据制度中，如果要用一个词来概括裁判者以何种方式审核认定证据，进而作出事实判定，那么，这个词只能是“印证”，而不是“心证”。如果要作模式界定，刑事诉讼的认证模式可以大体地概括为“印证模式”而不是“心证模式”，主要理由在于：

首先，在规范层面，我国司法解释相关文件对证据的印证问题确立了一系列的证明力规则。一方面，印证是认定单个证据证明力的基本方法。《办理死刑案件证据规定》和《刑诉法解释》规定了被告人供述和证人证言的审查判断规则，强调对于被告人供述要结合全案证据进行审查。在被告人翻供的情形下，要考察庭前供述和当庭供述与全案证据之间相互印证的情形：如果当庭供述与全案证据相矛盾，而庭前供述与全案证据相印证，裁判者应当依印证规则采信庭前供述。对于证人证言，同样应当根据印证规则进行审查：要重点审查证人证言是否与其他证据相互印证。如果证人出现翻证情形，则应当采信与全案证据相印证的证言，而并不关心该证言是庭前证言还是当庭证言。另一方面，印证是认定全案证据证明力的基本手段。《办理死刑案件证据规定》和《刑诉法解释》对印证手段的运用作出了系统性规定：一是以印证判断单个证据的证明力。“对证据的证明力，应当结合案件的具体情况，从各证据与待证事实的关联程度、各证据之间的联系等方面进行审查判断。”二是口供补强规则。如果根据被告人供述提取到了隐蔽性很强的物证书证，且全案证据相互印证，便可以同时认定口供和物证书证的证明力。由此可见，印证不仅是对个别证据证明力的认定方法，也是对全案证据证明力认定的重要方式。三是依据间接证据定案的原则，主要是指依据间接证据定案必须具备证据间的相互印证，排除证据间的矛盾和疑问，彼此之间形成完整的证据链等三个条件。

其次，在实践层面，印证方法在办理案件认定证据和事实中长期居于主要地位。其一，长期以来，裁判者对采取印证模式认定证据有着极大热情，印证方法已然成为采信证据和认定事实的第一选择。其二，“孤证不能定案”是刑事司法实践中的一个重要原则。任何人都不能仅凭孤证认定案件事实，从而决定被告人构成犯罪，其缘由并不在于孤证的数量单一性，而在于单一证据无法与其他证据形成照应关系，以至于其所涵摄的证据信息无法通过证据之间的相互支撑而向外传递，也无法获得其他证据信息支撑的有效输入。一旦面临内含相反信息的证据挑战，就会出现证据冲突，难以排除合理怀疑。其三，在证明被告人有罪和无罪的证据数量相当，甚至形成“一对一”局面时，裁判者大多会以“证据无法相互印证”不愿或者不敢认定某一方面的证据有证据能力和证明力并据此作出有罪认定。

（三）印证模式的特点

1. 外部性。以印证方法采信证据、认定事实的关键在于获得相互支持的其他证据。在印证模式下，单一的证据本身并不天然具有证明力，也并不足以证明案件事实。裁判者认定证据和事实的基础在于证据种类的丰富性与数量的充分性。因此，认定一个证据，首先要分析判断有没有其他证据支持，对该证据能给予支持的证据的种类、品质和数量。例如，被告人的供述，如果没有其他证据印证，难以获得证明力。如果这个供述得到其他证据，尤其是直接证据的支持，就倾向于被赋予了较强的证明力。被告人的供述如果得到目击证人证言的支持或者现场物证、痕迹的支持，就具有很强的证明力。因此，印证模式一个重要特点就是注重对证据进行外部性审查，而不是内省性判断。根据证据裁判原则，每一个据以定罪量刑的证据都应当查证属实，证据与证据之间的矛盾得以排除且已经形成证据链。该方面以案件事实所蕴含的信息同证据材料所蕴含的信息进行比对，二者相互印证即赋予证据材料证明力。

2. 印证性。如果对证据进行外部性审查是印证模式的方法，那么，待认证的证据与外在的其他证据之间的印证性就是审查的内容。因此，外部性审查，就是比对审查证据之间的内在关联性，即证据之间的相互印证性，主要方法是对不同证据所蕴含的信息进行比对，通过证据内含信息的彼此照应来相互证成各自的证明力。所以说，通过印证模式认定证据，无论是对单个证据的个别认定，还是对全案证据的综合认定，本质上都是对证据进行外部考察，以证据自身以外的信息赋予和支撑该证据的证明力。正因如此，以印证方法认定证据必然强调证据种类的多样性、广泛性、体系性，每一个证据都需要得到多个不同证据的信息支持，认证过程也需要组织较大数量的证据进行相互之间的比对和“碰撞”，以形成比较客观的、外观可见的、多点支撑的证据结构。

3. 公开性。印证模式的外部性和印证性特点，使通过这种方法认定证据的过程可知可感，可描述、可记录、可把握，具有较强的客观性和公开性。裁判者对于认证过程一般都能够条理清晰、逻辑严密地叙述出来，向诉讼各方进行展示，也能为刑事二审与刑事再审对证据认定过程的审查提供清晰可见的物理基础，有助于不同机关与不同审理者之间对于证据采信和事实认定形成重叠性共识，有利于保证证据采信和事实认定的稳定性、共识性和可检验性。

4. 非完备性。由于印证模式赖以发挥功能的核心在于通过不同事实、证据之间蕴含信息的一致性赋予证据证明力，反映的是不同证据之间的静态关联，内在信息的一致性更多也是外在、自在的关联性。因此，印证并非完备的证明，而是基于静态的证据之间、证据与案件事实之间的关联关系，将复杂的案件事实与证据及证据之间的关系进行类型化概括与归纳，而不是基于事物之间的强逻辑联系而产生的内在关联。司法实践中，证据之间相互印证，并不必然决定它们具有足够的证明力，也不能确保据此就能准确认定案件事实。例如，被告人供述自己凌晨到现场故意杀害了被害人，侦查机关又在现场提取到了被告人脚印，附近监控录像还记载了被告人案发前进入现场的情景。这三个证据即使相互印证，也不足以认定被告人故意杀害被害人的事实。因为被告人的供述本身不一定反映客观事实，其进入了现场、在现场留下脚印，也并不足以证实其实施了故意杀人行为。因此，在印证证明的始点与终点之间,印证始终保持着不同梯度的递进性。相互印证的证据数量越多,印证的可信度就越高,但证据之间的相互印证也不必然得出如证明一般的无可辩驳的结论。正因如此,在通过印证模式认定审查判定证据和认定案件事实的时候,获取的证据资源越多,证据之间相互印证的程度就越高,认定结论就越接近客观事实,案件质量就越高。

5. 局限性。司法实践中,几乎所有的裁判者都把认证的重心落脚在印证的广度和厚度之上,没有哪一个裁判者不把印证当作最主要的认证方法,也没有哪一个裁判者不担忧证据种类和数量不足可能导致的认证结果偏差,以及由此带来的案件质量隐患。为了克服认证模式的这种局限,裁判者们无不积极追求更丰富的证据种类、更优良的证据品质、更充分的证据数量。这就必然导致认证模式下对证据种类、品质和数量的高要求。在裁判者看来,参加认证的证据种类越多、质量越优、数量越庞大,认证的结果就越精准,案件质量就越有保障。但是,众所周知,基于诉讼案件本身的特殊性,犯罪嫌疑人或者其他当事人往往精心策划,百般掩饰,导致证据具有天然的短缺性和隐蔽性,证据取得往往难度较大,一些关键证据甚至极难获得。在个别特定情形下,逼供、诱供,以及违法搜查、违法监听等违法取证行为难以避免,给冤假错案的滋生带来隐患,这也直接推动了非法证据排除规则在刑事诉讼法中的确立。

（四）印证模式在李某抢劫案认证中的运用

李某抢劫案,可以说是一面镜子,真实而生动地映照了印证模式在刑事司法实践中的真实样态。在抢劫现场监控视频这一关键证据是否与案件具有直接关联从而是否具有证明力、全案证据是否已形成完整链条的问题上,控辩双方采取了同样的方法——印证法:控方以“印证”为矛,通过对在案证据进行信息比对,引导裁判者建构和采信一套完整证据体系,以此认定被告人构成抢劫罪;辩方以“印证”为盾,引导裁判者解构和否定控方搭建的证据体系,以此否定控方对被告人的指控。

控方以现场监控视频反映出的嫌疑人作案过程为中心。首先,通过视频回溯到星月网吧,将星月网吧监控视频中李某的图像与现场视频中嫌疑人图像进行比对,从而确定嫌疑人就是李某;其次,又进一步通过视频回溯了李某从家中出来的过程;最后,还通过视频追踪现场嫌疑人作案后回到了李某家中,形成了李某从家中出来—星月网吧—现场作案—回到家中全过程视频图像的完整闭环。为了增强证明力,控方还通过证人李某2、罗某指认在星月网吧的嫌疑人就是李某、在李某家中提取作案时穿的衣物、以李某本人为标本进行侦查试验、对现场监控视频人像进行司法技术鉴定、李某同监舍羁押人员的证言等多种比对方式,锁定对被害人吴某秀实施抢劫犯罪的人就是李某。裁判者采信证据和认定事实的过程,就是围绕现场监控视频中的人像进行一系列比对、印证的过程。

与控方以印证为基本方法构建指控犯罪的证据体系一样,辩方仍然以现场监控视频中反映的抢劫犯罪过程为中心,试图以证据与事实之间的印证不能解构控方构建的证据体系:一是现场视频图像模糊不能印证其人像为李某;二是没有提取到赃款赃物;三是现场没有提取到物证、痕迹;四是侦查试验系侦查机关先入为主,安排李某对号入座,不具有印证价值；五是现场监控视频的鉴定依据不充分，不能作为印证材料；六是李某2、罗某的辨认程序不合法，不能作为印证的材料；七是在李某家中提取的衣物同嫌疑人身穿的衣物外观相似，不具备同一性，不能印证。可以说，辩方对证据和事实认定的全部内容，就是以“不印证”解构控方证据体系。

通过回顾印证模式在李某抢劫案中的运用，可以得出以下几点启示：

第一，印证模式是认证的基本方法。司法实践中，认证的出发点就是印证，印证贯穿认证全过程，在一定程度上甚至可说印证就是认证的代名词。

第二，印证模式具有一定盖然性。司法实践中，采用印证方法认证，囿于对印证基础宽度和厚度的追求，裁判者往往对证据种类、品质和数量提出过于严苛的要求。在李某抢劫案中，实际上通过视频回溯和追踪，李某从家中出来、在网吧停留、现场作案、回到家中的图像形成完整闭环，在李某家中提取到现场嫌疑人所穿衣物，排除第三人进入现场，即可认定现场监控视频资料的证据能力和证明力，从而确定李某是抢劫犯罪行为的实施者。但是，从案件证据来看，无论是侦查机关、公诉机关还是审判机关的办案人员在“证据相互印证”的压力下，无限追求证据种类的丰富和数量的庞大，以至于侦查机关收集、公诉机关举示、裁判者认定采信了大量本来并不必要的证据。事实上，侦查实验结论、司法技术鉴定意见、同监舍人员的证言等证据对于认定被告人李某犯罪是否有必要确实值得深入研究。

第三，印证模式需要心证模式加持才能发挥最大效益。在李某抢劫案中，我们看到的是司法人员对证据种类、品质、规模的无限追求，认证过程略显沉闷和机械。在认证过程背后的裁判者的主体性则彰显不足，认证过程的灵气和张力没有得到充分释放。司法人员通过自身对社会生活的深度理解，以心证加持，对印证过程加以有力统帅和把控，无疑将会使认证的效率更高，司法过程更具魅力。

■ 民事诉讼中认证的理解与适用

案例10-9 嘉兴市中某化工有限责任公司、上海欣某新技术有限公司诉王某集团有限公司、宁波王某科技股份有限公司等侵害技术秘密纠纷案[1]

□ 案情概述

嘉兴市中某化工有限责任公司（以下简称嘉兴中某化工公司）系全球主要的香兰素制造商，具有较强的技术优势。上海欣某新技术有限公司（以下简称上海欣某公司）成立于1999年11月5日，经营范围为生物、化工专业领域内的技术服务、技术咨询、技术开发、技术转让及新产品的研制。2002年开始嘉兴中某化工公司与上海欣某公司共同研发了乙醛酸法制备香兰素的新工艺，包括缩合、中和、氧化、脱羧等反应过程，还包括愈创木酚、甲苯、

[1] 参见最高人民法院指导案例220号（2023年）。

氧化铜和乙醇的循环利用过程。嘉兴中某化工公司与上海欣某公司主张的技术秘密包括6个秘密点,上述技术秘密载体为涉及58个非标设备的设备图287张(包括主图及部件图)、工艺管道及仪表流程图(第三版)25张。嘉兴中某化工公司与上海欣某公司之间签订的技术开发合同、技术转让合同、关于企业长期合作的特别合同均有保密条款的约定。

傅某根自1991年进入嘉兴中某化工公司工作,2008年起担任香兰素车间副主任,主要负责香兰素生产设备维修维护工作。自2003年起,嘉兴中某化工公司先后制定了文件控制程序、记录控制程序、食品安全、质量和环境管理手册、设备/设施管理程序等文件。嘉兴中某化工公司就其内部管理规定对员工进行了培训,傅某根于2007年参加了管理体系培训、环境管理体系培训、宣传教育培训、贯标培训。2010年3月25日,嘉兴中某化工公司制定"档案与信息化管理安全保密制度"。2010年4月起,嘉兴中某化工公司与员工陆续签订保密协议,对商业秘密的范围和员工的保密义务作了约定,傅某根以打算辞职为由拒绝签订保密协议。

王某集团有限公司(以下简称王某集团公司)成立于1995年6月8日,经营范围为食品添加剂山梨酸钾的研发、生产,化工产品(除危险化学品)的制造、销售等,王某军任监事。宁波王某科技股份有限公司(以下简称王某科技公司)成立于2009年10月21日,由王某军与王某集团公司共同出资成立,王某军任法定代表人。宁波王某香精香料有限公司成立于2015年11月20日,由王某科技公司以实物方式出资8000万元成立,经营范围为食用香精香料(食品添加剂)的研发、生产等,主要产品为香兰素,王某军任法定代表人。2017年宁波王某香精香料有限公司企业名称变更为某孚狮王某香料(宁波)有限公司(以下简称某孚狮王某公司)。

2010年春节前后,冯某义与傅某根、费某良开始商议并寻求香兰素生产技术的交易机会。同年4月12日,三人前往王某集团公司与王某军洽谈香兰素生产技术合作事宜,以嘉兴市智某工程技术咨询有限公司(以下简称嘉兴智某公司)作为甲方,王某集团公司香兰素分厂作为乙方,签订香兰素技术合作协议。同日,王某集团公司向嘉兴智某公司开具100万元银行汇票,冯某义通过背书转让后支取100万元现金支票,从中支付给傅某根40万元、费某良24万元。随后,傅某根交给冯某义一个U盘,其中存有香兰素生产设备图200张、工艺管道及仪表流程图14张、主要设备清单等技术资料,冯某义转交给了王某军。同年4月15日,傅某根向嘉兴中某化工公司提交辞职报告,同年5月傅某根从嘉兴中某化工公司离职,随即与冯某义、费某良进入王某科技公司香兰素车间工作。2011年3月15日,浙江省宁波市环境保护局批复同意王某科技公司生产香兰素等建设项目环境影响报告书,批准香兰素年产量为5000吨。同年6月,王某科技公司开始生产香兰素。某孚狮王某公司自成立时起持续使用王某科技公司作为股权出资的香兰素生产设备生产香兰素。

2018年嘉兴中某化工公司、上海欣某公司向浙江省高级人民法院起诉,认为王某集团公司、王某科技公司、某孚狮王某公司、傅某根、王某军侵害其享有的香兰素技术秘密。

浙江省高级人民法院于2020年4月24日作出(2018)浙民初25号民事判决:(1)王某

集团公司、王某科技公司、某孚狮王某公司、傅某根立即停止侵害涉案技术秘密的行为,即停止以不正当手段获取、披露、使用、允许他人使用涉案设备图和工艺管道及仪表流程图记载的技术秘密。(2)王某集团公司、王某科技公司、傅某根连带赔偿嘉兴中某化工公司、上海欣某公司经济损失300万元、合理维权费用50万元,共计350万元;某孚狮王某公司对其中7%即24.5万元承担连带赔偿责任。(3)驳回嘉兴中某化工公司、上海欣某公司的其他诉讼请求。除王某军外,本案各方当事人均不服一审判决,向最高人民法院提起上诉。

最高人民法院于2021年2月19日作出(2020)最高法知民终1667号民事判决:(1)撤销浙江省高级人民法院(2018)浙民初25号民事判决。(2)王某集团公司、王某科技公司、某孚狮王某公司、傅某根、王某军立即停止侵害嘉兴中某化工公司、上海欣某公司技术秘密的行为,即停止以不正当手段获取、披露、使用、允许他人使用涉案设备图和工艺管道及仪表流程图记载的技术秘密。(3)王某集团公司、王某科技公司、傅某根、王某军连带赔偿嘉兴中某化工公司、上海欣某公司经济损失155,829,455.20元,合理维权费用3,492,216元,共计159,321,671.20元,某孚狮王某公司对其中7%即11,152,516.98元承担连带赔偿责任。二审宣判后,王某集团公司、王某科技公司、某孚狮王某公司、傅某根、王某军不服,向最高人民法院申请再审。最高人民法院裁定驳回了再审申请。

本案涉及的证据基本情况如下:

1.嘉兴中某化工公司与上海欣某公司主张的技术秘密包括6个秘密点,涉及58个非标设备的设备图287张和工艺管道及仪表流程图25张。

2.被诉侵权技术信息载体为王某集团公司等被诉侵权人非法获取的技术秘密包括185张设备图和15张工艺流程图。

3.将被诉侵权人提供的相关技术设备图和工艺流程图进行比对,可证实被诉侵权人实际侵权使用的涉案技术秘密包括17台设备的设计图和5张工艺流程图。

□ 证据分析

本案中涉及证据问题争议的焦点是:现有证据已经证实被诉侵权人非法获取的权利人技术秘密包括185张设备图和15张工艺流程图,但对于被诉侵权人实际使用的涉案技术秘密有证据证实的仅包括17台设备的设计图和5张工艺流程图,应当如何采信证据认定被诉侵权人实际侵权使用的技术秘密范围,进而正确确定侵权行为给权利人造成的损失大小以及赔偿金额?

对于以上证据问题,分析如下:

一审法院认为,尽管现有证据证实被诉侵权人非法获取的权利人技术秘密包括185张设备图和15张工艺流程图,但将权利人涉密信息载体同被诉侵权人相关设备图和工艺流程图比对,只能证实被诉侵权人实际侵权使用的涉案技术秘密仅包括17台设备的设计图和5张工艺流程图,根据证据裁判原则,只能认定被诉侵权人使用的技术秘密包括17台设备的设计图和5张工艺流程图,并以此为主要依据确定权利人遭受的损失以及被诉侵权人承担的赔偿责任。

二审法院，即最高人民法院认为，权利人涉案技术秘密的载体为287张设备图和25张工艺管道及仪表流程图，被诉侵权人非法获取了其中的185张设备图和15张工艺流程图。尽管通过相关技术资料的比对，只能认定被诉侵权人实际使用的技术秘密仅包括17台设备的设计图和5张工艺流程图，但考虑到被诉侵权人已经将被侵权技术秘密投入生产，且获取涉案技术秘密图纸后完全可以做一些针对性的修改，根据本案具体侵权情况，应当认定被诉侵权人实际使用了其已经获取的全部185张设备图和15张工艺流程图，并以此作为主要依据确定被诉侵权人侵权的程度和造成损失的大小，进而确定应当承担赔偿责任的范围和数额。

（一）被诉侵权技术信息与涉案技术秘密相同

技术秘密权利人主张的技术秘密包括6个秘密点，涉及58个非标设备的设备图287张和工艺管道及仪表流程图25张。被诉侵权技术信息载体为被诉侵权人获取的200张设备图和15张工艺流程图，经比对其中有185张设备图与涉案技术秘密中设备图的结构型式、大小尺寸、设计参数、制造要求均相同，设备名称和编号、图纸编号、制图单位等也相同，共涉及40个非标设备；有15张工艺流程图与权利人的工艺管道及仪表流程图的设备位置和连接关系、物料和介质连接关系、控制内容和参数等相同，其中部分图纸标注的图纸名称、项目名称、设计单位也相同。因此，应当认定被诉侵权人非法获取的技术秘密包括185张设备图和15张工艺流程图。从总体上看，被诉侵权人获取了权利人几乎全部技术秘密。

（二）涉案技术秘密的侵权使用情况

尽管经原审法院对被诉侵权人相关技术资料与涉案被侵权技术秘密比对，可直接确认被诉侵权人使用的技术秘密只包括17台设备的设计图和5张工艺流程图，但根据本案具体情况，应当确认被诉侵权人实际使用了其已经获取的全部185张设备图和15张工艺流程图。

第一，香兰素生产设备和工艺流程通常具有配套性，其生产工艺及相关装置相对明确固定，被诉侵权人已经实际建成香兰素项目生产线并进行规模化生产，故其必然具备制造香兰素产品的完整工艺流程和相应装置设备。

第二，被诉侵权人拒不提供有效证据证明其对香兰素产品的完整工艺流程和相应装置设备进行了研发和试验，且其在极短时间内上马香兰素项目生产线并实际投产，特别需要注意的是，王某集团公司自傅某根2010年5月到岗后即启动香兰素项目，随后又从嘉兴中某化工公司招聘了多名与香兰素生产技术有关的员工，到2011年3月，浙江省宁波市环境保护局批准其香兰素年产量为5000吨，再到2011年6月，王某科技公司开始生产香兰素，王某科技公司的香兰素生产线从启动到量产仅用了一年左右的时间。与之相比，嘉兴中某化工公司自2002年11月与上海欣某公司签订技术开发合同等合同，到2007年2月经浙江省嘉兴市南湖区经济贸易局批复同意扩建年产10,000吨合成香料（乙醛酸法）新技术技改项目，涉案技术秘密从研发到建成生产线至少用了4年的时间。

第三,王某集团公司等被诉侵权人未提交有效证据证明其对被诉技术方案及相关设备进行过小试和中试,且其又非法获取了涉案技术图纸,同时王某科技公司的环境影响报告书及其在向杭某公司购买设备的过程中均已使用了其非法获取的设备图和工艺流程图。综合考虑技术秘密案件的特点及本案实际情况,同时结合王某集团公司等被诉侵权人未提交有效相反证据的情况,可以认定王某集团公司等被诉侵权人使用了其非法获取的全部技术秘密。

第四,虽然王某集团公司、王某科技公司的香兰素生产工艺流程和相应装置设备与涉案技术秘密在个别地方略有不同,但其未提交证据证明这种不同是基于其自身的技术研发或通过其他正当途径获得的技术成果所致。同时,现有证据表明,王某集团公司等被诉侵权人是在获取了涉案技术秘密后才开始组建工厂生产香兰素产品,即其完全可能在获得涉案技术秘密后对照该技术秘密对某些生产工艺或个别配件装置做规避性或者适应性修改。这种修改本身也是实际使用涉案技术秘密的方式之一。

□ 理论拓展

(一)心证概述

对证据的心证,通常也称为综合认定,是指在诉讼过程中,裁判者合理运用社会常识、生活经验、逻辑法则等多种手段,依据或然性原则进行最佳解释并作出认定的认证方法。《刑诉法解释》第 139 条第 2 款规定,对证据的证明力,应当根据具体情况,从证据与案件事实的关联程度、证据之间的联系等方面进行审查判断。第 140 条规定,没有直接证据,但间接证据同时符合证据已经查证属实;证据之间相互印证,不存在无法排除的矛盾和无法解释的疑问;全案证据已形成完整的证据链;根据证据认定案件事实足以排除合理怀疑,结论具有唯一性;运用证据进行的推理符合逻辑和经验法则的,可以认定被告人有罪。此外,在行政、民事诉讼的证据规则中,最高人民法院也同样对运用心证的方法认定证据作出了明确规定。例如,《行诉证据规定》第 54 条指出,法庭应当对经过庭审质证的证据和无须质证的证据进行逐一审查和对全部证据综合审查,遵循法官职业道德、运用逻辑推理和生活经验,进行全面、客观和公正的分析判断,确定证据与案件事实之间的证明关系,排除不具有关联性的证据材料,准确认定案件事实;《民诉证据规定》第 85 条第 2 款指出,审判人员应当依照法定程序,全面、客观地审核证据,依据法律的规定,遵循法官职业道德,运用逻辑推理和日常生活经验,对证据有无证明力和证明力大小独立进行判断,并公开裁判的理由和结果。

与印证模式立足于对证据客观性的认知优先于主观性判断的认识论立场,主要关注两个以上证据之间的相互验证、相互支撑关系,注重对证据进行外部性审查不同,心证模式赋予裁判者依据自身的社会常识、生活经验、逻辑法则对证据材料的证明资格和证明力进行独立判断的自由,这种方法无须借助其他证据来完成认证活动,更多地表现为裁判者对于证据本身进行的内省式判断,与印证模式相比,具有明显的主观判断色彩。

(二)心证模式的特点

1. 心证是一种具有补充性的认证方法。从《刑诉法解释》《行诉证据规定》《民诉证据规定》关于心证的规定可以看出,不同于印证方法在认证中的基础作用和垄断性地位,心证是一种居于印证之后的补充性认证方法。只有在通过印证难以对证据材料证明力有无和证明力大小作出判断和取舍的情形下,裁判者才可以依据社会常识、生活经验、逻辑法则对证据采信、事实认定作出最后的决定。

2. 心证过程包括自由判断和内心确信两个方面。心证在理论上也称自由心证,是英美法系和大陆法系各国的现代诉讼普适的一种认证方法,强调裁判者按照自由判断原则进行证据的证明力评判与案件事实的认定,以达到裁判者的内心确信即排除合理怀疑作为证明的标准与目的,认定的依据就是裁判者基于自身社会常识、生活经验、逻辑法则和法律素养而形成的判断力。从心证的过程或者步骤来看,它首先是指裁判者对证据证明力依据自身的判断力作出自由评估,主要是指在相互矛盾的证据中如何确定何者更为可信,由法官自由决断,不受其他限制。因此,心证的第一个原则就是自由判断。裁判者只有在自由判断的基础上形成了对证据和事实的内心确信,才完成了心证。故自由心证还包括第二个原则,即内心确信原则,也就是通过证据调查,裁判在内心对某个或者某些证据"真诚地确信",形成心证,进而以此为据对案件事实作出认定。

3. 心证在方法上表现为一种内省性判断。与采用印证方法认定证据注重外部性审查,通过同别的证据比对来审核判断待认定的证据不同,心证模式注重裁判者的内省性判断,裁判者通过自身的判断力形成对待认定证据的内心确信。由于审核判断方式不一样,运用心证与印证方法认证时,对证据的要求也明显不一样:通过印证模式认定证据强调证据种类丰富、品质优良、规模庞大,强调孤证不能定案。在前述李某抢劫案中,审判机关通过印证模式认定李某犯抢劫罪,就是用了种类较多、品质较好、数量庞大的证据来构建证据体系;在嘉兴中某化工公司、上海欣某公司诉王某集团公司、王某科技公司等侵害技术秘密纠纷案中,一审法院采用印证模式认定被诉侵权人实际使用侵权技术秘密的范围,正是因为相关证据缺乏,而只根据比对的结果作出了保守的认定。与印证不同,心证最关心的则是裁判者对认定对象的感受程度和内心确信的坚定程度,只要其内心坚定地相信某一证据或某些证据所提供的事实信息具有合法性、真实性和关联性,就可以直接采信这一证据或者这些证据,并据此认定案件事实,孤证不能定案原则并不适用于典型的心证模式。前述技术秘密侵权案中,二审法院采用心证模式认证,就在仅有较少证据基础上,充分运用社会常识、生活经验、逻辑法则、法官认知作出了相比印证更为大胆的认定。

4. 心证过程应当公开呈现、接受监督。心证是裁判者基于个人的社会常识、生活经验、法律素养、逻辑法则等对证据进行的自由评估判断,具有很强的主观性,而这种判断直接决定当事人重大利益,因此,裁判者作出心证的过程必须向当事人公开,向社会公开,接受法律监督和社会监督。这就要求裁判者在通过心证形成内心确信后,在裁判文书中或在法庭庭审中予以公开,即公开心证的过程。简单的案件要在法庭上阐释清楚;如果是争议较大的案件,则必须把对证据的采信和事实的认定,特别是有争议的部分,在裁判文书清晰明确地叙述出来,这是自由心证的操作方法。

(三)心证模式在技术秘密侵权案中的运用

在本案中,技术秘密权利人主张的技术秘密涉及58个非标设备的设备图287张和工艺管道及仪表流程图25张。被诉侵权人获取了涉及40个非标设备的185张设备图和15张工艺流程图。经比对,可直接确认被诉侵权人使用的技术秘密包括17台设备的设计图和5张工艺流程图。在认定侵权人实际使用被侵权的技术秘密范围这一问题上,一审、二审法院采用了不同的认证模式。

一审法院采用了严格的印证模式,认为被诉侵权人获取的技术秘密并不一定进行了实际使用,因此,不能以获取的技术秘密认定实际使用的技术秘密;认定实际使用的技术秘密应当以经比对得到侵权方技术资料印证的技术秘密范围为界限。这种方法的精准性取决于审判中获取到的被诉侵权人实际使用的技术资料种类和数量的多少,因此,获得的技术秘密和实际使用的技术秘密之间的印证只是表面的、现象上的印证,并不能完全反映被诉侵权人实际使用的具体情况。二审法院则根据本案事实证据具体情况,采取了心证模式认定被诉侵权人实际使用的技术秘密范围。二审法院主要从社会常识、生活经验和逻辑法则等视角对全案证据进行审视,对被诉侵权人实际使用的技术秘密形成了内心确信并据此认定案件事实,确定其赔偿的范围和数额。基本逻辑是:(1)被侵权技术秘密的生产设备和工艺流程通常具有配套性,被诉侵权人已经实际建成生产线进行规模化生产,必然已经掌握和使用了完整生产设备和工艺流程;(2)被诉侵权人不能提供对完整生产设备和工艺流程进行研发和试验的证据,则能证明其没有进行研发和试验;(3)被诉侵权人获取了权利人主要的、大部分技术秘密,在没有自己进行专门研发、试验的情况下,只能认定其使用了获取的全部技术秘密;(4)被诉侵权人生产设备和工艺流程上与被侵权技术秘密有个别不同,完全可能是专门做的规避性或者适应性修改。

在本案的处理中,一审法院坚持严格的印证模式,但与案件的实际情况和社会常识、生活经验、逻辑法则相违背,明显脱离实际,与客观真实相距甚远。二审法院坚持从生活实际、经验法则出发进行内心确认,推理过程符合逻辑,被诉侵权人无法提出有力的反驳意见,从而使得认证的结果符合客观真实,无疑是科学运用心证模式采信证据和认定事实的经典之作。

(四)对于认证模式未来走向的思考

正是基于防范印证模式的缺陷可能导致诉讼风险的考虑,尽管以裁判者主观判断力为标准的心证同样存在致命缺陷,甚至可能带来比印证模式更大的错判风险,但世界各国几乎都不约而同引入这种同样并不完美的认证模式,承认这样一个观点:无论证据在量上如何,只要裁判者基于理性能够真诚而确实地相信其所判定的证据和事实,他就可以依据自己内心的确信采信这种证据并据此认定案件事实,进而依照法律对案件作出处理。现代各国证据制度采用"心证"的认证方法以及"内心确信""排除合理怀疑"等似乎不太可靠的证明标准,并不是将证据采信和事实认定全盘托付给并不十分可靠的裁判者主观判断,而是将印证同心证结合起来,相互结合,相互补充:一方面,只有在案件事实证据疑难复杂,裁判者难以仅依赖印证方法作出判断和取舍的困难时刻,才能冀望于通过裁判者的良知和智慧作出公正裁判;另一方面,基于心证结果的主观性,它必须接受检验和约束,心证的过程应当是公开的、开放的,应当将接受反驳和质疑作为验证心证正确性的基本方式。为此,我国证据制度中认证模式发展应当坚持以印证模式为基础,以心证模式为补充,采用心证方法认定证据和事实应当特别谨慎。

正是由于印证和心证两种模式既各有优势,又各有缺陷,在诉讼活动中采信证据和认定事实,必须始终保持审慎态度:

1. 采信证据、认定事实应当优先考虑印证方法。优先采用印证模式,在穷尽印证手段仍难以作出最后决定的时候,方可求助于心证方法。优先采用印证模式,可以做到尽量通过印证方法采信证据、认定事实,以减少证据和事实判断中的主观性,暗合了以审判为中心的诉讼制度改革的要求,有利于切实落实谁主张谁举证的证明原则。在诉讼中,就要求侦查机关(举证责任承担方)尽职履责,充分搜集证据,在有一定证据种类和证据数量的情况下,如果搜集证据手段已经穷尽,但已获得的证据在印证性方面仍有欠缺,而主要证据质量高,且有一定的旁证支持,因此裁判者才能考虑采用心证的方法,运用自身的社会常识、生活经验、法律素养、逻辑法则进行推理判断,通过排除合理怀疑建立内心确信,采信证据、认定事实。

2. 在刑事审判,尤其是重大刑事案件审判中应当坚持采用最严格的印证方法。与民事、行政审判不同,刑事审判人命关天,重大刑事案件认定上的任何差错都可能造成无法挽回的巨大损失。因此,对特别严重的犯罪,主要是指可能判处死刑的案件,采信证据、认定事实应当采用印证方法,适用最高的证明标准,用确实、充分的证据证明被告人的罪行和应当承担的刑事责任。在这种情况下,心证中所有蕴含的主观性判断应当被彻底清除。只有这样,才能确保死刑案件零差错。

(撰写人:重庆市高级人民法院　张波)

□ 阅读指引

1. 潘金贵等:《刑事庭审质证规则研究》,中国检察出版社 2019 年版。

2. 张德利、陈连福主编:《非法取证与刑事错案问题研究》,中国检察出版社 2007 年版。

3. 肖晗:《民事证据收集制度研究》,湖南师范大学出版社 2010 年版。

4. 邱爱民:《行政执法证据收集与运用规则研究》,知识产权出版社有限责任公司 2022 年版。

5. 最高人民检察院第三检察厅编:《国家公诉人出庭指南》(修订版),法律出版社 2023 年版。

6. 赖建东:《全方位质证:思路指引与办案技巧》,法律出版社 2022 年版。
7. 王颂勃:《刑事诉讼法庭质证规则研究》,中国人民公安大学出版社 2015 年版。
8. 何家弘主编:《证据的审查认定规则——示例与释义》,人民法院出版社 2009 年版。
9. 江显和:《刑事认证制度研究》,法律出版社 2009 年版。

第十一章　证明方法

第一节　推　定

■ 刑事诉讼中推定的理解与适用

案例 11－1　贾某华非法持有毒品案[1]

□ 案情概述

北京市第一中级人民法院判决认定：2019 年 12 月 25 日，被告人贾某华在北京市海淀区北太平庄路某商厦门前，接收从云南省西双版纳傣族自治州寄递至北京的毒品，后被公安机关抓获归案，从其接收的快递纸箱内起获可疑粉末。经检验，起获的可疑粉末中检测出海洛因，含量为 71.8%，经称量，共计为 4884.54 克。故判决：贾某华犯非法持有毒品罪，判处无期徒刑，剥夺政治权利终身，并处罚金人民币 10 万元。贾某华不服一审判决而提出上诉，理由是其不知道快递里有毒品。北京市高级人民法院经审理，维持了一审判决。

本案涉及主要证据的基本情况如下：

1. 证人张某 1、催某、张某 2 的证言证明：2019 年 12 月 25 日 13 时许，一名可疑男子在某商厦附近徘徊。14 时许，嫌疑男子在某商厦门前，从一上身着黄色上衣的快递员处接收一个绿色编织袋。之后民警就上前将嫌疑男子抓获。从该男子身上起获一个长方形的绿色编织袋包装的快递及其他物品。经张某 2 辨认，照片上的 10 号男子（贾某华）照片就是在 2019 年 12 月 25 日 14 时许，在北京市海淀区北太平庄路某商厦门前向其收取快递的男子。

2. 公安机关出具的搜查证、搜查笔录、扣押决定书、扣押笔录、扣押清单、起赃经过、北京市公安局收缴毒品清单、毒品称量笔录等证据证明：(1) 从编织袋内起获黄色纸箱 2 个（分别编号为 1 和 2），从 1 号纸箱夹层起获 4 块可疑白色粉末（分别编号为 1－1、1－2、1－3、1－4），从 2 号纸箱夹层起获 4 块可疑白色粉末（分别编号为 2－1、2－2、2－3、2－4），透明塑料袋 8 个，上述物品依法被扣押。(2) 前述白色粉末经称重共计 4884.54 克。

---

[1]　参见北京市高级人民法院刑事裁定书，(2020) 京刑终字第 166 号。

3. 证人丁某、司某、杨某1、杨某2、徐某1、徐某2、潘某的证言,证明了被公安机关现场起获的案涉绿色编织袋邮寄、派送及嫌疑男子收件的事实经过。

4. 公安机关出具的取样笔录及北京市公安司法鉴定中心出具的编号“2019DP1221”的检验报告证明:所提取的8份白色粉末样品,均检出海洛因,含量为71.8%。

5. 北京国盾信息中心司法鉴定所出具的编号为“国盾鉴定〔2019〕鉴字第676号”的电子数据司法鉴定意见书及公安机关出具的聊天记录照片证明:对贾某华所持有的两部手机进行数据鉴定,提取相关聊天记录,其中贾某华昵称为“2020努力”的微信号与昵称为“陈×迅”的微信号的聊天记录部分如下:2019年12月25日13时54分,“陈×迅”说:“你是帮别人取的,又不是你自己的,你想多了,情况不对,我不会让你去”。13时56分“陈×迅”说:“稍等一会,你去观察一下”,贾某华回复:“电话他的我删除了?我拿货?等到的?”“陈×迅”回复“嗯”,并发送快递单照片。14时1分“陈×迅”问:“你看到快递员了吗”“他让你去的时候再过去”。14时5分“陈×迅”问“干嘛呢?”。

贾某华与微信昵称为“陈×迅”的微信号的聊天记录显示两人多次互问“吃饭了吗?”“吃的回锅肉”。

从微信记录中恢复出贾某华微信号与微信昵称为“努力找回原来的我”的微信号的部分聊天记录如下:2019年12月9日23时40分“努力找回原来的我”对其说“押运毒品?一月几万块,不运,一月几千块,一天才啥样”。

微信号“西贝先生”与微信号“一切皆有可能”的聊天记录:2019年12月24日21时43分,“西贝先生”发送乘车来北京的火车票照片,“一切皆有可能”问:“你在做什么业务”,“西贝先生”回答:“送人头,我也是收钱替人办事之类的,赚得不多一月也就一万多,太累到处跑”。

从贾某华手机中恢复其QQ号“浅笑”与QQ号“冷酷”的聊天记录:2019年11月9日,“冷酷”对“浅笑”说:“广西帮我送个东西给客户,然后到我这里做事,月薪3万你考虑一下”,“浅笑”问要做什么。2019年12月24日10时42分,“冷酷”向“浅笑”发送消息“订晚上的不行吗?有点着急兄弟”,当天12时46分“浅笑”问地址,回复“海淀区花园路31号”,13时12分“浅笑”发送消息“我明天到了北京联系你”。2019年12月25日上午8时45分,“浅笑”向“冷酷”发送“在不在?花园路两个”。“浅笑”发“我到花园路了”,对方回“你加这个微信(微信昵称‘陈×迅’)”。二人在聊天中多次互问“吃饭了吗?”,回答“吃的回锅肉”。

从贾某华移动电话内提取出的浏览器信息显示,2019年12月14日10时3分至10时6分,贾某华在手机上多次搜索“帮人拿快递不知道是毒品”“帮人取快递不知是毒品会怎样”等相关信息。

贾某华供述证明:2019年12月QQ兼职群里有一个QQ昵称叫“冷酷”的人,发了“找人兼职,不偷不抢,还简单”的信息,他就加了对方QQ好友。加上之后对方问他多大了,他当时以为是开赌场之类的,想跟对方干活挣点钱还账,对方让他到广西柳州,到了之后会安排他具体干啥,做成之后可以去对方那做事,月薪3万元人民币,他问对方具体做什么,对方一直没有告诉他。他觉得广西太远,对方有点不靠谱,就没去。2019 年 12 月 24 日 10 时左右,对方用 QQ 告诉他,让他去北京,他答应了。12 月 24 日下午,在他上去北京的火车前,对方给他发了个位置,让他到北京海淀区花园路 31 号,到了之后再听安排。他从汉中坐公车到西安,又从西安坐火车到了北京西站。12 月 25 日上午 8 时 30 分,他到了北京西站,之后他坐公交车去了海淀区花园路附近,到了之后,他 QQ 联系对方,对方让他在附近转一转,吃点饭,下午再安排他具体做什么。12 时许,对方让他加上新微信(昵称“陈×迅”),给他发了城建大厦苏宁快递点位置,让他去这个位置,他到了给他发的位置后,对方要他的照片,他就给对方发了一张自己照片,之后让他找一个收件人叫邵某的快递,让他看一下周边的环境,他给对方拍了几张快递车的照片,对方就把快递的单子、快递员的电话给了他,他用手机跟快递员联系问快递情况,过了一会快递员给他打电话去某商厦门口取货,他取完之后就被民警抓了。他不认识让他来北京取快递的人,没有收对方的钱,“冷酷”说给他报销来北京的车费 1000 元。他的微信号包括“西贝先生”“2020 努力”。他添加过 QQ 昵称为“冷酷”的微信号两次,第一次添加是一个没有名字的微信号,用一个水果头像,第二次添加了叫“陈×迅”的。他用手机搜索过“帮人取快递,快递是毒品怎么办”之类的问题。他到了北京的快递点之后,对方让他看一下周围环境,他当时担心快递是违禁品,于是给对方打了电话,问里面是否有违禁品,对方说没有,能过安检的东西怎么会是违禁品,说他想多了,一会儿见面聊,他听对方这么说,就觉得不是违禁品了。

在案的其他物证、书证、视听资料等证据,证明了贾某华收取案涉绿色编织袋的事实经过。

回 证据分析

本案的争议焦点是:在案证据是否足以证明上诉人贾某华主观上明知绿色编织袋内装有案涉毒品?本案争议焦点映射的证据法问题有三个:第一,在法理上,有效推定的基础事实应当满足什么条件?第二,从基础事实到推定事实的推断方法是否可靠?第三,本案的证据是否达到了据以形成推定的基础事实?

对于以上证据问题,分析如下:

关于有效推定的基础事实问题。推定作为一种特殊的司法证明方法,一般是指在基础事实被确认后,根据法律规定或逻辑与经验法则,从基础事实推断出未知结果事实的法律机制与规则。[1] 推定由三个要件构成:基础事实+连接要件+推定事实。[2] 基础事实也称前提事实,是必须根据证据裁判规则查证属实的事实。连接要件是连接基础事实和推定事实的推断方法或逻辑规则与经验法则,具有普适性、稳定性和可靠性。在本案中,综合电子数据司法鉴定意见、聊天记录照片等证据可得如下三个基础事实:第一,QQ 昵称为“冷

---

〔1〕 参见潘金贵主编:《证据法学》,法律出版社 2022 年版,第 361 页。
〔2〕 参见潘金贵主编:《证据运用实务教程》,法律出版社 2023 年版,第 149 页。

酷"的人系陌生人,在安排贾某华工作时却不交代具体工作内容,且允诺月薪3万元的高薪;第二,对他人安排的广西之行因怀疑与毒品有关予以拒绝,并在网上搜索相关信息可能带来的不利后果;第三,接收快递前因他人临时变更联系方式、让其观察周边环境、发送照片等一系列反常行为而产生快递系违禁品的怀疑。

对于第一个基础事实,有两个经验法则可以作为连接要件:其一,"不肯公开具体工作内容的工作必定是违法的";其二,"陌生人允诺的高薪必定不正常"。根据此两个连接要件,可散发性地拓展出推定事实,即该工作很可能与毒品犯罪有关。对此,贾某华也怀疑他人安排的广西之行与毒品有关,但他觉得广西太远,对方有点不靠谱,就没去。在贾某华怀疑安排的广西之行与毒品有关后,特地在手机上多次搜索"帮人拿快递不知道是毒品""帮人取快递不知是毒品会怎样"等相关信息,了解实施该行为后的法律后果。所以,不但从经验法则可以推断出他人将安排贾某华从事毒品犯罪,而且贾某华自己也意识到其行为涉及毒品犯罪。整个推定过程具体见图11-1。

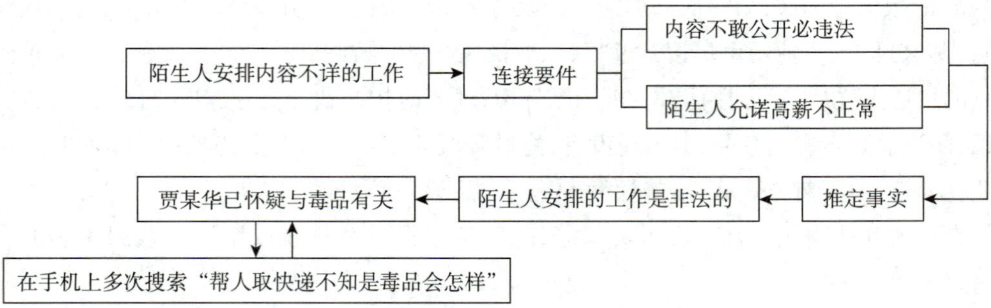

图11-1　通过连接要件形成推定的思维导图1

关于第二个基础事实,该事实不仅是第一个基础事实推定的结果事实,也是本案查明的事实,可以验证从第一个基础事实作出推定的可靠性,即推定贾某华已明知陌生人安排的工作与毒品有关的事实是可靠的。作为查明的基础事实,即贾某华在手机上多次搜索"帮人拿快递不知道是毒品""帮人取快递不知是毒品会怎样",可以进一步推定其主观上已明知快递内装有毒品,该推定的逻辑程式具体见图11-2。

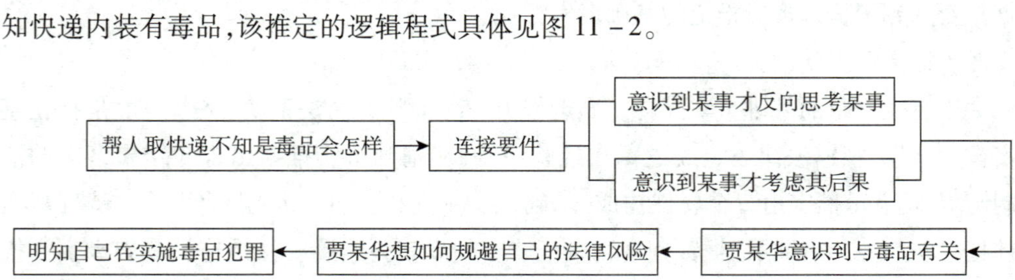

图11-2　通过连接要件形成推定的思维导图2

关于第三个基础事实,是由一系列反常行为组成的,每个反常行为都有相应的连接要件可以进行推定,即推定贾某华明知快递系违禁品。其推定的具体思维流程如图11-3所示。

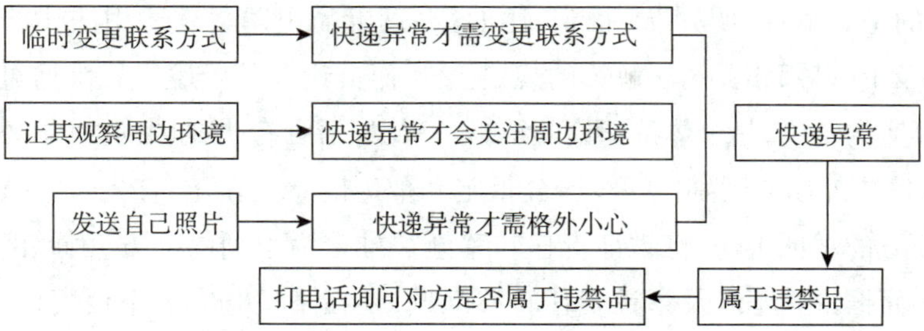

图 11－3　通过异常行为形成推定的思维导图

综上可见，在案证据形成的多个基础事实，都可以根据高度盖然性的经验概括为连接要件进行推定，据此形成的推定事实，又变成可验证的基础事实，因此有关推定是可靠的。比如通过第一个基础事实推定出原审被告人应当明知陌生人安排的工作与毒品犯罪有关，而原审被告人自己也确实意识到与毒品有关，因此通过网络搜索与此相关的话题，对自己可能涉及的法律后果进行评估，验证了该推定的可靠性；在第三个基础事实上，可以推定原审被告人应当明知快递内有毒品等违禁品，而原审被告人本人亦怀疑可能是违禁品，于是向指挥的陌生人询问快递内物品是否属于违禁品，验证了该推定的可靠性。对于本案的推定，不但要有基础事实依据，也应当有法律依据，因为只有在立法明确规定对构成要件可进行推定的情况下，才可进行推定。本案中的"明知"推定，其法律依据是 2007 年最高人民法院、最高人民检察院和公安部共同颁布的《办理毒品犯罪案件适用法律若干问题的意见》第 2 条规定。该条款规定了可以推定"应当知道"的八种情形，其中包括采用高度隐蔽的方式交接毒品、以获取不同寻常的高额或不等值的酬劳携带毒品的两种情形，都可以直接推定明知系毒品。本案中，陌生人允诺给予原审被告人月薪 3 万元的酬劳，即属于"不同寻常高额或不等值的酬劳"，符合法定推定的一种情形；陌生人要求变更联系方式和注意周围环境的异常行为，即属于"采用高度隐蔽的方式交接毒品"，亦符合法定推定的情形。在本案推定既不能被反驳，又可得到验证的情况下，足以认定贾某华对接收快递可能系毒品的明知。

□ 理论拓展

推定作为一种事实认定方法，在理论上需要澄清两个问题：第一，区分推定与推断、推论；第二，推定的反驳与验证。另外，目前学界对推定的研究多限于本体论，而较少论及如何适用推定证明方法的方法论问题，因此，需要从方法论角度对推定证明方法进行完善。

（一）推定与推论的关系

不论是法律推定还是事实推定，抑或"立法型推定"和"司法型推定"，[1]都属于法定推定，也就是只有在法律明确规定的情况下，才可以对法律允许事项作出推定。关于法律推定，最为典型的是我国《刑法》第 395 条第 1 款规定的巨额财产来源不明罪。关于事实推

〔1〕 参见劳东燕：《认真对待刑事推定》，载《法学研究》2007 年第 2 期。

定,最为典型的是对主观“明知”的推定,比如《办理毒品犯罪案件适用法律若干问题的意见》第2条以及10多部相关司法解释的规定。[1] 而推论乃基于逻辑思维通过间接证据进行推理获得事实的结论,是个体认识论的结果。所以,两者有明显区别,有学者将其细化为“内在的区别”和“外在的区别”。[2] 区分推定和推论的意义在于:首先,在举证责任上,推定免除了举证方的举证责任,将举证责任转移至被推定为不利的一方,因此涉及举证责任的特殊分配。而推论并不涉及举证责任转移问题,是在举证方完成举证责任后,裁判者运用印证、聚合等方法对证据事实所进行的综合性判断,并得出案件事实;如果举证方所提供的证据不够充分,无法作出结论系唯一性的推论,就不能发生举证责任转移,应作出不利于举证方的裁判。其次,在程序上,推定允许被推定为不利的一方进行合理解释和反驳,若没有经过这一程序,则在事实认定上程序违法。而对于推论的结果,无须经过合理解释或反驳的程序,可直接作出相应的裁决。

(二)推定的反驳与验证

对于推定的反驳,是举证责任转移的必然结果。反驳的途径有两种:一是就异常行为进行合理解释,二是提供相反的证据予以推翻。所谓合理解释,是指能够对自己异常行为作出符合普通人普遍认知的解释。比如在前述案件中,原审被告人可对其为何通过手机多次网络搜索“帮人拿快递不知道是毒品”“帮人取快递不知是毒品会怎样”进行合理解释,但显然原审被告人对此无法作出令人信服的解释,因为无论如何解释都无法回避其已意识到“毒品”的事实。所谓提供证据进行反驳,是指在合理解释的基础上,通过举证或提供证据线索来证实其合理解释。比如在前述案件中,如果原审被告人对其通过手机多次网络搜索“帮人拿快递不知道是毒品”“帮人取快递不知是毒品会怎样”,进行解释称系他人用其手机进行搜索,则被告人应当提供“他人”的具体信息,对该“他人”能够查证。如果不能提供具体的证据线索进行查证,则无法实现反驳目的。

对推定的反驳是对不利一方的程序救济,也是不利一方的诉讼权利。但对推定的规范不应仅限于举证双方,也应当对审判者进行约束与规范。对审判者的约束与规范是指审判者在进行推定后,应当对推定事实进行验证,以确保推定的可靠性。比如在“以非法占有为目的”的推定中,根据司法解释的规定,被告人“携带赃款潜逃”的,可推定具有“非法占有目的”,但如果在案证据体现被告人当初是出于对人身安全的担忧而潜逃,则此时的推定无法得到其他事实的验证,不具有可靠性。因此,推定作为一种证明方法,而审判者具有查明真相的职责,对推定事实的验证乃审判者的应有职责。

(三)推定的程序塑造

目前学界较少讨论推定适用的具体程序。但因为推定关乎案件事实认定和辩护权等人权保障问题,因此应当对推定适用程序予以充分关注。我们认为,推定适用的程序具体

---

[1] 参见潘金贵主编:《证据运用实务教程》,法律出版社2023年版,第157页。

[2] 参见龙宗智:《推定的界限及适用》,载《法学研究》2008年第1期。

应包括:(1)前提条件,即控方已穷尽调查程序,对案涉的要件事实仍无法查清。(2)规范条件,即对控方无法查清的要件事实,相关法律或司法解释已规定可以适用推定进行认定。(3)告知程序,包括两个内容:第一,适用推定方法的告知,即在进行推定前应当告知被推定为不利的一方法庭将在认定事实时适用推定方法;第二,推定过程的告知,包括告知基础事实、连接要件和推定事实,将推定的思维过程形象化、可视化。(4)反驳程序,包括法庭给予被推定为不利一方作出合理解释和举证的合理期限、司法机关对提出反驳一方提供的证据线索进行查证。如果缺乏前述程序,则造成审判者的"黑箱"思维,推定事实成为没有经过法庭质证的事实,而未经法庭质证的证据及其事实是不能作为定案根据的。可见,推定的程序对于确保公正审判至关重要。

■ 民事诉讼中推定的理解与适用

案例 11-2　江苏省徐州市人民检察院诉苏州其安工艺品有限公司等环境民事公益诉讼案[1]

回 案情概述

2015 年五六月,苏州其安工艺品有限公司(以下简称其安公司)将其工业生产活动中产生的 83 桶硫酸废液交由黄某峰处置。黄某峰将上述硫酸废液运至苏州市区其租用的场院内,后以每桶 2000 元的价格委托何某义处置,何某义又以每桶 1000 元的价格委托王某义处置。王某义到物流园马路边等多处随机联系外地牌号货车车主或司机,分多次将上述 83 桶硫酸废液直接从黄某峰存放处运出,要求他们带出苏州后随意处置,共支出运费 43,000 元。经查明,其中 3 桶硫酸废液倒在沛县经济开发区农地里,12 桶被丢弃在某工地上,对于其余 68 桶硫酸废液王某义无法说明去向。2015 年 12 月,沛县环保部门巡查时发现 12 桶硫酸废液。经鉴定,确定该硫酸废液是危险废物。2017 年 8 月 2 日,江苏省沛县人民检察院对涉案人员提起公诉,该案经江苏省徐州市中级人民法院二审后,终审判决认定涉案人员构成污染环境罪。

江苏省徐州市人民检察院在履行职责中发现以上破坏生态环境的行为后,依法公告了准备提起本案诉讼的相关情况,公告期内未有法律规定的机关和有关组织提起诉讼。2018 年 5 月,江苏省徐州市人民检察院向江苏省徐州市中级人民法院提起本案诉讼,请求判令涉案人员连带赔偿倾倒 3 桶硫酸废液和非法处置 68 桶硫酸废液造成的生态环境修复费用,并支付其为本案支付的专家辅助人咨询费、公告费,要求 5 被告共同在省级媒体上公开赔礼道歉。江苏省徐州市中级人民法院于 2018 年 9 月 28 日作出(2018)苏 03 民初 256 号民事判决,支持了前述诉讼请求。

---

〔1〕 参见最高人民法院指导案例 135 号(2020 年)。

□ 证据分析

本案争议焦点之一是：在案证据无法证明该 68 桶硫酸废液被非法处置并对生态环境造成损害的情况下，5 被告应否就其余 68 桶硫酸废液承担生态环境损害赔偿责任？

对于以上证据问题，分析如下：

根据《固体废物污染环境防治法》等法律法规的规定，我国实行危险废物转移联单制度，申报登记危险废物的流向、处置情况等，是危险废物产生单位的法定义务；如实记载危险废物的来源、去向、处置情况等，是危险废物经营单位的法定义务；产生、收集、贮存、运输、利用、处置危险废物的单位和个人，均应设置危险废物识别标志，均有采取措施防止危险废物污染环境的法定义务。本案中，其安公司对硫酸废液未履行申报登记义务，未依法申请领取危险废物转移联单，黄某峰、何某义、王某义 3 被告非法从事危险废物经营活动，没有记录硫酸废液的流向及处置情况等，其安公司、黄某峰、何某义、王某义 4 被告逃避国家监管，非法转移危险废物，不能说明 68 桶硫酸废液的处置情况，没有采取措施防止硫酸废液污染环境，且 68 桶硫酸废液均没有设置危险废物识别标志，而容器上又留有出水口，即使运出苏州后被整体丢弃，也存在液体流出污染环境甚至危害人身财产安全的极大风险。最高人民法院《关于审理环境民事公益诉讼案件适用法律若干问题的解释》第 13 条规定，“原告请求被告提供其排放的主要污染物名称、排放方式、排放浓度和总量、超标排放情况以及防治污染设施的建设和运行情况等环境信息，法律、法规、规章规定被告应当持有或者有证据证明被告持有而拒不提供，如果原告主张相关事实不利于被告的，人民法院可以推定该主张成立”，据此，本案应当推定其余 68 桶硫酸废液被非法处置并污染了环境的事实成立。因此，人民法院推定其余 68 桶硫酸废液被非法处置并污染了环境的事实，不但有基础事实依据，而且有相关司法解释法律依据，该推定可以成立。

□ 理论拓展

民事诉讼证明标准低于刑事诉讼和行政诉讼证明标准，因此，推定在民事诉讼中适用的范围更为广泛。民事推定包括实体法的法律推定和证据法的事实推定，常见的民事推定包括过失推定、婚生子女推定、亲子关系推定、失踪推定、死亡推定、死亡顺序推定、不利事实推定等 10 多种推定。[1] 由于民事推定适用范围广，有在实务中难免被滥用的可能。为了确保民事推定能够真正发挥民事证明的作用，应把握民事推定的适用条件。

1. 基础事实必须是查证属实的事实。基础事实是适用民事推定的基本前提，没有基础事实就不能生成民事推定。基础事实遵循证据裁判原则，必须根据举证责任分配达到法定的证明标准。因为只有基础事实查证属实，该基础事实才有资格与经验事实相匹配，从而运用逻辑推理机制进行转换，将抽象的经验事实通过基础事实演绎成具体的推定事实。因此，如果基础事实无法查证，则经验事实无法附着于具像化对象进行具体化，也就无法形成

---

〔1〕 参见潘金贵主编：《证据运用实务教程》，法律出版社 2023 年版，第 151－152 页。

推定,故不能适用推定。

2. 基础事实与推定事实之间存在高概率的逻辑关联或法律强制性规定的连接点。基础事实之所以能够生成推定事实,是因为基础事实在本质上能够覆盖或者勾连推定事实,而判断这种覆盖或勾连关系的逻辑工具便是经验法则。只有根据经验法则对基础事实进行延展并且在经验上可以覆盖或勾连所需的推定事实,才可以进行民事推定,否则不能适用民事推定。比如,女方向法院起诉要求男方支付非婚生孩子抚养费,在女方提供了男女双方同居的证明材料、非婚生孩子的出生证以后,男方仍辩解其并非孩子生父,但却拒绝做亲子鉴定。在此情况下,基础事实已经大概率涵盖了男方系孩子生父的可能,男方拒绝做亲子鉴定进一步表明了男方放弃对其不利推定的反驳或反证,因此推定男方为孩子生父成立。

推定事实是没有证据或无法通过证据直接证明的事实。民事推定有两种功能:一是在证据缺失时作为填充工具,填补因证据缺失造成的事实缺口;二是在有举证能力的一方拒不举证时的制裁功能,作出对其不利的评价。但前述两种功能中,其前提均是因为民事证明面临困境。当然并非一旦发生证据缺失就可以适用推定,只有在基础事实已查证属实的情况下才可以适用推定。比如就前述非婚生孩子抚养费诉讼案件而言,如果女方没有提供证据证明男女同居关系以及同居期间生育孩子的基础事实,而是直接向法院起诉要求支付抚养费,因为基础事实无法证明,所以不能作出男方系非婚生孩子生父的推定。

■ 行政诉讼中推定的理解与适用

案例 11-3　周某和内幕交易案[1]

□ 案情概述

江某股份有限公司(以下简称江某公司,系上市公司)自 2010 年起寻求"卖壳",唯某有限公司(以下简称唯某公司)自 2013 年计划"借壳"上市。2014 年 3 月,唯某公司股东吕某委托保荐代表人任某升协助"找壳",任某升委托张某业协助。2014 年 4 月 10 日,经张某业促成,江某公司委托的保荐代表人叶某与张某业等人会面。2014 年 4 月 15 日,任某升受吕某所托,结合张某业所告知的"JQSY"壳资源相关情况草拟重组简要方案概述,起草过程中涉及的问题均由张某业沟通转达。2014 年 4 月 29 日,任某升将重组简要方案概述发送给吕某。2014 年 5 月 14 日,重组双方达成初步一致意见。2014 年 6 月 12 日,江某公司发布重大资产重组停牌公告。重组事项信息公开前为内幕信息,张某业作为中间介绍人参与筹划,不晚于 2014 年 4 月 29 日知悉内幕信息。周某和曾为张某业老师,二人长期交往密切,

---

〔1〕 参见《最高检、证监会联合发布证券违法犯罪典型案例》,载最高人民检察院官网,https://www.spp.gov.cn/spp/xwfbh/wsfbh/202011/t20201106_484204.shtml。

且有资金往来。内幕信息敏感期内,周某和与张某业频繁通信联系,并从张某业处得知江某公司有重组预期。周某和控制其本人、学生、朋友的证券账户,突击转入资金集中买入“江某公司”,获利12,640,120.03元。

2016年8月,中国证券监督管理委员会(以下简称证监会)作出行政处罚决定,认定周某和的上述行为违反了2005年《证券法》第73条和第76条第1款的规定,构成《证券法》第202条所述内幕交易行为。证监会决定,没收周某和违法所得12,640,120.03元,并处以12,640,120.03元罚款。周某和不服上述处罚决定并提起诉讼,一审法院和二审法院均判决驳回起诉。

□ 证据分析

本案争议焦点是在周某和拒不承认其从内幕信息知情人员张某业获悉内幕信息的情况下,能否通过行政推定的方法认定本案构成内幕交易呢?

对于以上证据问题,分析如下:

周某和是否在内幕信息敏感期内获悉了内幕信息并利用内幕信息进行证券交易。周某和主张,张某业未向其泄露内幕信息,因此其买入“江某公司”不具备内幕交易的特征。证监会将公安机关调取的证据作为行政处罚的证据不具有合法性。证监会复核认为:涉案期间内,周某和与内幕信息知情人张某业频繁联系,并获知江某公司有重组预期,且据此买入“江某公司”股票,证据确凿,其交易理由不足以排除其交易的异常性;证监会认定周某和构成内幕交易行为于法有据。

本案系行刑回转案件,证监会在行政调查过程中发现周某和、张某业涉嫌内幕交易犯罪,通过行刑衔接程序将案件移送公安机关,后司法机关依法对本案开展刑事侦查,最终对周某和以“证据不足”决定终止侦查程序,并移交证监会处理。由于行政执法与刑事司法在证明标准、法律适用等方面存在区别,公安机关终止侦查的决定,是对犯罪嫌疑人是否符合刑事追诉标准作出的独立判断,不影响行政执法机关依法履行行政处罚程序。根据司法解释的规定,对于内幕交易可以通过推定的方法进行认定。最高人民法院《关于审理证券行政处罚案件证据若干问题的座谈会纪要》第1条第1款第2句规定,“人民法院在审理证券行政处罚案件时,也应当考虑到部分类型的证券违法行为的特殊性,由监管机构承担主要违法事实的证明责任,通过推定的方式适当向原告、第三人转移部分特定事实的证明责任”。由于内幕交易具有“隐蔽性”的突出特点,对内幕交易行为人是否获知内幕信息这一主观状态,往往缺乏直接证据,需要结合行为人的外在行为进行认定。本案中,周某和拒不承认获知内幕信息,但通过其交易行为异常特征及其与张某业在信息敏感期内联络频繁等情况,可作为基础事实,并据此推定周某和从内幕信息知情人张某业处获得内幕信息进行交易,依法认定其构成内幕交易。

□ 理论拓展

行政推定也包括立法推定和司法推定。其中立法推定仅限于过错推定，司法推定指客观事实推定。

（一）过错推定

1996年《行政处罚法》并没有规定对于应受行政处罚行为是否需要考虑当事人的主观过错，这就意味着行政处罚适用客观规则和原则。然而，自该法施行以来，行政处罚是否需要主观过错要件在学界和实务界引起热烈讨论。一部分学者赞同客观归责原则，另一部分学者则基于"无过错即无处罚"原则主张主观过错原则。为了回应前述争议，2021年修订的《行政处罚法》在第33条第2款增设如下规定，"当事人有证据足以证明没有主观过错的，不予行政处罚。法律、行政法规另有规定的，从其规定"。该条款即为过错推定条款及例外规则，即首先推定行政处罚相对人在主观上具有过错，但允许当事人对该推定进行反驳与反证。在立法上确立行政处罚的过错推定原则，乃是落实宪法人权保障原则的必然要求，是法秩序统一性原理的固有内容，也是行政执法现代化和法治文明的必然选择。行政处罚过错推定原则在实践中具有广泛的适用空间，为行政处罚相对人免除行政处罚责任提供了有力的法律武器。比如，在排污污染行政处罚案件中，如果根据客观归责原则，只要有超标排污事实存在，相关行政机关即可对相对人进行行政处罚，但是在过错推定原则下，允许相对人对其主观无过错进行举证，比如因为临时停电导致污水处置设备失灵，以致超标排污。

关于主观过错的例外规则，相关法律、法规规定在对相对人作出行政处罚时，行政机关应当查明相对人主观上是否具有故意或过失，如果不能证明相对人主观上具有过错，则不能予以行政处罚。比如《国徽法》第18条规定，"在公共场合故意以焚烧、毁损、涂划、玷污、践踏等方式侮辱中华人民共和国国徽的，依法追究刑事责任；情节较轻的，由公安机关处以十五日以下拘留"。《消防法》第64条第2项规定，违反该法规定，过失引起火灾，尚不构成犯罪的，处10日以上15日以下拘留。

（二）客观事实推定

行政诉讼中的客观事实规定，包括对相对人不利的事实推定和对行政机关不利的事实推定。对相对人不利的事实推定，比如在前文提到的周某和内幕交易典型案例中，行政机关可以根据已知的事实推定出对相对人不利的事实。这种事实推定一般用于证明主观明知，因为行政机关对主观明知难以举证，为减轻行政机关的证明责任，司法解释设定了推定规则。至于对行政机关不利的事实推定，一般基于对行政机关规范执法的要求，在行政机关执法程序违法的情况下，为了达到对行政机关的程序性制裁而设定了相关推定。最高人民法院在91号指导案例中确立的行政赔偿诉讼中原告损失的事实推定规则，[1]即为对行政机关不利的事实推定。该推定要求应具备四个基础事实：其一，原告难以举证证明房屋内物品损失；其二，原告的举证困境是由被告的行政程序违法引起的；其三，原告提供初步

---

〔1〕 参见沙某保等诉马鞍山市花山区人民政府房屋强制拆除行政赔偿案，最高人民法院指导案例91号（2017年）。

证据证明房屋内物品遭受损害;其四,房屋内物品系指在当地特定区域具有普遍性的日常生活用品。法官根据前述基础事实,结合推定原理,推定出原告房屋内必然存在相应的日常生活用品,最后根据这些日常生活用品确定出合理的金钱赔偿数额。可见,在客观事实推定上,不论是刑事推定还是行政推定,都必须遵循从基础事实到推定事实的逻辑程式,而且基础事实是一个已经被证明的事实,否则不能适用推定的证明方法。

(撰写人:福建壶兰律师事务所　吴国章)

第二节　司法认知

■ 刑事诉讼中司法认知的理解与适用

案例 11－4　谭某发抢劫案[1]

□ 案情概述

原判认定,2017 年 12 月 25 日(农历十一月初八)晚上八九时,被告人谭某发来到永新县里田镇汗山村老屋上组转悠,看到一栋房屋的窗户亮着灯,便趴在一楼房间的窗户外往里看,见被害人尹某(戴着金耳环)坐在房间的凳子上数一沓钱,被害人数完后把钱放进了羽绒外套口袋里,然后把羽绒外套脱掉盖在被子上关灯睡觉。被告人谭某发顿生歹意,于是观察房屋四周情况,确认整栋房屋只有被害人一人独居,便设法进入被害人卧室,顺着房门摸到被害人尹某的床尾,站在床尾用手摸索被面上的衣物时惊醒了被害人。被害人尹某发觉有人后赶紧开灯,被告人谭某发迅速走到被害人尹某的床口(该床系三面封闭、一面半封闭的老式梁床)将灯关灭,同时上床用双膝压住被害人的双腿,要被害人拿出钱来。被害人尹某便开始喊“救命”。被告人谭某发立即用双手掐被害人的喉咙并压低声音威胁到:“你还叫救命,快拿出钱来! 快拿出钱来! 不拿出钱来就掐死你!”同时在床上摸到装钱(现金 10,300 元)的衣服拿起便欲离开,被害人抓住衣服不让被告人抢走,被告人谭某发便用力从被害人手中扯走衣服,迅速从被害人的厨房后门逃离案发现场。被害人在与被告人相互拉扯衣服过程中被甩倒,随后,被害人感觉到左边脸部有血流出来。随后邻居唐某 1 和儿子刘某 1 相继赶过来,尹某告诉唐某 1 和刘某 1 她被贼打了,贼抢走了她装有现金的两件外套,在拉扯衣服的过程中被贼拖倒在地。经吉安信诚司法鉴定中心鉴定,尹某的损伤程度被评定为轻伤二级。

另查明,被告人谭某发作案当日是戴着手套骑自行车,身穿蓝色上衣,发型较短,进入

---

〔1〕 参见江西省吉安市中级人民法院(2019)赣 08 刑终 97 号刑事裁定书。

案发现场时未戴手套,只会讲永新话不会讲普通话。

原审法院归纳本案的争议焦点是:(1)被告人谭某发进入卧室作案时是否惊醒了被害人?(2)被告人谭某发有没有对被害人进行威胁和使用暴力手段?被害人额头部位和双大腿内侧伤情是否为被告人的犯罪行为所致?(3)被告人谭某发构成盗窃罪还是抢劫罪?原审法院经审理认为,被告人谭某发以非法占有为目的,采取暴力手段抢得赃款10,300元,其行为已构成抢劫罪,判处有期徒刑10年6个月,并处罚金5000元。

上诉人不服原审判决提起上诉称,其仅见财起意,本案仅构成入室盗窃;其没有对被害人采取掐脖子、压腿、威吓的暴力手段,不构成抢劫罪。

二审法院经审理后,作出维持原审判决的裁定。

就本案争议焦点涉及的主要证据有:

被害人的5次陈述提到,被告人进入房间在床上摸索衣服时惊醒了她,她打开床头灯后被告人迅速关了灯,没看清被告人面貌。被告人对她进行了威胁和暴力手段,用手掐了她的喉咙,手上没戴手套,被告人是永新口音,在开关灯的瞬间看清了被告人着蓝色上衣、短发、身材较结实。她与被告人拉扯了装钱的衣服,被告人的暴力行为给被害人的左额头和双大腿内侧带来不同程度的伤害。

被告人谭某发的8次供述,在前三次笔录中均辩解"我近两个月没有去过里田及里田镇的任何一个村庄",自己没有犯罪事实;在第五次、第六次、第八次供述中,其承认是盗窃,不承认是抢劫;在第四次、第七次检察机关提审承认,其"衣服压在老妪(尹某)身下、其拉扯衣服时惊醒了老太婆,用力扯衣服"。

证人唐某1和刘某1证实,他们听尹某说被告人对她进行了威胁和暴力手段,用手掐了她的喉咙,还拉扯装钱的衣服。

▣ 证据分析

本案争议焦点是:被告人是否对被害人实施了威胁和暴力手段并致被害人轻伤?涉及的证据争点是:本案发生在冬天23时的封闭性空间中,被告人拒不承认实施过暴力行为,仅有被害人指认被告人对其实施了威胁和暴力行为,无法得到其他直接证据的印证,印证证明方法无法满足本案的证明需求,如何认定案件事实?

对于以上证据问题,分析如下:

一般而言,在直接证据缺失而出现事实认定疑难时,往往运用最佳解释推理进行事实认定,但最佳解释推理属于整体主义模式,其解决的是"犯罪嫌疑人是谁",而无法有效解决"犯罪嫌疑人如何犯罪"。由于本案已锁定犯罪嫌疑人,争议焦点在于被告人是否对被害人实施了威胁和暴力行为的具体层面,显然最佳解释推理也难以有效应对本案的事实认定。但证明方法除印证、最佳解释推理之外,还有推定和司法认知。二审法院根据案件事实,充分运用了司法认知的证明方法,解决了本案事实认定时的困境。

二审法院就涉及自然规律、生活常识和心理认知进行了司法认知。

第一,时令季节的司法认知。二审法院认为,案发当日为冬至后的第三天,农历冬月初八,根据天文常识,当天为弱月,此节气月初为12时、月落为24时,被害人卧室唯一的窗户朝东,上诉人室内作案时间为23时许,此时月已西落,关灯后,卧室环境处于黑暗之中。形成这种司法认知的思维导图如图11－4所示。

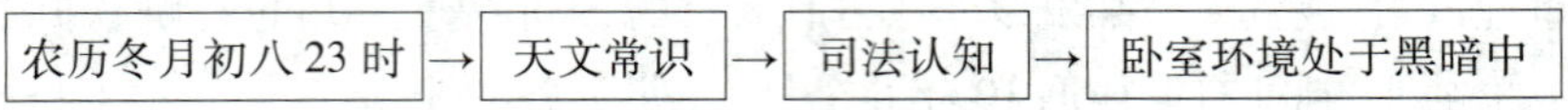

图11－4　以时令季节形成司法认知的思维导图

反而言之,如果当晚为满月,因为卧室内唯一窗户朝东,则月光可以照及卧室内,上诉人可以不打开电灯,借助月光而找到装钱的外套,而且不会因此惊醒被害人。但这是另一种极端的假设,因为这种假设无法成立,恰恰加强了司法认知的可靠性。

第二,常识性事实的司法认知。现场勘验照片显示,被害人装钱的外套和床上被套皆为深色,黑暗之中难以辨别。因此,上诉人摸索进入房间后,在漆黑陌生的环境中,不可能一下就瞄准并掳走装钱的衣服,其在床上摸索装钱衣服并因此惊醒被害人的概率极高。该司法认知的思维导图如图11－5所示。

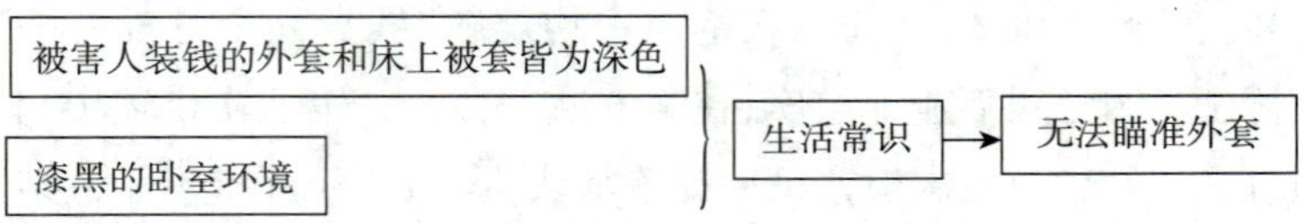

图11－5　以常识性事实形成司法认知的思维导图

第三,人类认知心理的司法认知。被害人与上诉人素不相识,此前从未谋面,上诉人在2018年1月29日被公安机关抓捕归案,而被害人在2017年12月26日第一次陈述中,已大概描述出上诉人的体貌特征:“永新口音”“短发”“蓝色上衣”,这与上诉人供认的作案时所穿衣服及其体貌特征基本吻合。如果被害人未被惊醒,没有与上诉人照面,对上诉人则无任何认知,也就不可能对其体貌特征作出相印证的描述。既然被害人能够描述出被告人作案时的口音和大致外貌特征,则足以认定被害人确实与上诉人照面,当时被害人确实被惊醒。该司法认知的思维导图如图11－6所示。

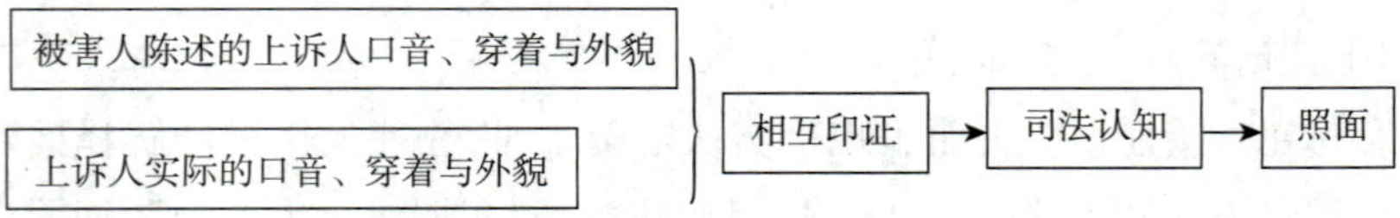

图11－6　以认知心理形成司法认知的思维导图

本案对司法认知的有效运用,不但加强了事实认定的说理,而且使得案件事实更具融贯性。本案中如果二审法院没有运用时令季节中“月光”的司法认知,则对被害人是否惊醒以及是否发生后续的威胁、拉扯衣服等涉及抢劫罪或盗窃罪的主要情节难以认定,即使认定为抢劫行为,也难以令人信服。而一旦加入“月光”,涉及抢劫的主要情节就完整地呈现出来:被害人被惊醒了,被害人喊救命,上诉人威胁,拉扯装钱的外套,拉扯时被害人被拨倒在地……美国前总统林肯当律师时,利用月光揭发伪证的故事,更是反映了司法认知在诉讼证明中具有的不可替代的优越性。可见,司法认知的作用不仅在于证明、论证案件事实,对于证否案件事实命题或证据也是至关重要的。

▣ 理论拓展

司法认知又称审判上的确认或司法确认,是指法官在审判过程中,依职权或依当事人申请对某些特定的事项无须当事人举证证明而直接确认并将其作为定案根据的一种诉讼活动和事实认定方法。[1] 司法认知在我国司法实践中已被普遍适用,我国民事诉讼、刑事诉讼和行政诉讼的相关法律规范均规定了司法认知的具体范围,但认真审查相关规定,三大诉讼法律规范对司法认知的范围界定是不一样的,因此,司法认知的具体对象是否应当统一,在理论上存在争议。另外,司法认知具有非终局性特征,那么其在适用过程中应当遵循何种程序,目前尚无规范规制,需要在理论上进行合理构建。

(一)关于司法认知的对象问题

从规范性文件看,三大诉讼法涉及司法认知的规定不尽相同,具体如表 11－1 所示。

表 11－1　三大诉讼中司法认知对象的对比

民事诉讼	行政诉讼	刑事诉讼
自然规律以及定理定律	自然规律以及定理	为一般人共同知晓的常识性事实
众所周知的事实	众所周知的事实	生效判决所确认的事实
生效仲裁裁决书确认的事实	已经依法证明的事实	审判人员履行职务所应当知晓的事实
生效判决书所确认的基本事实		自然规律或定律
公证文书所证明的事实		

注:民事诉讼中的司法认知,参见《民诉证据规定》第 10 条;行政诉讼中的司法认知,参见《行诉证据规定》第 68 条;刑事诉讼中的司法认知,参见《人民检察院刑事诉讼规则》第 401 条。

从表 11－1 可见,民事司法认知与行政司法认知的对象大致相同,只是民事认知的对象较为具体,行政认知对象被作概括性规定;而刑事认知对象相对前两者,在具体认知对象上,既有所缩小,又有所扩大。就缩小而言,例如,民事认知和行政认知中规定的"已经依法证明的事实"(包括生效仲裁裁决书确认的事实、生效判决书所确认的事实及公证文书所证明的事实),而刑事认知则规定为"生效判决所确认的事实",排除了生效仲裁裁决书所确认的事实及公证文书所证明的事实;再如,就民事与行政认知中的"众所周知的事实"事项,刑事认知将其表达为"为一般人共同知晓的常识性事实",从字面看,刑事司法认知似乎扩大了认知的对象范围,比如将"众所周知的事实"与"常识性事实"相比较,后者的范围显然更大。

---

〔1〕 参见潘金贵主编:《证据运用实务教程》,法律出版社 2023 年版,第 161 页。

但其实不然,因为"常识性事实"通过前缀"一般人共同知晓"的约束,范围实则被限缩。就扩大而言,刑事认知中的"审判人员履行职务所应当知晓的事实",是民事和行政司法认知所没有明确规定的。现在的问题是,是否应当就三大诉讼法中的司法认知对象作不同的规定?对此,学界有两种观点:一是"统一说",认为司法认知是一个固定的概念,在三大诉讼法中,认知的对象也应当是固定和统一的。二是"区分说",认为在三大诉讼中,证明标准和证明责任是完全不同的,因此司法认知的规则也应有所不同。我们支持"区分说"的观点,理由是:

三大诉讼法所遵循的社会基础不一样。民事诉讼除了遵循法治国的基本原则,还要考虑当地的风俗习惯,因此所谓的"众所周知的事实",往往可以被限定在当地的"众所周知",而不是全国性的、"一般人"的共同知晓;而行政诉讼也要关照行政机关所在地的地方立法,在一定程度上需要体现"地方性",而不是"全国性";刑事诉讼则不同,其视野是"全国性"的,将其法域范围的主体抽象为同样的"一般人"不作区别性对待,因此,就"众所周知的事实"的事项而言,其概念的外延是相对统一的。所以,在三大诉讼法中,需要对司法认知的对象作相应的适当区分。

三大诉讼法中证明标准的不一样决定了认知对象范围的差异。在我国,民事诉讼、行政诉讼和刑事诉讼的证明标准呈严格主义的渐进性,而司法认知作为一种证明方法,必然与证明标准密切关联。由于民事诉讼的证明标准最低,因此作为证明方法的司法认知及其认知对象也相对宽松,所以,生效仲裁裁决书所确认的事实以及公证文书所确认的事实均可以作为认知的对象,而在刑事诉讼中,该两项文书涉及的事实仍需通过举证予以查证,不能因此免除控方的举证责任。

从诉讼目标看,民事诉讼遵循当事人合意原则,行政诉讼也适当顾及双方合意原则,而刑事诉讼的目标在于查明真相,因此,在民事或行政诉讼中,只要司法认知的对象能够体现合意原则,则可以作为定案根据,比如公证文书和仲裁裁决书所证明或确认的事实;而在刑事诉讼中,合意并不代表真相,所以蕴含合意的私人文书不能作为其司法认知对象。

当然,三大诉讼法对司法认知的界定均存在边界模糊的问题,需要进一步予以明确。比如,民事和行政诉讼中的"众所周知的事实"以及刑事诉讼中"为一般人共同知晓的常识性事实",在实务中往往被混同为"经验法则",并因此被滥用。经验法则不是事实,而司法认知的对象必须是事实,这是两者的根本区别。

(二)关于司法认知的程序问题

因为司法认知涉及对一方举证责任的免除,而一旦免除一方举证责任,必然造成举证责任的失衡,影响到另一方的诉讼利益及实体利益,因此,在可能影响到另一方利益时,需要在程序上进行平衡与制约。目前我国三大诉讼法并没有规定司法认知的适用程序,学界认为司法认知包括四个程序的环节:程序启动→法官调查→不利一方反驳→作出决定。[1]其中启动程序有两种模式:一是法官依职权模式,二是当事人申请模式。法官调查程序,是

---

〔1〕 参见潘金贵主编:《证据运用实务教程》,法律出版社2023年版,第165页。

指在决定适用司法认知后,应当对形成司法认知的事实进行调查,使认知的过程公开化,避免“黑箱”思维。调查的主要内容是拟作司法认知的对象是否属于司法认知范围。不利一方的反驳程序是指允许因司法认知而处于不利的一方,适用司法认知的合法性、正当性进行反驳,或提供证据、证据线索等。作出决定的程序是指法官在给予不利一方充分的反驳机会以后,结合各方的意见就是否适用司法认知作出决定。其实,于利害相关的当事人而言,他们关注的可能是更细致的程序问题,比如告知程序和救济程序。

1. 告知程序

在法官依职权启动司法认知程序时,应当告知各方当事人。告知的内容包括司法认知的依据、司法认知的对象、司法认知的后果以及司法认知的救济程序。在司法实践中,不少法官在开庭审理中并不涉及司法认知的运用问题,而在裁判文书中却运用司法认知认定案件事实,这种实践操作实际上剥夺了当事人的举证权和质证权,因为司法认知是将一个认知的事实作为个案具体的法律事实认定,而法律事实在生成过程中需要经过法庭调查质证。例如,在三大诉讼法中,生效裁判文书所确认的事实,均允许通过提供证据予以反驳或推翻。《民诉证据规定》第 10 条第 2 款规定,“众所周知的事实”“已为仲裁机构的生效裁决所确认的事实”以及根据法律规定推定的事实,允许以相反的证据予以反驳;对于人民法院生效裁判文书所确认的事实以及公证文书所证明的事实,允许以相反的证据予以推翻。所以,应当强化司法认知的告知程序。

2. 救济程序

在法庭告知适用司法认知后,应当给予不利一方一定的反驳期限和举证期限,以保证当事人的诉讼权利。因为在法定的司法认知范围内,除了“自然规律以及定理、定律”不可反驳外,其他所有的司法认知对象均允许反驳或推翻,而反驳或推翻均应当通过举证或提供证据线索的形式进行。所以,无论是基于保障当事人的诉讼权利还是查明真相,均应当给予当事人充分的救济时间和救济措施。

■ 民事诉讼中司法认知的理解与适用

案例 11-5　攀枝花市仁和区前进锻轧厂与四川乾亨建设工程有限公司、四川乾亨建设工程有限公司攀枝花分公司建设工程施工合同纠纷申诉案[1]

□ 案情概述

再审申请人攀枝花市仁和区前进锻轧厂(以下简称前进锻轧厂)与被申请人四川乾亨建设工程有限公司(以下简称乾亨公司)、四川乾亨建设工程有限公司攀枝花分公司(以下简称乾亨攀枝花分公司)建设工程施工合同纠纷一案,不服四川省高级人民法院民事判决,

[1] 参见最高人民法院(2016)最高法民申 1481 号民事裁定书。

向最高人民法院申请再审。

前进锻轧厂申请再审称:(1)本案符合2012年《民事诉讼法》第200条第1项规定的情形。本案二审时,申请人提交了《混凝土结构耐久性设计规范》(已于2019年失效)、《混凝土结构工程施工质量验收规范》、《建筑工程施工质量验收统一标准》等建筑物质量的国家标准,以证明涉案建筑物的质量不符合上述规定,但二审法院并未组织当事人进行质证,违反了2012年《民事诉讼法》的规定。上述国家标准足以推翻原判决,未质证时应当属于新证据。(2)本案符合2012年《民事诉讼法》第200条第2项规定的情形。四川省建筑工程质量检测中心(以下简称质检中心)2009年3月26日出示的检测鉴定报告显示:其一,上述楼板裂缝影响其楼板的整体受力及耐久性(如主楼部分楼板裂缝部位已出现渗水及钢筋锈蚀痕迹);其二,外墙渗水主要系大气降水经外墙面缝隙(瓷砖勾缝隙、瓷砖与墙面结合处缝隙和门窗洞口处缝隙等)进入墙体,并经由砌筑砂浆或砖材孔洞缝隙渗至内墙面所致,该外墙渗水问题影响该房屋的正常使用。检测报告证明了涉案房屋主体结构存在严重的质量问题,二审判决认定事实不清。(3)本案符合2012年《民事诉讼法》第200条第5项规定的情形。二审法院于2015年9月14日收到了质检中心的回复函,但直至同年10月23日下午才进行第二次开庭质证,并于当日作出判决。上述回复函只有公章,没有制作单位负责人及制作证明材料的人员签名或者盖章,违背了2015年《民诉法解释》第115条之规定,没有法律效力。质检中心负责人明确表示上述回复函是错误的,但必须由人民法院出具相关文书才能就该回函进行纠正,二审法院对于申请人提出的向质检中心发函的请求不予理睬,导致申请人无法举证。(4)本案符合2012年《民事诉讼法》第200条第6项规定的情形。《建筑法》第58条规定,建筑施工企业对工程的施工质量负责。这是对建筑工程质量责任界限的明确划分,申请人在庭审时出示设计原图纸证明了被申请人施工中把原设计的楼板100毫米改成了75毫米,但二审判决把质量问题的责任绝大部分划分给申请人,属于适用法律错误。故请求再审本案。

乾亨公司作了相应的答辩意见。

最高人民法院对申请人申请再审的理由逐一审查,其中对于"新证据"问题,认为并非属于新证据,其他申请再审理由亦不能成立,故驳回了再审申请。

▢ 证据分析

本案的争议焦点在于,申请人前进锻轧厂在二审期间提交的《混凝土结构耐久性设计规范》《混凝土结构工程施工质量验收规范》《建筑工程施工质量验收统一标准》等建筑物质量的国家标准,是否属于新证据?

对于以上证据问题,分析如下:

申请人认为其二审期间提交这些国家标准规范足以推翻二审判决的认定,由于二审法院未组织对这些证据进行质证,故应认定属于再审审查阶段的新证据。

最高人民法院认为,申请人提交的有关国家标准是国家有关部门发布的行业性规范,是司法认知的范畴,根据证据规则,无须在当事人之间进行质证。事实上,质检中心作出的鉴定报告亦将当时的行业性规范作为依据,而本案当事人对此并无异议。因此,申请人关于新证据的申请再审理由缺乏事实和法律依据,法院不予支持。

司法认知的内容之一,就是国家法律规范及规范性文件,包括本案中关于建筑物质量的国家标准,因为国家法律规范和规范性文件,属于公开可查询的范围,也是法官在履行职务时应当知晓的法律知识,故不属于举证范围,当然也就不属于新证据。

将法律规范作为司法认知对象,《人民检察院刑事诉讼规则》第401条第3项作了明确规定,即“法律、法规的内容以及适用等属于审判人员履行职务所应当知晓的事实”,属于司法认知对象。虽然民事及行政诉讼法律规范对此未作规定,但理论上将法律规范作为司法认知对象并无争议。比如在周某均诉重庆市人民政府征地安置补偿案件中,[1]最高人民法院认为,“法律依据属于人民法院可通过司法认知加以适用的对象,在性质上与当事人应当承担举证责任的证据材料存在本质不同”。

▢ 理论拓展

如前所论,民事司法认知的对象范围最广,而且具有明显的地域性、行业性特征,因此,从表面上看民事司法认知的运用似乎更为普遍,但实际上,民事司法认知对认知主体提出更为严格的要求,实务中认知主体更为慎重地适用民事司法认知,理由是:第一,民事司法认知的对象部分涉及地方习俗,而诉讼当事人或许是跨区域性的,因此,能否适用以及如何适用涉及地方习俗的司法认知,认知主体无所适从。本书认为,在此种情形下,不应当适用司法认知。民事司法认知的对象多数可作为经验法则或生活知识而内化于民事主体的意识之中,成为影响甚至指挥民事主体实施某一具体民事法律行为的依据,即司法认知其实在诉讼之前已为民事法律关系各方当事人所认知和共同接受,实际上成为他们达成某一个契约的共同依据。因此,在诉讼中适用相应的司法认知,对双方都是公开和公平的,运用司法认知并不形成司法“黑箱”。而如果一方当事人在诉讼前并不了解某一司法认知,该司法认知指向的对象也没有作为设立、履行、变更、解除民事法律关系的依据,此时双方对司法认知对象的信息是不对称的,如果在此情况下适用司法认知,于另一方明显不公平。第二,司法认知主体虽然是法官,但法官并不是法律百科,更不可能知悉全国的规范性文件,因此法官的司法认知多数受双方当事人及其代理律师的影响。如果当事人及其代理律师提供的规范性文件的信息越多,越能激发法官的司法认知功能,越能全面审查案件。因此,从当事人角度看,不能因为规范性文件属于司法认知范围而怠于提供规范性文件。然而实务中,当事人及其代理律师或许不能积极提供规范性文件,而法官囿于对规范性文件的认知限度,以至于司法认知不能被充分运用。

---

〔1〕 参见最高人民法院(2016)最高法行再82号行政判决书。

■ 行政诉讼中司法认知的理解与适用

案例 11－6 沙某保等诉马鞍山市花山区人民政府房屋强制拆除行政赔偿案[1]

□ 案情概述

2011 年 12 月 5 日,安徽省人民政府作出皖政地〔2011〕769 号《关于马鞍山市 2011 年第 35 批次城市建设用地的批复》,批准征收马鞍山市花山区霍里街道范围内农民集体建设用地 10.04 公顷,用于城市建设。2011 年 12 月 23 日,马鞍山市人民政府作出 2011 年 37 号马鞍山市人民政府征收土地方案公告,将安徽省人民政府的批复内容予以公告,并载明征地方案由花山区人民政府实施。苏某华名下的房屋在本次征收范围内。苏某华于 2011 年 9 月 13 日去世,其生前将该房屋处置给 4 原告所有。原告古某英系苏某华的女儿,原告沙某保、沙某虎、沙某莉系苏某华的外孙。在实施征迁过程中,征地单位分别制作了马鞍山市国家建设用地征迁费用补偿表、马鞍山市征迁住房货币化安置(产权调换)备案表,对苏某华的房屋及地上附着物予以登记补偿,原告古某英的丈夫领取了安置补偿款。2012 年年初,被告组织相关部门将苏某华的房屋及地上附着物拆除。原告沙某保等 4 人认为马鞍山市花山区人民政府非法将上述房屋拆除,侵犯了其合法财产权,故提起诉讼,请求人民法院判令马鞍山市花山区人民政府赔偿房屋损失、装潢损失、房租损失共计 282.7680 万元;房屋内物品损失共计 10 万元,主要包括衣物、家具、家电、手机等价值 5 万元,实木雕花床价值 5 万元。

马鞍山市中级人民法院判决驳回原告沙某保等 4 人的赔偿请求。沙某保等 4 人不服,上诉称:(1)2012 年年初,马鞍山市花山区人民政府对案涉农民集体土地进行征收,未征求公众意见,上诉人亦不知以何种标准予以补偿;(2)2012 年 8 月 1 日,马鞍山市花山区人民政府对上诉人的房屋进行拆除的行为违法,事前未达成协议,未告知何时拆迁,屋内财产未搬离、未清点,所造成的财产损失应由马鞍山市花山区人民政府承担举证责任;(3)2012 年 8 月 27 日,上诉人沙某保、沙某虎、沙某莉的父亲沙某金受胁迫在补偿表上签字,但其父沙某金对房屋并不享有权益且该补偿表系房屋被拆后所签。综上,请求二审法院撤销一审判决,支持其赔偿请求。

马鞍山市花山区人民政府未作书面答辩。

安徽省高级人民法院于 2015 年 11 月 24 日作出(2015)皖行赔终字第 00011 号行政赔偿判决:撤销安徽省马鞍山市中级人民法院所作行政赔偿判决;判令马鞍山市花山区人民政府赔偿上诉人沙某保等 4 人房屋内物品损失 8 万元。

---

〔1〕 详见最高人民法院指导案例 91 号(2017 年)。

□ 证据分析

本案的争议焦点在于:能否运用司法认知的方法认定原告主张的损失?

对于以上证据问题,分析如下:

对于原告主张的房屋内物品损失共计10万元,主要包括衣物、家具、家电、手机等价值5万元,实木雕花床价值5万元,应否予以支持。原告主张,房屋内的前述物品是生活必需品,是客观存在的,被告应予以赔偿。被告则辩解认为,原告主张房屋内物品损失没有任何证据,根据证据裁判规则,不应予以支持。

第一,二审法院根据举证责任倒置和运用司法认知的方法,认定原审被告应当赔偿原审原告房屋内物品损失8万元。首先,二审法院根据举证责任倒置确定了被告的举证责任及举证不能的法律后果。《行政诉讼法》第38条第2款规定,在行政赔偿、补偿的案件中,原告应当对行政行为造成的损害提供证据。因被告的原因导致原告无法举证的,由被告承担举证责任。马鞍山市花山区人民政府组织拆除上诉人的房屋时,未依法对屋内物品登记保全,未制作物品清单并交上诉人签字确认,致使上诉人无法对物品受损情况举证,故该损失是否存在、具体损失情况等,依法应由马鞍山市花山区人民政府承担举证责任。上诉人主张的屋内物品价值为5万元,包括衣物、家具、家电、手机等,而被上诉人亦未提供证据证明这些物品不存在,故对上诉人主张的屋内物品种类、数量及价值应予认定。上诉人主张实木雕花床价值为5万元,已超出市场正常价格范围,其又不能确定该床的材质、形成时间与普通实木雕花床有何不同,法院不予支持。但出于最大限度保护被侵权人的合法权益考虑,结合目前普通实木雕花床的市场价格,按"就高不就低"的原则,综合酌定该实木雕花床价值为3万元。综上,法院作出如上判决。

第二,二审法院运用司法认知方法确认了原告的物品损失范围。虽然二审法院将举证责任分配给被告,等于在被告无法举证的情况下,对原告的任何主张均予以支持,但二审法院支持原告的主张仍限于司法认知范围,超过司法认知范围的不予支持。比如对于原告主张的屋内物品价值为5万元,包括衣物、家具、家电、手机等,根据"常识性事实"的司法认知,二审法院认为这些物品系日常生活必需品,符合一般家庭实际情况,是必然存在的,因此主张这些物品的损失符合常识性认知。

□ 理论拓展

行政诉讼的司法认知包括三种情形:自然规律及定理,众所周知的事实,已经依法证明的事实。其中对法律知识的认知,一般被纳入"众所周知的事实"。既然法律知识可被作为司法认知的对象,那么是否应当免除被告对其作出行政行为的规范性文件依据进行举证的责任?然而,《行政诉讼法》对被告的举证范围作了明确规定,其中包括规范性文件依据。此规定是否与司法认知相互矛盾?本书认为并不矛盾。理由是:第一,法律规定被告负有提供规范性文件依据责任的目的在于富有针对性地审查被告行政行为的合法性,被告应就其适用的法律依据进行明确和固定。第二,被告行政机关作出行政行为时,在公开的法律文书中一般会载明所依据的法律、法规,而不会载明部门规章或地方规范性文件,因为部门规章或地方规范性文件是形成行政行为的具体化依据,没有全部提供并不违法。第三,规范性文件依据与证据材料是性质完全不同的行政行为依据,两者不能混为一谈。比如在周某不服重庆市高级人民法院对其诉重庆市人民政府征地安置补偿行政裁决而向检察机关申诉一案中,最高人民检察院向最高人民法院提出抗诉的一个理由是:[1]原再审判决采信重庆市国土房管局(现为重庆市规划和自然资源局)、重庆市公安局颁发的3个规范性文件不当,因为该3个文件系重庆市人民政府申请再审期间提出的,原审中并未提出,且其作出具体行政行为时也未依据上述3个规范性文件,违反了被告举证责任的规定,故不应采纳。最高人民法院经审理认为,虽然法律规定了被告应当在一审的举证期限内提供作出行政行为的证据材料和规范性文件依据,但该3个规范性文件系司法认知范围,与证据材料有本质的区别,不能以被告没有在举证期限内提供全部的规范性文件依据而视为全案没有提供证据。

(撰稿人:福建壶兰律师事务所　吴国章)

第三节　印　证

■ 刑事诉讼中印证的理解与适用

案例11-7　张某勇贩卖毒品案[2]

□ 案情概述

2014年三四月,被告人张某勇来到浙江省江山市,同年8月开始通过其持有的江山移动短号为758××9的手机联系买家,在江山市区贩卖毒品甲基苯丙胺(俗称冰毒)。吸毒人员通过口口相传,知道需要甲基苯丙胺时就可电话联系758××9这一移动短号求购。双方谈好交易后,张某勇会将一个他人名下的尾号为7476的农业银行账户发送给购毒人员,要求对方按照人民币400元/克的价格将相应的毒资款打入该账户。由于事先张某勇将自己持有的另一部号码为159××××3913的手机与该账户进行了绑定,因此在毒资入账后,张某勇就会收到该账户余额变动短信通知,其后,张某勇再通过移动短号为758××9的手机短信通知吸毒者毒品藏放处,指示吸毒者到指定地点取毒品。尾号为7476的农业银行账户的入账金额共计人民币4.9万元。该账户内44,050元通过网银被转至张某勇名下的尾

[1] 参见最高人民法院行政判决书,(2016)最高法行再82号。
[2] 参见浙江省衢州市中级人民法院(2015)浙衢刑二终字第60号刑事裁定书。

号为5414的农业银行账户内,张某勇即从ATM上将其取现或转账、消费。截至案发,张某勇共收到毒资48,600元,折合贩卖甲基苯丙胺121.5克。

浙江省江山市人民法院经审理认为,被告人张某勇明知是毒品而进行贩卖,其行为已构成贩卖毒品罪,公诉机关的指控成立,遂以贩卖毒品罪判处被告人张某勇有期徒刑15年,并处没收财产人民币5万元。

一审宣判后,被告人张某勇提出上诉。衢州市中级人民法院经审理裁定驳回上诉,维持原判。

本案被告人从未作过有罪供述,也没有其他直接证据在案,据以定案的证据分组及证明事项如下:

1. 30余位购毒者的证人证言:购毒和取毒过程均与短号758××9的手机联络;对方是个外地人;购毒价格为400元/克;购毒款打入尾号为7476的农业银行账户。

2. 相关机主的信息、通信客户详单及通话、短信记录:提供证据"1"的证人为购毒者;短号758××9的手机为购毒者求购毒品联系的手机。

3. 银行账户交易明细1:尾号为7476的农业银行账户开户后3个月内共入账191笔,总金额4.9万元,每笔金额均为200元至800元的整数,其中188笔均在市区内通过ATM现金存入;提供证据"1"的证人所述的每笔交易价格均与交易明细相对应。

4. 搜查、扣押笔录、提取笔录、短号758××9手机及存储数据:从张某勇身上搜出短号758××9手机,从中提取若干求购毒品的短信。

5. 搜查、扣押笔录、提取笔录、号码159××××3913手机及存储数据:从张某勇身上搜出号码159××××3913手机,从中提取尾号为7476、5414的两个农业银行账户余额变动提示短信。

6. 银行账户交易明细2:尾号7476农业银行账户先后向尾号5414账户转账44,050元。

7. 相关银行资料:尾号7476账户开户人系刘某某、尾号5414账户开户人系张某勇。

8. ATM监控视频:张某勇多次从尾号5414账户中取款。

9. 张某勇供述和刘某某证言:张某勇用刘某某身份证办了尾号7476账户的农业银行卡。

▣ 证据分析

本案中涉及证据的争议焦点是:本案无同时指向交易双方的关联性证据,即缺乏能够相互印证且直接指向张某勇向购毒者贩卖毒品的证据,购毒者无法指认张某勇系售毒者,张某勇也否认实施贩毒行为。在缺乏直接证据证明指控事实的情况下,本案能否通过间接证据之间的印证认定案件事实?

对于以上证据问题,分析如下:

本案虽然没有直接证明指控事实的关联性证据,但存在大量与指控事实具有一定关联性的间接证据。通过对比这些间接证据的印证关系,可以合乎逻辑和经验地认定本案基本事实。

对于第1组证据(30余位购毒者的证人证言)的证明事项,虽然本组所有证据皆为证人证言这类言词证据,但有足够数量的相互印证的证人证言能够证明:贩毒者通过短号758××9的手机与购毒者联系毒品交易,价格为400元/克,购毒者将购毒款打入贩毒者提供的尾号为7476的农业银行账户。实际上,在确保取证合法性的基础上,本案仅凭本组证据即可认定相关证明事项。如果仅有2至3位购毒者的证人证言,尚存在一定的虚假可能性,但多达30余名购毒者作出内容同一的证言,则使证言虚假的可能性降至很低。同案中,相互印证的证据越多,各证据的证明力会不断累加,待证事实的可靠性越强。

第1组证据是从购毒者的角度产生的主观性证据,由于能够相互印证的证据量大,使各证人证言的真实性得到相当程度的保障。但并非所有案件都能产生如此多的内容同一的言词证据,故更多时候需要通过言词证据与客观性更强的实物证据的相互印证来采信证据,进而证明待证要件事实或间接事实。第2组证据中的各机主的信息、通信客户详单以及通话、短信记录可以就"购毒者与贩毒者的短号758××9进行联系,贩毒者通过短号758××9向购毒者发送藏毒地点"这一内容形成相互印证。针对该证据信息,第1组言词证据和第2组、第4组实物证据的相关内容同时形成相互印证,共同指向待证间接事实,使"短号758××9的手机被购毒者用于联系贩毒"具有足够的可信性。

第3组证据实际上是一份单独的证据,该银行账户交易明细蕴含了较多的证据信息,即尾号7476农业银行账户在开户后3个月内的每项入账信息。该份证据与第1组证据、第4组证据关于交易方式、交易数额和交易时间的内容形成相互印证,共同证明尾号7476农业银行账户被用于接受购毒款以及收到的数额。第4组证据中短号758××9的手机存储数据蕴含了较多的信息,如上所述,其通信记录和短信内容还可与第1组证据和第2组证据相互印证,共同证明短号758××9的手机系被用于贩毒。

在确定短号758××9的手机和尾号7476农业银行账户被用于同一毒品犯罪后,需要进一步确定具体何人在使用上述手机和账户进行贩毒。由于短号758××9的手机是从张某勇的身上搜出的,张某勇自然就成为作案嫌疑最大的人。围绕"张某勇实际使用短号758××9的手机和尾号7476农业银行账户"这一最具可能性的待证事实,需在具体分析相关证据印证关系的基础上,通过逻辑推理和经验法则进行检验。如果认定"张某勇实际使用短号758××9的手机和尾号7476农业银行账户"存在无法排除的合理怀疑,对该待证事实则不应予以认定。

上述四组证据的内容与贩毒行为事实直接相关,证据间相互印证的方式体现为内容上的同一或重合,虽未确定贩毒者,但已足够证实毒品交易的经过。接下来的几组证据与贩毒行为事实无直接关联,而是为了确定贩毒行为人与被告人的同一性。几组证据之间同样形成相互印证的关系,但与证明贩毒行为事实的证据相互印证不同,证明行为人与被告人同一性的证据相互印证并非证据内容上的重合或同一,而是各自证据内容共同指向被告人张某勇就是涉案手机和账户的实际控制人,即张某勇就是作案人。具体分析如下:

第4组证据显示涉案手机从张某勇身上搜出,虽然仍有可能系张某勇碰巧刚好持有该手机,但手机的专属性已极大限缩了作案人的可能范围。第5组证据表明从张某勇身上搜出的另一手机与涉案银行账户进行了短信绑定,虽然不能完全排除张某勇同时刚好持有两部手机的偶然性,但进一步锁定了张某勇的作案人身份。第7组证据和第9组证据可以证明张某勇用他人身份证办理了涉案银行账户。以上四组证据都指向了张某勇实际控制并使用涉案银行账户。第6组证据显示毒资从涉案账户流向了张某勇名下的尾号5414农业银行账户,第8组证据证实张某勇在实际使用尾号5414农业银行账户,两组证据可以证明张某勇系贩毒活动的实际获益者。上述几组证据中,每一个证据都能指向张某勇作案,但仅靠其中一个证据或部分关联性较弱的证据,不能排除其他人作案的可能性。正是通过以上多个证据之间同一指向的相互印证,使其他人作案的可能性大大降低,存在其他故事版本的偶然性微乎其微。

回 理论拓展

刑事诉讼中的印证最初被作为一种证明模式进行探讨,随着各界对印证的持续关注和发文探讨,印证同时被作为证明方法、证明规则等进行探讨。最高人民法院于2012年《刑诉法解释》将"印证"一词写入条文,共在7个条文出现了10次;最高人民法院指导案例32号"张某某、金某危险驾驶案"和最高人民检察院指导性案例检例第2号"忻某绑架案"等的事实分析也都使用了"印证"一词;2018年出台的《监察法》强调查明违法犯罪事实应形成相互印证、完整稳定的证据链。除了学术层面的持续争鸣,印证业已成为法律文本、证据实务和裁判文书中的高频率话语,具有突出的现实影响力。

印证体现为证据之间的内在联系和在证明待证事实时的互相观照,通过证据内容(信息)的重合或证明方向的一致,来增强各证据的可靠性,进而证明案件事实。从印证的对象来看,印证是两个以上证据之间的一种相互关系,而非证据与待证事实之间的关系。印证与待证事实的关系是,证据之间通过相互印证,共同证明待证事实。从印证的要求来看,包括两个方面:一是形式标准或称数量标准,即用以定案的证据至少有两个以上;二是实质标准,即证据所含的信息在内容上必须具有印证联系。从印证的机理来看,印证分为内容同一的印证和指向同一的印证。内容同一的印证直观可见,办案人员可以对证据的信息内容进行直接比较,指向同一的印证则需要借助信息筛选、语言概括、证据推论、全案证据综合分析等方法,才能进行信息比较,从而确定印证关系。前者属于直接印证,后者属于间接印证。[1] 比如本案中,第1组证据中各证人证言之间,第2组证据中各电子数据信息之间,以及第1组、第2组和第4组中相关证据之间关于涉案手机和银行账户情况的印证,就是一种比较信息重合度的直接印证。而第4组至第9组中指向张某勇是实际控制并使用涉案手机和银行账户的作案人的相关证据之间的印证,则是一种需要逻辑推理、经验判断和综合分

---

〔1〕 参见龙宗智:《刑事印证证明新探》,载《法学研究》2017年第2期。

析相融合的间接印证。从印证的功能来看,主要分为通过印证采信证据和通过印证认定案件事实两种。两项印证功能实际上可以同步实现,比如对某一证据的采信,也意味着对其蕴含的事实信息予以认定。该事实如果是主要事实或指控事实,则可据以定案,如果是某个要件事实或间接事实,则需结合其他要件事实或间接事实进一步拼接或推导案件主要事实。

印证方法的具体运用,可以结合相关规定进行把握。证据审查方面,对于印证在证人证言审查判断中的运用,《刑诉法解释》第 87 条第 8 项规定对证人证言的综合审查判断指明了方向。在司法实践中,应当从两个方面对证言进行审查判断:其一,对证言与其他证言之间的关系进行综合审查判断。主要审查各证言之间的重合一致程度,判断各证言之间的差异及其原因,认定各证言之间是否有矛盾之处。其二,审查证言与其他证据之间的关系。如果证言与其他证据之间存在矛盾,则需要对矛盾的成因进行分析,判断证言的可信度。[1] 证据采信方面,对于印证在证言采信中的运用,《刑诉法解释》第 91 条第 2 款规定确立了庭审证言与庭前证言矛盾时的印证采信规则需遵循"先庭审后庭前"的审查逻辑,明确了庭审证言采信的优先性。事实认定方面,对于印证在间接证据定案中的运用,《刑诉法解释》第 140 条将证据之间相互印证确定为一项必要条件,等于否认了间接证据的孤证定案;对于印证在隐蔽性证据定案中的运用,《刑诉法解释》第 141 条要求口供要与隐蔽性证据之外的其他证明犯罪事实发生的证据相互印证,以防被告人为他人顶罪或因为一些巧合提前了解知晓隐蔽性证据信息(见表 11-2)。

表 11-2 刑事印证规范梳理

运用方式	规范依据	具体内容
证据审查	《刑诉法解释》第 87 条第 8 项	证言之间以及与其他证据之间能否相互印证,有无矛盾;存在矛盾的,能否得到合理解释
	《刑诉法解释》第 93 条第 1 款第 9 项	被告人的供述和辩解与同案被告人的供述和辩解以及其他证据能否相互印证,有无矛盾;存在矛盾的,能否得到合理解释
证据采信	《刑诉法解释》第 91 条第 2 款	证人当庭作出的证言与其庭前证言矛盾,证人能够作出合理解释,并有其他证据印证的,应当采信其庭审证言;不能作出合理解释,而其庭前证言有其他证据印证的,可以采信其庭前证言
	《刑诉法解释》第 96 条第 2 款和 3 款	被告人庭审中翻供,但不能合理说明翻供原因或者其辩解与全案证据矛盾,而其庭前供述与其他证据相互印证的,可以采信其庭前供述。 被告人庭前供述和辩解存在反复,但庭审中供认,且与其他证据相互印证的,可以采信其庭审供述;被告人庭前供述和辩解存在反复,庭审中不供认,且无其他证据与庭前供述印证的,不得采信其庭前供述

〔1〕 参见《刑事诉讼法解释》起草小组编著:《最高人民法院关于适用〈中华人民共和国刑事诉讼法〉的解释理解与适用》,人民法院出版社 2021 年版,第 213 页。

续表

运用方式	规范依据	具体内容
	《刑诉法解释》第143条	下列证据应当慎重使用,有其他证据印证的,可以采信:(1)生理上、精神上有缺陷,对案件事实的认知和表达存在一定困难,但尚未丧失正确认知、表达能力的被害人、证人和被告人所作的陈述、证言和供述;(2)与被告人有亲属关系或者其他密切关系的证人所作的有利于被告人的证言,或者与被告人有利害冲突的证人所作的不利于被告人的证言
	《法庭调查规程》第48条第1款	对于经过控辩双方质证的证据,法庭应当结合控辩双方质证意见,从证据与待证事实的关联程度、证据之间的印证关系、证据自身的真实性程度等方面,综合判断证据能否作为定案的根据
	《法庭调查规程》第52条第2款	有专门知识的人当庭对鉴定意见提出质疑,鉴定人能够作出合理解释,并与相关证据印证的,可以采信鉴定意见;不能作出合理解释,无法确认鉴定意见可靠性的,有关鉴定意见不能作为定案的根据
事实认定	《刑诉法解释》第140条第2项	没有直接证据,但间接证据同时符合下列条件的,可以认定被告人有罪:……证据之间相互印证,不存在无法排除的矛盾和无法解释的疑问
	《刑诉法解释》第141条	根据被告人的供述、指认提取到了隐蔽性很强的物证、书证,且被告人的供述与其他证明犯罪事实发生的证据相互印证,并排除串供、逼供、诱供等可能性的,可以认定被告人有罪
	《监察法》第40条	监察机关对职务违法和职务犯罪案件,应当进行调查,收集被调查人有无违法犯罪以及情节轻重的证据,查明违法犯罪事实,形成相互印证、完整稳定的证据链

尽管我国刑事诉讼已形成比较完备的印证规则体系,实务中印证方法的运用也日益普遍,但现实仍不可避免存在印证运用的困境和弊端,其主要体现在偏信印证、虚假印证和无印证不定案三个方面。其一,偏信印证表现在只要案件事实存在相互印证的证据证明就予以定案,从而忽略矛盾证据,或简单地以有罪证据相互印证就认为排除合理怀疑。其二,虚假印证表现为通过“制造”证据的方式使产生的证据与在案其他证据相互印证,甚至通过引导不同证人作出虚假证言形成相互印证。不少冤假错案源于虚假印证。其三,无印证不定案体现为机械追求证据的印证。这种机械印证主要表现为两种形式:一是强调案件每一个情节一定要有证据印证,但实际上案件中并非每个情节都影响定罪量刑。例如,在某案中,被告人供述其晚上12时左右驾车从甲镇到乙镇将毒品卖给买家,法官认为其供述的行车路线没有现场监控等证据证实,不能定案,但实际上行车路线对本案定罪量刑并无实质性影响。二是强调案件某个关键情节一定要有证据印证,一旦缺失印证,即不敢定案,但实际上运用其他证明方式可以认定案件事实。例如,在某案中被害人被分尸,但由于部分尸体残骸没有找到,办案人员认为被害人死因不明,尽管被告人翻供的辩解理由明显不合理,不能

成立，但法官最终认为被害人死因缺乏物证印证，本案不能排除合理怀疑，判决被告人无罪。实际上，该案如果运用逻辑分析、情理判断、经验法则以及充分评估其他证据的证明力等完全可以认定被告人的辩解不能成立，被害人系其杀害。[1] 鉴于我国刑事司法已经习惯印证证明的办案方式，而印证证明的运用不当存在引发错案的风险，未来印证理论、规则和方法的发展应尽可能促进印证的精细化适用，以及与其他证明方法的融合运用。

■ 民事诉讼中印证的理解与适用

案例 11 - 8 佛山市顺德区容星燃气用具有限公司与中国农业银行佛山顺德容桂支行等单位借款合同纠纷案[2]

回 案情概述

佛山市顺德区容星燃气用具有限公司（以下简称容星公司）与中国农业银行佛山顺德容桂支行（以下简称容桂农行）等单位借款合同纠纷一案，系 2004 年容桂农行以容星公司和东迅公司为被告，向广东省佛山市中级人民法院（以下简称佛山中院）起诉的案件。该案历经广东省高级人民法院两次发回重审，中间增加诉讼请求和多名第三人，广东省高级人民法院于 2009 年作出终审判决。后经容星公司申请再审，最高人民法院于 2011 年作出再审后的终审判决，最终判决撤销广东中院和佛山中院的相关判决，驳回容桂农行的诉讼请求。

容桂农行认为：其与容星公司及东迅公司之间的借款及担保关系非常清晰，借贷关系真实有效；容星公司所称的有关信用证问题与其没有任何关系，容星公司将其与中国农业银行佛山分行（以下简称佛山农行）在诉讼中的主体地位混在一起及将借款合同关系与信用证法律关系混在一起毫无道理。

容星公司认为：讼争债权债务关系不是真实的借贷法律关系，所谓借款实际用于偿还佛山农行对境外银行的到期信用证款项；名义上的借款人容星公司未实际使用款项，不应承担还款义务；佛山农行仍可以向开证申请人追讨信用证代垫付款项。

综上，本案的核心争议焦点是 1998 年容星公司从容桂农行取得的 3500 万元的借款是否系受容桂农行委托用于代替佛山农行偿还其作为开证行所开立信用证偿付境外议付行的款项，容星公司、东迅公司是否应承担还款和担保责任。

佛山中院第二次重审认为：本案借款只是名义上的借款，实际上是用来垫付佛山农行开具的信用证项下的款项，容星公司已于 1998 年至 1999 年替佛山农行垫付完毕。佛山中院对容星公司的主张予以采信，对容桂农行诉请容星公司偿还借款 3500 万元及东迅公司承

---

〔1〕 参见潘金贵主编：《证据法学》，法律出版社 2022 年版，第 378 页。

〔2〕 参见最高人民法院（2010）民提字第 120 号民事判决书。

担担保责任不予支持。容桂农行不服判决提出上诉。

广东省高级人民法院二审认为:容星公司向容桂农行申请贷款并愿意偿还贷款的意思表示是明确的,容桂农行与容星公司之间存在真实的借贷关系,容星公司辩称容桂农行以借款名义划出款项月于代偿容桂农行指定的境外债务,缺乏证据支持。广东省高级人民法院对容桂农行上诉请求判令容星公司偿还借款本金3500万元及利息予以支持。容星公司不服二审判决申请再审。

最高人民法院再审认为:本案系名为借款实为委托付款关系,应认定为容星公司与容桂农行之间系通过贷款的形式帮助佛山农行偿还境外议付行的信用证款项下的还款义务;容桂农行主张偿还贷款还款义务不能得到支持,其有权利依据信用证法律关系向开证申请人主张还款义务;二审法院判决未对一审重审认定的证据和事实进行认定,仅以容星公司不能提供容桂农行曾对容星公司出具书面的委托代为付款的证据为由,认定本案不存在真实的信用证法律关系,显然依据不足。最高人民法院以缺乏事实和法律依据为由驳回容桂农行依据借款担保法律关系向容星公司、东迅公司主张债权的诉讼请求。同时认为容桂农行有权向开证申请人主张清偿责任,但因其在本案当中并未依据相关信用证法律关系提出相应的诉求,故有关权利应当通过另诉解决。

本案主要证据如下:

容桂农行提交的主要证据:(1)1998年9月18日贷款申请书、关于申请贷款的董事会决议、2000年10月26日借款申请书、2000年10月30日借款申请书及2000年12月20日项目贷款申请书各一份;(2)(粤顺容桂)农银借字(2000)第0618号借款合同1份;(3)(粤顺容桂)农银借字(2000)第0612号借款合同1份;(4)(粤顺容桂)农银高抵字(2000)第0132号最高额抵押合同1份;(5)抵押合同公证书、抵押清单;(6)穗地他证字第00××××5号广州市土地他项权证1份;(7)编号分别为9800513、9800514、99-0014、20000-0612、2000-0618的借款凭证各1份;(8)合计金额为3500万元的送票回执和转账支票存根;(9)借款展期申请及展期合同;(10)利息计算说明;(11)催收通知等。

容星公司提交的主要证据:(1)佛山农行于2005年12月2日向广东省高级人民法院作出的说明;(2)容山实业发展总公司(以下简称容山公司)和容星公司于2005年7月20日向广东省高级人民法院作出的关于农行与容山公司、容星公司借款纠纷案件的情况说明;(3)香港SHUN FAT TRADING COMPANY于2005年8月16日向容山公司、容星公司及广东省高级人民法院作出的说明;(4)佛山农行于1999年9月15日出具的关于容星公司与容山公司申请贷款的报告;(5)农行广东省分行于1999年11月18日作出的关于对容星公司与容山公司申请贷款的批复;(6)佛山农行于1999年11月24日作出的关于对容星公司与容山公司申请贷款的批复;(7)港德公司、富大公司及顺德市迅发电线厂各自在农行开立的信用证情况及香港淳法公司代还款情况;(8)11份境外议付行致中国农业银行广东省分行收款确认电文及进口信用证/进口托收处理情况记录卡等。

法院调取的证据:农行广东省分行与佛山农行、顺德农行的内部文件。

□ 证据分析

本案涉及证据的争议焦点是在双方当事人对同一争议事实分别举出两套相反但各自相互印证的证据,且都没有动摇对方证据体系时,法院应如何根据证据之间的相互印证认定案件事实?

对于以上证据问题,分析如下:

本案原告容桂农行举证的目的系证明其与容星公司之间存在3500万元的借贷关系,从而请求法院判令容星公司偿还所欠借款本息。在保留原始借贷凭证的情况下,证明借贷关系的存在原本不难,但在本案被告容星公司主张诉争借款系名义上借贷实际上代原告支付境外信用证项下款项并提交相应证据的情况下,容桂农行的证明负担相应加重。容桂农行需充分证明其与容星公司之间存在真实的借贷关系,而非形式上的借贷关系。对此,容桂农行充分举示了反映借贷情况的贷款申请书、借款合同、借款凭证、最高额抵押合同、土地他项权证等一系列证据,这些证据相互印证,共同证明借贷事实经过,在没有任何反证的情况下,足以认定当事双方存在真实的借贷法律关系。广东省高级人民法院支持容桂农行的上诉请求,还有两个方面原因:第一,容星公司的第一份贷款申请书明确表达了申请贷款的原因、担保事项及还款保证,第二份贷款申请书明确表明了还款事项并制定了还款计划,足以表明申请贷款和偿还贷款的真实意思表示;第二,容星公司未能提供1998年容桂农行发放贷款时要求容星公司偿还境外信用证到期款项的书面证据,也无法提供借款发生以后双方就借款用于清偿境外的信用证款项进行过协商的相关记录,即无证据证明容桂农行参与了容星公司、东迅公司所称的港德公司等开证申请人与佛山农行之间的信用证法律关系。

多个证据之间的相互印证虽然能够保障各证据的真实性并有力地证明待证事实,但同时可能造成形式上的印证假象。二审法院正是认为关于当事双方借贷情况的证据确实、充分,且各证据之间联系紧密,从而认为借贷关系的真实性足以得到认定。实际上,容星公司并未否认证明借贷关系的证据的客观性,只是辩称系为了配合容桂农行完善名义上的借款手续,故而产生了完整的反映借贷关系的材料。

对于原告容桂农行所举示的相互印证的能够证明借贷事实的证据,被告容星公司的反驳重心并不在于证据本身的关联性和真实性,而在于反驳其所证明的法律关系事实的真实性。对于容桂农行较为充分的举证,容星公司主张存在另一法律关系事实。对此,容星公司需分两个层次进行举证,才足以撼动容桂农行主张的事实。其一,举证证明容桂农行向容星公司发放贷款是为佛山农行兑付境外银行议付的信用证款项;其二,举证证明贷款资金最终流向境外议付行。

对于第一个证明事项,容星公司举示的证据中,佛山农行于1999年9月15日向农行广东省分行提交的佛山农行关于容星公司与容星公司申请贷款的报告可以证明发放诉争贷款的目的是偿付信用证款项〔1〕;农行广东省分行于1999年11月18日作出的关于对容星公司与容山公司申请贷款的批复和佛山农行于1999年11月24日作出的关于对容星公司与容山公司申请贷款的批复可以证明1998年容桂农行发放讼争贷款时,佛山农行和顺德农行、容桂农行之间存在上下级关系,佛山农行、顺德农行、容桂农行、容星公司均知道诉争3500万元贷款的真实目的是用于解决佛山农行所开立信用证的垫款问题;佛山农行于2005年12月2日向广东省高级人民法院作出的说明亦可证明顺德支行接管佛山农行的信用证贷款后,曾以容星公司名义发放贷款用以兑付佛山农行境外议付的信用证款项。显然,以上书证反映的情况能够相互印证,共同证明容桂农行发放该笔贷款给容星公司,是为佛山农行兑付境外银行议付的信用证款项。

对于第二个证明事项,容星公司获取证据组成完整的证据链较为困难,但经过一审、二审及再审连续获取并提交新证据,基本可以证明诉争贷款资金的实际流向。最高人民法院的判决载明:"为了证明资金流向这一客观事实,容星公司还提供了Shun Fat Trading Company财务负责人秦某贤出具的声明书/客户通知书、电汇申请书及汇款通知书等证据。从上述证据看,香港Shun Fat Trading Company是该笔款项在香港的转付人,资金的具体流向为3500万元由容桂农行发放给容星公司,再由容星公司转给东迅公司,东迅公司再转给Shun Fat Trading Company,由其换汇后最终支付给讼争信用证的议付行加拿大丰业银行(香港)和瑞士银行香港分行。该资金流向和佛山农行在其说明中所陈述的资金流向能够相互印证,也与容星公司、东迅公司的主张能够相互印证。"结合再审时容星公司提交的证明境外议付行确认收到信用证款项和农行确认已付款的记录材料,足以进一步佐证诉争贷款资金系用于偿付信用证款项。综上可见,最高人民法院并没有像广东省高级人民法院那样在认定容桂农行是否委托或指示容星公司将借款用于代佛山农行偿付信用证垫款时追求书证的机械印证,即未要求容星公司必须提交容桂农行对借款实际用途的书面说明或相关书面记录。毕竟即使存在这样的书证,容星公司获取也存在较大困难。

□ 理论拓展

相比于刑事审判,"印证"未成为民事审判理论研讨、规范设计和实务操作的主流话语,现行民事诉讼法律规范尚未出现"印证"一词。但印证作为一种证据运用和证明的基本方法,在民事证据的审查判断中依然发挥着应有作用,只不过其出现不一定要被贴上"印证"的标签。司法实务中,建立证据相互印证的举证证明体系,对于当事人而言,不仅可以充分证立本方主张的案件事实,而且可以有力反驳对方主张的案件事实。比如在上述案件中,容星公司在面对容桂农行已经举证建立的反映完整借贷关系的证据体系时,并非简单地进行反驳和否认存在真实的借贷关系,而是通过充分的举证展现"贷款"的真实用途和实际去

〔1〕 其载明:"发放给容星公司和容山总公司的两笔贷款是用于垫付港德集团到期的信用证款项,发放此两笔贷款可维护我行的国际信誉,同时,也可保全我行信贷资产,降低风险。"

向。该案中,不能仅以微弱证据优势认定案件事实,单一的证明力、不够强的反证抑或令人产生怀疑的事实情节均不足以撼动容桂农行已经举证达到的高度盖然性程度。只有通过建立支持本方主张事实的相互印证的证据体系,指向高度可能的另一证明结论,才有可能推翻原告的主张。该案带来的另一启示是,不能绝对地相信形式上已经相互印证的证据体系,即使各证据本身是客观真实的,但其反映的案件事实不一定是根据证据表象所呈现的法律行为事实。换言之,即使存在相互印证的证据群,也必须要经得起相反证据的检验。无论是规则层面还是实务操作,可以将印证作为采信某一证据或定案的必要条件,但不能作为充分条件。

结合民事证据规范,"印证"在民事审判实践中的运用主要体现为对全案证据的综合审查和对单个特别证据的审查。《民诉证据规定》第 88 条对审判人员审查认定全案证据提出了具体要求,审判人员应当从各证据与案件事实的关联程度、各证据之间的联系等方面进行综合审查判断。其中,对"各证据之间联系"的审查判断,实际上就是对证据之间的印证关系进行分析,审查证据之间是否信息同一或指向同一,是否存在矛盾。在类似上述当事人双方均出示直接证据的案件中,印证对加强各证据之间的联系,增强主张事实的可信度发挥重要作用。在缺乏直接证据的案件中,利用间接证据认定案件事实的过程往往烦琐复杂,法官对事实的重构容易混杂主观随意性的因素,在确定主要证据的同时,应充分重视其他间接证据之间所具有的印证及补强证据的作用,通过印证联系证成间接证据之间的同向性并形成完整的证据链条。[1] 例如,在某船舶碰撞损害赔偿纠纷再审案中,裁判要点指出:"在一个案件中若缺乏直接证据,则只有数个间接证据相结合,能够相互印证、协调一致,形成一个完整的证据链,得出的结论是唯一的、排除其他可能性时,才能作为认定事实的根据。间接证据间无法衔接、相互矛盾或不能排除其他可能性的,不能作为认定案件事实的根据。"[2]

《民诉证据规定》第 90 条从否定孤证的角度对一些特别证据的采信提出了印证或补强的要求,该类证据具体包括:当事人的陈述;无民事行为能力人或限制民事行为能力人所作的与其年龄、智力状况或者精神健康状况不相当的证言;与一方当事人或者其代理人有利害关系的证人陈述的证言;存有疑点的视听资料、电子数据;无法与原件、原物核对的复制件、复制品。这类证据在证明力方面存在一定的缺陷,其中前三项证据涉及内容真实性瑕疵,第四项涉及形式真实性或内容真实性瑕疵,第五项涉及形式真实性瑕疵。[3] 这些证据从常理来看可疑,其证明力强度降低,需要结合其他证据补强其证明力。不少案件的审判对该规则的运用已与印证充分结合。比如王某某与海南亚洲太平洋酿酒有限公司劳动合同纠纷抗诉案,法院指出:"用人单位的管理人员与用人单位间存在法律上的利害关系,由该管理人员提供的证言,不具备足够的证明力,必须有其他证据加以印证,才能作为认定案

〔1〕 参见包冰锋:《民事诉讼间接证明的机理证成与模型应用》,载《法律科学(西北政法大学学报)》2020 年第5 期。
〔2〕 《巴拿马易发航运公司与钟孝源等船舶碰撞损害赔偿纠纷再审案》,载《最高人民法院公报》2000 年第 5 期。
〔3〕 参见王新平编著:《民事诉讼证据规则编注:条文·适用·案例》,法律出版社 2023 年版,第 727 页。

件事实的依据。因此,劳动争议纠纷中,用人单位的管理人员提供的证言,不能单独作为定案依据。"[1]又如黑龙江省牡丹江林区社会保险事业管理局与中国科技证券有限责任公司委托合同纠纷案,法院指出:"根据法律规定,书证分为原件和复印件,一方面,原则上应提供原件,否则复印件难以起到相应证明作用;另一方面,亦不能完全否定复印件的证明力,复印件不属于原始证据,虽然证明力较弱,但如果与其他证据相互印证形成完整的证据链,亦可以发挥相应的证明作用。因此,委托人仅提供委托理财合同复印件而不能提供原件,如果可以形成完整证据链,则应采信该复印件。"[2]有鉴于实务经验,个别地方性规则使用了"印证"表述,比如2021年发布的《北京市高级人民法院知识产权民事诉讼证据规则指引》明确规定:"无法与原件、原物核对的复制件、复制品一般不能作为认定案件事实的依据,但能够与其他证据相互印证,或通过其他方式足以确认其真实性的除外。"

由于证明标准和证明方式的差异,民事诉讼中的"印证"并未得到如刑事诉讼中的"印证"那般的关注和重视。印证虽在民事实务中屡被提及,但民事印证理论几乎阙如,或许"印证"本就是一个易于理解而无须深究的用语。

（撰写人:西南政法大学法学院　李冉毅）

第四节　经验法则

■ 刑事诉讼中经验法则的理解与适用

案例 11-9　刘某某贩卖毒品二审抗诉案[3]

□ 案情概述

2015年12月21日,公安机关接周某举报后,在广东省广州市番禺区某小区附近刘某某所驾驶车辆的副驾驶位的脚踏板上,查获装在茶叶袋内的甲基苯丙胺1千克,在驾驶位座椅上缴获金色手机1部,在刘某某手上缴获黑色手机1部,在副驾驶座椅上缴获黑色钱包1个,内有银行卡8张。次日,刘某某被刑事拘留。2016年9月22日,广州市番禺区人民检察院以非法持有毒品罪对刘某某提起公诉,后以贩卖毒品罪变更起诉。番禺区人民法院经三次开庭审理,认为被告人可能被判处无期徒刑以上刑罚,遂报送广州市中级人民法院管辖。2017年7月4日,广州市人民检察院以贩卖毒品罪对刘某某提起公诉。广州市中级人民法

[1] 海南省高级人民法院民事判决书,(2011)琼民抗字第1号。

[2] 北京市高级人民法院民事判决书,(2009)京高民终字第5218号。

[3] 参见最高人民检察院指导案例179号(2023年)。

院经两次开庭审理,认为虽然在被告人刘某某的车上发现了涉案毒品,但是周某举报前刚从涉案车辆副驾驶位离开,毒品又系从副驾驶位的脚踏板上查获,无法排除刘某某提出的毒品归周某所有的合理辩解。因此,广州市中级人民法院认为检察机关指控被告人刘某某贩卖毒品罪的事实不清、证据不足,遂于2018年2月2日一审宣告刘某某无罪。

2018年2月12日,广州市人民检察院提出抗诉。广东省人民检察院支持抗诉。广东省检察机关认为,一审法院在对被告人刘某某所驾驶的车辆内发现涉案毒品的归属问题上,片面采信刘某某的不合理辩解,进而不合理地怀疑毒品为证人周某所有,认定刘某某构成贩卖毒品罪的证据没有形成完整的证明体系,不能排除合理怀疑,据此宣告刘某某无罪的判决确有错误。本案侦查工作中存在的取证问题和瑕疵并未切断证据链条,刘某某的无罪辩解与其他在案证据存在矛盾,全案证据足以证实刘某某具有贩卖毒品的主观故意和客观行为。2019年6月7日,广东省高级人民法院经审理依法作出终审判决,采纳抗诉意见,以贩卖毒品罪判处刘某某无期徒刑。

该案涉及的主要证据情况简述如下:(其中第6、7项系省检察院支持抗诉后获取)

1. 刘某某的供述与辩解:自己经营燕窝生意,系开车带货售卖,车内毒品系刚下车的朋友周某所留。

2. 周某的证言:车内毒品系刘某某所有,刘某某让其帮助卖掉,其乘坐刘某某车辆谎称去找购毒人,下车后即报警。

3. 交通监控视频:刘某某在案发前一天驾车往返粤东,案发当天和周某在一起。

4. 刘某某手机的数据及声纹鉴定书、通话清单:存储大量毒品交易的行话和暗语,案发前与周某有联系,与粤东某人有联系(2015年12月5日至21日有28次通话记录、26次短信息来往记录)。

5. 相关银行流水:显示刘某某向粤东某人账户进行资金转账。

6. 陈某的供述与辩解:从未做过燕窝生意,自己向刘某某提供毒品,刘某某到陆丰取货,证实上述第4组证据中的“粤东某人”系自己。

7. 关于刘某某和周某经济情况的书证:周某不具有购买1千克甲基苯丙胺的经济条件,刘某某具有。

回 证据分析

本案涉及证据的争议焦点:(1)在涉案毒品来源尚未完全查清的情况下,可否利用在案证据并运用经验法则认定持有人?(2)如何运用经验法则对被告人辩解的合理性进行审查?

对于以上证据问题,分析如下:

本案的证据审查分析无论是立足于正向建构案件事实,还是从反向证伪辩解事实的需要,都可以充分运用经验法则进行论证评价。1千克涉案毒品系在刘某某的车上被发现,刘某某通常会被作为第一个被怀疑的对象,当刘某某和同行人周某互相咬定涉案毒品系对方持有时,进一步加大了涉案毒品归属于两人或两人之一的可能性。刘某某最终系因周某报警而被抓获,根据经验常理判断,如毒品归周某持有,在没有任何恩怨纠葛的情况下,周某主动报警陷害刘某某的可能性微乎其微。所以将刘某某作为犯罪嫌疑人进行立案完全符合侦查规律。

对于刘某某贩卖毒品的事实,需根据本案证据充分结合经验法则,从三个层面进行审查认定。首先,涉案毒品多达1千克,根据毒品领域的一般常识可知,持有人如是自己吸食或提供让他人吸食,不会同时持有如此大量的毒品。所以本案的侦查方向是尽可能收集刘某某贩卖的证据,最终侦查机关也查明周某和其他人在案发前向刘某某求购毒品。其次,查明刘某某是否有毒品交易的经历。虽然本案未查实刘某某曾经交易的下家,但根据刘某某手机里存储的大量毒品交易行话和暗语,可以根据经验常识判断其从事毒品交易的经历和时间。最后,判断刘某某在案发当天是否具有持有涉案毒品的现实依据。刘某某在案发前两天向陈某求购毒品,并驾车前往陈某所在地购得毒品,同时存在周某等人向其求购毒品。根据毒品交易的基本习惯,足以推断刘某某从粤东返回广州时车上载有一定量的毒品,故涉案毒品归属于刘某某的可能性极大。

对于刘某某关于毒品系周某持有并留在车中的辩解,是否如一审判决所述形成了无法排除的合理怀疑,同样可通过经验法则的运用来审视其合理性。首先,省检察院在抗诉理由中明确指出:“刘某某辩解自己经营燕窝生意,案发前一天去过汕尾购买走私燕窝,却无法验证和登录自己的微商账号,也提供不出下线微商或者客户的联系方式;刘某某辩解其与周某交易的系燕窝,但双方言语隐晦,短信、微信记录有大量疑似毒品交易的行话、黑话,与燕窝交易习惯不符;刘某某称开车带‘货’贩卖,但车上的‘货’只有毒品没有燕窝。”种种情况表明,刘某某的言行和所处环境根本不符合售卖燕窝的基本习惯。其次,从毒品交易的经验来看,大多数涉毒人员具有开展零包贩毒或以贩养吸的经济条件,但有经济实力一次性购入1千克毒品的人则是少数,毕竟需要几十万元的资金周转。因此,通过核查刘某某与周某的资金往来情况,就可以基于上述经验判断谁有(无)实力进行大宗毒品交易。

虽然第二审法院对本案的改判考虑了省检察院补充的新证据,但第一审法院在审查因被告人辩解形成的怀疑的合理性,以及能否排除该疑点时,确实未充分运用经验法则的功能。实际上,第一审法院完全可以对有疑问的证据进行调查核实,提起公诉的检察院也可以围绕争议焦点及时补查补证,从而尽可能使指控事实清楚,排除合理怀疑。适用排除合理怀疑的证明规则应合理结合经验法则的运用。最高人民检察院发布该指导案例时在指导意义部分指出:“合理怀疑是指以证据、逻辑和经验法则为根据的怀疑,即案件存在被告人无罪的现实可能性。办理刑事案件要综合审查全案证据,考虑各方面因素,对所认定事实排除合理怀疑并得出唯一性结论。”“经综合审查,如果案件确实存在合理怀疑,应当坚持疑罪从无原则,依法作出无罪的结论;如果被告人的辩解与全案证据矛盾,或者无客观性证据印证,且与经验法则、逻辑法则不相符,应当认定不属于合理怀疑。”

□ 理论拓展

所谓经验法则,在实际运用中有两种含义:其一,指依靠普遍性经验,即被确认的某种一般性知识,判定案件事实的法规则;其二,指总结这些具有普遍性的社会经验所形成的,据以判断证据事实的实际经验内容,即社会普遍确认的各种知识定则。[1] 从刑事证明结构展开,经验法则的适用可分为证成性、证否性、评判性三种模式,这是经验法则的本质特征所决定的。一是经验法则凭借其常态规律性特征,能够充当证据推论的大前提以及复合推论的黏合剂,进而实现命题证成;二是经验法则具有盖然性,因此可对对方证明所用经验法则的可靠性提出质疑、反驳,进而实现命题证否;三是经验法则具有个体认识差异性,法官以其主观认识的经验法则为依据,评判控辩双方提出的证据和证明推论,并检验最终事实认定的证明强度。[2] 在司法实务中,合理运用经验法则对准确采信证据和认定事实具有重要作用。一方面,经验法则的运用有助于克服证明难题,发挥认定案件事实的作用。经验法则可以矫正对证据评价过程中主观性要素的排斥态度,扭转过度客观化、印证化的证据裁判模式,克服客观性证据短缺、全案证据印证性不足的证明难题;经验法则还可以检验已有的事实主张,将不符合经验、情理、常识的事实情节予以揭露,保证事实认定的准确性。另一方面,经验法则的运用有助于限制主观臆断,对自由心证进行合理引导。具有规律性的经验法则作为自由心证制度中的一种约束机制,可以将个人经验控制在有效范围之内,防止其偏向绝对自由心证。从规则层面,可以总结出经验法则在刑事审判中的两种主要运用方式。其一,经验法则可以用于审查判断证据。证据蕴含直接或间接反映案件事实的信息,因此对证据"三性"或"两力"的判断,均可以用到经验法则。比如,根据《刑诉法解释》第 88 条第 2 款规定,证人的猜测性、评论性、推断性的证言,不得作为证据使用,但根据一般生活经验判断符合事实的除外。其二,经验法则可以用于认定案件事实。对于具有直接证据的案件,经验法则主要发挥的是验证作用,用于检验其中的事实疑点。对于没有直接证据,只有间接证据的案件,经验法则除用于检验故事版本的合理性外,主要用于事实推理本身,保证事实认定过程的正当性和可接受性。《刑诉法解释》第 140 条就明确指出,在没有直接证据,运用间接证据认定被告人有罪时,运用证据进行的推理应符合逻辑和经验。[3]

经验法则的刑事实践运用主要集中于毒品、性侵、贿赂和伤害四类案件,通过裁判文书可以清晰展现经验法则的确证和具体运用,从中进一步总结经验法则的运用原理。毒品犯罪案件中,部分案件缺乏直接证据,仅靠间接证据定案,因此在运用证据推理案件事实的过程中更依靠经验法则的运用。当被告人不认罪或否定部分指控事实时,运用经验法则对关键事实进行综合判断就显得比较重要,法官在认定主观明知、主观犯意、毒品归属、毒品数量等重要事实时,更易诉诸经验判断。有的被告人会提出各式各样的无罪或罪轻的理由。

---

〔1〕 参见龙宗智:《刑事证明中经验法则运用的若干问题》,载《中国刑事法杂志》2021 年第 5 期。

〔2〕 参见王志坚:《刑事证明结构视野下经验法则的适用模式展开》,载《证据科学》2023 年第 2 期。

〔3〕 参见潘金贵主编:《证据法学》,法律出版社 2022 年版,第 382 – 383 页。

对于这些辩解理由，法官除了采取惯用的印证方法进行分析甄别，还可以适时运用经验法则检验辩解理由的合理性。这些辩解理由可归纳为四类："往来资金系其他用途"的辩解；"被人栽赃"的辩解；"不知系毒品"的辩解；"不是毒品持有者"的辩解。

在性侵案件这种典型的"一对一"案件中，主要争议是被害人控诉遭到了性侵，但被控之人否认对被害人实施性侵，从而形成了控辩各自的故事版本。面对这类案件的事实争议和证据矛盾，除了运用传统的印证方法对在案证据进行比对分析，更要善于运用经验法则对当事人陈述的细节进行情理判断。当前司法实践中被告人不认罪的强奸案件占比较大，多数被告人承认与被害人发生了性关系，但坚决否认系违背被害人意愿为之。这种情况下，要么被告人在狡辩，要么被害人在诬陷，总之至少有一人说谎。运用经验法则对此类案件进行审查，既可以判断当事人所述是否合情合理，也可以准确抓住案发过程中和当事人陈述中有违常情常识常理的细节。从实践案例来看，可以运用经验法则从四个方面展开审查判断：一是结合案发背景和环境进行经验判断；二是根据当事人陈述的连贯性、稳定性进行经验判断；三是根据被告人的应对行为进行经验判断；四是根据被害人对自己行为的解释进行经验判断。需注意的是，性侵未成年人经验法则的运用有别于传统的性侵成年人案件对被害人行为的判断，比如自愿到侵害人住处、案发后未第一时间报案、案发后仍然与侵害人待在一起、在与侵害人的微信联络中从不提到被侵害等行为，这些都是不利于判定"违背妇女意志"的事实，在性侵未成年人案件中适用类似法则是不准确的。在性侵未成人案件中，应当考虑特殊的经验法则，基于未成年人的年龄阶段和身心特点，未成年被害人可能对性侵事件表现出不同于成年人的语言表述和行为反应。[1] 因此，对未成年被害人陈述可靠性进行判断的基本方法是其陈述的内容是否完整连贯和符合其年龄阶段的认知特征和表述方式，且是否可以排除诬告的可能。

相比于毒品犯罪案件和性侵犯罪案件，司法人员在贿赂犯罪案件中运用经验法则更为谨慎，通常不会主动依据经验法则来认定行贿受贿事实。法官运用经验法则主要是为了对被告人及其辩护人的辩解合情理性进行分析，辩护人也会运用经验法则对指控事实进行质疑。总体而言，经验法则在贿赂犯罪案件事实认定中的运用着眼于解构，而非建构。在部分贿赂犯罪案件中，辩护人运用经验法则论证行贿人行贿的动机或受贿人受贿的动机不符合常情常理，从而试图使审判员对行贿受贿的事实产生合理怀疑。有利可图是行贿人行贿的动机，当行贿人的行贿行为明显不能为自己带来合理利益时，辩护方会据此提出行贿动机不合常理的辩解。但如果将行贿受贿的行为放在较短时空内进行经验分析并强调"对价"，那么就会出现只分析一域而不顾全局的情况，忽略贿赂犯罪案件中经验法则的特殊性，即利用职务便利谋取利益的行为和收受财物的行为可能间隔较长时间。有的案件中，辩护人将受贿人曾经的行为或习惯作为经验法则的基础事实，忽略了经验法则在某一领域的普遍性或共识性特征，所以辩解理由难以撼动指控事实。法官较少运用经验法则认定案

〔1〕 参见向燕：《综合型证明模式：性侵未成年人案件的证明逻辑》，载《中国刑事法杂志》2021 年第 5 期。

件事实,但较常运用经验法则对被告人及其辩护人的辩解理由进行分析审查,多数时候认为辩方事实版本与经验法则不符。针对已被查实的行贿人与受贿人之间的资金往来,被告人或其辩护人时常提出资金往来系正常人情往来、两人之间借款或投资回报。而实际情况是否如辩解理由所言,法官可以运用经验法则对资金往来是否符合礼尚往来、民间借贷和商业投资的基本特征和规律进行审查判断。

在故意伤害案件中,被害人的伤情是否由被告人的行为引起,时常成为故意伤害案件中的一个争议焦点。对于此类判断因果关系的争议,法官可以充分运用经验法则进行分析。比如,根据事前事后被害人伤情的变化以及排除其他因素的影响,认定被害人的伤情是被告人的行为所致,所根据的经验常识就是外力的打击很可能立刻改变被打击对象的身体状况。部分案件中,辩方会根据案件情况提出被害人在被告人行为之后遭到二次伤害,因而导致伤势改变的怀疑。如二次伤害的可能性存在,却没有证据证明被害人遭到二次伤害时,就需要充分运用经验法则分析被害人是否遭到二次伤害而改变伤势。对于偶发的伤害案件,需要通过行为的危险性程度判断行为人的主观意图,而对危险性大小的判断则需要诉诸一般生活经验。评判一个行为有无"致害的危险性"以及"致害的危险性大小",应当以社会上一般人的认识能力和水平作为基本评价标准。这是因为日常生活中发生的各种侵害行为,外观表现不一,具体危害性也可能存在差异,不同的评价主体很容易产生判断上的差异性。为了规范、统一认识和判断,应当确立一个相对客观统一,且易于掌握识别的衡量标准。具体地说,就是在日常生产、生活中,人们业已形成某些共同的生活经验或倾向性看法。

我国刑事司法实践存在办案人员机械理解印证规则,在证据印证体系有所欠缺时,不敢合理运用经验法则审查判断证据并认定案件事实的问题。对于这些问题,如上所述,可通过案例总结来归纳常见案件经验法则的合理运用方式,此外还需要加强办案人员的证据素养,提升其在运用法则方面的方法和技能。同时,应为办案人员合理运用经验法则提供制度保障。具体而言,其一,注意经验法则运用的印证支持。如同印证的欠缺需要经验法则予以补充,运用经验法则进行证明同样需要印证支持,两种证明方法需要相互验证。由于认定被告人有罪的证明标准明显高于民事诉讼和行政诉讼事实认定的证明标准,所以刑事诉讼有罪事实的认定不能同其他诉讼那样可以主要通过经验法则作出判断,当经验法则发挥关键作用时,应当寻求印证支持。其二,提供经验法则运用的程序支持。在运用经验法则推导案件事实时,应当通过实质化的庭审充分保障诉讼双方的论证与反驳,从而全面地展示经验法则运用的理据和风险。其三,建立经验法则运用的救济机制。违反或错误运用经验法则时,可以通过上诉予以救济。[1]

---

〔1〕 参见潘金贵主编:《证据法学》,法律出版社2022年版,第383-384页。

■ 民事诉讼中经验法则的理解与适用

案例 11－10　盐城市天孜食品有限公司诉盐城市自来水有限公司供用水合同纠纷案[1]

□ 案情概述

原告盐城市天孜食品有限公司(以下简称天孜食品公司)与被告盐城市自来水有限公司(以下简称自来水公司)供用水合同纠纷一案,原告天孜食品公司向盐城经济技术开发区人民法院提出诉讼请求:(1)判令被告返还多收的水费780,901元;(2)判令被告支付原告利息73,978元。原告诉称:在2014年11月被告对其水表更换之前,原告日用水量在200吨左右,争议水表使用后日吨位数至少都在400吨以上乃至更多。原告自行巡查未发现异常,被告检测结果为合格。在原告提出多次异议后,被告于2017年9月7日为原告更换了新的水表,更换后的水表在使用过程中,日吨位数回到了200吨左右。争议水表使用期间,吨位数远超实际用水量,被告应返还多收取的水费。

被告请求驳回原告的诉讼请求。被告辩称:(1)争议水表系合格产品,符合国家标准。(2)原告自认水表检测合格,且原告在此后长达3年未提出异议。(3)被告依据争议水表显示的实际用水量收费,未多收水费,原告以用水计量前后变动比较大为由,推定被告多收了水费,属于主观臆测,未考虑诸多用水量增加的原因。

盐城经济技术开发区人民法院审理认为,在争议水表使用期间,天孜食品公司与用水量密切相关的豆制品生产量与此前、此后相比均相差不大,而日用水量却超出二倍之多,故按常理,该水表存在异常。法院综合检测主体、检测过程、检测结论的问题和原告多次发函沟通等因素,根据民事诉讼的证明标准,认定案涉水表存在测量不准、运转偏快的问题,会导致所测用水量偏大的错误结果出现。法院酌定按审理时使用的水表的日用水量和争议水表使用三段时期中的最后一段时期的日用水量为参照,计算争议期间多计算的水量的比例(47%),酌定按争议期间的用水量最大、期限相对较长的时间段的价格计算,即3.55元/吨。综上,法院酌定支持原告主张的水费大致为725,795元。

自来水公司不服一审判决,向盐城市中级人民法院提出上诉。第二审法院审理后驳回上诉,维持原判。

本案涉及的主要证据与证明事项如下:

1. 原告提供的自2014年至2017年9月的该公司用水量表格记载:2014年1月至同年12月的用水65,997吨,平均用水量为180.8137吨/日;2015年1～12月的平均用水量为362.46吨/日;2016年1～12月的平均用水量为480.6356吨/日;争议水表是2014年的11月至12月更换使用,用至2017年9月更换了新的水表;2017年9月8日至2017年10月19

---

[1] 参见《盐城市天孜食品有限公司诉盐城市自来水有限公司供用水合同纠纷案》,载《最高人民法院公报》2020年第3期。

日,共计42天,平均用水量为222.857吨/日。

2. 原告与被告自来水公司签订供水合同:该合同第3条第1项约定结算用计量器具需经技术鉴定部门检定;该项第2小条约定,送检的全过程需供水人和用水人共同参加。该合同第5条第5项约定,由于供水人抄错表,计量器具、计量不准等,多收的水费应当足额予以退还。

3. 被告委托盐城水流量检测中心对争议水表进行检测,该中心出具了一张鉴定记录表:载明检定结果为合格,有计量检定员的签名。

4. 被告自来水公司自行委托争议水表的生产商福州真兰水表有限公司对水表进行检测,该公司出具检测报告记载:水表已使用2年6个月,封铅已被破坏,整表偏快3%。

▢ 证据分析

本案中涉及证据的争议焦点是:在缺乏直接证据证明争议水表运转明显偏快的情况下,能否根据间接证据和日常经验法则,对案件事实作出综合判断,并公平合理地确定计算方法和损失数额?

对于以上证据问题,分析如下:

本案原告天孜食品公司主张争议水表计算的吨位数明显多于实际用水量,即争议水表出现异常,存在测量不准、运转偏快的问题。但原告未举示能够直接反映争议水表存在问题的证据,反而是被告自来水公司举示了鉴定记录表和检测报告这两份书证,试图证明争议水表不存在计量问题,整表偏快3%也在误差范围内。法院对前一份证据未予采纳,判决指出:"《江苏省城市供水服务质量标准》(DGJ32/C03－2007)以及原被告间签订的供水合同均要求,供水计量器具在使用前和发生争议后应由有资质的计量检定机构检定、检测合格,但被告未能提供'盐城水流量检测中心'及其检测人员具有合法资质的证据,故该检测主体缺乏合法性。"法院对后一份证据作出有利于原告的认定,判决指出:"自来水公司于2017年11月9日自行委托争议水表的生产商福州真兰水表有限公司对水表进行检测,结果为整表偏快3%。尽管该水表在检测时已使用、存放较久,但该结果也从一定程度上佐证了争议水表可能存在测量不准的问题。"判决基于全案证据的综合分析和经验判断,分别以合法性存疑为由和从相反角度解读,对被告举示的两份证据作出判定,最终对原告主张的基本事实予以认可。试想,如果无法直接发现被告举示的两份证据在形式和内容上存在问题,那么能否通过经验法则的运用以质疑两份证据的结论科学性和合理性,进而对其不予采信?

盐城经济技术开发区人民法院针对争议水表是否存在测量用水量不准确并且偏快的问题,在判决中明确指出应当依据《民诉法解释》第105条和第108条第1款审查判断证据和认定案件事实。《民诉法解释》第105条规定:"人民法院应当按照法定程序,全面、客观地审核证据,依照法律规定,运用逻辑推理和日常生活经验法则,对证据有无证明力和证明力大小进行判断,并公开判断的理由和结果。"第108条第1款规定:"对负有举证证明责任的当事人提供的证据，人民法院经审查并结合相关事实，确信待证事实的存在具有高度可能性的，应当认定该事实存在。”本案中，一审法院根据与天孜食品公司用水量密切相关的豆制品生产量判断，案涉水表更换前后，天孜食品公司日均用水量应当变化不大。但事实是争议水表使用期间，天孜食品公司日均用水量较争议水表使用前和使用后翻了一番，这显然与常理不符。一审法院据此认为争议水表存在异常，但没有仅凭此异常情况直接认定争议水表所测用水量偏大。可见，一审法院在运用经验法则认定争议事实时足够谨慎，对经验法则的运用限于对现象的初步判断。在此基础上，一审法院根据自来水公司面对水表测量争议时的实际态度进一步作出了经验判断，判决明确指出：“之后（天孜食品公司）也多次就此事与自来水公司沟通并发函，但自来水公司一直未予解决，导致该水表使用长达3年时间。直至2017年9月更换水表时，自来水公司将争议水表‘没收’。天孜食品公司向自来水公司发函要求对水表进行封样，自来水公司仍未予理睬。本案审理期间经法院询问该重要证物的去向，自来水公司称水表已经灭失。自来水公司的这些敷衍、消极、回避行为，佐证了争议水表存在问题的可能性极大。”一审法院根据自来水公司的行为态度认为其很可能在刻意回避对自己不利的证据和事实，故而结合水表计量存在明显异常的事实，认定争议水表存在测量不准、运转偏快的问题。本案法院在认定多收水费数额时同样需要诉诸日常生活经验法则。正如判决所指出，“绝对准确无误的计算标准和计算方法客观上也难以企及”，故而在确定争议水表使用期间天孜食品公司的实际用水量和自来水公司应返还多收水费数额时，法院在原告主张的基础上，遵循公平合理的原则予以裁量，保证基本事实无误，符合基本的经验认知即可。

自来水公司在上诉理由中质疑一审法院适用经验法则。自来水公司在上诉理由中提到双方因计量器具引起的水量水费结算已有明确约定，因此不能再适用日常生活经验法则。上诉状指出：“根据最高人民法院《关于民事诉讼证据的若干规定》之精神，在证据的审核认定时，应以证据能够证明的案件事实为依据依法作出裁判为原则，以日常生活经验法则进行推定为例外。换言之，只要能够以有证据证明的案件事实为依据作出裁判，就没有必要运用所谓的日常生活经验法则来推理定案事实。实际上，原审法官所谓的日常生活经验不过是通过与案涉争议水表前后两块水表的数据对比，通过简单的计算得出，这样的日常生活经验并不可信。”实际上，自来水公司对一审法院适用经验法则的怀疑存在明显误区，其混淆了解决纠纷的依据和对基本事实的判断。双方曾就处理水量争议达成一致意见的事实与争议水表本身是否存在运行偏快而导致水费不正常的事实没有必然联系，自来水公司依据前者否定后者的逻辑是不能成立的。自来水公司认为一审法院对日常经验法则的运用并不可靠，根据《民诉证据规定》第10条的规定，对于根据已知的事实和日常生活经验法则推定出的另一事实，当事人无须举证，当事人有相反证据足以反驳的除外。一审法院以争议水表使用前后日均用水量和生产量的对比为基础，运用日常经验法则推定争议水表存在异常。对此，自来水公司提出用水量增加可能是多方面引起的，但未提出任何证据予以证明，因此不足以反驳推定事实。

本案看似法院仅凭经验法则认定争议水表存在运转偏快的问题,实则综合各项事实因素得出争议水表测量不准、运转偏快,进而导致用水量偏大的事实结论。正如刊载该案例的《最高人民法院公报》所指出,在供水合同关系中,供水方自来水公司承担的安装、更换、维修水表以及供水等义务是一种公共服务。用水方系被动接受水表和计量结果。水表更换前后,在用水方生产量基本不变且无管道跑水故障的情况下,水表显示用于生产的用水量却大幅增加,有悖常理。自来水公司对于争议水表的鉴定、处置等具体行为和态度,同样可以成为法院作出事实判断的依据。由此引发争议时,法院应当根据民事诉讼证明原则和日常经验法则,对案件事实作出综合判断并公平合理地确定计算方法和损失数额。

□ 理论拓展

从基本内涵和适用原理看,经验法则在刑事案件事实认定与民事案件事实认定中的运用并无二致,毕竟事实认定主要诉诸印证比对、逻辑法则、经验法则等方法的运用。但由于刑事证明与民事证明在规范层面的差异,导致两个领域经验法则的实践样态存在一定差异。民事诉讼领域运用经验法则较之刑事诉讼领域更为频繁,而且明确使用"经验法则"或"日常生活经验法则"这种表述的案件明显更多。原因有二:首先,由于举证责任和证明标准的差别,民事诉讼当事双方相较刑事诉讼的控方而言,获取某些证据的难度更大,因此更需诉诸经验法则来论证和判定诉争事实。同时,由于民事案件待证事实的证明标准通常"具有高度可能性",与刑事案件指控事实的证明标准"事实清楚,证据确实、充分"相比,其还原客观事实的程度要求相对低一些。故民事案件的事实证明更易通过经验法则的运用达到证明标准的要求,而刑事案件通常需要建立相互印证的证据体系,经验法则的适用空间和作用地位有限。其次,与《刑诉法解释》规定的猜测性、推断性、评论性证言采信规则和间接证据定案规则提到的"经验"不同,《民诉法解释》和《民诉证据规定》关于审核判断证据证明力和推定事实的规定均明确使用"日常生活经验法则"的表述,可见"经验法则"在民事证明领域的基础地位和重要作用。

从规则层面来看,民事诉讼中经验法则的运用体现在证据审查和事实认定两个层面。对于证据的审查认定,《民诉法解释》第105条指出,法院应当运用逻辑推理和日常生活经验法则,对证据有无证明力和证明力大小进行判断。从实践情况看,对证据的审查、认定最终需审判人员进行,也即由审判人员按照良知、理性、经验规则等因素对证据证明力有无以及大小进行判断。[1] 证据具有证明力的前提是与待证事实具有关联性且证据本身的真实性能够得到保障。从日常生活经验判断证据的真实性,就是判断证据提供的信息是否符合人们生活中常识、常情、常理等经验知识,这种经验知识应当符合多数人的认知。比如,当事人与案件处理结果有着直接利害关系,基于趋利避害的本能或其他特殊关系,当事人陈

---

〔1〕 参见最高人民法院民事审判第一庭编著:《最高人民法院新民事诉讼证据规定理解与适用(下)》,人民法院出版社2020年版,第739页。

述失真的可能性较之证人证言更大。在审查当事人陈述时，应当善于运用经验法则，结合其他对陈述内容的合理性进行检验。又如，民事案件司法实践中，书证的真实性时常成为争议的焦点。如果书证的真实性得到保障，那么对于认定案件事实具有较强的证明力。对书证真实性的审查，一方面可以从书证的形式要件及其形成过程判断书证是否系伪造、篡改，另一方面可以从书证的内容是否符合日常生活经验判断书证是否可靠。

对于待证事实的证明与认定，《民诉证据规定》第 10 条指出，根据已知的事实和日常生活经验法则推定出的另一事实，当事人无须举证证明。事实推定中经验法则的运用，主要是法院依据经验法则进行逻辑上的演绎，由已知事实（基础事实）得出待证事实（推定事实）真伪的结论。[1] 推定减轻了举证方的证明负担，但相对方可以对基础事实、运用的经验法则或推定事实提出反证，来反驳事实推定的适用。经验法则在民事诉讼中同样可以用于证伪单方主张的事实。与证实某一事实对经验法则的高度盖然性要求不同，证伪某一事实只需通过经验法则动摇主张事实的根基，使其达不到证明标准即可。另外，经验法则还可对各证据之间的联系进行判断，即印证分析中的作用。诉讼中，当事人举证证明待证事实的各种证据，从逻辑上而言应具有指向上的一致性，而不能相互矛盾，对各证据之间的联系性判断，或者是否存在矛盾的判断来说，经验法则的运用较为重要，即当事人提供的各种证据所证明的事实应符合经验法则。[2]

司法实践中，有的案件同时基于同一生活经验知识进行证据采信和事实认定。比如在某噪声污染责任纠纷案中，法院认为："荆某院落与姜某波居所一墙相隔，荆某在院落中放置工具、加工材料时所产生的声音势必能传入其他居民的居室内，已成为干扰周围居民生活的环境噪声。噪声污染对人体健康可能造成损害，是公众普遍认可的，姜某波称其因噪声无法休息精神受到伤害符合日常生活经验法则，应推定属实。"[3] 该案既是运用经验法则对当事人姜某波所述"对产生的噪声不堪忍受"的证明力的判断，也是对侵害事实有无及其程度的认定。二审判决适用了日常生活经验法则及事实推定规则，认为钢铁制品加工、搬卸的噪声会比较严重地影响相邻院落居民正常的生活和休息，符合一般人的认知规律，而且噪声污染对身心健康造成损害，也是公众普遍认可的。噪声污染给受害人身心健康造成的损害具有持续性和隐蔽性等特点，受害人的症状往往不明显且暂时无法用精确的计量方法反映。而经验法则和推定的合理运用，解决了类似案件的证明难题。[4]

经验法则的不当或错误适用会对事实的准确认定和裁判的可接受性带来较大负面影响。比如在彭宇案中，法官对原告、被告是否相撞这一争议事实的认定上，运用常理和经验进行了分析，认为其"做好事"的行为显然与情理相悖。该判决忽略了"做好事"的方式和程

---

〔1〕 参见最高人民法院民事审判第一庭编著：《最高人民法院新民事诉讼证据规定理解与适用（上）》，人民法院出版社 2020 年版，第 153 页。

〔2〕 参见王新平编著：《民事诉讼证据规则编注：条文 · 适用 · 案例》，法律出版社 2023 年版，第 721 页。

〔3〕《最高人民法院发布环境资源审判典型案例》，载《最高人民法院公报》2014 年第 11 期。

〔4〕 参见潘金贵主编：《证据运用实务教程》，法律出版社 2023 年版，第 186 页。

度往往会因人而异。“有的人可能仅仅将其送往医院,有的可能留下照顾,也有的可能继续给予患者经济上的资助,这都是有可能的。也就是说判决书中的社会情理并不具有经验法则的高度盖然性,存在较大程度例外的可能性,以此为推定也就当然不具备高度盖然性,其正当性也就有了疑问。”[1]实际上,经验法则之间也有盖然性程度的差异,司法解释更多强调“日常生活经验法则”的运用,提倡更接近自然规律和生活规律的经验法则。对于存在相当可能的社会经验,即使按照经验法则的论证模式加以运用,也应充分考虑其例外的可能性和可反驳的程度。除外,日常生活经验之外还有专门知识经验,虽然日常生活经验为一般社会大众所知悉,但个体的认知存有差异,且个案对经验法则的选用可能决定诉讼的胜败,因此,法院应对经验法则的适用作出说明。在司法实务中,有的法院裁判对如何依据经验法则形成判决结果几乎不作阐释,导致当事人对裁判不服的概率增加。当事人寻求救济时,二审法院或者再审法院对原判决是否违背经验法则,大多仅表明结果,并未详细分析经验法则的推论过程。此种草率对待经验法则的做法,对当事人的权益影响甚大。对此,法院判决书的理由论证部分,应按照论证公式,具体表明法院据以推论的经验法则的内容为何,法官的说理为一般大众、相关专业人士或者其他法官不能接受时,可以认定其违背经验法则,允许当事人寻求救济。[2]

（撰写人:西南政法大学法学院　李冉毅）

□ 阅读指引

1. 潘金贵主编:《刑事司法经验法则运用研究》,中国检察出版社 2022 年版。
2. 何家弘:《司法证明方法与推定规则》,法律出版社 2018 年版。
3. 毛淑玲:《推定原理研究》,中国政法大学出版社 2019 年版。
4. 阎朝秀:《司法认知研究》,中国检察出版社 2008 年版。
5. 李树真:《精细化司法证明中逻辑与经验基本问题研究》,中国社会科学出版社 2012 年版。
6. 龙宗智:《刑事印证证明新探》,载《法学研究》2017 年第 2 期。
7. 左卫民:《“印证”证明模式反思与重塑:基于中国刑事错案的反思》,载《中国法学》2016 年第 1 期。
8. 栗峥:《印证的证明原理与理论塑造》,载《中国法学》2019 年第 1 期。
9. 周洪波:《中国刑事印证理论批判》,载《法学研究》2015 年第 6 期。
10. 王志坚:《刑事证明结构视野下经验法则的适用模式展开》,载《证据科学》2023 年第 2 期。

---

〔1〕 张卫平:《认识经验法则》,载《清华法学》2008 年第 6 期。
〔2〕 参见包冰锋、王悦:《类型 · 机能 · 正当化程序:民事诉讼中经验法则的机理阐释》,载《河南财经政法大学学报》2020 年第 3 期。

第十二章　全案证据的综合认定

第一节　刑事诉讼中综合认定的理解与适用

案例 12－1　杜某故意杀人案[1]

□ 案情概述

某市人民检察院指控:2007 年 1 月 6 日晚,被告人杜某因被害人陈某为其介绍对象收取钱财之事怀恨在心,在自己家中将陈某掐死,并将尸体藏匿于卧室床下。次日夜间,杜某将陈某的尸体运至邻居家院外柴垛上焚烧。针对上述指控的犯罪事实,公诉机关在庭审中出示以下主要证据:

1. 侦破经过:2007 年 1 月 8 日凌晨,某县某乡某村村民杜某义发现其家院墙外的玉米秸着火,灭火时发现其中有一具被焚烧过的尸体,经公安机关勘查为一具女尸。同年 2 月 8 日 17 时许,姬某英报案称,其母陈某于 2007 年 1 月 6 日失踪,至报案时未归。公安机关经过排查,怀疑被焚烧的女尸即陈某,后经 DNA 比对得以确认。经侦查,被告人杜某与死者陈某在事发前电话联系密切,具有重大作案嫌疑,公安机关遂于 2007 年 2 月 27 日对杜某进行传唤。经多次讯问,杜某于同年 3 月 2 日供认了杀害陈某并焚尸的事实。

2. 证人证言:(1)杜某学(杜某的六弟)的证言证实,2007 年年初,杜某给其打电话说:"老六,出人命了,我弄死了个人。"(2)杜某朋(杜某的五弟)的证言证实,其侄子杜某瑞曾对其说过,杜某在村里烧死了一个人。

3. 现场勘查笔录:(1)杀人现场位于某村杜某家中,在北屋套间床下发现一处血迹。(2)焚尸现场位于同村杜某家西侧,在完全燃烧成灰烬的玉米秸垛北侧,有一具已经炭化的女性尸体。(3)根据杜某指认,在村西一小桥下提取到手套、药品、纸张以及一张户名为姬某英的银行存款凭条等物品,其中有药品曲克芦丁片、复方丹参片、非诺贝特片;在村西一机井内提取到羽绒袄、围巾、裤子、毛裤、电话本、口罩和户名为陈某的中国联通有限公司专用发票等物品。

---

[1] 参见中华人民共和国最高人民法院刑事审判一、二、三、四、五庭主办:《中国刑事审判指导案例》(第 7 卷),法律出版社 2017 年版,第 134－140 页。

4. DNA 鉴定意见:杜某家中床下水泥地面上的斑迹为人血,系无名女尸所留的似然比率为 2.05 ×1019;无名女尸为姬某建、姬某英(陈某子女)的母亲的概率为 99.9995%,王某英(陈某母亲)为无名女尸的母亲的概率为 99.9999%。

5. 尸体鉴定意见:(1)公安机关在侦查阶段出具的尸检分析意见证明,陈某尸表严重烧焦,部分已经炭化;提取尸体喉头、气管、双肺、心脏、脑组织做病理检验,检见有急性肺淤血;未检见疾病性致死改变,喉头、气管未见烧灼表现;分析认为符合死后被焚尸,并排除因头部受到外力打击致颅脑损伤而死亡和因心肺脑组织疾病引起的猝死。结论是陈某系被捂闷口鼻或者扼压颈部致机械性窒息死亡的可能性较大。(2)公安机关出具的尸检鉴定补充意见证明,通过对尸体解剖检验,排除了暴力钝器、锐器致死的可能;通过对死者脏器作病理分析,排除了因疾病致死的可能;排除了死者因服用"性药"而引起猝死的可能性;现场提取的药物系治疗性药物,非剧毒和兴奋剂,正常服用不会引起猝死。分析认为陈某系被捂闷口鼻或者扼压颈部致机械性窒息死亡的可能性较大。

6. 被告人杜某在侦查阶段的有罪供述:被害人陈某为其介绍对象,收其人民币 2000 多元,但后来陈某始终未带对象来见面。2007 年 1 月 6 日夜晚,二人为此在杜某家中发生争吵。杜某因生气将陈某按倒在地,用双手掐住陈某的脖颈,致陈某死亡,并将尸体藏匿于家中西屋卧室的床下。次日,杜某将陈某所穿衣物及随身携带物品抛弃于一小桥下和一机井内,又于夜间将陈某的尸体隐藏于本村一玉米秸垛内焚烧。

公诉机关认为,杜某的行为触犯了《刑法》第 232 条之规定,应当以故意杀人罪追究其刑事责任。

被告人杜某辩称,陈某是在与其一起服用"性药"后发生性行为的过程中突然死亡,不是其用手掐死的,其行为不构成故意杀人罪。具体辩解如下:2007 年 1 月 6 日晚,陈某说杜某前几次发生性行为时性功能不行,就掏出一种药,说是增强性功能的,二人都吃了之后发生性行为。在发生性行为过程中,陈某开始还情绪亢奋,后来就鼻子出血没了气息。杜某见到陈某死在自己家中,当时就没有了主张,因为担心被孩子们发现就把尸体烧了。侦查阶段之所以说是自己用双手掐陈某颈部致其死亡,是因为怕别人知道是发生性行为而致人死亡,觉得丢人,就编造了因陈某给其介绍对象收了其 2000 多元后始终未带对象来见面,其生气才把陈某掐死的理由。杜某的辩护人提出,死者陈某的死因鉴定意见系推断性结论,不具有唯一性,且死者尸体上没有检验出手掐脖颈的痕迹,因此,杜某的有罪供述与该鉴定意见不能作为认定杜某故意杀人的有效证据。

某市中级人民法院经审理查明:被告人杜某与其妻刘某离婚后,曾多次找人为其介绍对象,但一直未果。2006 年 12 月的一天,杜某找其堂兄杜某昌,要求杜某昌为其介绍对象。杜某昌答应后,带着杜某到陈某家,想让陈某给杜某说媒。因当时陈某不在家,杜某昌便将陈某的手机号码告知杜某,让杜某直接与陈某联系。2007 年 1 月初,杜某为让陈某介绍对象,多次用手机给陈某打电话联系。同月 6 日傍晚,陈某应杜某之约至其家中。当日夜晚,杜某在其堂屋西间的卧室内与陈某因说媒之事发生争吵。在争吵过程中,杜某将陈某按倒在地,用双手掐住陈某脖颈,将陈某掐死。杜某作案后,于翌日将陈某所穿的衣服及随身携带的药品、电话本等其他物品分别丢弃。杜某唯恐罪行败露,又于当日晚,将陈某的尸体藏匿于本村一玉米秸垛内点火焚烧。

某市中级人民法院认为,被告人杜某故意非法剥夺他人生命,致人死亡后又焚尸灭迹,其行为构成故意杀人罪。杜某犯罪手段残忍,且无法定或者酌定从轻处罚情节,所犯罪行极其严重,应当依法严惩。据此,判处被告人杜某死刑,剥夺政治权利终身。

一审宣判后,被告人杜某以"原审判决认定事实错误,陈某不是被其杀死的,不应当对此承担责任"为由向某省高级人民法院提出上诉。

某省高级人民法院审理期间认为公安机关关于陈某的尸检鉴定意见可能存在错误,遂委托高级人民法院技术室对该鉴定意见进行审查。技术室的相关法医专家出具了审查意见,认为根据现有材料,没有依据认定陈某为扼压颈部等原因致机械性窒息死亡,不能排除猝死。某省高级人民法院经审理认为,公安机关出具的关于陈某死因的鉴定意见及补充意见,不具有确定性和唯一性,本案证据不足以证实陈某系被捂闷口鼻或者扼压颈部致机械性窒息死亡。原审判决认定杜某犯故意杀人罪的事实不清,证据不足,依照 1996 年《刑事诉讼法》第 189 条第 3 项之规定,撤销原判,发回重审。

重审期间,某市中级人民法院委托公安部物证鉴定中心对被害人陈某的死因进行重新鉴定。该鉴定中心认为,根据现有材料,陈某喉头、气管未见烟灰及炭末沉着,亦未见热作用呼吸道综合征及休克肺等改变;根据现有材料综合分析,陈某自身疾病、常见安眠药镇静类药物、常见有机磷农药和毒鼠强中毒及机械性损伤所致死亡的认定依据不足;根据现有材料,准确认定陈某死亡原因缺乏依据,但考虑到本案尸体焚烧程度,可使球结合膜出血点、口鼻腔、颈部皮肤及浅层皮下组织损伤失去检验条件,胸腔烧透后高温作用可掩盖心、肺出血点,故陈某系机械性窒息死亡不能排除。

某市中级人民法院经重新审理认为,由于公诉机关出示的关于陈某死因的尸检鉴定意见不具有确定性和唯一性,且其他证据不能有效印证杜某在侦查阶段的有罪供述,根据现有证据无法查清陈某的死亡原因,不能排除杜某辩解的陈某服用"性药"后与其发生性行为时猝死的可能性,故公诉机关指控杜某犯故意杀人罪的事实不清,证据不足,罪名不能成立。据此,宣告被告人杜某无罪。

法院宣告被告人杜某无罪后,某市人民检察院提出抗诉。某省高级人民法院审理过程中,某省人民检察院认为抗诉不当,向某省高级人民法院撤回抗诉。

回 证据分析

本案中涉及证据的争议焦点是:(1)本案是否已经形成了"合理怀疑"?(2)若合理怀疑无法排除,对本案应当如何处理?

对于以上证据问题,分析如下。

(一)本案在被害人死亡原因等问题上形成了“合理怀疑”

判决被告人有罪,必须对作案手段、被害人死亡原因等问题进行严格审查,其证明标准必须达到“排除合理怀疑”的程度。所谓“合理怀疑”,是指以证据、逻辑和经验法则为根据的怀疑,即案件存在被告人无罪的现实可能性。没有根据的怀疑,以及对与犯罪无关事实的合理怀疑,不影响对犯罪事实的认定。“合理怀疑”的存在,意味着由证据得出的结论不具有唯一性。

本案中,被告人杜某作出了与认定事实完全不同的辩解,即被害人系服用“性药”后猝死。如果对被害人死亡原因的鉴定意见不能排除被告人的辩解,则对被害人如何死亡的事实就得不出唯一结论,既可能是被害死亡,也可能是服药猝死,进而导致案件事实存疑。二审法院在审查时发现,被害人的尸体鉴定意见存在较大疑点,被害人死因结论不具有确定性和唯一性,结合杜某的辩解、发破案经过、现场勘验检查笔录、死者陈某之女姬某英的证言等证据,二审法院得出了以下结论:第一,尸体解剖检验未见机械性窒息死亡的征象。该鉴定意见认为陈某系被捂闷口鼻或者扼压颈部致机械性窒息死亡的可能性较大,但在尸体解剖检验时并未见尸体颈部有淤血,心、肺等部位也未检见针尖样出血等窒息死亡征象,该尸体鉴定意见的科学性值得怀疑。第二,尸体鉴定意见作出时间晚于有罪供述。侦查机关出具的破案经过说明证实,陈某尸体被发现的时间为 2007 年 1 月 8 日,同年 2 月 27 日杜某归案,经多次讯问后于同年 3 月 2 日供认了杀害陈某并焚尸的事实,而本该早就作出的尸体鉴定意见,却是在杜某作出有罪供述后才作出,此时距陈某尸体被发现的时间已近两个月,而排除陈某因服用“性药”引发猝死可能性的尸检鉴定补充意见则是到了审判阶段才作出的,故尸体鉴定意见是否受到杜某有罪供述的影响值得怀疑。第三,相关证据印证杜某的辩解存在可能性。现场勘验、检查笔录证实,在杜某抛弃陈某随身衣物的现场提取了曲克芦丁片、复方丹参片、非诺贝特片等多种药品;陈某之女姬某英证实,陈某平常随身带有治疗高血脂、冠心病、失眠的药物,故尸体鉴定意见排除陈某猝死的结论值得怀疑。综合以上分析,二审法院认为尸体鉴定意见可能存在错误,遂委托高级人民法院技术室进行审查。

高级人民法院技术室的法医专家经审查认为,原尸检鉴定意见中排除陈某系遭受暴力钝器、锐器致死的意见是正确的,也没有证据可以认定其中毒死亡,但是,无法排除猝死的可能性。公安机关法医对尸体的提取,仅提取了喉头、气管、双肺、心脏、全脑组织进行病理检验,未对胸腺、肾上腺等进行检验,检验不够全面。而死者随身物品中的曲克芦丁片(主要用于防治脑血栓形成、动脉硬化等)、复方丹参片(用于心绞痛的防治等)、非诺贝特片(主要用于降脂),以及死者女儿的证言,可以证明死者经常服用这些药物。高血脂、冠心病是可能发生猝死的病理基础之一,加上被告人辩解中提到的“服用性药后性交”,这些原因的叠加是有可能诱发猝死的。因为性兴奋时会明显增加人的心脏负荷,而“性药”会增加人的性兴奋程度,进一步加重心脏负荷,提高性交时诱发猝死的可能性。

法医鉴定中判定是否猝死采用了排除法,即排除了暴力、中毒、机械性窒息等原因致死,即可认定为猝死。但是在本案中,由于没有足够的证明认定死者为暴力、中毒、机械性窒息等原因致死，所以不能排除猝死。二审法院认为被害人属于机械性窒息死亡没有依据，也是综合本案证据所得出的结论：陈某颈部肌肉无出血，舌骨无骨折，颈椎前筋膜下无出血，没有证据说明其颈部于生前曾遭受钝性暴力作用（如扼压）。根据公安机关法医对陈某尸体检验记录及医学院的有关病理检验报告，无陈某尸体有窒息征象的记录，特别是未被烧灼的肺被膜亦无出血点，因此没有证据提示陈某系机械性窒息死亡。综上所述，公安机关提出的“陈某死亡原因系被捂闷口鼻或者扼压颈部致机械性窒息死亡的可能性较大”的说法缺乏依据，“排除死者服用性药而引起猝死的可能性”也同样缺乏依据。

根据《刑诉法解释》第97条的规定，对鉴定意见应当着重审查鉴定程序是否符合法律、有关规定；鉴定的过程和方法是否符合相关专业的规范要求；鉴定意见是否明确；鉴定意见与勘验、检查笔录及相关照片等其他证据是否矛盾，存在矛盾的，能否得到合理解释。本案中的鉴定意见，至少在以下三个方面存在重大瑕疵：第一，鉴定的程序、方法、分析过程不符合专业的检验鉴定规程和技术方法要求。本案陈某颈部肌肉无出血，舌骨无骨折，颈椎前筋膜下无出血，特别是未被烧灼的肺被膜亦无出血点，因此没有证据显示陈某系机械性窒息死亡，该结论完全是通过排除法得出的。人民法院应当仔细审查鉴定工作是否在相关材料提交后及时、客观、独立地开展，是否受到了其他信息的影响，这些都是鉴定意见缺乏可靠性的重要原因。第二，鉴定意见不够明确。本案鉴定意见中的结论部分“陈某系被捂闷口鼻或者扼压颈部致机械性窒息死亡的可能性较大”，为仅具推断性的意见，并不明确。一般而言，推断性意见的意义在于，它有助于缩小侦查范围，分析侦查方向，但仅据此推断性的意见不能确实、充分地证明被害人的死亡原因，不能直接据以认定相关事实。本案公安机关出具的尸检鉴定补充意见中认定的“通过对尸体解剖检验，排除了死者因服用性药而引起猝死的可能性”，虽然是明确的意见，但这一明确的意见被此后的重新鉴定推翻。可见，即使是明确的鉴定意见，审理法院也不能照单全收，而应当分析并排除证据之间的矛盾。第三，鉴定意见与本案其他证据之间存在矛盾。本案鉴定意见与其他证据之间的矛盾明显，如被告人翻供的被害人死亡原因，被害人随身物品中的大量药品高度显示死者生前有高血脂、冠心病等疾病，即存在发生猝死的病理基础。这些矛盾均无法得到合理排除，属于影响定罪的“合理怀疑”，直接导致本案不能得出唯一结论。

（二）庭审应重点审查有罪供述能否得到印证、补强

由于本案鉴定意见存在重大疑问，对被告人有罪供述和无罪辩解的审查需要依赖在案其他证据，不能盲目采纳庭前有罪供述。如果技术条件允许，人民法院首先应当依职权对尸体进行重新鉴定。本案中，人民法院将原尸检鉴定意见送公安部重新审查，公安部得出的结论是：(1)陈某系机械性窒息死亡的可能性不能排除。(2)根据现有材料，准确认定陈某死亡原因缺乏依据。也就是说，被害人有可能是窒息，也有可能是猝死。此时，人民法院可以综合全案证据，从以下两个方面对有罪供述和无罪辩解进行重点审查。

第一，应当审查是否有其他证据对被告人的有罪供述进行印证、补强。根据现有证据，虽然能够证实陈某于2007年1月6日夜晚死于杜某家中，次日晚杜某将陈某尸体运出焚

烧,但能够证明陈某系被杜某掐住颈部机械性窒息死亡的直接证据只有杜某在侦查阶段的有罪供述。杜某学、杜某朋的证言均系传来证据,且杜某学所作的“杜某打电话给我说弄死了一个人”证言与杜某朋所作的“侄子曾对我说过杜某在村里烧死了一个人”证言均不能证明被告人杜某的作案手段。故现有证据无法证实杜某的有罪供述是真实的。

第二,应当审查杜某的辩解是否存在现实的可能性。杜某从原审审查起诉阶段开始翻供,辩解称陈某系服用“性药”后与其发生性行为时猝死,并说明了翻供理由,即见到陈某死在自己家中,当时就没了主张,因担心被孩子们发现就把尸体运出烧了,后又因怕让人知道自己是发生性行为时致人死亡,觉得丢人才在公安机关作出虚假供述。经查,杜某长期生活在农村,与其同住的还有3个未成年的孩子,其翻供理由具有一定的合理性。在现有证据无法确实、充分证明陈某死亡原因的情况下,现场勘查笔录、陈某之女姬某英的证言等证据却高度提示陈某生前有高血脂、冠心病等疾病,高级人民法院技术室的审查意见也认为陈某存在发生猝死的病理基础,公安部物证鉴定中心的鉴定意见虽然认为认定陈某因自身疾病死亡的依据不足,但也未能排除这一可能性,故现有证据无法否定杜某的辩解。

综上所述,本案尸体鉴定意见与被告人无罪辩解之间的矛盾无法合理排除,使被告人的无罪辩解存在现实的可能性,形成了“合理怀疑”,不能认定被告人有罪,应当坚持疑罪从无原则,依法作出证据不足,指控的犯罪不能成立的无罪判决。坚持法定证明标准,坚持疑罪从无原则,是无罪推定原则和证据裁判原则的内在要求。在审理刑事案件特别是死刑案件过程中,必须严守证明标准这条底线,对经审理后发现事实不清、证据不足,不能排除合理怀疑得出唯一结论的,应当坚决不予判处死刑或者核准死刑,该宣告无罪的应当依法宣告无罪,以防止冤假错案的发生。

实践中,部分法院对于定罪事实存疑的案件,会作出“疑罪从轻”的做法,即在认定有罪的基础上,量刑时将事实问题存疑作为从宽处罚的情节考虑。这种疑罪从轻的做法,本质上仍然是有罪推定,不是无罪推定,有可能会造成冤假错案的发生。2013年《关于建立健全防范刑事冤假错案工作机制的意见》第6条明确规定:“定罪证据不足的案件,应当坚持疑罪从无原则,依法宣告被告人无罪,不得降格作出‘留有余地’的判决。定罪证据确实、充分,但影响量刑的证据存疑的,应当在量刑时作出有利于被告人的处理。死刑案件,认定对被告人适用死刑的事实证据不足的,不得判处死刑。”为切实防范冤假错案发生,应当坚守“事实清楚,证据确实、充分”的法定证明标准,达不到这一标准的,坚持疑罪从无的基本原则。本案中,不仅尸体鉴定意见存在重大疑问,被告人也提出了具有一定可能性的辩解,形成了无法排除的“合理怀疑”,应当依法对被告人杜某宣告无罪。

□ 理论拓展

疑罪从无是无罪推定的必然要求和制度体现。“疑罪从无”中的疑罪,并非对指控的犯罪事实的无端猜疑,而是指经过对案件事实的综合分析,在案证据达不到法定证明标准,存在被告人无罪的现实可能性,不能排除合理怀疑地认定被告人有罪。疑罪与证据、证明紧密相关,是用证明标准衡量全案证据得出的判断结论。

疑罪案件主要包含以下三种类型。第一类是关键指控证据因缺乏证据能力或者证明力形成的疑罪案件。例如,此前常见的以被告人供述为基础构建证据体系的案件,除去证明犯罪事实结果发生的有关证据,指向被告人犯罪的证据主要是被告人供述,又没有先供后证等证明力较强的证据组合,因此,实际上类似于孤证案件。第二类是被告人及其辩护人提出的辩解理由、辩护意见导致指控的犯罪事实存在合理怀疑的疑罪案件。有的案件,没有直接证据证明被告人有罪,虽有客观证据能够建立被告人与现场或者被害人之间的关联,但被告人否认犯罪,并对指控证据合理质疑,或者辩护人基于现有证据提出无罪辩护意见,现有证据不能推翻该辩解理由和辩护意见,最终导致无法排除其他人作案的现实可能性,不能得出被告人作案的唯一结论。第三类是关键指控证据之间存在无法排除的实质性矛盾的疑罪案件。当关键定罪证据存在实质性矛盾时,必须排除证据矛盾或者对证据矛盾作出合理解释,否则就不能认定被告人有罪。[1]

需要说明的是,"证据不足"不等于"疑罪从无"中的疑罪。疑罪在法官的认识上处于"灰色地带",这种"灰色"不是案件事实本身造成的。因为实践中疑罪从无的案件本身也是真真切切或者实实在在存在的案件,其疑是法官对控方举证证明指控的犯罪事实无法形成心证,即没有在反向上形成"犯罪不成立"的心证,并非像证据不足仅限于指控本身。当中间值处于真与假之间时,它像接近真一样接近假。法官面对案件事实无法形成心证,又基于不得拒绝裁判的要求,需要将心证之疑通过疑罪从无规则转化为确定的裁判,旨在终结司法实现正义过程中"有"与"无"对峙在心证犹豫上的尴尬。基于此,"证据不足"与疑罪从无的本质差异不仅在判断对象上存在不同,还聚焦在心证是否形成的结果上。[2]

实践中,一些法院认为坚持疑罪从无会导致放纵犯罪。这种认识存在一个隐含的前提,即疑罪仍然存在定罪的可能性。这是在庭审虚化背景下,疑罪的错案风险未能在庭审中充分展现,抽象讨论疑罪处理所面临的重大弊端。只有在以审判为中心和庭审实质化的前提下充分揭示事实证据存在的问题,充分揭示被告人无罪的现实可能性,充分揭示错案的重大风险,才能形成疑罪从无的实践共识,疑罪从无难的问题才有望得到实质性解决。

(撰写人:中国政法大学刑事司法学院 蔡元培)

---

〔1〕 参见刘静坤、张新庆:《疑罪的类型、认定与裁判规则》,载《法律适用》2020 年第 7 期。

〔2〕 参见郭华:《我国疑罪从无的理论省察及规则重述》,载《政法论坛》2021 年第 1 期。

案例 12-2　华某故意杀人案[1]

回 案情概述

被害人朱某华(殁年 42 岁)系江苏某药业公司驻西安办事处经理,被告人华某系该办事处工作人员,平时居住在该办事处办公室北卧室内。2011 年 11 月 30 日 9 时至 10 时,在该办事处办公室客厅内,华某因未能完成工作业绩被朱某华责骂,华某认为朱某华对其嘲讽,心生不满,遂从其居住的北卧室床头柜鞋盒内取出一把匕首,趁朱某华转身之际持匕首刺戳朱某华头部、颈部等部位。朱某华试图夺刀未果,致其双手虎口、手指处被刺伤,最终受伤倒地死亡,华某的左手拇指亦被刀刺破流血。华某遂将朱某华拖入西卧室朱某华办公室内,用清水、拖把清理了地上及作案工具上的血迹。作案后,华某前往附近的网吧上网,其间因拇指流血前往西安市第一医院治疗。当日 20 时许,华某返回办公室将其作案时所穿衣物放入塑料袋带离现场准备抛弃。正在找寻丈夫朱某华的刘某玲遇见手提装有作案衣物塑料袋的华某,遂询问其是否见到朱某华,华某谎称朱某华陪客户吃饭。二人分开后,华某将作案时所穿衣物丢弃至护城河内后返回办公室其北卧室内。12 月 1 日 7 时许,刘某玲来到该办事处,华某打开单元门,刘某玲用备用钥匙打开朱某华办公室发现朱某华已死亡,遂报警。公安人员在案发现场发现员工华某左手拇指上有包扎过的伤口,两只手的关节上也有多处擦伤。经讯问,华某供述其因工作问题发生争吵用刀将朱某华杀死的事实,并于当日 17 时 20 分,带领公安人员在护城河内打捞出其作案时所穿的衣物一件。经鉴定:被害人朱某华死亡系外伤性失血性休克所致。

本案主要证据如下:

1. 报案材料、立案决定书、破案经过、抓获经过。证明 2011 年 12 月 1 日 7 时许,刘某玲报案称其丈夫朱某华死亡。公安机关当日立案侦查并对现场进行勘查发现死者朱某华系被人用刀捅伤颈部和面部后死亡。现场有被清洗过的痕迹,死者身上有血迹,案发现场未发现门窗损坏,死者财物除手机外均在。侦查人员还发现居住该案发现场房间内的员工华某左手拇指上有包扎过的伤口,两只手的关节上也有多处擦伤。经讯问,华某供述其与死者因工作问题发生争吵,一时气愤用刀将朱某华杀死的事实。

2. 现场勘验检查笔录、现场方位示意图、现场平面示意图及现场照片、现场勘查检查提取痕迹、物品登记表、提取笔录。证明现场位于某药业公司西安办事处办公室,该室为三室两厅一厨一卫一阳台结构,入户双层门均完好。北卧室门朝西开,门外南侧门框上有一处擦蹭血迹(已提取),北卧室东墙下有一组衣柜和一张桌子,桌子上有一份西安市第一人民医院门诊病历(患者名为华某,初诊时间 2011 年 11 月 30 日),北墙上有一个双扇玻璃窗,西墙下有一张双人床,床南侧有一个床头柜和一个垃圾筐,床头柜上有一个纸盒,盒内有一把

[1] 参见陕西省西安市中级人民法院(2021)陕 01 刑初 23 号刑事判决书。

淡黄色塑料柄单刃匕首,柄长11.5厘米、刃长11.5厘米、刃宽2厘米,刀尖处有微量血迹(已提取)。垃圾筐内有一团带血卫生纸(已提取)。客厅南墙西端墙沿距地120厘米处有一处擦蹭血迹(已提取)。西卧室门朝东,门为单扇内开木门,完好,室内东侧窗玻璃内侧有抛洒血迹(已提取)。西墙下有一张L型办公桌,桌下抽屉面上有擦蹭血迹(已提取);办公桌东侧地面有一具男尸,头朝南,脚朝北,呈仰卧位,上身着深色外套,下身着深色裤子,脚穿深色皮鞋,衣服上有血迹,尸体下颌部、颈部和左手虎口处有创口,尸体周围地面有水渍,北墙下有一个三人布沙发,沙发南侧有一茶几,茶几与沙发间地面有一处血迹,血迹距西墙136厘米、距北墙110厘米(已提取)。卫生间门朝东,正对客厅,卫生间北墙下有一台洗衣机,西墙下有一浴缸,南墙下从西朝东依次是马桶、洗手池。洗手池东侧墙角有两个拖把(已提取),其中黄色塑料柄拖把上有血迹(已提取)。厨房门朝南,为单扇内开木门,厨房内放有自行车和杂物。另房间窗户外防护网均完好,其他未见异常。公安人员依法对华某所穿棕色外套上的红色印痕进行了剪样提取。

3. 西安市公安局莲湖分局法医学尸体检验鉴定书(西)公(莲)鉴(法尸)字〔2011〕022号及情况说明。证明尸表左颧骨外侧可见一大小为4.1厘米×0.1厘米浅表划痕,右下颌可见一大小为5.8厘米×0.5厘米创口,深达骨质,右下颌可见一大小为3.8厘米×0.5厘米刺创口,创缘整齐,创壁光滑,创腔内无组织间桥,深达肌肉。右手拇指第一指节内侧可见一大小为1.7厘米×0.4厘米创口,深达皮下,右手虎口处可见一大小为3.5厘米×0.5厘米创口,右手中指第二指节背侧可见一大小为0.8厘米×0.2厘米皮下出血,右小指第二指节外侧可见一浅表创口大小为1.3厘米×0.1厘米。右小指第三指节处可见一浅表创口大小为0.7厘米×0.3厘米。右掌外侧缘处可见一大小为1.0厘米×0.1厘米切划伤。左手虎口肌肉离断,创缘总长11.3厘米。左手第二掌指关节处可见一大小为2.0厘米×0.8厘米浅表划伤,深及肌肉。尸检死者被人致伤造成右侧颈动脉破裂。分析其死亡原因应为外伤性失血性休克。典型创口呈创缘整齐,创角一钝一锐,创壁光滑,创腔内无组织间桥特征,分析致伤物应为一单刃锐器。现场提取的刀具可以形成以上创口特征。鉴定意见:朱某华死亡系外伤性失血性休克所致。

4. 陕西省西安市公安司法鉴定中心生物物证/遗传关系鉴定书(陕)公(西)鉴(法物)字〔2011〕975号。证明送检的华某外套、现场拖把和现场北侧卧室垃圾桶内卫生纸上提取的3处血迹,经检均为人血,且均系华某所留的概率为99.99%。送检的从北卧室门外框上、客厅墙西沿上、西侧卧室地面上、西侧卧室南侧窗户玻璃上及西侧卧室办公桌下抽屉上提取的5处血迹,经检均为人血,且均系朱某华所留的概率为99.99%。

5. 西安市公安司法鉴定中心鉴定文书生物物证/遗传关系鉴定书(陕)公(西)鉴(法物)字〔2014〕120号。证明经与(陕)公(西)鉴(法物)字〔2011〕975号鉴定书对比:在送检的现场卫生间洗手台上血迹中检出人血,经15个STR分型未排除华某,在排除同卵双胞胎情况下,支持该血痕为华某所留,不支持为其他随机个体所留。在送检的西卧室电视机柜西沿中部、西卧室电视机上沿、西卧室地面、西卧室东墙上、西卧室椅子腿上血迹、现场卫生间地漏处和现场客厅地面门口处提取的7处血迹中检出人血,经15个STR分型未排除朱某华,在排除同卵双胞胎情况下,支持上述血痕为朱某华所留,不支持为其他随机个体所留。在送检的现场黑柄拖把、西卧室东墙下衣柜南侧门上、西卧室南墙下窗台上、西卧室办公桌电脑键盘上、客厅北墙上和客厅西墙南沿上提取的6处血迹中检出人血,DNA检验未获得STR基因分型。

6. 上海市公安局物证鉴定中心法庭科学DNA鉴定书沪公物鉴(检)生字〔2015〕1778号。证明标记为"嫌疑人华某"的内衣腹部右侧可疑斑迹、黑柄拖把前端布条上可疑斑迹、标记为"西卧室东墙下衣柜南侧门上"的血迹、标记为"西卧室南墙下窗台上"的血迹、标记为"西卧室办公桌电脑键盘上"的血迹、标记为"客厅北墙上"的血迹、标记为"客厅西墙南沿上"的血迹、蓝色拖把柄部下端的提取物为人血。不能排除标记为"西卧室南墙下窗台上"的血迹、标记为"西卧室办公桌电脑键盘上"的血迹、标记为"客厅西墙南沿上"的血迹为朱某华所留。

7. 陕西省公安司法鉴定中心DNA个体识别鉴定书(陕)公(司法)鉴(法医)字〔2012〕74号。证明现场刀具上脱落细胞为华某细胞组织的可能性大于99.999%。

8. 辨认、指认笔录及照片、打捞视频视听资料、情况说明等。证明2011年12月1日17时20分,被告人华某带领侦查员来到了护城河,指认他2011年11月30日21时许从护城河靠南的一侧进入的某公园,从吊桥下边的楼梯到了护城河边,再向东走一点,有一个假山,从那里将沾有血迹的衣服和牛仔裤扔了下去;华某对打捞上来的其作案时所穿上衣进行指认。打捞视频显示整个过程中系华某指出抛弃衣物的地点,并带领公安机关进行打捞,视频中可以看到华某神情自若、行为积极主动,并无受胁迫或出现畏难神情。证人蒋某兰指认该衣服是其见过华某穿过的衣服,案发前到会议室开会时还见华某穿过。被告人华某指认其在办事处用刀将朱某华捅死了,然后把尸体拖到了经理室;他捅人用的刀就在北卧室床头柜的鞋盒子里。经被害人妻子刘某玲对尸体辨认确认死者系其丈夫朱某华。

9. 西安市第一人民医院病人费用明细表。证明2011年11月30日华某在西安市第一人民医院做手外伤清创术。

10. 华某上网记录。证明公安机关在西大街梁家牌楼KX网吧调取华某案发当天的上网记录显示华某的登录账号为320××××××××××1639,华某于2011年11月30日上网时间段为10时14分13秒至18时42分41秒。

11. 证人蒋某兰(江苏某药业公司西安办事处业务员)的证言。证明该公司办事处所在地及总部所在地,西安的办事处负责人是朱某华。2011年12月1日8时30分左右,她的同事华某打电话说朱经理出事了,人已经死了。经理朱某华为人很好,没有男女方面的作风问题。公司员工有她和华某、焦某涛等7人。他们经营治疗糖尿病的一种药物,销售对象主要是医院及医药公司。华某平时比较邋遢,在和别的单位签合同时有时还出错误,销售业绩一般。糖尿病医院合同是华某负责签的。根据医院销售情况,每个月都签一次购货合同,到现在这个合同差6000元对不上账,医院说华某拿走现金,但现金没有交到公司,医院也没有华某的收条。她曾看到华某穿过公安机关打捞的衣服,因为华某比较胖,所以穿上是紧绷绷的。案发前三四天他们开会之前,她在华某房间聊天时,华某穿的就是这件衣服。朱某华和华某有公司大门的钥匙,应该只有经理朱某华有经理室钥匙。

12. 证人焦某涛的证言。证明他们公司是江苏某医药公司驻西安办事处,朱某华是经理,常驻西安的业务员有他和华某、蒋某兰等人。华某在公司住,蒋某兰有公司大门钥匙。作为公司销售员在维系客户过程中需自己提前垫付费用,随后再填写报销单由朱某华寄回公司,公司再给报销。这部分钱公司往往不能及时报销回来。华某曾负责陕西省人民医院垫付的8000元钱未及时报销回来。华某的基本工资只有2000多元且无其他收入,工资不高,还要养家。华某平时比较邋遢。

13. 证人范某阳(江苏某药业公司西安办事处业务员)的证言。证明他在江苏某药业公司工作。公司按照销售业绩进行提成。朱某华开会时批评过所有人,对此华某曾抱怨过。他在华某宿舍里见过华某的一把五六厘米的小水果刀,黑色的刀柄,刀刃有五六厘米,不带折叠。华某和朱某华有公司的单元门、房门、经理室钥匙。

14. 证人刘某玲的证言。证明她丈夫朱某华是江苏某药业公司驻西安办事处经理。2011年11月30日9时许,朱某华说去办事处等员工华某送一份文件传到总公司去。12时许,她打电话给朱某华但电话无法接通,18时许,她给朱某华打电话发现其电话关机,后一直处于关机状态。当日20时许,她在去办事处办公室的路上碰见了华某,华某当时是向护城河方向走。她看见华某手里提了两个塑料袋,一个是黑色的,另一个记不清了。她问华某见到朱某华没有,华某说没有。她回到家以后不放心,又往单位走去找朱某华。她看见华某在护城河边、环城南路的北道沿上站着,手上提了一个红色的塑料袋。她就问华某朱某华去哪儿了?华某说可能陪客户吃饭或干啥去了。她从第一次见到华某到第二次见到华某,这中间不到半小时,她住的地方和办公室很近,往返10来分钟。第二次回家后,心里还是不踏实,她又到办公室楼下看楼上灯是黑的。

12月1日6时许,她送女儿上学时,又去朱某华办公室里看。因为她没有单元门钥匙,就用单元楼门口的呼叫器叫门,华某给她们开的单元门。到办公室门口,华某从房间里开了房门,她用备用钥匙开了朱某华办公室的门,打开灯发现朱某华躺在地上,地面上全是湿的,身上的衣服像水泡过一样,朱某华身上有很多伤口,衣服上有很多血,人已经死了,办公桌上的固定电话听筒吊在半空中,华某进来把听筒放到电话机上。该房间只有华某一人在此住。她和女儿进了经理室,华某就在经理室门外看,没有进入经理室里,只在客厅站着。朱某华公司业务主要是和两家医药公司签一些与糖尿病有关的供药合同。签完合同后,公司再向总公司汇报,由总公司向医药公司的仓库发货,然后再去医药公司要账,要到钱后,再把钱打到总公司的账上。公司里面有3个员工,华某、江某兰和焦某涛。除华某外,另外两个人都是在西安招聘的。华某是外地人,平时晚上要回公司睡觉。

15. 被告人华某的有罪供述。证明他是2011年2月应聘到江苏某药业公司工作,被派驻西安办事处。经理是朱某华。他平时住在公司办公室。因经常完不成公司交办的销售任务,朱某华总指责他,导致他的心理压力很大。2011 年 11 月 30 日上午,他因为没有签成一份销售合同,朱某华很生气问他还能不能干了,指责他总完不成任务,又要求这个礼拜必须搞定。他说已经尽力了。朱某华又指责他"这点小事都搞不定"。他一赌气就去卧室床头柜的鞋盒里取出水果刀,当时朱某华站在客厅里,他把刀放在自己手指上对朱某华说要是再完成不了任务就把手指割掉。朱某华却说他就是割掉手指也完不成,说完就转身走向办公室。朱某华的态度让他感觉朱某华很看不起他,他非常生气,从后面用左手搂住朱某华的脖子,右手持刀刺到了朱某华的头部,朱某华大叫了一声救命并用两个手拉住他的右手夺刀,一个手抓刀刃,一个手拉他的右臂。他挣脱了朱某华的手后又刺了两刀,他们都倒在地上,朱某华倒下后就不动了。他发现他捅朱某华时不小心把自己的左手拇指也刺破了,两个手的关节处也在倒地的时候擦破了多处小伤口。

为了掩盖犯罪行为,他将朱某华拖到了经理室里,然后用拖把将客厅地上的血拖干净,还用盆接水把地面冲洗了一遍,最后锁上了经理室的门。他担心有人打电话给朱某华,从经理室的桌上拿了朱某华的手机,卸掉电池装在身上,接下来在卫生间冲洗了水果刀上的血,又将水果刀放回了卧室床头柜上的鞋盒里。当时他外衣裤上都是朱某华的血,他就换了一身衣服,将脱下来的上衣装在两个黑色塑料袋里,套了两层,裤子和袜子装在一个红色塑料袋里,准备天黑扔掉。他先去东边一家网吧上网。当天 14 时许,他发现伤口又流血了,又去西安市第一人民医院处理伤口,后来又到网吧上网到 18 时许回到办公室。到 20 时许,天已经黑了,他准备将装有血衣裤的两个塑料袋扔到护城河里。他见到朱某华老婆刘某玲,刘某玲问他见朱某华没,他说没见并称有事先走了。他沿环城路向西走了一段才下到护城河边,本想找石头装在袋子里将衣裤沉到河底,但没找到,就把一件黑灰相间的圆领长袖 T 恤、蓝色牛仔裤、灰色的袜子和朱某华的手机扔进了河里,塑料袋扔进了一个垃圾桶里,后回到办公室。12 月 1 日 7 时许,刘某玲到办公室找朱某华,用钥匙打开了经理室的门,发现了朱某华的尸体,于是报了警。他杀害朱某华的刀具是一把长约 20 厘米的水果刀,刀柄和刀鞘都是暗黄色的塑料制成。

16. 入所体检表、刑事案件办理廉政监督表。证明华某在被送入看守所关押时经体检身体无异常,华某亦在当日的刑事案件办理廉政监督表上签字,确认公安机关在办案过程中无刑讯逼供、暴力取证的问题。

回 证据分析

本案证据呈现出"三无"特点:其一,案发现场无关键物证,没有收集到将被告人、被害人联系起来的痕迹证据。本案现场虽提取了作案的水果刀,但因该水果刀已被被告人华某清洗无法提取刀上生物痕迹物证;搜查、扣押的华某衣物上无被害人血斑,被害人的衣物上也未检出华某的 DNA 分型。其二,没有目击证人。本案案发现场位于被害人办公室内,系密室杀人案件,除华某与被害人外,没有任何他人在场。其三,没有稳定的被告人供述。被告人华某供述后又翻供,有罪供述缺乏稳定性。

本案在审理过程中,对于认定被告人华某故意杀人的证据是否达到确实充分,争议较大。被告人华某在一审、二审庭审中辩称其没有实施杀人行为。华某的辩护人也提出,本案没有客观证据,在案的水果刀没有检出死者的DNA,打捞的华某的衣物上没有死者的血迹;现场勘查的作案现场与被告人华某供述矛盾;华某杀人动机不成立;被害人死亡时间不清。起诉书指控被告人华某故意杀人罪不能成立,建议判处华某无罪。

"认定案件事实,必须以证据为根据",这是证据裁判原则应有之义,该原则在刑事审判中占据着重要的地位,是刑事诉讼进步和文明的表现,也是无罪推定原则的内在要求。我国《刑事诉讼法》第55条规定,对一切案件的判处都要重证据,重调查研究,不轻信口供。只有被告人供述,没有其他证据的,不能认定被告人有罪和处以刑罚。该条还对刑事案件定罪的标准"证据确实、充分"进行了详细规定:(1)定罪量刑的事实都有证据证明;(2)据以定案的证据均经法定程序查证属实;(3)综合全案证据,对所认定事实已排除合理怀疑。

证据包括直接证据与间接证据,本案的直接证据只有被告人的供述,被告人供述在一些细节上亦有反复,如果不能综合间接证据加以认定,则不能作出被告人有罪的结论。《刑诉法解释》第140条对如何依靠间接证据定案问题作了具体规定。司法实践中,部分刑事案件因为各种原因没有收集到或者无法收集到直接证据,但如果全案间接证据符合本条所列要求,可以认定被告人有罪,甚至判处被告人死刑,但要格外慎重。

《办理死刑案件证据规定》第34条及《刑诉法解释》第141条都规定,根据被告人的供述、指认提取到了隐蔽性很强的物证、书证,且被告人的供述与其他证明犯罪事实发生的证据相互印证,并排除串供、逼供、诱供等可能性的,可以认定被告人有罪。确立了口供补强规则,即为了防止案件事实的误认,对某些证明力显然薄弱的证据,要求有其他证据予以证实才可以作为定案根据的原则。

《刑事诉讼法》第55条第1款规定,对一切案件的判处都要重证据,重调查研究,不轻信口供。只有被告人供述,没有其他证据的,不能认定被告人有罪和处以刑罚。这一规定实际上就是要求对口供进行补强,口供必须有补强证据才能据以定案。在刑事诉讼中,虽然围绕口供争论不断,但不能否认口供在今天司法实践中具有的不可替代的作用。根据本款规定认定被告人有罪时,首先,要审查是不是根据被告人的供述、指认才提取到了隐蔽性很强的物证、书证;其次,要审查该物证、书证是否与其他证明犯罪事实发生的证据互相印证,有无矛盾;最后,要审查被告人关于该物证、书证的供述、指认是否排除了串供、逼供、诱供等可能性。

隐蔽性证据是指根据犯罪嫌疑人、被告人的供述、指认提取到的关于存放地点、处置去向,且与案件事实之间的关系不易为案外人知晓的物证、书证。"隐蔽性证据"是含有隐蔽性信息的证据,"隐蔽性信息"则是指不为外人所知而只有作案人才知晓的案件细节或是指不易为案外人察觉而通常只有作案人才可能知晓的案情信息。具体包括以下情形:

第一类是只有作案人知晓的证据存放的地点(空间)信息。隐蔽性证据规则的用语是,"根据被告人的供述、指认提取到了隐蔽性很强的物证、书证"。"提取到了隐蔽性很强的物证、书证”意指，提取到的物证、书证，其存放的地点被“别的事物遮住”，很不易被人发现。因此，这里的“隐蔽性很强”首先指证据存放的地点（空间）很隐蔽，不易被人发现。一般而言，仅有作案人知道这个地点（空间），案外人很难知晓。实践中，这种类型的隐蔽性证据比例最高。如被告人归案后带领民警指认了掩埋被害人尸体的地点，后民警在该处找到尸体。物证（尸体）之所以成为隐蔽性证据，是因为物证存放的地点（空间）信息很隐蔽，不易被案外人知晓。

第二类是作案人处置物证、书证的去向较为隐蔽，通常只有作案人知晓。在某些案件中，证据存放的地点（空间）似乎并不隐蔽，有些地点（空间）甚至呈公开状态，但由于作案人处置这些证据的去向较为隐蔽，通常只有作案人知晓，案外人很难察觉，因此，这些证据仍属于隐蔽性证据。

第三类是物证、书证与案件事实的关系（关联性）较为隐蔽，通常只有作案人知晓，案外人很难察觉。有些物证、书证与案件事实的关系较为直接，很容易就可以发现其与案件事实的关系。

在当前刑事司法实践中，供证关系在审查判断证据方面具有重要价值，是认定案件事实的重要考量因素。供证关系是指被告人供述与其他证据（如物证、书证、证人证言等）之间形成的时间及逻辑上的先后顺序，包括先供后证与先证后供两种情形。先证后供模式系侦查人员在侦破案件过程中，根据已经收集到的犯罪证据来分析判断嫌疑对象，经过缜密的侦查，逐步锁定犯罪嫌疑人，然后将其抓获归案并进行讯问，犯罪嫌疑人在事实与证据面前供认了自己的罪行，供述的内容与先前获取的证据能够相互印证。与先证后供模式相反，先供后证系侦查机关在抓获犯罪嫌疑人后，根据其口供进一步取得其他物证、书证、证人证言等。

在先证后供模式中，如果其他直接客观性证据单薄，认定被告人有罪时要慎重。但在该模式中，如果根据被告人供述或指认提取到了隐蔽性很强的证据，且其供述与在案其他证据能够互相印证，则可以认定有罪。司法实践表明，当侦查人员根据犯罪嫌疑人口供或者在其指认下所找到的证据越隐蔽、越重要，就越能起到增强口供真实性的效果，并越有利于案件事实的认定。即使是在没有目击证人也缺乏指向性明确的直接客观性证据的案件中，先供后证情形仍然能够认定案件事实。

本案中，合议庭认定被告人华某故意杀人的证据达到证据确实、充分的标准，依法构成故意杀人罪。具体分析如下：

1. 综合间接证据，能够确认被告人华某的有罪供述属实。被告人华某对基本事实供述稳定，重要细节没有出入。被告人华某在公安机关首次讯问时便承认自己杀害了朱某华，并在审前共作有罪供述4次，供述始终稳定，能够前后呼应。被告人华某供述的细节得到在案证据佐证，经得起推敲、验证。具体如下：(1)被告人华某供述的捅刺部位与尸体检验鉴定书显示的伤情位置完全一致，且系先供后证。华某供述的作案过程十分详细，包括朱某华背对着他、华某左手搂脖子，右手握着刀，右臂伸到前面，朱某华一手抓刀刃、一手抓右臂，华某挣脱后在头颈部刺了几刀，上述细节都得到尸检报告的印证，即死者左手虎口肌肉离断、手上有多处抵抗伤、致命伤在右颈部，且华某供述在先，尸检报告作出在后，华某供述属于先供后证，可信性高，可以认定被告人华某实施犯罪的手段。华某庭审中辩称作案过程系其胡编乱造，但胡编乱造的内容却与尸检报告高度吻合，显然不符合常理。（2）被告人华某供述其案发后清洗地面与刀具，与尸体现场被发现时尸体旁边有水迹以及鉴定意见中送检的现场拖把、现场卫生间洗手台上血迹为华某所留、现场卫生间地漏处血迹为朱某华所留吻合，与现场勘查情况、刀具上未鉴定出血迹等证据相一致，且该供述属于先证后供。据此，可以认定华某案发时间在犯罪现场且清洗了犯罪现场。（3）被告人华某交代，其换下衣物后放入两个袋子，当日20时许见到朱某华的妻子刘某玲以及二人分开后华某朝护城河沿西方向走去抛弃作案衣物。该细节与证人刘某玲的证言及公安机关出具的打捞视频相一致，且该衣服抛弃地点及特征系华某在2011年12月1日第一次讯问时提出，当日17时20分，华某带领公安人员打捞出其作案时所穿衣物，证人刘某玲、华某同事蒋某兰对衣物进行了辨认，证明该衣服为华某所有，可以认定华某在实施犯罪后将所穿的衣物予以销毁的事实。

2. 综合本案证据，可以排除合理怀疑。（1）华某归案经过真实、自然。案发后，公安人员例行检查被害人身边的亲朋、同事，发现同居一室的被告人华某左手拇指上有包扎过的伤口，两只手的关节上也有多处擦伤，华某未作出合理解释；证人被害人妻子刘某玲证明案发当晚曾见到华某手提塑料袋出现在护城河，且办公室入户双层门均完好，仅有华某和被害人朱某华有房间钥匙，被害人朱某华财物除手机均在，显系熟人作案，由此确定华某有重大犯罪嫌疑。（2）被告人华某有罪口供与其他证据相互印证，且属先供后证。比如：华某在2011年12月1日13时27分至15时47分第一次供述，“我衣服上和裤子上都是朱某华的血，我就在房间里换了一身衣服，把脱下来的衣服装在一个黑色塑料垃圾袋里，套了两层。裤子还有袜子装到一个红色塑料食品袋里，然后把这两个袋子放到房间里，准备晚上去扔了……和朱某华老婆分开后我向西进了某公园，我进的是靠近马路那一侧，走了一段我下到护城河边儿。本来想找石头装在袋子里，但是没有找到，于是我就把衣服和裤子取出来扔到了河里”。12月1日17时20分，公安人员根据华某供述及指认地点护城河，打捞其作案时穿的衣物一件。打捞视频中系华某指出抛弃衣物的地点，并带领公安人员进行打捞，视频中可以看到华某神情自若、行为积极主动，并无受胁迫或出现畏难神情。

3. 被告人华某具备作案动机、时间、空间与条件。被告人华某交代，其作案动机是因未完成合同任务与朱某华发生争执，与证人刘某玲提出朱某华早上离家时说过要到办公室等华某送一份合同，然后给总公司传真过去的证言相印证，证人范某阳、焦某涛的证言证明华某因提前垫付招待费、业绩等曾向被害人表达过不满，这也将导致不良情绪的累积。朱某华曾经拖欠员工提成费等情况属于医药销售公司的惯常销售模式，销售代表为联络客户提前垫付费用情况非常普遍，提成费用先向总公司报账，随后才能发放，因此其他人不存在作案动机，而华某供述当天与朱某华发生争执，认为朱某华看不起他，进而产生怨恨心理，系案发的导火索,具有最现实的作案动机。

华某与朱某华是同事,且华某系朱某华下级,华某对朱某华接近无障碍,朱某华亦对华某不设防,平日居住在办公室内,这些均为华某犯罪提供便利、埋下伏笔。案发当天上午,二人因工作事务发生争吵,华某从其居住的房间拿刀实施犯罪行为,具有便利条件。因而,本案虽然关键物证欠缺,但仍能锁定被告人华某作案。

4. 关于被告人华某翻供理由不充分。被告人华某从第五次讯问起,开始否认犯罪,翻称以往有罪的供述均系刑讯逼供。但是,事实认定不仅重视被告人口供,更要全面考察刑讯线索、翻供原因、有无根据,以及是否存在其他证据佐证、与常理人情是否相符等。

就本案而言,(1)华某提供刑讯逼供线索称其在刑警队被一陈姓警官殴打脸、头及腋下。经查看卷内公安机关第一讯问笔录中侦查人员是牛某、李某,并无陈姓警官。同时调取 2011 年 12 月 1 日公安人员对犯罪嫌疑人华某进行讯问的同录资料、在押人员入所检查表、公安莲湖分局刑警大队出具证明、刑事案件办理廉政监督表等证明 2011 年 12 月 1 日 13 时至 16 时在公安分局刑事侦查大队二中队办公室对华某讯问时,华某对自己持刀杀害朱某华的犯罪事实供认不讳。华某神情自若,语气连贯,体表无伤痕,在讯问过程中侦查人员没有任何体罚或刑讯逼供的行为,华某 2011 年 12 月 1 日签字确认公安机关在办案过程中没有刑讯逼供、违反法律程序等问题。华某在 2011 年 12 月 1 日进入看守所,前胸大面积血疗瘢痕,自述左手拇指刀割伤瘢痕,在西安市第一人民医院缝合,其他再无异常,看守所予以收押。后华某在当庭供述前胸大面积血疗瘢痕是其所得皮肤病。华某被转入看守所后的前三次供述均为有罪供述,且供述稳定,细节一致,且三次讯问系由三组不同侦查人员进行的讯问。原审办案人在送达起诉书副本时,专门就此询问华某,华某称在看守所接受讯问时,案件已由刑警大队交到案审大队,在看守所也没有经受刑讯逼供,也就是已经换人审理,这一点也得到讯问笔录印证。(2)被告人华某在后三次的供述中表示,其因工作原因和被害人发生争执,手被刀划破去医院进行包扎,晚上在护城河边遇见被害人妻子刘某玲,带领公安人员打捞作案衣物等,均能得到其他证据印证。综合上述分析,可以认定被告人华某翻供的理由不充分,其庭前有罪供述与其他证据相互印证,足以认定。

5. 本案根据现有证据可以排除他人作案。是否存在案外人单独或共同作案,是事实认定不可回避的问题。本案案发地点属于密闭现场,根据现场勘查,死者尸体被发现是在公司经理室内,该房间门锁着,是死者妻子刘某玲用钥匙将门打开。死者身上有血迹,但地面上未发现血迹,应有人清理过现场。该房间的钥匙只有刘某玲和死者持有,案发现场未发现门窗损坏,现场被清洗过,熟人作案可能性较大。死者财物除手机外均在,抢劫可能性较小,情杀仇杀可能性大。作案人在案后清理了现场,应该对环境较为熟悉。对死者身边人调查,死者朱某华没有男女作风问题,夫妻感情稳定,截至案发没有证据证明其妻子有外遇等行为,情杀亦可排除。公安人员在侦查时发现公司大门的钥匙朱某华和华某都有,且居住案发现场房间内的华某左手拇指上有包扎过的伤口,同时,其两只手的关节上也有多处擦伤。对于伤口形成华某先解释是摔伤的,后又说是与死者开玩笑时用刀划伤的,此两种解释不合常理。到过现场不等于有人在现场作案。根据在案证据并结合本案特定的时空条件,适用经验法则,可以排除其他人作案的可能。

6. 作案刀具、被告人衣服上未检出被害人血迹符合常理。公安机关将作案刀具、被告人衣物送往鉴定中心进行鉴定,但均未检出被害人血迹,根据华某供述,其作案后清洗现场及作案刀具,又将作案所穿衣物扔进护城河,因此,在作案刀具、被告人衣物中未检出被害人血迹能够得到合理解释,未检出血迹反而印证其供述的真实性。

7. 对于死刑案件的证据标准,按照《办理死刑案件证据规定》第 5 条第 1 款之规定:"办理死刑案件,对被告人犯罪事实的认定,必须达到证据确实、充分。"该处的证据确实、充分除了一般刑事案件证据所要求的标准外,还增设了两点:一是共同犯罪案件中,被告人的地位、作用均已查清;二是根据证据认定案件事实的过程符合逻辑和经验规则,由证据得出的结论为唯一结论。由此可见,死刑案件证据标准的程度和要求也明显高于一般刑事案件的证据标准。死刑案件是否达到证据确实、充分,最根本、最重要的评判尺度是:全案证据对于待证事实要达到充分的程度,证据之间相互印证,构成完整的证明体系,得出的结论是唯一的。对于没有直接证据证明犯罪行为系被告人实施,即使可以认定被告人有罪,但根据间接证据定案的,判处死刑应当特别慎重。关于被告人华某故意杀人的犯罪证据仅有被告人华某在侦查阶段的有罪供述,现场勘查笔录、尸检报告,其供述虽与现场勘查、尸检报告吻合,但没有其他客观证据予以印证,且属于先勘后供。可见,公诉机关提交的证据没有达到死刑证据的要求,故对华某不判处死刑。

综上,认定被告人华某故意杀人犯罪事实的证据既有被告人华某供述这一直接证据,又有现场勘查、物证鉴定、尸体鉴定等间接证据,还有根据被告人华某的指认提取到隐蔽性很强的作案时所穿衣物的物证,且与其他证明犯罪事实发生的证据相互印证,并排除串供、逼供、诱供的可能性,可以认定被告人华某构成故意杀人罪。

2012 年 9 月 26 日,西安市人民检察院将该案起诉至西安市中级人民法院。同年 10 月 16 日,西安市中级人民法院以该案重要证据未收集到案为由,对本案不予受理并作出不予受理通知书。2019 年 1 月 30 日,西安市人民检察院再次指控被告人华某犯故意杀人罪向西安市中级人民法院提起公诉。西安市中级人民法院于 2019 年 10 月 28 日作出(2019)陕 01 刑初 49 号刑事判决书。宣判后,被告人华某不服,提起上诉。陕西省高级人民法院于 2020 年 8 月 24 日作出(2020)陕刑终 12 号刑事附带民事裁定书,以事实不清为由,发回西安市中级人民法院重新审判。西安市中级人民法院依法另行组成合议庭,并于 2022 年 4 月 14 日作出判决:以被告人华某犯故意杀人罪,判处无期徒刑,剥夺政治权利终身;并赔偿附带民事诉讼原告人刘某玲、朱某源经济损失人民币 41,760 元。宣判后,被告人华某再次提出上诉。

西安市中级人民法院认为,被告人华某非法剥夺他人生命,致一人死亡,其行为已构成故意杀人罪。被告人华某不能通过正确方式解决工作中产生的纠纷,竟持刀捅刺被害人,致一人死亡,犯罪性质严重,犯罪手段残忍,危害后果严重,依法应予严惩。唯考虑本案公诉机关提交的被告人华某故意杀人的犯罪证据没有达到死刑案件证据的要求,且该案系民间纠纷引起,故依法对华某不适用死刑。

陕西省高级人民法院二审认为,原审判决认定华某故意杀人的犯罪事实,不仅有其有罪供述,且根据其有罪供述找到隐蔽性物证,又有现场勘查、尸检鉴定意见、物证鉴定意见等间接证据予以印证,已形成完整的证据链,且排除刑讯逼供等非法取证行为,现有证据足以认定华某故意杀人的犯罪事实。原审判决认定事实清楚,定罪准确,量刑适当。审判程序合法。裁定驳回上诉,维持原判。

□ 理论拓展

高质效办好案件,应当着力于构建以证据为中心的刑事指控体系。案件质量是司法办案的生命线。构建以证据为中心的刑事指控体系,在此基础上准确认定事实和适用法律,确保不枉不纵,是"高质效办好每一个案件"的根本保障。对一切案件的指控都要重证据,陈年命案尤为如此。

陈年命案是指久侦未破的致被害人死亡的刑事案件。受当年的侦查取证意识及技术水平限制,很多陈年命案存在证据瑕疵和缺陷,影响案件事实的准确认定。这就需要司法人员在现有的证据基础上进行综合审查和判断,既要实事求是地评估当时的证据水平,也要严格把握法定的证明标准。要坚持证据裁判原则,即要求定罪量刑的事实都要有证据证明,且据以定案的证据确实、充分,能够排除合理怀疑。本部分将从司法实务角度出发,对陈年命案中的证据审查和判断进行论述。

对陈年命案的证据审查,通常从以下六大方面进行:一是破案是否自然、正常,二是被害人身份及死亡原因是否确定,三是作案人数及作案人是否确定,四是作案工具、方式、过程是否明确,五是作案时刑事责任年龄是否确定,六是多个作案人之间各自罪责是否清楚。具体到客观性和主观性证据的审查,分析如下。

(一)客观性证据的审查

客观性证据包括物证、书证、视听资料、电子数据等实物证据,以及基于客观之物形成的现场勘验笔录、鉴定意见、辨认笔录等言词证据。其所包含的内容受人主观意志的影响较小,基于其客观性、稳定性,往往被赋予了较强的证明价值。近年来,有关部门制定的一系列规范性文件明确要求对客观性证据进行优先审查,进一步奠定了客观性证据的权威性。然而,陈年命案因其侦查时间跨度大,案发当年侦查获取的据以定案的很多原始证据往往存在证据来源不清、关键证据灭失、提取流转保存等程序不合法、单个证据内部或证据之间存在矛盾等现象,使陈年命案中的客观性证据出现高度不稳定性、不确定性,丧失了其本来面貌。因此,审理法院在审查这类案件的客观性证据时,更应审慎对待,既要关注证据的收集、保管等程序问题,又要关注证据的真伪确证、关联分析、证明价值等实体问题。

1. 物证、书证

物证、书证要想作为证据使用,首先必须要确保其为原物、原件,这也是最佳证据规则的内在要求。如果物证、书证的复制品、复制件是对原物、原件的准确复制，就与原物、原件具有相同的证据能力。然而很多陈年命案中，物证、书证会存在以下两方面的问题：一是物证、书证在案，但证明来源的原始材料缺失或存在瑕疵；二是来源清楚，但物证、书证原件缺失或受损。针对上述情况，首先，应审查侦查机关是否能够对其予以补正或作出合理说明。其次，应审查是否已作DNA鉴定、指纹鉴定等，并与犯罪嫌疑人或被害人的相应生物特征、物品等进行比对。再次，对于物证、书证原件缺失或受损的，应审查原始材料中是否有照片、录像、复制件或副本等，具备辨认条件的，应交由当事人、证人进行辨认。最后，必要时应对在案的物证、书证进行复查、复检，在无法认定同一性时，就只能予以排除。如侦查机关随案移送了一把砍刀，但卷内没有该砍刀的提取笔录，经询问当年的侦查人员，由于时间久远也无法说明该刀具的来源。卷内附有关于该砍刀的血型鉴定，确定该刀具上的血迹与被害人血型一致，犯罪嫌疑人到案后，经过指认，否认该砍刀是其作案时使用的刀具，经复检，该砍刀上未检出人血及DNA，不排除上面生物检材因保管或自然灭失。可使用该证据来源不明，与本案不具有关联性等理由，将该物证予以排除。

2. 现场勘验、检查笔录

现场勘验笔录是对犯罪有关的场所、物品、人身、尸体、痕迹、物证等进行勘验时所作的文字记载，与现场照片、现场绘图共同组成完整的“现场记录”，三者共同构成了证明犯罪现场状况的证据体系。但在很多陈年命案中，往往存在现场勘验照片不全、笔录不齐，甚至全部缺失的情况。为了尽可能准确地掌握案发现场的情况，减少证据运用中的失误，充分发挥其作为客观性证据的优势，在现场尚未发生改变、破坏的情况下，办案人应当亲临现场，对现场进行再次勘验，详细准确地审查与案件有关的信息。对于时隔多年，案发地面貌已发生了巨大改变，不具备复勘条件的案件，可以利用相关技术对案发现场进行重建，并结合证人证言、犯罪嫌疑人供述以及物证、痕迹鉴定等，模拟出犯罪嫌疑人的行为轨迹，推演出其进出现场的路线、依次展开的行动、使用的工具、接触或遗留的物品等。

3. 鉴定意见的审查

命案中的鉴定意见主要分为两部分，一部分是确定被害人死亡原因的检验报告，包括尸体检验报告、毒物检验报告及照片；另一部分是确定物证、痕迹与案件有关联的检验报告，包括指纹鉴定、足迹鉴定、DNA鉴定等。

具体到陈年命案，多数案件被害人尸体已经处理，不具备重新鉴定的条件，审理法院在认定被害人死亡原因时，应着重审查原始证据材料，并结合其他在案证据综合认定被害人死亡原因。如某案中，当年司法鉴定中心出具的法医学尸体检验报告显示的鉴定结论为：死者尸体高度腐败，呈巨人观样改变。综合分析，排除颅骨骨折、躯干及四肢锐器伤致死的可能，排除常见毒物中毒致死的可能，死者的确切死亡原因因高度腐败无法准确判定，但不能排除机械性窒息致死的可能性。被告人到案后供述称自己作案时对被害人实施扼颈、捂口鼻行为持续有两三分钟，后将被害人扶起，被害人长出一口气说绝不放过他，被告人被激怒后在其脸上重击一拳将其打晕后逃离现场，并关灯锁门。经审查，现场勘查笔录与被告人供述能够相互印证,该房屋大门从外挂锁。后门从内部锁住,防盗栅栏正常,不存在他人从后门进入房间的可能性,排除第三人作案。结合被告人供述,认定被告人明知掐、勒他人颈部会造成他人死亡的后果,仍放任该结果发生,在被害人昏迷后,其关灯锁门,使其失去获救的机会。足以证明被告人行为与被害人死亡结果之间具有刑法意义上的因果关系。最终法院以故意杀人罪判处被告人无期徒刑。

此外,随着科学技术的发展,利用新科技手段对陈年命案中的生物检材、痕迹等实物证据进行再检验、再鉴定,配合DNA、指纹等大数据,使原先一时无法利用的生物检材、痕迹成为案件侦破的新线索,是当前陈年命案的主要侦查模式。但由于早年的侦查取证意识和水平不高,导致当年生物检材、痕迹等实物证据取得的原始材料缺失或有瑕疵,我们在审查这类案件的鉴定时,应着重审查生物检材、痕迹等证据来源的合法性以及真实性。有的陈年命案,囿于当年技术条件限制,虽然提取到物证、痕迹等,但没有进行DNA鉴定的条件,只对血型进行了鉴定,后犯罪嫌疑人归案时,涉案的客观证据已经遗失或灭失,不具备重新鉴定的条件,在审查时应结合其他在案证据综合认定关联性,对于犯罪嫌疑人始终认罪,并且侦查机关对证据问题能够作出合理解释的案件,可以认定案件事实。但犯罪嫌疑人不认罪或者认罪后翻供的,且没有将犯罪嫌疑人与案件事实关联起来的客观性证据,将影响案件事实的认定。

(二)主观性证据的审查

主观性证据是以人为取证对象的证据,主要包括证人证言、被害人陈述、犯罪嫌疑人供述及辩解等。有些主观性证据作为直接证据,能够一步到位地证明案件的部分或全部事实,与案件事实的关联较为明显。但其容易受到个体认识和表达能力的影响,会随着外部环境和内在动机的变化而发生改变,尤其是陈年命案,这也是我们在采信主观性证据时面临的风险。因此,在办理陈年命案时,除了要审查原始证据的合法性,还应审查言词证据之间,以及与其他在案证据之间的印证程度。

1. 证人证言

陈年命案中,往往出现被害人已经死亡,犯罪嫌疑人又在逃的情况,案发经过主要由现场目击证人和涉案的相关证人复述,因此证人证言是重构案件事实的关键。除了审查证言取证的合法性,还应从以下三个方面着重审查:一是要对证人证言内容本身的细节进行分析,确定其是否属于传闻证据、意见证据;二是要审查证人感知案件的条件等因素,判断其证言是否客观;三是要审查证人证言之间以及与其他证据之间的印证关系,判断证人证言的真实性。如果证人证言与其他证据存在矛盾,则需要作出合理的解释。如果矛盾不能作出合理解释,则显示证人证言不具有可信性,不能作为定案的根据。如某起故意杀人案,被告人张某作案时已逾50岁,证人冯某看到其在案发次日清晨拿着蛇皮袋出现在了抛尸现场,并将此情况告诉了同村村民李某,李某证明冯某告诉他自己看到的是一年轻小伙子,并且其称不认识。该证言与认定的案情之间出现了矛盾,后侦查机关向冯某进行核实,其解释到,当天见犯罪嫌疑人张某形迹可疑遂将情况反映给李某,但当时侦查机关并没有认定张某作案,自己不敢乱讲,因为自己祖祖辈辈都要在村里住下去,多一事不如少一事。后犯罪嫌疑人张某有罪供述中承认自己在案发次日准备拿着蛇皮袋转移尸体,因天快亮了没有实施。冯某证言与张某供述相互印证,虽然存在矛盾,但能够作出合理解释,因此,该证言能够予以采信。

2. 犯罪嫌疑人供述及辩解

犯罪嫌疑人供述及辩解在实践办案中一般统称为"口供",虽然"口供至上"的观念和做法已经逐步退出历史舞台,但其仍然是重要的破案依据和定案根据。我们在审查犯罪嫌疑人供述时,可分为三种情况分别审查:一是犯罪嫌疑人始终"零口供"的案件,二是犯罪嫌疑人稳定作出有罪供述的案件,三是犯罪嫌疑人翻供的案件。

对于犯罪嫌疑人始终"零口供"的案件,要着重审查发破案是否客观、自然,客观性证据指向是否明确、单一,以及犯罪嫌疑人的无罪辩解是否合理,并且善于运用间接证据构建证据体系。在适用间接证据定案时,应严格坚持法定证明标准,合理运用推定认定案件事实,确保间接证据之间的协调性,间接证据形成的证明体系的完整性,间接证据推理出的结论的唯一性。

对于犯罪嫌疑人稳定作出有罪供述的案件,要着重审查其供述的真实性,取证的合法性,与其他在案证据的印证程度,并且善于从犯罪嫌疑人有罪供述中发掘隐蔽性证据。如被告人到案后供述自己作案后将血衣抛入河中,侦查机关根据他的供述提取到该血衣,虽然该血衣由于被污染等客观因素,未能检出被害人 DNA 等与案件关联的生物痕迹。在审查同案犯供述时,要关注同案犯之间是否有严重的利害关系,供述是否有趋利避害的表现,供述内容是否符合情理,作案细节的供述是否受到诱导等不合常理之处。如某宗两人共同故意杀人分尸案,案发于 2009 年,其中一名被告人张某于当年即被抓获归案,并作出了稳定的有罪供述,称其与另一被告人郑某共同掐死了被害人,共同实施了分尸行为。被告人郑某于 2023 年到案,辩称自己没有参与杀人,只是帮助张某对尸体进行了肢解。结合本案证人证言、同案犯供述,能够证明案件的起因系郑某无力偿还被害人催要的欠款引发。被告人张某系郑某的司机,平常根据郑某的安排行事,与被害人并无矛盾,不存在单独杀人的故意。最终法院以故意杀人罪判处被告人郑某死刑;判处被告人张某死刑,缓期二年执行。

对于犯罪嫌疑人翻供的案件,应重视其翻供理由。实践中,犯罪嫌疑人以刑讯逼供为由翻供的最为常见。因此,我们审查时,首先,要关注原供取证的合法性;其次,衡量原供与翻供的合理性;最后,分析原供与其他证据的印证关系,是否存在"先供后证"或"非亲历无法获知的细节"。要关注被告人供述是否自愿、自主、真实。

(三)陈年命案中的证明标准

运用间接证据定案,应排除合理怀疑得出唯一结论。对于犯罪嫌疑人始终不认罪的零口供案件,如果案件中没有目击证人、被害人,缺乏指证被告人犯罪的直接证据,则只能凭借间接证据证明案件事实。《办理死刑案件证据规定》第 33 条规定了间接证据的定案规则。运用间接证据定案的案件,要确保证据之间相互印证,能够排除合理怀疑,得出唯一的结论,从而达到内心确信。关于何为“合理怀疑”,全国人大常委会法制工作委员会作出了解释,即“排除合理怀疑是指对于认定的事实,已没有符合常理的、有根据的怀疑,实际上达到确信的程度”。因此,排除合理怀疑不是排除一切怀疑。排除合理怀疑不仅适用于全案证据,也适用单一证据,陈年命案往往因为缺少关键性证据成为指控犯罪的“硬伤”。因此需要客观地审查和采信证据,不断排除合理怀疑,最终还原案件事实,不能因为缺少某个证据就机械地认定为证据不足,应当结合全案证据最终作出理性的判断。相应地,当待证事实不能排除合理怀疑时,应当坚持疑罪从无原则。

(四)审查旧存证据与新证据的证据体系

对于陈年命案的办理,要重视原始证据与新证据体系之间的比对,原始证据主要有现场勘查笔录、证人证言等,主要证明案件的部分事实,具有片段性。新证据主要是犯罪嫌疑人归案后所做的供述辩解以及相关鉴定意见,能够较为全面地证明案发经过,但犯罪嫌疑人供述容易有虚假部分,所以应将原始证据和新证据进行比对,共同作用,相互支撑,彼此印证。

(五)审慎适用“非法证据排除规则”

我国规范意义上的非法证据排除规则始于《非法证据排除规定》,《严格排除非法证据规定》对非法证据的范围和认定标准作了明确的规定。我国的非法证据的特定含义,是指违反法定程序和侵犯重要权利而取得的证据,既包括非法取得的言词证据,也包括非法取得的实物证据。现在办理的陈年命案,很多侦查活动是发生在上述规定出台之前,是否能够适用非法证据排除规则,应视情况而定:

第一,对于通过严重侵犯到人权,比如采用暴力、威胁等方式取得的言词证据,已经违背了当事人的真实意愿,影响到了证据的真实性,应当予以排除,并且绝对禁止使用。但是对于违反法定程序取得的言词证据,可以通过补正或重新询问后予以采信。比如,当年对未成年人进行询问、讯问时,未通知其法定代理人到场。再如,当年同案犯被刑拘后,未在看守所进行讯问等,能否认定上述证据的合法性,要考虑当年的法律规定及客观条件,不应按照现行的法律规定一律排除。

第二,对于未按照法定程序提取的物证、书证等实物性证据,要区分瑕疵证据和非法证据,准确理解“程序法从新”的内涵。因此,对于陈年命案,只要能够证明取证、鉴定等诉讼活动符合当时的法律规范,就应当认定相关证据及鉴定意见具备合法性。《刑诉法解释》第86条第3款规定,物证、书证的来源、收集程序有疑问,不能作出合理解释的,不得作为定案的依据。可见,对于违法收集的实物证据并非一概排除,只有违法取证达到严重程度且不能补正时,才予以排除。对于“可能严重影响司法公正”,应当综合考虑收集物证、书证违反法定程序以及所造成后果的严重程度情况进行认定。

(撰写人:西安市中级人民法院 姚斌)

第二节　民事诉讼中综合认定的理解与适用

案例 12-3　重庆澄江建设工程有限公司、重庆万峰建筑劳务有限公司建设工程合同纠纷案[1]

回 案情概述

2013 年，重庆澄江建设工程有限公司（以下简称澄江公司）承包了贵州开元嘉德有限公司（以下简称开元公司）开发建设的贵定县委片区改造项目，并将该项目中的部分工程劳务分包给重庆万峰建筑劳务有限公司（以下简称万峰公司）。

2013 年 11 月 5 日，澄江公司与万峰公司签订了设备、周材、辅材劳务合同，约定澄江公司将贵定县委片区改造项目 A 区 3#、4#楼劳务分包给万峰公司。万峰公司承包上述工程后进场施工。2014 年 11 月 25 日，澄江公司将贵州开元嘉德城市广场综合楼、安置房的劳务分包给万峰公司，并分别签订了设备、周材、辅材劳务合同。

在施工过程中，因建设单位开元公司案涉工程在 2014 年至 2016 年多次停工。2017 年 5 月，万峰公司再次复工，直至退场。其后，澄江公司与万峰公司对 2017 年万峰公司复工后的施工进行结算，并签订万峰劳务 2017 年复工后结算表，载明结算金额为15,289,452.8元。同时，万峰公司、澄江公司及监理单位在贵定县委区块改造项目劳务结算书上盖章确认，该结算书载明结算金额为 15,289,452.8 元。

此外，在施工过程中，万峰公司除了按照 3 份设备、周材、辅材劳务合同的约定施工，还对安置房窗户增设项目、机械开洞及砌砖、裙楼人防工程等合同外分项工程进行施工。

此后，因澄江公司一直未支付工程款，万峰公司诉至法院。该案历经贵州省黔南布依族苗族自治州中级人民法院一审判决，贵州省高级人民法院二审改判，最高人民法院裁定提审后再审改判。最终，最高人民法院判决：（1）撤销该案一审、二审民事判决；（2）澄江公司向万峰公司支付工程款 10,923,290.16 元及利息；（3）澄江公司向万峰公司支付进度款补偿费用及停工损失 350 万元；（4）驳回万峰公司的其他诉讼请求。

1. 万峰公司提交的主要证据：

（1）万峰公司与澄江公司于 2013 年 11 月 5 日签订的设备、周材、辅材劳务合同（贵定县委片区改造项目 A 区 3#、4#楼），该合同加盖“重庆澄江建设（集团）有限公司贵定县委片区改造项目章”，费某洪作为澄江公司的代表在该合同上签字。

（2）万峰公司与澄江公司于 2014 年 11 月 25 日签订的 2 份设备、周材、辅材劳务合同（分别涉贵州开元嘉德城市广场综合楼、贵州开元嘉德城市广场安置房）。

---

[1] 参见最高人民法院（2022）最高法民再 204 号民事判决书。

(3)澄江公司、监理单位以及业主单位开元公司于2016年9月29日签字盖章的关于贵定县委片区改造项目A区3#、4#楼已完工程量界面清单,万峰公司员工李某伟在该清单上签字。

(4)万峰公司的代表李某伟和澄江公司的代表牟某青于2017年5月签字的万峰劳务17年复工后结算表。

(5)万峰公司、澄江公司及监理单位于2017年5月盖章确认的贵定县委区块改造项目劳务结算书。

(6)业主单位、监理单位、万峰公司及澄江公司员工费某洪、孙某勇等分别对部分施工项目进行签字或盖章确认的合同外签证单。

(7)万峰公司制作的贵州开元嘉德城市广场两劳务公司面积确认表、贵州开元嘉德项目2015年11月停工以来致万峰劳务公司损失汇总表、2015年11月至2017年5月以来租赁材料设备费用表、2015年11月至2017年5月以来管理人员工资费用表,上述文件经监理单位盖章确认。

(8)万峰公司制作的万峰劳务贵州·开元嘉德项目结算表,该结算表经监理单位盖章确认,业主单位开元公司的员工廖某刚也在该结算表上签字确认,并注明"以上工作范围属实"。

2. 澄江公司提交的主要证据:

(1)澄江公司与万峰公司于2014年11月22日签订的补充协议书。

(2)澄江公司与万峰公司于2016年签订的关于贵定县委片区改造项目A区3#、4#楼已完工程量界面清单。

(3)贵州开元嘉德城市广场综合楼和安置房的施工界面。

(4)体现澄江公司向万峰公司支付工程款的转账凭证、代为支付委托书及收条等工程款支付凭证。

(5)贵定项目甲方支付万峰公司款项明细表(共计2,272,500元)。

(6)澄江公司项目部支付款项的明细表以及相应的转账凭证(共计11,083,978元)。

(7)贵州开元嘉德置业有限公司破产管理人回函。

回 证据分析

本案中涉及证据的争议焦点是:如何证明实际发生的工程量?

对于以上证据问题,分析如下:

工程量的确定作为一个专门性、技术性的问题,常常成为承包人和发包人发生争议的主要原因。因此,工程量计算准确与否,直接影响到承包人和发包人双方的切身利益,亦是案件处理结果是否公正的重要表现。[1] 本案的关键争议焦点为实际发生的工程量,一审、

---

〔1〕 参见最高人民法院民事审判第一庭编著:《最高人民法院新建设工程施工合同司法解释(一)理解与适用》,人民法院出版社2021年版,第199页。

二审、再审法院均对案涉合同内和合同外实际发生的工程量结合证据进行了“综合分析认定”,然后就被告应当支付的工程款作出裁判。这种对案件争议焦点进行全案证据综合分析认定的做法,得到了最高人民法院的高度肯定。《民诉证据规定》第 88 条明确规定:“审判人员对案件的全部证据,应当从各证据与案件事实的关联程度、各证据之间的联系等方面进行综合审查判断。”本案就是该规定的生动体现。该规定也充分说明了人民法院在司法裁判中加强对证据的综合审查判断从而正确认定案件事实的重要意义。

本案判决书中对前述关键争议焦点的论证和对证据的分析,条理清楚,论证充分,归纳得当,层层递进,有理有据,很多方面可圈可点。

第一,一审法院围绕双方争议的待证事实确定核心证据。所谓核心证据,是指证据所包含的事实信息与案件的基本事实很接近,对案件基本事实尤其是核心事实、关键事实的证明力较强,对案件事实认定所起作用较大的证据。[1] 首先,一审法院援引了最高人民法院《关于审理建设工程施工合同纠纷案件适用法律问题的解释(一)》关于实际发生的工程量如何确定的规定,[2] 点明了此类案件的疑难之处,也指明了本案核心证据应当如何确定,为后面论证的展开做了较好的铺垫,对于办理此类案件具有参考意义。其次,本案的争议焦点为实际发生工程量如何确定,因此能够证明实际发生的工程量的证据即为核心证据。故而,万峰公司提交的经监理单位盖章和业主单位员工廖某刚签字确认的万峰劳务贵州·开元嘉德项目结算表、经澄江公司与万峰公司及监理单位盖章确认的贵定县委区块改造项目劳务结算书(含澄江公司与万峰公司双方员工签字确认的万峰劳务 2017 年复工后结算表)及合同外签证单为本案的核心证据。一审法院在对上述证据之间的联系进行综合审查判断后,确认上述证据相互印证,共同指向了本案案涉工程的施工范围和施工面积。因此,一审法院认为上述证据能够证实万峰公司的施工范围和施工面积等案件事实,为本案关键争议焦点的核心证据。

第二,二审法院在一审法院确定核心证据的基础上组织佐证证据。所谓佐证证据,也称为辅助证据,是指对争议事实提供补充证明作用,支持基本证据证明力的证据。佐证证据一般间接指向待证事实,对案件事实的认定起辅助证明作用。[3] 一审法院虽通知监理单位的工作人员到庭核实案涉工程量,但对监理单位工作人员的陈述未在证据论证中予以采用。二审法院综合评判本案全部证据后,认为万峰公司提交的万峰劳务贵州·开元嘉德项目结算表盖有万峰公司及监理单位的公章,此外在业主单位位置上有“以上工作范围属实,廖某刚”的字样。关于廖某刚的身份,监理单位在一审审理时派出员工甘某勇出庭作证,当庭陈述“廖某刚是业主单位的廖总”。换言之,二审法院将监理单位工作人员的证人证言作

---

〔1〕 参见潘金贵主编:《证据运用实务教程》,法律出版社 2023 年版,第 566 页。

〔2〕 最高人民法院《关于审理建设工程施工合同纠纷案件适用法律问题的解释(一)》第 20 条规定:“当事人对工程量有争议的,按照施工过程中形成的签证等书面文件确认。承包人能够证明发包人同意其施工,但未能提供签证文件证明工程量发生的,可以按照当事人提供的其他证据确认实际发生的工程量。”

〔3〕 参见潘金贵主编:《证据运用实务教程》,法律出版社 2023 年版,第 569 页。

为佐证证据,强化核心证据万峰劳务贵州·开元嘉德项目结算表的证明能力。

第三,一审法院根据证明方向不同将不同证据进行分组审查判断认定,并排除证据矛盾。[1] 所谓证据矛盾,是指证明同一待证事实的不同证据之间相互冲突,主要表现为不同证据之间的证明指向不具备“同一性”。本案中,对于万峰公司实际施工的工程量这一待证事实,万峰公司和澄江公司分别举示了不同证明方向的证据。一审法院采取了“先并后认”和“先认后并”相结合的证据综合审查方法。澄江公司未提交任何结算资料,仅提交了关于贵定县委片区改造项目 A 区 3#、4#楼已完工程量界面清单及关于贵州开元嘉德城市广场综合楼和安置房的施工界面等证据,拟证实万峰公司只参与了 3#、4#楼及贵州开元嘉德城市广场安置房的部分施工,并未完成全部工程量。万峰公司提交了贵定县委区块改造项目劳务结算书、万峰劳务 17 年复工后结算表等证据。一审法院认为,澄江公司提交的关于贵定县委片区改造项目 A 区 3#、4#楼已完工程量界面清单签字时间是 2016 年,并非工程量的最终确认单,而万峰公司提交的贵定县委区块改造项目劳务结算书、万峰劳务 17 年复工后结算表等证据能够证实万峰公司在 2017 年后仍然对涉案项目工程进行复工且双方对复工后完成的工程量进行结算的事实。澄江公司提交的关于贵州开元嘉德城市广场综合楼和安置房的施工界面等证据中并无万峰公司及监理单位盖章确认,并且,根据双方设备、周材、辅材劳务合同约定,如果澄江公司认为工程质量等存在问题,其应该向万峰公司发出质量整改通知单,但澄江公司在本案中并未提供证据证实其通知或催告万峰公司对其劳务分包工程进行修复或完善的事实。基于此,一审法院通过证据比对,认定澄江公司提交的证据达不到其证明目的,一审法院予以排除。

第四,本案审理法院除确定核心证据、组织佐证证据、排除证据矛盾外,还合理地分配了证明责任。证明责任的分配在很大程度上会影响甚至决定诉讼的结局,因此,司法人员在对全案证据综合审查运用时,应当注意审查评估案件中涉及的证明责任分配是否符合法律规定。[2] 比如,本案中,万峰公司提交证据证明了施工范围后,澄江公司如要反驳万峰公司的后续施工为质量整改,应举示相应证据予以否认。但是,澄江公司未提供证据证实其通知或催告万峰公司对其劳务分包工程进行修复或完善的事实。又如,在认定廖某刚身份时,监理单位工作人员当庭证明廖某刚为业主单位的廖总后,澄江公司虽对廖某刚的身份不予认可,但并未提出相反证据予以证明。因此,二审法院对澄江公司的该主张不予支持。再如,对于合同外的施工量,万峰公司提交了经业主单位、监理单位、万峰公司及澄江公司员工费某洪、孙某勇等分别对部分施工项目进行签字或盖章确认的合同外签证单,澄江公司虽对合同外签证单不予认可,但并未提出相反证据予以证明。故此,对澄江公司的该项主张,二审法院未予支持。

综上所述,本案审理法院通过确定核心证据、组织佐证证据、排除证据矛盾以及合理分配证明责任,进而判断澄江公司是否应当支付以及支付多少工程款,符合 2020 年《民诉法

[1] 参见应秀良:《论民事审判中法官如何“认证”》,载《法律适用》2013 年第 6 期。
[2] 参见潘金贵主编:《证据运用实务教程》,法律出版社 2023 年版,第 649 页。

解释》第105条关于“人民法院应当按照法定程序,全面、客观地审核证据,依照法律规定,运用逻辑推理和日常生活经验法则,对证据有无证明力和证明力大小进行判断,并公开判断的理由和结果”的规定以及前述《民诉证据规定》第88条关于“审判人员对案件的全部证据,应当从各证据与案件事实的关联程度、各证据之间的联系等方面进行综合审查判断”的规定。

在建设工程合同纠纷案件中,工程造价系案件核心争议,而工程量的确定往往是解决该争议的关键。然而,发包人和承包人作为合同的双方当事人,为了自身的发展和业务需要,必然追求经济利益的最大化。故而在计算工程量时,双方往往都只强调对自身有利的情况,最终导致在工程量的确认上产生争议。那么,当事人对工程量有争议时,如何确定工程量呢?如前所述,根据最高人民法院《关于审理建设工程施工合同纠纷案件适用法律问题的解释(一)》第20条的规定,签证是工程量发生争议时确定工程量的基本依据。所谓签证,是发包人、承包人或其代理人就施工过程中涉及的影响双方当事人权利义务的责任事件所作的补充协议。[1] 此外,可以反映工程量变化的其他证据还有:(1)会议纪要。双方就工程量问题经磋商后形成的纪要,是双方对工程量问题作出的决定,可视为对合同有关内容的补充。[2] (2)工程施工图纸。工程施工图纸中往往体现着工程的整体情况以及局部细节,其中会详细记录有关工程的数据、指标。这在一定程度上能够反映工程量的多少。[3] (3)往来电报、函件等。这些文件可以体现双方当事人之间就工程量的进展状况、完成情况等问题的交流情况,可以在一定程度上反映工程量的变化。[4] (4)工程洽商资料。工程洽商资料是双方就工程施工相关内容洽商的真实意思表达,在一定程度上可以反映工程量的变化情况。[5]

回 理论拓展

全案证据综合审查运用是指审理法院在对案件中的所有证据进行综合审查判断之后,运用被采纳的全部证据认定案件事实,确定最终的案件处理结论的过程。[6] 在建设工程施工合同纠纷案件中,建设工程的承包人受交易地位所限,完整地保留全部签证资料存在实际困难,加之受当事人合规风险意识淡薄、法律操作技能缺失等原因的影响,工程量变更的证据在表现形式上往往较为简单和随意。因此,仅就认定案涉工程的实际工程量而言,常常涉及工程签证、会议纪要、往来函件等相当数量、不同种类的证据材料。故而,人民法院不能简单地将签证文件作为工程量计算的唯一证据,必须对全案的所有证据进行综合的审

---

〔1〕 参见常设中国建设工程法律论坛第八工作组:《中国建设工程施工合同法律全书:词条释义与实务指引》(第2版),法律出版社2021年版,第340页。

〔2〕 参见最高人民法院民事判决书,(2019)最高法民终1401号。

〔3〕 参见最高人民法院民事裁定书,(2021)最高法民申3914号。

〔4〕 参见最高人民法院民事判决书,(2016)最高法民终470号。

〔5〕 参见最高人民法院民事裁定书,(2021)最高法民申2016号。

〔6〕 参见潘金贵主编:《证据运用实务教程》,法律出版社2023年版,第640页。

查、判断和运用。唯此,才能正确地认定案件事实和适用法律。

证据的综合审查与运用,包含了审查与运用两个环节,必须对证据进行审查,才能运用。广义上的证据的概念不仅包括作为裁判基础的证据,还包括证据资料,证据经收集和提出之后,诉讼证明的程序就进入了对证据进行审查的阶段。不论是当事人提出的书证、物证等实物证据,还是法院依当事人申请或依职权收集的证据,法官对已经形成的证据资料的审查已经开始,通过该种审查,最终在证据资料中确定哪些证据是能够作为认定特定待证事实的证据。对证据的审查主要通过在法院的主持下双方当事人对业已形成的证据资料的质证方式来完成。在我国的司法实务中,能够作为判决根据的证据,原则上都应经过法定质证程序,未经质证的证据,不能作为认定案件事实的依据,除非双方当事人都认可。质证是指当事人围绕证据的真实性、合法性以及关联性等发表意见,以及对证明力的有无、大小予以说明和质辩的活动或过程。当事人为了支持自己所主张且受到对方反对的事实,努力收集并向法院提出证据,用质疑、辩驳和相应的说明、解释等方式进行质证,从而影响法官对事实的认定,法官也从这种活动审查证据是否达到证明状态,并最终作出有关事实认定的判断。《民诉证据规定》第 85 条就如何对证据的审查作出了原则性规定,从该条来看,法官在审查证据时,应当综合法律的规定和法官的职业道德,还要运用逻辑法则和日常生活经验法则,才能对证据有无证明力以及证明力的大小独立进行判断。

然而,对证据如何进行综合审查运用,《民诉证据规定》第 85 条仅作出了原则性的规定,并未对证据的综合审查运用具体如何展开作细化规定,因此,由于缺乏具体规则的指引,实践中并无统一做法。

有观点认为,可根据证明方向不同将不同证据进行分组审查判断认定。首先,对同一待证事实,存在多份相同证明方向的证据,应按"先并后认"规则处理。将多个相同证明方向的证据归为一组,再综合该组证据之间的联系以及该组证据与待证事实之间的联系,确定该组证据的证明力大小。其次,对同一待证事实,存在相反证据时,应当按"先认后并"规则处理。如果某方提供的证据有多份时,还应当先进行"先并后认",再进行"先认后并"。〔1〕

有观点主张,按照逻辑推理分为逐个甄别证据资格、交叉对比相关证据以及综合印证全案证据三个步骤。〔2〕

此外,还有观点提出,就更为宏观的证据综合审查运用而言,应该按照如下步骤进行:第一步,确定核心证据。根据全案证据,正确分析认定案件事实的关键或者"争点""焦点"在何处,在此基础上,围绕"争点""焦点"问题在全案证据中确定核心证据。第二步,组织佐证证据。围绕核心证据证明的内容,在其他证据中寻找、组织能够补强核心证据的证明力,佐证其证明内容的佐证证据,使两者包含的事实信息能够共同指向案件事实。第三步,排除证据矛盾。对于指向不具备"同一性",或是一定程度的不一致,甚至可能完全是"反向证

〔1〕 参见应秀良:《论民事审判中法官如何"认证"》,载《法律适用》2013 年第 6 期。

〔2〕 参见肖峰:《最高人民法院民事诉讼证据规则:条文解析与实务运用》,法律出版社 2022 年版,第 462 页。

明”的证据,应当予以正确认识并排除。第四步,评估证明体系。在前述三步的基础上,整体评估全案的证明体系是否已经足以定案。第五步,强化证据说理。对全案证据综合审查运用之后,应当强化对案件中证据问题的分析说理,尤其是对疑难复杂案件,更应当高度重视其中的证据说理。[1]

本案中,审理法院围绕实际工程量这一争议焦点和待证事实,综合运用了第一种观点和第三种观点的证据综合审查方法。审理法院围绕双方争议的待证事实确定核心证据,并且组织了佐证证据,将上述证据根据证明方向的不同进行分组审查判断认定,剔除了当事人针对万峰公司实际施工的工程量这一待证事实所提出的矛盾证据。只有通过确定核心证据、组织佐证证据、排除证据矛盾,并合理分配证明责任,才能判断澄江公司是否应当支付以及支付多少工程款。

值得注意的是,全案证据综合审查运用并不是对全案所有待证事实的证据一并加以认定,而是针对同一待证事实的证据综合判断与认定。在法律适用上,应当将《民诉证据规定》第 88 条规定的“案件”限缩于具体而特定的“待定事实”。对构成案件事实中的每一待证事实进行综合审查运用,最终将形成全案证据综合审查运用。

最后,对案涉证据的综合审核认定,应以实现法律的公平正义价值追求以及个案处理时裁判者内心深处的价值指向为最终目标。此时,裁判者的逻辑推理、生活经验很重要,职业道德、专业良知更关键。本案中,法官对于建设工程领域的常识认知、常情把握、常理领会也可能在很大程度上影响到证据的综合审核认定。

(撰写人:西南政法大学民商法学院　侯国跃)

第三节　行政诉讼中综合认定的理解与适用

案例 12－4　重庆云航展柜有限公司不服重庆市巴南区生态环境保护综合行政执法支队环境资源行政处罚案[2]

回 案情概述

2021 年 11 月 26 日,重庆市巴南区生态环境保护综合行政执法支队(以下简称巴南生态环境执法支队)执法人员到重庆云航展柜有限公司(以下简称云航展柜公司)现场检查,认为云航展柜公司将生产经营过程中产生的废油漆桶(HW49)等危险废物散乱堆放在车间内贮存,未采取符合国家环境保护标准的防护措施。2022 年 1 月 5 日,巴南生态环境执法

[1] 参见潘金贵主编:《证据运用实务教程》,法律出版社 2023 年版,第 640－650 页。
[2] 参见重庆市南岸区人民法院(2024)渝 0108 行审 2 号行政裁定书。

支队作出行政处罚事先(听证)告知书,载明云航展柜公司享有陈述申辩权和听证申请权并向其送达。云航展柜公司提交了一份陈述申辩意见,以公司经营困难,已投入大量资金安装环保治理设施并与有资质的单位签订危废处置合同,将严格遵守环保规定整改等为由,申请免予处罚。后巴南生态环境执法支队经集体讨论决定,对云航展柜公司作出巴环执罚〔2022〕14 号行政处罚决定书,载明:云航展柜公司的行为违反《固体废物污染环境防治法》第 81 条之规定,已构成未按照国家环境保护标准贮存危险废物的环境违法行为。考虑到云航展柜公司曾于 2019 年因危废贮存不规范被处罚,不属于初次违法行为,其陈述申辩理由均不符合免予处罚的法定条件;鉴于云航展柜公司在执法检查时主动报告并如实陈述违法行为,并对其违法行为进行整改,依据《重庆市环境行政处罚裁量基准》(现已失效)第 9 条之规定,并酌情考虑疫情及复工复产情况,对云航展柜公司从轻裁量。根据《固体废物污染环境防治法》第 112 条之规定,责令云航展柜公司改正生态环境违法行为并作出罚款 10 万元的行政处罚。

另查明,云航展柜公司在经营过程中曾与重庆弘邦环保有限公司签订危险废物安全处置合同,委托重庆弘邦环保有限公司对生产过程中产生的 HW49 等危险废物实施规范运输、贮存和处置。云航展柜公司车间内设有危险废物贮存场,场内放置有部分油漆桶(部分桶的外观与巴南生态环境执法支队执法视频中的 PE 桶相似),整个贮存场内的桶并非大小完全相同。

再查明,巴南生态环境执法支队曾于 2019 年对云航展柜公司作出行政处罚,原因为:云航展柜公司将生产经营过程中产生的废油漆桶等危险废物散乱堆放在厂区内,未采取防扬散、防流失、防渗漏措施。

云航展柜公司收到行政处罚决定书后不服,向法院提起行政诉讼,诉称:厂区内堆放的油漆桶未完全丧失利用价值,并未被丢弃,因此不属于固体废物,自然不属于危险废物;云航展柜公司积极采取了环境污染防控措施,即使云航展柜公司存在不规范堆放废旧油漆桶行为,因车间内未发生流失、渗漏等情形且违法行为轻微并及时改正,属于法定不予行政处罚的情形;云航展柜公司通过委托专门机构、设置隔离间等处置危险废物,表明其主观上不存在过错,按照《行政处罚法》第 33 条,也属于不予行政处罚的情形。请求人民法院依法撤销巴环执罚〔2022〕14 号行政处罚决定书。

巴南生态环境执法支队辩称:(1)云航展柜公司认为"油漆桶不属于固体废物,不属于危险废物"的主张无事实和法律依据。首先,从现场执法视频可以看出,云航展柜公司使用的油漆为 PE 漆和 PU 漆,属于油性漆的一种,具有毒性和易燃性,按照《国家危险废物名录(2021 年版)》规定,使用过的废油漆及其沾染物、包装物均属于 HW49 危险废物。从现场执法视频可以看出,案涉油漆桶属于已经被漆匠使用完毕后废弃在现场的废油漆桶,从油漆桶的外观亦可判断相应油漆桶已经被长时间废弃、破旧不堪,明显已丧失原有利用价值,符合法律对固体废物和危险废物的定义。其次,巴南生态环境执法支队进行调查时,云航展柜公司承认该公司产生的废油漆桶为危险废物,并就其处置与重庆弘邦环保有限公司签订了危险废物安全处置合同,由重庆弘邦环保有限公司对其废油漆桶(HW49 类危险废物)进行规范运输贮存和处置活动。(2)云航展柜公司"油漆桶堆放在车间内,不会发生流失、渗漏等情形,因此不会造成环境污染"的主张无事实和法律依据。云航展柜公司产生的废油漆桶散乱贮存在车间内,未按要求贮存在专用危险废物贮存场所内并采取相应的防护措施的行为已经违反《固体废物污染环境防治法》第 81 条的规定,本案案涉行政处罚的作出不以实际发生流失、渗漏等情况为前提,即行为人存在未按照国家环境保护标准贮存、利用、处置危险废物的行为时,被告即可按照相关规定进行处罚。(3)云航展柜公司提出本案应适用《行政处罚法》第 33 条的规定对其违法行为不予处罚的主张无事实和法律依据。根据《行政处罚法》第 33 条规定,违法行为轻微并及时改正,没有造成危害后果的,不予行政处罚。《重庆市环境行政处罚裁量基准》第 8 条第 1 款第 2 项对本案所涉违法行为的轻微情形进行了明确界定,即"……不规范贮存危险废物时间不超过 24 小时、数量小于 0.01 吨且未污染外环境的,以及其他违法行为持续时间短、污染小且当日完成整改的",可以免予处罚。根据《行诉证据规定》第 68 条第 1 款第 5 项的规定,根据日常生活经验法则推定的事实法庭可以直接认定。首先,根据现场执法视频,结合日常生活经验法则可以推定,现场存在的沾染危险废物的废油漆桶重量显然超过 0.01 吨。其次,从现场执法视频中执法人员和云航展柜公司工作人员的对话可知,云航展柜公司工作人员认可现场不规范贮存的废油漆桶至少堆放了几天,显然已超过 24 小时,堆放时间之长亦足以证明其存在主观过错。最后,本案云航展柜公司是否可以免予处罚的关键在于其不规范贮存危险废物的时间是否超过 24 小时,而非其是否在现场检查后 24 小时内整改。故本案云航展柜公司的环境违法行为不满足法定不予处罚的条件。云航展柜公司曾因危险废物贮存不规范于 2019 年受到被告的行政处罚,故其本次违法不属于初次违法,且能够证明云航展柜公司主观上存在过错,属于再犯,云航展柜公司提出的对其违法行为应免予处罚的主张无事实和法律依据。

该案经庭审后,以云航展柜公司申请撤诉结案。

该案涉及的证据基本情况如下:

第一组证据:巴南生态环境执法支队统一社会信用代码复印件、法定代表人身份证明书、法定代表人身份证复印件。证明巴南生态环境执法支队的身份信息。

第二组证据:

1. 2021 年 11 月 26 日现场检查(勘察)笔录。其中对案涉相关桶的表述为"废油漆桶"。

2. 2021 年 11 月 26 日,视听资料及视听资料制作说明,即现场执法视频。视频以下几个部分值得重点关注:一是视频中两桶油漆外包装标识为 PE 漆、PU 漆,但该两桶油漆尚未启封,不属于固体废物。有一桶未启封的 PE 漆净重 25 千克。二是视频中厂区内贮存间外堆放有数十个废油漆桶,但未明确该类废油漆桶原本用于盛装的物质及其重量。有一个桶内壁干净,未沾染物质。三是视频中多个桶用于垫放板材,执法人员询问现场工作人员"这些都是用了的桶吧? 这个用了几天就一直放在这里没收是吧?"答:"其实都给漆匠说了喊他该收。"问:"这个(板子)放了几天了呢?"答:"喷了一两天了。"四是危险废物贮存场内放置有部分油漆桶(部分桶的外观与被告执法视频中的 PE 桶相似),整个贮存场内的桶并非大小完全相同。

3. 环境违法行为立案审批表。

4. 2021 年 11 月 30 日调查询问笔录。问:2021 年 11 月 26 日,我队执法人员到你公司现场检查时发现,厂区内散乱堆放废油漆桶,未按照环保法律法规要求进行贮存,请你说明原因? 答:我们平时有专门放废油漆桶的地方,那天只是工人临时用来垫一下。问:你是否知道废油漆桶是危险废物? 答:我知道。

5. 云航展柜公司营业执照、法定代表人身份证明书、法定代表人身份证复印件。

6. 云航展柜公司与重庆弘邦环保有限公司签订的危险废物安全处置合同。云航展柜公司委托弘邦公司处置生产过程中产生的危险废物,其中"废物类别:HW49,废物名称:废包装桶,包装方式:桶装"。

7. 送达地址确认书。

8. 巴环执罚告〔2022〕02 号行政处罚事先(听证)告知书及送达回证。其中指出云航展柜公司将生产经营过程中产生的废油漆桶(HW49)等危险废物散乱堆放在车间内贮存。

9. 2022 年 1 月 12 日云航展柜公司申请书。

10. 案件集体讨论记录。主持人:"该案是否符合免予处罚的情形? 该案在调查过程中,对该企业未规范贮存危废的量有无描述?"执法人员:"现有收集的证据未对量进行描述,但根据执法人员现场检查情况超过 0.01 吨,且未在 24 小时内进行整改。"主持人:"请执法人员在案件调查时,法制科在法制审核时注意该环节。"

11. 案件处理内部审批表。

12. 巴环执罚〔2022〕14 号行政处罚决定书及送达凭证、送达回证(2022 年 2 月 22 日),送达视频及制作说明。

证明被告作出的行政处罚决定事实认定清楚,证据确凿充分,法律适用准确,程序合法,处罚适当,依法不应被撤销。

第三组证据:巴环罚字〔2019〕246 号行政处罚决定书及相关证据材料。证明云航展柜公司曾于 2019 年因危废贮存不规范被处罚,不属于初次违法行为。其中调查询问笔录载明:"问:你单位主要污染物是什么,如何处理? 答:主要污染物为噪声、喷漆废气及危险废物(废弃油漆桶等)。"

□ 证据分析

本案中涉及证据的争议焦点是:(1)现有证据是否足以证明云航展柜公司存在不规范贮存危险废物的行为? (2)云航展柜公司是否符合免予处罚法定条件?

对于以上证据问题,分析如下。

(一)现有证据是否足以证明云航展柜公司存在不规范贮存危险废物的行为

根据《固体废物污染环境防治法》第 124 条第 1、6 款的规定:"固体废物,是指在生产、生活和其他活动中产生的丧失原有利用价值或者虽未丧失利用价值但被抛弃或者放弃的固态、半固态和置于容器中的气态的物品、物质以及法律、行政法规规定纳入固体废物管理的物品、物质……”“危险废物，是指列入国家危险废物名录或者根据国家规定的危险废物鉴别标准和鉴别方法认定的具有危险特性的固体废物。”本案中，巴南生态环境执法支队执法检查时并没有把具体哪些桶属于不规范贮存的危险废物固定下来，只是笼统描述，其在询问笔录和现场检查笔录中仅表述为“废油漆桶”，在听证告知书和行政处罚决定书中表述为“废油漆桶（HW49）”。现场执法视频虽拍摄到了明确的 PE 漆、PU 漆，但该两桶油漆均尚未启封，不属于固体废物；而对厂区内贮存间外堆放的废油漆桶，并未明确其性质和重量。现云航展柜公司提出，车间内的油漆桶并未完全丧失利用价值。故本案现有证据是否足以证明云航展柜公司存在不规范贮存危险废物的行为成为争议焦点。

油漆桶的原有利用价值是用于承装尚有使用价值的油漆，本案中，从现场执法视频、调查询问记录、云航展柜公司委托重庆弘邦环保有限公司规范处置 HW49 等危险废物等证据可以综合认定，云航展柜公司在生产过程中使用了 PE 漆或 PU 漆，其明知厂区内存放的废油漆桶属于危险废物，废物类别为 HW49，专门制作隔间作为危废暂存间，并委托案外人重庆弘邦环保有限公司实施规范运输、贮存和处置，但在生产经营过程中仍存在未将废油漆桶统一堆放至危废暂存间等不规范贮存废油漆桶的行为，且巴南生态环境执法支队作出的行政处罚事先（听证）告知书已明确指出云航展柜公司将废油漆桶（HW49）等危险废物散乱堆放在车间内贮存，云航展柜公司提出的陈述申辩意见并未对该情况予以反驳。综合前述证据，足以证明案涉行政处罚决定书中检查发现的“云航展柜公司将生产经营过程中产生的废油漆桶（HW49）等危险废物散乱堆放在车间内贮存，未采取符合国家环境保护标准的防护措施”的事实客观存在。

（二）云航展柜公司是否符合免予处罚法定条件

《行政处罚法》第 33 条第 1 款规定：“违法行为轻微并及时改正，没有造成危害后果的，不予行政处罚……”第 34 条规定：“行政机关可以依法制定行政处罚裁量基准，规范行使行政处罚裁量权。行政处罚裁量基准应当向社会公布。”而在生态环境保护行政处罚领域，《重庆市环境行政处罚裁量基准》第 8 条对本案所涉违法行为可以免予处罚的情形明确为：不规范贮存危险废物时间不超过 24 小时、数量小于 0.01 吨且未污染外环境。如巴南生态环境执法支队所述，其参照《重庆市环境行政处罚裁量基准》作出了本案案涉行政处罚，巴南生态环境执法支队应当在作出处罚决定之前，根据《重庆市环境行政处罚裁量基准》第 8 条设定的标准对本案云航展柜公司是否符合免予行政处罚的条件展开调查，并依法全面、客观收集其行使行政处罚裁量权的相关证据，其中既包括对云航展柜公司有利的证据，也包括对云航展柜公司不利的证据，供法院司法审查。而本案中，并无证据证明巴南生态环境执法支队对云航展柜公司是否符合免予行政处罚的条件展开了全面调查。

具体而言，关于云航展柜公司不规范贮存废油漆桶的时间、废油漆桶的数量及重量、是否污染外环境等，巴南生态环境执法支队并未举示确凿证据予以明确，现场执法视频亦未见执法人员对哪些废油漆桶属于危险废物及其重量、不规范贮存时间等进行固定。巴南生态环境执法支队主张云航展柜公司工作人员“认可现场不规范贮存的废油漆桶至少堆放了几天”,但在执法人员与云航展柜公司工作人员对话中,只有“板子喷了一两天了”等模糊表述,结合调查询问笔录中“临时用来垫一下”的陈述,巴南生态环境执法支队并未举示相关证据证明危险废物不规范贮存的时间,故不能直接得出不规范贮存废油漆桶超过24小时的结论。对于巴南生态环境执法支队主张根据日常生活经验推断现场不规范贮存废油漆桶超过0.01吨的问题,由于现场的油漆桶大小不一,不能用一个标准衡量,且并非所有油漆桶都是废油漆桶,其中部分油漆桶尚未使用完毕,哪些桶属于废油漆桶并不确定,且巴南生态环境执法支队执法人员在集体讨论时明确表示“现有收集的证据未对量进行描述”,故本案亦缺乏不规范贮存危险废物重量的相关证据。因此,巴环执罚〔2022〕14号行政处罚决定书认定云航展柜公司不符合免予处罚法定条件,证据不足。

▢ 理论拓展

从功能主义的角度出发,日益精细化的行政裁量需求导致了裁量基准的广泛适用,裁量基准向社会公布且在大量实践中形成了行政惯例,法院对裁量基准的尊重使其获得了事实上的法源地位。[1] 党的二十大报告强调要“扎实推进依法行政”。所谓“扎实推进”,更加强调了推进的深度、力度和效果。为了更好地承载公平与正义,实现以行政诉讼判决的方式推动行政争议实质性解决,防止程序空转,裁量基准须接受严格的法治监督与审查。[2] 由此,司法对行政裁量权的尊重,应以司法审查为前提,且限于充分考量行政裁量基准规定的相关因素基础上作出的行政裁量决定,而非允许行政裁量权恣意行使。此种司法审查,着眼于行政裁量过程本身的合法性及合理性,包括审查判断行政裁量是否考虑了应该考虑的因素、是否考虑了不应该考虑的因素、是否过分夸大或缩小某些因素的效果、是否听取了反对者的意见、是否研讨了替代方案等。[3]

具体而言,已经适用裁量基准的行政处罚案件,从“基准文本”到“行政处罚”存在一个涵摄的过程,若行政机关在案件事实与裁量基准设定的要件之间涵摄错误,则可能导致基准适用错误。因此,首先应确定裁量基准设定的要件有相应事实证据支撑,即行政机关至少应围绕裁量基准设定要件实施相应调查取证动作,否则即为“主要证据不足”。以本案为例,行政机关以相对人不符合“不规范贮存危险废物时间不超过24小时、数量小于0.01吨且未污染外环境”的免予处罚条件为由,对相对人作出行政处罚决定,但案件办理过程中发现,关于不规范贮存危险废物的持续时间、重量、是否污染外环境,均缺乏据以评判的证据。审查确定事实与证据后,法院方可在尊重行政机关事实认定的基础上,通过独立心证式审

---

〔1〕 参见周佑勇:《裁量基准司法审查研究》,载《中国法学》2012年第6期。
〔2〕 参见周佑勇:《健全行政裁量基准的新使命新任务》,载《行政法学研究》2023年第1期。
〔3〕 参见王贵松:《论行政裁量的司法审查强度》,载《法商研究》2012年第4期。

查路径，评判个案事实与基准事实要件之间的匹配程度。若经审查认定行政处罚的涵摄过程存有不当，法院可撤销行政处罚决定；若涵摄并无不当，法院无须代为决定行政机关应当作出怎样的处罚决定，仅需依判断过程式路径审查法律适用与处理结果即可。

（撰写人：重庆市江津区人民法院　罗静）

□ 阅读指引

1. 刘静坤：《证据审查规则与分析方法：原理 · 规范 · 实例》（第 2 版），法律出版社 2022 年版。
2. 李勇：《刑事证据审查三步法则》，法律出版社 2022 年版。
3. 杜邈：《证据为王："阶层式"刑事证明思维的应用》，中国法制出版社 2022 年版。
4. 李训虎：《排除合理怀疑的中国叙事》，法律出版社 2017 年版。
5. 陈惊天：《法官证据评判研究》，中国人民公安大学出版社 2012 年版。
6. 张南宁、曾妤婕：《证据分析与组织：问题、案例与方法》，中国人民大学出版社 2023 年版。
7. 熊樟林：《行政裁量基准运作原理重述》，北京大学出版社 2020 年版。
8. 余凌云：《行政自由裁量论》，中国人民公安大学出版社 2005 年版。